KB195833

서울대 수시
합격 족보

일러두기

Part 2-2의 면접 복기는 실제 면접의 자연스러움을 살리기 위해 입말과 중복 표현을 그대로 사용했습니다. 또한 이는 각 저자들의 기억을 바탕으로 하고 있습니다. 따라서 실제 면접 내용과 100% 일치하지 않을 수 있다는 점, 면접자들의 답변이 정답이 아닐 수 있다는 점 참고 부탁 드립니다.

서울대 합격자 30인이 직접 만든
100% 실제 합격 생기부 & 면접 전략

서울대 수시
합격 족보

한정윤 기획
서울대 수시 합격자 30인 지음

포레스트북스

차례

001 방향성 없는 생기부를 매력적인 생기부로
지방 일반고 학생이 서울대 의대에 합격하기까지

의과대학 의예과 | 24학번 박은비

서울대 수시
✦ 합격 족보 ✦

수시 모집의 모든 것

작성자: 서울대 수학교육과 24학번 오인경

수시 모집 전형

우리가 익히 알고 있다시피 대학 입시 전형은 크게 수시 모집과 정시 모집으로 나 눕니다. 쉽게 말해 수시 모집은 수능 성적 외의 요소(고등학교 내신 및 학교생활기록부 등)를 기반으로, 정시 모집은 수능 성적을 기반으로 평가가 이루어지는 전형입니다. 전국 대학교를 기준으로 전체 입시 전형에서 수시 모집이 약 80%를, 정시 모집이 약 20% 를 차지하며, 서울권 대학교를 기준으로는 수시와 정시 모집이 각각 약 60%, 40%를 차지합니다.

수시와 정시 모집의 비율은 해마다 조금씩 달라집니다. 하지만 대부분 수시 모집의 비율이 정시 모집보다 월등히 높고, 수시 모집은 현역 학생들이 경쟁력을 갖출 수 있 는 전형이기에 수시 모집 대비를 철저히 해야 합니다.

본격적으로 서울대 학생 30명이 들려주는 수시 팁과 노하우를 만나보기 전에, 수시 모집의 전형에 관한 이야기를 조금 더 자세히 해보려고 합니다.

일반적으로 수시 모집은 학생부 교과 전형, 학생부 종합 전형, 논술 전형, 특기자 전형, 실기 전형, 기회균형 전형(평가 방식은 학생부 교과 혹은 종합 전형과 유사하나 지원 자격이 제한됨) 등으로 나뉩니다.

※ 이 책에서는 가장 많은 학생이 지원하는 학생부 교과 전형, 학생부 종합 전형, 논술 전형에 대해 전형별로 설명하고 있습니다. 다만, 대학교마다 전형의 이름, 개수, 평가 방식 등이 상이하므로 지원하고자 하는 대학교의 수시 모집 요강을 상세하게 확인하기를 바랍니다.

① 학생부 교과 전형

학생부 교과 전형(이하 '교과 전형')은 말 그대로 '교과 성적', 즉 고등학교 내신 성적을 기반으로 평가가 이루어지는 전형입니다. 학교생활기록부(이하 '생기부')에 기재된 사항 중 내신 성적만을 평가 요소로 반영합니다. 다만 간혹 대학교에 따라 서류 평가를 하는 곳도 있고 그 비율과 방식이 다르므로 유의해야 합니다.

추가적으로, 대부분의 대학교는 수능 최저 학력 기준(이하 '수능 최저')를 마련하여 이 기준을 충족한 학생들만을 선발합니다. 즉, 아무리 내신 성적이 높더라도 수능 최저를 충족하지 못한다면 선발하지 않는다는 뜻이므로, 수시 모집에 지원하더라도 어느 정도의 수능 대비는 필요합니다. 수능 최저는 대학마다 각기 다르지만, 흔히 '3개 영역 합 8등급(3 합 8'이라 줄여 부름)'과 같이 제시됩니다. 두 과목을 응시하게 되는 탐구 영역의 경우 두 과목 중 높은 등급을 받은 과목의 등급을 반영하거나 혹은 두 과목의 평균 등급을 반영하는데, 대학교별로 다르게 적용됩니다.

다음 예시를 통해 수능 최저를 쉽게 이해해 봅시다.

수능 최저: 3 합 8, 탐구는 두 과목 평균 등급 반영

학생 A: 내신 - 2.8 & 수능 - 국어 2 / 수학 3 / 영어 2 / 탐구 3 3

　　　→ 국어 + 영어 + 수학(또는 탐구 평균)으로 3 합 7, 최저 충족, 합격

학생 B: 내신 - 1.9 & 수능 - 국어 3 / 수학 4 / 영어 2 / 탐구 3 4

　　　→ 국어 + 영어 + 탐구 평균(3.5)로 3합 8.5, 최저 미충족, 불합격

그렇다면 교과 전형은 어떤 학생이 지원하는 것이 유리할까요? 내신 성적이 압도적으로 우수하거나, 생기부 활동이 부족하여 서류가 준비되지 않은 학생은 교과 전형에 지원하는 것이 유리합니다. 또한 정성 평가에 해당하는 서류 평가가 주 평가 요소인 경우 합격 여부를 쉽게 예측할 수 없지만, 교과 전형은 여전히 정량 평가가 주 평가 요소이기에 합격 여부를 대략적으로 예측할 수 있는 편입니다. 다만 최근 교과 전형에서도 정성 평가의 비중이 점차 늘어나고 있다는 점은 유의해야 합니다.

그런데 상당히 많은 대학교에서 교과 전형은 고교 학교장의 추천을 받은 학생만 지원할 수 있게 되어 있습니다. 추천 인원을 제한하지 않거나 그 수가 충분하여 희망하는 모든 학생이 학교장 추천을 받을 수 있는 경우도 있지만, 그렇지 않은 경우도 빈번하므로 자신이 확실하게 학교장 추천을 받을 수 있는지 미리 꼭 확인하기 바랍니다.

② 학생부 종합 전형

학생부 종합 전형(이하 '학종 전형')은 교과 전형과 달리 서류 평가가 주 평가 요소인 전형입니다. 즉, 내신 성적뿐만 아니라 생기부에 적힌 다양한 내용 또한 평가에 중요하게 작용한다는 뜻입니다. 이때 생기부에 적힌 내용들은 생기부 내 학년별 자율활동, 동아리활동, 진로활동, 과목별 세부능력 특기사항 등(30쪽 '생활기록부의 모든 것' 참고)을 말하며, 이를 바탕으로 교과 학습활동의 성취 수준과 학업 역량, 자기주도적 학업 태도,

전공 분야에 관한 관심, 그리고 지적 호기심 등을 종합적으로 평가합니다.

학종 전형의 가장 큰 특징은 '면접을 치르게 된다'는 것입니다. (예외적으로 일부 학교는 면접을 치르지 않는 경우도 있음) 대학교마다 면접 평가 유무와 면접 유형이 다르게 나타나기는 하지만, 대부분의 학종 전형에는 면접 평가가 포함되어 있으며 생기부 기반 면접 혹은 제시문 기반 면접을 보게 됩니다. 교육 계열 학과(서울교육대학교, 한국교원대학교와 같은 교육대학 혹은 사범대학 단과대 소속 학과 지원)의 경우 교직 적성·인성 면접, 메디컬 계열 학과(의과대학, 치의학대학 등의 메디컬 소속 학과 지원)의 경우 MMI 면접(50쪽 'MMI 면접의 모든 것' 참고)을 치르게 되기도 합니다.

③ 논술 전형

논술 전형은 주어진 문제에 대한 답변 및 풀이로 학생이 작성한 글을 대학교에서 평가하는 전형을 말합니다. 인문 계열의 경우 주어진 주제에 대한 글쓰기, 자연 계열의 경우 고난도의 수학 또는 과학 문제 풀이 형식의 논술 평가를 치르게 됩니다.

논술 전형은 다른 전형에 비해 선발 인원이 적어 경쟁률이 치열할 뿐만 아니라, 수능 최저가 다소 높아 합격하기 어려운 전형으로 꼽히곤 합니다. 따라서 대부분 고등학교 3학년 현역 학생들은 교과 또는 학종 전형을 지원합니다.

그렇다면 논술 전형은 어떤 학생이 지원해야 할까요? 논술 전형에 대한 확실한 자신감이 있거나 자신이 교과와 학종 전형에 지원하기 현실적으로 힘들 것이라고 판단하는 학생, 혹은 정시 모집에 지원할 예정이지만 수시에도 도전해 보고 싶은 학생 등을 꼽을 수 있겠습니다.

이외에도 실기 전형 등이 있으나 이는 주로 예체능 계열에 해당합니다. 이처럼 여러 수시 모집 전형을 잘 파악해야 자신에게 유리한 전형을 선택할 수 있습니다.

면접의 유형(학종 전형)

① 생기부 기반 면접

생기부 기반 면접은 말 그대로 생기부에 적힌 내용을 묻는 면접을 말합니다. 즉, 면접관이 학생의 생기부를 보며 궁금한 점을 자유롭게 묻는 방식으로, 학생은 생기부에 기재된 다양한 탐구활동 내용 및 희망 진로 분야를 기반으로 다양한 질문을 받게 됩니다. 따라서 자신의 생기부에 대한 이해도만 갖춰졌다면 다른 면접 유형에 비해 가장 수월한 유형입니다. 그렇지만 학생이 스스로 생기부를 작성한 것은 아니기 때문에 처음에는 생기부에 적힌 내용이 다소 생소할 수 있어 반복적으로 자신의 생기부를 꼼꼼하게 읽고 숙지하는 것이 중요합니다.

면접 질문 예시

1. 3학년 때 '고등학교 수학 교육과정의 문제점과 개선 방향'에 관한 탐구를 진행했는데, 탐구를 진행하게 된 동기와 구체적인 탐구 과정, 그리고 느낀 점을 설명해 주세요.

2. 생기부에 적힌 내용을 보니 '교사'라는 직업에 관심이 굉장히 많은 것 같은데, 관련해서 지원 동기와 본인의 최종적인 진로 목표를 이야기해 주세요.

② 제시문 기반 면접

제시문 기반 면접은 학생이 지원한 학과에서 중점적으로 다루는 교과 내용(ex. 물리천문학부 - 통합과학 & 물리학 Ⅰ·Ⅱ, 수학교육과 - 수학 등 지원할 대학교의 모집 요강에 기재되어 있으므로 확인 바람)과 관련한 제시문을 제시하고, 제시문을 바탕으로 주어진 질문에 답하는 형식의 면접을 말합니다.

생기부 기반 면접은 범위가 생기부로 명확하게 정해지지만, 제시문 기반 면접은 어떤 내용으로 제시문이 출제될지 모르기에 다소 어려운 면접 유형이기도 합니다. 따라서 제시문 기반 면접을 준비하기 위해서는 충분한 면접 준비 기간을 확보하고 출제 범위에 해당하는 교과목의 내용을 확실하게 숙지해야 합니다. 또한 각 대학교의 홈페이지에 기출 문항이 공개되어 있으니 직접 풀어보며 답변하는 연습을 하는 것을 추천합니다.

③ 교직 적성 · 인성 면접

교직 적성·인성 면접(이하 '교직 인적성')은 교육과 관련된 시사 이슈를 주제로 학생의 생각을 묻는 형식의 면접을 말합니다. 이 면접은 교육계열 학과(사범대학 소속 학과)를 지원한 학생이 생기부 기반 면접 혹은 제시문 기반 면접과 함께 치르게 되는 면접 유형입니다.

생기부 기반 면접을 치르는 경우, 생기부 기반 면접과 교직 인적성 면접이 구분되어 진행되는 것이 아니라 학생 한 명에게 주어진 면접 시간 동안 생기부 기반 질문과 교직 인적성 관련 질문을 함께 합니다. 일반적인 순서로는, 생기부에 관련해서 묻고 싶은 질문들을 먼저 한 뒤에 교직 인적성과 관련된 질문들이 주어지는 경향이 있습니다. (즉, 교직 인적성 질문을 받았다면 그때부터는 '생기부 관련 질문이 통과되었구나'라고 생각할 수도 있습니다.)

제시문 기반 면접을 치르는 경우 학문적인 내용이 담긴 제시문 외에 교직 인적성과 관련된 제시문이 추가로 제시되며, 학생은 제시문 내용을 바탕으로 주어진 질문에 자신의 생각을 담아 답변해야 합니다. 예를 들어, 10년간 청소년의 선호 직업 목록과 교사에 대한 선호도 감소에 관한 내용이 제시문으로 주어지고, 교사라는 직업에 대한 선호도가 감소한 이유는 무엇인지 근거를 들어 설명한 뒤 이와 관련지어 자신의 지원 동기를 말하는 질문이 주어질 수 있습니다.

수시 모집 지원 방식

지금까지 수시 모집의 다양한 전형들을 살펴보았습니다. 그렇다면 우리는 이 전형들에 어떻게 지원할 수 있을까요? 수시 모집에서 가장 중요한 점은 한 학생에게 최대 6장의 원서접수 기회가 주어진다는 것입니다. '수시 6장'의 의미에 대하여 조금 더 자세히 살펴봅시다.

수시 6장은 각기 다른 대학교 6곳에 지원할 수 있다는 의미가 아니라, 한 전형에 지원하는 것을 1장으로 하여 총 6개의 전형에 지원이 가능하다는 의미입니다. 같은 대학교라고 하더라도 전형을 다르게 하여 여러 장의 원서를 쓸 수 있다는 것이죠. 다만, 대학교마다 전형 간 중복 지원을 제한하고 있는 경우도 있으므로 사전에 확인해야 합니다. 또한 수시 모집에서 6장에 제한받지 않고 추가로 원서를 쓸 수 있는 대학교도 존재합니다. 그 예시는 아래와 같습니다.

1. 과학기술부 주관 과학기술원 대학(교육부 주관이 아님)

KAIST(한국과학기술원), DGIST(대구경북과학기술원), GIST(광주과학기술원), UNIST(울산과학기술원), KENTECH(한국에너지공과대학교) 등

2. 사관학교 · 경찰대학

육군사관학교, 해군사관학교, 공군사관학교, 국군간호사관학교, 경찰대학 등

3. 기타

전문대학, 산업대학, 한국예술종합학교, 한국방송통신대학교, 한국전통문화대학교 등

이제 구체적으로 수시 모집에 지원하는 방법을 알아봅시다. 수시 모집 원서접수는 9월 초 일주일간 진행됩니다. 이때 주의할 점은 일주일 동안 지원을 받는 대학교도 있지만 일주일 중 3~4일만 지원을 받는 곳도 있으니, 지원하고자 하는 대학교의 원서접수 기간을 사전에 꼭 확인해 두어야 한다는 것입니다. 원서접수는 온라인 사이트를 통해 이루어지며, 진학사 원서접수(www.jinhakapply.com) 또는 유웨이 원서접수(www.uwayapply.com)를 통해 접수할 수 있습니다. 대학교별로 둘 중 어느 사이트를 이용해야 하는지 정해져 있으며, 간혹 두 사이트 모두를 통해 지원할 수 있는 곳도 있습니다.

온라인 원서접수를 마친 후에는 9월 중순부터 12월 초순까지 수시 모집 전형 기간이 진행되며, 이때 앞서 설명한 전형별 평가가 이루어지게 됩니다. 합격자 발표 시기는 대학교마다, 전형마다 상이하므로 지원하고자 하는 대학교의 수시 모집 요강을 확인하여야 하며 일반적으로 12월 중순 전까지 최초 합격자가 발표됩니다.

아래는 2025학년도와 2026학년도(예정)의 대입 전형 일정입니다.

구분	2026학년도(예정)	2025학년도
학생부 작성 기준일	2025. 08. 31. (일)	2024. 08. 31. (토)
원서접수 기간	2025. 09. 08. (월) ~ 12. (금) 중 3일 이상	2024. 09. 09. (월) ~ 13. (금) 중 3일 이상
전형 기간	2025. 09. 13. (토) ~ 12. 11. (목) (90일)	2024. 09. 14. (토) ~ 12. 12. (목) (90일)
합격자 발표	2025. 12. 12. (금)까지	2024. 12. 13. (금)까지
합격자 등록	2025. 12. 15. (월) ~ 17. (수) (3일)	2024. 12. 16. (월) ~ 18. (수) (3일)
미등록 충원 합격 통보 마감	2025. 12. 23. (화) 18시까지 (홈페이지 발표는 14시까지 가능하며, 14 ~ 18시까지는 개별 통보만 가능함)	2024. 12. 26. (목) 18시까지 (홈페이지 발표는 14시까지 가능하며, 14 ~ 18시까지는 개별 통보만 가능함)
미등록 충원 등록 마감	2025. 12. 24. (수) 22시까지	2024. 12. 27. (금) 22시까지

서울대학교 수시 모집

지금부터는 '서울대학교'의 수시 모집에 대하여 더욱 자세히 살펴보겠습니다. 서울대학교 수시 모집 전형은 크게 지역균형전형, 일반전형, 기회균형특별전형(사회통합)으로 나뉩니다. 여기서는 지역균형전형과 일반전형에 대해 알아보도록 하겠습니다. (기회균형특별전형은 '농어촌 학생, 저소득 학생, 국가보훈대상자, 서해 5도 학생, 자립지원 대상자, 농생명계열 고교 졸업예정자: 농업생명과학대학 지원' 중 하나의 자격을 유지하고 있는 경우 지원이 가능하며, 지역균형전형과 평가 방식이 같지만 수능 최저가 없는 전형이라고 이해하면 쉽습니다.)

많은 사람이 서울대 수시 모집에 대해 오해하는 점 중 하나는 지역균형전형이 교과 전형, 일반전형이 학종 전형이라고 생각하는 것입니다. 하지만 서울대 수시 모집에는 교과 전형이 존재하지 않습니다. 지역균형전형과 일반전형 모두 학종 전형으로, 생기부 전반에 걸친 내용을 평가합니다. 그렇다면 지역균형전형과 일반전형에는 어떤 차이가 있을까요?

① 지역균형전형

지역균형전형은 고등학교장의 추천을 받은 당해 국내 고등학교 졸업예정자(조기졸업예정자 제외)를 대상으로 생기부와 면접으로 평가하고, 수능 최저 기준을 충족한 학생을 선발하는 전형을 말합니다. 이때, 고등학교별 추천 인원은 2명 이내이며 생기부 기반 면접이 진행됩니다. 단, 의과대학의 경우 의학 전공 적성·인성 면접 및 상황/제시문 기반 면접, 사범대학의 경우 교직 인적성 면접(제시문 활용 면접이 아닌 면접관이 교육 시사와 관련된 질문을 묻는 방식)을 함께 치르게 됩니다.

2025학년도와 2026학년도 모두 전형 요소 및 배점은 아래와 같습니다.

모집 단위	1단계	2단계	
	서류 평가	1단계 성적	면접
전 모집 단위	100(3배수)	70	30

또한, 지역균형전형에는 4개 영역(국어, 수학, 영어, 탐구) 중 3개 영역 등급 합이 7등급 이내여야 한다는 수능 최저가 정해져 있습니다. 이때 탐구영역의 등급은 2개 과목 등급 평균을 반영합니다.

다만 지원 학과에 따라 수능 응시영역 기준과 선택 과목에 대한 기준이 다르게 마련되어 있으므로 모집 요강을 참고하기 바랍니다.

② 일반전형

일반전형은 지역균형전형과 달리 고등학교장의 추천이 요구되지 않으며, 고등학교 졸업(예정)자 또는 법령에 의하여 고등학교 졸업 이상의 학력이 있다고 인정된 자(ex. 고등학교 졸업 학력 검정고시 합격자, 외국 소재 고등학교 졸업(예정)자) 모두가 자유롭게 지원할 수 있는 전형입니다. 평가는 지역균형전형과 마찬가지로 생기부와 면접을 통해 이루어지지만, 생기부 기반 면접이 아닌 제시문 기반 면접이 진행된다는 특징이 있습니다.

2025학년도와 2026학년도 모두 전형 요소와 배점은 다음 표와 같습니다.

표에서 2단계 '면접 및 구술고사'라고 기재된 내용이 바로 제시문 기반 면접을 말하며, 앞서 설명했듯이 지원한 학과에서 중점적으로 다루는 교과 내용과 관련한 제시문을 바탕으로 면접이 진행됩니다. 또한 사범대학의 경우 교직 인적성 면접이 포함된 것을 볼 수 있는데, 이때의 교직 인적성 면접은 제시문을 활용하는 면접의 형태로 진행됩니다.

모집 단위	1단계	2단계		
	서류 평가	1단계 성적	면접 및 구술고사	교직 적성 · 인성 면접
전 모집 단위 (미술대학, 사범대학, 음악대학* 제외)	100(2배수)	100	100	-
미술대학 디자인과		-	100	-
사범대학		100	60	40

*음악대학의 경우 실기 평가가 포함됨

일반전형의 또 다른 대표적인 특징은, 지역균형전형과 달리 수능 최저가 적용되지 않는다는 것입니다. (단, 예외적으로 미술대학 디자인과와 사범대학 체육교육과 최종 합격자는 수능 응시영역 기준을 준수하여 수능 최저를 충족해야 함) 따라서 지역균형전형에 비해 일반전형에서의 면접은 중요도가 훨씬 높다는 것을 짐작해 볼 수 있습니다.

다음은 서울대학교 2025학년도 대학 신입학생 수시모집 안내(2024. 5.) 자료와 서울대학교 2026학년도 대학 신입학생 입학전형 시행계획(2024. 4.) 자료를 기반으로 2025학년도 & 2026학년도 모집단위와 모집인원을 나타낸 표입니다.

학부대학이 신설됨에 따라 2025학년도 대학 신입학생 수시모집 안내 자료에는 학부대학 관련 내용 및 모집 단위가 나와 있지만, 2026학년도 대학 신입학생 입학전형 시행계획에는 나와 있지 않았습니다. 또한, 변동될 가능성이 있으므로 추후 공개될 2026학년도 대학 신입학생 수시모집 안내 자료도 함께 참고 바랍니다.

모집 단위		정원 내 전형							
		지역균형전형		일반전형		기회균형전형 (사회통합)		합계	
		2026	2025	2026	2025	2026	2025	2026	2025
인문대학	인문계열	27	28	-	-	14	14	41	42
	국어국문학과	-	-	9	9	-	-	9	9
	중어중문학과	-	-	9	9	-	-	9	9
	영어영문학과	-	-	9	9	-	-	9	9
	불어불문학과	-	-	9	9	-	-	9	9
	독어독문학과	-	-	9	9	-	-	9	9
	노어노문학과	-	-	9	9	-	-	9	9
	서어서문학과	-	-	9	9	-	-	9	9
	언어학과	-	-	9	9	-	-	9	9
	아시아언어문명학부	-	-	9	9	-	-	9	9
	역사학부	9	9	9	9	-	-	18	18
	고고미술사학과	-	-	9	9	-	-	9	9
	철학과	-	-	9	9	-	-	9	9
	종교학과	-	-	9	9	-	-	9	9
	미학과	-	-	9	9	-	-	9	9
	소계	36	37	126	126	14	14	176	177
사회과학대학	정치외교학부	17	17	25	25	4	4	46	46
	경제학부	12	7	60	60	8	8	80	75
	사회학과	6	6	10	10	1	1	17	17
	인류학과	-	-	12	12	1	1	13	13
	심리학과	6	6	8	8	1	1	15	15
	지리학과	6	6	9	9	1	1	16	16
	사회복지학과	6	6	7	6	1	1	14	13
	언론정보학과	-	-	12	13	1	1	13	14
	소계	53	48	143	143	18	18	214	209
자연과학대학	수리과학부	7	7	16	16	2	2	25	25
	통계학과	6	6	13	13	2	2	21	21
	물리·천문학부 물리학전공	8	8	20	20	2	2	30	30
	물리·천문학부 천문학전공	-	-	6	6	-	-	6	6
	화학부	7	7	20	20	2	2	29	29
	생명과학부	7	7	27	27	3	3	37	37
	지구환경과학부	5	5	19	19	2	2	26	26
	소계	40	40	121	121	13	13	174	174

대학	학과/학부								
	간호대학	10	10	27	27	3	3	40	40
	경영대학	26	26	47	47	7	7	80	80
공과대학	광역	-	-	-	-	-	-	-	-
	건설환경공학부	8	8	26	26	3	2	37	36
	기계공학부	16	16	54	54	6	6	76	76
	재료공학부	15	15	37	37	5	5	57	57
	전기·정보공학부	11	11	80	80	8	8	99	99
	컴퓨터공학부	6	6	28	28	3	3	37	37
	화학생물공학부	12	12	41	41	4	4	57	57
	건축학과	8	8	25	25	3	2	36	35
	산업공학과	4	4	11	12	2	2	17	18
	에너지자원공학과	5	5	15	15	1	1	21	21
	원자핵공학과	9	9	15	15	2	2	26	26
	조선해양공학과	6	6	22	22	2	1	30	29
	항공우주공학과	4	4	18	18	2	2	24	24
	소계	104	104	372	373	41	38	517	515
농업생명과학	농경제사회학부	11	11	15	15	2	2	28	28
	식물생산과학부	6	6	25	24	3	3	34	33
	산림과학부	5	5	19	19	2	2	26	26
	식품·동물생명공학부	7	6	16	16	2	2	25	24
	응용생물화학부	9	9	15	15	2	2	26	26
	조경·지역시스템공학부	5	5	14	14	2	2	21	21
	바이오시스템·소재학부	7	7	13	13	2	2	22	22
	스마트시스템 과학과	-	4	-	10	-	1	-	15
	소계	50	53	117	126	15	16	182	195
미술대학	동양화과	-	-	-	-	1	1	1	1
	서양화과	-	-	-	-	1	1	1	1
	조소과	-	-	-	-	1	1	1	1
	공예과	-	-	-	-	1	1	1	1
	디자인과	-	-	7	7	1	1	8	8
	소계	-	-	7	7	5	5	12	12

대학	학과								
사범대학	교육학과	-	-	11	11	1	1	12	12
	국어교육과	5	5	9	9	1	1	15	15
	영어교육과	4	4	12	12	1	1	17	17
	독어교육과	4	4	10	10	1	1	15	15
	불어교육과	4	5	10	9	1	1	15	15
	사회교육과	5	5	6	6	1	1	12	12
	역사교육과	5	5	6	6	1	1	12	12
	지리교육과	5	5	6	6	1	1	12	12
	윤리교육과	3	3	9	9	1	1	13	13
	수학교육과	4	4	11	11	1	1	16	16
	물리교육과	3	3	7	7	1	1	11	11
	화학교육과	6	6	7	7	1	1	14	14
	생물교육과	5	5	7	7	1	1	13	13
	지구과학교육과	3	3	9	9	1	1	13	13
	체육교육과	2	2	4	4	2	2	8	8
	소계	58	59	124	123	16	16	198	198
생활과학대학	소비자아동학부 소비자학전공	6	6	8	8	1	1	15	15
	아동가족학전공	5	5	10	10	1	1	16	16
	식품영양학과	4	4	12	12	2	2	18	18
	의류학과	9	8	12	12	1	1	22	21
	소계	24	23	42	42	5	5	71	70
수의과대학	수의예과	6	6	17	17	2	2	25	25
약학대학	약학계열	11	11	29	29	3	3	43	43
음악대학	성악과	-	-	-	-	1	1	1	1
	작곡과	-	-	-	-	1	1	1	1
	음악학과	-	-	-	-	-	-	-	-
	피아노과	-	-	23	23	2	1	25	24
	관현악과	-	-	47	47	1	1	48	48
	국악과	-	-	28	28	-	-	28	28
	소계	-	-	98	98	5	4	103	102
의과대학	의예과	39	39	50	49	7	7	96	95
첨단융합학부		30	30	98	98	20	20	148	148
학부대학*	광역	-	-	-	-	-	-	-	-
	자유전공학부	20	20	48	48	6	6	74	74
	소계	20	20	48	48	6	6	74	74
치의학대학원	치의학과	-	-	25	25	-	-	25	25
합계		507	506	1491	1499	180	177	2178	2182

생활기록부의 모든 것

작성자: 서울대 원자핵공학과 24학번 이승로

생기부란 무엇인가

일명 생기부라고 불리는 학교생활기록부는 「초·중등교육법」에 따라 정해진 것으로 학생의 학업 성취도 및 인성 등을 종합적으로 평가하여 학생지도 및 상급학교의 학생 선발에 활용할 수 있는 문서입니다. 생기부에는 학생의 인적·학적사항, 출결상황, 자격증 및 인증 취득상황, 교과학습발달상황, 행동특성 및 종합의견이 기술되어 있으며 그 밖에 교육목적에 필요한 범위에서 교육부령이 정하는 사항에 대하여 교육부령이 정하는 기준에 따라 작성·관리하고 있습니다.

「학교생활기록 작성 및 관리지침」 제4조의 ①을 보면 '학교생활기록의 자료 입력 및 정정 업무는 당해 업무를 담당하는 사용자가 수행함을 원칙으로 함'이라 나옵니다. 즉, 담임 교사나 해당 과목을 담당하는 교사가 학생이 학교교육계획이나 학교교육과정에 따라 학교에서 실시한 각종 교육활동의 이수 상황, 특히 그중에서 활동 내용에 따른 개별적 특성이 드러나는 사항을 중심으로 기재합니다. 단편적인 모습만 보고 작성하지 않고 학생의 성장과 학습 과정을 상시 관찰·평가한 누가기록 중심의 종합 기록 문서이기에 생기부 관리를 위해서는 학교생활을 성실히 보내는 것이 가장 중요합니다.

생기부는 「학교생활기록 작성 및 관리지침」 제19조에 따라 학교의 학년도로 규정된 3월 1일부터 다음 해 2월 말일까지 작성하도록 하며 당해 학년도 이전의 학교생기부 입력 자료에 대한 정정은 원칙적으로 금지됩니다. 즉, 한 학년이 지난 이후엔 중대한 정정사유에 해당되지 않는 한 이전 학년의 생기부를 수정할 수 없습니다.

생기부는 교사가 작성하므로, 아마 많은 학생과 학부모가 생기부의 구성과 모습에 대해 자세히 알지 못할 것이라 생각합니다. 막 입학한 학생은 생기부를 본 적이 없으니 당연하고, 이번에 자녀를 처음 고등학교에 보내는 분들이라면 부모님 세대의 학창 시절과는 많이 달라졌기 때문입니다. 이해를 돕기 위해 실제 생기부와 동일한 양식을 가져왔습니다. 직접 내용을 보면서 생기부의 구성에 대해 알아보도록 합시다. (생기부 양식에 기록된 내용은 설명을 돕기 위한 참고용 예시일 뿐입니다.)

우선 생기부는 크게 8가지 항목으로 나눌 수 있습니다. 생기부상에서 각 내용은 8개의 번호로 분류되어 있는데 이는 차례대로 다음과 같습니다.

1	인적·학적사항
2	출결상황
3	수상경력
4	자격증 및 인증 취득상황
5	창의적 체험활동
6	교과학습발달상황
7	독서활동상황
8	행동특성 및 종합의견

대학 입시가 많은 변화를 겪어오면서 과거와 달리 모든 항목이 입시에 반영되지는 않습니다. 과거에는 사생대회나 백일장, 올림피아드와 같은 교외 대회의 수상 경력이 대입에 도움이 되었지만 지금은 그렇지 않죠. 「대입제도 공정성 강화 방안」에 따라 2024~2026학년도 대입에선 교과와 비교과에서 아래 항목을 미기재 또는 반영하지 못하도록 하고 있습니다. 자세한 내용은 아래 표로 확인해 봅시다.

구분		학생부 신뢰도 제고 방안	대입제도 공정성 강화 방안
		2023학년도 대입	2024~2026학년도 대입
교과활동		· 방과후학교 활동(수강) 내용 미기재	· 방과후학교 활동(수강) 내용 미기재 · 영재 · 발명교육 실적 대입 미반영
비교과영역	동아리활동	· 자율동아리는 연간 1개(30자)만 기재 · 청소년단체활동은 단체명만 기재 · 소논문 기재 금지	· 자율동아리 대입 미반영 · 청소년단체활동 미기재 · 소논문 기재 금지
	봉사활동	· 특기사항 미기재 · 교내·외 봉사활동실적 기재	· 특기사항 미기재 · 개인봉사활동 실적 대입 미반영 단, 학교교육계획에 따라 교사가 지도한 실적('학교'로 등록)은 대입 반영
	진로활동	· 진로희망분야 대입 미반영	· 진로희망분야 대입 미반영
	수상경력	· 교내수상 학기장 1건만(3년간 6건) 대입 반영	· 대입 미반영
	자격증 및 인증취득상황	· 대입 미반영 (국가직무능력 표준이수상황은 제공)	· 대입 미반영 (국가직무능력 표준이수상황은 제공)
	독서활동	· 도서명과 저자	· 대입 미반영

항목마다 미기재나 미반영이라고 적혀 있습니다. 미기재는 말 그대로 아예 작성하지 않는다는 의미이며, 미반영은 작성은 하되 입시 과정에서 대학교가 열람 가능한 항목에는 포함되지 않는다는 의미입니다.

작성 가능한 목록만 바뀐 것은 아닙니다. 이제 과거와 달리 각 항목별로 입력 가능한 최대 글자수가 정해져 있습니다. 이 역시도 표로 확인해 봅시다.

영역	세부항목	최대 글자수 (한글 기준)	비고
1. 인적·학적사항	학생 성명	20자	영문 60자
	주소	300자	
	특기사항	500자	
2. 출결상황	특기사항	500자	
3. 수상경력	수상명	100자	
	참가대상(참가인원)	25자	
4. 자격증 및 인증 취득상황	명칭 또는 종류	100자	
5. 창의적 체험활동상황	자율활동 특기사항	500자	
	동아리활동 특기사항	500자	
	진로활동 특기사항	700자	
	봉사활동실적 특기사항	250자	
6. 교과학습발달상황	과목별 세부능력 및 특기사항	500자	
	개인별 세부능력 및 특기사항	500자	
7. 독서활동상황	공통	500자	
	과목별	250자	
8. 행동특성 및 종합의견	행동특성 및 종합의견	500자	
9. 전공·과정	1학기	60자	부전공 30자 이내 세부전공 30자 이내 복수전공 30자 이내
	2학기	60자	부전공 30자 이내 세부전공 30자 이내 복수전공 30자 이내
	비고	250자	

교사가 사용하는 나이스(교육정보시스템)를 기준으로 입력 글자의 단위는 바이트(Byte)이며, 한글 1자는 3바이트, 영문과 숫자 1자, 엔터는 1바이트로 취급되어 한 가지 항목에 대략 1500~2100바이트가 입력됩니다.

졸업 대장 번호					사진
학년＼구분	학과	반	번호	담임성명	
1		1반	1번	홍길동	
2					
3					

1. 인적 · 학적사항

학생정보	성명:　　　　성별:　　　　주민번호: 주소:
학적사항	2025년 1월 10일 ○○중학교 제3학년 졸업 2025년 3월 3일 ○○고등학교 제1학년 입학
특기사항	

2. 출결상황

학년	수업 일수	결석일수			지각			조퇴			결과			특기 사항
		질병	미인정	기타	질병	미인정	기타	질병	미인정	기타	질병	미인정	기타	
1	190	·	·	·	·	·	·	·	·	·	·	·	·	개근
2		·	·	·	·	·	·	·	·	·	·	·	·	
3		·	·	·	·	·	·	·	·	·	·	·	·	

가장 먼저 마주하게 되는 첫 페이지에 실리는 항목들입니다. 해당 학생의 가장 기본적인 정보를 담고 있는 장으로 학생의 학년·반·번호, 증명사진과 인적·학적사항, 출결상황을 보여줍니다. 여기서 주로 보는 항목은 출결상황으로, 해당 학생이 성실히 학교생활을 했는지 가장 간단하게 확인하는 방법으로 활용됩니다.

법적으로 지진이나 폭우와 같은 천재지변 또는 법정 감염병 등으로 인한 결석은 인정결로 취급되며 본인의 부모나 형제, 자매, 조부모와 같은 가족의 경조사에 따른 결석 역시 마찬가지입니다. 또, 여성의 경우 1개월에 1번 생리통으로 인한 인정 결석도 가능합니다.

하지만 다음의 경우는 인정 결석에 포함되지 않습니다.

1	「학교폭력예방 및 대책에 관한 법률」 제17조제1항제6호에 따른 출석정지
2	「교원의 지위 향상 및 교육활동 보호를 위한 특별법」 제18조제1항제4호에 따른 출석정지
3	「초·중등교육법 시행령」 제31조제1항제4호에 따른 출석정지
4	「초·중등교육법 시행령」 제31조제6항의 가정학습 기간
5	범법행위로 인한 책임있는 사유로 결석한 경우(관련 기관 출석, 체포, 도피, 구속(구인, 구금, 구류 포함, 교도소 수감 등)
6	태만, 가출, 출석 거부 등 고의로 결석한 경우
7	기타 합당하지 않은 사유로 결석한 경우

3. 수상경력(대입 미반영)

학년(학기)		수상명	등급(위)	수상연월일	수여기관	참가대상 (참가인원)
1	1	모범학생 표창 (선행 부문)		2025.05.21	○○고등학교장	1학년(200명)
	2					

수상경력은 재학 중 학생이 교내에서 수상한 상의 명칭, 등급(위), 수상연월일, 수여기관, 참가 대상(인원)을 입력하는 항목입니다. 만약 동일한 작품이나 내용으로 수준이 다른 상을 여러 번 수상했을 경우, 최고 수준의 수상 경력만을 입력합니다.

생기부의 공신력을 높이고, 사교육을 유발하는 입학전형 요소 배제의 일환으로

2011학년도부터 수상경력에 교내상만을 입력하고 교외상을 입력하지 못하도록 바꾸었습니다. 그렇기에 교외 기관에서 수상한 모든 상장(표창장, 감사장, 공로상 등도 포함)은 입력이 불가합니다.

또 교내상은 생기부 수상경력에만 입력하며, 수상경력 이외의 어떠한 항목에도 입력하지 않도록 하고 있습니다. 때문에 창의적 체험활동상황의 특기사항이나 교과학습발달상황의 세부능력 및 특기사항, 행동특성 및 종합의견 등에 본인이 수상한 내용은 물론이고 참가한 사실조차 기재하지 못합니다.

4. 자격증 및 인증 취득상황(대입 미반영)

자격증 및 인증 취득상황

구분	명칭 또는 종류	번호 또는 내용	취득연월일	발급기관

국가직무능력표준 이수상황

학년	학기	세분류	능력단위 (능력단위코드)	이수시간	원점수	성취도	비고

자격증 및 인증 취득상황은 고등학생이 재학 중에 취득한 자격증의 명칭 또는 종류, 번호 또는 내용, 취득연월일과 발급기관을 입력하며 원본을 대조한 후에 취득 순서대로 입력하면 됩니다.

모든 자격증을 입력할 수 있는 것은 아니며 기재 가능한 자격증은 아래 3가지 항목 중 하나에 포함되어야 합니다.

1	「국가기술자격법」에 따른 국가기술자격증
2	개별 법령에 따른 국가자격증
3	「자격기본법」에 따른 국가공인을 받은 민간자격증 중 기술과 관련 있는 내용

추가로 사교육 유발 요인이 크다는 이유에서 각종 공인어학시험 참여 사실과 그 성적 및 수상 실적은 입력할 수 없으며 대표적으로 TEPS나 TOEIC, 한자능력검정 등이 이에 포함됩니다.

5. 창의적 체험활동상황

학년	창의적 체험활동상황		
	영역	시간	특기사항
1	자율활동	62	1학기 부실장(2025.03.02.-2025.08.09.)으로 멘토멘티 모임을 활성화하고 수학과 학습 플래너 멘토가 되어 열정적으로 참여함. 학습 코칭 프로그램에 4주간 참여하면서 자신의 학습 유형을 파악하고, 학습 전략을 수립하는 과정을 통해 효율적 학습 방법과 시간 관리 전략을 익히고 실습함. 그룹별 과제 수행을 통해 동료 학생들과 상호작용을 하면서 학습 코칭 기술을 습득하였으며, 학습 기술을 활용하는 방법을 배우고 자신에게 적합한 기술을 사용하는 방법을 익힘. 학교 축제 및 동아리 체험 부스(2025.07.14.)를 준비하면서 학생들이 궁금해할 만한 주제가 무엇일지에 대해 먼저 토의하여 방향을 설정함. 필요한 물품을 구입하고 활동 주제를 선정하고 협의하면서 교우들과 소통하며 협력하며 희망 진로를 설계함. 학급특색활동(2021.12.21.)시간에 모의법정을 기획하고 역할을 나누어 '방역 수칙을 제대로 지키지 않는 학생들에 대한 처벌을 어떻게 할 것인가?'에 대해 진지하게 토의함. 지혜로운 판결로 단순 처벌이 아니라 규칙을 지켜야 하는 이유를 스스로 깨닫도록 유도함. 2025학년도 신입생 유치를 위한 학교 홍보단으로 선발되어 자신의 경험과 사례를 진솔하게 들려주며 적극적으로 학교를 홍보함.
	동아리활동	26	(예그리나) (26시간) 동아리 차장으로 소통을 중요시하고, 실험 주제를 적극적으로 제안하는 리더십을 보여줌. 통합과학 교과서의 멸치 해부 실험을 응용하여 멸치보다 더 큰 디포리를 실험체로 선정하고 위를 집중적으로 해부하였고 동물성, 식물성 플랑크톤을 구별하여 현미경으로 관찰함. '올바른 약 복용법 및 보관법과 폐의약품 처리 방법'을 실험하고 구름다리에 전시하여 전교생에게 약품에 대한 바른 정보를 제공함. 보건안전부의 '카페인, 아무것도 모르고 마실 순 없다'와 연계하여, 카페인 추출 실험을 위해 '용매 추출법'에 대하여 조원에게 사전 설명하

동아리활동	26	고, 카페인 추출 원리와 용매에 따른 용해도의 차이를 알아봄. 두 번의 추출 실험을 통해 카페인은 유기 물질이므로 무극성의 성질을 가지고 있고, 극성은 극성끼리, 무극성은 무극성끼리 잘 용해된다는 실험 결과를 이끌어 냄. 코로나와 독감의 바이러스 증상이 겹치는 부분이 있다는 것에 착안하여 각 질환의 특징 및 증상을 조사하여 표로 정리함. 브로콜리에서 genomic DNA를 뽑아낼 수 있으며 gel electrophoresis를 통해 DNA를 확인하고, 소금은 물에 녹으면 나트륨 양이온이 되므로 음전하를 띠는 DNA가 빠져나오도록 도와줌을 알게 됨.

		희망분야	약사, 생명공학
진로활동	34		입학 초 담임 교사와 진로 상담을 하면서 의학 계열에 대한 열정을 강하게 드러냈으며, 의학 분야에 관심을 갖고 구준히 회학 분야 전공 체험으로 진로를 구체화함. 교육청이 주관한 의학 분야 진로 탐색 프로그램에 참가해 해부학 교수님께 뼈에 관해 학습하였으며, 정상 성인의 몸을 구성하는 뼈의 총 개수, 남녀를 비교했을 때 가장 많이 차이나는 뼈가 골반이라는 점 등을 학습했다고 밝힘. 또 뼈의 위치와 명칭을 외운 뒤 맞추는 실습에서 뼈의 명칭을 정확히 명명하여 칭찬받았고, 산부인과 교수님께 수직 매트릭스 봉합을 배울 때 자신이 기존에 배워 알고 있던 지식으로 친구들을 도우며 주도적으로 학습함. 이 프로그램을 통해 의학 분야의 종사자가 되고 싶다는 의지를 다짐. 이 프로그램을 통해 의사가 되고 싶다는 꿈이 명확해졌다고 표현함. 의료계를 단순히 선망의 대상으로 바라보는 것이 아니라, 생명 존중의 마음을 배워 희생과 봉사 정신이 필요함을 피부로 느꼈다고 표현했으며, 세심하고 순간 판단이 빠른 본인의 강점이 해당 직종과 잘 맞아 꿈을 확고히 하게 되는 계기가 됨. 학기 초 진로와 관련된 목표로서 생물과 화학을 열심히 공부하겠다고 계획했으며 의료계의 비윤리적인 행동을 조사하는 등 바람직한 직업윤리를 고민하는 모습을 비추어 의료계 종사자로서의 훌륭한 자질을 보여줌. 『통뇌법 혁명, 중풍·비염 꼭 걸려야 하나요?(이태훈)』를 읽고 진로 독서 보고서를 작성함. 자기 가족이 앓고 있는 비염에 관해 공부하고 이를 해결하기 위해 분골쇄신하겠다는 마음을 다짐. 그 밖에 신체 능력이 뛰어나고, 급우들의 학습을 도와주며 다른 사람을 돕고 가르치는 일에도 흥미가 있음. 자신의 진로에 대한 확신이 있고 목표지향적인 자세를 갖춘 학생이기에 앞으로 더욱 발전한 것이 기대됨.

학년	봉사활동 실적				
	일자 또는 기간	장소 또는 주관기관명	활동내용	시간	누계시간
1	2025.03.08. ~	(학교) ○○고등학교	자율학습 도우미	5	5

생기부의 하이라이트라고도 볼 수 있는 항목인 창의적 체험활동(이하 '창체')은 「2015 개정 교육과정 창의적 체험활동 해설」에 따르면 교과와 상호보완적 관계 속에서 앎을 적극적으로 실천하기 위하여 실시하는 '교과 이외 활동'이라고 설명되어 있습니다.

따라서 창체는 단순히 교과 진도와 관련된 심화학습이나 보충학습이 되지 않도록 유의하여 교과 학습활동과 전혀 다르게 접근할 수 있도록 해야 합니다. 물론 활동 과정에서 학생이 스스로 학습하고 심화된 내용을 알게 되는 것은 상관없으나 활동 기획이 초안부터 이를 의도해선 안 된다는 의미입니다.

교실 수업을 통한 앎이 실제적인 수행 능력으로 표현되도록 하는 창체는 크게 4가지 항목으로 구성됩니다. 위 표에서 볼 수 있는 자율활동, 동아리활동, 진로활동, 봉사활동이 바로 그것이죠. 앞 3가지 항목은 개별적 특성이 드러나는 사항을 입력하고 봉사활동은 실적을 입력합니다.

특기사항에 입력할 수 있는 내용 역시 제한되어 있습니다. 학생이 관련된 좋은 활동을 했다고 해서 다 적어줄 수는 없는 노릇이니까요. 입력 가능한 내용은 아래 표와 같습니다.

영역	특기사항에 입력할 수 있는 내용
자율 활동	학교교육계획에 따라 학교가 주최하고 주관한 체험활동 시·도교육감이 승인한 학교 밖 교육기관에서 주최하고 주관한 체험활동 중 학교교육계획에 따른 체험활동 타 고등학교에서 주최하고 주관한 체험활동 중 학교장이 승인한 체험활동 교육관련기관에서 주최하고 주관한 체험활동 중 학교장이 승인한 체험활동
동아리 활동	정규교육과정 동아리활동 정규교육과정 이외 학교스포츠클럽활동 클럽명과 이수시간 학교교육계획에 따른 정규교육과정 이외의 자율동아리활동 학교교육계획에 따라 학교가 주최하고 주관한 체험활동 시·도교육감이 승인한 학교 밖 교육기관에서 주최하고 주관한 체험활동 중 학교교육계획에 따른 체험활동 타 고등학교에서 주최하고 주관한 체험활동 중 학교장이 승인한 체험활동 교육관련기관에서 주최하고 주관한 체험활동 중 학교장이 승인한 체험활동

진로 활동	진로희망분야 진로지도와 관련된 상담 및 관찰·평가 내용 학교교육계획에 따라 학교가 주최하고 주관한 체험활동 시·도교육감이 승인한 학교 밖 교육기관에서 주최하고 주관한 체험활동 중 학교교육계획에 따른 체험활동 타 고등학교에서 주최하고 주관한 체험활동 중 학교장이 승인한 체험활동 교육관련기관에서 주최하고 주관한 체험활동 중 학교장이 승인한 체험활동

각 활동의 목적은 다음과 같습니다.

자율활동	학교 공동체 구성원으로서 자치능력과 탐구능력 형성을 목표로 하는 활동
동아리활동	자율적으로 모여 관심사와 재능을 창의적으로 표출하는 집단활동
진로활동	자기 의지로 타인을 돕거나 국가나 사회에 이바지하는 활동
봉사활동	자신의 적성과 능력을 이해하고 진로를 탐색하고 설계하는 활동

　「2015 개정 교육과정 창의적 체험활동 해설」에서는 창체의 평가 기준으로 '참여도, 협력도, 열성도' 등을 제시하여 학생이 해당 영역의 활동에 얼마나 적극적인지, 집단에 얼마나 기여했는지, 자기주도적이고 책임감 있게 활동했는지를 중심으로 평가하도록 되어 있습니다.

　관련 역량으로는 아래 항목을 제시하고 있습니다.

　자기관리 역량이란 자아 정체성 확립과 진로에 대한 설계를 바탕으로 자기 삶의 주인으로 성장하는 역량으로 학생들은 창체활동을 통해 자기주도적으로 삶을 관리할 수 있는 능력과 태도를 기를 수 있습니다.

　지식정보처리 역량은 문제를 합리적으로 해결하기 위해 필요한 지식과 정보를 선택·활용하는 역량입니다. 여러 활동에서 본인이 필요한 정보를 수집하고 탐색하여 문제를 자발적으로 해결하는 역량입니다.

창의적 사고 역량은 교과에서 배운 지식과 기능을 활용하여 융합적으로 주제를 탐구하고 독창적으로 표현하는 역량입니다.

심미적 감성 역량은 인간에 대한 공감적 이해와 문화적 감수성을 바탕으로 삶의 의미와 가치를 발견하고 향유하는 역량입니다. 학생들은 다양한 예술, 음악, 체육, 문화 활동을 통해 몸과 마음을 조화롭게 발달시켜 공감적으로 이해하는 역량을 기를 수 있습니다.

의사소통 역량은 자신의 생각과 감정을 타인에게 효과적으로 표현하고 다른 이의 의견을 경청하고 존중하는 역량입니다. 학생들은 창체활동을 통해 경청하는 자세와 의사소통을 위한 효과적인 기술, 논리적인 언어 표현, 올바른 관계 형성 방법 등을 배양할 수 있습니다.

공동체 역량은 지역, 국가, 세계 공동체의 구성원에게 요구되는 가치와 태도를 바탕으로 공동체 발전에 적극적으로 참여하는 역량입니다. 학생들은 창체활동을 통하여 나눔과 배려를 실천하고 다른 사람과 함께 더불어 사는 삶의 가치를 알게 됩니다.

각 활동에서는 다음 역량들을 드러낼 수 있습니다.

	자기관리 역량	지식정보 처리 역량	창의적 사고 역량	심미적 감성 역량	의사소통 역량	공동체 역량
자율활동	○	○	○		○	
동아리활동			○	○		○
진로활동	○	○				
봉사활동					○	○

6. 교과학습발달상황

1학년

학기	교과	과목	단위수	원점수/과목평균 (표준편차)	성취도 (수강자수)	석차 등급	비고
1	국어	국어	4	98/82.6(11.1)	A(165)	1	
	수학	수학	4	99/70.4(15.2)	A(165)	1	
	영어	영어	4	96/65(17.8)	A(165)	1	
	한국사	한국사	3	100/81.8(14.7)	A(165)	1	
	사회(역사/도덕 포함)	통합사회	3	98/81.8(10.1)	A(165)	1	
	과학	통합과학	4	100/79.0(12.8)	A(165)	1	
	과학	과학탐구실험	1		A(165)		
	기술·가정/제2외국어/ 한문/교양	기술·가정	2	100/91.4(5.9)	A(165)	1	
	기술·가정/제2외국어/ 한문/교양	진로와 직업	1	97/74.0(11.9)	P	P	
	이수단위 합계		26				

과목	세부능력 및 특기사항
	국어: 학습태도가 바르며 설명을 놓치지 않기 위해 수업 내내 차분히 집중하는 모습이 돋보이는 학생임. 수업 활동에 꾸준히 참여하는 과정에서 자신의 생각을 논리적으로 표현하는 능력이 많이 향상됐으며 빠르고 정확히 글을 읽고 내용을 파악하는 연습을 통해 연구 보고서나 자료에서도 필요한 정보를 선별하여 자신만의 글로 조직하는 역량을 길러낸 점이 인상 깊음. 생명과학 분야에 관심도가 높은 학생으로 관심분야 글쓰기 활동에서 샤가프의 법칙을 설명하는 글을 작성함. 또래가 예상 독자임을 고려하여 염기서열을 서로 색이 다른 사탕에 비유하고, 관련 용어를 쉽게 풀이하여 설명하는 등 독자가 쉽게 접근할 수 있도록 고려한 글을 구성하는 능력이 뛰어남. 주제탐구 활동에서 '암세포의 증식' 관련 지문을 읽고 지적 호기심을 해결하고자 도서 『꼭 알아야 할 생물학 이야기』를 읽은 후 암 치료를 주제로 발표함. 세포 주기와 증식에서 사이클린 의존성 인산화효소가 작용하는데 지나치게 농도가 높아지지 않도록 억제제를 이용하는 방식의 치료법이 꾸준히 개발되고 있음을 알림. 내용을 설명하는 과정에서 준, 비언어적 표현을 적절히 활용하고 독자의 배경지식을 불러일으키는 방식을 사용하여 짜임새 있게 발표를 준비함. 수학:

진로 선택 과목

학기	교과	과목	단위수	원점수/과목평균	성취도 (수강자수)	성취도별 분포비율	비고
	이수 단위 합계						

과목	세부능력 및 특기사항
해당 사항 없음	

체육·예술

학기	교과	과목	단위수	성취도	비고
1	체육	체육	2	A	
	예술	음악	2	A	
	예술	미술	1	A	
2					

과목	세부능력 및 특기사항
	(1학기)체육: 자기주도적으로 학습하려는 의지가 강하고 다양한 학습 전략을 이용하려는 태도가 바람직함. 친구들과의 관계를 중요시하며 좋은 우정을 지키려 노력하는 모습이 나타남. 모든 활동에 적극적이고 주도적으로 참여하며 체육 활동에 대한 흥미가 매우 높음. 근력, 지구력, 유연성 등 기초 체력이 매우 우수하며 킨볼 리그 경기에서 공을 목표한 지점과 방향으로 정확하게 보내는 공격 능력이 뛰어나고 습득한 여러 기술을 게임에 적용하고 운영하는 능력이 매우 우수함.
	(2학기)체육: 학급체육부장(2025.03.02.-2025.02.28.)으로 주어진 책임에 최선을 다하며, 적극적인 자세로 모든 활동에 참여하고 주도하는 등 매우 모범적인 태도로 수업에 참여함. 심폐 지구력이 뛰어나고 힘든 수업 활동에도 웃음을 잃지 않고 긍정적인 태도로 참여하는 모습에서 학우들이 본받을 만함. 기본적으로 운동 능력이나 운동 기술 습득 능력이 뛰어나고, 성실함도 갖추고 있어 다양한 수업 활동에서 두각을 나타냄. 배구 및 네트형 경쟁 활동 스포츠에 대한 개념, 특성 및 가치에 대한 이해가 탁월함. 배구 경기에 필요한 기초 기능을 게임에 적용하여 구사할 수 있으며, 페어플레이 정신을 실천하며 리그 경기에 최선을 다함. 음악: 미술:

교과학습발달상황은 창체와 더불어 대입에서 가장 주목하는 항목입니다. 모두가 궁금해하는 과목별 등급과 성취도, 그리고 세부능력 및 특기사항(이하 '세특')이 기재되는 곳이지요. 각 학년별로 이수한 과목명, 단위수, 원점수와 평균, 표준편차, 성취도, 수강자수, 석차등급이 기재되고 세특으로 최대 500자가 입력됩니다.

등급이 산출되거나 P/NP로 구분되는 필수이수과목과 일반선택과목, 진로선택과목, 체육·예술과목이 나뉘어져 표현되어 있습니다.

학종은 기본적으로 '학업 역량, 전공적합성, 인성, 발전가능성'이라는 4개의 평가 요소를 기반으로 합니다. 평가 요소는 다시 여러 개의 평가 항목으로 나뉘고, 평가 항목은 다시 세부항목으로 나눌 수 있습니다. 연세대, 중앙대 등 여러 대학에서 공동으로 연구한 「new 학생부종합전형 공통 평가 요소 및 평가 항목」에 따르면 최근 대학에서는 전공적합성 대신 진로 역량으로, 인성과 발전 가능성을 합쳐 공동체 역량으로 재구성하는 경향성을 보여주고 있습니다.

그리고 생기부를 작성하는 선생님들은 이 평가 기준에 따라 학생들의 생기부 중 서술식으로 기록하는 창체와 세특을 입력하게 됩니다. 그러니 이 기준을 정확히 이해하는 것이 중요합니다.

학업 성취도	
정의	고교 교육과정에서 이수한 교과의 성취 수준이나 학업 발전의 정도
세부 평가 내용	• 대학 수학에 필요한 기본 교과목의 교과성적은 적절한가? 그 외 교과목의 교과성적은 어느 정도인가? 유난히 소홀한 과목이 있는가? • 학기별/학년별 성적의 추이는 어떠한가?

학업 태도	
정의	학업을 수행하고 학습해 나가려는 의지와 노력
세부 평가 내용	• 성취동기와 목표의식을 가지고 자발적으로 학습하려는 의지가 있는가? • 새로운 지식을 획득하기 위해 자기주도적으로 노력하고 있는가? • 교과 수업에 적극적으로 참여해 수업 내용을 이해하려는 태도와 열정이 있는가?

탐구력	
정의	지적 호기심을 바탕으로 사물과 현상에 대해 탐구하고, 문제를 해결하려는 노력
세부 평가 내용	• 교과와 각종 탐구활동 등을 통해 지식을 확장하려고 노력하고 있는가? • 교과와 각종 탐구활동에서 구체적인 성과를 보이고 있는가? • 교내 활동에서 학문에 대한 열의와 지적 관심이 드러나고 있는가?

우선 학업 역량은 크게 학업 성취도, 학업 태도, 탐구력으로 나눌 수 있습니다. 학업 성취도란 고교 교육과정에서 이수한 교과의 성취 수준이나 학업 발전의 정도로 말할 수 있습니다. 또 이에 대한 평가는 종합적 학업능력, 추세적 발전 정도, 그리고 희망 전공과의 연계 등을 기본으로 합니다. 학종에서 성적이 우상향하는 그림이 필요하다는 이유가 바로 이 때문입니다. 또 소위 말하는 주요 교과의 성적만 우수한 경우에 불이익을 받을 수도 있다는 점에 유의해야 합니다.

학업 태도란 학업을 수행하고 학습해 나가려는 의지와 노력을 말하는 것으로 자기주도성에 기반한 학업에서의 적극적인 노력과 의지, 도전 정신과 실험 정신, 지적인 호기심, 각종 교내 활동에 대한 열정 등이 확인될 때 의미 있게 평가됩니다. 이러한 자기주도적 학업 태도는 다양한 측면에서 엿볼 수 있습니다. 자신의 진로를 위해 어떤 교과를 선택하는지에서부터 다양한 활동에 참여했는지, 수업이나 과제에서 노력과 열의를 보였는지, 이에 그치지 않고 독서를 통해 지식을 확장하거나 토론, 글쓰기, 실험 실습 등에 도달했는가까지 다양한 방식으로 지적 성취뿐만 아니라 지적 호기심까지도 추론할 수 있습니다.

마지막으로 탐구력이란 어떤 대상에 대해 호기심을 가지고 깊게 꾸준히 연구할 수 있는 역량을 지칭합니다. 탐구력을 평가하기 위해 평가자(교사와 대학교수)는 학교에서 이루어지고 있는 다양한 탐구 활동에 얼마나 적극적이고 자발적인 의지가 있는지, 그리고 그 활동을 통해 이룬 성과는 무엇인지 확인해야 합니다. 학생 스스로 다양한 상황에서 본인이 배운 지식을 적용하고 활용하는 능력까지 평가하는 것으로 주제 탐구, 프로젝트 학습 등을 통해 이를 확인할 수 있습니다.

전공 관련 교과 이수 노력	
정의	고교 교육과정에서 전공에 필요한 과목을 선택하여 이수한 정도
세부 평가 내용	• 전공과 관련된 과목을 적절하게 선택하고, 이수한 과목은 얼마나 되는가? • 전공과 관련된 과목을 이수하기 위하여 추가적인 노력을 했는가? • 선택과목(일반/진로)은 교과목 학습단계(위계)에 따라 이수하였는가?

전공 관련 교과 성취도	
정의	고교 교육과정에서 전공에 필요한 과목을 수강하고 취득한 학업 성취 수준
세부 평가 내용	• 전공과 관련된 과목의 석차등급/성취도, 원점수, 평균, 표준편차, 이수단위, 수강자 수, 성취도 별 분포 등을 종합적으로 고려한 성취 수준은 적절한가? • 전공과 관련된 동일 교과 내 일반선택과목 대비 진로선택과목의 성취 수준은 어떠한가?

진로 탐색 활동과 경험	
정의	자신의 진로를 탐색하는 과정에서 이루어진 활동이나 경험 및 노력 정도
세부 평가 내용	• 자신의 관심 분야나 흥미와 관련한 다양한 활동에 참여하여 노력한 경험이 있는가? • 교과 활동이나 창의적 체험활동에서 전공에 대한 관심을 가지고 탐색한 경험이 있는가?

진로 역량으로 볼 수 있는 전공적합성은 자신의 진로와 전공 계열에 대한 탐색 노력과 준비 정도로 장래 희망과 관련한 다양한 활동과 경험을 의미합니다. 이 속에는 대학 전공의 계열 맞춤형 활동을 강조하는 면도 일부 포함될 수 있습니다.

학업 역량이 고교 교육과정의 전반적인 학업 수준과 능력을 말하는 과거나 현재의 역량이라면, 진로 역량은 대학 입학 후 해당 전공을 수학할 때 필요한 기초 소양과 자질을 보는 점에는 미래의 성장이나 잠재력에 초점을 둔 항목입니다.

전공 관련 교과 이수 노력으로 자기 진로에 맞추어 얼마나 과목을 잘 선택했는지, 학교에서 개설되지 않은 과목을 공동교육과정 등으로 주체적으로 수강하는 노력을 했는지를 꼽을 수 있습니다. 예를 들어 공학계열은 물리학II에 이어 고급물리나 물리학실험 등을 추가로 이수했는지, 그러한 과목 수는 얼마나 되는지 등을 평가할 수 있습니다.

전공 교과 관련 성취도는 앞서 언급된 학업 성취도 부분과 유사한데, 전공과 관련이 있는 분야에 비중을 두어 평가하는 항목이라고 볼 수 있습니다.

진로 탐색 활동과 경험에서는 학교 교육에서 이루어진 자신의 관심 분야나 흥미와 관련한 다양한 활동과 경험, 전공에 대한 탐색 활동 등으로 평가할 수 있습니다. 학생이 교과 지식 위주의 공부에서 벗어나 다양한 영역에서 균형 잡힌 성장을 했는가를 볼 수 있습니다. 지원 전공과 관련된 활동과 경험이 많다면 자연스레 대학에 입학한 이후에도 해당 전공을 더 열심히 할 것이란 기대를 할 수 있습니다.

마지막 평가 요소로 공동체 역량을 살펴봅시다.

협업과 소통 능력	
정의	공동체의 목표를 달성하기 위해 협력하며, 구성원들과 합리적인 의사소통을 할 수 있는 능력
세부 평가 내용	• 단체 활동 과정에서 서로 돕고 함께 행동하는 모습이 보이는가? • 구성원들과 협력을 통하여 공동의 과제를 수행하고 완성한 경험이 있는가? • 타인의 의견에 공감하고 수용하는 태도를 보이며, 자신의 정보와 생각을 잘 전달하는가?
나눔과 배려	
정의	상대방을 존중하고 이해하여 원만한 관계를 형성하며, 타인을 위하여 기꺼이 나누어주고자 하는 태도와 행동
세부 평가 내용	• 학교생활 속에서 나눔을 실천하고 생활화한 경험이 있는가? • 타인을 위하여 양보하거나 배려를 실천한 구체적 경험이 있는가? • 상대를 이해하고 존중하는 노력을 기울이고 있는가?
성실성과 규칙 준수	
정의	책임감을 바탕으로 자신의 의무를 다하고, 공동체의 기본 윤리와 원칙을 준수하는 태도
세부 평가 내용	• 교내 활동에서 자신이 맡은 역할에 최선을 다하려고 노력한 경험이 있는가? • 자신이 속한 공동체가 정한 규칙과 규정을 준수하고 있는가?
리더십	
정의	자신의 진로를 탐색하는 과정에서 이루어진 활동이나 경험 및 노력 정도
세부 평가 내용	• 공동체의 목표를 달성하기 위해 계획하고 실행을 주도한 경험이 있는가? • 구성원들의 인정과 신뢰를 바탕으로 참여를 이끌고 조율한 경험이 있는가?

흔히 인성이라 부르는 항목을 포함하며, 크게 4가지 평가 항목으로 나눌 수 있습니다. 이러한 공동체 역량 항목들은 학교 안에서 이루어지는 단체 활동과 공동 학습 등에 얼마나 적극적이고 서로 돕고 함께 행동하는 모습을 보이는지, 타인에 의견에 공감하고 수용할 수는 있는지, 타인을 위해 양보나 나눔을 할 수 있는지, 책임감을 바탕으로 자신의 의무를 다하고 공동체의 기본 윤리와 원칙을 지키는지, 공동 목적 달성을 위해 구성원들의 상호작용을 이끌 수 있는지 등을 평가하게 됩니다.

7. 독서활동상황(대입 미반영)

학년	과목 또는 영역	독서활동상황
1	한국사	(1학기) 조선과학 인물열전
2		

개인별, 교과별로 독서활동상황은 독서활동에 특기할 만한 사항이 있는 학생을 대상으로 학기 단위로 입력하는 것으로, 학생이 읽은 책의 제목과 저자를 교과 담당교사 또는 담임교사가 입력하게 됩니다.

하지만 최근 대학 입시에서 독서활동상황이 블라인드 처리되면서 잘 작성하지 않는 경우가 늘고 있으며, 오히려 세특이나 창체 항목에 책과 함께 기재할 것을 권장하고 있습니다.

8. 행동특성 및 종합의견

학년	행동특성 및 종합의견
1	학급의 궂은 일이나 남을 돕는 일에 적극적이며 학급 행사 및 단체 활동의 선두에 서서 학생들을 이끄는 리더십이 엿보이고 모든 일에 솔선수범하여 학급 모두가 인정하는 모범적인 학생임. 학급 내 매일 지각자 체크와 휴대폰 도우미를 맡아 학급 친구들이 생활 습관을 잘 갖추고 공부에 집중할 수 있도록 학급 분위기 조성에 힘씀. 친구들이 어려워하는 내용을 친절하게 가르쳐주고 학습 동기를 부여하여 많은 친구들의 학업 성적 향상에 큰 도움을 줌. 논리력이 뛰어나고 지식을 나누는 것에 즐거움을 느끼는 학생으로 특히 수학과 과학 교과에서 탁월한 재능을 보임. 1인 1역으로 통합과학 멘토를 담당하여 심화 문제를 쉽게 풀어내는 방법을 칼럼으로 제작하고 배포하여 친구들이 겪는 물리 교과에 대한 어려움을 해소하여 노력하는 모습이 돋보임. 집중력이 우수하며 항상 성실하고 진지한 태도로 수업에 참여함. 학습 의욕이 높고 문제해결력이 우수하며 자기 주도적으로 계획하고 실천하는 등 학습 능력이 잘 갖추어져 있음. 자신이 하고자 하는 목표를 위해 포기하지 않는 의지가 굳건하여 중등 수학 교사에 대한 뚜렷한 목표를 가지고 꿈을 이루고자 다양한 관련 활동에 주체적으로 참여함.

행동특성 및 종합의견(이하 '행특')은 수시로 관찰하여 누가 기록된 행동특성을 바탕으로 총체적으로 학생을 이해할 수 있는 종합의견을 담임교사가 문장으로 서술하는 항목으로 대학 입시에서는 학생에 대한 일종의 추천서의 역할로서, 또는 다음 학년도 담임 교사를 위한 지도 자료가 되도록 작성해야 합니다.

대학 입시에 반영된다는 사실 때문에 대부분의 담임 교사가 장점을 위주로 작성하게 되는데, 그럼에도 단점을 입력하는 경우에는 변화 가능성을 함께 입력하도록 하고 있습니다. 또 학교폭력 가해 학생 조치사항으로 결정된 사항 역시 이 항목에 입력하게 됩니다.

대학 입시를 처음으로 치르는, 즉 고등학교 3학년의 졸업예정자 신분으로 대입을 치르는 경우 해당 항목은 1학년과 2학년까지만 반영됩니다.

MMI 면접의 모든 것

작성자: 서울대 의예과 24학번 진태완

의대 입시의 꽃, MMI 면접

본격적인 수시 경험담을 나누기에 앞서, 의대 수시 입시의 결과를 좌지우지하는 MMI 면접에 대해 먼저 이야기해 보겠습니다. MMI란 'Multiple Mini Interviews'의 약자로, 정의상 여러 가지 다양한 상황에서의 임상적 판단력과 윤리의식, 의사소통 능력을 종합적으로 평가하는 방법입니다. 의대 등 메디컬 계열에서 활용하는 면접 방식이죠.

MMI 면접은 이름에 'Mini'라는 단어가 들어간 것이 무색하게 질문 하나하나 모두 높은 집중력과 순발력을 필요로 합니다. 따라서 충분한 준비와 실전 연습을 하지 않으면, 기본적으로 말을 잘하는 학생이라도 만족스럽게 대답하기 힘듭니다. 문제를 풀이하는 일반 면접이나 학생부 내용을 다루는 생기부 면접과는 다르게 답이 정해져 있지 않은, 왕도가 없는 면접이기 때문입니다. 답을 내는 것이 중요한 수능 공부에 몰두하다가 MMI 면접의 세계에 발을 들인 수험생들은 처음 MMI 면접 준비를 하며 적잖이 당황할 수밖에 없습니다. 물론 막 원서를 접수했던 작년 저의 모습도 그랬습니다. 24학년도 면접을 위해 실력을 단기간에 끌어올리기 위해 처절하게 노력했던 제 경험을 담아 MMI 면접을 대비하기 위한 내용을 구성해 보았습니다.

MMI 면접 준비 – 수능 전

MMI 면접은 일반 생기부 면접처럼 수능을 치고 나서 뒤늦게 시작하기에는 공부량이 너무 많아 버겁습니다. 이를 감안해 미리 면접 준비를 할 수 있기는 하지만 수능전에 시간을 할애하기도 쉽지 않습니다. 저는 수능 전의 MMI 면접 준비를 '수시 1차합격 여부에 따라 큰 리스크를 안고 하는 투자'라고 생각합니다. MMI 면접을 보는 대학에서의 1차 선발을 모두 불합격하여 연습한 시간이 무용지물이 되는 상황이 생길수 있다는 가능성도 있고, 막상 면접 준비를 제대로 하기에는 얼마 남지 않은 수능 공부를 할 시간을 버리는 것 같은 기분이 들어 심적으로 불안해지기 때문입니다. 그래서 제 경험상 수능 전에 이 정도만 해두면 수능 이후 연습을 원활히 진행할 수 있겠다는 선에서 수능 전 준비법에 대해 간단히 설명하겠습니다.

고등 과정 전체	여름방학 기간	10~11월
자기 전에 의료 시사 읽기	부모님, 학교 선생님과 기출 문제 맛보기, 의료 윤리 관련 독서하기	본인의 생기부 정독하기, 매일 한 문제씩 기출문제 풀어보기(10분)

고등 과정 전체

가장 먼저 고등 과정 전체에서 해야 할 일은 매일 자기 전에 의료 시사 관련 이슈를 찾아보거나, 현재 주목받고 있는 의학 분야의 신기술 등 발전 상황에 대해 관심을 가지는 것입니다. 저는 고등학교 2~3학년 동안 진로활동 세특을 의료 시사 이슈 관련 내용으로 채웠을 만큼 의료 시사에 관심이 많았고, 이때 배경지식을 쌓아둔 덕에 면접 연습을 하고 기출문제를 풀 때 폭넓은 관점에서 더 풍부한 답변을 구성해 내는 데 유리했습니다.

시사 이슈 관련	의학의 발전 관련
공공의대 설립에 대한 필요성과 사회적 합의에 관한 내용, 필수 진료 분야 지원에 관한 내용(의료 수가제에 관한 의정간의 갈등, 지역별 의료 자원의 불균형 해소, 필수 의료 기피 현상), 건강보험 재정 문제, 간호법 제도, 의료 민영화, 의사과학자 육성 관련 문제(기초 의학 기피에 관하여), 수술실 CCTV 설치 관련 이슈 등	다빈치 로봇 등 AI 수술 의사 도입, 원격의료 기술의 도입에 관한 필요성과 사회적 합의에 관한 내용, 의대 교육과 4차 산업(VR 카데바 실습), 디지털 헬스케어 기술, 빅데이터를 이용한 AI의 암 진단 기술, 보건의료 데이터 유출의 문제 등

이 중 특히 공공의대, 의료 수가제, AI와 의료의 관계, 원격의료 기술은 면접 연습을 진행한 학원에서도 연습문제로 많이 다뤘고, 기출 문제들에서도 많이 보았던 기억이 납니다. 이렇듯 빈출되는 이슈들에 대해서는 자신만의 확실한 의견을 정립하고, 그 의견에 대한 근거와 예상되는 반론까지 폭넓게 생각해서 예상 답변을 마련해 둘 필요가 있습니다.

여름방학

저의 경우, 여름방학 때는 MMI 면접을 치르게 될 줄 몰랐기 때문에 연습을 하지 않았습니다. 하지만 본인이 이때부터 원서접수할 대학이 명확하고, 그 대학에서 MMI 면접을 실시한다면 여름방학 때 해야 할 것은 다음과 같습니다.

1. 여름방학은 학기 중에 비해 자유롭게 쓸 수 있는 시간이 많고, 또한 학교에 꼭 출석하지 않아도 되기 때문에 면접 학원 등의 여름방학 특강 등을 활용해 볼 수 있습니다.

2. 학교별 MMI 기출문제의 유형에 익숙해지기 가장 좋은 시기입니다. 이때 가장 좋은 연습 방법은 문제를 보지 않은 채로 앞에 있는 사람이 구술로 읽어주는 내용을 듣고 1분 간 생각한 뒤 답변하는 방식입니다. 학교에서 선생님들께 부탁드리거나 아니면 부모님 께 부탁드려 연습해 봅시다. 제시문을 직접 눈으로 보아도 문제는 없지만, 실제 MMI 면접 시행 대학 중에는 추가 제시문이나 질문을 구술로 전달하는 경우가 있기에 이를 대비하기 위해서 귀로만 듣고 이해하는 방법이 조금 더 효과적입니다. 이렇게 여름방학 때 'MMI란 이런 것이구나' 정도로 감을 잡아 둔다면 대다수의 경쟁자들보다 더 좋은 위치에서 시작할 수 있습니다.

3. 의료 윤리 관련 도서를 읽는 것도 추천합니다. 실제 답변을 구성할 때는 그저 자신의 주장을 펼치는 것보다는 문장을 인용하거나 철학적으로 말하는 것이 아무래도 조금 더 인상 깊습니다. 정 힘들다면 『수능특강』 생활과 윤리, 윤리와 사상을 한 번 정독하는 것도 괜찮다고 생각합니다.

10월~11월

이때는 MMI 면접도 중요하지만 생기부 면접에 대해서도 대비해야 하는 때입니다. MMI 면접은 서울대, 부산대, 계명대, 울산대, 고신대, 한림대 등등 일부 대학에서만 진행하는 면접 방식이기 때문에, 다른 대학의 학종 면접을 준비한다면 생기부 면접에 대해서도 대비해야 합니다. 이때의 달성 목표는 다음과 같습니다. 우선 자신의 생기부를 정독하여 생기부에서 모르는 내용이 없도록 하고, 자신이 수행평가 때 사용한 논문 등 학술 자료의 원문을 정독합니다. 그리고 그때의 탐구 과정을 떠올려 머릿속에 확실하게 그 절차와 내용, 결론을 기억해 둡니다. 생기부 관련 공부가 끝났다면 그 때는 수능 공부와 병행하여 MMI 기출을 풀어보는 방식으로 진행하면 됩니다. 이때는 여름방학 때보다는 조금 더 실전처럼 연습해야 합니다.

MMI 면접 준비 - 수능 후

이제 본격적인 카운트다운이 들어가는 시기입니다. 대부분 의대의 1차 서류 합격 여부는 수능 전후에 결정됩니다. 수능 최저 기준도 맞추고 이때까지의 대학의 평가 과정을 모두 통과하였다면 이제 정말 면접만이 당락을 좌우할 겁니다. 이제 스스로도 전보다는 확실히 다른 마음가짐으로 임하게 될 것이고, 마치 수능 준비를 하듯이 면접 연습을 하게 될 것입니다.

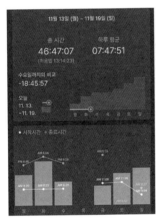

사진은 제가 작년 수능(11/16) 이후 11월 17일부터 12월 2일까지 투자한 총 112시간 14분의 시간에 관한 기록입니다. 이 시간 동안 저는 체계적인 매뉴얼을 스스로 만들고 그에 따라 하나씩 정해진 과제를 완수해 가는 방식으로 면접을 준비했습니다. 저처럼 MMI 면접과 생기부 면접을 동시에 준비할 때의 매뉴얼은 다음과 같습니다.

① 의료 기본/시사 지식 총정리하기

지금까지 공부해 온 의학 관련 지식들을 총정리합니다. MMI 면접의 의학 상황 딜레마나 공감형 질문 등은 대부분 현재 이슈가 되는 안건에 대해서 출제될 가능성이 높습니다. 서울대학교의 경우 특이하게 인문학이나 철학적 지문 등 의료와 전혀 상관없는 난해한 제시문이 출제되는 비중이 높지만, 다른 의대의 MMI에서는 대부분 시사 이슈에 관해 많이 다루고 있는 만큼 출제 가능성을 배제할 수는 없습니다. 따라서 이를 대비하기 위해 저의 경우 의대 지식 자료집을 따로 사서 이때 모두 정독했고, 앞서 정리해 둔 의료 시사 이슈들에 대한 예상 질문과 답변까지 생각해 두었습니다. 예를 들면 원격의료에 관해 질문을 받았을 때 이에 대한 답변을 생각해 두는 식입니다.

장점	단점
지역별 의료격차를 해소할 수 있음	오진의 가능성 있음
간단한 질병에 대한 빠른 진료와 처방이 가능	원격의료 플랫폼 기업의 독점/지역병원 소멸 우려
감염의 위험 없이 진찰 및 진료 가능	특정 의사를 찾기 위해 지나친 대기 문제가 있음

정리해 둔 표를 보면 알 수 있듯이 외우기 쉽게 키워드 형식으로 정리했습니다. 이렇게 키워드 위주로만 기억해 두어도 나중에 관련 질문을 받았을 때 유용하게 활용할 수 있으니 꼭 수행하고 넘어가야 합니다.

실제로 2021학년도 경희대학교에서 코로나 19에 대한 제시문이 출제되었습니다.

제시문 (요약 및 각색)

코로나19 팬데믹 현상으로 인해 전 세계 인류가 심각한 영향을 받고 있다. 백신 개발에는 통상 5년 여 정도의 개발 및 임상 시험 기간이 필요하다. 그러나 최근 미국에서는 1년 미만의 연구 및 시험 기간을 통해 개발된 ○○제약회사의 코로나19 백신을 긴급 승인해서 접종을 시작했다. 백신의 작용 원리를 설명하고 이를 근거로 긴급 승인된 ○○ 백신의 문제점은 무엇일지 예상해 보시오.

이 상황에서 이미 백신 개발에 관련한 뉴스를 찾아보고 정리한 학생은 보다 풍부한 배경지식이 있기에 답변을 구성하기 수월했을 것입니다.

다음은 건양대학교 2023학년도 기출 자료입니다.

제시문(요약 및 각색)

저녁 8시쯤 생후 3개월 된 ○○가 갑자기 경련하기 시작했다. ○○의 부모는 재빨리 인근 A 종합병 원의 응급실을 찾았으나 이 병원은 지난 몇 년 동안 소아청소년과 전공의가 없어 소아 응급실 운영 을 중단한 상태였다. 환자는 급히 다른 지역의 B 대학병원으로 이송되었지만 이송된 병원에는 소아 신경과 전문의가 없었다. 결국, 아이는 소아신경과 전문의가 있는 C 대학병원으로 이송되어서야 검 사를 받았고 차세대 염기서열 분석을 통해 유전자 변이에 의한 '회귀난치성 소아 뇌전증'으로 진단 됐다. 치료를 받은 후 아이의 발작은 줄어들었지만 이미 아이는 소아신경과 의사에게 진료받기까지 오랜 시간이 허비되어 허혈성 뇌 손상으로 일상생활이 불가능해졌다. (청년의사 21.3.10)

7월 24일 A 대학병원 응급실에 간호사 한 명이 찾아왔다. 그는 극심한 두통을 호소했다. 광범위한 뇌출혈이 발생했고, 응급처치가 진행됐지만, 외과적 치료는 시행되지 못했다. 원내 뇌출혈의 외과 수술을 담당하는 교수의 부재 때문이었다. 간호사는 이후 B 대학병원으로 전원되어 수술을 받았지 만 엿새 후인 30일 사망했다. 이후 직장인 앱인 '블라인드'에 A 대학병원 직원이 사건을 게시하여 세상에 알려졌다. (지디넷코리아 22.8.10)

질문1) 제시된 자료를 보고 유추할 수 있는 현 의료의 문제점들에 대해 두 가지 이상 이야기해 보세요.
질문2) 제시한 문제점들에 대한 각각의 해결 방법을 제시해 보세요.

우선 첫 번째 상황에서의 소아과 전문의 부족, 두 번째 상황에서의 외과 수술 담당 의사의 부재(파견이나 업무상의 이유로 추측됨)를 통해 기피 학과 발생 문제를 다루고 있고, 이에 더해 다른 병원으로 이송되는 문제를 통해 의료 인력의 지역별 격차 문제를 다루고 있음을 확인할 수 있습니다. 미리 이러한 의료 시사 이슈에 대해 정리했다면 준비해 간 배경지식을 바탕으로 조금 더 원활한 답변이 가능했을 것입니다.

다음은 제가 면접을 보았던 2024학년도 울산대학교 의예과 MMI 복기록입니다.

제시문(요약 및 각색)

국가 A의 시대별 합계출산율 및 출산 여성의 평균 나이와 자녀 수를 기준으로 아이를 낳지 않는 이유에 대한 제시문이 나옴. 출산율 및 출산 여성 관련 통계 자료를 제시하여 여러 가지 데이터를 정확하게 분석하고, 중요한 데이터를 선별하여 해석할 수 있는 이해력과 독해력, 자료 해석 능력, 논리적 사고능력 등 의학을 전공하는 데 필요한 역량을 질문함.

Q. 그렇다면 이 국가에서 출산율을 높이기 위한 방안은?

A. 난임인 경우가 가장 큰 비중을 차지하지만 이것은 신체적인 요인이 크기 때문에 국가 차원에서 변화시키기 어려울 것입니다. 따라서 그다음 높은 비중을 차지하는 경제적, 교육적 측면에서 유럽의 선진국들처럼 남녀육아휴직제도를 보장하거나 다자녀 혜택을 부여하면 해결할 수 있을 것입니다. 마지막으로 가장 작은 비율이긴 했지만 일과 삶의 불균형 문제에 관해서는 여성의 경력 단절 문제와 육아는 여성의 몫이라는 전통적인 성 역할 인식을 고쳐나가면 출산율이 오를 것입니다.

Q. 이러한 현상을 보고 하고 싶은 말은?

A. (호소하는 목소리로) 현재 대한민국의 경우 출산율이 급격하게 하락하여 OECD 국가 중 최하위권을 달리고 있고, 먼저 고령화로 접어들어 비교의 대상이었던 일본보다도 심각해지고 있습니다. 나라의 존망이 걸린 일이므로 국민들이 이에 경각심을 더 가져야 하고 국가 차원에서도 근본적인 해결책을 마련해야 합니다. (교수님들 포커페이스 유지하다가 마지막에 약간 웃어주심)

아래 표는 면접 준비 당시 출산율 문제에 관해서 정리한 자료입니다. 이처럼 의학 관련 기본 지식에 대해 정리해 둔 덕에 실제 면접에서 수월하게 대답할 수 있었습니다.

출산율
대표적인 저출산 이론은 완만한 U자 형태로 나타나는 이행의 계곡. 세로축 합계출산율, 가로축 여성의 고용률. 여성의 고용률이 높아질수록 출산율이 낮아지다가 어느 시점부터 다시 상승. 대표적인 문제는 부풀려진 남성 육아휴직률. 정재훈 교수는 "여전히 '육아는 여성의 몫'이라는 성 역할 인식이 달라지지 않고 있는 데다 사회적 돌봄 인프라에 대한 노력도 턱없이 적다"며 "혼인이나 출산 문제는 사회 총체적인 변화가 필요하다"라고 말함.

② MMI의 꼬리질문 마스터하기

서울대학교를 비롯하여 많은 의대의 MMI 제시문은 하나의 질문만 건네는 경우가 별로 없습니다. 이때 꼬리질문의 경우 추가 제시문을 보여주고 진행하는 경우도 있지만 지원자 자신의 경험에 비추어 대답하는 방식으로 이루어지는 경우도 꽤 있습니다. 이를 대비하기 위해서는 자신에 대한 질문에 익숙해져야 합니다. 아래의 예시는 122쪽 제 원고에도 실려 있는 면접 복기록이며, 실제 작년 서울대학교 의예과 MMI 면접에서 꼬리질문이 어떻게 나오는지 잘 보여줍니다.

서울대 2024학년도 MMI 제시문

정현이와 선우는 지난주에 교내 수학 경시대회에서 공동 1등을 했다. 4주 후에 전국 수학 경시대회가 열리는데 이 대회에는 학교마다 한 명의 학생만 출전할 수 있다. 담당 교사는 정현이와 선우에게 재시험을 통해 일주일 후에 전국 수학 경시대회에 출전할 학생을 결정하자고 했다. 정현이는 내일부터 중간고사 준비를 시작할 계획이었는데 재시험으로 인해 공부 계획이 변경되어 아쉬웠지만, 중간고사 준비를 조금 미루고 일주일 후에 있을 재시험을 준비하기로 했다.

Q. 본인이 정현의 입장인데, 담당 선생님께서 선우의 개인적인 사정으로 재시험을 일주일 더 뒤로 미뤄도 될지 물어보셨습니다. 본인은 어떻게 하겠습니까?

A. 저는 어려울 것 같다고 말하겠습니다. 지금 이미 일주일이나 미뤄졌고, 중간고사는 경시대회 못지않게 입시에 중요한 요소 중 하나입니다. 다른 친구도 중간고사 준비를 해야 한다는 것을 인지하고 있고, 그 상황에서 미루자는 것으로 볼 때 분명 무슨 일이 있겠지만, 학교의 시험의 경우에는 개인적인 사정이 너무 크게 개입하면 안 된다고 생각합니다.

Q. 개인적인 사정으로 일정을 미루는 것이 공평하다고 생각하나요?

A. 그 일정이 공적인 것이 아니라 사적인 것의 경우에는 미루어도 된다고 생각합니다. 하지만 지금 이 딜레마 상황은 공적인 상황이며, 어떻게 준비하느냐에 따라서 그 결과가 충분히 달라질 수 있습니다. 양측이 합의한 미루기는 절차상 가능하다면 허용될지 몰라도 이해관계가 얽힌 상황에서는 한쪽의 반대가 있다면 미루지 않는 것이 공평하다고 생각합니다.

Q. 선우의 아버지가 다리를 크게 다쳐 아버지의 간호를 해야 하는 상황입니다. 이때 본인이 선우라고 생각하고 어떻게 하시겠습니까?

A. 절차상 일주일 더 미뤄줄 수 있는지 선생님께 먼저 말씀드리겠습니다. 만약 선생님께서 가능하다고 하신다면 정현이에게 가서 정중하게 물어보겠습니다.

Q. 본인이 배려를 해줬거나 받은 경험이 있나요?

A. 우선 받은 경험으로는 제가 시험 기간에 예민한 모습을 보일 때가 있었는데 그걸 이해하고 같이 함께 공부해 온 반 친구들과 기숙사 친구들이 생각납니다. 또한 제가 이 면접장에 오는데 새벽부터 차를 운전해 주신 것을 비롯해 경제적으로나 심리적으로나 언제나 뒤에서 뒷받침해 주신 아버지와 제 꿈을 이뤄주시기 위해 밤낮을 가리지 않고 수능 준비부터 면접 준비까지 모두 열과 성을 다해 도와주신 어머니가 생각납니다. 배려를 해준 경험으로는 학교에서 수행평가를 할 때 예체능이 꿈이라서 참여를 잘 하지 못하는 친구가 있었는데, 그 친구의 사정을 고려하여 제가 그 친구의 몫까지 수행하였던 기억이 납니다.

Q. 본인은 학교에서 성적이 우수한 편일 텐데, 그 성적이 순전히 본인의 역량이라고 생각하나요?

A. 아닙니다. 주변인들의 도움이 없었다면 중간에 힘들었을 때 포기해 버렸을 수도 있고, 제가 공부

에만 전념해도 아무 지장 없을 정도로 다른 모든 것들을 보조해 주신 부모님이 없었더라면 절대로 이와 같은 성적을 내지 못했을 것 같습니다.

제시문에서부터 비롯된 질문 이외에도 자신의 학교생활 중의 경험 또는 생각에 대해 물어보는 꼬리질문이 출제되었습니다. 이러한 질문에 대비하기 위해서는 생기부 면접에서의 예상질문 만들기와 별도로 질문을 만들고 정리할 필요가 있습니다. 다음은 제가 MMI 면접을 대비하면서 만든 꼬리질문 대비 모음 자료 중 일부입니다.

꼬리질문 대비 자료

Q. 가장 인상 깊었던 토론 활동은 무엇이고 본인은 어떤 입장이었으며, 그 근거는 무엇인가?

A. 불치병 치료를 위해 배아줄기세포 연구를 허용해야 한다는 논제의 토론에 참여했습니다. 저는 부분적으로 찬성하는 입장이었습니다. 불치병의 경우 다분화성을 가진 배아줄기세포가 추후 연구에 꼭 필요합니다. 하지만 배아는 아이로 성장할 가능성을 내재하므로 윤리적 문제가 수반되는데, 따라서 저는 천연 다이아몬드는 아니지만, 그 특성은 다이아몬드와 같은 인공 다이아몬드처럼 배아줄기세포와 능력이 같은 줄기세포를 연구하는 방향으로 진행되어야 한다고 주장하였습니다.

Q. 학생이 가장 의미 있게 한 리더십 관련 활동에는 무엇이 있는가?

A. 동아리 부스전에서 동아리장으로서 부스전 준비를 총괄하는 자리에 섰던 경험이 제일 먼저 떠오릅니다. 여러 조로 나누어 역할을 분배하고, 실험과정이 수월하게 흘러갈 수 있도록 감독의 역할을 하기도 하였고, 조별로 피드백을 해주고 의견 대립을 해소해 주며 윤활유와 같은 역할을 맡기도 하였습니다. 이를 통해 자신이 속한 조직을 이끌어나가는 지도자로서 자질을 기를 수 있었고 공동체가 성장해가는 방향성에 대해 깨달음을 주었습니다.

Q. 의학을 배우기 위한 자질은 어떤 것이 필요하다고 생각하나?

A. 저는 환자에 대한 공감 능력, 환자와의 상담에 필요한 의사소통 능력, 의사 사회에서 원활한 업무 수행을 위한 사회성, 그리고 긴급 상황에서 적절한 처치를 하기 위한 순발력이 필요하다고 생각합니다.

Q. 본인에게는 그러한 자질들이 왜 있다고 생각하는지 말해보라.

A. 우선 공감 능력은 학급특색활동을 진행하며 키워왔다고 생각합니다. 저는 학급특색사업의 일환으로 멘토 멘티 활동을 진행하였는데, 멘티 친구의 입장에서 생각하며 학습에 도움을 주었고 그것이 공감 능력을 기르는 데 도움을 준 것 같습니다. 또한 의사소통 능력은 다양한 학급 임원의 경험과 동아리장, 기숙사 학생장 등을 맡으며 그 집단의 의견을 조율하고, 같은 임원들끼리 의견을 맞추는 과정에서 길러왔다고 생각합니다. 또한 고등학교 3년 생활동안 정말 바쁜 일상의 연속이었고, 그 과정에서 최대한 효율적으로 시간을 쓰기 위해서 항상 고민해 왔습니다. 이처럼 급한 상황에서 일들에 우선순위를 부여하는 것과 막막해 보이는 과제를 당면했을 때 최대한 유연하게 대처하는 경험들이 많이 쌓였습니다. 이러한 점들이 순발력을 자연스럽게 길러주었을 것이라 생각합니다.

물론 대비했던 꼬리질문들이 그대로 면접에 출제될 가능성은 적은 편입니다. 하지만 그 답변을 달면서 예시로 들었던 상황은 조금 다른 질문이 나와도 응용하여 답할 수 있는 길이 되어주어 실제 면접을 진행할 때 매끄럽고 구체적인 답변을 만드는 데 큰 도움이 되었습니다.

③ 실제 모의 면접 연습하기

1번 과정과 2번 과정을 완료했다면 이제는 정말로 실전 연습을 해야 할 때입니다. 면접 연습을 하는 데는 수능 전과 마찬가지로 부모님이나 선생님과 진행하는 방법이 있고, 실제 면접 학원에 방문하여 비슷한 환경이 조성된 곳에서 자체 제작 문제로 마치 모의고사를 보듯이 연습하는 방법이 있습니다. 저는 우선 부모님이나 선생님의 도움을 받아 연습하는 것을 기본으로 하되, 수능이 끝나고 바로 다음 주에 면접 학원에 가서 실전 연습을 하는 방법을 추천합니다. 특히 서울대학교 의예과 면접은 다른 학교들보다 더 폭넓게 인문/사회/의료/과학 전반을 다루기 때문에 꼭 특화된 면접 연습을 한 번쯤은 해보는 것이 필요합니다.

먼저, 대부분 문제를 한 번 풀어본 뒤 복습할 때 혼자서 연습합니다. 이때는 자신이 한 답변이 적절했는지 다시 한 번 생각해 보고 문제에 대한 추가 질문을 스스로 만들어 보는 과정을 거칩니다. 이 과정에서 문제에 대한 출제자의 의도를 파악할 수 있으며 향후 이와 비슷한 유형이 나왔을 때 어떻게 대처할 것인지에 관한 자신만의 노하우도 기를 수 있습니다.

면접 대비 자료

평생을 노동자의 건강에 관하여 연구해 온 퀘백대학교의 캐런 매싱 교수는 『보이지 않는 고통』이라는 책을 통하여 다음과 같은 현실을 비판했습니다. "의사들은 테니스엘보라고도 알려진 팔꿈치 관절에 생기는 근골격계 질환에 대해서 테니스를 자주 쳐서 생긴 결과라고 자신 있게 진단한다. 그러나 그 질환이 주당 50시간씩 전선을 잡아당기고 벗겨내는 업무를 해도 생긴다는 것을 모르거나 부인하는 의사들이 많다. 의사들은 테니스를 자주 치기 때문에 테니스엘보는 쉽게 이해한다. 그러나 의사들은 반복적인 육체노동에 대한 경험은 거의 없다. 따라서 그들이 어떻게 전선 피복을 벗겨내는 노동자의 고통을 이해할 수 있겠는가? 그들은 대체로 노동자의 이야기를 신뢰하지 않는다."

Q. 이 상황에서 어떤 점이 문제상황으로 작용하는가?
Q. 의과대학의 교육과정에서 의사의 공감력을 기르기 위한 교육과정을 추가한다면 어떻게 할 생각인가?
Q. 의사들과 환자들의 공감대가 맞지 않아 발생할 수 있는 의료 상황에 대한 예시를 하나 들어보시오.

실제로 기출문제에 대해 학습할 때 제가 스스로 만들어 본 질문입니다. 이렇게 질문들을 실제로 만들어보면 문제에서 말하고자 하는 대강의 주제는 파악할 수 있습니다. 이렇게 하나하나 기출을 분석하다 보면 자연스럽게 비슷한 유형에 대해서 반복 학습을 할 수 있고 답변의 질도 높일 수 있습니다.

혼자 연습을 했다면, 이번에는 다른 사람의 도움을 받아 실제 면접 상황을 조성하여 연습하는 것이 좋습니다. 도와주는 사람이 면접관이라고 생각하고 방에 들어가는 과정부터 퇴실하는 과정까지 전체를 실제와 비슷하게 연습하여 실전 감각을 익히는 연습을 진행합니다. 이때는 면접 학원, 선생님, 부모님 등 최대한 많은 사람과 함께 연습하는 편이 좋습니다. 사람마다 보는 시선이 모두 달라 좋았던 점과 고쳐야 할 점에 대해서 각기 다른 피드백을 줄 수 있기 때문입니다.

실전을 연습처럼 활용하는 방법도 있습니다. 저의 경우 11월 25일에 울산대학교 MMI 면접을 보았으며 12월 2일에 경찰대학교 면접을, 12월 3일에 서울대학교 MMI 면접을 보았습니다. 제게 가장 가고 싶었던 곳은 서울대학교라, 중간에 있었던 두 면접을 좋은 실전 연습의 기회로 삼았습니다. 확실히 학원에서의 모의 면접과는 차원이 다른 분위기 속에서 연습을 진행하는 효과가 있었고, 특히 서울대 면접 전날 본 경찰대 면접의 경우 실전 감각을 유지하는 데 큰 도움을 주었습니다.

MMI 유형 정리와 MMI식 화법 만들기

MMI 면접에는 아주 다양한 제시문들이 출제되지만 그것들을 유형에 따라 묶는다면 몇 가지 유형으로 정리할 수 있습니다. 모두 다루기에는 너무 방대하기 때문에 서울대학교 MMI 기출 유형을 활용하여 제시문의 유형에 대해 설명하겠습니다.

① 실험 결과/그래프 해석 유형

객관적인 실험 결과나 그래프가 주어지고 이에 대해 해석하는 문제가 출제됩니다. 우선 주어진 자료가 무엇을 의미하는지 최대한 많이 생각해 내야 하고, 자료가 두 개 이상 주어질 경우 자료 간의 공통점, 차이점 등 관계성에 대해서도 충분히 생각해야 합니다. 이 유형에서 두 번째 자료는 추가 제시문으로 주어지는 경우가 많은데, 이 경우 두 번째 자료를 해석하는 시간이 촉박하니 유의해야 합니다. 다음은 이 유형의 대표적인 기출문제입니다.

서울대 2023학년도 MMI 제시문

다음은 2020년 소득 수준에 따른 국가별 A 질환에 대한 통계 자료이다. 1만 명당 이 질환이 진단되는 환자 수는 어느 국가나 동일하다. 이 자료를 분석하여 1분간 설명할 수 있게 준비하세요.

		저소득 국가	중저소득 국가	중고소득 국가	고소득 국가
진단 시 평균 나이		31개월	24개월	21개월	14개월
진단 시 병의 중증도	초기	14%	27%	50%	66%
	중기	43%	54%	45%	34%
	말기	43%	19%	5%	1%
3년 생존률		57%	80%	91%	99%

② 딜레마 상황

딜레마 상황은 대부분 서로 대립되는 상황에 처해 있는 두 인물의 대화로 내용이 전개되거나 특정 인물이 곤경에 처한 상황을 제시합니다. 이 유형에서 중요한 점은 어느 한쪽으로 치우치지 않고 합리적인 관점에서 상황을 바라볼 줄 알아야 한다는 것입니다. 이 유형의 경우 꼬리질문이 상당히 길게 이어지는 경우가 많은데, 이때 질문이 계속 이어지며 상황이 계속 조금씩 바뀌거나, 처음의 판단을 뒤바꿀 충동이 들 만큼의 상황이 제시되기도 하기 때문입니다. 앞서 예시로 본 작년 기출문제에서는 친구가 재시험을 일주일 뒤로 미룬 원인이 사실 아버지의 사고로 인한 간호 문제 때문이었다는 추가 상황이 제시되었습니다. 따라서 이렇게 상황이 바뀌어도 합리적인 대답을 해낼 수 있도록 하는 연습이 필요합니다.

요약하자면 문제가 되는 갈등 상황에 대해서 합리적으로 파악하고, 제시된 상황을 심층적으로 이해하려고 노력하며, 갈등의 원인과 해결 방안에 대해 스스로 생각해 보며 면접을 연습하면 됩니다. 다음은 이 유형의 대표적인 기출문제입니다.

제시문(요약 및 각색)

고등학생 A는 같은 반 학생 3명과 조를 구성하여 과학 실험을 수행해 왔고 반에서 최우수 평가를 받아 반의 대표로 교내 과학경진대회에 출전하게 되었다. A는 같은 조 학생 3명과 함께 교내 과학경진대회가 열리기 일주일 전부터 다시 동일한 실험을 총 다섯 차례 반복 실시했다. A는 교내 과학경진대회 당일 발표자 대기석에서 발표 자료를 보다가 마지막 다섯 번째에 실시한 실험 결과가, 비교적 일관된 결론을 도출해 낼 수 있었던 그 이전의 네 번의 실험 결과와는 상당히 다른 방향의 결론을 시사하는 결과임을 발견했다. A는 이제 곧 연단에 올라가 발표해야 한다. 이번 과학 실험 결과는 이미 학교의 여러 선생님으로부터 좋은 평가를 받아 왔고 교내 다른 학생들에게도 많이 알려진 상황이다. 담임 선생님과 같은 조원들은 교내 과학경진대회 대상 수상에 대해 큰 기대를 하고 있다. A는 같은 조 학생들과 이번 과학 실험에서 구축한 성공적인 협력관계를 바탕으로 이후에도 후속 공동 실험을 하기로 계획하고 있다.

③ 일반 제시문 해석

제시문의 상황을 정확하게 파악하는 것이 중요합니다. 특히 독해력이 가장 많이 요구되는 유형이며, 제시문은 짧고 간결하며 때로는 난해하게 제시됩니다. 이 유형에서 중요한 것은 제시문의 상황에 대하여 두괄식으로 길고 조리 있게 말하는 연습을 하는 것입니다. 왜냐하면 긴 제시문과 10분이라는 주어진 시간이 있지만 질문은 꽤 짧게 주어지기 때문입니다. 다음은 대표적인 이 유형의 기출문제입니다.

서울대 2023학년도 MMI 제시문

다음 글을 읽고 제목을 한 문장으로 정해 보십시오.

투명성은 오늘날의 예술—그리고 비평—에서 가장 고상하고 의미심장한 가치다. 투명성이란 사물을 있는 그대로 경험하는 것을 의미한다. 예전에는 예술작품을 만들어내는 것이 혁명적이고 창조적인 활동이었기 때문에 그 경험이 여러 층위로 받아들여졌다. 오늘날은 그렇지 않다. 오늘날의 예술 창작은 현대인의 삶에서 주된 고민거리인 과잉의 법칙을 강화할 뿐이다. 고급 예술이 귀했던 예전에는 예술작품을 해석하는 것이 분명히 혁명적이고 창조적인 활동이었을 것이다. 그러나 오늘날 우리에게 필요한 것은 예술을 지적 사고나 문화에 더이상 동화시키지 않는 것이다. 예술작품에 대한 해석은 예술작품을 감각적으로 경험하는 것에서부터 시작한다. 그러나 현대 시대의 문화는 무절제한 과잉 생산에 기초하며 복잡한 도시 환경에 폭격을 당한다. 따라서 우리는 감각적 경험의 예리함을 서서히 잃어가고 있다. 더욱이 현대 생활의 물질적 풍요 그리고 걷잡을 수 없는 혼잡함 역시 우리의 감각 기관을 무디게 만든다. 지금 중요한 것은 감성을 회복하는 것이다. 우리는 더 잘 보고, 더 잘 듣고, 더 잘 느끼는 법을 배워야 한다. 예술작품 속에 있는 것 이상의 내용을 불필요하게 짜내기보다는 오히려 내용을 쳐내서 조금이라도 실체를 보는 것이 필요하다. 오늘날, 우리는 예술작품(그리고 거기에서 유추한 우리의 경험)이 우리에게 훨씬 더 실감나도록 만드는 것을 목표로 해야 한다. 비평의 기능도 예술작품이 무엇을 의미하는지 보여주는 것이 아니라, 예술작품이 어떻게 예술작품이 됐는지, 더 나아가서는 예술작품은 예술작품일 뿐이라는 사실을 보여주어야 한다.

④ 기본적인 화법에 대하여

우선 단순히 자기가 가지고 있는 지식 자체를 전달하는 것이 아니라, 한번 더 생각하여 그 주장과 근거가 논리정연한지 생각하고 두괄식으로 대답해야 합니다. 거의 모든 면접이 그렇듯 논리적인 의사소통 능력 또한 평가 요소에 들어갑니다.

그리고 의사로서의 가치관에 부합하는 방향으로 대답하는 것도 중요합니다. 면접에서 제시되는 제시문이나 질문들은 '의사로서 올바른 선택을 내릴 수 있는가'에 대해 묻고 있기 때문입니다.

마지막으로 내가 전에 답한 내용과 같은 주장을 관철하여 대답할지, 아니면 다시 생각하여 주장을 바꿀지에 대한 신중한 고민도 필요합니다. 특히 딜레마 상황에서는 자신이 처음 선택했던 입장을 뒤집어 버리는 상황이 추가로 제시될 수도 있습니다. 이럴 때 계속 자신의 주장을 이어나갈지, 아니면 입장을 바꿀 만한 합리적 근거가 있는지에 대해 생각해 보고 우유부단하게 흔들리지 않는 모습을 보여주며 면접을 진행해야 합니다.

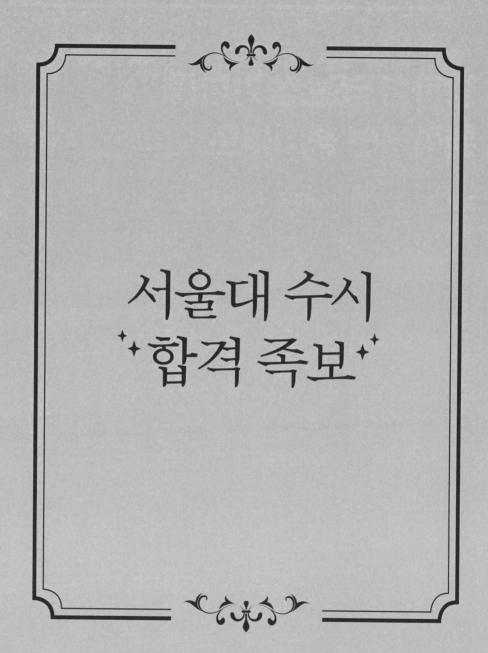

서울대 수시
✦합격 족보✦

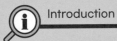
Introduction

방향성 없는 생기부를
매력적인 생기부로

지방 일반고 학생이 서울대 의대에 합격하기까지

001

의과대학 의예과 ｜ 24학번 박은비 ｜ 지역균형전형
경상남도 진주시 ｜ 일반고(과학중점학교) 졸업

안녕하세요, 서울대학교 의예과에 재학중인 24학번 박은비라고 합니다. 여러분은 '입시' 하면 가장 먼저 떠오르는 것이 무엇인가요? 보통 입시를 준비하는 고등학생이라면 '목표 대학', '생기부', '내신 성적', '수능' 등을 떠올릴 것이라고 생각합니다.

하지만 저의 3년을 돌이켜 보면, 입시 목표와 그것을 이루기 위해 받아야 했던 성적보다는 매 시험마다 느꼈던 불안과 미래에 대한 불확실성, 그리고 끝까지 놓지 않았던 희망이 제가 겪었던 입시 과정을 가장 잘 설명하는 단어들인 것 같습니다.

그 불안을 해소하기 위해 제가 할 수 있었던 일은 생기부를 의미 있는 활동들로 채우는 것뿐이었습니다. 어떤 활동이 좋을지 끊임없이 고민하고, 직접 계획하고 실행에 옮기는 일을 반복하며 3년을 보냈습니다. 그러면서 힘든 점도, 포기하고 싶을 때도 많았지만 어느 순간 학문에 대한 호기심이 저절로 생기기도 하고, 모든 활동이 의미 있는 활동으로 변하며 불안이 점점 희망으로 바뀌게 되었습니다.

이 책을 펼친 여러분도 입시를 준비하면서 한 번쯤은 저와 같은 불안과 희망을 겪었을 것이라고 생각합니다. 입시에 대해 아는 것이 하나도 없던 지방 일반고 학생이 입시를 준비하며 겪었던 어려움과 극복 과정, 가지고 있던 불안감을 해소하기 위해 하루하루를 치열하게 살아냈던 시간을 바탕으로 미래의 후배가 될 여러분께 도움이 되고자 이 글을 쓰게 되었습니다.

입시는 정답이 정해져 있지 않기 때문에 제가 무조건 옳다고 주장하지는 않겠습니다. 여러분이 앞으로의 입시의 방향성을 설정하는 과정에 이 책이 도움이 되었으면 좋겠습니다. 여러분의 입시를 응원합니다!

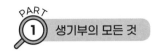

Part 1-1 매력적인 생기부를 위한 팁

방향성 없는
생기부 살려내기

이 글은 이미 1학년 생기부가 마감된 상태에서 2, 3학년 생기부를 어떤 방향으로 이끌어나갈지 고민하는 학생들에게 도움을 주고자 작성했습니다.

제 고등학교 1학년 생활을 돌이켜 보면, 생기부를 챙길 여유보다는 고등학교 생활에 적응하는 데 급급했던 모습이 떠오릅니다. 학교에 머무는 시간이 늘어나게 되었으며, 공부량도 훨씬 많아졌기 때문에 '등교-야자-하교-잠'이 반복되는 일상을 보냈습니다.

그러다 보니 당연하게도 1학년 생기부 중 대부분은 학교에서 모든 학생이 활동했던 내용, 관심 분야와 개인적인 역량이 드러나지 않는 의미 없는 활동만 나열식으로 적혀 있었습니다. 수행평가를 통해 진로와 연관된 활동을 진행하기도 했지만, 단순한 보고서 작성에서 그친 경우가 많았습니다.

자율활동(1학년)
1학년장 선거를 준비하며 리더와 봉사자의 역할에 대해 고민함. 학생 임원으로서 인문학 콘서트에서 운영위원을 맡아 행사 진행을 도움. 약물 오남용 예방교육에서 약물 오용과 남용의 위험성을 상기함.

과학탐구실험(1학년)
현미경을 사용하여 동물 세포와 식물 세포를 관찰하고 두 세포의 차이점을 설명할 수 있음. 내성 세균 집단을 형성하는 실험을 통해 변이와 자연 선택의 의미를 이해하고 실험 과정에서 정해진 역할을 잘 수행함. 태양 전지 실험에서 태양에너지가 전기 에너지로 전환되는 과정을 이해하며 태양 전지를 통해 생성된 전력을 구하는 방법을 파악하고 있음.

여러분이 생각하는 좋은 생기부란 무엇인가요? 제가 생각하는 좋은 생기부란 구체적인 진로가 정해져 있고, 그 진로에 대한 자신의 관심과 탐구력이 드러나는 생기부입니다. 지금 본 제 1학년 생기부 내용은 어떤가요? 구체적인 내용이 드러나지 않는 행사 운영 경험과 단순한 영상 시청 교육으로 채워져 있는 자율활동, 수행평가로 모든 학생이 진행한 실험으로 가득 차 있는 과학탐구실험 세특까지. 1학년 생활이 끝나고 생기부 내용을 확인했을 때 막막함을 느꼈던 기억이 납니다.

이제부터 방향성이 없던 1학년의 생기부를 어떻게 2, 3학년 활동과 연계해 좋은 생기부로 만들어 냈는지에 대해 구체적으로 이야기해 보겠습니다.

생기부에서 키워드를 뽑아내라

저는 방향성 없는 제 생기부를 보완하고자 겨울방학마다 다음 해의 생기부 방향성을 설정하는 시간을 가졌습니다. 제일 먼저, 자율, 동아리, 창체활동부터 시작하여 세특까지 꼼꼼히 읽어보며 진로와 관련이 있거나 관심이 가는 키워드를 3개 정도 뽑고, 어떤 내용이 서술되어 있는지 정리해 두었습니다.

세특 키워드 정리 예시

활동	키워드	내용
1학년 자율활동	학생 임원	1학년장 선거를 준비하며 리더와 봉사자의 역할에 대해 고민함. 학생 임원으로서 인문학 콘서트에서 운영 위원을 맡아 행사 진행을 도움.
	카페인	카페인의 경우에도 적정량을 초과하면 약물 남용에 해당한다는 사실을 알게 됨.
1학년 진로활동	ips 세포	피부세포를 역분화시켜 만든 유도만능줄기세포(ips)를 알게 됨.
1학년 동아리	DNA	브로콜리 DNA 추출 실험에서 적극적인 태도로 실험을 주도함.
1학년 통합과학	생명중심원리	세포 내 정보의 흐름이 DNA에서 RNA를 거친 후 단백질로 발현된다는 개념을 정확하게 발표함.

이렇게 뽑은 키워드를 활용하여 다음 해에 진행할 탐구 주제나 실험을 계획하는 것이 생기부의 방향성을 잡는데 큰 도움이 됩니다. 학년 간의 연계성을 강화시킬 뿐만 아니라, 심화 탐구를 통해 하나의 주제에 대한 자신의 관심과 탐구력을 어필하는 데 좋은 도구가 되죠. 뒤이어 이 키워드들을 가지고 제가 어떻게 2, 3학년 창체활동과 세특을 작성했는지 살펴보겠습니다.

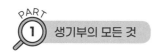

Part 1-2 과목별 세특 사례와 조언

세특은 무조건 진로와
연결지어야 한다? No!

Part 1-1에서 설명한 것과 같이 저는 키워드들을 가지고 2, 3학년의 세특에 서술할 주제를 찾았습니다. 이때 많은 학생이 '세특은 무조건 진로와 관련된 주제로 서술해야 한다'라고 생각하곤 합니다.

하지만 세특에서 중요시해야 하는 것은 진로와의 연계성보다는 그 과목에 대한 성취 정도와 함께 자신의 역량을 드러내는 것입니다. 그렇기에 억지로 진로와 관련지어 서술하려고 하다 보면 과목의 특성이 드러나지 않는 경우가 많습니다. 저는 이를 방지하고자 다음 4가지 사항을 고려하여 세특을 작성하였습니다.

Tip! 세특 작성시 고려할 사항

1. 해당 과목 학습법

2. 가장 흥미롭게 학습한 단원 및 심화 탐구 내용

3. 탐구(혹은 실험) 평가 및 후기

4. 학습 태도 및 선생님의 종합적인 평가

이렇게만 봤을 때는 '이게 세특과 무슨 관련이 있지?'라고 생각할 수도 있습니다. 이제부터 제 생기부를 보면서 하나하나 짚어보도록 하겠습니다.

1. 해당 과목 학습법

공부를 하다 보면 과목마다 공부하는 방식이 조금씩 다르다는 것을 느낄 것입니다. 물리나 화학처럼 이해가 중요한 과목이 있는 반면, 생명과학과 지구과학처럼 암기가 중요한 과목이 있죠. 저는 선생님께 '이 과목을 어떻게 공부하는지' 어필하여 세특을 통해 '학업 역량'을 드러냈습니다. 학습법을 서술하면서 자연스럽게 학습 태도를 드러내는 것도 좋은 방법입니다.

확률과 통계(2학년)
학습에 있어 기본 개념을 중시하는 모습을 보이고, 교사와 적극적으로 소통하며 궁금증을 해결해 나감. 수업 시간 외에도 수학 공부를 위해 부단히 노력하고, 자신의 부족한 점을 되돌아보며 계획적으로 채워나가는 발전적인 태도를 가진 학생임. 경우를 나누어 상황에 따라 달리 풀어야 하는 복잡한 문제를 초기에는 어려워하는 모습을 보였으나 비슷한 문제를 반복해서 풀이하고, 틀린 문제에 대해서는 해결 전략과 관련 개념을 노트에 정리하며 자신이 틀린 원인을 분석하며 보충을 통해 같은 실수를 반복하지 않으려 노력하는 모습을 보임.
지구과학(2학년)
예습을 진행하여 이해가 되지 않는 개념은 미리 메모해 두고 수업에 참여함. 수업 중 교사의 질문에 적극적으로 대답하며, 수업이 끝난 후에는 교사에게 의문점을 질문하여 해소함. 복습 후 문제 풀이를 진행하여 교사에게 질문하는 적극성을 보임.

2. 가장 흥미롭게 학습한 단원 및 심화 탐구 내용

저는 제가 학습하면서 흥미롭게 공부한 단원의 내용과 궁금증이 생겨 추가로 탐구한 내용을 서술하여 '탐구 역량'을 드러냈습니다. 이 내용에서는 진로와 관련이 있는 과목이라면 자연스럽게 '전공적합성'을 드러낼 수 있습니다. 하지만 앞서 언급한 것처럼 억지로 진로와 관련지을 필요는 없습니다. 도서나 논문, 실험 등을 언급하며 실제로 자신이 진행한 탐구 내용을 구체적으로 서술하는 것이 중요합니다.

화학II (3학년)
발표 시간에 DNA의 이중나선 구조에서 염기의 수소 결합과 반데르발스 힘에 대해 준비한 그림 자료를 이용하여 논리적으로 설명함. 또한, 탐구 과정을 통해 화학물질이 염기에 영향을 미쳐 DNA를 훼손하거나 돌연변이를 일으킬 수 있다는 것을 깨닫고 관련 분야에 대해 더 탐구해 보고 싶다는 생각을 밝힘.

생명과학II (3학년)
효소 단원을 학습하고 효소 초기 반응 속도를 결정하는 원리에 의문을 가짐. 생화학 도서를 발췌독하여 미카엘리스-멘텐 반응속도식을 유도하며 효소와 기질의 농도에 의해 효소의 초기 반응 속도가 결정된다는 사실을 확인함. (…) 추가적으로 저해제의 작용이 효소 반응속도식에 미치는 영향을 탐구하여 발표함. 기질 농도가 높아지면 저해 효과가 줄어드는 경쟁적 저해제와, 기질 농도가 높아져도 저해 효과가 줄어들지 않는 비경쟁적 저해제 반응을 두 종류의 그래프로 비교하여 학우들의 이해를 도움.

3. 탐구(혹은 실험) 평가 및 후기

추가로 탐구나 실험을 진행한 이후에는 그 탐구로 인해 자신이 느낀 점이나 실험에 대한 평가, 뒤이어 진행하고 싶은 심화 탐구 내용이 들어가는 것이 좋습니다.

화학 (2학년)
아연과 황산구리 수용액의 반응 관찰하기 실험을 수행하여 산화 환원 반응을 확인하고 화학반응식을 작성하여 전자의 이동으로 산화 환원 반응을 설명함. 더 나아가 인체에서 일어나는 산화 환원 반응에 관심을 갖고 활성산소가 생성되는 과정을 탐구하여 보고서로 작성함. 활성산소가 인체에 미치는 영향과 항산화 효소에 대해 더 탐구하고 싶다는 소감을 남김.

과학교양 (2학년)
'이종이식은 허용될 수 있는가?'에 대해 토론하여 찬성 측 주장을 함. (⋯) 토론 후 반대 측에서 제시한 근거인 이종이식 부작용과 생명윤리적 문제에 공감하며, 이종이식과 생명윤리에 대해 추가로 발표함. (⋯)

4. 학습 태도 및 선생님의 종합적인 평가

이 사항은 선생님의 평가를 통해, 학생의 객관적인 역량을 드러낼 수 있는 부분입니다. 특히 미래의 잠재적 능력에 대한 부분을 자연스럽게 어필할 수 있습니다. 긍정적인 내용이 서술되기 위해서는 평소에 학습 태도를 바르게 유지하고, 선생님께 정중하게 "○○한 점을 서술해 주셨으면 좋겠어요."라고 부탁하는 것이 필요합니다.

화학 I (2학년)
빠른 이해 능력을 바탕으로 심도 있는 사고를 통해 색다른 질문을 던지는 학생임. 교사로서 양질의 수업을 준비할 수 있는 동력이 되는 질문을 하는 학생으로 뛰어난 과학적 사고력을 가짐. 학우와 지식을 나누는 과학적 의사소통 능력 역시 뛰어난 학생으로 이후가 더 궁금하고 기대되는 학생임.

생명과학 I (2학년)
평소 수업 때 활발하고, 항상 반듯한 자세를 보여줌. 학생의 눈을 바라보면 수업에 집중하고 있다는 것을 느낄 수 있음. 매 수업시간마다 선생님의 질문을 놓치지 않고, 자신이 알고 있는 지식에 대하여 답을 하고자 노력하는 모습이 돋보였음. (⋯) 이러한 태도를 통해, 앞으로 사회를 발전시켜 나갈 훌륭한 사회인으로 성장할 것이라 생각이 들었음.

이렇게 4가지의 사항을 고려해서 자신의 학업 역량과 탐구 역량, 그리고 공동체 역량까지 골고루 드러낼 수 있다면 그야말로 좋은 세특이 아닐까요? 물론 세특을 작성해 주시는 선생님에 따라 내용이 달라질 수 있고, 추가 탐구를 진행할 만한 활동이 수업 시간에 없을 수도 있습니다. 하지만 생기부는 스스로 챙겨야 하는 것이기 때문에 관심이 가는 단원은 미리 체크해 두고 끊임없이 탐구 주제를 찾는 것이 중요합니다. 또한, 수업시간 학습 태도를 바르게 하고 선생님과의 관계도 잘 유지하는 것이 중요합니다.

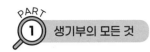

Part 1-3 교과 외 활동 사례와 조언

자율활동에서 '나'를 드러내기

Part 1-1에서 뽑은 키워드 중 '학생 임원'이라는 키워드가 있습니다. 저는 1학년 학교생활을 하면서 1학년장 선거에 출마하여 당선되었고, 1년 동안 학생 임원으로서 회의 주관 및 행사 진행을 담당하였습니다. 학생 임원으로 활동하며 마음 한 켠에 '리더와 봉사자의 역할이 무엇일까?'라는 의문과 '어떤 리더가 되어야 하며, 어떤 마음가짐으로 이 직책을 맡아야 하지?'라는 생각이 있었습니다. 1학년장으로서 1년을 보낸 후에도 의문을 해결하지 못했을 뿐만 아니라 코로나19로 인해 진행하지 못한 행사도 많아 아쉬움이 남았습니다. 그래서 2학년, 3학년 때도 학생 임원 선거에 출마하였고, 감사하게도 모두 당선되어 3년 동안 학생회 활동을 하였습니다.

저는 학생회 활동을 하면서 이러한 고민과 해답을 찾아가는 과정을 꾸밈없이 자율활동에 서술했습니다. 제가 진행한 활동과 더불어 느낀 점을 서술하고, 제가 가지고 있는 의사소통 역량과 성장한 점을 드러냈습니다. 또한, 담임선생님과의 상담을 통해 고민하고 있는 내용을 공유하여 행특에서 선생님께서 바라보시는 저의 모습도 자연스럽게 드러낼 수 있었습니다.

자율활동(1학년)

1학년장 선거를 준비하며 리더와 봉사자의 역할에 대해 고민함. (…) 학생의 의견을 전달하고 선생님과 조율하는 과정에서 설득력 있는 의사전달 능력을 갖춤.

행동특성 및 종합의견(1학년)

1학년장으로서 학년 회의에서 모두의 의견을 존중하고 문제의 바람직한 해결방안을 모색하기 위해 노력함. 교사와 학생 양측의 입장을 모두 이해하고 다방면의 가치를 종합적으로 판단하여 최선의 선택을 하는 모습을 보임.

행동특성 및 종합의견(2학년)

학기 초, 2학년장으로서 학생회를 어떤 방향으로 이끌어나갈지에 대해 고민하는 모습을 보임. 학생들이 중심이 되는 학교를 만들겠다는 포부를 바탕으로 공동체의 발전을 위해 노력함. (…) '모두가 하고 싶은 일은 마지막에, 모두가 하기 싫은 일은 도맡아서'라는 좌우명을 바탕으로 공동체를 위해 봉사하는 모습이 인상 깊음.

자율활동(3학년)

전교학생회장으로서 학생 중심의 학교에서 더 나아가 학교라는 공간을 소통과 화합의 장으로 만들겠다는 포부를 밝히며 학생회를 이끎. (…) 학업과 학생회 일을 병행하기 어렵지 않냐는 교사의 걱정에 공약의 무게를 말하며 본인의 성적보다 더 중요한 가치가 있음을 담담하게 말하는 책임감과 신념이 인상적임.

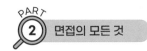

Part 2-1 빈틈없는 면접을 위한 팁

자신감이 생기는
3단계 면접 전략

2학기가 되고 면접 준비를 시작하게 되면 처음에는 막막한 마음이 들 것입니다. 3년 동안 활동한 내용의 양이 어마어마하게 많을 뿐만 아니라 어떤 내용이 질문으로 나올지 감을 잡기 어렵기 때문입니다. 저도 처음 면접 준비를 할 때, 생기부만 들여다보며 '어떤 걸 물어볼까?'라는 생각으로 하루를 보냈던 기억이 납니다. 저와 같은 막막함을 느낄 여러분들을 위해, 생기부 면접을 준비하면서 깨달은 전략을 3단계로 나누어 설명하겠습니다.

STEP 1. 기본 질문에 대비하라

자신이 이 학교, 학과에 오고 싶은 이유를 진정성 있고 구체적으로 생각해 보는 것이 생기부 면접 대비의 첫 단계입니다. 또한 지원 동기, 전공에 부합하는 자신의 특성, 입학 후 학업 계획 등의 기본 질문에 대비해야 합니다.

저는 기본 질문에 대한 답안을 생각할 때 내가 어떤 자질을 가진 사람인지, 입학 후 구체적으로 어떤 세부 전공에 관심이 있는지, 내가 왜 이 학교를 선택했는지를 고려했습니다. 강조하고 싶은 자질을 학교의 인재상이나 교육과정과 엮어서 모의 답안을 작성하고, 학교마다 답안을 조금씩 수정하며 면접을 준비했습니다.

STEP 2. 생기부 내용을 꼼꼼하게 숙지하라

생기부 면접의 핵심은 1500바이트에 적혀 있는 자신의 활동을 자신 있게 이야기하는 것에 있다고 생각합니다. 따라서 적어도 생기부에 기재되어 있는 내용 및 이론은 꼼꼼하게 숙지할 필요가 있습니다. 저는 기억이 나지 않는 활동들은 제가 했던 활동의 보고서나 자료 등을 참고해서 다시 공부했습니다. 특히 실험을 진행했던 경우에는 실험 방법과 실험 결과를 정리하여 정리본을 만들었고, 면접 전날까지 반복해서 읽으며 내용을 숙지했습니다.

STEP 3. 자신감 있게 말하는 연습을 하라

처음에 언급한 것과 같이, 면접은 자신감이 가장 중요합니다. 면접장에서 자신감 있게 이야기하기 위해서는 끊임없는 연습이 필요합니다. 저는 기본 질문에 대한 모의 면접을 스스로 진행하며 연습하였습니다. 앞에 면접관이 있다고 생각하고 휴대폰 카메라로 저를 촬영하면서 면접에서의 태도나 말의 빠르기, 발음 등을 점검하는 과정을 수없이 거쳤습니다. 또한, 생기부 내용도 '활동의 동기-결과-과정'을 스토리텔링 형식으로 자연스럽게 말하는 연습을 했습니다.

우리가 수능을 보기 위해 끊임없이 공부하고 모의고사를 보는 것처럼, 면접을 보기 위해 끊임없이 말하는 연습을 하는 것이 중요합니다. 부끄러움은 잠시 넣어두고 말하는 자신의 모습을 객관적으로 보며 면접을 준비한다면 좋은 결과를 얻을 수 있을 것입니다.

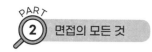

Part 2-2 기출 문제와 면접 복기

의과대학 의예과
지역균형전형 면접 복기

서울대학교 의과대학 면접은 총 5개의 방을 돌면서 진행됩니다. 20분가량 면접을 진행하는 생기부 방이 있으며, 나머지 4개의 방에서는 10분가량의(제시문 숙지 2분, 면접 8분) 제시문을 통한 MMI 면접이 진행됩니다.

먼저 50명 정도가 큰 강의실에 모여 본인 확인을 하고, 가지고 있는 짐을 비닐 가방에 모두 넣습니다. 짐을 반납한 이후에는 아무것도 소지할 수 없게 됩니다. 이후 면접 번호에 따라 조를 배정해 주면, 대기하다가 그에 맞추어 이동하면 됩니다. 저는 오전 면접의 첫 번째 조였기 때문에, 긴장할 틈도 없이 바로 면접을 진행했습니다. 다른 동기들의 경우에는 준비해 온 자료를 볼 수 없기 때문에 대부분 잠을 자거나, 물을 마시면서 목을 가다듬었다고 합니다. 면접실에 들어가서부터는 면접관님들과 편안하게 대화한다는 마음으로 면접에 임하였고, 차근차근 문제를 읽고 면접을 보다 보면 시간 가는 줄 모르게 1시간의 면접이 끝나 있습니다.

생기부 질문

Q. 대학 진학 후 학업 외에 하고 싶은 일이 있나요?

A. 서울대학교 의과대학에 오케스트라 동아리가 있다고 알고 있습니다. 저는 대학 진학 후 취미로 오케스트라 활동을 하고 싶습니다. 고등학교 1학년 때까지 오케스트라 단원으로 활동했었는데 그 이후로 지속하지 못한 아쉬움이 남습니다. 스트레스 해소도 가능하고, 다른 사람들과 화합하여 멜로디가 완성된다는 것이 즐겁습니다.

Q. 의과대학 지원을 위해 했던 활동 중 가장 의미 있는 활동은 무엇이었나요?

A. 2학년 동아리활동으로 토마토와 미나리를 활용한 중금속 배출 실험을 진행한 경험이 있습니다. 상식으로 통용되는 내용이 실제로 효과가 있는지에 대해 의문을 품고 진행했던 실험이었습니다. 직접 학술 자료를 찾아보며 관련 개념을 찾고, 실험 설계부터 진행까지 하며 탐구력을 기를 수 있었습니다.

Q. 학생회 활동 중 가장 힘들었던 일은 무엇인가요?

A. 사실 학생회 활동이 저에게 힘들진 않았습니다. 오히려 누군가에게 도움이 될 수 있다는 점에서 보람을 느낄 수 있어서 좋았습니다. 다만 힘든 점을 굳이 뽑아보자면, 제 개인적인 시간을 할애하는 일이 많았던 것입니다. 쉬는 시간 10분을 쪼개 회의를 진행하는 경우도 많았으며, 캠페인이나 행사 등을 기획하느라 밤을 새는 경우도 많았습니다. 하지만 시간 관리를 위해 하루 일과를 계획적으로 보내는 습관을 들이고 제 개인적인 공부 시간과 학생회에 할애하는 시간을 조절해가며 알찬 하루하루를 보낼 수 있었습니다.

Q. 봉사활동 내역에 '학교문화를 개선하고, 안전하고 행복한 학교를 만들기 위해 다양한 활동을 구상하고 실천함'이라는 부분이 있는데, 무엇인지 설명해 줄 수 있나요?

A. 학생회 활동을 통한 봉사활동 내용입니다. 주요 활동 내용을 설명해 드리자면, 학교가 언덕 위 주택가에 위치하고 있어 등교 시간과 출근 시간이 겹치며 등교하는 학생과 차량 간의 추돌 위험이 크다고 판단하여 교통안전 캠페인을 진행했고, 학교 학생들의 화합을 도모하는 SNS 공모전과 공부 인증 챌린지 등을 진행하기도 했습니다.

Q. 행동특성 및 종합의견에 '1학년장으로서 학년 회의에서 모두의 의견을 존중하고~'라는 내용이 있는데 구체적인 사례를 들어줄 수 있나요?

A. 전자기기(아이패드) 사용에 대한 회의를 진행한 경험이 있습니다. 아이패드 사용이 학업에 도움이 되기 때문에 아이패드에 대한 규제가 없어야 한다고 주장하는 학생의 입장과, 아이패드가 학업 외 다른 용도로 사용될 수 있으며 다른 학생에게 피해가 될 수 있다며 전자기기 사용에 대한 규제가 필요하다고 주장한 선생님의 입장이 대립하였습니다. 학생을 대표하는 입장이기 때문에 전자기기 사용에 대한 규제를 풀어줄 것을 주장한 학생의 입장을 전달하되, 선생님께서 걱정하시는 부분에 대한 해결 방안을 함께 마련하여 전달하여 양측 모두 만족하는 회의를 이끌어낸 경험이 있습니다.

Q. '의료격차의 해소를 위한 메타버스의 활용 방안'이라는 주제로 탐구를 한 것 같은데, 의료격차에 대한 자료의 출처가 무엇인가요?

A. 지역 및 국가별 의료 격차에 대한 자료였습니다. OECD와 WHO에서 발표한 자료와, 보건복지부에서 공개한 자료를 바탕으로 탐구를 진행하였습니다.

Q. 구체적으로 어떤 활동을 진행한 것인가요?

A. 메타버스가 의료 교육에서 활용된 사례를 조사하여 발표하고, 게더타운이라는 메타버스 플랫폼을 활용하여 병원과 교육 공간을 만들어 학생들을 초대하였습니다. 그리고 실제 병원처럼 게시판을 통해 코로나19에 대한 설명 및 안전 수칙을 알리는 등 의료가 메타버스에서 어떻게 활용될 수 있을지를 음성 통화기능과 영상을 통해 직접적으로 경험할 수 있도록 하였습니다.

제시문 1

다음은 자기평가(Self-Assessment)에 대한 연구 결과에서 제시된 그래프이다.

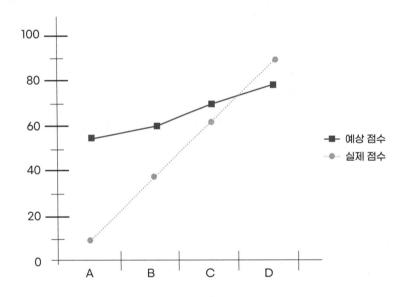

Q. 위 그래프가 무엇을 의미하는 것이라고 생각하나요?

A. 개인의 역량에 대한 과소평가와 과대평가를 드러내는 그래프라고 생각합니다.

예상하는 점수와 실제 점수가 정비례하는 관계를 가지고 있으며, 대부분의 경우 실제 점수에 비해 예상 점수가 높게 나타나는 것을 관찰할 수 있습니다. 하지만 D처럼 예상 점수보다 실제 점수가 높게 나타나는 경우도 발견할 수 있습니다.

Q. 그렇다면 이런 현상이 발생했을 때 어떤 장단점이 있을까요?

A. 예상 점수가 실제 점수보다 높은 학생의 경우에는 최종 결과가 좋게 나오진 않았지만, 수행하는 과정에서 자신감 있게 참여했다고 생각할 수 있습니다. 자신에 대한 믿음이 높은 경우에는 지속적인 피드백 과정을 거친다면 더 좋은 실제 결과를 가져올 수 있다고 생각합니다. 반면 D의 경우에는 예상 점수가 실제 점수보다 낮기 때문에 수행하는 과정에서 자신을 의심하는 경우가 발생할 수 있습니다. 하지만 그렇기 때문에 더 열심히 노력함으로써 좋은 결과를 얻을 수 있다는 장점이 있습니다.

Q. 자신을 과대평가해 본 경험이 있나요?

A. 저는 제가 생각하는 능력이 뛰어나다고 생각했었습니다. 하지만, 고등학교 1학년 때 새로운 친구들을 만나면서 이야기하다 보니 스스로 생각하는 능력이 부족하다는 것을 느낀 적이 있습니다. 그래서 저는 이런 점을 보완하기 위해 꾸준히 신문을 읽고, 이슈에 대한 저의 생각을 정리해 보거나 친구들과 대화하며 스스로 생각하는 능력을 키우려고 노력했습니다.

[추가 제시문 제시] 학생 4명의 역량과 자신감에 관련된 그래프가 제시됨. 가로축은 경험적·지식적 역량, 세로축은 자신감. (추가 제시문은 서울대 홈페이지에 공개하지 않음)

Q. 만약 학생이 4명의 학생과 조별과제를 하게 되었고, 이 조의 리더라면 어떻게 역할 분담을 할지 이야기해주세요.

A. 저는 경험과 지식적 역량은 부족하지만 자신감이 높은 1번 친구에게 발표를 맡기겠습니다. 또한 자신감이 부족한 2번 친구와 3번 친구가 함께 계획서와 보고서를 작성하는 것이 좋을 것 같습니다. 또한 4번 친구는 경험과 지식적 역량이 뛰어나고 자신감이 높기 때문에 실험 설계와 같이 수행할 때 가장 중요한 부분을 맡기겠습니다.

Q. (추가 질문) 그렇다면 수행은 누가 하나요?

A. 저는 모든 과정에서 구성원이 함께해야 한다고 생각합니다. 경험과 지식적 역량이 부족한 1번 친구도 발표를 하기 위해서는 기본적인 배경과 실험 과정을 알고 있어야 하고 다른 친구들도 마찬가지라고 생각합니다.

Q. 자신의 정체성이 언제 잘 드러난다고 생각하나요?

A. 저는 학생회 활동을 할 때 저의 정체성이 가장 잘 드러난다고 생각합니다. 제 인생의 목표는 '누군가에게 도움을 줄 수 있는 사람이 되자'입니다. 학생회 활동을 할 때 사람들이 저를 필요로 하고 제가 도움을 줄 수 있음을 느꼈기 때문에 학생회 활동을 할 때 저의 정체성이 가장 잘 드러난다고 생각합니다.

제시문 2

1795년 2월 새벽, 정조는 창덕궁을 출발하여 현재의 수원 화성(華城)으로 갈 예정이다. 이 행사는 정조의 어머니인 혜경궁 홍씨의 회갑연과 정조 즉위 20주년을 기념한다. 행렬에 참여하는 인원은 약 1,800명이며, 행사를 위해 동원할 인원은 6,000여 명이다. 행사를 보기 위해 9,000여 명이 모일 것으로 예상하고 있다.

당신은 위의 행사에서 8편의 기록화(記錄畵)*를 담당하는 부서의 책임자입니다.

*기록화 : 실제로 있었던 특별한 사건이나 사실을 오래도록 남기기 위하여 그린 그림

정조의 현륭원 행차(華城陵幸圖, 화성능행도), 김득신(金得臣, 1754-1822) 등, 국립중앙박물관, 서울, 대한민국

정조가 아버지 사도세자의 능인 현륭원이 있는 수원의 화성에 가서 어머니 혜경궁 홍씨의 회갑연을 치렀을 때 행차와 잔치 모습을 그린 그림. 김홍도가 그린 원행을묘정리의궤(園幸乙卯整理儀軌)에 기초하여 이를 병풍 형태로 만든 것임. 국왕의 친림, 호위하는 군사, 관료들과 구경나온 일반 백성에 이르는 여러 인물들을 그렸고, 시정을 사실적으로 묘사함.

Q. 그림 잘 보고 오셨죠? 학생이 이 그림을 그려야 하는 책임자이고, 그림을 완성하기까지 6개월의 시간이 남았습니다. 어떻게 이 그림을 그려야 할까요?

A. 기록화의 특성상 그 상황을 사실적으로 그려야 합니다. 또한 잔치 의례를 표현하기 위해서는 사용한 물건이나 등장하는 인물을 빠짐없이 그려야 하기 때문에 계획을 세워서 그림을 그리는 것이 필요하다고 생각합니다.

Q. (대답이 부족하다고 느끼셨는지 추가 질문을 하심) 혼자서 그리나요?

A. 아니요. 이 그림은 혼자서 그리지 못할 것입니다. 기록원들과 함께 그리되 역할을 분담할 것 같습니다. 예를 들면 구역을 나누어 스케치 담당과 채색 담당을 정하고, 세부적인 사항을 기억하고 그려 주는 담당도 나누어 그림을 완성해야 할 것 같습니다.

[추가 제시문 제시] 18세기경 유럽 거리, 사람들이 줄지어 걸어가고 있고 사람들마다 각자 밑에 이름이 적혀 있는 그림이 제시됨. (추가 제시문은 서울대 홈페이지에 공개하지 않음)

Q. 두 그림의 차이점을 설명해 주세요.

A. 일단 사람들의 의복이 다르다는 것을 알 수 있습니다. 또한 건물의 모습이 다르게 나타납니다. 또한 조선의 경우에는 나무나 돌, 흙길 등 자연물들이 많이 관찰되는데 비해 벨기에의 거리 풍경에서는 나무나 돌, 흙길 등을 찾아볼 수 없습니다.

Q. 이러한 차이가 발생하는 이유가 무엇이라고 생각하나요?

A. 먼저 산업의 발달 측면으로 설명할 수 있을 것 같습니다. 서양은 산업혁명으로 인해 조선에 비해 산업적으로 더욱 발달해 있습니다. 따라서 의복의 형태나 건물의 형태가 다르게 나타납니다. 아까 설명해 드린 것처럼 벨기에의 거리 풍경에서 나무나 돌, 흙길을 찾아볼 수 없는 이유도 이와 같은 이유인 것 같습니다. 또한 조선은 유교 사회이기 때문에 왕이 중심이 되고 신하나 사람들은 부수적인 요소로 여겨지는 반면, 서양은 유교 중심의 사회라기보다는 개신교나 가톨릭의 종교를 가진 경우가 다수이기 때문에 이러한 특성이 드러나지 않은 것 같습니다.

Q. 본인의 인생에서 가장 기억에 남는 순간을 기록화로 그린다면 어떤 순간을 기록하고 싶은지 말해보세요.

A. 저는 초등학교 2학년 때 가족과 함께 담양의 메타세쿼이아 숲길을 걸었던 순간을 기록하고 싶습니다. 여동생과 남동생이 한 명씩 있는데, 남동생이 어려 동생과 같이 유모차를 끌었던 기억이 있습니다. 그 당시 행복했던 기억이 아직까지 잊히지 않기 때문에, 그 기억을 기록화로 남기고 싶습니다.

제시문 3

정현이와 선우는 지난주에 교내 수학 경시대회에서 공동 1등을 하였다. 4주 후에 전국 수학 경시대회가 열리는데 이 대회에는 학교마다 한 명의 학생만 출전할 수 있다. 담당 교사는 정현이와 선우에게 일주일 후에 전국 수학 경시대회에 출전할 학생을 재시험을 통해 결정하자고 하였다. 정현이는 내일부터 중간고사 준비를 시작할 계획이었는데 재시험으로 인해 공부 계획이 변경되어 아쉬웠다. 하지만 정현이는 중간고사 준비를 조금 미루고 일주일 후에 있을 재시험을 준비하기로 하였다.

Q. 본인이 정현의 입장에서, 선생님께서 선우의 개인적인 사정에 의해 재시험을 일주일 더 미뤄도 될지 여쭤보았습니다. 본인은 어떻게 하시겠습니까?

A. 저는 먼저 중간고사 시험 기간이 얼마나 남았는지를 확인하겠습니다. 만약 재시험이 중간고사를 치는 기간 내에 겹쳐 있거나 하루 전이라면 재시험을 준비하는 것과 중간고사를 함께 준비하는 것에 대한 부담스러움을 솔직하게 이야기하고, 다른 방안이 없을지 물어보겠습니다. 하지만 재시험이 중간고사 1~2주 전이라면 조금 힘들 수 있겠지만 선우의 개인적인 사정을 이해하여 일주일 더 미루는 것에 찬성하겠습니다.

Q. 사실 선우의 개인적인 사정이 선우의 아버지가 아프셔서 일주일 동안 병간호를 해야

하는 상황이었습니다. 본인이 선우였다면 재시험을 미뤄준 정현이에게 어떤 마음이 들었을까요?

A. 제가 선우였다면 제 사정에 대한 미안한 감정이 들었을 것 같습니다. 사실 중간고사를 준비하는 입장에서 수학 경시대회라는 일정이 겹치게 된다면 부담이 될 수 있다는 사실을 알고 있기 때문에 정현이에게 미안했을 것 같습니다. 또한 저의 사정을 이해해 주고 흔쾌히 재시험을 미뤄준 정현이에게 고마운 마음도 들 것 같습니다.

Q. 학교생활 중에 자신의 시간을 손해 보면서 했던 활동이 있나요?

A. 고등학교 1학년 때 과학 UCC를 만드는 활동을 했던 적이 있습니다. 당시에 주말이나 방과 후에 일정을 조율해서 대본을 만들고, 촬영을 해야 했는데 시간 조율이 쉽지 않아 제가 학원 시간을 빼서 시간 약속을 잡았습니다. 그런데 그때 같이 했던 조원들 중 약속 시간을 지키지 않은 조원도 있었고, 당일에 사정이 생겼다며 참석하지 않은 조원도 있었습니다. '이러려고 학원 시간을 뺀 게 아닌데'라는 생각이 들면서 속상한 감정이 들어 조원들에게 솔직하게 말했고 다음부터는 시간 약속을 잘 지켜줬으면 좋겠다고 이야기했던 경험이 있습니다.

Q. 다른 사람에게 배려를 받거나 해준 경험이 있나요?

A. 고등학교 2학년 때 에어컨 온도 문제로 마찰이 일어난 적이 있었습니다. 고등학교 에어컨이 중앙제어가 아니었기 때문에 각 반에서 원하는 대로 온도를 맞추어 사용할 수 있었습니다. 제가 몸에 열이 많고 땀도 많이 나는 체질이라 여름철에 에어컨 온도를 조금 낮게 설정하곤 했습니다. 하지만 반에 상대적으로 더위를 덜 타는 친구도 있다는 사실을 알게 되었고, 그 친구들의 의견도 존중해 주며 에

어컨 온도는 일정 수준을 유지하되, 더위를 많이 타는 친구는 개인 선풍기를 이용하기로 했던 경험이 있습니다.

제시문 4

전국시대(戰國時代) 위나라 관리인 방총이 적대국인 조나라로 위나라 태자(太子)를 호위하여 같이 인질로 가게 되었다.
위나라를 떠나기에 앞서 위왕(魏王)을 만나 방총이 말했다.
"지금 어떤 사람이 와서 거리에 범이 나타났다고 하면 대왕께서는 믿으시겠습니까?"
"전혀 믿지 못하겠네." 위왕이 대답했다.
방총은 또 말했다.
"두 사람이 거리에서 범이 나타났다고 하면 대왕께서는 믿으실 수 있으십니까?"
"음, 반신반의인데."라고 위왕이 말했다.
방총은 다시 "그러면 세 사람이 거리에 범이 나타났다고 하면 대왕께서는 믿으시겠죠?"라고 묻자
"그야 물론 믿고 말고!" 위왕은 서슴없이 대답했다.
방총은 태자와 함께 조나라로 떠났다.
이후 태자는 위나라로 돌아왔지만 방총은 위나라에서 볼 수 없었다.

Q. 위 제시문이 어떤 내용인가요?

A. 위 제시문은 삼인성호에 관한 내용입니다. 한두 사람이 모여 같은 말을 하면 믿기 어렵지만, 세 사람 이상의 다수가 같은 말을 한다면 그 말의 진위 여부와는 관계없이 사실이 되는 경우가 있다는 내용입니다.

Q. 왜 이런 일이 발생한다고 생각하나요?

A. 다수가 가지는 힘이라고 생각합니다. O, X 퀴즈를 풀 때 이런 일이 많이 발생합니다. 아무리 정답이라고 하더라도 다른 사람들이 모두 O를 외치는 상황에서 X

를 외치기는 쉽지 않기 때문입니다. 사람은 사회적 동물이기 때문에 집단에 속하는 것을 중요시 여깁니다. 이 때문에 이러한 일이 발생한다고 생각합니다. 또한 현재는 정보의 범람이라고 부를 만큼 인터넷을 통한 사람들의 의견 공유가 활발합니다. 그렇기 때문에 거짓인 정보도 사실인 것처럼 기재되는 경우가 많은 데다가 그 정보의 진위 여부를 판단하지 않고 받아들이고 재생산하기 때문에 이런 일이 더욱 많이 발생하는 것 같습니다.

Q. 다수가 옳다고 믿으면 왜 옳은 일이 된다고 생각하나요?

A. 제가 언급한 옳은 일은 '지식적 측면에서 오류가 있을 수 있지만 사람들이 생각하기에 옳은 일'입니다. 다수가 모이면 그 집단 내부에서는 확증편향이 일어나기 쉽습니다. 자신의 의견에 부합하는 의견만 수용하고 반대되는 의견은 배척하는 경우가 일어나기 쉽고, 자신과 같은 의견을 가진 다수와 함께하기 때문에 자신이 옳다고 믿고 있는 것이 틀렸다는 인지를 하지 못할 가능성이 크기 때문입니다.

Q. 본인에게 그런 경험이 있었나요?

A. 개인적인 이야기이기 때문에 구체적으로 설명 드리진 못하겠지만, 친구 관계에서 한 친구에 대한 소문이 퍼진 적이 있고, 모두가 그렇게 이야기했기 때문에 그 사실을 믿었던 경험이 있습니다. 하지만 그 당시 그 친구에게 사실 여부를 확인해서 소문이 거짓이라는 것을 알게 되었고, 그 이후로 타인에 대한 소문은 무작정 믿지 말아야겠다고 생각하였습니다.

Q. 아까 '정보의 범람'이라고 이야기했는데, 의학적으로 잘못된 정보를 어떻게 바로잡을

수 있을까요?

A. 의학적 지식의 경우에는 일반적인 사람들이 쉽게 알 수 없는 내용이 많습니다. 하지만 잘못된 의학적 지식은 건강에 부정적인 영향을 초래할 수 있기 때문에 빠른 시일 내에 바로잡는 것이 중요합니다. 의학도 개인으로서는 인증된 사람의 연구 결과를 참고해 잘못된 정보를 바로잡을 수 있겠습니다. 사회적, 국가적 차원으로는 정보에 대한 사실 여부를 판단하고 수정 및 삭제를 요청하는 기관의 설치를 통해 잘못된 정보를 바로잡을 수 있을 것이라고 생각합니다.

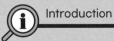

때로는 엉뚱함이
생기부에 도움이 된다

고등학교 시절의 나에게 조언해 주고 싶은 이야기

의과대학 의예과 ㅣ 24학번 진태완 ㅣ 기회균형전형
경상남도 창원시 ㅣ 일반고 졸업

안녕하세요! 집필에 함께하게 된 진태완이라고 합니다. 저는 경남 지역의 일반고를 나왔고, 24학년도에 서울대학교 의예과에 합격하였습니다. 중학교 시절의 저는 게임을 좋아하고 시험 기간에만 공부를 하는, 지금 생각하면 게으른 학생이었습니다. 지방의 한계로 학구열이나 정보력이 부족했고, 공부를 하라고 조언하는 사람들도 주위에 별로 없었습니다. 하지만 중3 여름방학을 지나면서 제 생활은 180도 달라지게 되었습니다. 처음 친구를 따라 스터디 카페에 가게 되었는데, 주변의 학습 분위기 덕분에 딴짓을 안 하고 처음 공부를 오래 해본 것입니다.

그렇게 뒤늦게 공부에 대해 눈을 뜬 저는 반 학기 동안 열심히 공부하였고, 학습 분위기가 어느 정도 잡힌 고등학교에 입학하게 되었습니다. 이때까지만 해도 저는 제 잠재력을 전혀 모르고 있었습니다. 하지만 첫 3월 모의고사에서 1등을 하고 이후 1학년 1학기 내신을 전체 1등급으로 마무리하며 의대에 대한 꿈을 확실히 하게 되었습니다. 압도적인 1등이 아니었기에 주위 친구들과의 치열한 경쟁도 많이 겪었고, 하나둘씩 열심히 쌓아둔 내신 등급들이 위태로운 젠가 블록 탑처럼 느껴졌습니다. 중간에 이 탑이 흔들린 적도 정말 많았고, 특히 3학년 영어 내신에서는 거의 쓰러질 뻔하기도 했지만 우여곡절 끝에 마지막 블록을 쌓아올리는 데 성공해 10대를 만족스럽게 마무리하게 되었습니다.

3년간의 길고 긴 수험생활을 끝낸 뒤 지금 이렇게 원고를 작성하니 정말 감회가 새롭습니다. 제가 이번 집필에 참여할 때 가진 마음가짐은 딱 하나입니다. 고등학교 시절의 제가 읽는다는 마음으로 글을 쓰는 것입니다. 입시 시장은 정보력 싸움이고 공개된 자료가 적기 때문에 다양한 우수 생기부들 및 생기부 작성법에 대한 칼럼들, 그리고 선생님들과 선배들의 조언들을 토대로 생기부를 만들어가는 과정이 정말 힘들었습니다. 여기저기서 모은 자료를 바탕으로 끊임없이 고민한 흔적들이 모여 만들어진 저만의 노하우와 제 생기부의 정체성이라고 할 수 있는 3가지 기준, 그리고 MMI 면접을 대비했던 2주간의 기억을 소개하겠습니다.

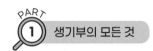

과목의 학습 목표
따라가기

생기부 작성 1원칙 – 전공적합성만 따라가지 않을 것

과목 그 자체에 집중하는 것과 전공적합성 사이에서 균형을 잡는 것은 정말 많이들 고뇌하는 부분이며, 저도 고2 때까지도 완벽하게 극복하지 못한 부분이기도 합니다. 하지만 지금은 확실하게 말할 수 있습니다. 그 과목에서 중요하게 다루는 학습 목표를 따라가는 탐구를 계획하라고 말이죠.

· 활성산소의 생성과 체내에서의 작용 기전 및 Apoptosis를 유도한 항암치료
· 항생제 내성 유전자를 포함한 플라스미드를 가진 세균의 접합에 의한 내성 공유와 이에 핵심적 역할을 하는 relaxase 효소의 억제방안
· 방추사의 형성과정 & 동원체의 작용 그리고 염색체 비분리에 대한 탐구

· mRNA의 전사 과정에 대한 총체적 이해와 세포의 mRNA 합성을 억제하는 항생제의 원리

위 탐구들은 고2, 고3 동안 진행된 탐구들입니다. 생명과학 I, II와 고급생명과학을 공부해 봤다면 익숙한 키워드가 많이 보일 것이라 생각합니다. 저는 이 시기에 세포학에 관심이 많았고, 비슷한 주제를 계속 탐구해 한 관심사에 대한 몰입도를 그대로 세특에 드러내었습니다. 이러한 탐구를 진행한 뒤 세특에 녹여낸 내용은 아래와 같습니다.

키워드를 정하고 주제를 찾으면 찾기가 쉽다

우선 이 예시에서 말하고 싶은 점은 '키워드를 정하고 주제를 찾으면 주제 찾기에 수월하다'는 점입니다. 저도 고1 때는 무작정 진로와 관련된 주제를 찾으려 했는데, 지금 생각하면 정말 만족스럽지 못한 탐구 주제가 도출되었고 교과의 맥락과 매우 동떨어진(영어 세특에 생명과학 내용을 넣는 등) 세특도 포함되었습니다.

생명과학 II (3학년) - 세포의 대사 과정에 대해 집중하였음
활성산소와 암 발생의 연관성에 관해 탐구하다가 효소 MLK3가 활성산소 농도가 높을 때는 세포사멸에 관여하는 JNK 단백질을 인산화시켜 활성화되게 함을 알게 되어 (…) 이에 암세포의 대사 과정과 정상 세포의 차이점을 알아보고 이를 활용하여 활성산소가 항암 치료에 사용될 수 있는지를 탐구한 보고서를 제출하고 발표하였음. 에너지 생산 및 물질 합성과 글루타티온 합성이라는 두 목적을 양립시키기 위해 암세포의 5탄당 인산 경로가 활성화되며 반대로 억제되는 미토콘드리아 산화적 인산화에 관여하는 cytochrome C가 세포 자살에 중요한 역할을 함을 이해하고 이를 토대로 5탄당 인산 경로를 억제하는 약물이 증식능을 억제하는 것에 중요한 역할을 할 것이라고 추론하였음. 또, 포도당 흡수가 많은 암세포의 특성상 물질대사의 절대량도 많으므로 TCA 회로를 활성화하는 약물을 사용하면 일반 세포보다 더 큰 비율로 물질대사가 증가하게 되면서 (…) 탁월한 과학적 사고력을 드러냄.

위 세특을 보면 교과서에 나오는 키워드들이 다수 포함되었다는 점을 확인할 수 있습니다. 활성산소, 효소, 단백질의 인산화, 대사 과정, 산화적 인산화, TCA 회로 등등의 내용은 주제를 먼저 정하고 나서 우연히 끼워맞춘 것이 아니라 철저히 '교과서→탐구'로 넘어가는 제 원칙에 따라 작성되었습니다. 키워드 여러 개를 선정한 후에는 해당 과정과 TCA 회로, 산화적 인산화의 개념을 확장시켜서 그 과정에서 발생하는 활성산소를 폭증시켜서 암을 치료하는 방법에 대해서 탐구하였고, 그 과정에서 다른 요소들은 깊이 파고들어 5탄당 인상 경로의 억제(바르부르크 효과) 등으로 심화하였습니다. 이와 결을 같이하는 예시가 또 있습니다.

생명과학 I (2학년) - 세포의 복제 과정에 대해 집중하였음

(…) 체세포 분열을 학습한 후 방추사의 형성 과정과 복제된 염색 분체를 고정해 주는 동원체의 작용에 대해 관심을 갖고 추가로 자료를 조사하여 보고서를 작성함. 한 쌍의 중심체에서 나오는 미세소관이 방추사를 형성하는 기작과 코헤신 단백질을 분해하여 염색 분체를 분리시키는 방추사 검문소 과정에 대해 모식도를 활용하여 상세히 설명함. 이와 관련하여 염색체 비분리 현상에 대해서도 다각도로 추론하여 원인을 제시함. 코헤신을 분해시키는 효소는 단백질이라 고온에 민감할 수 있다는 점과 디네인의 움직임에 필요한 ATP 공급이 제대로 되지 않았을 때에도 비분리가 일어날 것이라고 의견을 밝힘. 과학적 근거를 기반으로 자료를 정리하고 추론하는 능력이 우수함. (…)

여기서는 체세포 분열, 방추사, 염색 분체, ATP, 염색체 비분리, 효소의 특징 등 생명과학 I 에서 배우는 내용을 그대로 확인할 수 있습니다. 고2 세특이라 깊은 내용을 다루지는 않았지만, 교과 개념들을 엮어서 쉬우면서도 새로운 시각으로 바라본 시도라고 생각합니다.

다음은 조금 색다른 시도입니다.

과학과제연구(3학년) - 세균(원핵생물)의 접합 기전
(…) 항생제에 대한 세균의 내성 획득으로 막대한 의료비 지출이 발생함을 인지하고 비스토프포네이트를 사용한 relaxase 효소 억제 방안을 주제로 발표하며 뛰어난 과학적 탐구력을 보여줌. 항생제 내성 유전자를 포함한 플라스미드를 가진 세균의 접합에 의한 내성 공유와 약물 저항성 작용을 조사함. 여러 학술 자료를 통해 비스토프포네이트가 relaxase 효소를 차단하여 항생제 내성 유전자 전파를 억제한다는 주장이 옳은지 판단함. 연구 논리를 빌려 유인책으로 더 적합한 물질을 찾아내어 보편적 박테리아에 적용된다면 충분히 상용할 수 있음을 주장함. (…)

고등학교 차원에서 새로운 탐구 주제를 도저히 만들어내기 힘들다는 생각이 들면 기존의 심화된 연구 논리를 교과 개념으로 이해하고 응용 가능성에 대해서 탐구하는 방법도 좋다고 생각합니다. 위 내용은 고급생명과학에서 배운 내용인 세균의 생리와 생명과학에서 배운 DNA의 분자생물학적 특성에서 영감을 얻어 기획한 내용입니다. 다만 표절이 아니라 본인의 생각이 주가 되어야 하며 응용 가능성에 대해서 충분히 다루는 선에서 활용 가능한 방법이라 생각합니다.

이때 주의할 점이 있습니다. 어려운 논문 등 학술 자료에 대해 다룰 때는 본인이 면접 때 다시 내용을 이해해야 한다는 점입니다. 생기부 면접은 세특의 전 범위를 다루기 때문에 허점이 있으면 스스로도 불안해지고, 면접에도 악영향을 끼칠 수 있습니다.

이렇게 제 3원칙 중 하나인 전공적합성에서 벗어난 교과 개념 위주의 탐구에 대해 알아보았습니다. 제시된 예시들을 유심히 보고, 제가 시도한 방법을 응용하여 여러분의 방법으로 재탄생시키면 분명 풍성하고 우수한 생기부를 만들어갈 수 있을 것이라 믿습니다.

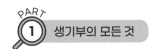

Part 1-2 과목별 세특 사례와 조언

때로는
엉뚱한 호기심을 보여주기

생기부 작성 2원칙 – 호기심과 탐구력, 엉뚱함 표출

저는 고등학교 시절 엉뚱함 덕분에 서울대 인재상이라는 말을 종종 듣곤 했습니다. 선생님께서도 마치 대학생 시절 교수님의 모습을 보는 것 같다고 하신 적도 있습니다. 이렇게 주변에서 들은 칭찬들을 어떻게 세특에 녹여낼 수 있을까, 기숙사에서 잠들기 전 고민하곤 했습니다. 그 고민이 낳은 결과는 이렇습니다.

체육(2학년)

(…) 고등학생이 된 이후 하루 5시간 이상 수면을 하지 못하여 '적게 자고도 최대한 피로를 풀 수 있는 방법이 있을까'라는 호기심을 갖고 탐구하여 보고서를 제출함. 잠의 진행 순서와 생리학적 요인을 근거로 깊이 있게 조사한 것이 인상적임. 조사한 내용을 자신의 수면 패턴과 비교하며 자신은 비렘수면 단계에서 깨기 때문에 피로를 더 느꼈을 것이라고 사료하며 피로 없이 기상하기 위해서는 렘수면 단계에서 일어나야 한다는 것을 전문적이고 다양한 근거자료를 바탕으로 논리정연하게 설명한 것이 인상적임. 이후 꿈과 뇌파의 상관관계, 꿈이 생성되는 이유, 꿈 꿀 때 활성화 되는 뇌의 부위 등 꿈과 관련된 신체반응에 관해 깊이 있게 탐색해 보고 싶다는 열정적인 모습을 보임. (…)

처음 읽어보면 아주 간단한 내용을 다루었다고 느낄 수 있습니다. 이 활동에 대해 공부하고 실험하는 과정은 매일 같은 시간에 자고 알람이 울리는 시간을 계속 바꾸어 가며 복잡하게 진행되었지만, 너무 거창하게 느껴질 것 같고 뇌파에 관한 내용도 고등학교 수준에서 다루기 힘들 것이라 세특에서는 생략된 부분이 꽤 많습니다. 하지만 제가 여기서 보여주고 싶은 점은 수험생의 주된 고민 중 하나인 잠을 해결할 방법에 대해서 체육 세특에 기록하였다는 점입니다.

하나의 예시를 더 첨부하겠습니다.

동아리활동(3학년)

갑각류 알레르기가 있는 선생님께 갑각류마다 알레르기의 강도가 다르게 나타난다는 말을 듣고, 알레르기 발현 물질의 농도나 분자 구조가 발현 강도에 얼마나 영향을 미치는지 궁금하여 알레르기 학회 저널의 학술 자료를 탐독하였다고 함. 갑각류의 트로포미오신은 종마다 분자 구조가 다르다는 점과 가열하면 알레르기 발현 정도가 줄어드는데 단백질이 고온에서 3차원 구조가 변한다는 점에 주목하여 분자 구조 차이가 알레르기 발현 정도 차이를 유발한다는 결론을 도출해 냄. 이 과정에서 집먼지 진드기의 키틴 단백질과 트로포미오신이 유사성이 있어 집먼지 진드기의 노출로 항체가 생긴다는 교차 반응성 가설을 확인함. 알레르기를 앓는 사람의 알레르기 종류를 검색하여 표로 정리하였고 그중 갑각류 알레르기가 있으면 집먼지 진드기 알레르기가 대부분 있지만 집먼지 진드기 알레르기가 있더라도 갑각류 알레르기가 없는 경우가 많음을 확인하고 집먼지 진드기의 별도 항원이 존재하거나 키틴에서 만들어진 항체는 교차 반응성을 가지지 않을 것으로 추론해 냄. 또 두 알레르기 간 관계성이 깊어 하나가 발현되면 나머지의 발현에도 주의하여 생활해야 함을 권유함. 남다른 지적 호기심과 탐구 능력이 돋보이는 학생임.

선생님께 우연히 들은 말에 착안하여 기획한 탐구입니다. 일상생활에서 생긴 궁금증을 바로 탐구 주제까지 끌고 가는 측면에서 제 세특에서 가장 두드러지는 부분이라고 생각합니다. 동아리 세특은 교과 세특이 아니기에 독특한 주제를 하나 잡은 후 배운 개념들을 응용하는 식으로 반대의 방법을 사용하였습니다. 먼저 생명과학 시간에 배운 단백질의 기질 특이성 개념을 사용하여 1차 의문에 대한 궁금증을 해소하였습니다. 그리고 이 과정에서 집먼지 진드기와 갑각류의 알레르기 사이의 관계성에 대해서 알게 되었습니다. 이 점을 매우 흥미롭게 생각하였고 직접 실험을 설계하여 2차 탐구를 진행하였습니다. 인터넷에서 무작위로 사람들의 알레르기 검사 기록들을 모아 조건부 확률 표의 형태로 알레르기 간의 상관관계를 정리하였고, 가설과 맞는 실험 결과를 한국인들을 대상으로 얻어낸 것에 대해 발표하였습니다. 선생님도 이 점을 높게 평가하셨고, 개인적으로도 마음에 드는 세특을 작성했다고 생각합니다.

이렇게 제 3원칙 중 두 번째인 호기심과 탐구력, 엉뚱함에 대한 제 철학을 보여드렸습니다. 이런 독특한 부분은 정말 개인차가 크기 때문에 아이디어를 떠올리는 방법에 대한 참고사항 정도로 보면 좋겠습니다.

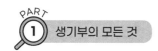
Part 1-3 교과 외 활동 사례와 조언

나만의 콘셉트를 잡고
끝까지 밀고 나가기

생기부 작성 3원칙 – 콘셉트 관철하기

　의학계열의 진로 세특은 어떻게 작성되어 있을까요? 수험생활에 본 세특 사례들을 보면 어떤 병에 대해서 깊이 다루거나, 특정 의술에 다룬 내용이 가장 많이 보이고 자기만의 독특한 아이디어를 사용한 세특도 적잖이 볼 수 있었습니다. 그래서 저도 진로활동에 대해서는 저만의 독특한 콘셉트를 잡아야겠다고 생각하였습니다. 저의 콘셉트는 '정책 제안'과 '의료법', 그리고 '지역사회 의료에 대한 관심' 이었습니다. 의대 지망생의 세특이지만 오히려 의학에 관심이 많은 문과생이 쓸만할 법한 세특 내용이라고 생각합니다. 우선 2학년 진로 세특을 보며 시작하겠습니다.

코비드-19의 지역 사회 감염 전파 억제에 지자체 중심의 신속, 전문화된 역학조사 시스템이 중요함을 인식하여 지자체 역학 조사관 인력 부족 문제를 해결할 수 있는 정책을 제안하고 그 타당성을 주제로 토론함. 지자체 역학 조사관 모집이 어려운 이유를 업무량 대비 낮은 보수 규정과 학술발표 규정이 명시된 교육과정 때문이라고 분석함. 지역사회 감염 확산이 도시 규모에 정비례하지 않으므로 모든 도시의 역학 조사관을 2명으로 확충하여 업무량을 감축하고, 총액 인건비제도에서 역학 조사관은 제외하여 국비 지원으로 임금을 인상하며 고유 업무인 감염병 감시분석 및 유행 역학조사 보고서 제출 규정은 유지하되 학술지 게재 규정을 폐지하여 교육과정의 부담을 줄여야 한다고 주장함. 현 정책의 문제점을 꼼꼼히 분석하고 실현 가능한 대안을 제시한 점이 인상 깊음. 이 활동을 통해 의료법과 공공의료 체계에 대한 이해를 넓혔으며 이로 인해 발생하는 다양한 사회 문제에 대해 토의하며 다각도에서 문제를 바라보는 안목을 높였다고 말함. 또한 불합리한 제도가 창의적이고 실현 가능한 제안으로 개선된다면 공공의 이익이 실현될 것이며 그것이 개인에게 영향을 줄 것이므로 국민의 정책 제안은 유지되어야 한다고 주장함.

당시 뜨거운 감자였던 팬데믹 사태에 관한 내용입니다. 당시 뉴스를 보던 저는 지역사회 감염 억제에 영향을 미치는 역학조사 시스템에 대해 관심을 가졌습니다. 특히 직접 코로나19에 감염되었을 때 역학조사관의 전화를 받고 나서 인력 문제에 대해 주목하는 계기가 되었습니다. 다양한 뉴스를 찾아 읽고 관련 법 조항들을 찾아본 후 적절한 조치가 될 수 있도록 현행법을 개정하여 직접 정책 제안 활동을 한 뒤 그에 대한 소감을 적은 소감문까지 발표하는 것으로 마무리 지었는데 오랫동안 고심하며 진행한 프로젝트의 진행 상황을 잘 담아내어 개인적으로 마음에 드는 세특입니다.

(…) 우리나라 건강보험의 역사에 관해 배우고 심화 정책 제안 활동 및 발표(2023.07.10.)에서 우리나라 건강보험의 발전 방향 탐구를 주제로 보고서를 제출하고 발표함. 건강보험의 의료 수가 문제와 의사의 비인기과 기피 현상의 관계를 탐구 과정에서 이해하고 시술이나 처치에 사용되는 기구, 약, 주사제 등의 비용 부담은 크지만 의료 수가는 낮아서 원가 보전율이 낮은 전공과를 의사들이 기피한다고 설명하며 내용에 관한 심층적인 이해를 나타냄. 이를 보완할 수 있는 개선 방향으로 의료 서비스의 절대적 양을 수입으로 결정하는 것이 아니라 환자의 회복 상황을 기준으로 의료 수가를 매기는 가치 기반 의료의 도입을 제안함. 의료인과 의료 기관의 자발적 네트워크와 협력, 소통 유도를 통해 환자에게 큰 도움을 줄 수 있어 더 효과적이라는 주장을 설득력 있게 펼치는 모습을 통해 문제를 다각도에서 분석해 이를 합리적이면서도 협력을 통해 해결할 수 있도록 끌어나갈 의료인의 자질을 충분히 드러냄. 이와 함께 의사로서 새로운 수술이나 처치법 등을 꾸준히 연구하며 전문성을 기르고, 이를 토대로 의술을 지역 사회에 보급함으로써 의료 격차를 해소하고 싶다는 포부를 밝혀 박수갈채를 받음.

3학년 진로 세특입니다. 건보재정 고갈과 비인기과 기피 현상 등 사회적 이슈를 다루고 있습니다. 외국에서 논의된 가치 기반 의료가 어떻게 도입될 수 있는지에 대해 현실적인 방법으로 접근해 보았습니다. 그리고 마지막으로 의사 개인으로서 지역 의료에 기여할 수 있는 점에 대해 언급하고 끝냄으로써 위의 두 세특 모두 '정책 제안과 의료법, 그리고 지역사회 의료에 대한 관심'이라는 공통분모를 가지게 되었습니다.

다음으로 추가적으로 신경 쓴 점에 대해서 다루겠습니다. 이것도 저만의 콘셉트라고 생각하는데, 의사 지망생으로서 삶과 죽음에 대한 철학적 고민을 한 번쯤은 해봐야 한다고 생각했고, 이를 2, 3학년 세특에 이어서 나타냈습니다.

진로활동(2학년)
(…) 진로에 관한 배경지식을 넓히고자 『인턴X』를 읽고 독서 감상을 발표함. 의사가 위급한 상황에서 적합한 처방을 내리는 것은 많은 경험에서 비롯되기에 수련의로서 실무를 익히는 과정이 중요함을 알았고, 삶과 죽음을 대하는 의사의 고통과 소명을 인식하였다고 함. 발표 마지막에 특권 의식을 버리고 환자 마음을 이해하는 따뜻한 의사가 되고 싶다는 포부를 밝히자 친구들이 응원을 보내주는 모습이 인상적임.

진로활동(3학년)
(…) 인간의 존재 이유와 삶의 목적에 대해 깊이 생각하고 인간적 경험을 이해하기 위해 『이반 일리치의 죽음(톨스토이)』를 읽고 저자의 생각과 감정에 공감하면서 이 책이 자기에게 환자들의 내면과 마음을 이해하는 지침서의 역할을 해주었다고 표현함. '나는 조금씩 산을 내려오는 것도 모르고 정상을 향해 나아간다고 믿고 있었던 거야. 내 발밑에서 진짜 삶은 멀어지고 있었던 거지'라는 구절을 인용하여 삶의 방향성과 내면의 조화를 강조하였으며 죽음의 진면목과 삶의 의미에 대한 인식과 통찰을 보여줌.

2학년 때 생각해 본 점을 3학년 때 심화시키는 방식을 사용하였습니다. 세특 전체적으로 따뜻한 의사를 지향했기에 독서활동을 기록하고 사유한 흔적을 진솔하게 남기는 것은 그러한 분위기를 만드는 데 적합한 활동이었다고 생각합니다.

3원칙 중 마지막인 콘셉트 잡기는 세특의 개성을 결정하는 필수불가결한 부분이라 생각합니다. 누구나 표현 방법은 다르겠지만, 결과적으로 나의 색채가 묻어나기만 하면 성공입니다. 세특이라는 큰 도화지에 여러분들의 개성을 그려나가길 응원합니다.

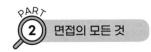
Part 2-1 빈틈없는 면접을 위한 팁

면접을 준비하는
2가지 방향성

수능이 끝나고 서울대 면접을 보기까지 12일 정도의 기간동안 타이머상으로 총 100시간이 넘게 면접 준비를 하였습니다. 이때 얻은 결론은 이것입니다.

면접에서 중요한 것은 결국 '생기부에서 어떻게 빈틈없는 답변이 가능하게 만들 것인가?'와 '나 자신에 대해 잘 이해하고 있는가?'입니다. 저는 이 2가지 항목을 생기부를 정확히 이해하는 부분과 자기만의 질문을 만들어가는 부분이라는 2가지로 나누었습니다. 먼저 Part 1-1에 있는 생명과학 Ⅱ에 대한 질문을 어떻게 구성했는지 예시를 들어 설명하겠습니다.

1. 면접을 위한 생기부 해체 분석

면접 대비 Q&A 파일 중 발췌

Q. 암세포의 구별되는 특징에 대해 말해주세요.

A. 암세포의 특징으로는 혐기성 해당 과정이 주로 일어나고 5탄당 인산 경로가 항진하는 것을 예로 들 수 있습니다. 또한 일반적인 세포 주기를 따르지 않고 분열 과정이 과다하게 일어납니다.

Q. 혐기성 해당 과정과 5탄당 인산 경로가 암세포에서 활성화되는 이유에 대해 설명해 주세요.

A. 암세포의 특징으로 증식과 생존력을 들 수 있습니다. 해당 과정 도중 5탄당 인산 경로로의 전환은 NADPH를 생성하고 지방산 합성 반응을 유도하며 산물로서 핵산 합성 재료를 만들어냅니다. 핵산 합성 재료는 암세포의 증식에 기여하고 NADPH가 생성되는 것은 항산화에 필요한 강력한 환원제인 글루타티온을 환원시키므로 활성산소 증가에 따른 산화 스트레스로서 발생하는 세포 사멸을 억제합니다. 또한 미토콘드리아 전자 전달계와 산화적 인산화에 관여하는 물질이 세포 사멸에 중요한 역할을 하는데 암세포는 5탄당 인산 경로가 항진하여 산화적 인산화가 거의 일어나지 않으므로 정상적인 세포 사멸 기작에서 자유롭다고 할 수 있습니다.

Q. TCA 회로를 활성화하는 약물을 사용하였을 때 암세포만 특이적으로 영향을 줄 수 있는 근거가 무엇인가요?

A. 암세포에서는 대사 과정이 일반 세포보다 활발히 일어납니다. 따라서 암세포에서 TCA 회로가 활성화되었을 때 더 많은 산화스트레스 증가로 이어지게 될 것이고 이는 세포 사멸을 유도할 것입니다. 하지만 암세포에서 근본적으로 5탄당 인산 경로가 항진하기 때문에 이를 억제하고 아세틸-CoA의 변환을 항진시켜 미토콘드리아의 대사가 원활히 일어나게 하는 약물과 함께 사용해야 효과가 있을 것 같습니다.

Q. 이러한 항암 치료법 부작용으로는 무엇이 있을까요?

A. 활성산소 치료법도 세포독성 치료법이기 때문에 일반 세포들에게 영향을 끼칠 수 있습니다. 저는 특히 그 중 5탄당 인산 경로가 비교적 많이 활성화된 세포가 큰 타격을 입을 것이라 생각됩니다. 세포분열이 활발히 일어나려면 핵산 합성이 필요할 것이고 이러한 세포는 5탄당 인산 경로의 활성화가 원래부터 필요할 것입니다. 하지만 이런 세포들에게 5탄당 인산 경로를 억제하는 약물 등이 투여되면 손상을 줄 수 있을 것 같습니다.

저는 내용 이해에 대한 질문과 답변을 만들어 볼 때 항상 세특에 기재된 내용 이외에 제가 탐구한 내용에서 이해가 잘 되지 않았던 부분이나 키워드라고 생각했던 부분에 대해서 우선적으로 질문을 만들었습니다. 이후 제 세특을 전공 선생님들께 보여드리고 질문을 받았습니다. 위의 과정을 반복하고 계속 생각하다 보니 여러 개의 질문 목록이 생겼고, 각각의 질문들은 핵심 내용을 다루기 때문에 질문이 조금 변형되어 나와도 유연하게 대답할 수 있는 순발력을 기르는 데도 도움이 되었습니다.

2. 다양한 일화를 많이 생각해 둘 것

나 자신에 대한 질문에 대한 내용을 만들 때는 본인이 직접 만들기보다는 주변인들의 도움을 얻는 것을 강력히 추천합니다. 스스로 자신을 잘 안다고 해도, 3년 동안 저와 함께 학교생활을 한 친구들과 선생님들에게 질문을 얻는 것이 더 유익했습니다.

면접 대비 Q&A 파일 중 발췌

Q. 꿈을 이루기 위해 고등학교 때 했던 노력은 무엇인가요?

A. 우선 최대한 수업에 집중하여 교과 성적을 확보하기 위해 노력하였습니다. 그리고 주변의 의료 시사에 항상 관심을 가지고, 시사에 대한 찬성과 반대 의견을 종합적으로 찾아보았습니다. 또한 그 과정에서 의사로서 지녀야 할 가치관 등을 확립하는 계기가 되었습니다. 또 의료 시사에 대한 깊이 있는 탐구를 진행하기도 하였습니다. 그리고 특히 항원항체반응과 알레르기에 대해 관심이 많아 탐구활동을 진행하며 고등학교 3학년 동안 지식을 넓혀왔습니다. 그리고 『인턴X』를 읽으며 의사로서의 생활이 어떠할지 상상해 보는 시간을 가졌고, 『이반 일리치의 죽음』을 읽으며 죽음을 앞둔 환자의 심리 상태에 대해 생각해 보며, 삶과 죽음에 대한 철학적 사유를 했습니다.

우선 자신에 대한 질문의 기본적인 예시를 들어보았습니다. 이런 내용들은 직접 탐구하고 공부한 내용이 아니고 본인의 학교생활 전체를 돌아봐야 나올 수 있는 질문이기 때문에 저는 오히려 자신에 대한 질문을 준비하는 것이 더 힘들었습니다. 준비하며 느낀 나름의 대처법을 말하자면 '다양한 일화들을 많이 생각해 두는 것'이 정말 중요하다고 생각합니다. 여러 가지 인성에 관한 질문들에 대답할 때는 일화를 덧붙이지 않으면 효과적인 대답을 구성해 내기 힘들기 때문입니다. 이에 대한 예시도 첨부하겠습니다.

면접 대비 Q&A 파일 중 발췌

Q. 가장 기억에 남는 봉사활동 내용을 얘기해 보세요.

A. 2021 수학과학 온라인 버스킹 봉사활동이 기억에 남습니다. 시험기간임에도 불구하고, 야자시간 한 번을 통째로 비우고 친구들과 모여 초등학생 친구들이 체험할 수 있는 준비물을 조립하고 포장하였는데, 제가 초등학생 때 체험자의 입장으로서 미리 준비된 체험 물품을 사용했던 기억이 새록새록 떠올랐고, 그때는 몰랐던 그 이면에 숨겨진 노고를 지금 직접 체험한다고 생각하니 감회가 새로웠습니다.

Q. 봉사활동은 왜 필요하다고 생각하나요?

A. 봉사는 의료인의 필수 자질이라고 생각합니다. 역사 속에 이름을 남긴 의료인들 중 훌륭한 봉사 정신이 돋보이는 위인들이 많습니다. 의사는 환자를 살리기 위해 최선의 노력을 다해야 하는데, 그 과정에서 발생할 수 있는 고됨을 이겨내기 위해서는 봉사 정신을 함양하는 것이 중요합니다.

Q. 봉사활동은 자신에게 어떤 영향을 주었나요?

A. 봉사활동을 진행하며 제 자신이 점점 타인에게 보호받는 자아에서 타인에게 베푸는 자아로 넘어간다는 느낌을 많이 받았습니다.

Q. 봉사활동의 한계점은 무엇이었는가?

A. 버스킹의 경우 코비드-19로 인해 초등학생 친구들에게 직접 설명해 주는 시간을 가지지 못한 것이 참 안타까웠습니다.

바로 그에 맞는 자신의 일화를 생각하지 못한다면 답변할 수 없는 질문입니다. 순발력도 한계가 있기 때문에 저는 일화를 모두 복기해 낸 뒤 자신에 대한 질문이 들어오면 적합한 일화를 꺼내쓰는 방법을 사용하였고 면접을 무사히 마칠 수 있었습니다.

이렇게 2가지 형식의 질문을 대비하는 저만의 방법에 대해 설명했습니다. 면접 준비 기간은 매우 짧기 때문에 누가 더 시간을 효율적으로 쓰냐의 싸움입니다. 이 글을 통해 면접에 대한 막막함이 조금이나마 해소되었으면 좋겠습니다.

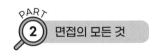

의과대학 의예과
기회균형전형 면접 복기

면접은 총 1시간 동안 10분간의 MMI 4개와 20분간의 생기부 면접으로 구성되었습니다. 저는 제시문 면접 중간에 생기부 면접이 있는 형태로 배정받았습니다.

우선 면접 당일은 수능보다도 더 떨리고 생각도 하기 싫을 만큼 정말 힘든 하루였습니다. 서울대학교 연건캠퍼스에 도착한 뒤 오후 조를 배정받아 약 두 시간 동안 대기실에서 아무것도 보지 못한 상태로 기다렸습니다. 짧은 시간 안에 대학 합격 여부가 결정된다는 사실은 정말 힘들었고, 그렇게 겨우 버티다가 혼란스러운 상태로 면접장에 들어갔습니다. 하지만 첫 제시문을 받고 나니 정신이 이성적으로 변하면서 면접을 준비했던 기억이 생각나서 기다릴 때보다는 긴장을 좀 덜 한 채로 면접을 진행하였습니다.

하지만 서울대 MMI의 난이도는 정말 상상 이상이었고, 하나하나 답변을 해내는 것이 힘들었습니다. 그리고 내용 외적으로 답변을 할 때 최대한 두괄식으로 대답하고,

목소리를 또박또박하게 하는 등 매뉴얼을 정해두고 들어갔는데, 이 부분을 지키는 것도 실전에서 해보니 정말 어려웠습니다. 평소에 책이나 인터넷으로 접한 내용이나 배경지식들이 조금 나와서 그나마 수월하게 진행한 부분도 있었지만, 얼마나 힘들었는지 1시간이 마치 30분처럼 지나갔습니다. 그래도 모든 게 끝나고 돌아보니 어느 정도 만족스럽게 답변한 것 같아서 내심 그동안의 노력이 뿌듯했습니다.

생기부 질문

심화적으로 다룬 과학적 내용들에 대해서는 물어보지 않으셨고 오히려 기본적인 부분에서 질문이 많이 나왔습니다. 하지만 모든 생기부 내용을 꼼꼼히 숙지하고 있었기에 별 탈 없이 면접을 진행할 수 있었습니다. 다른 방에 비하여 면접관님들 분위기가 더욱 진지하였으며 특히 양형 분석과 관련된 부분이 상당한 압박 면접이었습니다. 주요한 질문들 몇 개만 소개하겠습니다.

Q. 의과대학에 진학하기 위해서 가장 도움이 되었던 경험은 무엇인가요?

A. 학급 임원직에 계속 도전한 것이 가장 도움이 되었던 것 같습니다. 중학교 때는 자신감이 별로 없었지만 고등학교에 처음 들어가서 반장을 맡고 나서 임원이 되어 집단에서 지혜롭게 생활하는 법과, 의사소통 능력, 책임감 등 다양한 부분에서 자신을 발전시킬 수 있었습니다. 또한 선생님과 학생들을 이어주는 역할인 만큼 3년간 직무를 수행하며 공감능력과 사회성도 더 함양할 수 있었습니다.

Q. 국경없는 의사회에서 활동해 보고 싶다고 하였는데, 서울대 의대에 진학하면 교수가

될 수도 있는데 정말 할 건가요?

A. 『나는 뇌를 만들고 싶다』라는 책에서 안식년이라는 용어를 본 적이 있습니다. 집 필하신 분은 의사과학자셨는데, 안식년은 교수의 일을 잠시 쉬고 자신의 원래 연구 분야에서 벗어난 다른 분야를 1년 동안 도전해 보는 것이라고 하였습니다. 안식년을 활용하여 국경 없는 의사회에서 1년간 일해보면 제 개인적으로도 매우 큰 삶의 경험이 될 것 같습니다.

Q. 활성산소와 암 발생의 연관성에 대해서 탐구하였다고 되어있는데 암세포가 일반 세포 와 대사적으로 차이가 나는 부분에 대해서 알고 있나요?

A. 네. 암세포는 일반 세포와 달리 '바르부르크 효과'에 따른 혐기성 해당 과정의 항 진과 그에 뒤따르는 5탄당 인산 경로의 활성이 뛰어납니다. 암세포의 가장 큰 특 징으로 빠른 분열을 들 수 있는데 해당 과정 도중 5탄당 인산 경로로의 전환에 따른 NADPH의 생성과 지방산 합성 반응의 유도, 그리고 산물로서 핵산 합성 재 료의 생성이 이를 뒷받침합니다. 또한 5탄당 인산 경로로 넘어가면서 NADPH가 생성되는 것은 항산화에 필요한 글루타티온도 만들어내는데 글루타티온은 강력 한 환원제이므로 활성산소 증가에 따른 산화 스트레스로서 발생하는 Apotosis 를 억제합니다.

Q. 토론에서 양형 분석에 인공지능을 사용하지 않겠다는 의견을 밝혔군요. 그 근거를 말 해주세요.

A. 양형 분석이라는 것은 법적인 문제입니다. 우선 법적인 문제는 판사에게서 전적 으로 판단되어야 합니다. 민사나 형사 모두 법적인 책임을 묻거나 배상, 징역 등 형이 결정되는 것인데, 재판을 받는 입장으로서 인공지능이 양형을 결정한다는

것을 납득하지 못하는 사람들이 많을 것이기 때문입니다. 또한 AI가 아무리 발달하고 판례를 학습한다고 해도 이전과는 전혀 다른 제반상황이나 세부적 요소를 가진 사건이 등장하기 마련입니다. 이런 상황을 종합적으로 고려하고 판결하는 것은 인간의 지혜에 달려 있다고 생각합니다. 마지막으로 AI는 기계를 기반으로 하기 때문에 해킹 같은 문제에 노출될 수 있고 해커에 인한 조작 등이 이루어질 수 있습니다.

Q. 판사를 보조하는 역할로는 사용되어도 무방하지 않을까요?

A. 그런 경우에는 경범죄와 중범죄로 나누어야 한다고 생각합니다. 재판과 관련된 법에는 재판의 신속성과 효율을 고려한 다양한 조항이 있는 것으로 알고 있습니다. 이러한 목적을 충족시킬 수 있다면 경범죄의 경우에는 재판의 신속성과 효율을 위해 보조하는 역할까지는 해도 될 것 같습니다.

Q. 경범죄와 중범죄를 어떻게 나눈다는 거죠? 구체적인 기준이 없지 않나요?

A. 경범죄 중범죄 두 가지로 구분 짓기에는 어려운 점이 있는 것 같습니다. 하지만 다른 기준을 정한다면 괜찮을 것 같습니다. 단순 절도나 교통사고, 폭행 등 사건의 전말이 모두 보이는 경우 사용한다면 좋을 것 같습니다. 하지만 다른 전말이 숨겨져 있거나 두 가지 이상의 사건이 복합적으로 겹쳐져 있는 대다수의 범죄들에 대해서는 적용하지 않으면 될 것 같습니다.

[제시문 1 - 88쪽 박은비 학생 제시문 1과 동일]

Q. 이 그래프를 설명해 보세요.

A. 저는 이 그래프는 A부터 D까지로 나타난 어떤 집단의 성취도를 누적 백분위로 나타낸 그래프라고 생각합니다. 이렇게 접근해 보았을 때 알 수 있는 점은 먼저 급간의 비율 차이가 선명히 존재한다는 것입니다. A는 집단의 비율이 가장 작고 B는 중간 수준이며 C를 받은 학생이 가장 많고 D는 적습니다. 따라서 비록 나눈 항목의 종류는 4가지밖에 되지 않지만 어느 정도 정규분포곡선의 형태를 띠고 있다고 추측할 수 있습니다. 다음으로는 A, B, C 성취도 모두 예상 점수보다 실제 점수가 더 낮게 나왔다는 점이 눈에 띕니다. 이 문제에 대해서는 크게 두 가지로 나눠서 접근해 보겠습니다. 먼저 평가 자체의 특성에 기인해서 평가가 진행될 때는 몰랐을 만한 실수를 유발할 만한 점이 많은 경우, 이러한 평가가 이루어질 수 있다고 생각합니다. 다음으로는 예상 점수를 집계하는 사람이 채점자와 동일할 경우에도 이러한 현상이 발생할 수 있습니다. 심리적으로 생각해 볼 때 자신의 예상 점수가 평가에 반영될 수 있겠다고 여긴 경우 예상보다 실제 점수가 낮게 나올 것 같습니다.

Q. 그렇다면 A부터 D까지를 개별의 사람이라고 생각하고 접근해 보세요.

A. 비록 표본이 적기 때문에 확정지을 수는 없겠지만 그래프에 나타난 것에서 귀납적 결론을 내린다면, 점수가 낮은 경우 예상 점수보다 실제 점수가 낮고, 점수가 높을수록 예상 점수보다 실제 점수가 높다는 점이 보입니다.

Q. 왜 그렇게 나타났을지 한번 추측해 보세요.

A. 점수가 낮은 집단에서는 조금 더 잘 평가받고 싶은 마음이 투영된 것 같고, 점수가 높은 집단에서는 설문조사이기 때문에 조금 겸손하게 말한 것 같습니다.

[추가 제시문 제시] 학생 4명의 역량과 자신감에 관련된 그래프가 제시됨. 가로축은 경험적·지식적 역량, 세로축은 자신감. (추가 제시문은 서울대 홈페이지에 공개하지 않음)

Q. 당신은 여기 1~4번의 사람들과 조별과제를 해야 하는 상황입니다. 지원자가 이 조의 리더라고 할 때 각 조원에게 어떤 역할을 맡길 건지 말해보세요.

A. 우선 1번은 경험과 지식은 제일 부족하지만 자신감이 높습니다. 따라서 저는 우리가 진행하고자 하는 프로젝트의 개관을 설명하는 과정에 1번 조원을 배치할 것 같습니다. 실무능력이 조금 부족해도 높은 자신감을 바탕으로 잘 설명할 수 있을 것이라 생각됩니다.

2번은 자신의 능력에 대한 자신감이 가장 부족합니다. 따라서 2번에게는 우선 전체적인 보조 역할이나 자료 수집 역할을 맡기겠습니다. 그리고 조의 리더로서 프로젝트 도중 2번 조원이 특출나게 수행하는 부분이 있다면 칭찬해 주어 자신감을 북돋아 주고 싶습니다.

4번은 유능하며 자신감이 있습니다. 따라서 자신의 능력을 인정받을 수 있는 경험이 제일 많이 요구되는 자료 처리 같은 부분에 배치하여 4번 조원의 자아효능감을 높여주는 방향으로 일을 맡기겠습니다.

3번은 4번 조원의 어시스트 역할을 맡기겠습니다. 바로 옆에서 보고 배우며 경험과 지식을 높이도록 하면 좋을 것 같습니다.

Q. 본인은 고등학교를 다니며 이러한 조별과제를 한 적이 많을텐데 1에서 4번 중 본인은

어떠한 유형이었나요?

A. 음, 저는 주로 4번 유형으로 참여하였습니다. 저는 다양한 경험을 바탕으로 제 능력을 최대로 발휘할 수 있는 역할을 선호하였고, 매사 자신감 있게 과제를 수행하였습니다.

Q. 본인을 가장 잘 나타내는 단어가 있다면 무엇인가요?

A. 저는 '해병대'라고 생각합니다. 평소 집단에 대한 소속감과 정이 많기 때문입니다. 학원을 다닐 때도 한번 다닌 학원에 정이 붙어서 불만족스러운 부분이 조금 있어도 다른 학원으로 옮기지 않고 묵묵히 계속 다녀왔습니다. 서울대학교 의대에 진학하게 된다면 이와 같은 마음을 바탕으로 누구보다 충실한 학교생활을 하고 추후 사회인이 되더라도 학교의 발전과 명예를 드높이기 위해 노력하겠습니다. (교수님들의 반응으로 보아 개인적으로 점수를 많이 딴 질문이라고 생각함)

[제시문 2 - 91쪽 박은비 학생 제시문 2와 동일]

Q. 이 그림에 대해서 간단히 설명해 주세요.

A. 우선 조선은 세계적으로 뛰어난 기록문화를 가지고 있는 것으로 알고 있습니다. 따라서 모든 사람들과 궁궐 그리고 바깥의 산 풍경 하나하나 표현하고자 한 점이 제일 먼저 눈에 들어옵니다. 하지만 궁 안의 사람들에 대한 표현이 더 정밀한 것을 볼 수 있습니다. 여기에는 조선에서의 유교적 관점에 따라 임금과 신하들에 조금 더 집중된 점이 반영된 것 같습니다.

Q. 본인은 그림을 그려야 하는 부서의 책임자입니다. 그림을 완성하기까지 남은 기간은

6개월입니다. 어떻게 이 그림을 그릴지 계획해 보세요.

A. 행차 전에 그림을 그릴 수도 있겠으나 기록을 중요시한 조선의 문화로 보아 6개월의 기간 안에 행차가 이루어졌을 것이라 가정하고 말씀드리겠습니다. 우선 처음 3개월 동안은 최대한 자세한 묘사를 하기 위해서 부서의 인원을 모으고 세부화하겠습니다. 조선시대는 본 것을 사진으로 남길 수 없기 때문에 적은 인원으로 감당하기에는 부족할 것입니다. 따라서 특정 부분을 맡아서 그릴 수 있도록 각 분야에 특화된 인력을 구하기 위해 노력하겠습니다. 또한 지금까지 기록된 이와 같은 행차도를 직원들이 잘 숙지하도록 지도하겠습니다. 남은 3개월 동안은 리허설의 느낌으로 실제 자리에 가서 연습을 해보는 시간을 충분히 가질 것 같습니다. 또한 보완할 점 등이 있으면 충분한 시간 아래 최대한 정교하게 준비하겠습니다. 행차가 진행되고 나면 그린 그림들의 조각을 바탕으로 가장 뛰어난 화가가 조합하여 그림을 그리도록 할 것이고, 그 과정에서 관측하고 장소에서 그린 사람들이 적극적으로 보조할 수 있는 환경을 조성하겠습니다.

[추가 제시문 제시] 18세기경 유럽 거리, 사람들이 줄지어 걸어가고 있고 사람들마다 각자 밑에 이름이 적혀 있는 그림이 제시됨. (추가 제시문은 서울대 홈페이지에 공개하지 않음)

Q. 두 그림의 차이점과 그 이유를 말해보세요.

A. 가장 눈에 띄는 차이점은 이 그림에는 왕족이 아닌 다른 사람의 이름이 하나하나 적혀 있다는 점입니다. 중세 사회는 봉건제 사회이고 길드원 하나하나가 사회적으로 어느 정도 입지를 가진다거나 기록되고 싶은 욕구를 가지고 있었을 것 같습니다. 조선의 경우에는 행차도 자체가 국가의 행사 즉 왕의 행사를 다룬 것이기 때문에 일반 사람이나 신하의 이름은 없는 것 같습니다.

Q. 문화적으로 접근해 볼 수 있을까요?

A. (위에 이미 문화적으로 접근을 하여서 질문을 받은 이유를 파악하지는 못하였지만 다시 한번 조금 더 보충하여 비슷하게 대답했음)

Q. 본인의 인생에서 가장 기억에 남는 순간을 기록화로 그린다면 어떤 순간을 그리고 싶은지 말해 보세요.

A. 저는 고등학교 시험 기간에 고생하던 저의 모습을 기록화로 남기고 싶습니다. 제가 살면서 가장 치열하고 열심히 살았던 순간이고, 나중에 더 힘든 일이 닥쳐도 내가 저렇게 힘들게 살아왔는데 이것도 버텨낼 수 있을 것이라는 마음을 가지게 해주는 동기로 작용하게 하고 싶습니다.

[제시문 3 - 93쪽 박은비 학생 제시문 3과 동일]

Q. 본인이 정현의 입장인데, 담당 선생님께서 선우의 개인적인 사정으로 재시험을 일주일 더 뒤로 미뤄도 될지 물어보셨습니다. 본인은 어떻게 하겠습니까?

A. 저는 어려울 것 같다고 말하겠습니다. 지금 이미 일주일이나 미뤄졌고, 중간고사는 경시대회 못지않게 입시에 중요한 요소 중 하나입니다. 선우도 중간고사 준비를 해야 한다는 것을 인지하고 있고, 그 상황에서 미룬 것으로 보아 어떤 일이 있을 것이 분명하지만, 학교의 시험의 경우에는 개인적인 사정이 너무 크게 개입하면 안 된다고 생각합니다.

Q. 개인적인 사정으로 일정을 미루는 것이 공평하다고 생각하나요?

A. 그 일정이 공적인 것이 아니라 사적인 것의 경우에는 충분하다고 생각합니다.

하지만 지금 이 딜레마 상황은 공적인 상황이며 어떻게 준비하느냐에 따라서 결과가 나오고 그 결과가 충분히 달라질 수 있습니다. 양측이 합의한 미루기는 절차상 가능하다면 허용될지 몰라도 이해관계가 얽힌 상황에서는 한쪽의 반대가 있다면 미루지 않는 것이 공평하다고 생각합니다.

Q. 선우의 아버지가 다리를 크게 다쳐 아버지의 간호를 해야 하는 상황입니다. 이때 본인이 선우라고 생각하고 어떻게 하시겠습니까?

A. 절차상 일주일 더 미뤄줄 수 있는지 선생님께 먼저 말씀드리겠습니다. 만약 선생님께서 가능하다고 하신다면 정현이에게 가서 정중하게 물어보겠습니다.

Q. 본인이 배려를 해줬거나 받은 경험이 있나요?

A. 우선 받은 경험으로는 제가 공부하는 데 있어서 시험 기간에 예민한 모습을 보일 때가 있었는데 그걸 이해하고 같이 함께 공부해 온 반 친구들과 기숙사 친구들이 생각납니다. 또한 제가 이 면접장에 오는데 새벽부터 차를 운전해 주신 것을 비롯하여 경제적으로나 심리적으로나 언제나 뒤에서 뒷받침해 주신 아버지와, 제 꿈을 이뤄주시기 위해 밤낮을 가리지 않고 수능 준비부터 면접 준비까지 모두 열과 성을 다해 도와주신 어머니가 생각납니다. 배려를 해준 경험으로는 학교에서 수행평가를 할 때 예체능이 꿈이라서 참여를 잘 하지 못하는 친구가 있었는데, 그 친구의 사정을 고려하여 제가 그 친구의 몫까지 수행하였던 기억이 납니다.

Q. 본인은 학교에서 아마 성적이 우수한 편일 텐데, 그 성적이 순전히 본인의 역량이라고 생각하나요?

A. 아닙니다. 주변인들의 도움이 없었다면 중간에 힘들었을 때 포기해 버렸을 수도 있고, 제가 공부에만 전념해도 아무 지장 없을 정도로 다른 모든 것들을 보조해 주신 부모님이 없었더라면 절대로 이와 같은 성적을 내지 못했을 것 같습니다.

[제시문 4 - 95쪽 박은비 학생 제시문 4와 동일]

Q. 이 글의 주제가 뭐라고 생각하나요?

A. 이 글은 사자성어 삼인성호의 설화를 다룬 글이라고 생각합니다. 삼인성호란 여러 사람이 입을 모아 이야기하면 거짓도 믿게 된다는 말입니다. 비록 과거 이야기지만 이와 비슷한 현대사회의 현상에 대해 적용해 보겠습니다. 이 글은 현대 사회에서 일어나는 필터 버블 현상과 그에 따른 확증편향과도 밀접한 관계가 있습니다. 지금의 인터넷 포털 사이트나 뉴스사들은 필터 버블을 통하여 개인의 선호에 맞는 게시물을 의도적으로 배치하여 보여주고 있습니다. 이것은 확증편향을 일으키게 되고 사회의 양극화 현상이나 소위 '갈라치기'와 같은 사회적 문제를 일으킬 수 있습니다. 특정 정당을 지지하는 사람이 그 정당을 지지하는 성향의 기사들에만 노출되어 편협한 시각을 가지게 되는 것을 예로 들 수 있습니다.

Q. 방총이 위나라에서 돌아오지 못한 이유는 무엇일까요?

A. 위의 제시문으로 추측해 볼 때 간신들의 모함 때문에 돌아오지 못한 것 같습니다. 현재 궁궐 내에서 임금을 대상으로 한 간신들 여러 명의 지속적인 모함이 있었을 것 같습니다. 방총은 이를 예측하고 임금에게 저런 말을 던지고 갔지만 임금은 알아차리지 못하고, 여러 명의 말에 휘둘러서 방총에 대한 신임을 잃고 내

치게 된 것으로 보입니다.

Q. 거짓 정보가 유포되는 상황이 많은데, 이걸 어떻게 해결할 수 있을지 말해보세요.

A. 개인과 국가로 나누어 설명 드리겠습니다. 개인은 여러 언론의 기사를 두루 읽어서 편향된 시각을 가지지 않고 비판적 사고를 하는 것이 가장 중요하다고 생각합니다. 그리고 자신에게도 필터 버블 현상이 일어날 수 있다는 것에 유의하면서 살아가는 것도 필요할 것 같습니다. 특히 선거철에 정치인에 대한 기사를 볼 때나 상품을 구입할 때 더 주의를 기울이면 좋을 것 같습니다. 국가에서는 우선 국민들의 비판적 인식 고양을 위하여 다양한 캠페인 사업이나 공익 광고들을 활용하면 좋을 것 같고 신고제를 도입하여 국민들의 신고를 많이 받은 기업이나 언론사는 제재를 받는 법안을 마련하면 괜찮을 것 같습니다.

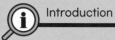

비주요 과목을
나의 강점으로 만든다

공부의 목표는 결국 행복해지는 것

003

치의학대학원(학석사통합과정) 치의학과 ㅣ 24학번 최지원 ㅣ 일반전형
경기도 수원시 ㅣ 일반고 졸업

안녕하세요, 서울대학교 치의학과 24학번 최지원이라고 합니다. 여러분은 어떤 꿈을 가지고 있나요? 꿈은 특정 직업일 수도 있고, '어떤 사람이 될 것인가?' 하는 물음의 답변이 될 수도 있고, 어쩌면 그냥 오늘 밤 누워서 잠이 들면 마주하게 되는 것일 수도 있습니다.

고등학생이었던 저에게도 꿈이 있었습니다. 조금 거창하게 들릴 수도 있겠지만 제 꿈은 저도, 다른 사람들도 모두 행복한 삶을 사는 것이었습니다. 제가 그리는 행복한 삶에는 안정적인 직장과 금전적인 여유가 필수적이었기 때문에, 전문직이 되겠다는 일념으로 열심히 공부했고 결국 3년을 잘 버텨 원하던 대학의 원하던 학과에 입학할 수 있었습니다.

일단 치의학과에 입학했으니, 전문직이 되겠다는 저의 목표는 어느 정도 달성했다고 볼 수 있을 테고, 그렇다면 제 꿈의 반 정도는 이루어진 것이나 마찬가지입니다. 그러니 이제 남은 것은 다른 이들의 행복을 돕는 것입니다.

이 책을 통해 여러분을 만나게 되었으니, 여러분의 행복을 돕고 싶습니다. 여러분이 제 도움으로 행복해진다면 그건 저의 꿈을 이루는 것이기도 하니까요. 앞으로 들려드릴 저의 이야기에서 필요한 부분을 쏙쏙 뽑아 여러분의 고등학교 생활에서 잘 활용해 최대한 많은 도움을 받기를 바랍니다.

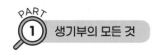

Part 1-1   매력적인 생기부를 위한 팁

비주요 과목에서
나의 강점 만들기

수시를 준비한다면 다들 한 번쯤은 이런 고민을 해봤을 겁니다.

이번 시험 이 과목까지 공부해야 하나?

이 과목 세특까지 챙겨야 하나?

주요 과목만 챙기기에도 시간이 부족한 상황에서, 비주요 과목까지 공부하고 세특을 챙기는 것이 들이는 시간 대비 효율이 떨어진다고 생각할 수 있습니다. 그리고 자신의 목표에 따라서, 입시 전형에 따라서, 반영 과목에 따라서 등 여러 조건에 따라어떻게 해야 할지 판단하고 빠르게 선택과 집중을 하는 편이 좋을 수도 있습니다.

비주요 과목에서 가장 중요한 것, 성실성과 인성

그러나 학종 전형의 경우 전 과목을 정성적으로 평가하기에, 비주요 과목에서 성적과 세특을 챙기는 것은 열정과 성실성을 드러내는 요소가 되기도 하고, 자신만의 강점으로 작용하기도 합니다.

비주요 과목의 세특을 챙길 때 중요한 것 첫 번째는 성실성 및 인성이고, 두 번째도 성실성 및 인성이라고 생각합니다. 주요 과목 세특에서 전공적합성을 어느 정도 드러낼 수 있으므로, 비주요 과목에서까지 전공적합성을 드러내려고 하기보다는 그 외 역량을 잘 보여주는 데 집중하는 것입니다.

말로만 들으면 어떻게 역량을 드러내야 하는지 알기 어려우므로, 비주요 과목의 세특은 어떻게 챙기면 좋을지 저의 예시를 보겠습니다.

정보(1학년)
소프트웨어 설계활동에서 Z점수를 자동 계산해 주는 프로그램을 만들어 친구들이 지원하기를 희망하는 대학의 점수 계산을 확인할 수 있게 하며 프로그램을 통해 많은 사람들의 생활을 편리하게 도와주고 싶다는 생각을 정리하여 발표함. 인공지능과 가상 물리 시스템을 결합하여 범죄예측 시스템과 장애인지원 시스템을 개발한다면 사회적 약자를 도울 기회가 더 많아질 것이라는 생각을 정리하여 발표함. 저작권 충돌 문제에 대해 토론하는 활동에서 소녀상의 최초 제작자의 저작권을 인정해 주는 것이 법적으로는 당연하지만, 학생들이 교육적인 용도로 소녀상을 만드는 것마저 저작재산권을 빌미로 변경하게 한 뉴스를 보고 아픈 역사를 기억하기 위한 조형물마저 저작재산권 논쟁으로 역사적 의미가 퇴색되고 저작재산권 싸움으로 변질된 것에 대한 속상한 마음을 발표함. 프로그래밍 언어 실습을 위해서 클라우드 기반의 플랫폼을 이용하여 적극적으로 수업에 참여함. 출력 구문을 활용한 예제를 만들 때 발생한 오류를 수정하기 위해 출력 구문을 사용하는 예시를 인터넷에서 찾아보고 다양한 자료형을 이용해 문제를 해결하기 위해 적극적으로 노력함.

이 세특은 비주요 과목인 정보 과목의 세특입니다. '치의학'이나 '의학'과 관련된 내용을 찾아볼 수는 없지만, 한눈에 봐도 성실성과 인성이 잘 드러나는 것을 알 수 있습니다.

세부적으로 보면, Z점수 계산 프로그램을 만들어 친구들에게 도움을 준 활동은 타인을 배려하는 인성이 드러나는 부분입니다. 사회적 약자에 대한 발표, 그리고 소녀상에 대한 발표는 평소의 가치관을 드러내며, 사회적인 문제에 관심을 가지고 있다는 것을 보여줄 수 있습니다. 그리고 마지막으로, 길이를 꽉 채운 세특 글자 수와 여러 번 등장하는 '적극적'이라는 단어는, 평소 수업에 성실하고 열정적으로 참여했음을 보여줍니다.

다른 과목 공부하기도 바쁜데 언제 비주요 과목 세특을 챙기나 하는 걱정이 있을 수도 있겠지만, 사실 비주요 과목의 세특을 챙기는 데는 그다지 많은 시간이나 노력이 필요하지 않습니다. 두 가지 정도만 잘해낸다면, 다른 주요 과목을 준비하는 데 방해되는 부분 없이 비주요 과목의 세특을 풍성하게 채워낼 수 있습니다.

첫째, 수업 시간에 성실하게 참여해야 합니다. 비주요 과목에서 보여주고자 했던 역량은 성실성과 열정, 그리고 인성과 같은 것들이므로, 수업 시간의 태도가 중요합니다. 꼭 질문을 많이 하는 등 눈에 띄려고 할 필요는 없습니다. 비주요 과목이라고 집중하지 않는 학생들 사이에서 수업 내용에 호기심을 가지고 듣고, 조별 활동이 있다면 그 속에서 적극성을 드러내면 됩니다.

둘째, 타인에게 도움을 주는 활동을 하면 좋습니다. 위의 예시에서처럼 배운 것을 응용해 타인에게 도움을 줄 수 있는 무언가를 만들어내는 것도 좋고, 수업에서 어려움을 겪는 학생들에게 자그마한 도움을 주는 것도 좋습니다. 제 경우 1학년 미술 과목에서 원격 수업을 진행했을 때 한글 파일을 사용할 수 없는 학생들을 위해 자료를 PDF 파일로 변환해 공유했던 것도 인성을 드러내는 일화였던 것 같습니다.

이 정도만 해내도 조금 더 풍성한 세특을 만들 수 있습니다. 여러분도 작은 노력으로 비주요 과목의 세특을 챙겨 자신만의 강점을 만들어 낼 수 있기를 바랍니다.

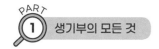

활동 간의
연계성 만들기

    이번에는 전체적인 세특을 작성할 때 생각하면 좋을 내용에 대해서 이야기해 보도록 하겠습니다. 좋은 세특이란 무엇일까요? 아마 가장 먼저 떠오르는 것은 교과 내용을 심화해 깊이 있는 탐구를 진행하는 활동일 것입니다. 그런데 좋은 세특을 만들기 위해서는 깊이만큼이나 중요한 것이 또 있습니다. 과연 무엇일까요? 바로 활동 간의 연계성입니다. 어떤 학년에서 진행한 활동이 다음 학년의 활동으로 이어지거나, 한 과목에서 진행한 활동이 다른 과목의 활동과 연결되는 등의 방식으로 활동 간의 연계성을 만들 수 있습니다. 먼저, 주제에서 연관성이 보이는 세특을 만들 수 있습니다.

    다음 두 내용은 '폐'라는 키워드로 연결되고 있습니다. 두 활동의 연계성이 눈에 띄게 드러나지는 않지만 관련이 있는 활동임을 볼 수 있습니다.

개인 세특(2학년)
(…) 세포 독성을 지닌 PHMG-P 성분이 함유된 가습기 살균제를 사용한 사람들의 폐에서 섬유화 증세가 일어나 많은 피해자를 만든 화학 재해인 '가습기 살균제 사건'에 대해 생각해 봄. 가습기 살균제가 신체에 미치는 영향과 가습기 살균제 사건의 원인을 알아본 후, (…) 진로와 관련하여 가습기 살균제로 인해 세포 괴사가 발생했을 때 분비되는 사이토카인에 대해 알아봄. 나중에 의료인이 되면 사이토카인 폭풍의 예방과 치료법을 연구하여 사이토카인 폭풍으로 인해 고통받는 환자들을 돕고 싶다는 포부를 보고서에 작성함.

보건(2학년)
(…) 태아의 폐 발달 과정에서 계면활성제에 대해 자세히 알아보는 뛰어난 자기 주도적 학습 능력을 보여주었으며 폐 성숙이 늦어지는 이유는 계면활성제가 24주 후에야 많이 생성되기 때문이라는 것을 설명함.

아래 두 내용은 '자동 양조 증후군(자동 발효 증후군)'이라는 키워드로 연결되고 있습니다. 앞의 세특에서 관심을 가지게 되었다는 것을 드러내고, 이어진 활동에서 실제로 심화적인 활동을 함으로써 연계성을 만들 수 있습니다.

연계성을 만드는 것은 세특-세특에서 뿐만 아니라 세특-창체 활동, 세특-행특, 창체 활동-행특 등 다양하게 이루어질 수 있습니다. 교과 내용에서 흥미로운 주제를 찾아 심화 탐구를 진행했다면, 그 활동에서 머무르지 말고 더 나아가 후속 탐구를 진행해 연계성까지 갖춘 생기부를 만들어 봅시다.

화학 I(2학년)
(…) 다양한 현상들 속의 화학 원리에 대해 설명해 주는 도서 『세상은 온통 화학이야』를 읽고 수면 리듬을 만드는 화학, 우울증과 카페인, 술에 관한 내용에 대해 집중적으로 정리한 독서록을 제출함. 책을 읽으며 화학이 어느 곳에나 존재하고 작용한다는 것과 자동 발효 증후군에 대해 더 알아보고 싶다고 소감을 밝힘.

진로활동(3학년)
(…) 진로 독서활동에서는 『보이지 않는 권력자(이재열)』를 선택하여 알코올 발효, 효모 발효과정에서 만들어지는 술이나 이스트에 대한 내용을 읽고 자동 양조 증후군 증상의 심각성을 고민하며 '술을 안 마셨는데 음주 운전이라고?'라는 제목으로 자동 양조 증후군의 음주 운전 관련 사례 및 질환의 치료법과 부작용을 칼럼으로 작성함. (…)

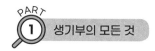

Part 1-3 교과 외 활동 사례와 조언

동아리가
일관적이지 않다면

세특뿐만 아니라 교과 외 활동도 매우 중요하다는 것을 여러분도 어느 정도 알고 있을 것이라 생각합니다. 그런데 진로 변화 등의 이유로 교과 외 활동이 일관적이지 않다면, 그중에서도 동아리활동이 일관적이지 않다면 입시에 불리하게 작용하지는 않을까 하는 불안감이 들 수 있을 것입니다.

물론 3년 내내 하나의 진로를 바라보며 일관적인 활동을 해왔다면 좋은 평가를 받을 수 있습니다. 그러나 동아리가 계속해서 바뀌었더라도 각각의 동아리활동에서 배우고 느낀 점이 분명하다면, 이는 불리한 요소로 작용하지 않을 것입니다.

저의 경우 1학년 때는 교육과정 관련 동아리, 2학년 때는 보건 동아리, 3학년 때는 생명과학실험 동아리에서 활동했습니다. 정말 일관성이 보이지 않는 동아리들인데요, 그럼에도 동아리활동에 대한 평가가 나쁘지 않았던 만큼 나름대로 포인트가 있는 부분이라고 생각합니다.

> **동아리활동(1학년, 교육과정 동아리)**
>
> (…) 선택과목 중 교육학과 물리 I 을 맡아 자료를 조사하여 포스터 형태로 제작함. 장애아동의 학교 적응에 관한 영화를 감상한 후 교육적 관점으로 각 등장인물을 분석하고 교육적 성장이 담긴 장면을 발표함. 또한 스스로 장애 따돌림 관련 발제문을 작성해 비경쟁 주제토론에 적극적으로 참여함. 소그룹 팀원들과 수시를 조사하여 전형별 특징을 소개하는 배포자료를 작성함. 2학기 동아리 반장을 책임감 있고 적극적으로 수행함. (…) 바람직한 우리나라의 미래 교육과정에 관한 생각을 체계적으로 작성하였으며 이 과정에서 보인 비판적 사고능력이 인상적임. (…)

1학년 동아리활동은 진로와 큰 연관은 없지만, 리더십과 인성을 드러낼 수 있는 활동들을 진행했습니다. 또한 장애아동에 대한 영화를 감상한 후 진행한 활동은 이후 3학년 세특에서 장애인의 권리 보호에 대한 활동으로 이어져 연결성을 갖기도 하였습니다.

> **동아리활동(2학년, 보건 동아리)**
>
> 의학 분야에 관심이 많으며 최선을 다하는 자세가 훌륭함. (…) 스포츠 축제 시 이동보건실 운영을 맡아 다친 학생들을 치료해 주며 집에서 관리할 수 있는 상처 소독법에 대해 스스로 자료를 만들어와 설명하며 나눠줌. 2차 감염이 될 수 있어 소독의 중요성에 대해 알려줌. 응급처치 및 심폐소생술 활동 시 이론과 실습을 완벽하게 이해하고 실습하고자 꾸준히 노력하였으며 가슴 압박과 자동심장충격기의 사용 등 심폐소생술 자세가 아주 완벽하여 부원들에게 시범을 보임. (…) 탁월한 사고의 확장과 근면 성실함이 의료인으로 발전 가능성이 큰 학생임.

2학년 동아리활동은 이동보건실 운영을 통한 치료 실습, 심폐소생술 실습 등 실질적인 의료 관련 실습을 할 수 있는 기회였습니다. 이론으로 배우는 것을 넘어 실제 활동으로 이어갔다는 것과 적극적인 태도에 대한 언급으로 성실하고 열정적인 학생이라는 점도 드러낼 수 있었습니다.

모둠장으로 항생제 감수성 검사 방법을 실험 주제로 선정하고 실험 계획서 작성, 준비물 구입 등 실험 전에 꼭 준비해야 하는 일에 적극적으로 참여하는 모습을 통해 책임감과 리더십을 보여줌. 실험 후 항생제 내성으로 질병의 치료가 어려운 경우를 찾아보고, 항생제 내성을 해결하기 위한 파지 요법에 대해 조사함. (…) 파지에 대한 환자의 면역반응, 장내 생물적 요소들과의 상호작용 등 어려운 부분을 더 연구하여 질병 치료에 도움이 될 수 있으면 좋겠다는 내용이 담긴 보고서를 작성함. (…) '암, 자가면역질환을 치료하는 단일클론항체'를 주제로 (…) 최근 단일클론항체를 이용한 암이나 자가면역질환 치료법이 다양하게 개발되고 있는 이슈를 설명하며 왜 관심을 가져야 하는지를 설명한 칼럼을 작성함. (…)

3학년 때는 이전 동아리활동보다는 조금 더 학술적인 활동 위주로 진행했습니다. 이 과정에서 학업적인 능력과 리더십 등의 역량을 드러낼 수 있었으며, 연구에 관한 관심 또한 보여줄 수 있었습니다.

저의 3년간의 동아리활동은 일관적이지는 않았지만, 각각의 동아리활동을 통해 많은 것을 배웠음이 잘 드러나 있고 동아리활동들을 통해 배운 것들은 모두 치과의사라는 현재의 제 진로에 반드시 필요한 역량들이었습니다.

그러니 만약 진로가 정해지지 않아서, 또는 진로가 바뀌어서 동아리활동에 일관성이 없더라도 걱정할 필요 없습니다. 동아리활동 자체에서 많은 것을 배우며 자신만의 생기부를 만들어 나갈 수 있고, 추후 면접에서 답변으로 충분히 보완할 수 있으니까요.

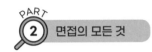

PART
2 면접의 모든 것

Part 2-1 　빈틈없는 면접을 위한 팁

MMI, 제시문과 생기부 면접 동시에 준비하기

서울대학교 치의학과 면접은 MMI 형식입니다. 한 개의 방에서 10분씩, 총 4개의 방에서 40분 동안 면접이 진행됩니다. 그중 세 개의 방은 제시문 기반, 그리고 나머지 한 개의 방은 생기부 기반 면접이 진행되기 때문에, 서울대학교 치의학과 면접을 준비하기 위해서는 제시문과 생기부 면접을 모두 준비해야 합니다.

제시문 면접 준비하기

먼저 제시문 면접의 경우, 학술적인 내용을 물어보는 제시문이 등장하지는 않습니다. 의견이 갈릴 수 있는 상황을 제시해 주고, 자신의 의견과 그 근거를 논리적으로 말할 수 있는지 평가하는 제시문이 등장합니다.

그런데 제시문을 읽고 생각을 정리할 시간이 정해져 있는 것이 아니라, 각 방에 들어가서 제시문을 읽고 생각을 정리하는 시간까지 10분의 면접 시간에 포함되어 있기에, 제시문의 내용을 빠르게 파악하고 자신의 생각을 정리할 수 있어야 합니다. 또한 질문도 제시문에 나와 있지 않고, 제시문을 읽고 나면 구술로 질문을 제시하는 형식이기에 질문을 듣기 전 어느 정도 자신의 생각을 정리할 수 있어야 합니다. 이를 위해서는 2가지 정도를 준비하는 것을 추천합니다.

먼저, 모의 면접 영상을 찍는 것입니다. 기출 문제에 답변하는 모습을 영상으로 찍으면, 시선, 말투, 말의 빠르기 등 기본적인 태도를 점검할 수 있을 뿐만 아니라, 두괄식으로 말하고 있는지, 제시문을 올바르게 이해하고 논리적으로 답변을 이어 나갔는지, 시간에 쫓겨 생각이 덜 정리된 상태로 답변을 시작하지는 않았는지 등의 부분 또한 점검하고 고쳐 나갈 수 있습니다.

다음으로, 자신의 지식을 면접 답변으로 끌어올 수 있어야 합니다. 제시문에는 많은 내용이 주어지지 않기 때문에, 평소 자신이 알고 있는 지식을 근거로 사용할 수 있어야 합니다. 아주 수준 높은 지식을 요구하는 것은 아니지만, 자신의 답변에 논리를 부여할 수 있을 정도는 필요합니다. 뉴스 기사를 꾸준히 보거나, 『트렌드 코리아』 같은 책을 읽는 등의 방법으로 일반 상식 또는 시의성 있는 이슈에 대한 지식을 알고 있는 것이 좋습니다.

생기부 면접 준비하기

다음으로 생기부 면접의 경우 자신의 생기부를 완벽하게 파악하고, 나올 수 있는 예상 질문을 최대한 많이 만들어야 합니다. 이때 주의해야 할 점도 두 가지 정도로 나눌 수 있습니다.

먼저, 자신의 생기부에서 눈에 띄는 부분이 어디인지 알아야 합니다. 본인의 생기부는 자기 자신에게는 익숙하므로, 처음 보는 사람의 눈에는 어떤 내용이 가장 먼저 보이고 흥미로울지 알 필요가 있습니다. 이를 위해, 먼저 스스로 생기부를 꼼꼼히 읽으며 예상 질문을 만들어보고, 이후에는 학교 선생님, 부모님, 친구 등 다양한 사람들에게 생기부를 보여주고 모의 면접을 해본다면, 스스로는 찾지 못했던 중요한 포인트들을 찾을 수 있을 것입니다.

허를 찌르는 질문이 나올 것도 대비해야 합니다. 대부분 눈에 띄는 활동에서 전공 관련 질문이 나오겠지만, 예상하지 못했던 부분에서 질문이 나올 수도 있습니다. 특히 제가 면접을 보았을 때에는 전공 관련 활동보다는 봉사활동, 동아리활동, 행특 내용에서 많은 질문이 나왔습니다. 이렇듯 어디에서 어떤 질문이 나올지는 정말 알 수 없으므로, 전공 관련 질문에만 대비할 것이 아니라 생기부 전반적으로 동기가 명확하지 않은 부분, 세부 내용이 잘 기억나지 않는 부분 등을 찾아 질문을 만들어보는 것이 좋습니다.

제시문 면접과 생기부 면접은 그 성격이 매우 다르지만, 둘을 동시에 준비하는 것도 충분히 가능합니다. MMI를 준비해야 한다면 위에서 언급한 내용들을 스스로 준비해 보며 제시문과 생기부 두 마리 토끼를 모두 잡을 수 있을 것입니다.

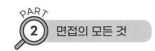

치의학과 일반전형
면접 복기

면접장으로 들어가는 길은 입학하고자 하는 마음을 더욱 키워주는 분위기였습니다. 면접장이 있는 건물로 들어갈 때 치의학과 선배님들이 간식을 나눠주며 응원해 주셨습니다. 긴장되는 마음으로 학교에 도착했는데, 선배님들의 응원을 들으니 자신감도 생기고 긴장도 풀렸습니다. 그리고 면접 대기실은 환자 마네킹이 있는 실습실이어서 입학 후 직접 실습을 하게 될 모습을 상상해 볼 수 있었습니다.

대기시간은 자신의 순서에 따라, 아주 짧을 수도, 몇 시간 이상이 될 수도 있었습니다. 저는 세 번째 조였으며, 약 한 시간 정도 대기했던 것으로 기억합니다. 대기실에서는 본인이 가져온 자료들을 볼 수 없었고, 대신 대기시간 동안 컴퓨터로 영화를 틀어주서서 볼 수 있었습니다. 그렇지만 저는 오히려 영화로 인해 준비했던 것들을 잊어버릴까 봐 걱정되어 보지 않고, 제가 준비했던 것들을 떠올려보며 대기시간을 보냈습니다.

면접실은 2개 층, 3곳으로 나뉘어 동시에 세 조가 면접을 진행할 수 있도록 되어 있었습니다. 조당 4명으로 이루어져 있었기에, 12명이 동시에 각자의 방에서 면접을 진행하였습니다. 제가 느끼기에 면접관님들이 전반적으로 편안한 분위기를 만들어 주시기 위해 노력하셨던 것 같습니다. 덕분에 심하게 긴장하지 않고 준비해 온 것들을 잘 보여드릴 수 있었습니다.

제시문 1

50세인 A는 내연기관 자동차 부품 생산 공장에서 25세부터 공장을 운영하는 아버지를 도와 일해 왔고, 10년 전 이 공장을 이어받아 운영 중이다. 해당 공장은 자동차 업계에서도 그 실력을 인정받는 중소기업으로 100여 명의 직원이 일하고 있다. 하지만, 자동차 산업에서 친환경 자동차로의 전환이 이뤄지면서 내연기관 자동차 부품에 대한 수요가 현저히 감소하였고, 그로 인해 회사 경영이 어려워져 최근 불가피하게 공장 직원 50명을 정리해고하게 되었다.

Q. 공장주의 입장에서 상황을 설명해 보세요.

A. 내연기관 자동차의 수요가 줄어듦에 따라 수입이 줄어들고 경영이 어려워질 수밖에 없는 상황입니다. 모든 사람에게 임금을 주기 어렵기에 절반인 50명의 직원을 정리해고하게 되었습니다.

Q. 해고당한 직원 입장에서 상황을 설명해 보세요.

A. 다니던 직장에서 갑자기 해고 통보를 받은 상황입니다. 해고로 인해 수입이 끊기게 되었고, 충격과 스트레스로 정신적 고통을 겪을 것입니다.

Q. 이 상황에서 누구에게 책임이 있을까요?

A. 저는 일단 공장주 개인에게 책임을 물을 수는 없다고 생각합니다. 수요 감소에 대응하기 위해 최선의 노력을 다했을 것이지만, 그럼에도 해결되지 않아서 정리 해고를 할 수밖에 없었을 것입니다. 따라서 저는 이 상황에서는 국가 기관에게 책임이 있다고 생각합니다. 국가는 국민의 안전과 행복을 위해서 존재합니다. 신기술이 등장하는 상황에서 제도 변화가 이어졌다면 대량 해고를 막을 수 있었을 것이기에, 국가 기관에게 책임이 있습니다.

Q. 기술 개발로 인해 피해를 보는 사람들이 생기는데, 이러한 경우 기술 개발을 하지 못하게 막는 것이 좋을까요?

A. 기술 개발을 막는 것이 해결책이 될 수 없습니다. 앞서 답변한 것처럼, 기술 발전에 맞춰 제도 등을 빠르게 변화시킬 수 있도록 노력하는 것이 필요합니다. 또한 기술 개발을 막는다면 오히려 세계 시장에서 뒤처지는 결과를 가져와 또 다른 피해를 가져올 수 있을 것입니다.

제시문 2

우리는 소셜미디어 세계에 살고 있다. 소셜미디어는 사람들의 잠재의식에 영향력을 행사해, 그들의 행동과 욕망, 정체성, 관심을 지배하도록 설계됐다. 그런 외부 환경이 당신의 목표에 어떤 영향을 미치는지 깨달을 수 있는 힘을 키우면, 외부 환경이 당신을 특정 방향으로 몰고 갈 때, 정신을 차리고 깨어 있을 수 있다. 그리고 당신이 바라는 미래의 내가 되는 삶을 의식적으로 선택할 수 있다. 빅터 프랭클은 이렇게 말했다.

'자극과 반응 사이에는 공간이 있다. 그 공간에서 우리는 어떤 반응을 할지 선택할 수 있다. 그 반응에 자신의 발전과 자유가 달려 있다.'

환경에 휘둘리지 않을 때 자유를 얻을 수 있다. 자신이 처한 환경을 자각해야 한다. 그리고 그 환경에서 벗어나 다양한 관점에서 바라보며 선택지를 찾아야 한다. 어떻게 행동하고 존재할 것인지, 무엇을 보고 생각할 것인지, 새롭고 더 나은 방법에 자신을 반복적으로 노출시켜라. 과거에 어떤 행동을 했든 앞으로는 다르게 행동할 수 있다. 언제 어디서나 당신은 의식적인 선택을 할 수 있다. 어떤 사람이 되고 싶은가? 이 질문에 대한 대답은 틀림없이 현재 상황에 영향을 받을 것이다. 하지만 그 대답은 현재 상황을 벗어나야 한다. 지금 알고 있는 지식에 갇히지 말고 상상력을 발휘해 보라. 현재나 과거와 상관없이 당신은 어떤 사람이 되고 싶은가? 현재 상황에 따라 목표를 정하는 것을 피했으면 한다. 그보다 당신이 원하는 상황을 머릿속으로 생생하게 그려라.

『퓨처 셀프』에서 발췌

Q. 제시문에 제목을 붙여 보세요.

A. '디지털 리터러시의 필요성'이라고 할 수 있을 것 같습니다.

Q. 소셜미디어에서 '인싸'가 되는 것이 중요하다고 생각하나요?

A. 소셜미디어에서보다 실제로 영향력 있는 사람이 되는 것이 더욱 중요하다고 생각합니다. 그래서 저도 실제로 영향력 있는 사람이 되어 환자들에게 도움을 주는 치과의사가 되고 싶습니다.

Q. 소셜미디어에 대한 부정적 견해가 많은데, 소셜미디어는 부정적이라고 생각하나요?

A. 저는 소셜미디어가 부정적이기만 한 것은 아니라고 생각합니다. 물론 소셜미디어에서 쉽게 접할 수 있는 자극적인 콘텐츠들, 그리고 끊임없는 알고리즘으로 인한 중독 현상은 사람들에게 매우 부정적인 영향을 미치는 것이 맞습니다. 그러나 소셜미디어는 긍정적인 영향도 가지고 있습니다. '디토 소비'라는 것이 긍정적인 면을 보여줄 수 있습니다. 무작정 유명인의 물건을 따라 사는 '모방 소비'와는 달리, 디토 소비는 자신의 취향에 맞고 자신의 가치관과 비슷한 것을 따라 구매하는 주체적 소비 형태입니다. 사람들은 디토 소비를 통해 시간과 노력을

절약할 수 있으며, 여전히 주체적 삶을 살아갈 수 있습니다. 이러한 경우를 보면 소셜미디어는 긍정적 영향도 줄 수 있기에, 부정적으로만 생각하지 않습니다.

제시문 3

다음은 서울대학교 치의학교육혁신센터에서 제시한 치의학대학원 교육목표로서의 역량이다.

- 임상역량
- 의사소통 능력
- 진료관리 및 경영
- 검사·진단·치료계획
- 지식기반·비판적 사고
- 의료인으로서 직업정신

Q. 예비 치과의사로서 가장 중요하게 생각하는 두 가지는 무엇인가요?

A. 의사소통 능력과 임상역량입니다. 먼저, 환자가 편안하게 느끼고 치과의사를 신뢰할 수 있도록 만드는 것이 가장 중요하다고 생각하기에 의사소통 능력이 가장 중요합니다. 다음으로, 환자가 치과의사를 신뢰할 수 있도록 하기 위해서는 소통도 중요하지만, 뛰어난 기술로 좋은 결과를 만들어내는 것이 기본이 되어야 하기 때문에 임상역량이 중요합니다.

Q. 환자의 입장에서 치과의사가 가져야 하는 가장 중요한 두 가지는 무엇이라고 생각하나요?

A. 의사소통 능력과 지식 기반·비판적 사고라고 생각합니다. 물론 임상역량도 중요하지만, 치과대학 또는 치의학대학원을 졸업하여 치과의사 면허가 있다면 어느정도의 역량은 갖추고 있을 것입니다. 따라서 환자가 치과의사를 신뢰하고 치과

를 편안하게 느끼기 위해서는 치과의사의 의사소통 능력이 중요합니다. 또한 환자는 자신의 상태에 대해 객관적이고 냉철한 판단이 필요하기에 지식기반·비판적 사고도 중요합니다.

Q. 지금까지 보았던 치과의사에게 가장 부족했던 것은 무엇인가요?

A. 비판적 사고가 가장 부족했다고 생각합니다. 환자에게 상황을 있는 그대로 냉철하게 말해주기보다는 환자의 상황을 긍정적으로 이야기하려고 하는 경우가 많았던 것 같아 이 부분이 부족한 점으로 느껴졌습니다.

생기부 질문

Q. 서울대학교 치의학과에 지원하게 된 동기는 무엇인가요?

A. 의료격차 문제와 사회적 약자에 관한 제도적인 문제들에 대해 많은 관심을 두고 탐구해 왔습니다. 특히, 인구구조가 빠르게 변화하는 시점에서 고령화로 인해 노인들의 치아 건강을 지키는 것의 중요성이 더욱 커지고 있다고 생각했습니다. 합리적인 가격으로 많은 국민이 치료를 받을 수 있는 시스템을 구축하고 의료격차를 줄이는 데 기여하는 치과의사가 되고 싶다고 생각했습니다.

또한 서울대학교 치의학과 교수님의 옥시토신 수용체를 통한 치아 재생 연구에 대한 내용을 알게 되었는데, 평소 큰 관심을 두고 있던 분야라 서울대학교 치의학과에서 공부한 뒤 연구에도 참여하고 싶다고 생각했습니다. 마지막으로, 사회적 약자의 권리 보호와 안전, 건강 보장에 관심이 많은 서울대학교 치의학과에서 말하는 나눔을 실천하고 사회에 공헌하며, 사회와 국가의 긍정적인 변화와 발전을 이끌 수 있는 선한 인재상과 저의 목표가 부합하여 지원하게 되었습니다.

Q. 그런 이유면 꼭 치과의사가 아니어도 될 것 같은데 굳이 치과의사가 되고 싶은 이유가 있을까요?

A. 교정 경험과『입속에서 시작하는 미생물 이야기』라는 책이 큰 영향을 주었습니다. 약 3년 동안 교정 치료를 하면서 치과가 익숙해졌고, 심리적으로 편안함을 느낄 수 있었습니다. 또한『입속에서 시작하는 미생물 이야기』라는 책을 읽으면서, 많은 질병이 입에서부터 시작하고, 구강 건강을 지키는 것이 결국 전신 건강을 지키는 데에 큰 영향을 준다는 것을 알 수 있었습니다. 그래서 치과에 대한 익숙함, 그리고 구강 건강을 지켜 환자의 전신이 건강할 수 있도록 돕고 싶다는 마음 때문에 치과의사가 되겠다고 생각했습니다.

Q. 동아리가 3년 동안 다 다른데, 각 동아리활동을 하면서 어떤 점을 배웠는지 말해주세요.

A. 1학년 동아리인 교육과정리더 동아리에서는 다른 사람을 돕는 것의 즐거움을 배울 수 있었습니다. 선택과목을 소개하는 자료를 만들고 점심시간마다 다른 학생들에게 과목 선택에 대해 알려주는 활동을 하면서, 제가 알고 있는 것을 공유함으로써 다른 사람들에게 도움을 주는 것의 즐거움을 알게 되었습니다. 2학년 동아리인 보건 동아리에서는 실제로 의료 활동을 하는 경험을 쌓을 수 있었고, 의료인으로서의 보람을 느낄 수 있었습니다. 특히 학교 체육대회에서 이동 보건실 부스를 맡아 운영하며 학생들의 상처 소독 및 치료를 직접 하면서 응급 상황에 대처하는 의료인의 자세를 배울 수 있었고, 치료를 해줌으로써 의료인으로서의 보람을 느낄 수 있었습니다. 마지막으로 3학년 동아리인 생명과학실험 동아리에서는 리더십과 학술적인 능력을 배울 수 있었습니다. 항생제 감수성 실험

에서 조장을 맡아 실험의 계획과 진행을 주도적으로 해내면서 리더십을 키울 수 있었고, 실험 과정에서 생긴 어려움을 극복하는 과정에서는 여러 자료를 바탕으로 오류의 원인을 생각해 보며 학술적인 능력을 기를 수 있었습니다. 비록 3년 동안 다른 동아리활동을 하였지만, 세 동아리에서의 활동 모두 치과의사로서의 역량을 키우는 데 많은 도움이 되었습니다.

Q. 동물들이 충치가 생기지 않는 이유를 주제로 영상을 제작했다고 하는데, 이 활동에 대해 설명해 주세요.

A. 야생동물이 충치가 생기지 않는 이유에 대하여 조사하고 영상을 제작했습니다. 자연에서 섭취하는 음식에는 당분이 많지 않아 뮤탄스균으로부터 비교적 안전해 산이 적게 생성되며, 야생동물들은 인간에 비해 치아의 구조가 촘촘하지 않아 음식물이 잘 끼지 않는 등의 이유로 충치에 걸리지 않는다는 것을 알 수 있었습니다. 이 내용을 바탕으로 직접 그림을 그려 영상을 제작하는 활동까지 진행했습니다.

Q. 봉사활동을 많이 했는데, 그중에 금연 캠페인 봉사가 가장 많네요. 이 캠페인을 꾸준히 한 이유는 뭔가요?

A. 사실 처음에는 봉사 시간을 채우기 위해서 시작했습니다. 아침에 한 시간 정도 먼저 등교해 캠페인을 진행했는데, 캠페인 활동 중에서 금연 퀴즈를 진행했을 때 몇몇 학생들이 흥미를 가지고 열심히 퀴즈에 참여하는 모습을 보니 보람을 느낄 수 있었습니다. 그 보람이 꾸준히 금연 캠페인을 진행하게 되는 원동력으로 작용했습니다.

Q. 행특에 친구들로부터 표창장을 받았다는 내용이 있는데, 실제로 친구들한테 받은 건 가요?

A. 네, 그렇습니다. 매달 학급에서 '칭찬합시다'라는 활동을 진행했습니다. 투표 방식으로 진행되었는데, 각 학생이 칭찬하고 싶은 학생의 이름과 그 이유를 적어서 선생님께 제출하면 칭찬 학생으로 가장 많은 투표를 받은 학생이 명예상 같은 느낌으로 표창장을 받았습니다.

Q. 마지막으로 하고 싶은 말 있으면 해주세요.

A. 저는 누구도 소외되지 않는 세상을 꿈꾸는 사람입니다. 사회적 약자나 취약계층의 권리 보호와 안전 및 건강 보장에 관심이 많아 이와 관련해 장애인, 소아 청소년의 의료 등에 관한 탐구를 진행해 왔습니다. 또한 학급 활동에서 학교에 오지 않는 위탁생을 제외하는 것을 당연하게 생각하던 상황에서 친구에게 먼저 연락하여 학급 활동에 참여할 수 있도록 도왔던 경험이 있습니다. 치과의사가 되어서도 그 누구도 소외되지 않도록 항상 봉사할 것입니다. 서울대학교 치의학과에 입학해 모두가 건강한 삶을 사는 세상을 만드는 데 일조하는 치과의사가 되고 싶습니다.

1, 2, 3학년 각각 다른
생기부 전략이 필요하다

졸업생 멘토를 통해 진로를 찾다

004

간호대학 간호학과 ㅣ 24학번 김나연 ㅣ 일반전형
서울시 강남구 ㅣ 일반고 졸업

안녕하세요, 서울대학교에 재학 중인 간호학과 24학번 김나연입니다. 고등학교에 첫발을 내딛었을 때, 대학교 입학과 직접적으로 연결되어 있음을 주변으로부터 계속 확인받으며 어깨에 무거운 짐을 싣고 가야 하는 현실이 부담스럽진 않으셨나요?

저는 수많은 압박 중에서도 '꿈'에 대한 짐이 가장 무겁게 다가왔습니다. 고등학교 입시를 준비했던 친구들, 또는 중학교 때부터 생기부를 신경 쓴 몇몇 친구들은 고등학교 입학 전부터 '진로'에 대한 고민을 하고 있었을 것이라 생각합니다. 하지만 중학생 시기의 저는 내신 성적도 좋지 않았던데다가 미래에 대한 고민을 해본 적도, 진로 설정에 관심을 갖고 있지도 않았죠.

그러다 일반고등학교에 입학하게 되었는데 고등학교 생활에 적응하느라 정신이 없던 1학년 1학기부터 선생님들은 계속 '진로'를 강조하셨고, 하나의 방향으로 생기부를 작성하는 것의 중요성을 재차 반복하셨습니다.

저는 이를 위해 빨리 직업군을 선택해야겠단 생각을 가지며, 1학년 1학기부터 진로 찾기에 힘썼습니다. 하지만, 평생 영향을 미치는 중요한 결정인 '진로'를 쉽게 결정하기란 불가능에 가깝죠. 그래서 저는 고등학교에서 진행하는 '졸업생 멘토 프로그램' 등이 진행될 때마다 참여하며 여러 학과 선배님들의 이야기를 듣곤 했습니다.

그러다 우연한 기회에 만나게 된 간호학과에 재학 중인 졸업생 선배님은 매체에서 공개되는 간호사의 어두운 면들이 사실 학부생의 입장에서 전혀 느껴지지 않으며, 간호사 면허증으로 가질 수 있는 여러 직업군과 다양한 갈래로 뻗어나갈 수 있는 잠재력에 대해 설명해 주셨습니다. 이에 간호학과에 관심을 가지게 된 저는 서울대학교 간호학과에 입학하게 되었습니다.

이렇게 저는 명확한 진로를 가지고 고등학교에 입학하거나, 1학년 때 확고한 진로를 결정한 친구들과 달리 2학년 초중반이 되어서야 간호라는 구체적 진로를 희망할 수 있게 되었습니다.

진로 결정을 하지 못했거나, 진로 결정을 늦게 하여 생기부 속 내용이 진로와 관련이 없는 분들에게 제 글이 도움이 될 것 같습니다. 우연한 기회로 진로를 결정하고 대학생이 된 저처럼, 여러분도 이 책을 통해 입시에 대한 고민과 궁금증을 해결하고 원하는 대학에 합격하기를 바라겠습니다.

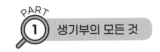

Part 1-1 매력적인 생기부를 위한 팁

낮은 성적을 보완하기 위한
생기부 작성 방법

  흔히 학군지라고 불리는 대치동 주변의 학교를 졸업했기 때문이기도 하지만, 객관적으로 낮은 성적의 이과 학생이었던 저는 성적을 보완하기 위해서 좋은 생기부가 필요했습니다. 지금부터 저는 낮은 성적대의 학생이 성적 보완을 위해 매력적인 생기부를 작성한 방법을 소개해 보도록 하겠습니다.

  시험 성적이 나온 후, 학생들 사이에선 여러 말들이 나올 겁니다. '수시 포기하고 정시를 준비해야 할까?', '이 과목 버리고 다른 과목 잡아야겠다' 등등. 하지만 저는 시험을 망쳤다면, 망한 과목의 생기부에 더욱더 집중해야 한다고 강조하고 싶습니다. 자세히는 Part 1-2를 참고해 주세요.

  다시 말해, 내신 성적이 좋은 편이 아니라면 입학사정관들이 봤을 때 '이 학생은 탐구활동을 위해 시간을 할애했으니, 낮은 시험 성적을 감안해야겠다'는 생각이 들 정도의 생기부를 만들기 위해 애써야 합니다.

가리지 말고 대부분의 프로그램에 참여하자

저는 양적인 측면을 위해 학교 프로그램의 90% 이상을 참여했습니다. 탐구활동이란 과목별 세특에서만 찾을 수 있는 것이 아니라 동아리활동, 진로활동 칸에서도 보여줄 수 있습니다. 이제부터 제가 어떤 활동을 했는지에 대해 구체적으로 다루겠습니다.

각 학교에는 학생회와 자율부 등이 있는데 저는 그중 자율부에 참여하였으며, 활동의 연속성을 보여주고자 1·2학년, 2년 동안 역할을 맡았습니다. 3년 전체 생기부를 보았을 때, 과목별 연결성도 중요하지만 학년 간 연결성 또한 중요합니다. 학년이 올라갈수록 동일 주제 심화 탐구활동을 하며 연속성을 보여줄 수도 있지만, 한 활동을 2년간 지속하며 강조할 수 있다는 점 또한 알아두면 좋습니다.

또한 이과임에도 불구하고 '미디어 탐구'가 주 목적인 프로그램에 참여해 매주 교육을 들었으며, 이과이기에 '과학 실험'을 하는 프로그램도 참여했습니다. 이 밖에도 멘토링 프로그램, 강연 등 주제를 따지지 않고 참여한 후 보고서 작성으로 마무리 지었습니다. 2학년 때부턴 진로가 명확해졌기에 보고서 내용이 어떻게든 간호학과와 연결이 되도록 하였지만, 1학년 때에는 심화탐구 위주로 보고서를 작성하였습니다.

아무리 본인이 극이과 성향, 극문과 성향을 가지고 있을지라도, 저는 다른 분야의 활동에 참여하는 것이 본인의 성장 잠재력을 보여줄 수 있는 방법 중 하나라고 생각해요. 그러니 가리지 말고 다 참여하는 학생이 되는 것을 추천합니다.

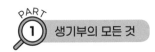

Part 1-2 과목별 세특 사례와 조언

각 과목에 집중하되
독특한 포인트를 담자

학교 선생님들이 강조하듯 사실 제일 이상적인 생기부는 '확실한 진로'와 그와 관련된 '깊이 있는 탐구활동'입니다. 더 나아가 1학년 때는 포괄적으로 접근한 활동들을 2·3학년 때에는 구체적으로 접근하는 것이죠.

하지만 현실적으로 대부분의 학생들은 아직 자신이 어떤 직업군과 적성이 맞는지도 모르고, 깊이 있는 탐구 주제를 떠올리기도 어려워합니다. 제가 위에서 언급한 '진로의 방향성을 잡게 된 프로그램'에 참여한 것은 1학년 2학기 후반에서 2학년 1학기로, 1학년 때의 생기부는 이상적인 루트를 밟았다고 표현하기엔 무리가 있습니다.

이와 같은 상황에서 제가 선택할 수 있었던 것은 '깊이 있는 탐구활동'이었고, 그래서 저는 각 과목을 '순수 학문'적인 측면에서 접근하였습니다.

사실 일반고에 재학 중인 고등학생이 할 수 있는 탐구활동 수준은 매우 제한적입니다. 주변 친구들의 발표를 들어보면 겹치는 주제도 많고 그 내용 또한 인터넷에 비일

비재한 자료들입니다. 하지만 대학 입학사정관들의 눈에 들어오는 생기부를 만들기 위해선 '독특함'을 빼놓을 수 없습니다.

즉, 국어에선 국어를, 수학에선 수학을 보여주되 그 내용이 흔하지 않아야 한다는 것입니다.

통합사회(1학년)
사회를 바라보는 시야가 넓은 학생으로, 수업 시간에 배운 수요와 공급 개념을 통해 '소득 불균형을 정확하게 측정할 수 있는 방법에는 무엇이 있을까?'라는 궁금증을 가지게 되었고, 이를 해결하기 위해 (…) '소득불평등 지수 로렌츠 곡선, 지니계수'를 주제로 발표하였음. 로렌츠 곡선을 (…) 해당 도출과정을 판서를 활용해 학우들의 이해에 도움을 줌. 또한 구분구적법을 이용한 문제 풀이를 통해 (…) 사회현상을 논리적으로 설명하는 데 수학적 의사소통의 능력이 필요함을 깨달았음. (…)

위는 제 1학년 통합사회 세특의 일부분입니다. 해당 시기 꿈에 확실한 방향성이 없어 어느 분야와 연결지으려 노력하기보다는 사회라는 학문을 탐구해 보려 했습니다. 이과계열이었기에 '유전자 가위/인간 복제가 윤리적인가?'처럼 의학계열에서 가장 흔한 주제보다는 문과계열의 경제 주제를 택하였고, 문과 주제 속에서도 수학에 큰 비중을 두었습니다.

궁금증-해결-발표-느낀 점을 드러내자

제가 생각하는 세특을 위한 이상적 탐구활동은 '궁금증, 해결, 발표, 느낀 점'의 양식을 갖춘 활동입니다. 저는 A라는 개념을 통해 B라는 궁금증을 떠올렸고, 이를 해결하는 과정에서 해당 과목인 통합사회가 아닌 수학 과목을 끌어와 과목 융합까지 시도했습니다. 'PPT로 발표함' 식의 단순 발표가 아니라 '판서를 통해 (…) 이해도를 높임'으로 생기부의 흔함을 덜어냈으며, 느낀 점도 '인상적이었다'와 같은 다른 학생들도 떠올릴 수 있는 표현이 아닌, '수학적 의사소통'이란 키워드를 강조했습니다.

저는 해당 탐구활동을 마친 후, 선생님을 직접 찾아가 '수학적 의사소통'이라는 키워드를 거듭 강조하였습니다. 같은 학기 수학 생기부에서 이 키워드를 언급하였기 때문입니다.

'과목 융합'이 중요하단 것은 현재 입시판에서 모두가 아는 내용입니다. 그러나 저는 해당 학년, 각 과목 생기부의 연결고리 또한 중요하다고 생각합니다.

그러니 여러분들도 각 과목의 생기부 내용 사이 연결점이 있는지, 겉핥기식의 탐구활동은 아닌지 등을 꼭 확인하기를 바랍니다.

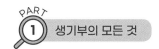
Part 1-3 교과 외 활동 사례와 조언

원하던 동아리에
들어가지 못했다면

일반고에서 진행되는 동아리활동의 질은 특목고와 자사고에 비해 상당히 낮습니다. 따라서 수많은 지원자들 속에서 입학사정관의 눈에 띄기 위해서는 '양'과 '개인 활동'으로 승부를 볼 수밖에 없었습니다.

동아리 선택을 잘못했을 때 대처법

입시판에서 흔하게 들려오는 이야기는 '첫 동아리 선택을 잘해야 한다'입니다. 저는 본교 동아리 배정 제도를 제대로 파악하지 못하는 실수를 저질러, 상위권 학생들이 주로 참여하는 동아리에 들어가지 못했고, 당시 진로의 방향과 전혀 어울리지 않는 '교사 동아리'에 들어가게 되었습니다. 해당 동아리에서 진행하는 활동은 '현재 교육 방향에 대한 고찰', '미래 교사의 입지', '교복 자율화 등의 주제로 토론' 등이었습니다.

하지만 이런 활동에 수동적으로 참여하게 된다면, 동아리활동 속 특기사항에는 제 역량이 드러나지 못할 것이라 판단되어, 동아리 내에서 여러 활동들을 제안하고 실행하였습니다. 예를 들면, 각자 계열별로 나뉘어 해당 분야를 '실제 교사'의 역할로 설명해 보고 그에 대한 학생들의 반응을 분석하여 수업 효과가 더 잘 나타날 수 있는 수업을 기획해 보기, 학교 선생님이 수업 중 학생들의 어떤 행동에 가장 스트레스를 받는가에 대한 교사 대상 설문지를 받고 이를 스트레스와 관련된 두피 온도, 심박수 등의 수치로 파악하기, 실제 선생님들이 준비한 수업을 듣는 학생들과 AI 툴을 이용해 인공지능이 준비한 수업을 듣는 학생들의 평가를 비교해 보고 그 실질적 차이를 알아보기 등의 활동을 하였습니다. 위의 활동이 '간호학과'라는 '보건 의료 계열'과 직접적인 관계는 없으나 동아리에서 본래 진행하려고 했던 활동보다는 훨씬 심층적이라고 판단되어 열심히 어필을 한 경험이 있습니다.

여러 동아리에서 활동해도 된다

입시판에서 찾을 수 있는 또 다른 '동아리활동 특기사항 칸'을 위한 대부분의 조언 중 하나는 '하나의 동아리에서 2년간 활동하며, 동아리 부장의 역할을 맡기'인데, 저는 다른 분야의 2가지 동아리를 1년씩 참여하며, 자신의 여러 모습을 보여주는 것 또한 괜찮은 선택이라고 생각합니다.

위와 같은 생각을 가지고 있던 저는, 2학년 동아리 선택 시기에 낮은 1학년 수학 성적을 보완한다는 생각으로 수학 동아리에 들어가게 되었습니다. 1학년 때와 마찬가지로 저는 '수학 동아리'를 떠올렸을 때 바로 생각해 낼 수 있는 흔한 활동들이 아닌 새로운 활동을 하고 싶었기에 여러 활동들을 제안하였습니다. 그중 하나로, AI 툴로 여러 수학 방정식을 추출하고, 그 방정식을 스트링 아트로 표현하는 활동을 기획하였습니다. 또한, 프로그래밍 동아리와 협업하여 몇 개월에 걸쳐 수학사고력 문제를 이용한 온라인 방탈출 게임을 만드는 활동을 진행하였습니다.

여러분들도 원하던 동아리에 들어가지 못했다고 낙담하기보다는 오히려 '다른 분야까지 관심이 있는 학생', '다른 분야 속에서도 자신의 진로의 방향성을 찾을 수 있는 학생'으로 보일 수 있는 기회라고 생각하며 자신을 보여줄 수 있는 활동을 고민해 보기를 바랍니다.

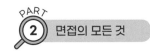

Part 2-1 빈틈없는 면접을 위한 팁

서울대, 연세대, 고려대 면접의
차이점

　면접 이야기를 하기에 앞서, 저는 서울대, 연세대, 고려대의 서류 단계를 합격하였으나 면접 단계는 서울대와 고려대만을 통과하였음을 참고 부탁드립니다.

　저는 연세대학교와 고려대학교 면접을 위한 학원을 다녔으며, 서울대학교 면접 준비는 거의 하지 않았습니다. 서울대학교, 연세대학교, 고려대학교 순서로 면접에 대한 내용을 설명하도록 하겠습니다.

서울대학교 면접 준비

　서울대학교 간호학과의 면접은 화학, 생명과학의 지식을 기반으로 한 여러 문제와 빈 A4용지, 연필과 지우개가 제공되고, 제한된 시간 동안 문제를 푼 후, 개인별로 두

분의 교수님과 면접을 진행하게 됩니다.

고등학교 시절 화학 I·II, 생명과학 I·II의 내신 준비를 했으나 화학II와 생명과학 II 과목은 깊게 공부를 하지 않았기에 면접을 위해서 각 과목의 지식을 되짚어야 할 필요가 있었습니다. 연세대와 고려대 면접 이후 서울대 면접을 준비하기 위한 시간이 일주일뿐이었기에, 화학II와 생명과학II에 각각 3일씩 할애하여 공부하였습니다. 화학II의 경우 전 범위를 기본 개념서와 EBS 개념 강의로 훑었으며, 생명과학II의 경우 유전 범위만 EBS 개념 강의로 공부하였습니다. 과거 면접 기출은 보지 않았습니다.

면접장에 들어가 문제를 받았을 때, 당황하지 않는 것이 중요합니다. 어려운 내용이 나왔다면 나뿐만 아니라 다른 응시자들도 어려워할 것이란 생각을 가지고, 원리적으로 접근하세요. 모른다고 문제를 아예 건너뛰는 것은 너무나도 큰 리스크이기에 잘 모르겠다면 해당 문제와 내가 공부한 내용 사이 연결고리가 될 만한 부분을 파악하고 내가 공부한 내용을 말해보세요.

서울대학교 면접관 두 분의 역할은 제각각 다르겠지만, 저를 평가하신 면접관 두 분은 모두 저에게 관심이 없어 보이셨고, 한 분은 질문을 많이 하셨습니다. 아무리 면접관님들이 관심 없어 보이더라도, 지속적으로 눈을 마주치려 노력하세요. 질문지나 풀이만 보며 말하는 것은 전달력도 떨어지고, 좋은 응시자의 태도가 아닙니다.

질문지 속 문제 중 하나는 '옥텟 규칙이 지금과 다른 상황을 제시하고, 그 상황에 대한 제1 이온화 에너지 그래프' 관련 문제였는데, 뒤에 비치되어 있던 화이트 보드에 직접 그려가며 설명하라고 하셨습니다. 생각지 못한 돌발 상황에도 당황하지 않고 당당한 모습을 보이는 것이 중요한 듯합니다. 돌이켜 생각하였을 때, 해당 답안을 잘못 적었는데, 이때 제 답안을 보고 교수님께서 재차 물어보셨습니다. 하지만 저는 제 답안을 확신하던 상태였기에 답을 수정하지 않았습니다. 이런 오답에도 불구하고 제가 합격할 수 있었던 것은 질문에 대한 답변을 할 때 항상 원리적 근거를 제시하였기 때문이라고 감히 생각해 봅니다. 면접관님이 질문을 하신다면, 단답형으로 답변하기보다는 생각의 원인까지 제시하는 것을 추천합니다.

연세대학교 & 고려대학교 면접 준비

연세대 면접을 위해 면접 학원에서는 다양한 분야의 짧은 문단 여러 개를 읽고 그들의 공통점과 차이점 파악하기, 배경지식 넓히기 등을 연습시켰습니다. 연세대는 녹화 면접이기에 카메라를 세워두고 시간제한에 맞춰 내용 분석과 발표하기 등을 반복하였으나, 실제 면접장에서는 아이패드 크기의 화면이 앞에 비치되어 있었고 바로 옆에 조교님이 있었기에 집중력이 흐트러진 것이 탈락 원인이었던 것 같습니다.

그러니 연세대학교 면접을 준비하시는 분들은 카메라를 눈앞에 두고, 옆에 사람을 앉혀둔 뒤 자신의 주장을 말하고, 제시문 주제 관련 사례를 떠올리는 연습을 하시길 바랍니다.

고려대 면접을 위해 면접 학원에서는 연세대와 마찬가지로 제시문 분석 연습을 시켰습니다. 실제 면접장에서는 연세대학교보다 제시문의 체감 난이도가 쉬웠으며, 면접관님들도 우호적인 태도로 응시자를 맞이하셨습니다.

제시문 면접 준비 팁

다음은 제시문 면접 준비에 도움이 될 만한 저의 개인적인 의견을 이야기하도록 하겠습니다.

제시문을 가리지 마세요. 면접장에서 주어질 제시문이 어떤 분야일지, 어떤 내용일지 모르기 때문에 다방면으로 연습하는 것이 중요합니다. 또한 공통점과 차이점을 찾으라는 문제는 면접장에서 공통점·차이점이 바로 떠오를 것이라 확신할 수 없기에, 하나의 제시문도 여러 차례 반복적으로 읽으며 모두가 찾을 수 있는 공통점이 아니라 새로운 접근법을 찾는 것도 도움이 됩니다.

공부할 땐 원리적으로 접근하세요. 앞서 모르는 문제가 나왔을 면접장에서의 행동 강령을 설명하였으니, 이번엔 이를 근본적으로 해결하기 위한 방안을 언급하도록 하겠습니다. 면접장에서 모르는 문제나 내용이 나오는 것은 이상한 일이 아닙니다. 응시자를 판별하기 위해 만든 시험에서 모두가 아는 내용이 나올 리가 없죠. 하지만, 문제에 대한 첫인상이 '모름'일지라도 주어진 시간 동안 정답에 가까워지기 위해 노력하는 것이 중요합니다. 그러니 면접 준비 기간 동안 '원리'적으로 접근하여, 풀이 시간에 문제와 관련된 원리를 찾는 것이 그 방책입니다.

제시문 면접을 보는 몇몇 대학교의 문제 유형 중 '사례 떠올리기'가 있습니다. 하지만, 배경지식을 단기간에 늘리기는 쉽지 않습니다. 사례 떠올리기 연습 방법 중 하나는 갈래 나누기입니다. 과학 사례를 떠올리라는 문제가 나온다면, 물리/화학/생명과학/지구과학으로 나누고, 각 과목의 대단원을 떠올리는 것이죠. 면접장에 들어가기 전, 유명 실험들을 공부하고 가는 것도 큰 도움이 됩니다.

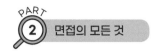

Part 2-2 기출 문제와 면접 복기

간호대학 간호학과
일반전형 면접 복기

제시문 1

문제 1. 원소를 배열하였을 때 비슷한 성질의 원소들이 주기적으로 나타나는 것을 주기율이라 하며, 주기율에 따라 원소들을 배열한 표를 주기율표라 한다. 아래 제시된 주기율표를 참고하여, 다음 문제들에 답하시오.

H							He
Li	Be	B	C	N	O	F	Ne
Na	Mg	Al	Si	P	S	Cl	Ar
K	Ca						

Q. [문제 1-1] 마그네슘(Mg), 칼슘(Ca), 바륨(Ba, 원자 번호 56)은 모두 2족 원소들이다. 각각의 산화물은 MgO, CaO, BaO이다.

(1) MgO, CaO, BaO의 녹는점을 각각 높은 순서대로 나열하고, 그 이유를 설명하시오.

(2) 알루미늄 양이온(Al^+), 알루미늄(Al), 마그네슘을 이온화 에너지가 큰 순서대로 나열하고, 그 이유를 설명하시오.

A. 문제 1-1 답변하겠습니다. MgO, CaO, BaO 순서입니다. 화학결합을 하고 있는 물질들의 녹는점은 구성원소 사이 결합력의 크기 차이를 비교하여 파악할 수 있습니다. 화학결합의 세기는 원소의 크기와도 관련이 있는데요, 문제에서 주어진 물질은 산소라는 공통원소를 가지고 있으며 마그네슘, 칼슘, 바륨은 각각 2족 3주기, 4주기, 5주기 원소입니다. 원자핵간 거리가 주기가 커질수록 멀어지니, 그 결합력 또한 약해져 녹는점이 낮습니다.

알루미늄 양이온, 마그네슘, 알루미늄 순서로 이온화 에너지가 큽니다. 알루미늄 양이온은 알루미늄과 동일한 원자핵을 가지고 있으나 전자가 1개 적은 불안정한 상태입니다. 이 상태에서 전자를 한 개 더 떼어내기 위한 이온화 에너지는 알루미늄보다 클 수밖에 없습니다. 제1 이온화 에너지를 비교하였을 때, 마그네슘은 3s 오비탈에 전자 2개를 채워 안정한 상태이기에 마그네슘이 알루미늄보다 이온화 에너지가 큽니다.

Q. [문제 1-2] 아래에 주어진 칼슘(Ca)의 순차 이온화 에너지와 반응 엔탈피 값을 이용하여 기체 상태의 칼슘 양이온(Ca^{2+})과 산소 음이온(O^{2-})으로부터 고체 상태의 산화칼슘(CaO)을 형성하는 과정의 반응 엔탈피를 구하시오.

$$Ca^{2+}(g) + O^{2-}(g) \rightarrow CaO(s) \quad \Delta H = ? \text{ kJ/mol}$$

> - Ca의 일차 이온화 에너지 = 590 kJ/mol
> - Ca의 이차 이온화 에너지 = 1145 kJ/mol
> - $Ca(g) + O(g) \rightarrow CaO(s)$ ΔH = -610 kJ/mol
> - $O^-(g) \rightarrow O(g) + e^-$ ΔH = 141 kJ/mol
> - $O^{2-}(g) \rightarrow O^-(g) + e^-$ ΔH = -844 kJ/mol

A. 산화칼슘을 형성하기 위해서 칼슘은 전자 2개를 떼어내고 칼슘 2가 양이온이 되어야 하고, 산소는 전자 2개를 받아들여 산소 2가 음이온이 되어야 합니다. 따라서 주어진 반응 엔탈피 중 590과 1145를 더한 1735kJ/mol이 칼슘 2가 양이온을 형성하는 반응 엔탈피이고, 141과 -844를 더한 -703kJ/mol이 산소 2가 양이온을 형성하는 반응 엔탈피입니다. -1735+(-703)+(-610)을 하여 -3048kJ/mol의 값이 반응 엔탈피입니다.

Q. [문제 1-3] HF를 구성하는 두 원자가 서로 멀리 떨어져 있다가 점점 가까워질 때, 두 원자 사이의 결합 에너지 변화를 아래 주어진 정보를 활용하여 설명하시오. 단, 두 원자 사이의 거리가 (1) 매우 멀 때, (2) 결합 길이와 같을 때, (3) 0에 가까울 때를 기준으로 서술하시오.

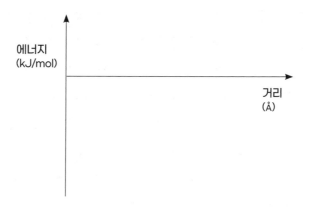

에너지
(kJ/mol)

거리
(Å)

- H_2의 결합 길이는 0.76 Å이다.
- F_2의 결합 길이는 1.42 Å이다.
- H_2의 결합 에너지는 436 kJ/mol이다.
- F_2의 결합 에너지는 160 kJ/mol이다.
- HF의 표준 생성 엔탈피는 –272 kJ/mol이다.

A. 두 원자 사이의 거리가 매우 멀 때에는 인력의 영향이 반발력보다 강하고, 결합 길이와 같을 때에는 인력과 반발력이 균형을 이루는 상태입니다. 0에 가까울 때 에는 인력보다 반발력의 영향을 더 많이 받게 되어 에너지가 급격하게 커지게 됩니다. HF의 결합길이는 산소분자보다 길고, 플루오린 분자보다 작습니다. 결합 에너지는 공유결합을 끊어 구성 원자로 만드는데 필요한 에너지입니다.

Q. [문제 1-4] 분자 간 상호 작용은 여러 요인에 의해 결정된다. 다음 물음에 답하시오.

(1) 염소(Cl_2), 브로민(Br_2, 원자 번호 35), 아이오딘(I_2, 원자 번호 53)을 끓는점이 높은 순서 대로 나열하고, 그 이유를 설명하시오.

(2) 다음 두 화합물은 모두 동일한 $C_2H_2Cl_2$의 분자식을 가지며, 두 염소 원자의 배열 상태에 따라 화합물 A와 화합물 B로 구분된다. 이때, 두 화합물의 끓는점을 비교하고, 그 이유를 설명하시오.

화합물 A   화합물 B

A. 염소, 브로민, 아이오딘 순서입니다. 물질의 끓는점은 결합을 끊기 어려울수록 높아집니다. 염소, 브로민, 아이오딘 순서로 화합물의 구성원소 주기가 커지므로, 결합력이 낮아져 끓는점이 낮아지게 되는 것입니다.

B의 끓는점이 A의 끓는점보다 높습니다. 화합물 A와 B 모두 실험식, 분자식이 같으나 원소 배열이라는 차이점을 가지고 있습니다. A는 상대적으로 전기음성도가 큰 염소가 한쪽으로 몰려 있어 강한 극성을 띄게 될 것이지만, B는 전기음성도가 큰 염소가 퍼져 있어 A보다는 비교적 안정적이기에 더 높은 끓는점을 가지게 될 것입니다.

Q. [문제 1-5] 스핀 자기 양자수는 전자의 운동 방향에 따라 결정되는 양자수로, 두 가지 상태(+1/2 혹은 -1/2)를 가진다. 전자의 스핀 자기 양자수가 네 가지인 가상 세계가 존재한다고 가정할 때 다음 물음에 답하시오. 단, 원소의 원자 번호, 오비탈, 입자(원자핵 등)

의 전하량과 질량 등 다른 모든 조건들은 현실 세계와 동일하다. 또한, 이 가상 세계에서도 쌓음 원리, 파울리 배타 원리, 훈트 규칙이 모두 적용된다.

(1) 가상 세계에서 플루오린(F)의 전자 배치를 기술하시오.

(2) 가상 세계에서의 주기율표가 어떻게 구성될지 현실 세계에서의 주기율표와 비교하여 각 원소가 배치되는 족과 주기의 관점에서 설명하시오. 단, 원자 번호 20번까지만 고려한다.

(3) 가상 세계에서 수소(H)부터 네온(Ne)까지의 원소에 대하여 일차 이온화 에너지 경향성이 어떻게 변화할지 현실 세계와 비교하여 설명하시오.

A. 플루오린은 $1s^4$, $2s^4$, $2p^1$의 전자배치를 가질 것이며, 1주기에는 현실 세계와 달리 4개의 원소가 배치될 것입니다. 2주기에는 16개의 원소가 배치되어 20개의 원소가 1~4주기에 걸쳐 배열되지 않고 1~2주기 상에서 채워지게 됩니다. (교수님이 화이트보드에 일차 이온화 에너지 경향성 그래프를 그려보라고 하셨습니다. 저는 Be, O, Mg, S, Ca에서 꺾임이 있을 것이라 예상하였습니다.)

제시문 2

문제 2. 반투막을 사이에 두고 농도가 서로 다른 두 용액이 존재하면, 농도가 낮은 쪽에서 높은 쪽으로 용매 입자가 이동하는 삼투 현상이 발생한다. 이때, 두 용액의 수면 높이를 동일하게 만들기 위해 농도가 높은 쪽에 가해야 하는 압력을 삼투압이라 한다. 아래 그림과 같이 수산화나트륨 수용액($NaOH(aq)$)이 담겨 있는 용기 A와 물($H_2O(\ell)$)로 채워진 용기 B가 반투막을 통해 연결된 장치를 생각하자. 이 반투막은 전체 과정에서 물 이외의 물질은 통과시키지 않는다. 용수철 저울을 사용해 용기 A와 용기 B의 수면 높이를 동일하게 만드는 데 필요한 압력, 즉 용기 A의 삼투압(P)을 측정할 수 있다. 용기 A와 B는 모두 온도가 일정하게 유지되는 큰 수조(항온 수조) 안에 설치되어 있다. 용기 A에 담긴 $NaOH(aq)$에 염산수용액($HCl(aq)$)을 조금씩 넣어줄 때, 넣어준 $HCl(aq)$의 부피를 V라고 하고, $NaOH$의 몰수와 넣어준 HCl의 몰수가 같아지는 지점까지 넣어준 $HCl(aq)$의 부피를 V_1이라고 한다. $HCl(aq)$을 첨가하기 전 용기 A의 삼투압을 P_0, V_1에서 용기 A의 삼투압을 P_1이라고 한다. 모든 과정에서 첨가한 $HCl(aq)$과 중화 반응으로 생성된 물로 인한 부피 증가는 무시하며, $HCl(aq)$과 $NaOH(aq)$의 농도는 충분히 묽다.

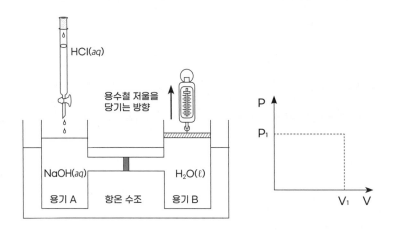

문제 2-1. $0 < V < V_1$ 구간에서, 넣어준 $HCl(aq)$의 부피(V)가 증가함에 따라 용기 A의 삼투압(P)이 어떻게 변화할지 설명하시오.

문제 2-2. $V > V_1$ 구간에서 V가 증가함에 따라 용기 A의 삼투압이 어떻게 변화할지 설명하시오.

문제 2-3. 제시된 장치에서 항온 수조를 제거한 후 같은 실험을 수행하였다. 이때, $0 < V < V_1$ 구간에서 V가 증가함에 따라 용기 A의 삼투압이 어떻게 변화할지 설명하시오.

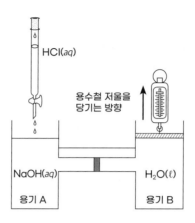

A. HCl, NaOH 모두 각각 강산과 강염기에 해당하기에, 두 물질의 수소 이온과 수산화이온이 중화반응을 하여 물이 형성되는데, 해당 반응에서 용질의 입자 수가 변하지 않으니 삼투압의 변화는 없습니다.

부피가 커지면, 용액의 농도가 낮아지기에 π = CRT 라는 삼투압 공식에 따라 삼투압은 낮아지게 됩니다.

앞서 언급했듯이 중화반응이 일어나 물 분자가 형성되게 되는데, 해당 반응 중 열이 발생하게 됩니다. 온도가 높아지면 삼투압 공식에 따라 삼투압도 높아지기에, 용기 A의 삼투압은 증가하는 변화를 보입니다.

제시문 3

문제 1-1. 제시문을 바탕으로 문제 (1)과 (2)에 답하시오.

원시 생명체의 진화에 큰 영향을 미친 환경 변화 요인 중 하나는 산소의 출현이다. 지구 대기 중 산소 농도의 증가는 원시 미생물 그룹 Snucocaceae(분류단계-과)의 각 분류군 특성에 따라 종 다양성에 다르게 영향을 미쳤다. 아래 그림은 ⅰ) 지구가 탄생한 46억 년 전부터 현재까지 대기 중 산소 농도 변화와 생물의 출현, ⅱ) Snucocaceae에 속하는 5개 속(분류단계) A~E의 종 수 변화, ⅲ) 각 속의 계통 관계와 주요 특성을 보여준다.

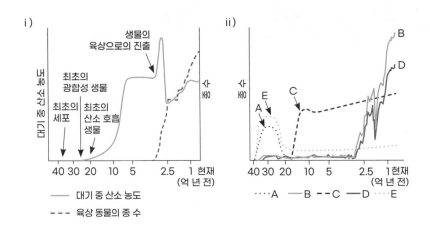

특성＼속	A	B	C	D	E
산소 호흡	X	X	O	X	X
영양 섭취 방식	독립영양	ⓐ	종속영양	종속영양	독립영양
셀룰로스 분해	X	O	O	X	X
산성에 대한 저항성	X	ⓑ	O	O	O
산소 노출에 대한 저항성	X	ⓒ	O	O	X
단백질 분해	O	ⓓ	O	O	O
서식지	바다 표층, 얕은 물	갯벌, 동물 장 내	토양	갯벌, 동물 장 내	바다 표층, 심해열수구

(1) 그림 ⅱ)에서 A, C, E의 종 수가 현재와 같이 변화한 이유를 각 속의 특성과 연관 지어 설명하시오.
(2) 그림 ⅲ)에 제시된 B의 특성 중 ⓐ~ⓓ를 추론하여 설명하고, 그림 ⅱ)에서 B의 종 수가 증가한
이유를 대기 중 산소 농도의 변화 및 새로운 생명체 출현과 연관 지어 설명하시오.

문제 1-2. 제시문을 바탕으로 문제 (1), (2), (3)에 답하시오.
"해충나방"은 유충일 때 잎을 섭식하여 나무에게 직접적인 피해를 일으킨다. 최근 해충나방이 존재
하지 않던 여러 국가에 해충나방이 유입되어 생태계를 위협하고 있다.
국가 (가)에 자생하던 해충나방 개체군이 해충나방이 없던 국가 (나)와 (다)에 유입되어 새로운 개
체군을 구성하였다고 가정하자. 각 국가에 서식하는 해충나방을 국가별로 100개 지역에서 1년간
채집해 개체군의 형질 X에 대한 유전자풀을 조사하였다. 해충나방은 3가지 대립유전자 a, b, c에 의
해 결정되는 형질 X를 가지고 있으며, 형질 X의 표현형은 A형, B형, C형으로 나타난다. (단, 대립유
전자의 조합에 의한 표현형 결정은 고려하지 않는다.)
아래 그림은 ⅰ) 국가별 개체군의 형질 X의 표현형 구성 비율, ⅱ) 국가별 월평균 기온, ⅲ) 표현형에
따른 생장 가능 온도 범위를 나타낸 것이다.

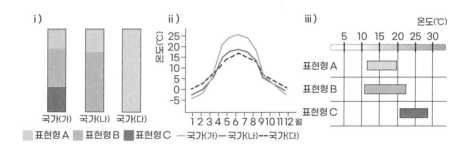

(1) 국가 (나)와 (다)의 해충나방 개체군 유전자풀 변화(형성) 요인을 각각 설명하시오.
(2) 아래 그림은 국가 (다)에 유입된 해충나방 개체군의 초기 생장곡선과 이를 기반으로 예측한 생
장곡선이다(㉠). 현재와 같은 초기 생장곡선이 앞으로 ㉠과 같이 변화할 것으로 예측되는 이유를 설
명하시오. 그리고 예측된 생장곡선 ㉠을 ㉡으로 변화시킬 수 있는 방안을 제시해 보시오.

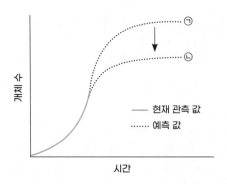

(3) 국가 (다)는 "익충나방"이 우점한 생태계였으며, 익충나방의 연간 유충 수 변동 양상은 왼쪽 위 그림과 같았다. 그러나 해충나방 개체군이 유입됨에 따라 오른쪽 그림과 같이 익충나방의 연간 유충 수 변동 양상이 변화하였다. 해충나방 개체군의 유입에 따라 익충나방의 유충 수 변동 양상이 변화한 이유를 설명하시오. (단, 해충나방과 익충나방은 서로 다른 종이지만 생태적 지위는 같고, 해충나방의 연간 유충 수 변동 양상은 왼쪽 아래 그림과 같다.)

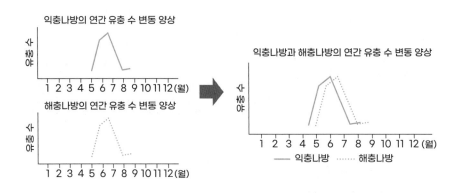

A. (해당 문제에 대한 제 답변이 기억나지 않아 간단한 방향성만을 제시하겠습니다.) 생명과학 Ⅱ 시간에 배우는 계통수를 해석하고, 옆에 제시된 표를 통해 특성을 파악한 후, 이를 생물의 진화와 관련지어 서술하시면 됩니다. 즉, 자연선택과 진화에 초점을 두고 '자료를 분석한 결과와 그 근거'를 말씀하시면 됩니다.

저는 유전자풀이 변화한 이유인 자연선택 개념과 유전적 부동을 이용해 답변을 하였습니다. 개체군 내에서 그 수가 어느 순간부터 일정해지는 경향을 보이는데, 이는 환경이 최대로 수용할 수 있는 한계를 넘었기 때문이라고 파악하였으며, 개체군 밀도의 변화에 영향을 미치는 요인으로 먹이, 서식지 등을 추가로 제시하였습니다. 또한, 저는 이를 다른 개체군 사이의 경쟁인 분서라는 개념으로 설명하였고, 앞선 질문에 대한 답변들이 모범답안과 거리가 있다는 생각에, 1-2-2에서 요구하는 방안으로 먹이와 서식지로 갈래를 나눠 각각 2가지씩 언급하였습니다.

제시문 4

문제 2. 제시문을 바탕으로 문제 2-1, 2-2, 2-3에 답하시오.

생물은 유기물 분해를 통하여 생명 활동에 필요한 에너지를 얻는다. 산소를 이용한 세포 호흡(산소 호흡)에서는 해당 과정을 통해 세포질에서 포도당이 피루브산으로 분해되고, 미토콘드리아 기질로 들어와 TCA 회로를 통해 CO_2로 완전히 분해된다. 이러한 과정에서 방출된 고에너지 전자는 미토콘드리아 내막의 전자 전달계를 거쳐 산소에 전해져 H_2O로 변환되고, 최종적으로 산화적 인산화를 통해 ATP가 생성된다. 효모나 일부 미생물은 산소가 없는 상태에서 전자 전달계를 거치지 않고 해당 과정을 통해서만 ATP를 생성하는데, 이를 발효라고 한다. 발효는 최종 산물의 종류에 따라 젖산 발효, 알코올 발효 등으로 구분된다. 발효 과정을 통해서는 세포 호흡에 비해 적은 양의 ATP가 생성되며 포도당이 CO_2와 H_2O로 완전히 분해되지는 않는다.

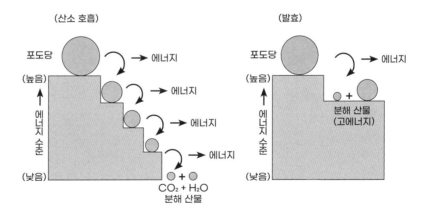

2-1. 아래 그림은 산소가 있는 조건과 없는 조건에서 효모가 생성하는 ATP, CO_2, 에탄올의 양을 상대적으로 나타낸 것이다. 산소 존재 유무에 따라 ATP와 CO_2 생성량의 차이가 나는 이유를 설명하시오. (단, 세포 호흡과 발효 과정에서 생성된 ATP, CO_2, 에탄올로 국한한다.)

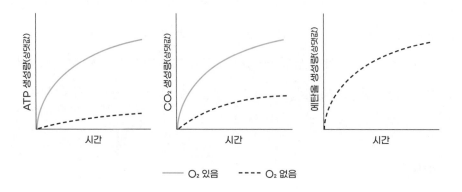

2-2. 아래 그림은 산소가 있는 조건에서 배양하는 효모의 TCA 회로, 전자 전달, 산화적 인산화 과정을 각각 저해했을 때, 시간당 ATP 생성량의 변화를 보여주는 것이다. ①~③은 TCA 회로, 전자 전달, 산화적 인산화 과정을 저해했을 때의 결과를 순서 없이 나타낸 것이다(전자 전달 저해는 전자 전달계를 통한 전자의 흐름을 저해하고, 산화적 인산화 과정 저해는 미토콘드리아 내막을 경계로 한 H^+의 농도 기울기가 형성되지 못하도록 한다). ①~③의 결과는 각각 어떤 과정을 저해했을 때 나타나는 양상인지 추론하고, 그 근거를 ATP 생성 과정과 연관 지어 설명하시오.

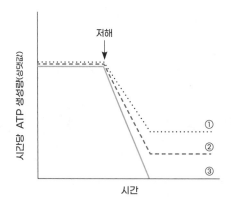

2-3. 알코올 발효와 젖산 발효에서는 해당 과정을 통해 포도당으로부터 분해된 피루브산이 기질로 사용된다.
(1) 알코올 발효와 젖산 발효의 차이점을 설명하시오.
(2) 급격한 운동을 할 때, 사람의 근육세포에서 일어나는 발효는 무엇이며, 이러한 발효를 통해 얻는 이점을 설명하시오.

A. (해당 문제에 대한 제 답변이 기억나지 않아 간단한 방향성만을 제시하겠습니다.) 저는 TCA 회로, 산화적 인산화 의 과정을 처음부터 끝까지 언급하고 풀이를 시작하였습니다.

우선 2-1에서 세포호흡과 발효의 차이를 에너지 생성 차이라고 언급하며, 구체적 수치를 제시하였으며, 해당 과정의 진행을 위해선 NAD+의 공급이 필수적임을 설명하였습니다. 2-2에서는 문제 풀이 전 각 반응들을 읊었기에 간단히 각 단계 과정이 저해되었을 때의 ATP 생성량 변화만을 언급하였습니다. 2-3에서는 알코올 발효와 젖산 발효의 차이를 생성물의 차이로 설명하였는데, 이때 모든 생성물을 화학식으로 표현하였습니다. 이 또한 마찬가지로 젖산발효와 알코올발효의 전체 과정을 서술하였습니다.

(이 문제를 사전준비 장소에서 읽게 되었을 때, 젖산발효와 알코올발효의 전과정을 미리 알고 있던 저는 해당 문제에서 '전과정 암기'라는 강점을 보여줘야겠단 생각이 들었습니다. 앞선 문제 1번에서 답변에 대한 자신감이 없어 답변을 짧게 진행하였기에, 여기서 면접 시간을 더 활용하였습니다.)

면접 시간 동안 모든 문제를 답변하는 것 또한 능력입니다. 따라서 답변 준비 장소에서 각 문제의 답변 길이를 적절히 고려하길 바랍니다.

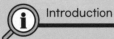

5가지 질문으로
생기부를 구체화하다

스스로 부끄럽지 않게 노력했을 때의 기분

005

사범대학 교육학과 ㅣ 23학번 김지원 ㅣ 일반전형
경기도 화성시 ㅣ 일반고 졸업

안녕하세요, 서울대학교 사범대학 교육학과 23학번으로 재학 중인 김지원입니다. 좋은 기회로 여러분께 제 경험과 노하우를 전할 수 있게 되어 굉장히 설렙니다.

여러분은 어떤 이유로 공부를 하시나요? '공부의 이유'에 대한 대답은 단순하기도 하지만, 정말 어렵기도 합니다. 고등학교 때 저 나름대로 정의한 '공부의 이유'는 첫째로는 뒤처지고 싶지 않은 마음이었고, 둘째로는 스스로 부끄럽지 않게 살고 싶은 마음이었습니다.

이 중 두 번째 이유는 아직까지 유효합니다. 똑똑한 사람이 되지는 못해도, 멍청한 사람이 되고 싶지는 않았습니다. 그 당시에 주어진 역할, 그리고 스스로 정의한 역할을 충실히 수행하며 깨어 있는 사람이 되고 싶다는 생각은 아직 마음속에 큰 기둥으로 남아 있습니다. 그리고 첫 번째 이유는 '공부의 이유'로 적합하지 않다는 것을 서울대학교 1학년을 보내면서 깨달았습니다. 고등학교 때는 늘 최상위권을 유지해 왔고, 큰 실패를 겪지 못했기에 뒤처지지 않을 수 있었습니다. 하지만 대학은 생각보다 만만하지 않은 공간이었습니다. 너무 뛰어난 학우들을 보며 무력감을 느꼈고, 내내 달려온 탓에 번아웃도 크게 왔던 것 같습니다. 이런 우울이 극에 달했던 1학년 2학기 때, 교육심리 수업에서 제 마인드의 허점을 크게 찌르는 교수님의 말씀이 있었습니다.

"'반드시 이겨야 한다'는 마음으로는 실패를 받아들일 수 없고, 실패를 받아들이지 못한다면 공부를 즐기지 못할뿐더러 성장 또한 없다"는 것이었죠. 이 말을 곰곰이 되새겨 보고, 인정하고 난 후에는 마음이 한결 편해졌습니다. 그 후부터 무언가를 도전할 때 부담감이 줄고, '실패해도 배우는 게 있겠지'라는 생각을 하게 된 것 같습니다.

교육학도로서, 학교라는 공간은 상급학교를 진학하기 위한 목적을 지닌 곳이기도 하지만, 그보다는 '삶의 발판'을 마련하는 곳이라고 생각합니다. 스스로에게 부끄럽지 않게 노력했을 때의 기분을 느끼고, 충실히 노력해 본 시간 그 자체를 얻는 것도 매우 소중한 경험입니다. 여러 곳에 부딪혀 보고, 여러 번 좌절을 맛보셔도 좋습니다. 이 글을 쓰는 저 역시도, 그러는 중입니다.

그럼, 노력하고 계신 여러분을 응원하며 제 이야기를 시작하겠습니다!

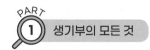

Part 1-1 매력적인 생기부를 위한 팁

생기부 구체화를 위한
5가지 질문

운이 좋아 스무 살에 여러 입시 과외 경험을 해볼 수 있었습니다. 대학교 1학년이자 입시 과외 선생님으로서 약 40명이 넘는 학생과 학부모님을 만나며 정리한, 생기부를 보기 전에 꼭 미리 생각해 볼 것을 권유하는 5가지 질문이 있습니다.

미리 생각해 볼 5가지 질문

1. '어떤' 직업이 '왜' 되고 싶나요? '어떤'에는 관형절을 채워보세요.

2. 현재 본인의 관심 분야 중 가장 관심 있는 분야는 무엇인가요? (세부과목)

3. 해당 분야를 공부하는 것이, 배우는 것이 왜 중요하다고 생각하나요?

4. 나는 '어떤' 사람인가요? (신념) 그리고 어떤 사람이 되고 싶나요? (최종목표)

5. 내 기억 속에 남아 있는 가장 인상 깊은 책은 무엇인가요?

이 질문들에 대한 답을 보면 학생의 가치관, 관심 분야에 대한 깊이와 역량을 엿볼수 있습니다. 작년에 인상 깊게 보았던 두 학생이 있는데, 처음 질문에 대한 답을 들었을 때부터 '내가 가르치지 않아도 대학에 가겠구나'라고 생각했습니다. 그만큼 이질문에 대해 성실하게, 진심으로 고민한다면 생기부가 한층 또렷해질 것입니다.

같은 학과에 진학하고자 하는 아이들의 생기부를 보면, 맥락이 모두 비슷하다는 것을 쉽게 알 수 있습니다. 뚜렷한 목표를 정하지 않고, 왜 그 꿈을 이루고 싶은지, 왜 그분야에 매력을 느꼈는지 이유를 정의하지 못했기 때문입니다. 자신의 관심 분야를 정의하고, 그 목표를 명확히 정립해 보세요.

첫 번째 질문에는 관형절을 붙여 대답을 만들어보세요. 저는, '에듀테크를 활용해 불평등을 해결하는 교육공학자/교육행정연구원'이 목표였고, '그것이 교육의 본질이기 때문'이라는 답을 내렸던 기억이 납니다.

막막할 수 있는 질문에 대한 답을 찾는 데 두 번째 질문이 도움을 줄 것입니다. 예를 들어 교육학의 경우 교육사/교육사회학/교육심리학/교육평가/교육과정/교육공학 등 세부 분야가 많습니다. 진학 희망학과 홈페이지에 들어가서 교수님들의 연구 분야도 확인하면서 세부 분야를 살펴보세요.

목표는 세웠지만 그 목표를 향하는 과정은 생각 이상으로 힘들었던 기억이 납니다. 세 번째 질문은 포기하고 싶을 때, 길을 잃을 때마다 여러분에게 도움이 될 것입니다. 내가 가려고 하는 길이 세상에 어떤 영향을 끼치는지, 이 분야가 왜 소중한 분야인지를 떠올리며 마음을 다잡는 것은 효과가 꽤 좋습니다.

네 번째와 다섯 번째는, 지금은 사라진 서울대학교 자기소개서 문항과도 크게 관련이 있던 질문입니다. 저는 사회적 약자에 관심이 많은 학생이었고, '교육'이 이들을 돕는 힘을 가지고 있다고 믿었습니다. 이러한 신념과 목표가 생기부에 잘 드러났고, 면접에서도 관련된 대답을 했다는 점이 합격의 요인으로 작용했다고 생각합니다.

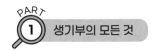

Part 1-2 과목별 세특 사례와 조언

구체화를 통한
특색 있는 세특 작성

앞서 생기부 작업 전 생각을 구체화하는 과정을 살펴봤습니다. Part 1-2에서는 해당 과정이 제 생기부에 어떻게 반영되었는지 보겠습니다.

사회문제탐구(3학년 1학기)
(…) 진로연계 주제발표에 참여하여 '**대한민국의 교육-부와 교육의 연결고리**'를 주제로 선정해 부의 쏠림과 특권 대물림 현상을 통계청 자료를 활용해 분석하고 정리함. 또한 코로나19로 인한 비대면 교육 증가에 따른 사교육 참여 비율 증가, 비용 증가를 소개하며 소득수준에 따른 사교육비 체감 부담률을 정의하여 계산함. 여러 통계 자료를 활용하여 표와 그래프로 제시하고, 해결방안으로 핀란드의 교육 복지 방안을 이야기하며 한국에 도입할 방안에 대해 고민함.

사회문제탐구 과목에서는 통계청의 자료를 활용하여 코로나19로 인한 비대면 사교육(인강 플랫폼) 참여 비율 증가, 그에 따른 저소득층의 체감 부담률을 계산했습니다. 네이버에서 제공하는 카드사의 소득별 교육비 지출 데이터, 지역별 비교 등 여러 관점

에서 교육 불평등을 바라보려고 노력했습니다.

고등학생 수준에서 가질 수 있는 단순한 의문에서 한 걸음 나아가서, 본인만의 방식으로 탐구를 진행하고 나름대로 결론을 내려보는 과정은 큰 도움이 됩니다. 뻔한 결론 대신 서툴더라도 여러 데이터를 활용해서 나의 생각이 담긴 결론과 해결 방안을 내고, 실천까지 이어가 보는 것이 좋습니다. 해당 예시는 영어 독해와 작문 세특을 참고하겠습니다.

영어 독해와 작문(3학년 1학기)

영어 심화 주제 발표 활동에서 부모의 문제상황 대처가 자녀의 자존감 형성에 주는 영향에 관한 영어 지문을 분석한 후, 이 글을 모티브로 삼아 청소년 학습자 모델링을 주제로 하여 '청소년의 모방효과와 학습자 모델링'에 대한 발표를 수행함. 그 사례로 도서 『나의 스승 설리번(헬렌 켈러)』 속에서 교육의 모범 예시를 찾고 올바른 모형화 교육 수업방식을 직접 고안하며 확산형 질문을 활용한 활동 중심의 수업지도안을 작성해 봄. 미관의 중요성을 다룬 지문 내용을 바탕으로 학교 공간 재구조화를 주제로 학교 환경에 대해 직접 조사하고 장단점을 분석하여 급우들과 토의를 통해 '열린 공간 통합 교실' 계획서를 작성함. (⋯)

영어 과목은 개인적으로 세특 작성하기 가장 유용하다고 느낀 과목이었습니다. 세특에 무작정 진로와 관련된 내용만을 담는 것은 좋지 않다는 입학사정관님의 이야기가 있었습니다. 이에 영어 과목을 다룰 때는 최대한 영어 도서 원문, 해외 기사, 논문을 활용하려고 노력했습니다. 제 생기부에는 아쉽게도 해당 부분이 드러나지 않아 자기소개서로 표현했지만, 여러분은 이 부분을 신경 쓰시길 바랍니다.

팁이 하나 있습니다. 저는 항상 보고서를 작성한 후 세특 글자 수에 맞추어 요약본을 작성해 갔습니다. 제가 강조하고 싶은 부분을 보여주고, 어떤 의도로 이러한 과정을 거쳐 결과를 냈는지를 꼭 담고 싶었어요. 후에 생기부를 보니 해당 부분이 많이 반영된 것 같아서 만족합니다. 여러분도 저처럼 요약본을 작성하는 습관을 들이길 추천합니다.

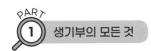

Part 1-3 교과 외 활동 사례와 조언

'나'를 보여주는
진로활동 만들기

진로활동, 자율활동, 동아리활동은 장기간의 노력을 담아 역량을 보여주기 좋은 부분입니다. 하지만, 이 부분은 조금이라도 신경을 덜 쓰면 지극히 평범한 내용이 담길 수 있습니다. 예시를 통해 확인해 보겠습니다.

진로활동(1학년)
교육청이 주최하고 주관한 1학기 경기꿈의대학 17시간을 이수함. 표준화 심리검사 결과 최적 진로코드는 (…) 인문학특별교육과정을 이수하여 니체의 인문학으로부터 안전을 추구하는 곳에는 지적 발전도 없다는 허무주의에서 벗어나 평소에 생각했던 것을 행동으로 실천하는 삶을 살 것을 다짐함. 다중지능검사 결과 언어지능과 인간친화지능이 강점지능으로 나타남. (…)

생기부를 처음 보면 이 부분이 어떤 문제를 지니고 있는지 잘 인식하지 못할 수 있습니다. 그럼 여기서 두 가지 질문을 해보겠습니다.

이 학생은 어떤 학생인가요?

이 학생의 생기부는 반 학생 중 누구의 것일까요?

　　대답하기 어려울 것입니다. 해당 생기부에는 이 학생의 관심사, 진로, 특성, 역량이 잘 드러나지 않았기 때문입니다. 조금 더 단적으로 말하자면, 저는 학생들에게 항상 '이 부분이 네 생기부에 있어도 위화감이 없을 것 같지 않니?'라고 이야기합니다. 나를 드러내지 못하는 생기부는 플러스가 되지 못합니다.

　　제 역량과 가치관을 잘 드러낸 3학년 진로 부분을 보며 비교해 보겠습니다.

진로활동(3학년)
창의융합인재육성 프로젝트에 참여하여 '학생과 교사 모두를 위한 교육봉사어플 개발'을 주제로 탐구하여 미래의 교육자로서 주관을 찾고 21세기 창의적 소양을 함양함. 교육격차를 줄이고 사교육 과열 문제를 해결하는 것에 관심이 많아 이에 대안으로 교육봉사를 제안하며 어플을 구상함. 교육 소외 지역의 학습 인프라 개선을 위해 교육 공학 중 교육을 위한 챗봇, KU-CU, 제제듀 프로그램을 참고해 『원격교육과 사이버교육 활용의 이해(임철일)』을 읽고 어플을 개발하는 데 참고함. (…) 자기능력계발 프로젝트에 참가해 '교육방송과 사교육비 지출의 상관관계와 공교육을 이용한 불평등 해결'을 주제로 하여 교내 학생을 대상으로 설문조사를 실시하고, (…) 문헌 탐구를 통해 공교육 신뢰 회복이 필수적이며, 현재 구축된 교육방송 시스템을 어떻게 활용시킬지를 초점으로 하여 본인의 주관을 뚜렷하게 드러내며 활동을 마무리함.

　　이 생기부에 대해 아까와 똑같은 질문을 한다면 훨씬 대답하기 쉬울 겁니다. 이 학생은 교육불평등, 에듀테크, 교육행정 등에 관심이 있는 학생이고, 한 학기 동안 한가지 주제로 가설-조사-탐구-결론-실천을 낼 만큼 끈기가 있는 학생이라는 것은 파악할 수 있겠지요.

　　어떤 생기부가 좋은 생기부이고, 어떤 탐구가 훌륭한 탐구인지에 대한 답은 굉장히 어렵지만, 하나 확실한 것은 '생기부가 나를 드러내야 한다'는 것입니다.

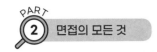

Part 2-1 빈틈없는 면접을 위한 팁

일반전형 면접의
출체 유형과 꼬리질문 대처법

연세대학교 면접은 10월 중순, 서울대학교 면접은 수능 일주일 후였습니다. 연세대학교 면접이 약 13분 만에 끝나고, 망했다고 생각하면서 '제시문 면접의 기회가 딱 한 번만 나에게 다시 주어진다면, 그때는 정말 잘할 자신이 있는데'를 몇 번이고 마음에 새겼던 기억이 납니다. 당시에 서울대는 접근할 수 없는 큰 존재라는 생각에 서울대 면접은 전혀 준비하지 않은 상태였고, 일반고 일반전형은 1차 합격률도 굉장히 낮기에 큰 기대를 하지 않았던 상태였습니다.

수능을 마친 뒤 반응을 보고자 수험생 커뮤니티에 들어갔는데, '떴어요'라는 제목이 눈에 딱 보였습니다. 대학 이름도 나오지 않았는데, 순간 느낌으로 '이건 서울대다' 하는 생각이 들어 입학처 홈페이지로 향했고, 집으로 향하는 택시 안에서 1차 합격자 발표 창을 열었습니다.

1차 합격

당시에는 당황, 혼란, 기쁨, 안도감, 기대 등 여러 감정이 섞여 마냥 좋기만 했던 기억이 납니다. 다만 그 다음 날부터 면접 날까지의 일주일은, 다시 생각해도 고3 1년을 통틀어 가장 힘들었던 일주일이었습니다. 서울대 면접을 일주일만에 준비한다는 부담감, 학원을 등록하지 않아 다른 학생의 실력과 비교할 수 없다는 막막함, '해도 안될 것 같다'는 무력감을 견뎌야 했기 때문이지요.

하지만 합격 후 동기들과 이야기를 해보면서, 모든 친구가 이런 감정을 느꼈다는 것을 알 수 있었습니다. 면접을 앞두고 너무 무서워하지 마세요. 저도 그랬고, 선배들도 그랬을 겁니다. 여태까지 달려온 대로 잘하실 테니 걱정 마세요.

작년, 좋은 기회로 20명이 넘는 면접 준비 학생들을 가르쳤습니다. 그때 학생들을 가르치기 위해 직접 만들었던 분석자료, 그리고 모의문항을 제 글의 마지막에 공개합니다. 여러분에게 도움이 되었으면 좋겠습니다.

일반전형 인문사회 문항 출제 유형

보통은 2~3문항으로 출제되며, 답이 정해진 분석력을 요구하는 문제가 초반에 위치하며 답이 정해지지 않아 학생 본인의 가치관과 문제 해결 능력을 요구하는 문제가 후반부에 위치합니다. 답이 대부분 정해져 간단한 사고력을 요구하는 연세대학교, 고려대학교 문항과는 다르게 평소 생각하는 가치관과 사회를 바라보는 시각을 깊게 확인할 수 있는 문항이 준비되어 있습니다. 최저기준이 없는 만큼 고도의 사고력을 요구하는 고난도 문항입니다.

일반전형의 경우 서류질문도 가능하다고 명시되어 있으며, 일반면접의 꽃이라고 할 수 있는 '꼬리질문' 또한 중요하게 평가됩니다. 자기소개서가 없어진 작년부터, 서류 관련 질문이 꼬리질문으로 등장하는 경우가 종종 있었다는 것도 기억해야 합니다.

기출 분석을 통해 준비해야 하는 부분

각 제시문마다 출제된 문항에 답변하는 연습 이외에도, 여러 부분을 뽑아낼 수 있어야 합니다. 단순히 기출에 답하는 것을 넘어서 서울대학교가 '인문학', '사회과학'이라는 큰 틀 안에서 어떤 주제를 활용했고, 어떤 질문을 던졌는지를 파악해야 합니다. 예를 들어 21학년도 제시문에서는 인문학은 '구성원으로서의 자질과 가치관'을 물었고, 사회과학에서는 '공익과 사익의 경계'에 대해 질문하였습니다. 특히 후자의 경우 자주 나오는 단골 주제로, 면접 전 꼭 입장을 단단하게 만들고 들어가야 하는 부분입니다.

꼬리질문에 대해서

꼬리질문은 보통 인문학 3지문, 사회과학 3지문으로 비율을 정해두고 질문하는 경향을 보였습니다. 학생이 방향을 잡지 못하고 의미를 파악하지 못한 답을 했을 때는 답변 도중 끊고 다시 제시문을 확인하라고 언질을 주는 등, 꼬리질문을 통해 다양한 힌트를 주려고 노력했습니다. 이렇게 개인적인 질문도 있지만, 학생들에게 공통적인 꼬리질문이 주어지기도 하였습니다. '답이 없는' 문항이지만, '원하는 방향이 존재하는' 문항이었다고 말할 수 있겠습니다.

그렇다면 꼬리질문에서 유도하는 방향대로 따라서 답안을 바꿔야 할까요? 질문에 대한 답은 '아니다'입니다. 꼬리질문에는 크게 3가지 유형이 있습니다.

(1) 건강한 사고형:

A와 B 중 하나를 선택할 때, A를 선택한 경우 - 그럼 B는 안 중요한가? B는 어떤가?

→ 이런 유형의 꼬리질문의 경우 양측 모두 이성적이고 비판적인 사고로 접근할 수 있는지를 파악하는 질문입니다. 건강한 사고를 가지고 있는지 확인하는 과정이므로, 반대쪽 입장에 대한 자신의 입장을 편안하게 말하면 됩니다. 의견을 바꿀 필요가 없고, 사고 과정을 논리적으로 설명하면 됩니다.

(2) 보완형 유도질문:

제시문 중 (이런) 내용이 있는데 여기에 대해서는 어떻게 생각하나?

→ 이런 유형의 질문을 받았다면, 교수님이 힌트를 통해 유도질문을 했다고 생각하고 받아먹으면 됩니다. 위에서 언급했듯 '원하는 방향'으로 답안을 이끌어주는 것으로, 내가 놓친 부분에 대해 보완하면 됩니다.

(3) 답안이 틀린 경우:

그건 아니지 않나? (반박 내용)이 있는데?

→ (1) 유형과 자칫 헷갈릴 수 있는 부분이 있지만, 보통 이런 경우 교수님께서 해당 근거는 성립이 안 된다며 반박해 주십니다. 이런 경우에는 잘못된 의견을 내세우기보다는 빠르게 인정하고, 교수님이 제시해 주신 반박 근거를 활용해 새 답안을 구성하는 것이 점수를 최대한 잘 받을 수 있는 경우입니다. (3) 유형의 꼬

리질문을 받아도 당황하지 말고 다시 도전하세요. (3) 질문을 받고 합격한 친구들도 정말 많습니다.

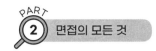

Part 2-2 기출 문제와 면접 복기

사범대학 교육학과
일반전형 면접 복기

저는 오후 면접이었기에 조금 늦은 시간에 일어나 준비했습니다. 가는 길에 매우 떨릴 것으로 예상했지만, 면접 준비로 이미 일주일을 고생했기 때문에 오히려 홀가분했던 기억이 납니다. '드디어 끝이다!' 하는 기분으로 즐겁게 면접장으로 향했습니다.

면접 대기실에 가자, 큰 강당에 여러 명의 학생이 긴장된 얼굴로 앉아 있었습니다. 저는 강의실 뒤쪽에 앉았기에 마지막 순서일 것이라고 예상했는데, 물 한 모금 마시고 화장실에서 손을 씻고 오자마자 제 차례라는 말을 들어서 무척 놀랐습니다.

서울대학교는 15분 단위로 학생들이 들어가고, 앞 학생이 면접을 하는 소리가 얼추 들리기 때문에(내용은 들리지 않고, 웅웅거리는 소리로 들림), 더욱더 긴장이 됩니다. 하지만 일주일의 시간을 헛되이 흘려보내지 않았고, 이게 마지막 기회라는 생각에 정신을 차리고 면접에 임했습니다. 공부했던 방향대로 천천히 문제에 집중하자, 저만의 답을 이끌어낼 수 있었습니다.

(가) 고전 비평은 결코 독자를 다룬 적이 없다. 고전 비평에서는 저자 이외에 누구도 존재하지 않았다. 그러나 현대의 비평에서 독자는 역사도 전기도 심리도 없는 사람으로 재탄생한다. 그는 이미 씌어진 것들의 흔적을 한곳에 모아 새롭게 쓰는 자다. 그러므로 누군가 고전 비평에서처럼 인본주의라는 이름 아래 위선적으로 독자의 권리를 옹호하며 이 새로운 글쓰기를 비난한다면 그것은 가소로운 일일 터이다. 이제 우리는 독자의 새로운 글쓰기를 위해 저자의 신화를 전복해야 한다는 것을 안다. 독자의 탄생은 저자의 죽음이라는 대가를 치러야 한다.

(나) 창작은 오직 독서를 통해서만 완성된다. 작가는 자기가 시작한 작품의 완성을 독자에게 맡기지 않으면 안 되며, 작가가 작품의 본질적 요소로 파악되는 것은 오로지 독자의 의식을 통해서만 가능하다. 따라서 문학작품은 하나의 호소. 작품을 쓴다는 것은 작가가 언어라는 수단을 통해 자신이 드러내고자 한 바를 독자에게 객관적 현실로 만들어 달라고 '호소'하는 것이다. 작가는 다만 독자에게 호소할 뿐이고, 그의 작품이 어떤 효과를 가지려면 독자가 자유롭게 그 작품을 갱신해야 한다.

(다) 고전은 한 시대의 특정한 사회집단이 자신들의 이익이나 관심을 반영하여 선별한 작품이다. 고전이 선별되는 과정에는 작품의 직접 생산자(작가·필사자·인쇄업자 등), 작품의 가치를 생산 또는 재생산하고 그 가치를 인정하여 소유하려는 소비자나 청중, 그리고 소비자와 청중을 만들어내는 관계자 및 제도·기관(이를테면 후원자·사원·학교·박물관·출판사·정치단체 등)이 적극적으로 참여한다. 여기에서 무엇보다 중요한 문제는 이러한 가치가 누구에 의해 어떤 목적으로 어떻게 생성되고 보존되며 전달되는가 하는 것이다.

Q. [문제 1] 독자와 저자(혹은 작가)의 관계에 관한 (가)와 (나)에 제시된 입장을 비교하시오.

A. (가)와 (나)의 공통점은 독자가 고전을 그대로, 무비판적으로 수용하는 게 아니라 재구성하고 창조하면서 비평한다는 것을 이야기하고 있습니다. 따라서 독자를 비평의 적극적 주체로 본다는 것을 공통점으로 선정할 수 있습니다.

차이는 (가)는 일방향적으로 독자만을 비평의 주체로 선정합니다. 독자의 탄생은 저자의 죽음이라는 대가를 치러야 한다는 구절에서 알 수 있습니다. 나아가 저자의 유도가 없기 때문에, 독자의 배경과 심리에 따라 다양한 요지로 해석될 가능성이 큽니다. 둘째로, (나)는 "작가는 독자에게 호소하고, 독자가 자유롭게 갱신한다"는 것으로 보아, 독자와 저자의 상호작용을 이야기합니다. 다만, 나아가 생각해 본다면 저자의 유도가 있었기에 어느 정도 통일성을 갖춘 하나의 창작으로 귀결될 것이라는 추측도 해볼 수 있습니다. 이는 마치 수능 문학 작품 풀이에서 〈보기〉에 적힌 대로 학생들이 문제를 풀어나가는 현상과 유사합니다.

Q. [문제 2] (가)와 (나)에 나타난 독자에 대한 공통된 이해 방식을 (다)의 맥락에서 평가하시오.

A. (가)와 (나)의 공통점이 비평 주체로서의 독자 존재를 인정하는 것이기 때문에 (다)의 관점에서 보면 합리적 이해라고 할 것입니다. (다)에서는 생산자, 소비자, 청중, 관계자의 상호작용을 모두 다루기 때문입니다. 좀 더 세분화해 보자면 (가)는 저자의 권위를 약화시켜서 기존의 생산자의 권리를 무시했다고 비판할 것이고, (나)는 관계자까지 추가하면 좋을 것 같다고 긍정적으로 평가하면서 보완해 줄 것 같습니다.

Q. [꼬리질문-1] 여태 고전에 대해서만 얘기하는데, 그럼 현대의 대중소설은? (다)의 관점에서 어떻게 수정될 수 있는가?

A. 현대의 대중소설은 각자 누리는 문화나 신념이 더 세분화됩니다. 이에 소비자 역량이 더 기대되고, 나아가 기술의 발달로 이북 온라인 서점이 등장하면서 '관계자'의 역할이 커질 수 있습니다.

Q. [꼬리질문-2] 관계자에 (다) 본문을 보면 정치권력이나 집단도 나오는데, 이들이 책의 가치에 영향을 줄 수 있냐? 사례 들 수 있으면 들어봐라.

A. 영향을 충분히 줄 수 있습니다. 『난쟁이가 쏘아올린 작은 공』같이 사회비판 소설이 기득권인 권력층에 의해 금지 서적이 된 적 있습니다. 이는 소비자에게 노출되는 정도를 낮춤으로써 활용 가치를 훼손한 것이므로, 가치 훼손에 영향을 줄 여지가 충분히 있습니다.

Q. [꼬리질문-3] 그런 상황에서 독자인 소비자의 역할은?

A. 뭐가 진실이고 뭐가 거짓인지 판단하려는 노력과, 비판적 사고력을 키우고, 사회적 약자에게 시선을 두려고 노력해야 합니다. 실제로 『난쟁이가 쏘아올린 작은 공』에서도 기득권 세력은 아픔을 모릅니다. 이처럼 현실에만 안주하면 문제를 모를 수도 있으니, 사회를 바라보는 눈을 키워야 합니다.

제시문 2

(가) 본 연구는 오늘날 관측되는 지구 온난화가 대부분 인간의 활동으로 야기되었을 가능성이 높다는 데 과학자들이 얼마나 합의하는지 조사하였다. 1991년부터 2011년까지 출판된 11,944편의 논문 중 7,930편(66.4%)은 '인간에 의한 지구 온난화'에 대해 별다른 입장을 표명하지 않은 것으로 확인되었다. 32.6%는 인간에 의한 지구 온난화가 존재함을 명시하였다. 32.6%에 해당하는 위 논문에서 97.1%는 인간에 의한 지구 온난화가 이미 과학적으로 합의된 것임을 지지하였다. 반면, 인간에 의한 지구 온난화에 대한 과학적 합의를 부정하는 논문들은 조사된 전체 논문에서 극히 낮은 비율을 차지하는 것으로 나타났다.

(나) 나는 늘 기후변화가 현실이고 미래에 심각한 위협이 되리라 믿었다. 지난 30년간 기후변화에 대한 과학적 예측이 점점 더 많이 이루어졌고 기후변화가 인간 활동으로 초래되었다는 점에 과학계는 거의 만장일치로 합의했다. 기후변화 메시지가 수십 년째 울려 퍼지며 온실가스 감축이나 신재생에너지 개발을 위한 국제사회의 시도로 이어져 왔다. 그럼에도 불구하고 아직도 많은 사람이 기후변화 문제의 심각성을 실감하지 못하거나 외면하는 현실이 개탄스럽다.

(다) 분명히 말하면, 과학이 하는 일은 합의라는 것과 아무 관련이 없다. 합의란 정치판 같은 곳에서 벌어지는 비즈니스일 뿐이다. 이와 반대로, 과학은 정답을 발견한 연구자 한 명으로도 충분하다. 이 말은 실제 세계에서 증명할 수 있는 연구 결과가 도출된 경우를 의미한다. 과학에서 합의라는 것은 타당성을 갖추지 못했음을 의미하는 것이다. 타당하다는 것은 동일한 결과가 재현될 수 있음을 뜻한다. 역사상 가장 위대한 과학자들은 정확히 말하면 그들이 합의라는 것으로부터 단절되었기 때문에 위대한 것이다. 합의라는 과학은 없다. 만약 무언가가 합의된 것이라면 그것은 과학이 아니다. 만약 과학이라면 그것은 합의를 통한 것이 아니다.

Q. [문제 1] (가), (나), (다)를 읽고 과학적 합의에 대한 본인의 견해를 밝히시오.

A. 과학은 불확실성을 인정하고 그에 객관성과 증명으로 대응하는 학문입니다. 그러므로 과학적 합의와 과학은 다른 분야입니다. 따라서 과학적 합의에 대한 저의 관점은 (다)와 가장 유사합니다.

(가)는 과학에 명확한 인과관계가 밝혀지지 않는다면 과학적 합의가 어렵다는 것을 보여주는 사례입니다. 지구 온난화와 인간 활동에 대한 논의가 많은 것으로 보아 상관관계가 있음을 33퍼센트의 지표로 확인 가능하나, 상관관계와 인과관계가 다르다는 것을 고려했을 때, 인과관계는 밝혀지지 않았습니다. 그러므로 인과관계가 밝혀지지 않은 것에 대한 반대를 62퍼센트의 지표로 볼 수 있습니다. 이는 과학의 불확실성과 과학이 사회에 미치는 영향을 고려한 과학자들의 정직함이라고 해석할 수 있습니다.

(나)는 과학적 합의를 진실이라고 받아들인 개인의 태도를 보여줍니다. 과학적 합의에 동의하지 않는 사람들을 마지막 문장에서 비판한다는 뉘앙스를 강하게 받았습니다. 따라서 이와 같은 단편적인 시선이 지속된다면, 갈등의 발생은 물론이고, 나아가 사회통합이 어려울 수 있습니다.

(다)에 나온 것처럼 과학은 객관성과 증명을 토대로 해야 하기에, '합의'는 주관적

이고, 구성원의 동의를 얻는 사회문화 분야에 가까우므로 과학과 엄연히 다르다는 것이 제일 타당한 근거라고 생각했습니다.

Q. [문제 1] 실제 사례를 들어 과학적 합의가 정책 결정에 타당한 근거가 될 수 있는지 (가), (나), (다)와 연계하여 논하시오.

A. 실제 사례인 백신 의무화를 바탕으로 과학적 합의가 정책 결정에 타당한 근거로 작용할 수 없다는 것을 말씀드리겠습니다. 백신 안전성은 아직 확보되지 않았습니다. 백신과 예방 간 명확한 인과관계가 없다는 것을 미루어 보아 (가)와 같은 상황입니다. 하지만 백신을 의무화함으로써 백신의 안전성을 의심하고 맞지 않을 권리, 호흡기 질환자가 맞지 않을 권리를 무시하는 사태가 발생할 수 있습니다. 이는 엄연히 법의 최소침해원칙에 어긋난 것입니다.

(나)와 더불어 봐서도, 백신을 맞지 않는 사람들에 대한 온라인상의 비판이 늘어났습니다. 정책 결정이 시민에게 미치는 무게감을 고려하면, 이 현상은 더 심해질 것이라는 것도 염두에 두어야 합니다.

따라서 (다)처럼 과학적 합의와 과학을 분리하고, 아직 객관성이 증명되지 않은 과학적 합의가 근거가 될 수 없음을 보여주는 사례라고 생각합니다. 이에 (나)와 같은 태도를 지양하고, (가)처럼 열린 가능성을 바탕으로 논의할 기회도 열어두는 환경을 조성해야 합니다.

Q. [꼬리질문-1] 백신 의무화는 근데 그러면, 의무화하지 않음으로써 공익을 침해할 수도 있는데, (⋯) 그런 상황이 오면 공익보다 사익을 우선해야 하나? 지원자는 그럼 사익을 우선하는 건가? 어디까지 공익을 위하고 사익을 위해야 하는지, 그리고 그 기준은 무엇인가?

A. 공익과 사익 충돌 시, 공익을 우선해야 합니다. 물론 말씀해 주신 것처럼 백신과 예방 간 상관관계는 있기에, 의무화를 하지 않았을 때 공익이 침해될 우려는 존재합니다. 하지만 의무화해 버리면 소수의 이익과 권리가 침해됩니다. 소수의 이익과 권리는, 공익 못지않게 중요한 것이므로 공익을 위해 피해를 강요할 수는 없습니다. 그러므로 경계는 법의 최소침해원칙이 되어야 합니다. 의무가 아닌 자유로 남겨두고, 공익을 위해 교육과 홍보가 수단이 된다면 윤리적 효과가 더욱 커질 것입니다.

Q. [꼬리질문-2] 그럼 과학적 합의랑 사회적 합의의 공통점과 차이점은?

A. 공통점은 '설득'이 키워드인 것과, 토론 과정의 결과라는 것입니다. 차이점은 과학적 합의는 객관성을 베이스에 두고 하나의 결론을 내리는 것이지만, 사회적 합의는 다양한 이해 당사자의 이익이 얽혀있어서 결론 내리기 어렵고 소수자의 이익을 침해하지 않기 위해 노력해야 한다는 점입니다.

Q. [꼬리질문-3] 그럼 자연과학이랑 사회과학의 차이는?

A. 아까 말씀드렸듯이 자연과학은 객관성이 베이스라서, 다양한 이익관계자의 이익이 있어도 만약 하나가 정답으로 밝혀지면 뚝심 있게⑦ 그것을 사실로 채택해야 합니다. 그러나 사회과학은 이익관계자의 이익이 얽혔을 때 단순히 다수의 입장을 따라서는 안 됩니다.

Q. [꼬리질문-4] 그럼 교육학은 어디인가?

A. 교육학은 당연히 사회과학입니다. 교육에는 객관적인 답이 존재하지 않기 때문입니다. (15분 종료)

사실 인문학까지 읽고 풀었을 때는, 수능 국어 1-3 독서론과 크게 다르지 않아 굉장히 쉽다는 생각을 했습니다. 단, 다음 장으로 넘겼을 때 '과학적 합의'를 보고 굉장히 당황했던 기억이 납니다.

'과학적 합의도 모르는데, 실제 사례를 들라고?' 심장이 떨리기 시작했지만, 천천히 준비해둔 행동강령을 떠올렸습니다. 제가 준비해 갔던 것은 이것이었습니다.

사례가 필요하면 이전 기출에 나온 것을 활용하고,
문제에 적용하면 된다!

이에 제가 가장 답변을 잘했던 '백신 의무화' 지문을 떠올리자, 퍼즐 맞추듯이 답이 떠올랐던 기억이 납니다. 꼬리질문이 생각보다 너무 매서웠지만, 모두 충분히 떠올릴 수 있는 범위 내에서 나와서 다행이었습니다. 면접에 내가 아는 부분만 나올 것을 바라는 것은 굉장한 요행을 바라는 일입니다. 아는 것을 더 잘 말하는 것도 물론 중요하나, 모르는 분야에 어떻게 대처할지 꼭 고민해 보기 바랍니다!

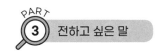

Part 3   선배가 조언하는 입시 팁과 도움말

사범대학 교직 적·인성면접
모의 문항

과거 서울대 교직 적·인성 면접은 홈페이지에도 기출이 없어, 학원가에서 구전으로 돌아다니는 자료만 존재했습니다. 이에 많은 학생들이 어려움을 겪었죠. 개인적인 추측으로, 기출과 답안을 업로드하지 않았던 이유는 이게 아닐까 싶어요.

교직 적·인성 면접에는 모범답안이 없기 때문입니다.

아까 잠시 언급했듯이, 교육학에 절대적인 정답이란 존재하지 않습니다. 개개인의 교육관은 모두 다르고, 크게 윤리적인 부분에서 문제가 되지 않는 한, 개인의 사고와 논리가 탄탄하다면 좋게 봐주십니다.

서울대학교와 사범대학은 학생 개인의 의견을 굉장히 존중해 줍니다. 관심 있는 분야의 모범답안을 찾아 그 사이에 사고를 끼울 필요가 전혀 없습니다. 꿈을 교육자로 키워온 만큼 진심에서 나오는 답을 이야기하세요. 그럼 전혀 문제될 바가 없습니다.

이후에 제시된 두 지문 중 첫 번째는 23년 오후 복기를 기반으로 제가 문제를 구성한 것, 두 번째 지문은 교육학개론을 수강하며 다루었던 주제로 만든 지문입니다. 앞선 모의지문과 마찬가지로 제가 과외학생들을 위해 직접 제작했던 문제이니, 면접 가기 전에 보고 가시고, 도움이 되었으면 좋겠습니다.

제시문 1

(가) 교사가 되기 위해서 예비 교사는 다양한 준비를 한다. 교사는 촉망받는 직업이자 존엄한 직업으로서, 소명을 갖고 '교육'에 임해야 하기에 다양한 기대를 받는다. **애정과 열정, 인내와 이해, 적응력과 융통성, 동료 협력과 팀워크, 공정성과 존중, 실패를 딛고 일어나려는 태도, 리더십과 영향력, 창의성과 자기계발** 등 다양한 인성 역량이 교사에게 요구된다.

(나) 교사 집단은 엄청난 전문가 집단이자, 지식인 집단이다. 교육대학교 및 사범대학 진학 후 교육 관련 전공을 선택하고, 기존에 마련된 교사 교육과정을 이수하며 필요한 기초지식과 교육능력을 갖춘다. 이에 그치지 않고 교사 자격증을 치르기 위해 해당 교원의 과목 및 학년 범위에 따른 교육과정을 이수하고 교육과학기술부에서 시행하는 교사 자격 시험을 통해 취득해야 한다. 현장능력을 키우기 위해서 교육 및 사범대학에서는 교직 수업을 필수로 이수하고 교육 현장에서의 실습을 위해 교생 훈련 시간도 의무적으로 이수하도록 하고 있다. 다년간에 걸친 집중적 교육 끝에 비로소 교사가 될 수 있다. 오랜 시간동안 방대한 양의 데이터를 소화하고 지식인 자체가 된 교사는 교육현장에서 자신의 역량을 유감없이 발휘하도록 기대된다. **다만, 이렇게 많은 교육을 받고 '잘 아는' 상태가 된 모든 교사들이, '잘 가르치는' 교사가 되는 것은 아니다.**

1. 본문에 있는 인성 중 본인과 비교해서 필요한 인성을 하나 선정하고, 본문 외 필요한 인성도 선정하여 말해보라.

2. 왜 잘 아는 것이 잘 가르치는 것으로 직결되지 않는지 이유를 추론하고, 그렇다면 이를 해결하기 위해 교사가 갖추어야 할 능력을 논하라.

3. 그렇다면 본인은 좋은 교사가 되기 위해 어떤 인성과 능력을 갖추기 위해 어떤 노력을
   할 것인가?

제시문 2

(가) 전체 교권 침해 중 이른바 '악덕' 학부모에 의한 것이 학생이 한 것보다 2.5배에 달하는 것으로
나타났다. 교원단체는 '무분별한 아동학대 신고로부터 학생의 학습권과 교원의 교권을 보호하는
법·제도 마련' 등 5대 정책을 요구했다. 3일 한국교원단체총연합회는 학부모의 악성민원, 아동학대
신고 등으로부터 교사를 보호하기 위해 필요한 5대 정책을 발표했다. 정성국 한국교총 회장은 "수
업 방해 등 문제행동 시 교실 퇴장, 별도 공간 이동, 반성문 부과 등 실질적 방안을 담은 교육부 고시
를 조속히 마련해야 한다"며 "무분별한 아동학대 신고로부터 학생의 학습권과 교원의 교권을 보호
하는 법·제도 마련도 필요하다"고 했다. 유형별로는 아동학대로 신고하겠다고 협박하거나 악성 민
원을 제기한 경우가 57.8%(6720건)로 가장 큰 비중을 차지했다. 학생으로부터 폭언·욕설을 듣는
경우가 19.8%(2304건), 업무방해·수업방해를 받는 경우 14.9%(1731건), 폭행 6.2%(733건), 성희
롱·성추행 1.2%(140건) 순이었다. 많은 경우가 교사의 잘못이 없는데도 불구하고 책임을 전가했다.
경기도의 한 초등학교에서는 체험학습 중 간식을 사먹을 돈이 없어 밥을 사달라고 하는 학생에게
교사들이 밥을 사주자 학부모가 '아이를 거지 취급했다'며 사과와 함께 정신적인 피해보상을 요구
했다. 서울의 한 초등학교에서는 교실에서 걷다가 자기 발에 넘어서 반깁스를 한 학생의 학부모가
교사가 안전을 책임지지 않았다며 매일 아침 집 앞까지 차로 데리러 올 것을 요구하기도 했다. **교권
이 밑바닥까지 추락했다.**

(나) '콩 심은 데 콩 나고, 팥 심은 데 팥 난다'는 말이 있다. 유전적으로 해석할 수도 있고, 교육적 측
면에서도 다양한 해석이 가능하다. 당신은 '악덕' 학부모 아래에서 나온 자녀를 가르칠 자신이 있는
가? 아니, 그전에, '악덕' 학부모의 탄생은 어디서부터 온 것일까? 학부모를 '악덕'하다고 규정할 수
있는가? 글을 읽는 예비 교육자들은 '아니'라고 답할 가능성이 크나, 교육현장에 나가있는 교사들은
입을 모아 말한다. '악덕' 학부모는 존재하고, 그 존재가 또 다른 '악덕' 학생을 낳고 있음을.

1. (가)에 등장한 교권침해 사례가 논란이 되고 있다. (가)의 밑줄친 '교권추락'은 가능한
   문제인가? 교사의 권위가 추락할 수 있는 개념이라고 보는가?

2. (나)의 화자의 주장에 대한 지원자의 의견을 논해보라.

나만의 플래너로
서울대 간 비결

루틴이 서울대 보내준다

사범대학 역사교육과 ㅣ 23학번 손정민 ㅣ 일반전형
서울시 양천구 ㅣ 일반고 졸업

안녕하세요, 서울대학교 역사교육과에 재학 중인 23학번 손정민입니다. 제 꿈은 제가 좋아하고, 잘하는 것을 남들과 나누는 것이었는데요, 제가 가진 지식을 가르쳐서 다른 사람에게 도움이 되자는 목표가 있었습니다. 지금도 그렇지만, 학창 시절에 제가 가장 관심이 있었던 분야는 '역사'였습니다. 역사적 지식이 다른 친구들보다 상대적으로 풍부했기 때문에 시험 기간이 되면 친구들에게 역사 교과서를 보며 설명을 해주곤 했습니다. 공부한 지식을 나누면서 큰 보람을 느꼈고, 자연스럽게 역사 교사를 희망하게 되었습니다.

사실 공부는 제가 원하는 역사 교사를 하기 위해 했다기보다는 상위권 대학을 목표로 삼아서 했습니다. 상위권 대학을 진학하기 위해 제가 들인 공부 습관은 규칙성, 그리고 플래너 사용입니다. 저는 학교가 끝나자마자 규칙적으로 독서실에 4시 반에 입실하였고, 매일매일 플래너를 사용하면서 계획도 효율적으로 세우는 과정을 통해 1학년부터 쭉 상위 등급의 내신을 받을 수 있었습니다.

플래너는 월 단위, 주 단위, 일 단위로 기록합니다. 월별로는 대략적인 일정이나, 인강 듣는 날짜를 형광펜으로 표시했습니다. 주 단위로는 1주 동안 풀 분량을 정하고 구체적으로 기록했습니다. 일별로는 두 가지 경우로 나뉩니다. 첫 번째는 다양한 과목을 하루에 공부하는 경우고, 두 번째는 소수의 과목(1~2과목)을 하루에 집중해서 공부하는 경우입니다. 두 가지 중 자신에게 더 잘 맞는 것을 선택해서 플래너를 채우면 됩니다. 최대한 구체적으로(ex. 블랙라벨 스텝 3 문제 모두 오답정리 & 백지 복습하기) 쓰면 다음날 계획을 세울 때 도움이 됩니다. 마지막으로 달성한 계획은 동그라미, 일부 달성한 계획은 세모, 하지 않은 계획은 내일 할 수 있도록 '↳' 표시를 합니다. 이러한 방식으로 꼼꼼하게 플래너를 쓴다면 공부에 많은 도움이 될 것입니다.

저는 고등학교에 입학했을 무렵엔 부모님의 권유와 다른 선생님들의 말씀에 따르며 소위 안정적이라고 일컬어지는 교대를 준비했었습니다. 그런데, 교대를 준비하다가 어떻게 서울대 역사교육과에 오게 되었을까요? 이 글을 통해 이야기해 보도록 하겠습니다.

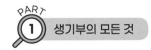

Part 1-1 매력적인 생기부를 위한 팁

서점에서
그 해의 트렌드를 분석하라

생기부는 내신, 세특, 창체(동아리), 행특으로 이루어져 있습니다. 이러한 요소들을 다양한 내용들로 채우기 위해선 주제를 잘 생각해야 하는데, 사실 몇십 개가 넘어가는 활동들을 빠른 기간 안에 구상하기란 어렵습니다.

이럴 때 저는 서점에 갔습니다. 서점에 가면 『트렌드 코리아』라는 책이 있었습니다. 이 책을 넘겨보다 보면 그 해의 트렌드가 눈에 쏙 들어옵니다. 예를 들어 챗GPT의 유행, 메타버스의 발전, 나노 시대, 포스트 코로나 시대 등등 트렌드를 선정하여 책으로 만든 것이죠.

그 책뿐만 아니라 그 당시 떠오르는 핵심 분야들을 담은 책도 여러번 훑어보았습니다. 책을 읽고 나서 거기서 몇 가지 주제들을 뽑은 다음 세특과 창체활동 등을 빠른 시간 내에 구상했습니다. 사실 주제가 몇 가지 겹쳐도 됩니다. 그렇다면 오히려 좋습니다.

만약 영어 과목에서 '챗GPT가 교사에게 미치는 영향'을 주제로 발표했다면, 심리학 과목에서 더 발전시켜 'AI의 발달과 교사의 역할: 심리적인 지지'를 생각해 볼 수 있겠습니다. 다양한 주제를 많이 늘어놓는 것도 좋지만 점점 구체적으로 파고드는 자세가 더 높게 평가될 수도 있습니다. 대학 측에서도 단계별로 탐구한 내용을 주목해서 볼 가능성이 높기도 합니다.

세특이나 다른 프로그램의 주제를 검색해서 머리를 싸매고 고민하는 것보단 트렌드 관련 책을 읽다 보면 주제를 빨리 정하기도 좋고, 대학에서도 더 흥미롭게 여러분의 생기부를 검토할 가능성이 큽니다.

저는 고등학교 3학년 시기에 유행했던 '메타버스'를 주제로 여러 가지 활동을 하고, 세특을 채웠습니다. 우선 3학년 프로그램 중 '미래탐구 프로그램(동아리)'에 동북공정을 주제로 계획을 세우고, 그것을 나타낼 포맷으로 '제페토'를 선택했습니다. 정식으로 등록되지는 못했지만, 나름 정성을 들여 동북공정을 학생들에게 소개하는 메타버스 프로그램을 구현해 볼 수 있었습니다.

이것을 다른 과목과 연계하기도 했습니다. 언어와 매체 시간에 이러한 프로그램을 구성하는 계획안을 짜와서 세특에 기록했습니다. 이후에도 이야기하겠지만 과목 간 연계도 여러분만의 강한 생기부를 만드는 데 큰 도움이 됩니다. 아래는 제 활동이 실제로 기록된 생기부 내용입니다.

동아리 활동(3학년)
스스로 주제를 설정하고 탐구하는 활동에서 '동북공정'을 주제로 활동함. 주제 설정에 있어서 신중하게 생각하고 많은 자료 조사를 통하여 결정함. (…) 먼저 동북공정에 대해 알고 현황을 분석한 후, 우리나라 역사와 문화가 왜 중국의 역사가 아닌지를 보여주는 사료들을 찾아 반박 근거를 수집하는 등 체계적인 과정을 거쳐 탐구. 사료들을 정리한 다음 메타버스 플랫폼을 이용해 동북공정에 반박하는 내용을 전시하는 월드를 계획하는 수준에서 끝나지 않고 실제로 제작을 하여 일반 사람들에게 공유함. (…)

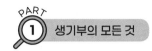

Part 1-2 과목별 세특 사례와 조언

트렌드와 일관성
모두를 잡다

Part 1-1과 연결지어 저의 세특 내용 중 특별했던 활동들을 소개해 보겠습니다. 우선 2학년 때 학습한 '영어 독해와 작문'에서의 세특입니다.

영어 독해와 작문(2학년)
4차 산업혁명과 교사의 역할을 주제로 영어로 글과 PPT를 제작하여 발표함. 인공지능과 로봇이 교사의 수업 시간을 많이 대체할 것이고 교사의 임용 기회가 점차 감소할 것이나, 사람은 인공지능과 달리 감정이 있어, 학생들과 감정적으로 소통하여 바람직한 조언을 해줄 수 있다는 자신의 의견을 제시함.

이 역시도 앞서 말씀드렸던 트렌드를 분석한 활동입니다. 그 당시 4차 산업혁명과 AI의 발달이 이슈였는데, 그것을 가지고 어떻게 대처할 수 있는지 영어로 작문을 해 발표를 진행했습니다. 물론 길게 적히진 않았지만, 다른 과목에서도 비슷한 활동을 통해 '이 주제에 관심이 있고, 최근 경향을 잘 분석하고 있다'라는 것을 어필하였습니다.

독서(2학년)
『4차 산업혁명, 교육이 희망이다』를 읽고 미래에도 교사의 정서적인 측면은 대체 불가능하다는 의견에 대한 소감을 발표함.

사회문제탐구(3학년)
4차 산업혁명으로 인한 변화의 특징이 AI가 가져올 삶의 변화라는 측면에서 살펴보며 실생활에서 경험하게 되는 알고리즘의 효능이 주는 편리함과 이면에 도사리고 있는 위험성에 대해 생각해 보고 보다 건전한 가치 기준의 정립이 필요하다고 주장함. 또한 AI 기술이 교육 분야에도 확대되어 지식 전달 영역에서는 인간보다 효율적일 수는 있으나 감정을 통한 소통과 위로, 공감의 영역은 여전히 인간 교사가 담당해야 하는 영역임을 생각해 보며 AI와 함께하는 삶을 준비해야 한다고 생각함.

이 세특에서는 책도 읽고 언급하며 일관성을 보입니다. 책을 읽을 만큼 이 주제에 관심이 있다는 것을 보여주는 것이죠. 그 외에도 이와 같은 주제로 여러 번 다양한 방식으로 탐구한 기록이 있습니다.

이러한 세특 내용은 단발성에 그치지 않고 여러 다양한 분야에서 탐구하며 관심이 있다는 것을 보여줍니다. 게다가 요즘 트렌드를 더하여 내용의 질을 올린 것을 볼 수 있습니다.

실제로, 제가 면접을 볼 때 4차 산업혁명과 교사의 역할과 관련된 제시문 교직 면접 지문이 나왔습니다. 이러한 경험을 통해 그날 면접에서 잘 답변할 수 있었습니다. 교육 분야 이슈를 잘 담아내어 지원한 두 곳의 역사교육과와 네 곳의 교대 중 다섯 군데에서의 합격에 도움이 되었다고 생각합니다.

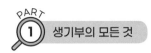

Part 1-3 교과 외 활동 사례와 조언

아쉬웠던 활동을
보완하는 법

진로활동, 동아리활동(2학년)

역사에 관심 있는 친구들과 함께 진로탐구동아리를 결성하여 '한일간 독도 문제와 이에 대한 학생들의 인식'을 주제로 탐구를 진행함. 총 6차례 사회과학 전공자의 지도를 받아 고등학생 26명을 대상으로 한 독도 문제 및 역사 인식에 관한 설문 조사를 실시함. 학생들이 독도 영토 분쟁과 관련된 역사 지식을 제대로 알지 못하므로 인식 제고를 위한 계기 교육 강화, 기념일 홍보 등의 노력이 필요하다는 의견을 담은 우수한 보고서를 작성함.

저는 이 활동에서 '역사 인식'을 테마로 '독도 문제를 학생들이 어떻게 인식하는지'에 대해 조사를 진행했습니다. 학교에서 서울대 사회과학 전공자 선생님들을 섭외해서 주 1회 교실에 모여서 피드백과 조언을 받았습니다. 전공자 선생님은 설문조사의 모집단과 조사 방법에 대해서 코칭을 해주시거나, 내용 수정 관련해서 의견을 주셨습니다. 저희 조는 독도, 그리고 역사 인식에 대한 설문조사를 실시했는데, 전공자 선생님들의 도움에도 불구하고 모집단도 다소 적었을 뿐만 아니라 시간이 부족해 직접 행

동에 나서지는 못했습니다.

그런데 왜 이 내용이 모범 답안일까요? 그다음 해에 제 부족함을 보완하는 활동을 했기 때문입니다. 앞서 보여드렸던 '동북공정 바로 알기 메타버스' 관련 생기부 내용이 바로 그것입니다. 동북공정도 역사 인식과 크게 관련이 있는 주제기 때문에 2학년 진로활동에서 실행에 옮기지 못한 제 부족함을 보완해 온 것입니다. 이처럼 아쉬웠던 활동도 다음 활동에서 충분히 퀄리티를 향상시킬 기회가 있다는 점을 잊지 말아야 합니다.

자율활동(2학년)
학급 회장으로서 책임감과 통솔력을 갖고 학급을 이끎. 자가진단 앱 참여율 제고, 깨끗한 화장실 이용, 교내 시설 관련 건의, 교내 실내화 착용 찬반 논의 등 안건에 관한 학생 의견을 수렴하여 학생 대표에게 전달하고 대의원회의를 통해 민주적 의사결정 과정에 참여함.

자율활동은 학급 회장으로서 반을 이끌었던 노력과 '공공선 프로젝트' 팀장을 맡아 공동의 선 실현을 위해 활동을 추진했던 내용이 담겨 있습니다. 이러한 내용이 부각될수록 자율활동 영역에서 리더십, 즉 사람들을 이끄는 역량을 어필할 수 있습니다.

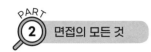

Part 2-1 빈틈없는 면접을 위한 팁

제시문 면접에
올인한 사람의 면접 준비

저는 원서 6장을 모두 생기부 기반 면접이 아닌, 제시문 기반 면접 전형으로 썼습니다. 따라서 제시문 면접에 어떻게 합격할 수 있었는지 설명하겠습니다.

우선 제시문 자체에 대해 어떤 주제가 나올지 몰라 두려워하는 학생들이 많습니다. 하지만 제가 본 인문·사회 제시문들은 주제는 다양하지만, 제시문이 말하고자 하는 바는 파악하기 쉽습니다. 면접자 대부분이 제시문의 요지는 파악을 하는 편입니다.

다만 그 밑에 이어진 질문에 어떻게 답변을 하는지에 따라 합격 여부가 결정될 가능성이 큽니다.

우선 질문의 요지를 파악해 논리정연하게 답변해야 합니다.

'(가)와 (나)를 비교하시오' 문제

문제 1. (가)와 (나)의 밑줄 친 사례에서 관찰되는 문제점의 공통점과 차이점을 구체적으로 설명하시오. (2024학년도 일반전형 면접 기출문제)

이런 형식의 문제는 '비교'를 요구하고 있습니다. 그렇다면 먼저 (가)와 (나)가 무엇을 말하는지 설명하고, 공통점을 찾은 다음, 차이점을 찾아 비교를 해야 합니다. 단순히 '(가)와 (나)는 이 점에서 다르다'라는 설명에서 끝나면 높은 점수를 받을 수 없습니다.

다른 유형(설명, 비판, 해결 방안, 분석)은 분량상 모두 다루지는 못하지만 최대한 그 문제가 요구하는 것들을 모두 채워서 풍성하게 답변해야 합니다.

사례를 여러 가지 드는 것도 중요합니다. 많이 들수록 좋습니다. 사례를 든다는 것은 이 답변과 주제를 완벽히 파악하고 있다는 인상을 주어 합격에 유리합니다.

이를 일목요연하게 설명하려면 물론 답을 구상할 시간이 필요합니다. 다행히 서울대학교 인문·사회 제시문 시험은 구상 시간 30분을 줍니다. 빠른 시간 안에 답변을 구상하고, 그것을 항목화해서 어떻게 말로 풀어낼지 고민해야 하므로 기출문제를 통해 지속적으로 연습을 해야 합니다.

또한 이 제시문은 교과 교육과정을 기반으로 만들어지므로, '대학 수준의 어려운 내용이 나오거나 안 배운 내용이 등장하면 어떡하지?' 하는 걱정은 하지 않아도 됩니다.

서울대 면접에서 나온 기출은 '아로리(https://snuarori.snu.ac.kr/renew/main/main.php)'라는 사이트에 있으니 인쇄해서 충분한 연습을 하면 도움이 됩니다.

면접 준비를 돕는 모의 면접 프로그램

저는 제시문 면접을 혼자서 준비하기는 벅찼기에 양천구 모의 면접 프로그램을 활용하고, 학원을 다니면서 여름방학 때부터 제시문 면접을 접했습니다. 1차 합격 후에 시작해도 되지만 미리 대비하고 싶은 분들은 거주 지역의 모의 면접 프로그램이나 학원을 다니면 도움이 많이 될 것입니다.

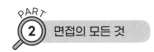

PART
2 면접의 모든 것

Part 2-2 기출 문제와 면접 복기

사범대학 역사교육과
일반전형 면접 복기

면접일 현장의 기억

서울대 면접은 오전 조와 오후 조로 나뉘어 있습니다. 저는 오전 조였는데, 아침 7시에 입실이었던 것으로 기억합니다. 따라서 학교에 6시 반까지 왔는데, 사범대에 재학 중이신 선배님들이 저보다 먼저 오셔서 깃발을 들고 과별로 서서 응원해 주셨습니다. 응원과 나눠주신 핫팩을 받고 4층으로 올라가 큰 강당에서 기다렸습니다. 저는 면접 순서가 맨 처음이어서 대기실에 입실한 지 오래 지나지 않아 실제 면접준비실로 들어가게 되었습니다. 그곳에서 타이머를 맞추고 30분 동안 인문, 사회 지문을 풀고 답변을 구상하는 시간을 가졌습니다. 한 번에 두 학생이 구상을 하는데, 칸막이가 나눠져 있어서 서로 방해가 되진 않았습니다. 그 후 30분이 다 되자, 면접실로 바로 이동했습니다.

니다.

면접실은 강의실이었고, 책상과 의자가 놓여 있었습니다. 맞은편엔 교수님 두 분이 앉아 계셨습니다. 우선 인사를 드리고 면접번호를 말한 다음 자리에 앉아 답변을 시작했습니다. 과마다 다르겠지만 저는 제시문과 문제를 읽고 답변을 하라는 신호를 받고 크게 또박또박 읽어나갔습니다. 읽다 보니 긴장이 풀리는 느낌이었습니다. 그 후 답변을 진행했는데, 교수님들이 고개를 끄덕이시는 모습에 더 자신감을 가졌습니다. 자소서에서 질문 하나가 나왔지만 숙지하고 있던 내용이었기 때문에 자신 있게 답변했습니다. 면접 시간이 끝나자 바로 교직 적성 면접 준비실로 들어갔습니다. 15분 동안 답변을 구상한 다음, 면접장으로 들어갔습니다.

먼저 제시문과 문제를 읽고 답변을 했습니다. 답변이 끝난 후 교수님 두 분이(아까 교수님과 다른 두 분입니다) 제시문과 관련이 없는 미래교육이나 역사에 대한 질문을 던지셨습니다. 질문들이 고등학교 활동 내용과 유사한 부분이라 자신감을 갖고 대답했습니다. 마지막은 지원 동기를 물어보셨는데, 외워간 대로 잘 대답하고 나오니 면접이 끝났습니다.

처음엔 긴장을 많이 했지만, 크게 자신감을 갖고 말하면 점점 풀릴 테니 너무 걱정하지 마세요. 교수님들은 여러분을 떨어뜨리려고 면접을 보시는 게 아니기 때문에 열정적으로 면접에 임하면 좋은 결과를 얻을 수 있을 것입니다.

제시문 면접 복기

저는 올해가 아니라 1년 전인 23학년도에 입시를 치른 상황이라, 면접 답변 내용을 매우 정확하고 세세하게 서술하기보다는 어느 내용을 핵심으로 답해야 하는지를 중심으로 설명하겠습니다. 우선 다음은 23학년도 인문/사회 기출문제입니다.

(가) 생태계가 어떻게 작동하는지 알면 알수록 많은 환경정책이 부적절하다는 사실이 드러난다. 얼핏 봐서는 상관없어 보이지만 실제로는 다른 동식물에게 유난히 큰 영향력을 미치는 종에 대해 조사하는 과정에서, 나는 친환경을 표방하는 많은 농장과 그곳의 관리체계가 빈껍데기에 불과하다는 것을 점점 더 깨닫게 되었다. 그들 농장은 많은 생물의 서식처인 나무와 관목과 죽은 나무를 잃음으로써, 물리적 구조뿐 아니라 생태계를 구성하는 다양한 종들의 관계 또한 상실했다. 그런 공간에는 생명의 거미줄이 거의 몇 줄 남아 있지 않다.

(나) 환경 파괴와 기후 위기에 대한 경각심이 커지면서 플라스틱 빨대는 일회용품 중에서 대표적인 퇴출 대상으로 지목됐다. 하지만 플라스틱 빨대를 금지하는 정책은 빨대를 반드시 필요로 하는 사람들의 요구와 충돌한다. 빨대의 기본 형태는 오래전부터 있었지만 입구 부분이 휘어지는 플라스틱 주름 빨대는 환자들을 돕기 위해 처음 발명되었다. 플라스틱을 대체하는 친환경 빨대로 제공되는 종이 빨대, 쌀 빨대, 옥수수 전분 빨대 같은 것들은 플라스틱처럼 부드럽게 휘어지지 않아 불편하고, 뜨거운 음료에서는 쉽게 분해되므로 사용이 쉽지 않다. 플라스틱 주름 빨대를 굽는 금속 빨대 등으로 대체하는 것 역시 신체 기능이 저하된 사람들에게는 위험한 상황을 만들 수 있다. 따라서 주름 빨대를 비롯해 현대에 대량 생산되는 빨대는 부드럽고 얇은 플라스틱으로 제조되므로, 신체를 움직이기 어려운 사람들이 다른 사람의 도움 없이 음료를 마실 수 있는 유일한 방법이다.

(다) 너희 인간들은 코로나 때문에 한 명만 죽어도 호들갑을 떨면서, 우리 동물은 수천만 마리 땅에 묻고 손을 탁탁 털더라! 자기 새끼는 끔찍이 아끼면서 남의 새끼는 끔찍하게 죽이더라! 우리의 모성애를 무시하는 당신들은 그 고매한 자식 사랑으로 무얼 했는가. 미래의 하늘에 탄소를 뿜고 미래의 땅에 분뇨 폐수 살처분 시체를 버리고 미래의 숲을 마구 베고 미래의 바다를 플라스틱으로 채운 것 말고?

Q. [문제 1] 환경정책을 수립할 때 유념해야 할 점에 대한 (가)와 (나)의 입장을 비교하시오.

A. 문제 1번 답변하겠습니다. 우선 (가)는 현재 많은 환경정책이 부적절하다는 주장을 하고 있습니다. 친환경을 주장하는 농가의 실태를 내세우며 환경과 생태계를 지켜야 한다는 입장입니다. 따라서 (가)는 생태중심적 관점으로 환경 문제를 보고 있습니다. (나)는 플라스틱 빨대가 환경파괴의 주범으로 불리는 것을 인식

하고 있지만, 꼭 필요한 사람들을 위해 어느 정도는 플라스틱 빨대를 허용하자는 주장을 하고 있습니다. 휘어진 빨대가 필요한 환자들의 능동적인 활동, 즉 도움 없이 음료를 마시는 것을 위하여 환자들에게는 허용하자는 입장입니다. 따라서 (나)는 인간중심적 관점으로 환경 문제를 보고 있습니다. (가)와 (나) 모두 환경을 보호하자는 취지엔 동의하고 있으나, (나)는 (가)와 달리 인간을 위해 일부 파괴는 인정하고 있다는 것에서 다른 의견을 보이고 있습니다.

Q. [문제 2] (다)의 화자를 만났을 때, (가)와 (나)의 글쓴이가 자신의 입장을 각각 어떻게 변호할지 논하시오.

A. 문제 2번 답변하겠습니다. (다)는 (가)와 (나) 모두가 인간이 중심이 되는 것을 비판하고 있습니다. (가)가 만약 변호를 하게 된다면 일편적이긴 하지만 그래도 인간중심주의보다는 생태적 접근이므로 더 낫다는 주장을 할 것입니다. 인간이 주장한 것이므로 인간의 입장에서 바라본 것이기 때문에 어쩔 수 없었다는 의견도 내비칠 수 있겠습니다.

(나)가 변호를 하게 된다면 분문의 아픈 사람들의 편의도 존중받아야 한다는 의견을 피력할 것입니다. 제 주변에도 아프신 분이 계십니다. 거동도 어려워서서 혼자 밥을 잘 드시지 못합니다. 이런 경우에 휘어진 빨대를 이용해 환자가 혼자 능동적으로 무언가를 섭취하게 한다면 조금 더 자신감을 갖고 병을 이겨낼 것입니다.

사회 제시문

(가) 사람들은 최근에 물가가 너무 올라 살기 힘들어졌다고 말한다. 물가는 경제의 전반적인 가격수준을 의미하는데, 정부는 소비자물가지수(consumer price index; CPI)라는 지표를 통해 물가의 변동을 파악한다. CPI는 가계가 구매하는 쌀, 담배, 술, 블루베리, 컴퓨터 수리비 등 480여 개의 대표적 소비재 및 서비스 가격의 가중평균을 이용해 산출한다. 가중평균의 가중치는 전체 가계의 총 소비지출에서 각 품목이 차지하는 지출비중에 따라 결정된다. 따라서 CPI는 평균적인 소비자들의 생계비 변화, 혹은 '장바구니' 물가 변화 추이를 보여주는 지표라 할 수 있다. 물가 상승 시에도 가계가 동일한 생활수준을 유지할 수 있도록, 정부는 국민연금, 최저생계비 등 각종 지급액을 'CPI의 변동'에 맞춰 조정하는 정책을 시행하고 있다. 물가연동정책의 유용성에 대해 대부분의 사람들은 공감하나, 일부는 CPI 적용의 맹점을 지적하고 있다.

(나) 최근 곡물 가격 및 유가 급등에 따른 생산비용 상승에 대한 대응으로 한 분식집이 떡볶이 가격을 올리려고 하였다. 하지만 급격한 가격 상승이 단골손님 이탈로 이어질 가능성을 우려한 분식집 주인은 가격을 올리는 대신 떡볶이 1인분의 양을 조금 줄이기로 결정했다.

(다) 한 도시의 정책당국은 임차인을 보호하기 위해 월세통제(rent control) 정책을 시행하였다. 이 정책에 따르면 임대인이 임차인을 들일 때 월세로 받을 수 있는 금액에 상한선이 있을 뿐만 아니라, 임차인은 본인이 원할 때까지 입주 당시 가격으로 임차해서 살 수 있다. 이 정책은 정책당국이 미처 예상치 못한 부작용을 가져왔다. 건물주는 어차피 월세를 시세대로 받지 못하므로 건물 유지 및 보수를 게을리하고 쾌적한 공간을 제공하려는 노력을 하지 않았다. 결과적으로 시간이 지나면서 주택의 전반적인 질은 낮아졌고, 그나마 적절하게 유지 및 보수가 된 주택에 대한 수요는 폭증하여 뒷돈을 주고라도 들어오려는 사람들이 늘어났다.

(라) 1인 가구는 주택·수도·전기·연료 부문의 지출이 크지만, 교육 부문의 지출비중은 2인 이상 가구에 비해 낮을 수 있다. 또한 영유아가 있는 가구, 취학자녀가 있는 가구 등도 그렇지 않은 가구와 다른 지출 구조를 보인다. 저소득층에서 지출비중이 상대적으로 높은 품목은 휴대전화, 담배, 쌀, 채소 등이다. 반면 고소득층의 경우에는 총 소비지출에서 고급주류, 해외여행, 골프 회원권 등의 비중이 상대적으로 높다.

Q. [문제 1] (나), (다), (라) 각각에 근거하여 (가)에 나타난 정부의 물가 변동 파악 방식의

한계점을 설명하시오.

A. 문제 1번 답변하겠습니다. (나), (다), (라)는 모두 소비자 물가 지수의 맹점을 지적하고 있습니다.

먼저 (나)는 떡볶이 1인분의 양을 줄인다는 분식집 주인의 상황을 나타내고 있습니다. 하지만 가격은 같고 양만 줄어든다면 1원당 떡볶이의 양은 줄어들어 오히려 실질적인 물가는 계속 오를 것입니다.

(다)는 월세의 상한선을 정해 임차인을 보호하려고 했지만 결국엔 건물주의 관리 부재를 불러왔습니다. 물가 상승을 고려하여 금액에 대한 상한선을 두는 것은 임차인의 주거 질 저하를 유발합니다. 그렇다면 임차인은 조금 돈을 더 주는 대신 관리가 잘 되는 곳으로 이사를 갈 확률이 높습니다. 따라서 정부의 정책으로 인하여 건물주는 관리도 안할뿐더러 임차인을 잃게 될 것입니다.

(라)는 애초에 소비구조가 다릅니다. 가구 구성원의 수에 따라 달라지고, 소득에 따라서도 달라집니다. 그렇다면 일부만 그 혜택을 보게 될 것입니다. 1인 가구 중 교육 부문의 지출이 클 경우엔 2인 이상 가구보다 지원을 적게 받을 수 있기 때문에 지원의 부재가 발생할 수 있습니다. 가구마다 필요로 하는 것에 대한 지원을 해 주어야 합니다.

Q. [문제 2] (라)를 참고하여 물가 상승이 경제적 불평등에 어떠한 영향을 미칠 수 있을지 논하시오. 자신의 주장을 뒷받침하려면 어떤 가정 또는 자료가 필요할지도 함께 설명하시오.

A. 문제 2번 답변하겠습니다. (라)에 나타난 소비자들은 가구 수와 소득에 따라 장바구니, 즉 소비구조가 다릅니다. 따라서 평균적인 소비자들에만 맞춰 정책 지원금을 준다면 그에 걸맞는 소수의 사람들만 혜택을 볼 것입니다. 결국 정책에 대한 소비자들의 반감은 커지게 됩니다. 또한 (라)를 보면 고소득층은 고급주류,

즉 술을 구매하는 비중이 상대적으로 높다고 나와 있는데, (가)를 보면 술도 포함하여 가중평균을 계산한다는 내용이 있습니다. 사실 고소득층은 지원을 받을 필요가 거의 없습니다. 오히려 저소득층에게 지원을 더 해주어야 합니다. 만약 고소득층도 지원을 국민연금을 통해 받는다면, 저소득층에게 갈 돈이 그들에게 가기 때문에 경제적 불평등이 커지게 된다고 볼 수 있습니다.

제 의견을 뒷받침하려면 고소득층이 주로 위에 나온 물품들을 사고, 저소득층도 그러하다는 가정이 필요합니다. 고소득층이 주로 핸드폰, 담배, 쌀, 채소를 주로 사는 경우도 물론 존재하기 때문에 글에 나온 내용에 따르기 위해서 그러한 가정을 전제로 두고 의견을 밝혔습니다.

교과서 속에
생기부의 답이 있다

어떤 일이 하고 싶어지든 성적이 방해되지 않도록

007

사범대학 수학교육과 ｜ 24학번 오인경 ｜ 지역균형전형
경기도 수원시 ｜ 일반고 졸업

안녕하세요, 서울대학교 수학교육과 24학번으로 재학 중인 오인경입니다. 이 책을 보고 계신 여러분은 아마 대입에 관심을 가지고 계신 학생, 학부모님들일 것입니다. 얼마 전까지만 해도 입시에 직접 참여하고 있는 학생이었는데 이렇게 글을 쓰고 있으니 감회가 새롭습니다. 조금이라도 여러분께 도움이 되기 위해 제가 3년간, 어쩌면 그 이상의 시간 동안 얻은 것들을 함께 나누어 보고자 합니다.

제가 왜 공부를 열심히 했는지 간단히 이야기하자면, '미래의 나'를 위해서였습니다. 좋은 직업을 갖고 돈을 잘 버는 그런 미래가 아니라, 미래에 내가 어떠한 일이 하고 싶어지든지 성적이 방해되지 않도록 공부에 최선을 다한 것입니다. 저는 어릴 적부터 교육에 관심이 많았고 스스로 수학을 가장 좋아한다는 것을 알고 있었던 만큼, 다른 친구들에 비해 희망하는 진로 분야가 명확한 편이었는데요. 수학교육 분야에 대해 너무나 배우고 싶어서, 최선을 다해 공부하고 깊이 탐구하고자 노력했습니다. 그러다 보니 자연스럽게 생기부도 제가 좋아하는 주제로 가득 차고, 자칭 생기부의 달인이 되었네요.

어떤 학생은 저처럼 좋아하는 분야가 명확해 자신의 열정만으로도 대입에 적합한 생기부를 만족스럽게 채워가고 있겠지만, 많은 학생이 생기부 작성의 방향조차 제대로 잡고 있지 못할 것 같습니다. 저의 수많은 경험과 깨달음을 녹여 작성하였으니, 이 글이 여러분들의 미래에 조금이라도 도움이 되기를 바랍니다.

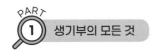

Part 1-1 매력적인 생기부를 위한 팁

교과서를 바탕으로
주제를 고르자

생기부 기재를 위한 활동을 할 때 가장 힘들고 고민되는 순간을 꼽으라고 하면 아마 주제 선정 단계일 것입니다. '뻔하지 않으면서도 적당한' 심화 주제를 찾는 것이 가장 중요하므로, 3년 동안 주제 탐구를 열심히 수행하면서 얻은 주제 선정 팁들을 지금부터 설명하고자 합니다.

가장 중요한 점은 우리가 아무리 심화 주제를 열심히 탐구해서 작성해 봤자 우리의 생기부를 평가하는 분들은 그 분야의 전문가인 교수님들이라는 것입니다. 낮은 이해도로 얕게 다룬 심화 주제는 오히려 평가자의 반감을 불러일으키고, 면접에서 얕은 지식의 밑천이 드러나기 마련입니다. 또한 뜬금없는 심화 주제 활동은 탐구 동기가 보이지 않아 오히려 진정성이 느껴지지 않는 활동이 될 뿐이죠. 그래서 저는 심화 주제를 선정할 때 다음과 같은 원칙을 지키고자 노력하였습니다.

1. 스스로 진심을 담아 탐구 동기를 설명할 수 있는 주제로 선정한다.

2. 검색하면 나오는 주제가 아니라 내가 원하는, 내가 생각한 주제로 선정한다.

3. 내가 완벽히 (혹은 깊은 수준으로) 이해할 수 없는 주제는 선정하지 않는다.

그런데 여기서 문제는 '이러한 주제를 어떻게 생각해 내는가?'입니다. 스스로 궁금증이 생겨서 자연스럽게 탐구 주제가 떠오른다면 가장 좋겠지만, 그렇지 않은 경우가 많기에 저는 가장 근본적이라고 할 수 있는 방법을 활용하였습니다.

"교과서를 참고하자."

고등학교 교과서에서는 대학교 수준의 지식을 다룰 수 없기에 생략된 증명 과정이나 개념, 비논리적인 부분이 어쩔 수 없이 존재합니다. 이러한 부분을 찾아 호기심을 탐구 동기로 내세우고 관련한 심화 탐구를 진행한다면, 적절한 탐구 동기를 어필할 수 있을 뿐만 아니라 정규 교육과정을 열심히 따라가고 있는 성실함까지 함께 보여줄 수 있을 것입니다.

다음은 제가 교과서를 참고하여 진행한 탐구가 가장 잘 드러나는 수학 Ⅱ 과목 세특의 일부입니다.

수학 Ⅱ (2학년)
함수의 극한을 그래프를 통해 직관적으로 구하는 것에서 벗어나 복잡한 그래프나 합성함수의 극한값을 수학적으로 파악하는 방법에 대해 궁금증을 갖고, 함수의 극한을 수학적으로 정의하는 '엡실론-델타 논법'을 (…) 조사 및 탐구하여 수학 일기를 작성하는 등 학습한 수학 개념과 자신의 아이디어를 연결 및 발전시키는 능력이 우수함. (…)

'엡실론-델타 논법'에 대한 탐구는 다소 뻔하게 느껴질 수도 있는 주제이지만, 탐구 동기를 교과서에서 제시한 함수의 극한을 찾는 법보다 수학적인 방법이 '궁금'해져 그 방법을 조사하던 중 '엡실론-델타 논법'에 대해 탐구하게 되었다는 개연성이 있기에 훨씬 더 설득력 있고 진정성 있는 탐구활동으로 다가갈 수 있었을 것입니다.

그런데 아무리 열심히 탐구를 열심히 진행하였다고 하더라도 가끔은 선생님께서 자신이 원했던 방향으로 생기부를 적어주시지 않는 다소 아쉬운 경험을 할 수도 있습니다. 이를 조금이라도 막고자 저는 '초록' 혹은 '요약'을 활용하였습니다.

초록·요약 활용법

보고서를 제출할 때 가장 심혈을 기울여야 할 부분은 어디일까요? 저는 서론-본론-결론 구조 중 '결론'이라고 주장합니다. 결론에서 자신의 탐구 방향과 내용을 간결하게 정리해 준다면, 읽는 이는 자연스럽게 제가 유도한 방향으로 글을 이해하게 될 것입니다. 즉, 생기부에 적히기를 원하는 방향과 내용에 맞춰 보고서의 결론(요약)을 작성한다면 선생님도 학생이 의도했던 탐구 방향을 정확하게 이해할 수 있을 것입니다. PPT 발표도 마찬가지로, 마지막 슬라이드에 간단한 요약과 배운 점 및 개선점을 제시하는 것이 좋습니다. 보고서가 다소 긴 경우에는 초록(결론과 마찬가지로 생기부에 적히기를 원하는 방향과 내용에 맞춰 작성)을 작성하는 것이 뒷 내용의 이해를 돕기 때문에 결론(요약) 뿐만 아니라 초록도 좋은 선택지라고 할 수 있습니다.

정리하자면, 초록이나 요약을 보고서, PPT 등의 제출물에 포함한다면, 본론(탐구 내용)만 제시했을 때보다 훨씬 만족스러운 생기부를 보게 될 것입니다. 본론 내용 중 중요한 부분에 형광펜 표시를 하는 것도 좋은 방법입니다.

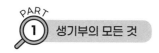

Part 1-2 과목별 세특 사례와 조언

양보다 질,
나만의 질 좋은 세특 만들기

과목별 세부능력 특기사항, 우리가 흔히 줄여서 말하는 세특과 관련해 학생들이 가장 큰 오해를 하고 있는 부분은 '진로와의 연관성'입니다. 물론 전공적합성이나 자신의 흥미를 드러내기 위해 진로와 연계된 주제로 세특을 채우는 것도 중요하지만, 과도하게 한 분야에 집중되어 있거나 억지스럽게 진로와 연관 지은 활동은 오히려 마이너스 요소가 됩니다. 즉, 자신의 희망 진로 분야와 연결 짓기 어려운 과목 세특의 경우 각 과목의 교과 내용을 심화해서 다루는 것이 오히려 성실성도 보여주는 플러스 요소가 될 수 있는 것이죠. 다음은 저의 언어와 매체 과목 세특의 일부입니다.

언어와 매체(3학년)
사물에 대한 탐구 능력이 돋보이는 학생으로 '합성어와 파생어'를 학습하면서 의문이 드는 부분을 친구들과 토론으로 해결이 어렵자 국립국어원에 질의하여 답변을 얻음. '보슬비'는 비자립적 어근이 결합된 비통사적 합성어라면 부사 '보슬보슬'은 어떻게 합성어에 속하는지 그 이유를 탐구하여 친구들에게 발표하여 좋은 반응을 얻음. (…)

억지스럽게 저의 희망 진로 분야인 수학과 연결 지은 것이 아니라, 언어와 매체 시간에 배운 합성어와 파생어 관련하여 스스로 의문점을 가지고 전문 기관인 국립국어원의 도움과 자료까지 활용하는 모습, 그에 그치지 않고 자신이 얻은 지식을 나누어 주는 모습을 보여주며 관심 분야 외의 과목에서도 탐구력이 뛰어나고 성실한 학생임을 어필할 수 있었습니다.

양이 아니라 질로 보여주자

그렇다면 진로와 연관된 활동은 어디에서 어떻게 어필하는 것이 좋을까요? 과목별 세특에서는 '진로와 눈에 띄게 관련이 있는' 과목에서 어필하는 것만으로도 충분합니다. 여러 과목에서 진로 관련 활동을 진행하는 '양으로 보여주는' 방식이 아니라 '질적으로 뛰어난' 탐구활동 하나하나를 보여주는 것이 훨씬 중요합니다. 이때 제가 생각하는 '질적으로 뛰어난' 탐구활동은 다음과 같은 활동을 말합니다.

단계별 주제 탐구가 잘 드러나는 활동

여기서 말하는 단계별 주제 탐구란, '탐구 동기(교과 내용에서 유발된 것일수록 좋음) - 간단한 조사 - 조사 활동 및 교과 내용과 연관 지은 심화 활동 - 발표 및 추후 발전된 탐구'로 진행되는 활동을 말합니다.

다음은 자연상수를 주제로 한 단계별 주제 탐구가 구체적으로 잘 드러나는, 제 미적분 과목 세특의 일부입니다.

자연상수에 대한 수업 이후, 자연상수의 역사적 발견 과정과 극한, 급수, 정적분을 활용한 다양한 정의를 찾아 발표하고 자기주도 심화학습 주제로 오일러 공식을 선정하여 몫의 미분법을 이용하여 공식을 증명하고『오일러가 사랑한 수 e』를 참고하여 보고서를 작성하고 발표함. 이후 인구성장모형을 나타내는 로지스틱 방정식 등 실제 과학과 공학에서 자연상수와 오일러 공식이 사용된 사례를 찾아 탐구하여 발표함. 수학에 대한 끊임없는 호기심으로 새로운 주제를 찾아 학습하려는 적극적인 자세와 (…) 수학교사에 적합한 인성과 실력을 갖추었다고 보여짐. (…)

미적분 교과에서 중심적으로 다루는 자연상수에 대한 호기심을 시작으로 자연상수의 역사적 발견 과정과 다양한 정의에 대한 간단한 조사를 진행하는 것이 이 탐구의 첫 단계였습니다. 이어 자연상수를 다루는 공식인 오일러 공식에 대해 깊이 있게 이해하고, 이 공식이 실제로 활용되는 사례까지 탐구하여 발표하는 단계별 탐구를 진행하였습니다. 이제 어떤 방식으로 단계별 탐구를 진행해야 할지 느낌이 오시나요?

단계별 탐구를 진행하는 또 다른 방법은 과목 간 혹은 학년 간 활동의 연계입니다. 하나의 활동에서 간단한 조사부터 심화된 추후 탐구까지 이어가는 단계별 탐구를 진행할 수도 있지만, 이전 학년에서 혹은 다른 교과목에서 진행되었던 탐구 주제와 관련한 활동을 진행하는 것이 자신의 깊이 있는 호기심을 드러내는 데 가장 적합한 방법입니다.

저는 2학년 때 진행한 '사이클로이드'를 주제로 한 학생주도 프로젝트를 3학년 교과목인 수학과제 탐구에서 심화하여 탐구하였습니다. 다음은 저의 수학과제 탐구 과목 세특의 일부입니다.

수학과제 탐구(3학년)

(···) 지난 학년에서 조사했던 사이클로이드에 대한 심화탐구로 하이퍼사이클로이드에 대한 수학적 분석과 매개변수 방정식에 대해 탐구활동을 진행함. 사이클로이드의 개념, 원에 내접하는 원의 한 정점이 그리는 자취의 매개변수 표현, 사이클로이드 감속기 활용에 대해 PPT로 정리하여 친구들에게 소개함. 특히 에피사이클로이드와 하이퍼사이클로이드의 그래프를 프로그램으로 직접 구현하여 시각적으로 알아보기 쉽게 설명한 점이 인상적이었으며, 탐구 과정에서 수학에 대한 열정과 탐구 주제를 발전시켜 나가고자 하는 의지, 그리고 뛰어난 탐구 역량이 돋보였음. (···)

학년 간 연계 활동으로서 사이클로이드에 대한 탐구를 진행하며, 특정 수학 주제에 대한 깊이 있는 호기심과 탐구력을 어필한 것이 현재 학과에 합격하는 데 큰 도움이 되었으리라 생각합니다. 면접장에서도 위 주제로 질문을 받기도 했습니다.

독서활동을 전략적으로 활용하자

여기 한 가지 팁을 더하자면, 과목별 세특 활동으로 탐구를 진행할 때 독서활동을 활용하는 것이 아주 유용합니다. 2024 대입부터 독서활동이 미반영되면서 단순히 읽은 책 제목과 저자를 기록하는 활동은 무의미해졌습니다. 따라서 독서를 주제 탐구에 전략적으로 활용해야 합니다.

앞의 미적분 교과 세특에도 『오일러가 사랑한 수 e』를 참고하여···'라는 문구를 볼 수 있습니다. 실제로 저는 자연상수와 오일러 공식에 대한 깊은 이해를 위해 이 책을 읽었고, 학교 교과 담당 선생님께서도 탐구를 위해 독서를 진행한 점을 크게 칭찬해 주셨습니다. 즉, 단순히 독서활동을 진행하는 것이 아니라 심화 탐구활동의 한 가지 자료로서, 혹은 탐구 동기를 불러일으킨 원인으로서 도서를 활용하는 것이 변화된 대입 체계에서의 똑똑한 독서활동 활용 전략입니다.

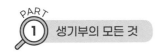

Part 1-3 교과 외 활동 사례와 조언

자신의 역할을
뚜렷이 드러내자

자율활동은 사회적 이슈와 관련짓자

먼저 자율활동은 자신의 희망 진로 분야에 대한 탐구를 진행해야 하는 영역임과 동시에, 이름처럼 자율성 있는 주제를 선택해야 합니다. 즉, '자율적 동기'와 '진로'가 연관된 주제로 탐구를 해야 하는 것이죠. 따라서 저는 사회적 이슈와 진로를 관련지은 활동을 진행하는 것을 추천합니다.

다음은 저의 3학년 자율활동 특기사항의 일부입니다.

자율활동(3학년)
지구온난화의 심각성과 탄소 중립을 알리고자, '환경 보호를 위한 캔 용기와 미분의 활용'을 주제로 영상을 제작하여 과학생각 발표하기에 참여함. 탄소 배출량을 줄이기 위한 캔 모양은 미분계산식을 이용하여 캔의 겉넓이가 일정할 때 높이와 밑면 지름이 같은 원기둥 모양으로 만들면 부피가 최대가 되어 가장 큰 환경 보호 효과를 이끌어낼 수 있다고 설명하는 모습에서 뛰어난 통찰력과 소통능력을 보여줌. (…)

지구온난화와 환경 오염 문제라는 널리 알려진 사회적 이슈로부터 미분계산식이라는 제 희망 진로 분야와 연관된 주제로 활동을 진행하면서, 진정성 있는 탐구 동기를 어필했을 뿐만 아니라 남들과 차별되는 저만의 탐구 주제를 찾을 수 있었습니다.

동아리활동에서는 반장이 되자

동아리활동에서 가장 강조하고 싶은 부분은 '동아리 반장이 되어라'입니다. 동아리 반장으로서 활동하면 시간적, 체력적으로 부담이 될 수 있긴 하지만, 학급 회장과 부회장이 아닌 다른 역할로 리더십을 보여주면서도 자신이 원하는 활동을 기획해 입맛에 맞는 활동들로 동아리활동 영역을 채울 수 있는 기회가 될 것입니다. 다음은 저의 2학년 동아리활동 특기사항의 일부입니다.

동아리활동(2학년)
동아리 반장으로서 수학에 대한 깊이 있는 이해력과 분석력, 독창적이며 우수한 기획력을 발휘하여 활동 계획, 학습지 제작 등 전반적인 과정에서 수학에 대한 심층적인 논의 및 발전을 이끎. (…) 일상생활 속 'GPS와 삼각함수'를 주제로 선정하여 '삼각측량법'과 GPS의 원리에 대해 분석한 내용을 (…) 클라인 병을 직접 만들어보고 클라인 병은 새로운 기하학적 해석을 곁들인 비유클리드 기하학 개념임을 보고서에 작성함. (…) 설문조사를 통해 현재 수학교육의 문제점 및 개선 방향에 대한 학생들의 다양한 의견을 파악하여 '2022학년도 청소년 수포자 전국연합조사'를 주제로 한 통계 활용 포스터를 제작하였고, 미래 수학교사로서 학생 모두가 즐거워하며 흥미를 잃지 않는 수업을 해야겠다는 포부를 밝힘.

저는 2학년 때 수학 동아리를 개설하고, 동아리 반장으로 활동하였습니다. 이를 통해, 수학 교사가 갖춰야 할 여러 가지 자질을 갖춘 학생임을 어필할 수 있었고, 이후 동아리활동도 스스로 기획하면서 작성하고 싶었던 주제인 삼각측량법, 비유클리드 기하학, 수학교육 개선 방향에 대한 연구 등 다양한 활동을 진행할 수 있었습니다.

진로활동에서는 반드시 진로와의 연관성을 드러내자

진로활동은 이름부터 진로와 관련된 활동을 할 것을 요구하고 있죠. 이 영역이 제가 생각하기에 '진로와의 연관성'을 보여줄 수 있는, 보여줘야 하는 최적화된 부분입니다. 자신이 진로와 관련하여 가지고 있는 열정과 능력을 최대치로 보여줄 수 있는 활동을 설계해야 합니다. 다음은 저의 2학년 진로활동 특기사항의 일부입니다.

진로활동(2학년)
(…) 수학자 오일러에 관심을 가지고 있어 매쓰메이커활동을 제안하고 안내문을 제작해 수학에 관심 있는 학우들이 동참할 수 있도록 홍보하며 리더십을 발휘함. 수학 난제에 흥미를 가지고 있어 활동에 적극적으로 참여하였으며 활용된 수학 원리를 잘 설명함. 위상 수학에 높은 관심을 가지고 적용 사례를 알아보는 등 심도 있게 탐구하는 모습에서 학문에 대한 열정을 엿봄.

수학에 대한 열정과 흥미를 가장 잘 보여준 특기사항이라고 자신합니다. 스스로 학교에 방과 후 활동 개설을 요청하고 강사분을 섭외했으며, 직접 학생들을 모집한 적이 있는데요. 단순한 학문에 대한 열정을 넘어 지식을 공유하려고 하는 의지를 보여주는 좋은 방법이라고 생각합니다. 물론 학교에서 학생 한 명 한 명의 요청을 들어주기에는 어려움이 있으니 여러분이 제안하는 활동이 실현되지 않을 수도 있지만, 가능하다면 스터디를 개설하는 등 작은 활동의 리더가 되어 관심 분야에 대한 연구를 진

행해 보기를 추천합니다. 또한 저는 수학의 한 분야인 위상 수학에 대해 심도 있는 탐구를 진행함으로써 수학에 대한 깊은 흥미를 강조하였습니다. 위상 수학은 고등학교 교과 내용에서 탐구 동기를 얻었다고 설명하기 어려워 진로활동 영역에서 관련 탐구를 진행하였습니다. 관심 분야에 대한 흥미와 역량을 보이기 위해 진심으로 하고 싶은 활동이 있는데 정규 교과와 연결 짓기 어려운 것이 있다면 과목별 세특에 내용을 억지로 넣기보다는 진로활동으로 이용해 보세요.

차별점 있는 진로활동을 만드는 법

그렇다면 '차별점 있는' 진로활동 특기사항을 만드는 방법은 무엇일까요? 사실 관심 분야에 대한 탐구를 열심히 진행하더라도, 같은 학과에 지원하는 수많은 학생과 탐구 주제가 겹칠 가능성이 큽니다. 이때, 나만의 차별점을 확보하는 것 또한 중요합니다. 다음은 저의 3학년 진로활동 특기사항의 일부입니다.

진로활동(3학년)
(…) 학생 주도성 진로 프로젝트 활동에 '푸리에 변환 탐구'를 주제로 팀으로 참여함. 푸리에 변환 개념과 수식적 이해, 함수, 고속 푸리에 변환, 사례 등에 대해 주도적으로 내용을 조사하고 탐구함. 파이썬을 이용한 고속 푸리에 변환 확인 프로그램 제작에서 함수들을 정리해 코드를 짜는 데 도움을 주고, 분석할 샘플 데이터를 만들어 주파수를 성분별로 분해하여 스펙트럼으로 나타냄. 탐구한 과정과 결과를 친구들이 이해하기 쉽게 포스터로 제작하고 발표함. (…)

푸리에 변환은 수학과 관련된 단골 탐구 주제입니다. 그런데 저는 차별점 확보를 위해 단순히 푸리에 변환의 수학적 개념에 대해서만 탐구한 것이 아니라 푸리에 변환을 코딩을 통해 시각적으로 확인하는 활동까지 진행하였습니다. 비록 저는 코딩에 미

숙했지만 공학 분야 진학을 희망하는 친구와 팀 프로젝트를 진행하며 협동심도 강조하고, 낯선 분야의 지식까지도 접목하는 모습을 보여줄 수 있었습니다. 차별성 있는 활동을 위해서는 단순히 개념 탐구에 그치는 것이 아니라, 다양한 분야의 지식과 접목된 활동이나 앞에서 언급했던 단계별 탐구활동을 진행할 것을 권장합니다.

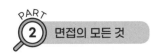

Part 2-1 빈틈없는 면접을 위한 팁

교직 인적성 & 생기부 면접
완벽 준비하기

지금부터는 생기부 기반 면접과 교직 인적성 면접을 짧은 시간 내(수능이 끝난 후 면접 준비 시작)에 효과적으로 준비한 저만의 방법들을 소개하겠습니다.

키워드 기록으로 생기부 면접 준비하기

먼저, 생기부 기반 면접은 출제 범위가 명확합니다. 바로 '생기부의 모든 것'이 출제 범위가 되겠죠. 따라서 저는 생기부를 여러 번 반복해서 읽고 숙지한 다음, 생기부에 적힌 저의 활동들을 정리하는 것으로 면접 준비를 시작했습니다. 자신이 했던 활동을 기억하지 못하는 것만큼 생기부 기반 면접에서 치명적인 문제는 없으니까요. 활동 정리는 다양한 방식으로 할 수 있지만, 저는 '활동별 키워드 기록하기'를 추천합니다.

다음은 제가 면접 준비를 위해 키워드 위주로 활동 정리한 내용의 일부입니다.

키워드 위주 활동 정리 예시

3학년 창체	
자율활동	환경 보호 캔과 미분의 활용(과학생각발표회) 지속 가능한 발전 목표 실현, SDGs 독서캠프 : 평생교육, IB 교육과정
동아리활동	누리호, 유체역학 나비에-스토크스 방정식!!!, 밀레니엄 7대 수학 난제
진로활동	(독서) - 푸리에 변환!!!
1학년 세특	
국어	(독서): (여러 가지 키워드)
수학	배운 지식 확장 > 원 접선의 방정식 공식이 중심이 원점인 경우에만 한정, 따라서 평행이동 배운 후 확장…

학년별, 영역별 활동을 구분하여 주제를 적어놓고 주제별 키워드를 여러 가지 작성한 모습을 볼 수 있죠. 이때, 자신이 잘 알고 있지 못한 키워드는 따로 표시해 두어 추후 면접 준비 시에 더 신경 쓸 수 있도록 합니다. 저의 경우에는 키워드 뒤에 '!!!'을 붙여 강조했습니다.

예상 질문과 모범답안 정리하기

이렇게 키워드 정리가 끝났다면, 정리 내용을 바탕으로 면접에서 출제될 수 있는 예상 질문들을 뽑아내 모범답안을 준비해야 합니다. 자신이 작성한 키워드를 살펴보며 기본적으로 키워드의 정의나 그와 관련된 구체적인 활동 내용, 탐구 동기 등을 묻는 질문을 떠올릴 수 있을 것입니다. 저의 활동 정리 내용으로 예시를 들어보겠습니다.

1. **키워드**: 환경 보호 캔과 미분의 활용

   질문: "환경 보호와 일회용 캔 사용은 연관이 있는데, 이때 미분이 어떻게 활용된다는 것이죠?" 혹은 "환경 보호와 미분의 활용을 연관 지어 탐구해 본 동기가 무엇인가요?"

2. **키워드**: 지속 가능한 발전 목표 실현, SDGs 독서캠프

   질문: "SDGs에서 제시한 목표에는 어떤 종류가 있으며, 무슨 목표를 주제로 독서하고 배운 점이 무엇인지 말해보세요."

3. **키워드**: 원의 접선의 방정식 공식 확장

   질문: "원의 접선의 방정식 공식의 유도 과정을 설명하고 탐구 내용(공식을 확장한 방법)에 대해 서술해 보세요."

심화 질문으로는, 생기부에 기재된 키워드에 관한 내용이지만 자신이 진행한 탐구에서는 다루지 않았던 내용을 물어볼 수 있습니다. 학생이 탐구 내용에 대해 깊이 있게 이해하고 있는지 확인하기 위해 이러한 질문이 종종 나오고는 합니다.

위와 같은 질문들에 대비하기 위해서는 우선 자신의 탐구활동을 완벽히 숙지하고 있는 것이 중요합니다. 활동 결과물(보고서나 PPT 등)을 제출할 때, 꼭 자료를 남겨두고 면접 준비 시에 자료들을 읽으며 내용을 복기하는 것이 좋습니다. 팁으로, 서면으로 제출하는 보고서와 같은 경우에는 잊지 않고 사진을 찍어두는 것이 면접에 도움이 됩니다. 심화 질문을 대비하기 위해서는 핵심 키워드를 검색창에 입력한 후 여러 자료를 얻어 프린트해 두고 반복적으로 읽어 최대한 지식을 넓힐 수 있도록 노력해야 합니다. 저는 수학교육과를 희망했던 만큼 수학과 관련된 핵심 키워드와 관련된 여러 자료를 찾아보고 숙지하도록 노력했습니다. 여기서 팁은 지망하는 학교, 학과의 교수

님께서 저술한 논문을 참고하는 것입니다. 교수님의 전공 분야나 견해에 맞춰 키워드에 관련된 내용을 숙지해 두면 면접에서 훨씬 더 좋은 인상을 얻을 수 있을 테니까요.

또한 모범답안 작성이나 실제 답변 시 '자신의 활동을 연계'해서 답하면 좋습니다. 면접 평가자가 생기부의 모든 내용을 꼼꼼히 살펴보기는 어려울뿐더러 면접 시간도 10분으로 매우 짧기 때문에 자신이 어필하고 싶었던 내용을 평가자가 알아차리지 못할 가능성이 있습니다. 따라서 A라는 활동을 평가자가 질문하였을 때, A 자체에 대한 답변에 더해 관련한 B 활동을 진행하였음을 함께 언급하는 것이 좋습니다. 다시 말하자면 단계별 탐구를 진행하여 관련 내용이 생기부에 기재되어 있는데, 평가자가 초기 단계의 탐구에 관련해서만 질문을 던진다면 답변에 추후 심화 탐구 내용 또한 포함하라는 것입니다. (예시는 Part 2-2에서 작성한 실제 면접 첫 질문에 대한 저의 답변을 참고해 주세요.)

교직 인적성 면접 준비하기

다음으로 교직 인적성 면접과 관련된 이야기를 해보겠습니다. 사범대학을 지망하는 학생이라면 평소 교육 관련 이슈들에 관심이 많고 그에 대한 본인만의 생각을 가지고 있을 텐데, 이것만으로도 교직 인적성 면접은 어느 정도 준비되었다고 볼 수 있을 것 같습니다. 하지만 더욱 좋은 답변을 위해서는 다음과 같은 준비 단계가 필요합니다.

먼저, 가장 중요하면서도 당연한 것은 교육 관련 시사 익히기입니다. 뉴스에서 교육 분야 카테고리를 골라 최신순으로 꾸준하게 읽어야 합니다. 사실 이 단계는 길수록 좋기에, 교육 분야 진학을 희망하는 학생이라면 면접 준비 기간이 아닌 평소에도 교육 관련 글을 읽는 것이 바람직합니다.

교육 시사에 대한 이해가 갖추어졌다면, 실제 답변을 연습해 보아야 합니다. 이때는 '두괄식' 말하기를 할 수 있도록 노력해야 합니다. 생기부 기반 면접에서도 두괄식 답변은 중요하지만, 학생의 자유로운 생각을 묻는 교직 인적성 면접에서는 체계적인 답변을 하기에 큰 어려움이 있을 것입니다. 따라서 모의 면접을 여러 번 진행하며 두괄식으로 말하는 것을 체화해 두는 것이 중요합니다. 그리고 자신만의 모범답안 구성을 마쳤다고 해서 준비가 끝난 것이 아닙니다. 교육 관련 이슈에 대해서는 사람마다 여러 가지 의견을 가지고 있는 경우가 많습니다. 그런데 면접에서 한 가지 의견에 입각한 편파적인 답변을 하는 것은 학생이 편협한 시각을 가지고 있는 것처럼 보일 우려가 있기 때문에, 선생님 혹은 부모님 등 여러 사람에게 모범답안 구성을 보여주고 의견을 묻는 것이 좋습니다. 피드백을 바탕으로 모범답안을 수정한다면 훨씬 더 좋은 답안이 만들어질 수 있겠죠.

또한 면접에서는 예상치 못한 돌발 상황이 발생할 수 있습니다. 가장 흔한 케이스는 생기부 관련 질문에 답변한 후 자신이 잘 알지 못하는 주제에 대한 꼬리질문을 받는 것입니다. 그 주제에 대해 알고 있어 충실히 답변할 수 있다면 가장 좋겠지만 그렇지 않다면 정중하게 "해당 주제에 대해서는 미처 탐구해 보지 못했습니다." 혹은 "해당 주제는 ○○분야와 연관된 것으로 알고 있는데, 고등학교에서 얻은 지식만으로는 이해하기에 어려움이 있었습니다. 대학교에 진학하여 ○○에 대해 배우면서 관련 주제에 대하여 탐구해 보고 싶었습니다."와 같이 답변한 후, "관련해서 힌트를 주신다면 지금 한번 생각해 보고 답변 드리겠습니다."처럼 유연하게 대처할 수 있습니다. 대부분의 학생이 자신이 모르는 내용이 있음을 인정하는 것을 꺼리는데, 평가자는 학생이 모든 것을 알고 있기를 원하는 것이 아니라 해당 분야에 관심과 흥미, 역량을 가지고 있기를 바라는 것입니다. 모른다고 말하는 것을 주저하지 말고, 앞에서 언급한 예시처럼 자신의 탐구력을 최대한 어필할 수 있게 답변하시기 바랍니다.

Part 2-2 기출 문제와 면접 복기

사범대학 수학교육과
지역균형전형 면접 복기

Q. 너무 긴장하지 말고 편하게 대답해요. 몇 가지 궁금한 것만 물어보려고 하는 거예요. 3학년 때 수학과제 탐구 과목에서 하이퍼사이클로이드와 관련해서 활동한 것 같은데, 탐구 동기, 자료 조사 방법, 자료 출처, 구체적인 탐구 내용, 실생활 적용 예시, 느낀 점이나 새로 배운 점 말씀해 주세요.

A. 네, 답변하겠습니다. 먼저 탐구 동기부터 말씀드리겠습니다. 2학년 때 학생주도 프로젝트에 참여하여 사이클로이드에 대해 탐구한 적이 있습니다. 이때 사이클로이드의 성질인 최단 강하 곡선과 동시 강하 곡선을 직접 3D 프린팅한 사이클로이드 모형을 이용하여 알아보았습니다. 탐구 과정에서 자료 조사를 하던 중 하이퍼사이클로이드, 에피사이클로이드 등의 존재에 대해서도 알게 되었습니다. 그 후 하이퍼사이클로이드에 대한 궁금증을 품고 있었는데 수학과제 탐구 시간에 자율 탐구를 진행할 기회가 주어져 해당 활동을 진행하게 되었습니다.

탐구 내용에 대해 말씀드리겠습니다. 하이퍼사이클로이드란 작은 원이 큰 원의 안쪽에 내접하여 돌 때, 작은 원 위의 한 점이 그리는 궤적 혹은 자취를 말하는데요, 이 점의 좌표를 매개변수 방정식을 이용하여 표현할 수 있습니다. 중심이 원점이고 반지름이 a인 원 내부에 중심이 어떠한 점 A이고 반지름이 b인 원이 내접하고 있으며, 작은 원 위에 한 점 P가 있는 상황을 가정하겠습니다. 두 원이 접하며 만나는 점은 점 B, 두 원의 중심을 연결한 직선이 x축의 양의 부분과 이루는 각을 θ라고 하겠습니다. 이때, 하이퍼사이클로이드는 점 P가 그리는 곡선이 되므로 점 P의 좌표를 매개변수 방정식으로 나타냄으로써 하이퍼사이클로이드 곡선을 수학적으로 이해할 수 있습니다. 큰 원의 호 PB와 작은 원의 호 PB의 길이가 같은 것과 점 P의 위치벡터를 이용하면 점 P의 좌표 또한 매개변수 θ로 나타낼 수 있게 됩니다. (구체적인 과정도 설명하고 싶었지만 답변이 너무 길어질 것 같아 핵심적인 아이디어만 설명함)

즉, 매개변수 방정식으로 작은 원 위의 한 점의 특정 순간의 위치를 나타냈으므로 위치를 미분하면 속도, 속도를 미분하면 가속도라는 미분의 활용을 고려하면, 매개변수 방정식을 통해 하이퍼사이클로이드의 경로, 이동 거리, 속도 등을 구해 실생활에 활용이 가능하다는 것을 알게 되었습니다. 구체적인 활용 예시로는 사이클로이드 감속기가 있습니다. 이 감속기는 사이클로이드의 성질을 이용해 작은 크기로도 큰 감속비를 낼 수 있어 효율이 높고 큰 동력을 전달할 수 있습니다. 탐구를 진행하며 하이퍼사이클로이드의 수학적 이해에 미적분 과목에서 배운 매개변수를 활용한 매개변수 방정식이 이용되고, 기하 과목에서 배운 벡터의 표현이 활용된다는 것이 흥미로웠습니다. 또한 사이클로이드가 일상생활에 필요한 여러 물품의 제작이나 다양한 분야에서 활용되고 있다는 것을 보며 수학의 활용성과 유용성을 다시금 느낄 수 있었습니다.

Q. 자료 조사 방법이랑 출처도 이야기해줄 수 있을까요? (첫 질문부터 여러 가지를 물어보셔서

당황한 탓에 자료 조사 관련 답변을 잊음, 밝은 표정으로 재질문해 주셔서 차분히 대답함)

A. 네, 답변하겠습니다. 사이클로이드의 기본적인 개념은 미적분 교과서에 실린 내용을 참고하여 파악하였습니다. 하이퍼사이클로이드나 매개변수 방정식 표현법에 대해서는 논문 자료와 다양한 검색 엔진을 이용하였습니다. 다만, 자료의 정확성이 완벽히 보장되지는 않는 점과 스스로 이해하기에 어려운 부분이 있었던 점으로 인해 학교 수학 선생님께 도움을 받고 함께 의논하며 탐구 과정을 완성하였습니다. (꼬리질문이 당연히 있을 것으로 생각했으나 한 번에 여러 가지를 질문한 탓인지, 혹은 답변에 만족하신 것인지 바로 다음 질문으로 넘어감)

Q. 지금 생기부를 살펴보니까 1학년 때 초등교사도 지망했던 것 같은데 지금은 초등교사와 수학 교사를 둘 다 희망하는 건가요? (고등학교 1학년 때에는 희망 진로가 초등교사였기에 초등 교육과 관련된 내용이 생기부에 많았음, 고등학교 2학년부터 수학 교사로 희망 진로를 변경하여 생기부에 수학 교육 관련 주제가 많아짐)

A. 저는 어릴 때부터 꾸준히 교육에 관심이 많았습니다. 가르치고 나누는 것을 좋아한다는 이유로 교사를 꿈꿔 왔는데, 학생들에게 친절히 대해주셨던 초등학교 5학년 시기 담임 선생님을 동경하고 닮고 싶은 마음에서 초등교사가 되기를 희망하였습니다. 이때도 수학 과목에 대해서는 흥미를 갖고 있었습니다. 그런데 고등학교 입학 후, 제가 수학에 즐거움을 느끼는 것과 달리 수학을 어려워하고 싫어하는 학생이 많다는 것을 알게 되었습니다. 이러한 친구들에게 제가 느끼는 수학의 즐거움과 유용성을 알리고 싶어 수학 교사에 대한 꿈을 가지게 되었습니다.

Q. 최종적으로 하고 싶은 것이 학교 수학 교사인가요, 아니면 교육 전문가 같은 다른 것이

있나요? (그냥 공교육 교사보다 전문가까지 희망하고 있기를 바라는 듯한 느낌이었음, 실제로도 학교 교사보다는 교육 분야 전문가를 꿈꾸고 있어서 평소 생각하던 대로 답변함)

A. 우선 일차적으로 제가 가지고 싶은 직업은 학교 수학 교사입니다. 저의 목표는 수학의 즐거움과 유용성을 알리는 사람이 되는 것인데, 학교 수학 교사로서 직접 교육 현장에 참여하여 학생들과 마주하며 현재 수학교육에서 학생들이 수학에 관심을 가지지 못한 이유에 대해서 알아보고자 합니다. 이러한 경험을 바탕으로 이후에 수학교육 분야의 전문가가 되어 학생들의 흥미를 이끄는, 즐거움과 유용성을 알려주는 수학교육 방식을 설계해 보고 싶습니다.

Q. 생각해 본 새로운 수학교육 방식이 있을까요?

A. 실제로 고등학교 3년 동안 관련 주제로 많은 탐구를 진행했습니다. 먼저, 학생들이 수학에 거부감을 가지는 가장 큰 이유는 어려운 난이도와 빠른 진도 진행으로 인한 학습 부진이라고 생각합니다. 이를 해결하기 위해 학생 개인별 맞춤 수학교육을 진행할 필요가 있다고 생각했습니다. 개인별 맞춤형 학습을 위해서는 4차 산업 혁명 시대의 산물이라고 할 수 있는 AI 학습 도구 활용 방안과 온라인 플랫폼을 이용한 추가 학습 제공 등을 고려해 보았습니다. 또한 학생들에게 수학 공부 동기를 제공하기 위해서는 교과목 개념만 빠르게 전달하는 수업이 아닌, 필요성과 유용성, 실생활 적용 예시, 역사적 발견 과정 등 흥미를 이끌 수 있는 내용이 교과에 추가되어야 할 것이라고 생각했습니다.

Q. 요즘 교권 같은 이슈도 있고, 교사에 대한 인식이 별로 좋지 않은 편인데 그럼에도 교육 분야에 진학하고 싶어 하는 이유가 있나요? (이 질문이 그나마 가장 교직 인적성 면접 같은 느낌이 들었으나, 면접 전반적으로 구체적인 교육 시사에 대해 묻는 듯한 전형적인 교육 인적성 면

접 질문은 없었음)

A. 네, 답변하겠습니다. 최근 교권의 추락과 관련하여 교사라는 직업에 대한 인식이 좋지 않은 것은 사실입니다. 하지만 저는 교사는 여전히 학생들의 사고 발달을 도와주고 성장을 돕는 중요한 직업 중 하나라고 생각합니다. 학생들에게 수학 개념만 이론적으로 설명해 주는 것이 아니라 수학의 즐거움을 전달할 수 있는 교사가 되고 싶습니다. 교권 문제나 교사에 대한 인식으로 제가 이루고 싶은 목표를 포기한다면 후회가 남을 것 같지만, 과정이 힘들더라도 목표를 성공적으로 달성할 때 성취감을 느껴 저 자신에게도 도움이 될 것 같습니다.

Q. 10초 정도 남았네요. 마지막으로 하고 싶은 말 있으면 해주세요.

A. 서울대학교 수학교육과에 입학하여 수학의 즐거움과 아름다움을 배우고 이를 알릴 수 있는 교육 전문가가 되고 싶습니다. 감사합니다.

세특은 나만의 스토리를 보여주는 수단

내가 어떠한 사람인지 알아야 원하는 대학에 간다

인문대학 인문계열광역 ㅣ 24학번 성은영 ㅣ 지역균형전형
서울시 관악구 ㅣ 일반고 졸업

안녕하십니까. 서울대학교 인문계열 24학번 성은영입니다. 여러분이 목표하고 있는 학교는 어디인가요? 중학교에서 공부 좀 했다는 학생들이 으레 그렇듯, 고등학교에 진학할 당시 제가 목표하던 학교는 주제넘게도 서울대학교였습니다. 그러나 중학교를 졸업할 때까지도 저는 입시에 대한 지식이 거의 없었습니다. 학원에도 다니지 않았던지라 주변에는 조언을 구할 학원 선생님도, 믿을 만한 선배도 없었죠. 학교 선생님도 제게 세세한 관심을 주시기에는 너무 바쁘셨습니다.

그래서 겨울방학 동안 공부에 지칠 때마다 입시 관련 자료를 찾아보기 시작했습니다. 이는 고등학교 진학 전 학생부 종합 전형 준비에 대한 나름의 틀을 구상하는 데 도움을 주었습니다. 이 과정에서 선배들이 자신의 입시 경험을 녹여내어 쓴 책이 가장 큰 도움이 되었습니다. 책에 적힌 생기부 예시와 팁을 보며 어떤 활동들을 어떻게 채워야 할지 감을 잡을 수 있었습니다.

고등학교에서 공부하는 내내 끊임없이 나는 어떤 사람인지 생각했습니다. 스스로 게으른 사람이라고 생각하여 매일 플래너를 작성하는 습관을 들였고, 자제력이 부족한 사람임을 깨닫고 웹툰 등의 앱은 아예 지워버렸습니다. 학원이 나의 공부 스타일과 맞지 않음을 느끼자 스스로 한계를 느낀 경우가 아니라면 가지 않았습니다. 입시에 정답은 없다고 생각합니다. 여러분이 자신이 어떤 사람인지 생각함으로써 목표 대학 입학에 한 걸음 더 가까워지시기를 희망합니다.

목표하는 학교가 어디든지 여러분의 고등학교 생활은 생기부와 함께할 것입니다. 제가 선배들의 책을 보고 도움을 받았듯, 별것 아닌 제 입시 경험이 저와 비슷한 상황에 놓인 여러분에게 조금이나마 도움이 되기를 바랍니다.

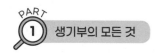

독서활동을
효과적으로 하는 법

 생기부를 쓸 때 가장 쉽게 접근할 수 있고 다방면으로 활용할 수 있는 활동이 있다면 무엇일까요? 바로 '독서활동'입니다. 2024학년도부터 독서가 대입에 들어가지 않게 되며 독서의 중요성을 간과하는 사람이 많아졌습니다. 그러나 독서활동은 여전히 생기부를 운영하는 데 필수적입니다. 지금부터 제가 고등학교 3년 동안 어떻게 독서활동을 이용했는지 소개하려 합니다.

다른 활동과 연결하는 다리 역할을 해주는 독서활동

 독서활동은 '다리'의 역할을 합니다. 독서를 통해 교과 수업 내용을 확장하여 탐구하거나 진로활동으로 연결할 수 있습니다. 여기서 중요한 것은 단순히 책을 읽고 독후감을 쓰는 데서 끝나지 않고, 다른 활동으로 '연결'해야 한다는 것입니다. 모든 활동에는 동기가 필요합니다. 그리고 독서는 동기를 제공하기에 효과적인 수단입니다. 수업 시간에 배운 개념과 관련된 책을 읽고 독후감을 써서 제출할 수도 있겠지만, 책에 나온 다른 개념과 배운 개념을 비교하거나 책에 나온 개념 중 자신의 진로와 관련된 내용을 추가로 조사하는 등의 활동을 한다면 책을 동기로 삼아 더 많은 활동을 할 수 있습니다. 이는 자기 주도적 탐구력과 지적 호기심을 보여주기에도 효과적입니다.

다음은 제 생기부에서 실제로 독서활동을 '다리'로 사용한 예시입니다. 완벽하게 잘 쓴 생기부라고 볼 순 없지만 독서활동을 어떻게 이용하는지 잘 보여줍니다.

통합과학(1학년)
자연의 구성 물질에 관심을 보이며 수업 시간에 약과 관련된 영상을 시청한 후 흥미를 느껴『인류를 구한 12가지 약 이야기』라는 책을 읽고 화학물질 이름의 배경에 대해 궁금증을 가지고 조사하여 어원과 유래에 대해 발표함. 영어의 형태소로 도입하여 이해하기 쉽게 설명하였고, 비타민이나 아세틸콜린 등 다양한 화학물질 이름의 배경을 국제 명명법과 함께 소개하며 화학물질에 대한 이해도를 높임. (…)

온라인 클래스 시간에 신약 개발 영상을 보고 이와 관련된 책을 읽은 사례입니다. 보시는 바와 같이 책을 읽은 후 단지 '~를 인상 깊게 읽었다, ~가 신기했다.'와 같은 독후감을 쓰지 않았습니다. 대신 책에서 다루는 다른 내용에 초점을 맞추어 해당 내용에 대한 탐구를 진행했죠. 신약 개발 영상에서 화학물질 이름의 어원과 국제 명명법을 바로 연결하는 것은 뜬금없을 수 있습니다. 하지만 중간에 독서활동을 넣어줌으로써 활동 간의 연결이 훨씬 매끄럽고 후속 활동의 동기도 충분히 보여줄 수 있었습니다. 추가로 진로활동으로의 연결도 엿볼 수 있습니다. 당시 저는 영어교육과 진학을 희망하고 있었는데요. 제 진로와 관련 없던 영상이었지만 책을 읽고 이를 진로와 연관 있는 활동에까지 확장할 수 있었습니다. 이렇듯 독서는 그 자체만으로도 좋은 활

동이지만, 다른 활동으로 확장을 돕는다는 점에서 특히 중요합니다.

독서활동으로 관심사를 보여주자

독서활동은 생기부를 읽는 사람에게 간접적으로 자신의 '관심사'를 보여주는 역할
도 합니다. 따라서 생기부에 넣을 책을 선정할 때는 재미있어 보이는 책, 관심 있는 책
을 넣기보다 내가 관심 있다고 어필하고 싶은 분야의 책을 넣는 것이 효과적입니다.

독서(3학년)
(…) 한 학기 한 권 읽기 활동에서 『양철북(귄터 그라스)』를 읽고 스스로 성장을 멈춘 주인공의 상징적 모습을 통해 전쟁 범죄를 일삼는 독일의 모순을 설명함. 양철북 연주자가 된 인물을 제시하여 전쟁의 상처를 치유하는 것은 개인의 주체성임을 드러냈으며, 전후 독일 문학의 사회 비판과 사실주의 경향을 탐구함.
언어와 매체(3학년)
(…) 매체 언어 활용하기 활동에서 『데미안(헤르만 헤세)』, 『변신(프란츠 카프카)』, 『베네치아에서의 죽음(토마스 만)』을 읽고 '1910~20년대 독일 문학 비교'를 주제로 실존주의와 표현주의 기법을 탐색하며 SNS에 글을 작성함. 플랫폼의 양식을 잘 활용하여 이미지를 구성하였으며, 댓글로 질문하고 답하며 적극적인 소통 활동을 보여줌.

위의 생기부에 적힌 책을 통해 제 관심사를 유추할 수 있을까요? 아마 대부분 독일
문학에 관심 있는 학생이라고 생각할 것입니다. 실제로 당시 저는 선생님의 권유로
독어교육과 진학을 고민하고 있었습니다. 그래서 이를 직관적으로 보여줄 수 있는 책
들을 선정했죠. 이렇듯 독서활동을 통해 변화하는 자신의 관심사를 효과적으로 드러
낼 수 있습니다.

마지막으로 덧붙이고 싶은 말은 '남들이 다 읽는 책을 읽으려고 하지 마라, 다양한
독후 활동을 해라.'입니다. 유명한 책이어서, 남들이 다 읽는 책이어서 읽기보다는 자

신의 관심사를 드러내고 생기부에 스토리를 부여할 수 있는 책을 읽기를 추천합니다. 또, 단지 책을 읽고 독후감을 쓰거나 후속 조사를 하는 것 말고 더 다양한 활동을 하기를 바랍니다. 책을 읽고 친구들과 독서 토론을 하거나 서평을 쓰는 것도 좋습니다. 실제로 저는 조지 오웰의 『동물농장』을 읽고 친구들과 인상 깊었던 장면을 각색하여 직접 연극을 하기도 했습니다. 독서활동은 여러분의 생기부에 개연성과 다채로움을 부여할 수 있는 훌륭한 도구임을 꼭 기억했으면 좋겠습니다.

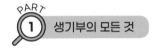

Part 1-2 과목별 세특 사례와 조언

'스토리'를 드러내기 위한
세특 활동

세특은 자신의 '스토리'를 보여주는 수단입니다. 고등학교에 처음 입학했을 때, 세특은 진로와 연결되기만 하면 된다고 생각했습니다. 이에 조금이라도 교육과 관련 있어 보이는 활동은 모조리 다 참여했죠. 지금 1학년 때 생기부를 다시 보면 교육에 관심이 있음은 드러나지만, 뚜렷한 방향성은 부족한 생기부라 생각됩니다.

2학년이 되고 생기부에 '스토리'를 넣기 위해 먼저 영어교육과에서 배우는 것을 조사해서 몇 가지의 분야로 구분했습니다. 이후 최소한 각 분야당 하나씩은 관련된 활동을 넣었고, 그중 특히 흥미가 갔던 한두 분야에 대해 중점적으로 탐구했습니다. 3학년 때는 2학년 때 중점적으로 관심 가진 활동을 바탕으로 한 나만의 교사관을 보여주었습니다. 이처럼 읽는 이로 하여금 이 학생이 '교육 분야에 관심을 가지고 다방면으로 탐구하던 중, 특정 분야에 관심을 가지게 되었고, 이를 바탕으로 자신만의 가치관을 확립하게 되었음'을 자연스럽게 보여주는 것이 생기부의 '스토리'라고 생각합니다.

세특에는 내가 보여주고 싶은 것을 드러내자

세특을 쓸 때는 세특을 통해 내가 보여주고 싶은 것이 무엇인지 끊임없이 생각하면서 써야 합니다. 이는 생기부 전체를 관통하는 '스토리'를 만드는 데 크게 일조합니다. 그렇다면 제가 세특을 통해 보여주고자 했던 것은 무엇이었을까요?

저는 원래 영어교육과를 지망하다가 3학년이 되고 인문계열로 목표를 바꾸었습니다. 인문계열은 특정 학과에 편향되지 않은 학과입니다. 그래서 급격하게 생기부의 방향성을 바꾸는 것보다는 교육에 계속 관심을 가지되 제가 가진 '인문학적 역량과 탐구 능력'을 보여주는 것이 좋겠다고 생각했습니다.

생활과 윤리(3학년)
소로의 시민불복종에 대해 배운 후 소로의 책 '월든'을 찾아 읽음. 소로가 자연과 인간의 조화를 추구하며, 간소한 삶과 소박한 삶의 자세를 강조하고 있음을 깨닫게 되었고 이러한 점이 동양 사상 중 노자와 장자의 도가 사상과 유사하다는 생각이 들어 소로와 노자, 장자를 비교해 보고 공통점과 차이점을 파악해 보고자 탐구활동을 진행함. 자연의 섭리에 따르는 삶을 통해 진정한 자유를 찾을 수 있다고 말하며, 자아와의 심층적인 대화를 통한 진정한 자아실현의 중요성을 논하는 것이 흥미로웠다고 함. 소로와 도가 사상은 자연과의 조화를 강조했고, 물질적인 삶에 대한 비판적 시각을 취했으며, 내면적인 성찰과 그로 인한 깨달음을 중요시했다는 점에서 유사하고, 자연친화적인 삶에 대한 중시와 물질 중심적 삶에 대한 비판은 고대와 근대를 지나 현재 우리가 살고 있는 현대에도 적용될 수 있다고 자신의 생각을 피력함. 활동 후 도가 사상에 대해 더 알아보고자 노자의 '도덕경'을 찾아 읽고 주변의 소소한 것에서 행복을 찾는 삶의 중요성을 깨달음. 교과서에 나온 내용과 관련 있는 책을 읽으며 주제를 더 깊이 탐구하고자 한 자세를 통해 뛰어난 과제 집착력과 탐구력을 확인할 수 있음.

제가 생각한 인문학적 역량은 문학, 철학, 역사 등 '인문학적 관점으로 인간과 세상을 바라볼 수 있는 능력'이었습니다. 탐구 능력이란 활동 과정에서 적절한 의문을 떠올리고 이를 해소하기 위해 후속 활동을 진행할 수 있는 능력이라 생각했습니다. 위 세특에서 이 두 가지 요소를 볼 수 있습니다. 소로와 도가 사상가들의 자연 친화적인 삶의 태도를 바탕으로 현대 우리 사회의 물질 중심적 삶에도 이러한 태도가 필요하다

고 피력한 점에서 인문학적 역량을 드러내고자 했고, 수업 내용과 관련된 책을 읽고 이 책을 바탕으로 후속 활동을 진행한 후, 후속 활동에서 생긴 호기심을 해소하고자 다시 책을 찾아 읽는 과정을 바탕으로 탐구 능력 또한 보여주었습니다.

시사 문제와 연결해 세특을 풍성하게 만들자

세특은 과목마다 있다는 그 특성상 필연적으로 다양한 분야를 다루게 됩니다. 이는 '스토리'를 만드는 과정에서 독특하면서도 폭넓은 탐구를 가능하게 하죠. 한 가지 더 팁이 있다면, 세특을 잘 채우기 위해서는 시사 문제에도 관심을 가질 필요가 있습니다. 이를 통해 참신하고 시의성 있는 주제를 고를 수 있을 뿐만 아니라 해당 분야에 대해 얼마나 관심이 있는지도 드러낼 수 있습니다.

중국어 I (2학년)
항상 교사와 눈을 맞추고 상호작용하며 모든 수업활동에 적극적으로 참여하는 수업 태도가 매우 우수한 학생임. (…) 심화활동으로 중국 정부의 영어교육 축소 정책에 대한 논란을 주제로 발표함. 자문화 교육과 사교육 축소를 내세운 찬성 입장과 다른 교과에 비해 부족한 영어 수업 시간과 세계 공용어 학습의 필요성을 내세운 반대 입장을 객관적으로 소개하고, 세계 시장에서의 경쟁력 강화, 문화 상대주의 자세 함양, 정보화 시대의 필수 요인을 근거로 지나친 영어교육 축소는 바람직하지 않다는 자신의 입장을 피력함.

중국의 영어교육 축소는 평소 교육과 관련된 시사 문제를 들여다보지 않았다면 관심 가지기 어려운 주제입니다. 이렇듯 시사에 관심을 가짐으로써 세특 주제 선정에 도움을 받을 수 있습니다.

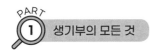

Part 1-3 교과 외 활동 사례와 조언

연계된 진로활동을 이용한
심화 탐구

생기부에서 세특만큼이나 중요한 것이 바로 자율활동, 동아리활동, 진로활동입니다. 그중 저는 특히 진로활동을 유용하게 이용하였습니다. 진로활동에는 주로 학교 창체 시간이나 진로 수업 시간에 진행한 활동, 진로 선생님께서 주관하신 교내 활동을 기재하였습니다.

진로활동을 통해서는 '연계 활동'을 보여주고자 했습니다. 수업 시간에 배운 내용과 관련된 책을 읽고 토론을 진행하거나, 후속 탐구를 하는 등 교과 내용을 응용한 활동을 하면서 '학업 역량과 탐구성'을 드러내려 했지요. 다음은 그 예시입니다.

진로활동(3학년)
교과서 연계 진로탐구 프로젝트에 참여하여 윤리와 사상 교과에서 배운 듀이의 실용주의를 확장시켜 '가상 현실을 통한 경험이 교육적일 수 있는가?'를 주제로 탐구하여 발표함. 가상현실 경험이 자신의 목적과 역량에 맞는 코스를 설정하고 상호작용을 가능하게 한다는 점에서 의의를 갖는다고 평가했으며, 실제 사용자 과반수가 몰입감을 느끼며 교육적 경험이었다고 답한 설문조사를 근거로 가상현실 또한 듀이가 제시한 경험의 원리를 충족시킨다는 점에서 교육적이라는 결론을 도출함.

생기부를 쓸 때 학년 연계적인 활동이나 과목 연계적인 활동을 넣는 것이 좋습니다. 저는 2학년 윤리와 사상 시간 세특에 넣은 듀이의 교육철학에 대한 조사를 바탕으로 3학년 때 확장적인 활동을 수행했습니다. 이때, '가상현실을 통한 경험이 교육적일 수 있는가?'는 3학년 때 배우는 특정 교과와 연관된 주제가 아니므로 진로활동을 이용했습니다. 실제로 연계 활동을 떠올리다 보면 후속 활동을 특정 교과와 연결하기 힘든 경우가 많습니다. 이런 경우, 진로활동을 적극적으로 이용하여 탐구심과 학업 역량뿐 아니라 진로 적합성까지 드러낼 수 있습니다.

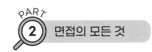

자신만의 루틴을
만들어두자

생기부 바탕 면접 준비

제가 면접을 준비할 때 가장 먼저 했던 일은 생기부를 다시 꼼꼼하게 정리하는 것이었습니다. 생기부의 거의 모든 활동을 원인, 과정, 감상의 세 과정으로 정리했습니다. 원인은 활동 동기를 의미하고 과정은 말 그대로 활동 수행 과정과 방법을 의미합니다. 감상은 활동 결과를 통해 느낀 점이나 후속 활동을 뜻합니다.

활동 정리를 마쳤다면 예상 질문을 만들어야 합니다. 자기소개, 지원 동기, 장단점과 같은 기본적인 질문을 만든 후, 각 활동에 관한 세세한 질문을 만들었습니다. 특정 활동이 어떻게 수행되었는지 설명해 보라는 포괄적이고 간단한 질문부터 시작해서 활동 당시 참고한 자료의 출처가 무엇인지와 같은 세세하고 어려운 질문까지 만들었습니다. 실제로 제가 면접을 준비하며 참고한 면접 사례 중 참고 자료의 출처를 물은 사례가 있었기 때문에 이렇게 세부적으로 준비했죠.

예상 질문을 다 만들었다면 이에 대한 답변을 준비할 차례입니다. 기본 질문에 대한 답변은 상세하게 준비한 후 거의 완벽하게 암기했습니다. 일반적으로 기본 질문은 면접 초입에서 하므로 막힘없이 술술 대답해서 자신감을 얻기 위함이었습니다. 물론 면접관님들에게 좋은 인상도 심어줄 수 있겠죠. 다만 암기한 내용을 읊는다는 느낌이 들지 않도록 주의했습니다. 생기부 기반 질문들에 대한 답변은 완벽하게 외우려고 하지는 않았습니다. 너무 많은 내용을 무작정 외우다 보면 실제 면접장에서 유연하게 대처하기 어려울 것 같았기 때문입니다. 대략적인 내용을 기억하고 상황에 맞게 제 언어로 바꾸어 대답하려고 노력했습니다. 대답을 만들 때는 활동 내용을 통해 제가 느낀 점이나 생각이 변화한 점, 배운 점 등에 집중했습니다.

면접장에서 좋은 태도를 보이는 습관들

면접장에 들어설 때 가급적 미소를 지으려 했습니다. 웃는 표정은 자칫 진지하지 않다고 느껴질 수 있지만 은은한 미소는 보는 사람에게 제가 자신감에 차 있음을 보여줄 수 있기 때문입니다. 또, 경직된 표정은 저 자신을 더 긴장시켰습니다. 자리에 앉기 전에 면접관님들에게 인사를 했고, 시종일관 자신감 있는 모습을 보여주려 했습니다.

면접을 보다 보면 돌발 상황이 생기기 마련입니다. 대체로는 전혀 예상하지 못했던 질문이 오는 경우죠. 그럴 때는 당황하지 말고 '잠시 생각해 보고 답변 드려도 되겠습니까?'라고 말해서 생각할 시간을 벌면 됩니다. 모르는 질문이 나왔다고 해서 당황하면 오히려 더 생각이 나지 않습니다. 저는 모의 면접을 할 때부터 대답이 막히면 책상

모서리를 보고 생각하는 습관을 들였습니다. 덕분에 이후 실제 면접 상황에서도 모르는 질문이 나왔을 때 같은 방법으로 침착성을 유지할 수 있었습니다.

가장 중요한 것은 연습을 실전처럼 하는 것입니다. 자신만의 루틴을 만들어두는 것도 좋습니다. 실제 면접 상황에서 루틴대로 행동하며 긴장을 줄이는 데 도움이 되기 때문입니다.

Part 2-2 기출 문제와 면접 복기

인문대학 인문계열광역
지역균형전형 면접 복기

대기실에 입장하여 자기 번호를 확인하고 번호별로 지정된 좌석에 앉습니다. 면접 시작 약 10분 전부터는 모든 물건을 가방에 넣고 가방을 뒤로 가져다 놓습니다. 이 때문에 다른 학생들이 면접 보는 동안 자기 생기부를 다시 훑어보는 등의 행동은 할 수 없습니다. 저는 1번이었기 때문에 거의 대기하지 않았지만, 끝 순서인 학생들은 꽤 오랜 시간을 대기하여야 합니다. 대기실이 춥거나 덥지 않아서 대기하는 동안 불편함은 없었습니다. 자기 순번이 오면 대기실에서 나가 면접장 앞에 놓인 의자에서 잠시 앉아 대기합니다. 이후 앞 사람의 면접이 끝나면 면접장으로 들어갑니다.

Q. 대기실은 춥지 않았나요? (아이스 브레이킹)

A. 네. 괜찮았습니다. (서울대 면접은 꼬리질문을 많이 하기로 악명 높아서 긴장했는데, 교수님들이 온화하게 맞아주셔서 긴장이 많이 풀렸습니다.)

Q. 생기부를 보니까 책을 많이 읽은 것 같은데 가장 인상 깊게 읽은 책이 무엇인가요?

A. 귄터 그라스의『양철북』입니다. (예상 질문 중 하나여서 쉽게 답변했습니다.)

Q. 인상 깊게 읽은 책으로『양철북』을 골랐는데 책 내용이 굉장히 파격적인 걸로 압니다. (웃음) 가장 기억에 남는 장면이나 대사가 있다면 말해주세요.

A. 가장 기억에 남는 장면은 오스카의 아들인 어린 쿠르트가 부싯돌 등을 팔면서 사람들과 흥정하는 장면이었습니다. 고작 5살 남짓인 어린아이가 가정의 생계를 유지하려고 어른들과 흥정하며 물건을 파는 모습이 전쟁 전후 독일 사회가 어린아이마저 생계를 위한 노동에 종사해야 했을 만큼 참혹했음을 보여준다고 생각했기 때문입니다.

Q. 문학이 다양한 방법으로 해석될 수도 있고 획일적인 하나의 해석을 가진다는 주장도 있는데 이에 대해서는 어떻게 생각하시나요?

A. 물론 문학이란 작품을 쓴 작가가 분명히 존재하기 때문에 작가의 의도라는 획일적인 해석이 있다고 생각할 수도 있습니다. 하지만 독자의 관점에서 봤을 때 문학은 읽는 사람의 생각, 경험 등에 따라 다양한 해석이 존재할 수 있습니다. 문학은 내가 하지 못한 경험을 간접적으로 할 수 있게 하는 창입니다. 문학이 세상을 바라보는 창으로 올바르게 기능하기 위해서는 다양한 해석이 필요합니다.

Q. 3학년 독서 시간에 공감교육에 대해서 조사한 내용이 있던데 무슨 내용이었는지 설명해 주세요.

A. (전혀 예상하지 못한 질문이라 당황했습니다.) 잠시 생각할 시간을 주시겠습니까? (잠시 후) 학교 폭력 방관자 학생들이 공감 교육을 받은 전후 행동이 변화하는지

에 대한 연구를 바탕으로 공감 교육의 실효성에 대해 알아본 활동이었습니다. 이 활동을 통해 공감 교육이 실제로 효과가 있음을 알 수 있었고, 특히 문학을 통한 공감 교육이 효과적임을 알게 되었습니다.

Q. 자유론을 읽고 개인의 자유와 사회의 이익이 양립될 수 있는지 토론했다고 했는데 어떤 입장이었나요?

A. 처음에는 양립할 수 없다는 입장이었습니다. 사회의 이익을 달성하는 대표적인 수단은 법입니다. 그런데 법은 대부분 개인의 권리를 일정 부분 제한하면서 성립합니다. 대표적인 예시로 코로나 시기의 자가 격리, 거리 두기 조치 등을 들 수 있습니다. 개인의 신체의 자유를 침해하는 내용이지만 공공의 이익을 위해 필요한 조치였습니다. 다만 토론 과정에서 법이 개인의 자유를 침해하는 것이 아니라 오히려 보장한다는 의견을 듣고 납득할 수 있었습니다.

Q. 중립적인 입장을 취했다는 건가요?

A. 처음에는 양립할 수 없다는 입장이었지만 토론 후 양립할 수 있다고 생각이 바뀌었습니다.

Q. 사회의 이익이 되는지는 누가 결정한다고 생각해요?

A. (생각지 못했던 질문이라 당황했습니다. 잠시 생각한 후) 정부가 결정한다고 생각합니다.

Q. (교수님들끼리 잠깐 이야기하신 후, 1분 정도 시간이 남은 상황) 질문은 다 끝났는데 혹시 더 하고 싶은 말 있나요?

A. 아니요. 없습니다. (저는 면접이 끝났다는 생각에 빨리 나가고 싶어서 그냥 나왔는데, 혹시 이런 상황이 생긴다면 꼭 마지막으로 하고 싶은 말 한마디라도 하고 나오시는 것을 추천합니다.)

학기를 5개의 기간으로
나누면 합격의 길이 보인다

시즌별로 준비하는 수시 대비법

009

인문대학 중어중문학과 ㅣ 24학번 김인재 ㅣ 일반전형
충청북도 청주시 ㅣ 일반고 졸업

안녕하세요. 서울대학교 인문대학 중어중문학과에 재학 중인 김인재입니다. 저는 공부를 '잘', '많이' 하는 학생은 아니었습니다. 중학교 2학년, 3학년 시절 등수는 동학년 약 250명 사이에서 99등, 60등으로 '서울대학교'에 걸맞은 학생은 아니었죠. 하지만 고등학교 3년간의 노력은 제가 서울대학교에 당당히 입학하는 밑바탕이 되었습니다.

고등학교에 입학하자마자 수시를 준비하기로 마음먹은 저는 1학년 때부터 생기부 준비와 내신 시험 공부를 병행하였습니다. 그 후, 3학년 1학기까지 단 한 과목의 생기부와 단 한 번의 시험도 놓치지 않으려 노력해 왔고, 그 결과 저는 서울대학교에 합격할 수 있었습니다.

저는 1학기, 2학기로 학교생활을 나누기보다는 한 학기를 5개의 기간으로 세분화하여 그 기간에서 가장 우선시되는 활동에 초점을 두어 학교생활을 하였습니다. 5개의 기간은 각각 ① 중간고사 기간 ② 기말고사 기간 ③ 시험 사이에 있는 수행평가를 준비하는 기간 ④ 시험이 모두 끝나고 생기부 작성을 위한 다양한 활동이나 탐구가 이루어지는 보고서 기간 ⑤ 보고서 기간이 끝나고 학기 마무리에 활동을 총정리하는 생기부 기간으로 나누어 그에 맞는 활동을 했습니다. 시험 시즌에는 내신 시험 준비를 최우선으로, 수행평가 시즌에는 수행평가 준비를 최우선으로, 보고서 시즌에는 해당 과목의 생기부를 작성하기 위한 바탕이 될 수 있는 보고서 작성과 활동 참여를 최우선으로, 마지막 생기부 시즌에는 한 학기 동안의 노력을 어떻게 500자로 표현할 수 있을지에 대해 고민하는 활동을 최우선으로 해왔습니다. 여기서 핵심은 한 시즌 동안 최우선이 되는 활동을 하되, 나머지 4가지도 항상 염두에 두고 있어야 한다는 것입니다. 중간고사 공부를 하다가도 '아, 이 부분은 공부해 두었다가 나중에 보고서 주제로 써먹어 볼까?'처럼 생각할 수 있어야 합니다.

이어질 글에 독자 여러분이 궁금해 할 저의 고등학교 3년의 노력을 아주 자세하게, 실제로 적용할 수 있도록 실용적으로 작성해 놓았습니다. 저의 고등학교 3년의 노력이 제 서울대학교 입학의 밑바탕이 되었듯, 이 책을 참고한 여러분들의 3년의 노력이 서울대학교 입학의 밑바탕이 되기를 바라며 이제부터 제 이야기를 시작하도록 하겠습니다.

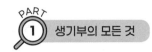

Part 1-1   매력적인 생기부를 위한 팁

좋은 생기부에는
좋은 키워드가 있다

저는 좋은 생기부에는 항상 좋은 키워드가 있다고 생각합니다. '좋은 키워드'란 본인의 관심사와 역량 모두를 잘 표현할 수 있는 키워드라고 할 수 있습니다. 너무 추상적이라고요? 그렇다면 '좋은 키워드'의 조건을 몇 가지 알아보겠습니다.

좋은 키워드의 조건

- 자신의 관심사를 잘 표현할 수 있어야 한다.

- 키워드가 교과목과 잘 어우러질 수 있어야 한다. (키워드가 너무 동떨어져 있으면 학교 교과목과 연계하기 힘듦. 또한 키워드가 교과목과 잘 어울려야 이를 바탕으로 선택과목 선정이 가능함)

- 생기부를 대표할 수 있는 첫 키워드는 포괄적이어야 한다. (첫 키워드가 포괄적이어야 학년과 교과목이 거듭할수록 키워드 구체화가 가능함)

공동교육과정을 활용하라

위 3개의 조건을 모두 충족하는 좋은 키워드를 본인의 생기부에 녹여내는 과정의 핵심은 바로 공동교육과정을 활용하는 것입니다. 공동교육과정의 다양하고 구체적인 심화 과목을 통해 자신의 관심사를 잘 표현할 수 있으며, 학교 간 협력을 통해 일반 교내 교육과정에서는 시행되기 어려운 다양하고 큰 규모의 수업을 체험할 수 있습니다. 공동교육과정의 의의는 심화학습에만 있는 것이 아닙니다. 이어서 소개할 제 사례에서 나타나듯, "교내 교과목에서 이걸 탐구했다고? 이런 개념은 배우지 않았을 텐데?"에 대한 대학 측의 의문에 대해 당당히 "저는 이를 공동교육과정을 통해 학습할 수 있었고, 이를 교내 교과목과 연계하여 응용할 줄 아는 학생입니다."라고 답할 수 있는 것에도 있습니다. 이에 따라 저는 공동교육과정을 '적절한 키워드'를 생기부에 녹여내기 굉장히 좋은 저만의 무기로 활용하기 시작했습니다.

제가 가장 강조하고자 했던 키워드는 '국제'였습니다. 저는 '국제'라는 키워드를 '국제정치', '국제경제', '국제관계'라는 3가지로 나누어 탐구하였고, 이 3개의 키워드가 모두 포함되어 있고, 당시 국제적으로 최고 이슈였던 미-중 무역분쟁에 대한 탐구를 진행하였습니다. 하지만 교내 과목에서 배우는 개념과 탐구하는 활동으로는 부족함을 느꼈기에 저는 미-중 무역분쟁의 원인과 현황을 더욱 심도 있게 알아보고, 이에 대해 전문적인 지식을 가지고 계신 타 학교 선생님의 수업을 듣기 위해 '국제경제'라는 공동교육과정을 수강하였습니다.

국제경제(3학년, 공동교육과정)
탈세계화와 경제블록화에 대한 이해를 바탕으로, 보호무역주의와 중국과 무역 관계 악화로 인한 한국 무역 문제에 대해 대응방안을 고안함. 해당 문제의 타파를 위해, 중국, 일본과의 협력 필요성과 한·중·일·대만 등 동아시아 경제블록의 경제 규모와 파급력을 근거로, 동아시아 국가 간 경제 협력체제를 구축해야 하고 동남아, 인도를 활용한 무역의 다변화 전략을 시도해 볼 수 있다고 주장함.

해당 수업을 들은 덕분에 저는 미-중 무역분쟁과 관련된 경제 개념, 분쟁 원인과 현황, 그리고 세계적 영향 등을 국제 경제적으로 파악할 수 있었고, 이를 교내 교과목에 적용시키는 탐구를 진행하여 아래와 같은 생기부를 작성할 수 있었습니다.

진로활동(3학년)
(…) 미-중 무역분쟁에 대한 이해를 토대로 '모의 국제회의'에 참가해 중국 측 입장에서 토론을 진행함. 기조연설에서 대공황 시 미국의 강한 보호무역이 세계경제 침체로 (…) 과거 미-중의 관세전쟁으로 미, 중 양측이 손해를 본 사례를 제시하며 중국에 대한 관세 완화를 조건으로 미국 국채를 구입해 주자는 협상 전략을 세움.

창의경영(3학년)
(…) 미국 바이든 정부의 프렌드쇼어링 정책을 분석하며 무역분쟁 속 중국과 경쟁하는 산업 부문에 기회가 있을 것으로 예측하고, 해당 분야에 대한 투자 확대 및 미국과의 협력 강화의 필요성을 주장함. 한편 보호무역 경향 속 수출 의존도가 높은 한국 기업의 어려움을 파악하고 (…) 정부를 중심으로 우리나라 기업 간 기술 협력과 경영 파트너십 구축이 필수적이며 이를 위한 'K-business integration'이라는 경제적 협력제 조직을 창안함.

공동교육과정을 활용한 생기부 운영법 단계에 대해 설명하며 이야기를 마치도록 하겠습니다.

Tip! 생기부 운영법 3단계

1. 자신만의 키워드 정하기

2. 키워드 중 가장 연구 또는 탐구하고 싶은 주제 선정

3. 키워드와 주제를 잘 녹여낼 수 있는 공동교육과정을 수강하고 이를 교내 교과목과 연결하기

Part 1-2   과목별 세특 사례와 조언

과목의 본질을 바로 알고
실천하는 '지행병진'

과목별 세특을 작성하는 모두가 하고 있는 고민 중 하나는 바로 '내가 관심 있는 학과와 관련된 주제와 이 과목을 어떻게 연계할까?'일 것입니다. 물론 저도 1학년 때는 항상 하던 고민 중 하나였습니다. 하지만 이 고민이 이어지다 보니 '난 그저 한 과목을 생기부에 들어갈 자기 진로와 관련된 주제를 탐구하는 도구로써만 사용하고 있는 거 아닐까?'라는 생각이 들었고 과목의 본질에 대해서 생각해 보게 되었습니다.

저는 경제학과와 중어중문학과, 두 학과 진학을 희망하는 학생이었습니다. 그렇다면 저에게 '미적분'이라는 과목은 미적분에서 배우는 내용을 경제나 중국과 관련해 탐구하는 것에서 의의가 있는 것일까요? 아닙니다. 미적분 과목의 의의는 엄연히 '미분과 적분에 대한 올바른 수학적 이해와 문제 해결'에 있습니다. 그래서 저는 진로와의 연계에 초점을 맞추기보다는 '해당 과목의 본질과 의의는 무엇일까?'에 초점을 맞추어 과목별 세특을 작성해 나갔습니다.

'실천'이 가장 중요하다

"과목의 본질과 의의에 대해 설명하더니, 지행병진은 왜 제목에 넣은 거야?"라는 의문을 가질 독자분들이 있을 것입니다. 윤리 과목에서 배우듯 지행병진은 '앎과 행함이 함께 나아가야 한다'는 뜻을 지니고 있습니다. 저는 인문대학, 사회과학대학, 경영대학 등 문과에서는 사회 과목들이 본인을 가장 표현하기 좋은 과목이라고 생각합니다. 대학에서 요구하는 다양하고 전문적인 소양과 지식을 배울 수 있는 과목이기 때문입니다. 그리고 오랜 고민의 결과, 모든 사회 과목의 본질과 의의는 '지행병진'으로 귀결된다고 생각했습니다. 우리가 살아가는 환경 속 한순간도 빠짐없이 활용되는 태도와 지식을 배우는 학문이기 때문입니다. 대학교는 '~에 대해서 배웠다'처럼 앎의 영역에만 국한되는 공부를 지향하지 않습니다. 따라서 앎을 행동에 적용시키는 '실천'의 영역에 대한 공부를 본인이 했음을 생기부에서 강조할 필요가 있습니다.

그렇다면 '정치와 법' 교과의 본질과 의의는 무엇일까요? 제 관심사인 경제와 중국에 대한 내용을 정치와 법 관점에서 다루는 것일까요? 아닐 겁니다. '정치와 법'의 본질과 의의는 정치와 법에 대한 내용을 학습하고 실천하는 데 있습니다. 즉, 저는 학습한 내용을 토대로 직접 정치적, 법적 과정에 참여하는 것이 핵심이라고 생각하였습니다.

정치와 법(2학년)
(…) 아이디어를 정책으로 제안하기 위해 '찾아가는 예산 학교'에 참여함. 지역의 노인 비율 통계를 토대로 정책 시행에 가장 적합한 지역을 선정하고 'road in SOS'라는 신선한 사업명을 토대로 사업의 필요성, 구체적인 내용과 예산, 기대효과 등을 분석하여 정책제안서를 작성함. 주민 참여 예산제를 활용하여 제안서를 관련 기관에 제출함. 사회문제에 대한 통찰력을 토대로 미래 기술을 적용한 창의적인 대안을 제시하였으며, 생각에 그치지 않고 행동하는 실천력 있는 모습을 보여줌.

저는 자율활동 프로젝트 시간에 기획한 '노인을 위한 의료복지 정책'과 '정책의 이행을 위해 제작한 사물인터넷 원리 기반의 아두이노 시스템'을 제가 거주했던 충청북도 청주시에 실제로 적용하기 위해 정치와 법 시간의 특정 활동에 참가했습니다. 청주시 내에서도 정책과 시스템을 효율적으로 운영하기 위해 적합한 환경을 보유한 지역을 통계를 바탕으로 선정한 뒤, 해당 지역에 제 아이디어를 제안하기 위해 정치 참여 활동을 하였습니다. 이 생기부에서 핵심은 '주민 참여 예산제'라는 정치와 법 교과에서 학습한 정치 참여 활동을 했다는 점, 사회현상과 이에 대한 대안으로 정책에 대한 세세한 분석이 들어갔다는 점입니다.

대학교 입장에서는 교과 내에서의 '지행병진'의 적용과 교과목의 본질을 알고 학습하는 수준 높은 학습 역량을 모두 약 300자 안에서 느낄 수 있었을 것입니다. 또 제가 학생으로서 우수한 태도를 지니고 있다는 것도 드러납니다. 사회적 분석 및 문제 해결 능력, 리더십, 실천력 등 대학교가 문과만이 아니라 모든 학생에게 요구하는 태도를 어필할 수 있다는 점에서도 '지행병진' 교과목 세특 작성법은 매우 의미가 있습니다.

아마 교과의 본질을 바로 알고 실천하는 저의 '지행병진'식 교과목 세특 작성법이 제가 서울대학교 인문대학에 입학할 수 있었던 비결이라고 생각합니다.

Tip! **지행병진식 세특 작성법**

1. '지'를 완료하고 '행'을 할 때, 공신력 있는 기관이나 단체를 통해 활동하기

2. 실제로 활동함을 어필하기 위해 제 생기부에 나오는 사업명이나 주민참여예산제와 같은 구체적 디테일을 담되, 실현 가능성을 고려해 현실적으로 실천하기

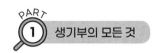

창체로 연구의
연결과 성과 이뤄내기

저는 창체에서는 교과목 세특과는 조금은 다를 수도 있는 이야기를 하고자 합니다. 창체에서는 자신의 관심사와 이와 관련된 활동을 구체적으로 나타내는 것이 가장 중요하다고 생각합니다. 학년별 선택과목 때문에 교과별 세특에서는 한 주제를 깊이 있게 학년을 거듭하며 연구할 수 없고, 각 교과만의 내용도 다루어야 하지만 창체는 진로, 자율, 동아리 모두에서 자신이 원하는 활동을 진행할 수 있기 때문입니다. 따라서 창체 시간에는 다양한 교과목의 내용과 연계한 자신만의 연구를 정말 깊이 있게 다룰 필요가 있습니다.

또한 연구 성과물을 만들어내는 것이 중요합니다. 흔히 이과 계열의 학생들은 실험이나 코딩, 인공지능 등을 활용한 결과물을 만들어내기 쉽고, 그 결과물의 범위가 넓습니다. 그에 비해 문과 계열의 학생들은 소논문 기재도 불가해 결과물을 만들 수 없고, 결국 보고서에 그치는 활동만 하게 됩니다. 이는 엄연히 연구의 과정의 일부일 뿐, 연구의 마무리를 하지 않는 격입니다. 따라서 저는 연구 성과물을 만들어내기 위해 동아리에서 '통일'이라는 하나의 주제를 여러 관점에서 바라보는 책(생기부에는 자료집으로 기록)을 제작하기도 하고, 통일의 필요성을 좀 더 경제학적 관점으로 바라보는 논문(보고서로 기록)을 작성하여 저만의 연구를 더욱 구체화시켰습니다.

자율, 진로, 동아리는 각각 어떻게 활용할까?

"그런데 창체에는 자율, 진로, 동아리 세 가지가 다 있는데 언제, 어느 활동 부분에서 연구를 하고, 언제 어느 활동 부분에서 성과물을 만들어야 하며, 각 주제들은 어떻게 연결해야 하나요?"라는 질문이 나올 수 있습니다.

자율활동, 진로활동과 저학년 동아리활동에서는 다양한 사람들과 오랜 교류를 통해 성과물을 제작하기 힘들기 때문에 해당 부분과 시기에는 개인의 연구 주제 설정, 교과목 내용과 연계와 학년 간 연구 내용의 연결을 중점적으로 다루어야 하고, 2~3학년 동아리활동에서 그동안 해온 연구를 바탕으로 구체적인 주제를 선정해 연구 성과물 또는 결과물을 제작하는 것이 가장 효율적이고, 연구 흐름을 잘 보여줄 수 있는 방법입니다. 제 예시를 통해 살펴보겠습니다.

> 2학년 자율활동 -> 'GDH와 GDP 중 무엇이 국가의 안녕에 더 기여하는가'라는 주제의 포럼을 진행 및 기획하고, GDP팀 대표로서 기조연설을 하고 포럼에서 활동

> 2학년 진로활동 → '세계를 향한 국제협력가' 활동 참여. 남북 경제협력 가능성과 '재산권과 자유로운 경제활동을 보장하는 방향으로서의 경제체제 결합과 화폐통합' 연구

동아리활동(2학년)
(…) 동아리 자료집 '통일 과정과 통일 후의 한반도 사회'를 작성함. '평화 통일 과정에서 구축해야 할 통일 헌법'을 담당하여 남북 간의 사회적, 문화적 인식 차이에 대해 탐구한 후 21세기 헌법은 사회통합에 기여해야 함을 주장함. 이후 사회통합 통일 국가가 되기 위한 통일 헌법에 대한 자신의 생각을 논리적으로 밝힘. 가족법, 상속법과 같은 문화적인 법의 이질성의 인정과 존중이 필요함을 주장하였으며 국제법 승인에 대한 통일된 헌법의 마련이 필요함을 주장함.

→ 동아리활동에서 2학년 진로활동에서 다룬 경제통합보다 더 넓은 사회통합의 개념으로서의 통일에 대해 깊이 연구하고, 연구 성과물 제작

동아리활동(3학년)
(…) 1,2학년 '창체'의 GDH의 개념과 통일의 필요성에 대한 이해를 토대로 GDH와 통일의 상관관계를 탐구함. 통일 후 GDH 추이에 대한 질문지법 설문을 진행하고 통일 비용에 따라 GDH가 감소할 것이라는 응답이 75%인 것을 통해 경제적 요인이 행복에 직접적 영향을 미친다는 통념이 존재함을 확인했다는 결과를 밝힘. (…) 규모의 경제 개념을 통해 1억 내수론을 설명하고 노동 시장의 수요 공급 그래프를 직접 분석한 자료를 통해 자영업 활성화와 소득의 증가로 통일 후 GDH와 GDP가 상승할 것이라는 주장을 뒷받침함.

→ 2학년 창체 때 다른 차원에서 다룬 통일과 GDH를 접목시킨 연구 진행 후, 연구 성과물 제작

Tip! 좋은 창체 작성 팁

- 교과목과의 연계를 절대 놓쳐서는 안 됩니다. (경제의 GDP, GDH, 규모의 경제, 남북통일/사회문화의 질문지법 활용)

- 'GDH', '통일', 다양한 경제적 개념과 같이 강조하고픈 키워드를 학년과 활동을 거듭해 나갈수록 깊이 있게 연결해야 합니다.

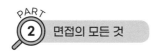

평범한 내신으로 서울대 합격한 면접 준비 노하우

제시문 면접이 서울대학교 하나밖에 존재하지 않았지만, 저는 고등학교 3학년 1학기부터 생기부 면접 준비보다 제시문 면접 준비에 중점을 두고 꾸준히 준비했습니다. 일주일에 한 번씩 제시문 면접 기출 문제를 풀었고, 학교 선생님들과 함께 모의 면접까지 진행했습니다. 지금부터 특목고가 아닌 일반고에서도 내신이 최상위권이 아니었던 제가 어떻게 제시문 면접 준비를 해서 서울대학교에 입학할 수 있었는지에 대해 말씀드리고자 합니다.

셀 수 없는 모의 면접 경험

모의 면접 경험의 효과는 다양합니다. 먼저 면접 기출을 확인할 수 있다는 점과 출제 방향 및 기조를 알아볼 수 있다는 학습적 효과가 있습니다. 하지만 모의 면접의 진가는 바로 태도 부분에서 확인할 수 있습니다.

첫 번째로는, 제스처와 화법을 타인으로부터 진단받을 수 있다는 것입니다. 면접 경험이 별로 없는 고등학생 시기에는 자신도 모르게 나오는 어색하거나 불필요한 제스처나 "아니", "이제", "그래서" 등의 반복, 비격식체의 사용, 부적절한 말의 빠르기와 같이 청자를 고려하지 않는 화법이 존재하기 마련입니다. 면접 시 아무리 답변의 내용이 좋아도 이런 것들은 면접관의 집중과 몰입을 방해할 수 있는 요소이기 때문에 필히 고쳐야 하는 습관입니다. 하지만 혼자 면접을 준비하다 보면 이러한 요소들을 놓치기 쉽습니다. 따라서 꼭 타인에게 이를 진단받을 수 있도록 학교 선생님들과 모의 면접을 진행해 보는 시간을 가졌으면 합니다.

두 번째는 임기응변 능력의 향상입니다. 저는 임기응변이란 면접 합격 여부를 좌지우지할 수 있는 가장 중요한 요소라고 생각합니다. 제시문 독해와 그걸 어떻게 표현하는지, 그리고 추가 질문이나 요구 사항에 어떻게 대처하는지 등의 임기응변 능력은 선생님과 같이 내용에 대한 깊은 이해와 심층 질문 능력을 갖춘 사람들과 오랜 시간 대화할수록 커집니다.

저는 모의 면접을 보던 중, 제시문에 대한 잘못된 이해를 바탕으로 작성한 답변에 대해 학교 선생님이 의문을 제기하면서 약 40분 동안 의견 대립을 했던 경험이 있습니다. 서울대학교 공식 면접 시간을 넘기면서 진행을 했지만, 당시의 경험은 제 면접 준비에 있어서 가장 중요한 경험이었습니다. 이를 통해 끝없는 질문에 대한 압박감에 어떻게 대처할지, 짧은 시간 내에 어떻게 답변을 구상해야 할지, 면접관의 질문의 의도가 내 의견에 대한 단순 궁금증인지 아니면 내가 더 합리적인 답을 도출해낼 수 있도록 도와주는 것인지, 어떻게 하면 극단적인 입장까지 가지 않는 범위 내에서 내 주장을 더욱 명확히 할 수 있을지 등에 대해 정말 많이 배울 수 있었기 때문입니다.

특히 '면접관의 질문의 의도가 단순 내 의견에 대한 궁금증인지 아니면 내가 더 합리적인 답을 도출해 낼 수 있도록 도와주는 것인지'에 대한 판단 경험과 고민은 실제 면접에서 무엇보다 도움을 줄 수 있는 귀중한 경험이기 때문에 여러분도 꼭 모의 면접을 통해 임기응변의 상황에 적응할 수 있도록 능력을 키울 수 있으면 좋겠습니다.

면접 답변 관련 팁

인문학과 사회과학 제시문에서 꼭 등장하는 것은 바로 대립된 입장입니다. 이때, 아래 문제에 대한 답에서 두 입장을 요약하라는 요구가 없어도 두 상반된 입장에 대해 간략히 설명해 주면서 답변을 시작하는 것이 매우 중요합니다. 이후, 두 입장 중 한 입장에 치우치기보다는 두 입장의 장점만 절충하여 기존 두 입장과는 색다르고 신선한 내용을 추가하는 것이 좋습니다. 이러한 답변의 틀을 가져간다면 제시문 주제에 따른 기복도 없앨 수 있으며, 교수님에게 제시문에 대한 이해와 새롭고 신선한 내용을 통한 연구 호기심을 어필할 수 있기 때문입니다.

위 과정에서 교과 개념을 적용시키는 것도 매우 좋은 방법입니다. 이를 위해 교과서 개념을 재정립해 놓을 필요가 있습니다. 특히 상반되는 입장에 있는 윤리 과목의 학자나 사회문화, 경제의 이론 또는 잘 응용할 수 있는 현상과 관련된 용어 등은 실제 면접 때 매우 도움이 될 것입니다. (ex. 롤스 vs. 노직 / 공자 vs. 순자 / 기능론 vs. 갈등론 / 규모의 경제, 공유지의 비극)

추가로, 면접 준비를 하며 봐온 기출 내용도 알아둘 필요가 있습니다. 예를 들어 저는 면접 준비 중 사회명목론과 사회실재론 관련 기출을 풀었는데, 사회현상에 두루두루 적용될 수 있는 이론이기에 공부를 해놓았고 실제 면접에서 응용할 수 있었습니다. 즉, 면접 기출 제시문을 풀며 준비할 때, 모범답안 분석도 중요하지만 제시문 내용 자체를 공부해 놓는 것도 필요합니다.

면접 하루 전에는 무엇을 할까?

그렇다면, 면접 하루 전에는 무엇을 하는 것이 좋을까요? 면접 직전에 하는 기출 풀이와 분석은 저는 큰 의미가 없다고 생각했습니다. 따라서 저는 쉬는 시간을 가지며 중국 관련 이슈를 검색했습니다. 이때 사회문화나 면접 기출 제시문에서 공부했던 현상들과 관련된 그동안의 중국 이슈(ex. 분서갱유 / 중국의 빅브라더 현상 / 문화대혁명 / 문화공정의 특징 공부)들을 찾을 수 있었고, 이를 간단히 정리해 놓았습니다. 그리고 면접 당일, 이딱 하루의 노력이 제 면접 답변에 완벽하게 연계되어 활용되었고 덕분에 면접을 성공적으로 마무리할 수 있었습니다.

면접 제시문의 내용은 그 누구도 미리 알 수 없기 때문에 이를 학과와 연관하여 대답하는 사람은 흔치 않습니다. 하지만 이 책을 읽고 면접장에 입실하는 여러분은 흔치 않은 학생이 되어 면접관의 마음을 사로잡을 수 있는 성공적인 면접을 치르기 바랍니다.

Part 2-2 기출 문제와 면접 복기

인문대학 중어중문학과
일반전형 면접 복기

서울대는 30분의 준비 시간, 15분의 답변 시간을 제공합니다. 제시문은 크게 두 가지인데, 인문학과 사회과학이 있으며 여기서 다시 주제와 관련한 세부 제시문과 문제로 구성됩니다.

저는 오전 조 6번으로 배정받아 면접 일정을 진행했습니다. 대기실에서 대기할 때는 전자기기를 비롯한 어떠한 자료도 볼 수 없으며 엄격한 관리가 이루어지기에 다소 삭막한 분위기였습니다.

차례가 다 되어 제시문 분석을 위해 작은 방으로 입장했습니다. 30분 동안 면접 진행을 위한 제시문 분석의 시간이 주어지고, 시간은 관리 감독님이 정기적으로 알려주셨습니다. 인문학 제시문에 비하여 사회과학 제시문이 더욱 객관적인 입장이 담길 수 있는 제시문으로 보였고 분석이 더 용이해 보여서 사회과학 제시문, 인문학 제시문 순서로 풀었습니다. 시간이 더 주어졌으면 더 완벽한 답변을 마련할 수는 있었겠지만, 많이 부족한 느낌은 아니었습니다.

30분의 준비 시간이 다 지나고, 약 1분 대기 후 고사장으로 마련된 작은 사무실에 들어갔습니다. 면접은 교수님 두 분과 함께 진행되었습니다.

Q. 오는 길 춥던데 어떻게 왔어요?

A. 타 지역에 거주해서 어제 이 근처에서 하룻밤을 자고 버스 타고 왔습니다.

Q. 그러면 가는 길은 어떻게 가나요?

A. 끝나고는 부모님이 오시기로 하셔서 부모님 차 타고 내려갈 것 같습니다.

Q. 끝나고 뭐 할 거예요? 밥은 먹었어요?

A. 아침은 간단하게 챙겨 먹었고, 끝나고 부모님하고 맛있게 점심 식사 하려고 합니다.

Q. 이제 시작을 해볼 텐데 어떤 지문 먼저 대답할래요?

A. 저 1번 지문인 인문학 지문 먼저 대답하고 2번 지문 사회과학 지문 관련해서 답변 드리도록 하겠습니다. (교수님 두 분 모두 미소와 함께 저를 맞아주셨고, 긴장을 풀어주기 위해 일상적인 대화를 먼저 이끌어주셔서 마음 편하게 면접을 볼 수 있었음.)

(가) 진실을 추구하지만 이야기라는 틀을 벗어날 수 없는 혼종 학문인 역사학은 인문학의 경계에 위치하면서 다른 학문보다 더 어렵기도 하고 더 쉽기도 하다. 역사가들은 원하는 정보 모두를 획득할 때까지 사료를 끊임없이 파헤치고, '사실'을 다루는 자신들의 깊이를 앞세워 여타 학문의 동료들을 괴롭히는 콧대 높은 경험주의자들이다. 이와 동시에 역사책은 흔히 이야기를 중심으로 전개되며, 가장 성공적인 역사서들은 대체로 훌륭한 소설의 속성을 일정하게 갖고 있다. 역사학의 본질적 혼종성은 과거를 재구성하는 데 있어서 사실성과 허구성 사이의 경계에 관한 논쟁의 핵심적 이유이다.

(나) 크리스토퍼 브라우닝(Christopher Browning)은 1942~1943년에 걸쳐 약 38,000명의 유대인 학살 명령을 수행한 독일 101예비경찰대의 재판 기록을 통해 '평범한 사람들'이 학살에 가담했던 이유를 설명한다. 유대인을 죽이라는 명령을 받고 당황한 대원들에게 상관은 나이가 좀 더 많은 사람들은 임무를 수행하지 못할 것 같으면 빠져도 좋다고 말했지만, 선택의 가능성에도 불구하고 80~90%의 대원들이 대량 학살에 가담했다. 브라우닝은 사회적 관계로 인해 나약한 인간이 부당한 일을 행할 수 있다고 보았다. 순응주의, 권위에 대한 복종, 임무를 거부할 때 동료들로부터 따돌림을 당할지도 모른다는 두려움이 학살 가담의 결정적 원인이라는 것이다. 브라우닝은 무엇이 보통 사람들을 그토록 잔혹한 범죄에 가담하도록 이끌었는가를 이해하려 했던 것이고 그의 결론은 집단적 순응성의 압도적인 영향이었다.

(다) 대니얼 골드하겐(Daniel Goldhagen)은 브라우닝과 동일한 사료를 검토하고 정반대의 결론을 내렸다. 그의 결론은 101예비경찰대의 압도적 다수가 동료들의 압력, 복종, 혹은 자신들의 경력 때문에 학살에 가담했던 것이 아니라, 섬뜩할 정도로 냉담하고 잔인한 행동을 묘사한 기록들에서 드러나듯 유대인 학살의 적극적 욕망을 가지고 행동했기 때문이라는 것이다. 골드하겐은, 학살 가담이 내키지 않았고 자신들의 행동을 혐오했다는 대원들의 진술이 자기 변호에 불과하며, 그들은 '평범한 보통 사람들'이 아니라 '비정상적인 정치문화의 보통 사람들'이라고 보았다. 그의 명제는 단순하고 명확하다. "독일인의 반유대주의적 신념이 홀로코스트를 유발한 핵심 동인이다." 골드하겐은 사회적 관계에 초점을 맞추기보다는 반유대주의라는 당시 독일 사회의 특수성을 문제시했다. 그의 자명한 주장은 앞선 역사가들과 달랐지만, 상당한 대중적 찬사를 받았다.

[문제 1] (가)에서 말한 역사학에서의 허구성을 구체적으로 설명하고, (나)와 (다)에서 발견되는 허구적 요소가 각각 무엇인지 설명하시오.

[문제 2] (가)에서 말한 '혼종성'이 다른 학문 분야에서 어떻게 나타날 수 있는지 예를 들어 설명하시오.

A. 문제 1에 대한 답변 드리도록 하겠습니다. (가)에서는 역사학의 혼종성과 관련 특징에 대해서 이야기하고 있습니다. 역사학은 진실을 추구하며 '정보'와 '사실'을 다루는 데 주력합니다. 그런데 역사학은 결국 '정보'와 '사실'을 다루는 것을 목표로 하지만 역사가는 이 학문이 표현되는 책, 즉, 역사서에서 '정보'와 '사실'만이 아닌 이야기를 다루고 있습니다. '성공적인 역사서는 대체로 훌륭한 소설의 속성을 가지고 있다'는 표현이 제시문 (가)에 나옵니다. 소설의 가장 큰 속성은 바로 상상을 통해 꾸며낸 이야기라는 것입니다. 즉, 위에서 언급한 역사서에서 역사가가 다루는 이야기는 역사가 본인의 상상과 해석을 통해 꾸며낸 사실과 일치하지 않는 이야기를 의미합니다. 결과적으로, 역사학은 정보, 사실, 객관적 이야기를 추구하지만, 역사를 표현하는 데 있어서 정보, 사실, 객관적 이야기는 그 표현의 요소일 뿐 표현의 큰 배경은 사실성이 없는 허구적이라는 것입니다. 이러한 점이 바로 역사학에서의 허구성이라고 볼 수 있습니다.

제시문 (나)에서는 과거 유대인 학살과 관련된 재판 기록에 대한 이야기를 하고 있습니다. 독일 101 예비경찰대의 재판 기록에 따르면 유대인 학살에 가담한 사람은 엄연히 '평범한 사람들'입니다. 하지만 이러한 형식적 기록에서 벗어나 실질적인 상황을 고려한다면, 당시 사회는 개인이 사회적 분위기에 의해 좌지우지되고 역할이 결정된다는 점에서 사회실재론의 사회로, 이들은 순응주의, 권위에 대한 복종, 임무를 거부할 때 동료들로부터 따돌림을 당할지도 모른다는 두려움으로 인해 유대인 학살에 '그냥 가담한' 사람들이 아닌 '가담할 수 밖에 없었던' 사람들이라고 볼 수 있습니다. 하지만 이러한 사건을 기록, 표현할 때에는 그 기록자의 자의적 해석이 반영될 수밖에 없고, 본인의 상상이 반영될 수밖에 없습니다. 이에 따라 당시 재판 기록도 '평범한 사람들'의 입장이 고려되었다기보다는 '평범한 사람들'을 바라보는 기록자의 입장으로 작성되었다고 볼 수 있습니다. 저는 이러한 점이 위에서 언급한 허구적 요소와 비슷하다고 생각하였습니다.

제시문 (다)에서는 독일 101 예비경찰대의 재판기록에 대한 골드하겐의 의견에 대한 이야기를 하고 있습니다. 제시문 (다)의 허구적 요소도 결국 기록자와 그 기록자에 대한 해석자에 의해 나타나고 있음을 알 수 있습니다. 재판기록 속 '평범한 사람들', 이들의 사정을 고려한 브라우닝에 따르면 '학살에 가담할 수밖에 없었던 사람들'과 반유대주의의 독일 사회 전체의 특성을 고려한 골드하겐에 따르면 자기 변호를 위해 학살에 가담할 수밖에 없었다는 듯이 진술한 '비정상적인 정치문화의 보통 사람들', 이렇게 완전 다른 의미의 세 가지 표현들이 결국 한 사람들을 지칭한다는 것에서 (다) 또한 허구성을 지니고 있음을 확인할 수 있습니다. 재판의 기록에 대한 자신의 해석을 기록한 브라우닝의 기록에 대해 또 골드하겐은 자신의 해석을 가미하고 있습니다. '정보'와 '사실'에 초점을 맞추려고 하지만, 결국 이 정보와 사실을 이해하기 위해선 자신만의 해석이 추가된다는 점이 (나)와 (다)에서도 발견할 수 있는 허구적 요소라고 생각합니다.

Q. 잘 들었습니다. 바로 문제 2로 넘어갈까요?

A. 네. 문제2에 대한 답변 드리도록 하겠습니다. 제시문 (가)에서는 사실성과 허구성의 경계 사이에 있는 애매함과 진실을 추구하면서도 이야기라는 틀을 벗어날 수 없다는 점에서 역사학이 혼종성을 띠고 있다고 주장합니다. 이에 기반하여 생각해 보면 혼종성은 같은 사실을 다루면서도 이에 대한 수많은 해석이 나올 수 있다는 특징을 지니고 있다고 생각합니다. '사실'에 접근하는 과정에서 다양한 관점이 탄생하게 됩니다. 즉, 사실성으로 객관적 사실을 다루려고 해도 이 객관적 사실을 다루고, 표현하기 위해선 그 사실을 접하고 다루는 모든 사람의 주관성이 들어갈 수밖에 없다는 점이 (가)에서 확인할 수 있는 혼종성이라고 생각

합니다.

저는 사회과학 분야가 혼종성이 가장 잘 나타나는 분야라고 생각합니다. 사회과학에서 다루어지는 사회적 현상 또는 문제는 정답은 없고, 최선의 답만 존재하며 이 과정에서 다양한 답이 나오게 됩니다. 최선의 답을 만드는 과정에는 객관적 사회적 현상이라는 사실에 접근하고 이를 다루기 위해 각자의 이해와 해석이 담긴 다양한 답이 꼭 필요하기 때문입니다. 또한, 그 어느 분야보다 간학문적인 성격을 띠고 있기 때문입니다. 모든 학문적 요소가 결합되어 있는 이 사회 속에서 발생하는 것을 다루는 분야이기 때문에 한 사회적 현상 속에도 환경적 요인, 문화적 요인, 과학적 요인 등 다양한 학문이 개입되고 그만큼 다양한 해석과 의견이 발생하기 때문에 사회과학 분야가 혼종성을 띠고 있는 분야라고 생각합니다. 구체적인 예시로 저는 저출산이라는 사회과학 분야 속 문제를 이야기해 보려고 합니다. 저출산이라는 사회적 현상은 객관적으로 증명된 사실이지만 이 현상의 원인은 이 현상을 어떠한 관점과 해석에 따라 바라보는지에 따라 매우 상이합니다. 상징적 상호작용론으로서 개인주의와 여성의 사회적 성취와 성공에 집중하는 인식이 증가했다는 의견, 기능론으로서 육아를 위한 제도와 규범의 기능적 문제가 존재한다는 의견과 갈등론으로서 경제 양극화와 저소득층의 비용 문제가 존재한다는 의견 등 저출산이라는 객관적 사실을 다루는 과정에서 이를 접하는 모든 사람들의 주관성이 들어간다는 사실을 확인할 수 있습니다. 이러한 점에서 사회과학 분야에서 혼종성을 띠고 있다고 생각하고, 그 구체적 예시로 저출산 문제가 있다고 생각합니다. (교수님 두 분이 서로 추가 질문을 할 의향이 없다고 밝힘.)

Q. 네, 그러면 바로 사회과학 제시문에 대한 답 진행해주세요.

사회과학 제시문

(가) 도로에서 "아이가 타고 있어요"라는 안내문을 붙인 승용차를 많이 볼 수 있다. 아마도 대부분의 선한 운전자들이 아이가 탑승한 차량과의 사고를 피하려는 최선의 노력을 할 것이니 이 안내문은 다른 차량들의 경각심을 일으켜 안전 운전을 하게 만드는 효과를 기대할 수 있을 것이다. **이 효과의 크기를 측정하기 위하여 안내문 부착 여부에 따라 교통사고 발생률이 어떻게 달라지는지 알아본 결과, 안내문을 붙인 차량의 사고 발생률이 그렇지 않은 차량보다 낮게 나타났다**고 하자. 그렇다면 이 차이가 오로지 다른 차량들이 안내문을 보고 조심하기 때문이라고 할 수 있을까? 교통사고 발생률은 다른 차량들이 조심하는 정도 외에도 다른 요인에 의해 영향을 받을 수 있다. 예를 들면, 안내문을 붙인 부모는 아이의 안전을 걱정하는, 더 조심성 있는 운전자일 가능성이 높다. 반면, 안내문을 본 다른 차량들이 더 조심해서 운전하리라고 생각하는 부모들은 안내문을 붙인 후에 오히려 더 부주의해질 가능성도 있다.

(나) 제2차 세계 대전 당시 미군은 전투기의 피격률을 낮추기 위해서 전투기 기체를 보강하려는 계획을 세웠다. 무게 제한 때문에 기체 전부를 보강하기는 불가능한 상황에서 기체의 어느 부분을 보강할지 선택해야 했다. 이를 위하여 **전투에 참여한 후 귀환한 전투기를 대상으로 총알구멍의 개수 분포를 조사하여 전투기에서 가장 많은 총알구멍 개수가 관측된 부위를 중점적으로 보강**하려고 하였다. 하지만 가장 치명적인 부위에 피해를 입은 전투기는 피격되어 귀환하지 못했을 가능성이 높으므로 귀환한 전투기에서 총알구멍이 집중적으로 관측된 부위는 치명적이지 않은 부위일 것이라는 견해가 제기되었다. 그 견해에서는 피격되어 자료에 포함되지 못한 전투기까지 종합적으로 고려할 때, 귀환한 전투기에서 총알구멍이 가장 적게 관측된 엔진 부위가 가장 취약하여 보강이 필요한 부위라는 결론을 도출하였다.

[문제 1] (가)와 (나)의 밑줄 친 사례에서 관찰되는 문제점의 공통점과 차이점을 구체적으로 설명하시오.

[문제 2] (가) 또는 (나)에서 문제가 된 상황과 유사한 다른 사례를 제시하고 그 이유를 설명하시오.

A. 문제 1에 대한 답변 시작해 보도록 하겠습니다. 문제점을 지적하는 제시문 (가)와 제시문 (나)는 각각의 상황에서 기존의 통념에서 벗어나 문제점을 파악하고 있습니다.

제시문 (가)에서는 안내문이 타 차량들이 운전을 조심하게 하는 효과를 지녀 사고 발생률을 감소시킬 수 있다는 기존의 주장에 반박하고 있습니다. '사고 발생률 감소의 원인이 정말 타 운전자들이 조심히 운전해서일까? 그냥 안내문을 붙인 차량의 운전자가 더 조심성 있기 때문이 아닐까?' 등의 의문을 제기하며 기존의 통념에서 벗어나 문제에 접근합니다. 또한 기존의 통념처럼 사고 발생률이 감소했다고 설정한 가정마저 "안내문을 본 다른 차량들이 더 조심해서 운전하리라고 생각하는 부모들은 안내문을 붙인 후에 오히려 더 부주의해질 가능성도 있다."라는 주장을 제기하며 기존의 통념을 무너뜨리려고 하는 듯해 보이기도 합니다.

제시문 (나)에서는 전투기에서 가장 많은 총알구멍 개수가 관측된 부위를 중점적으로 보강해야 한다는 기존의 주장에 반박하고 있습니다. '가장 치명적인 부위에 피해를 입은 전투기는 피격되어 귀환하지 못했을 가능성이 높으므로 귀환한 전투기에서 총알구멍이 집중적으로 관측된 부위는 사실 치명적이지 않은 부위이지 않을까? 오히려 가장 적게 총알구멍이 관측된 부위의 보강이 정말 필요하지 않을까?' 등의 의문을 제기하며 기존의 통념에서 벗어나 문제에 접근하고 있습니다.

이렇게 둘은 당연하게 여겨지던 상황을 반대로 생각하는 입장을 보이고 있습니다. 즉, 두 제시문의 밑줄 친 사례에서 관찰되는 문제점의 공통점은 바로 문제에 대한 접근 방식, 구체적으로는 문제 상황에 대해 제시되는 통계를 분석하는 방식이라고 할 수 있겠습니다.

이와 반대로 두 제시문의 문제점에서는 차이점도 살펴볼 수 있습니다. 바로 그 차이점은 사고와 조치의 순서라고 생각하였습니다. 제시문 (가)의 상황을 보면 아이가 타고 있는 상황에서 '교통사고'라는 문제를 막기 위해 안내문을 붙이는 조치를 취했고, 이를 바탕으로 안내문 부착 여부에 따라 교통사고 발생률이라는 통계를 만들어냈습니다. 즉, 어떠한 사고가 발생하고 해결하기 위한 것이 아닌 사고를 애초에 발생시키지 않기 위한 선제적 조치를 마련하는 방식임을 알 수 있습니다. 하지만 제시문 (나)의 상황을 보면 제2차 세계 대전에서 '미국 전투기의 피격'과 '전투기의 파손'이라는 사고가 발생하였고, 이 문제를 분석하기 위해 총알 구멍의 개수 분포라는 통계를 만들어냈으며, 이를 바탕으로 사고와 문제를 해결하기 위해 특정 부위를 보강하고자 하는 조치를 마련하고 있습니다. 즉, 어떠한 사고가 이미 발생한 상황에서 사고의 재발을 막기 위한 조치를 취하는 방식임을 알 수 있습니다.

이렇게 둘은 문제 접근 방식은 같지만, 문제를 해결하는 방식은 사고와 조치의 순서에 따라 차이가 있음을 확인할 수 있습니다. 또한, 이에 따라 두 제시문에서 사용되는 통계에도 차이점이 존재합니다. 각 제시문에는 통계가 하나씩 제공되는데, 제시문 (가)에서는 사고에 대한 선제적 조치의 효력을 확인하기 위한 통계, 그리고 제시문 (나)에서는 사고를 해결하기 위해 어떠한 조치를 마련해야 할지를 확인하기 위한 통계가 제공되고 있다는 점에서 차이가 존재합니다.

Q. 잘 들었습니다. 바로 문제 2로 넘어갈까요?

A. 네, 문제 2에 대한 답변 시작해보도록 하겠습니다. 저는 제시문 (가)와 제시문 (나)의 문제 상황의 핵심은 바로 특정 문제에 대한 일차원적인 원인에서 고려되지 못하는 다른 요인을 간과했다는 점과 이로 인해 문제 상황을 완벽히 이해하지 못한 것이라고 생각합니다. 저는 이러한 문제 상황이 과거 진시황의 분서갱유 사건과 유사하다고 생각하였습니다. 분서갱유란 진시황의 통제하에 시행되었던 사건으로, 책을 불태우고 유생들을 죽였던 사건을 의미합니다. 저는 이 사건의 발생 원인에 대해 말씀드리고자 합니다. 진시황은 공사 비용을 충당하기 위해 백성들의 세금과 부역 이용, 본인의 욕심을 채우기 위한 궁궐 공사, 법가에 의한 강압적 통치 등으로 인해 비판적 평가와 좋지 않은 민심들에 시달렸습니

다. 하지만 진시황은 이를 위에서 언급한 본인의 과오 때문이라고 생각하지 않았고, 그 원인을 법가 통치에 반대되는 유가 사상을 지지하는 백성들로 인한 황권 약화로 돌렸습니다. 이러한 진시황의 피해의식과 욕심은 책을 불태우고 유생들을 생매장시키는 것으로 이어졌고, 황권을 강화하기보다는 진나라의 통치 기반을 무너트리는 결과를 낳았으며 백성들의 질타와 진시황에 대한 불신이 더 강해졌습니다. 진나라가 멸망하는 데 주요 원인이 되기도 했죠. 진시황은 본인에 대한 비판적 분위기라는 문제 상황에서 고려했어야 할 본인의 행적, 태도와 백성들의 분위기를 간과했고, 이로 인한 문제 상황에 대한 잘못된 이해와 분석을 바탕으로 역사상 최악의 정책을 펼치게 됩니다. 저는 이러한 점이 제시문 (가)와 (나)에서 문제가 된 상황과 유사하다고 생각하였습니다.

Q. 네, 아주 잘 들었습니다. 자신감 있는 모습 보기 좋은데요?

A. 편안한 분위기에서 진행할 수 있도록 도와주셔서 자신감 있게 답변할 수 있었습니다.

Q. 네, 좋아요. 인문학과 사회과학 제시문에 대한 답변에 대해서는 추가적으로 물어보고 싶은 건 없는데 잠깐 사회과학 제시문 한 번 다시 봐줄래요? 해당 제시문 두 개를 살펴보면 학생이 두 제시문 모두 통계가 있다고 했잖아요. 그리고, 통계의 목적, 뭐 문제를 해결하기 위한이라든지 문제 해결 효과를 보기 위한이라든지 등에 대해서 잘 설명해주었는데 그런 제시문 관련된 내용을 떠나서 그냥 두 통계 자체적으로는 어떤 차이가 있는 것 같나요? (제 답변에 대한 의문이 있으시다거나 추가적인 질문은 없으셨지만, 저에게 추가적인 제시문 독해 및 분석을 요구하시는 듯 보였습니다.)

A. 아, 제시문 한 번만 다시 읽고 설명 드려도 될까요?

Q. 네네, 편하게 준비되면 이야기해도 됩니다.

A. 기다려주셔서 감사합니다. 저는 두 통계 그 자체적 차이는 두 조사 과정에서의 표본에 있다고 생각합니다. 제시문 (가)의 통계는 안내문을 붙인 차량과 붙이지 않은 차량이 모두 표본으로 참여하므로 통계의 목적인 안내문 부착에 따른 효과를 충분히 확인할 수 있지만, 제시문 (나)의 통계에는 전쟁에 참여한 모든 전투기가 표본으로서 존재하는 것이 아니라 피격되어 자료에 포함하지 못한 전투기가 존재하기 때문에 통계의 목적인 보강 부위 선정에 어려움이 있을 것으로 보입니다. 피격되어 귀환하지 못한 전투기의 피격 부위까지 통계에 포함되어 있었다면 통계의 목적 달성이 더 쉬웠겠죠. 이처럼 두 통계는 각각의 목적을 달성하기 위해 표본을 모았는데, 통계의 목적을 달성하기 위해 필요한 표본의 범위를 제시문 (가)는 충족시켰지만 제시문 (나)는 충족시키지 못했다고 생각합니다.

Q. 네, 지금까지 잘 답변해주어서 고맙습니다. 이제 시간이 다 된 것 같아서 마무리하려고 하는데 혹시 마지막으로 하고 싶은 말이 있을까요?

A. 아 네. 오늘 서울대학교에 와서 제 앞 교수님 두 분과 제시문에 대한 제 의견을 공유하고, 의견을 일부 수용하기도 해주시고, 적절한 질문도 해주시는 상호 소통의 과정을 가질 수 있다는 것 자체로 저에겐 굉장히 귀중한 시간이었습니다. 이렇게 저에게 귀중한 시간을 만들기 위하여 노력해 주신 교수님들께 감사의 인사로 마무리하고 싶습니다. 진심으로 감사합니다.

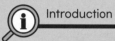

면접, 가성비 있게
해치우다

특목고에서 수시로 서울대 가는 법

인문대학 서어서문학과 ㅣ 24학번 이수정 ㅣ 일반전형
서울시 노원구 ㅣ 외고 졸업

안녕하세요, 서울대학교 서어서문학과에 재학 중인 24학번 이수정입니다. 어문 계열에 관심이 없는 분이라면 서어서문학과가 생소하실 수도 있겠습니다. 서어는 스페인어, 서문은 스페인 문화 및 문학을 지칭하는 말입니다. 즉, 스페인에서 사용하는 언어와 전반적인 문화를 공부하는 학문입니다. 그래서 다른 분들에게 학과를 소개할 때 서어서문학과라고 말하지 않고, 간단하게 '스페인어과'라고 말하기도 합니다.

사실 저는 처음부터 어문 계열을 희망한 것은 아니었습니다. 언어를 배우는 것 자체는 매우 좋아했으나, 제 진로 희망은 중학교 초반까지는 천문학을 공부하는 것이었습니다. 그러던 중 정말 좋은 사회 선생님을 만나 사회학과 경제학에 관심을 가지게 되었다가, 충동적이라고도 할 수 있을 정도로 급하게 외고에 진학하게 되었습니다.

하지만 지금 과거를 돌아봤을 때, 저는 외고에 입학하고 서어서문학과에 온 것을 전혀 후회하지 않습니다. 누군가는 왜 희망하던 경제학과에 가지 않았느냐고 물을 수도 있겠지만, 저는 입학 이후 더할 나위 없이 만족하고 있습니다. 고등학교에서의 생활도 충분히 만족스러웠고, 다시 돌아가더라도 이 이상 잘할 수 없을 것 같습니다.

그러나 특목고가 모두에게 답은 아닙니다. 특목고에서의 교육과정은 일반고와는 분명한 차이가 있습니다. 각자 성향에 맞는 학교에 가는 것이 최선의 선택일 것이고, 이미 진학했다면 그 학교 내에서 본인의 장점을 가장 빛낼 수 있는 길로 가시길 바랍니다.

고등학교에서의 3년간은 매우 고되고, 포기하고 싶은 순간은 수없이 찾아옵니다. 하지만 끝까지 할 수 있는 만큼 한다면 적어도 후회 없이 입시 생활을 마칠 수 있습니다. 입시 생활에서 대학 진학이 우선인 것은 어쩔 수 없겠지만, 이 과정 동안 끈기 있게 무언가를 이뤄내는 것은 더없이 값진 경험이 될 것입니다. 이 글을 읽고 계신 모든 학생, 학부모분들께 제 글이 도움이 되면 좋겠습니다.

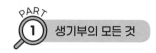

PART
1 생기부의 모든 것

Part 1-1   매력적인 생기부를 위한 팁

특수한 교과목을
생기부에 100% 활용하는 법

특목고의 교육과정은 일반고의 교육과정과 상당히 다릅니다. 특목고에서의 장점을 살리고, 생기부에 본인의 장점을 어필하기 위해서는 이러한 특이한 교육과정을 적극적으로 이용해야 합니다. 다만 특목고에는 외고, 국제고, 과고, 예술고, 마이스터고 등 다양한 종류가 있고 이들 간의 차이도 천차만별이죠. 따라서 제가 앞으로 다룰 내용은 외고에서의 생기부 작성에 최적화될 것입니다. 하지만 '특목고의 특수한 교과목을 100퍼센트 활용하는 법'이라는 주제는 변하지 않기 때문에 다른 학교에서도 변형하여 활용할 수 있으리라고 생각합니다.

특목고는 학교마다 학교의 특징이라고 부를 만한 교과목이 존재합니다. 수업 과목, 심지어는 영어 수업의 단위 수만으로도 어느 외고인지 구별할 수 있을 정도이죠. (그러나 수시 원서를 넣었을 때 대학교에서 일일이 학교를 특정할 수 있는 것은 아닙니다. 단지 스페인어와 같은 특색 교과목의 존재 여부, 특정 과목의 비대한 단위 수 등으로 외고, 국제고, 과고 등의 특목고라는 점 정도만 구별할 수 있다고 합니다.) 그러나 저희의 목적은 어느 학교 출신인지가 아닌, '이 특색 있는 수업에서 무엇을 얻어갔는지를 알리는 것'입니다.

이러한 특수 교과목은 이후 희망 학과를 정할 때 요긴하게 쓰일 것입니다. 외고의 경우 영어와 제2외국어가 강점으로, 이와 관련된 교과목이 많죠. 이런 교과목이 존재하면 관련 학과로 진학하기가 한결 수월합니다. 고등학교 때부터 전공 혹은 계열에 관한 관심을 보여줄 기회가 더 많기 때문입니다.

이외에도 존재하는 특목고만의 장점은 학교에서 생기부를 매우 잘 작성해 준다는 것입니다. 저희 학교 교과목 중에서 예시를 들어보도록 하겠습니다. 먼저 스페인어와 영어입니다.

스페인어 독해와 작문 I
예의 바르고 집중력 높은 태도가 매우 뛰어남. 예습 복습하는 철저한 학습 방법을 통해 스페인 말하기, 듣기, 쓰기, 읽기 모든 영역에서 오류 없는 우수한 실력을 보여줌. 언어뿐만 아니라 스페인어권 세계의 사회, 역사, 문화에도 관심이 많아 관련 주제를 찾아보며 본인 사고의 깊이와 지식을 키워 교사의 질문에 관련 내용의 답변을 항상 잘 해내는 모습을 보여줌. 적극적 수업 참여 태도로 긍정적 학업 분위기 조성에 꼭 필요한 학생임. 외국어를 이해하고 적용하는 학업 역량이 뛰어나 발전 가능성이 매우 큼. '세계적인 팬데믹 스페인 독감과 코로나19의 비교 및 그들의 경제적 영향'을 주제로 탐구활동을 함. 스페인 독감 명칭의 유래와 진행 과정과 결과를 통해 코로나19와 스페인 독감의 공통점과 차이점을 분석함. 또한, 대규모 전염병이 경제에 미치는 영향을 알아봄. 스페인 독감을 자세히 알아보면서, 팬데믹의 영향을 다방면으로 바라볼 수 있게 됨. '대항해의 시대'를 주제로 발표함. 스페인의 대항해시대의 배경, 과정, 결과를 시간의 흐름과 지도 및 자료를 통해 알기 쉽게 설명함. 세계사의 변환점이 된 스페인의 대항해시대와 식민 지배 역사를 통해 전 세계의 긴밀한 관계 및 역사에 대해 알게 됨.

심화 영어 II
전공 관련 영어 활동에서 『Treasure Island』를 읽고 줄거리를 요약하고 읽으며 느낀 점을 기록장 형식의 독서감상문에 작성함. 책을 읽으면서 다양한 단어와 중세 영어의 특이점, 시대적 배경을 주의하여 읽은 점이 돋보임. 이후 시대적 배경과 관련된 해적에 관심을 두고 심층적으로 조사하여 책에 나온 내용과 유기적으로 연관 짓고, 다른 책에서도 찾아볼 수 있는 해적을 통해 대항해 시대의 해적의 특징을 그려냄. 활동을 통해 배경지식과 책 내용을 연관 지어 읽으며 더 심층적으로 이해하는 능력을 기르고, 대항해 시대의 단편적인 역사뿐만 아니라 당시의 문화 및 시대적 분위기를 간접적으로 익힘. 책을 읽는 것에서 그치지 않고 그 소재와 시대적 배경에 깊은 관심을 가지며 탐구하는 열정이 있음. 해적 문화에 대해 조사하여 대항해 시대 및 카리브해의 해적의 여러 특징과 해적이 발생한 배경을 당시의 사회적 분위기와 연관 지어 이해함.

특목고는 세특의 내용을 직접 정하기 좋다

제가 고등학교에 다닐 당시에는 영어는 12단위였고, 이 중 시험을 보는 과목이 각 각 3단위, 4단위, 4단위로 3과목이 존재했었습니다. 그래서 과목별로 세특을 따로 작 성했고, 보통 저렇게 한 과목당 특정한 활동 하나를 진행한 후 이와 관련된 세특을 작 성했습니다. 이렇게 활동 하나가 자세하고 깊게 들어가는 경우, 그 과목의 특성이 첨 가된 활동을 해야 하며 보통 진로와도 어느 정도 연관 지어 규모가 큰 하나의 활동을 진행하게 됩니다.

반면에 스페인어 교과목에는 하나의 과목 안에 여러 가지의 활동 내용이 들어 있으 며, 수업 태도 및 인성과 관련된 내용도 적혀 있는 것을 볼 수 있습니다. 이렇게 전체 적으로 많은 내용이 들어가는 세특의 경우, 본인이 한 활동에서 넣고 싶은 내용을 파 악하여 세특에 녹여낼 수 있도록 해야 합니다.

'세특의 내용을 상당수 정할 수 있다는 점'에서 바로 특목고의 진가가 발휘됩니다. 학생이 직접 쓰는 것은 아니지만, 세특과 관련해서 들어갔으면 하는 내용을 선생님들 께서 조사하신 후 최대한 반영해 주시는 편입니다. 주로 수행평가 활동 자체에 '활동 하며 느낀 점' 항목이 들어가거나 나중에 따로 설문하는 방식으로 진행됩니다. 후에 제가 말할 '본인만의 서사, 이야기'를 만들기 위해 이를 적극적으로 이용하면 되는데, 이 이야기는 이후 교과목별 세특을 작성하는 기본 방식에 관해 얘기할 때 자세히 다 루겠습니다.

우리가 어필하고자 하는 바를 상세히 기록할 수 있는 것이 바로 세특입니다. 이러 한 세특, 그리고 각 학교의 특색 있는 교과목을 잘 활용하면 특수학과, 소수학과에도 진학할 기회가 열릴 것입니다.

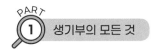

Part 1-2 과목별 세특 사례와 조언

본인만의 서사를 고민하라

이제 본격적으로 생기부를 어떻게 만들어가야 하는지 알아봅시다. 우선 교과목을 활용하기 이전에 생기부에 '어떤 내용'을 기재해야 할지 알아야겠죠. 엄밀히 말하면 '잘 쓴 생기부'에 정답은 존재하지 않습니다. 개개인이 한 활동이 다를 것이며, 개개인의 장단점과 취향, 성향 또한 다를 텐데, 어떻게 모두에게 딱 들어맞는 생기부가 존재할 수 있을까요?

따라서 생기부 작성에서 가장 주의해야 할 것은 '방향성'입니다. 사실 장래 희망이나 희망 학과와 관련된 내용만 들어갈 필요는 없습니다. 대학교에서는 학생들의 꿈은 언제나 바뀔 수 있는 것으로 생각하고, 하물며 고등학생에게 절대 바뀌지 않을 확고한 진로가 존재할 것이라고는 크게 기대하지 않습니다. 물론 하나의 큰 줄기는 있어야겠지만, 여기에 여러 잔가지가 존재할 수 있다는 것입니다. 이러한 점을 잘 활용해서 본인의 생기부에 풀어내고 싶은 '본인만의 서사'가 무엇인지 고민해 보는 것이 좋은 생기부를 만드는 가장 확실한 방법이라고 생각합니다.

진로 탐구와 관련된 교과목을 활용하자

제가 다녔던 학교의 경우 이렇게 학생이 진로를 탐구할 수 있는 교과목이 많이 존재했습니다. 창체, 진로와 직업과 같은 과목은 물론이고, 우리 학교만의 특색인 '라이프 디자인'과 같은 과목들이 있었죠. 라이프 디자인의 경우 하나의 과목으로써 수업이 진행되지만, 교과 외 활동 중 '진로활동'으로 분류되었습니다. 이렇게 진로 탐구와 관련된 과목 및 활동의 경우 진로활동으로 분류되는 경우가 종종 있습니다. 저는 생기부를 작성할 때 진로활동과 관련된 과목이라면 과목별 세특인지 아닌지와 상관없이 진로활동의 일종으로 생각하고 세특을 작성했습니다. 과목별 세특, 진로활동, 교과 외 활동을 일부러 따로 구분해서 전략을 세울 필요는 없다고 생각합니다.

이것은 비단 우리 학교만의 일은 아닐 겁니다. 어느 고등학교에나, 특히 1학년 과정에서는 진로 탐구와 관련된 교과목이 존재합니다. 본인이 희망하는 학과가 존재한다면 이러한 과목에서 관련된 탐구를 많이 할 수 있습니다. 그러나 희망 학과가 따로 존재하지 않는다면, 특정 계열과 관련된 탐구를 하는 것을 추천합니다.

다음 표와 같이 다양한 계열이 있을 수 있습니다. 꼭 하나의 분야만을 탐구하기보다는, 어느 정도 한 계열에 관심이 있음을 표현하는 것이 좋습니다. 이것이 혹시 나중에 희망 진로가 바뀌었을 때 자연스럽게 생기부에 녹여내기에도 좋은 방법입니다.

계열별 학과

어문 계열	언어학, 국어국문, 영어영문, 서어서문, 중어중문 등 언어·문화 관련 학문
인문계열	심리학, 역사학, 고고학, 미학 등
사회계열	경영·경제, 회계학, 법학, 사회학, 정치외교학 등
자연계열	천문학, 생물학, 수학, 지질학, 화학, 생명과학, 통계학 같은 순수과학 학문
공학계열	컴퓨터공학, 전기정보, 건축학, 해양공학, 기계공학, 재료공학, 화학공학 등 공학

이렇게 기초적인 틀이 잡혔다면, 생기부의 모든 작성란을 효과적으로 사용하는 것이 좋습니다. 여러분은 생기부 평가 항목이 무엇인지 아시나요? 학교마다 차이는 있겠지만, 대체로 '학업 역량', '전공적합성', '공동체 역량'이 반드시 들어갑니다. 앞서 말했던 진로활동의 경우 교과목, 교과 외 활동과 상관없이 '진로'와 관련된 것을 작성하기 좋은 활동일 시, 전부 희망 진로에 관해 탐구할 수 있습니다. 전공적합성 항목을 잘 챙기는 방안이죠.

하지만 모든 활동에 진로와 관련된 내용, 희망 학과와 관련된 내용이 들어가는 것은 '학업 역량' 측면에서 부정적인 평가를 받을 수 있습니다. '학업 성취도'나 어떤 내용이든 열심히 공부하려고 하는 '과목별 탐구도'가 낮은 학생으로 보일 수 있기 때문입니다.

이러한 애로사항이 있으므로, 교과목 세특을 작성할 때는 주제를 안내받았을 때 '직관적으로 떠오르는 내용을 채택해도 괜찮다'고 생각합니다. 제 생기부 중 생활과 윤리와 스페인어를 예시로 들어보겠습니다.

생활과 윤리
1년간 수업도우미로 활동하며 수업준비를 돕고 수업 내 활동지 및 토론노트 제출 등 귀찮은 일도 마다하지 않고 적극적으로 학급을 돕는 모습이 인상 깊었음. '전쟁에서의 생명·의료 윤리의 시사점에 대한 탐구'에 대한 탐구활동을 통해 전쟁의 참혹성에 대해 고민함. 특히 역사적으로 생명 및 의료 윤리의 중요성이 대두되고 있음을 깨닫고 현대에서의 생명 의료 윤리의 시사점과 사회문제에 대해 생각하는 계기가 됨. 그중 낙태 문제에 대해 깊이 탐구하고 생명 의료 윤리 및 인간 존엄성을 근거로 일정 수준 이상 성장한 태아는 인간으로 보아야 하며 낙태하지 말아야 한다는 Pro-Life의 입장을 지지하게 됨. 수업을 통해 칸트의 의무론과 공리주의, 유교, 불교, 도가 등 다양한 동서양 윤리사상을 학습하고 이를 바탕으로 생명윤리 및 환경윤리, 책임윤리 등 실생활에서 일어나는 다양한 윤리 문제에 대해 성찰하며 비판적 사고능력을 기름. 또한 심화활동으로『헤이트, 왜 혐오의 역사는 반복될까?(최인철 외)』를 읽고 혐오의 역사와 혐오로 인해 발생하는 사회현상들을 분석하고 우리 사회의 혐오에 대해 심도 있게 고찰함.

전공 기초 스페인어
바른 자세와 예의 바른 언행이 돋보이는 학생임. 스페인어 습득에 관한 관심과 의지가 높아 적극적으로 수업에 참여함. 온라인 수업 시에도 항상 교사의 질문에 큰 목소리로 대답하며 온라인 수업 진행이 원활하게 이루어질 수 있도록 수업 분위기 조성에 큰 도움을 줌. 스페인어 기본 문법 및 특징을 잘 파악하고 이를 문제 풀이에 알맞게 적용하는 능력이 뛰어남. '볼리비아의 독립'을 주제로 발표함. 볼리비아의 개괄적 정보와 스페인의 식민 지배 이전부터 독립까지의 역사를 시대별로 나누어 설명함. 볼리비아의 독립 영웅의 업적과 독립의 의미를 강조함. 많은 자료 조사를 통해 알기 쉽게 볼리비아의 역사를 간단히 정리해 소개한 점이 돋보임. '스페인의 경제 역사와 현재 경제 동향'을 주제로 조사 활동을 함. 1939년부터 현재까지 스페인 경제의 특징을 간략히 정리함. 스페인 산업 및 사회 구조에 따른 경제 특징과 현재 코로나 시대에서 스페인의 친환경 사업 및 4차 산업에 대해 자세히 알게 됨.

앞서 이야기했다시피 저는 1학년 때까지는 경제학과만을 염두에 두고 있었고, 2학년 때부터 본격적으로 경제학과와 서어서문학과 두 분야를 희망했습니다. 그러나 2학년 때 쓴 생활과 윤리 세특을 보았을 때 이 둘과 관련된 내용이 없는 것을 알 수 있습니다. 밑의 스페인어 세특은 1학년 때 것인데, '볼리비아의 독립' 탐구활동은 경제학과와 크게 관련이 없는 역사 내용이 주를 이루고 있죠.

현실적으로 모든 내용을 한 계열에만 초점을 맞추어 작성하기는 굉장히 힘든 일입니다. 그래서 교과목은 일반적으로 '그 교과목에 충실하되, 진로와 연관 지을 수 있다면 연관 짓기' 형태가 되어야 합니다. 어떤 것은 굳이 연관을 짓지 않고 그 과목에만 충실한 것도 좋은 방법입니다. 어느 분야에서든 열심히 탐구할 수 있는 사람이라는 것을 보여줄 수 있으니까요.

본인이 관심 있는 주제를 탐구해야 하는 이유

본인이 관심이 있는 주제를 탐구하면 결국 학생 본인이 열정적으로 탐구하고 공부하게 됩니다. 그리고 이것이 머릿속 도서관의 밑거름이 되어 추후 면접에서도 도움을 주기 때문에, 본인이 관심 있는 주제를 탐구하는 것은 매우 중요합니다. 사실 상당수의 대학교는 수시 면접을 진행할 때에 생기부를 많이 참고합니다. 생기부 면접이 아니고 제시문 면접일지라도 생기부는 이 학생이 어떤 학생인지 판단할 수 있는 기초자료로 작용합니다. 물론 생기부와 관련된 질문을 했을 때, 학생은 본인이 한 활동을 잘 알고 있어야겠지요?

2년 반 동안 열심히 생기부를 만들고 면접 준비를 하기 위해 생기부를 딱 펼쳤을 때, 바로 술술 읊을 수 있을 정도로 선명하게 기억나는 부분은 몇 없을 것입니다. 이 때 생기부를 복기하는 데 큰 도움을 주고, 설령 자료가 유실됐더라도 다시 기억할 수 있게 해주는 것은 바로 '본인의 의지와 열정'입니다. 학생 본인이 원하고 관심 있어서 선택한 주제는 학생에게 더 큰 인상을 주기 마련입니다.

솔직히 직관적으로 떠오른 주제를 선택하라는 말 자체가 어려울 수도 있습니다. 이런 주제를 떠올리려면 평소에 무엇을 해야 할까요? 사실 크게 특별한 건 없습니다. 단지 집에 와서 밥 먹을 때나 쉴 때 잠시 뉴스를 틀어놓고 흘려듣는다든지, 휴대폰에 인터넷 기사가 뜨도록 설정해 놓는다든지 하는 일만 해놓아도 큰 도움이 됩니다. 특히나 인터넷에 친숙한 학생들은 대다수가 SNS를 하고 있어서 여기서도 많은 참고자료를 얻어갈 수 있죠. 평소에 인터넷에서 논란이 되었던 주제, 모두가 알만한 사회현상 등을 눈여겨본다면 활동 주제로 삼을 만한 정보를 충분히 얻을 수 있을 것입니다.

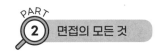

Part 2-1 빈틈없는 면접을 위한 팁

면접은 생각보다
만만하다

3학년 1학기가 끝난 후 수험생들은 생기부, 제시문 면접 준비를 시작할 겁니다. 여태까지는 내신과 수행평가에 치여 살다가 갑자기 면접을 보라니 너무 막막합니다. 게다가 면접, 말만 들어도 거북합니다. 그런데 생각보다 별로 어렵지 않게 면접을 준비할 수 있다는 것 아시나요? 생각보다 면접은 대비만 잘하면 매우 만만한 절차입니다.

보통 면접 준비를 어떻게 할까요? 1학기가 끝나자마자, 혹은 그 이전부터 입시의 성지인 대치동 학원가에서 해결할 것입니다. 하지만 학생들이 다 같이 준비하는데도 결국 면접을 잘 보는 학생과 아닌 학생이 나뉘게 됩니다. 왜 이런 현상이 일어나는 걸까요?

생각보다 간단합니다. 충분한 면접 준비를 했다는 전제하에, '각 학교의 면접 특성을 잘 파악한 학생이 더 잘 보는 것'입니다. 대학 입시 면접에는 크게 두 가지 유형이 있습니다. 생기부 면접과 제시문 면접인데, 우리가 더 어렵다고 여기는 것은 보통 제시문 면접입니다. 즉석에서 주어진 시간 내에 문제를 풀고 대답해야 하기 때문이죠. 따라서 우리는 오늘 제시문 면접에 대해 더 자세히 알아볼 예정입니다.

학교 면접 준비 프로그램 활용하기

제시문 면접을 보는 최상위권 대학은 SKY가 전부입니다. 그런데 정말 놀라우리만치 이 셋의 면접 특성은 차이가 엄청납니다. 매년 면접 문제 풀이 및 대답 시간이 조금씩 달라지거나 유형에 따라 아예 사라지지만, 대체로 각 학교는 각자의 형식을 유지합니다. 서울대는 30분 준비에 15분 면접, 고려대는 21분 준비에 7분 대답, 연세대는 5분 준비에 3분 대답이죠.

시간에서부터 차이가 나는 만큼 각 학교가 면접에서 보고자 하는 점도 매우 다르고, 자연스레 문제의 유형이나 특징, 대답 구조 또한 매우 다릅니다. 그렇기 때문에 학교마다 면접 준비는 전부 다르게 해야 하는데, 저는 우선 '학교에서 제공하는 면접 준비 프로그램을 적극적으로 활용하라!'고 말하고 싶습니다. 백문이 불여일견이라고, 면접 문제를 풀어보고 대답을 해보는 게 그 학교의 면접 특성을 파악하는 데 가장 크게 도움이 되겠지요? 학교에서 면접 준비를 도와줄 때 먼저 사전 조사 느낌으로 알고 들어가는 게 크게 도움이 됩니다. 이것이 아니더라도, 실전처럼 시뮬레이션을 돌려보는 것은 매우 중요하기에 반드시 이 과정을 거치라고 이야기하고 싶습니다.

제 경우에는 서울대, 연세대, 고려대 이렇게 세 학교만 면접이 있었습니다. 고려대의 경우 2개의 전형에 지원해서 서로 다른 면접을 봐야 했고요. 하지만 제가 제대로 준비를 한 학교는 서울대밖에 없습니다. 고려대는 학원 특강을 딱 한 번 수강했고, 연세대는 아예 따로 준비하지 않았음에도 불구하고 세 학교 전부 합격할 수 있었습니다. 서울대 면접이 다른 면접보다 어렵다는 뜻이 아니라, '새로운 문제를 맞닥뜨렸을 때 문제를 파악하고 논리적 답변을 준비하는 능력을 길렀기 때문에 가능한 것입니다.

제시문 면접에서 가장 중요한 3가지

그렇다면 '충분한 면접 준비'는 어떻게 하는 걸까요? 서울대 면접을 준비할 때, 제가 가장 많이 노력한 부분은 다음 3가지였습니다.

> **1. 제시문 100% 활용하기:** 근거는 제시문에 전부 나와 있다!
>
> **2. 논리적인 답변 구성하기:** 내 주장에 대한 합리적이고 자세한 근거 제시
>
> **3. 생각의 범위 넓히기:** 주장은 다양할 수 있다, 추가 질문 예상해 보기

논리적인 답변을 구상하는 것은 당연해 보입니다. 하지만 언제나 기본이 제일 어려운 법이죠. 주장을 구상하기는 비교적 쉽지만, 여기에 대해 근거를 '논리적으로', '타당하게', '짜임새 있게', '구체적으로' 제시하는 것은 생각보다 어렵습니다. 답변에 대한 시간 분배를 제대로 할 줄 알아야 시간 제약에 쫓기지 않고 근거를 나열할 수 있기 때문에 연습이 필요한 부분입니다.

제시문 활용도 매우 중요합니다. 세세한 부분 하나하나까지 놓치지 않고 확인해야 하기 때문이죠. 제시문을 얼마나 잘 활용하느냐, 그리고 이를 바탕으로 얼마나 주장을 잘 펼치느냐에 따라 면접 결과가 달라집니다.

생각의 범위 넓히기는 조금 광범위한 말일 수 있는데요, 주장에 있어서 긍정 혹은 부정과 같이 단편적으로만 생각하지 않고, 다양한 관점에서 바라보며 장단점 모두를

살펴보아야 합니다. 그리고 예시를 들 때 여러 가지를 나열할 필요 없이, 가장 상황에 부합하는 것 하나만을 채택하는 연습을 해야 합니다. 이러한 예시 채택은 추가 질문 없이 깔끔한 답변을 만들 수도 있고, 혹은 추가 질문을 받았을 때 사용하기 좋습니다.

면접과 관련해서 '자세가 중요하다', '평소의 배경지식이 중요하다'와 같은 말을 우리는 많이 듣게 됩니다. 어떤 학원에서는 들어가는 방법, 인사하고 자리에 앉는 방법을 가르치기도 하죠. 하지만 이런 것은 어디까지나 부차적이라는 걸 잊어서는 안 됩니다. 우리는 우리의 문제 풀이 역량과 사고방식, 가치관을 보여주기 위해 면접을 보는 것입니다. 배경지식이 많은 것은 유리하긴 하지만, 이 배경지식을 쌓기 위해 따로 공부할 필요는 없습니다. 앞서 생기부 작성하는 법을 다뤘죠? 생기부를 채우기 위해 잠을 줄여가며 열심히 한 여러 활동이 곧 본인의 자산이 될 겁니다. 3년 동안 많은 활동을 하면서 자연스럽게 배경지식이 쌓일 수밖에 없는 거죠. 게다가 면접 문제를 계속 풀다 보면 특정 개념을 자주 마주하게 되는데, 이 과정에서 또 새로운 지식을 쌓을 수 있을 겁니다.

학교마다 면접은 너무나도 다르지만, 저는 서울대 면접을 준비하면서 사고방식이 상당히 확장되는 느낌을 받았습니다. 이렇게 본인의 사고 자체를 단련할 수 있다면, 적절한 수준의 교육만 받아도 충분히 면접을 잘 볼 수 있을 겁니다.

사실 면접을 직접 해보기 전까지는 이런 말을 들어도 뜬구름 잡는 소리로 들릴 수 있습니다. 저 또한 그랬으니까요. 그래서 면접할 때 어떻게 진행이 되는지, 한 번 제 서울대 면접 복기를 보면서 확인해 봅시다.

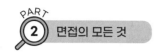

Part 2-2 기출 문제와 면접 복기

인문대학 서어서문학과
일반전형 면접 복기

Q. 긴장했나요? (인사말 다음에 이렇게 말씀하심)

A. 네, 사실 처음 왔을 때는 좀 긴장됐는데, 이제 긴장이 좀 풀린 것 같습니다.

Q. 네 그렇군요…. 인문학 문제랑 사회과학 문제가 한 세트로 묶여 있는데, 이렇게 서로 다른 과목을 하나로 묶을 수 있는 이유가 뭐라고 생각하나요?

A. 일단 둘 다 문과라는 큰 틀 안에 묶여 있습니다. 이렇게 묶일 수 있는 이유는, 사회학에서는 사회현상을 탐구하는데 사회현상은 결국 인간의 행동에 의해 일어나는 것이고 인문학 또한 인간의 문화를 연구하는 학문이기 때문에, 둘 다 인간의 행동과 문화에 관해 연구하는 학문이라는 점에서 접점이 생기는 것 같습니다.

Q. (두 분 다 끄덕끄덕하시더니) 그럼 서어서문학과에 지원했는데, 과에도 여러 분야가 있을

거 아니에요? 학생은 이 중에서 특히 어느 분야에 관심이 있는지 말해줄 수 있어요?

A. 그 분야들의 정식 명칭은 잘 모르지만, 문화는 여행을 가서도 생생히 배울 수 있다고 생각해서 언어의 특징과 역사에 대해서 더 자세히 배우고 싶습니다.

Q. 대학에 오면 전보다는 여유가 생길 텐데, 대학에 와서 공부 말고 하고 싶은 게 있나요?

A. 일단 고등학교에서는 여가생활을 즐기지 못했기 때문에, 여행을 가고 싶습니다. 해외여행도 좋고 국내 여행도 좋지만, 스페인만큼은 꼭 가보고 싶습니다.

[제시문 1 - 277쪽 김인재 학생 인문학 제시문과 동일]

Q. 네…. 그럼 이제 인문학 문제 먼저 해봅시다. 문제가 만만치가 않던데…. 일단 역사학의 허구성에 관해 설명하고, (나)와 (다)에서 이러한 요소를 찾아서 설명해 주세요.

A. 네, 문제 1번 답변하겠습니다. 우선 제시문 (가)를 살펴보자면, 역사의 혼종성은 사실성과 허구성으로 구성되어 있다는 점이 나타나 있습니다. 사실성은 사료와 같은 자료를 기반으로 알 수 있는 사실에서 나오는 특성이고, 허구성은 이러한 정보를 바탕으로 자료에 기술되어 있지 않은 부분과 같이 알 수 없는 내용을 추리하거나 서술하면서 드러나는 허구적인 요소를 말하는 것입니다. 이를 바탕으로 제시문 나와 다를 살펴보자면, 먼저 나와 다는 「유대인 학살에 가담한 독일 101예비경찰대의 재판 기록」이라는 같은 사료를 바탕으로 두 학자가 상반된 의견을 제시한 것을 알 수 있습니다. 저는 이러한 의견 차이가 결국 정보 해석의 차이에서 기인한다고 생각했습니다. 제시문 (나)에서 브라우닝은 평범한 사람들이 학살에 가담한 이유가 사회적 관계라고 말하고 있습니다. 독일인들에게 선택권이 존재했으며 대부분이 명령에 따르기로 선택했다는 정보는 사실이라고

볼 수 있습니다. 그런데 이러한 점에서 사람들이 권위에 대한 복종이나 따돌림에 대한 두려움과 같은 사회적 관계에 의해 학살에 가담하게 된 것이라고 추리한 점은 진술을 바탕으로 사람들의 심리를 추론했다는 점에서 허구성을 띤다고 볼 수 있습니다. 제시문 (다)에서는 골드하겐이 오히려 사회적 관계가 아닌 독일 사회의 시대적 특수성과 독일인들의 반유대주의적 사상에서 기인한 것이라고 말하고 있습니다. 골드하겐이 사람들이 본인 행동에 대해 혐오감을 느꼈다는 진술이 자기변호에 불과한 거짓이라고 평가했다는 점을 허구적인 요소로 볼 수 있습니다. 결국 이 재판 기록 당사자들은 타인이기 때문에 그들의 심리 상태를 명확히 알 수 없고, 따라서 이렇게 심리에 대한 진술의 사실 여부를 정확히 알 수 없는데 이를 거짓이라고 판단했다는 점에서 그러합니다.

Q. (끄덕이심) 그러면 이제 여기 보면 역사학에서는 혼종성이 존재한다고 했는데, 이런 혼종성이 다른 학문에서 드러나는 예시를 설명해 주세요.

A. 우선 (가)에서 알 수 있듯이 혼종성은 사실성과 허구성으로 이루어집니다. 그리고 저는 사실성을 사료와 같은 여러 정보에 기반한 사실이고, 허구성을 이러한 정보를 추리하는 과정에서 해석에 차이가 생기는 것이라고 생각합니다. 아까 답변 드린 것처럼 사회과학은 인문학과 인간을 연구한다는 점에서 밀접한 연관이 있는데, 따라서 역사학과 같이 인문학의 경계에 선 것이 바로 사회과학 중에서도 사회학이라고 생각합니다. 결국 사회학은 사회현상을 연구하는 과목이고, 따라서 여러 자료를 바탕으로 연구할 때 정보 해석의 차이가 발생한다는 점에서 혼종성이 존재한다고 생각합니다. 이에 대한 구체적인 예시로 일탈 과정을 설명하는 이론이 다양하다는 점이 있습니다. 일탈을 설명하는 데 있어서 낙인 이론, 차별 교제 이론, 여러 가지 아노미 이론과 같은 다양한 이론이 존재하는데, 이는

모두 같은 정보를 분석할 때 이에 대한 해석에서 차이가 발생하면서 다양한 관점의 이론이 발생한 것으로 생각합니다. (자연 현상과 사회현상의 차이점과 보편성, 특수성에 관해서도 얘기한 것 같은데 정확히 기억나지 않음)

[제시문 2 – 281쪽 김인재 학생 사회과학 제시문과 동일]

Q. 네, 그럼 이제 사회과학 지문 볼까요? (가)와 (나)에 밑줄 친 부분에 사례가 나와 있는데, 여기서 발견할 수 있는 문제점의 공통점과 차이점에 대해 설명해 볼래요?

A. 우선 제시문 (가)와 (나)의 내용을 살펴보겠습니다. 먼저 (가)에서는 안내문을 붙였을 때 교통사고 발생률이 낮아졌다는 가설을 통해 결론이 도출되고 있습니다. 그런데 이에 대해서 안내문 덕분에 교통사고 발생률이 낮아진 것인지 의문을 제기하고 있는데요, 고려할 수 있는 다른 요인으로 안내문을 붙인 부모가 더 조심스럽게 운전하거나, 아니면 오히려 이 안내문을 타인이 봤다는 것에 안심해서 부주의하게 운전했다는 두 가지 경우의 수가 나와 있습니다. 여기서 한 가지 요소만 고려하고 다른 요소를 고려하지 않아서 왜곡된 결괏값이 도출될 수 있다는 문제점을 확인할 수 있습니다. 다음으로 제시문 (나)에서는 미군이 전투기를 보강하기 위해 총알의 개수 분포를 분석하려고 하는데, 이때 전투기에서 귀환한 전투기를 고려했을 때 총알 개수가 가장 많은 부위를 보강해야 한다는 사례가 제시되어 있습니다. 하지만 여기에 대한 반대 견해가 제시되는데요, 오히려 전투에서 귀환하지 못한 전투기가 더 치명상을 입었을 것이기 때문에, 이를 고려한다면 오히려 귀환한 전투기 중 총알을 가장 적게 맞은 부위인 엔진이 가장 취약하다는 견해입니다. 여기서 알 수 있는 문제점은 바로 귀환한 전투기와 귀환하지 않은 전투기라는 두 가지 집단이 있는데, 귀환한 전투기의 총알 분포만 살

피는, 즉 여러 고려 대상 중 한 가지 집단만 선택해서 대표성을 갖지 못해 결국 왜곡된 결괏값이 나타난다는 것입니다. 이렇게 두 제시문을 살펴보았을 때, 밑줄 친 부분에서 발견할 수 있는 문제점의 공통점으로는 독립 변인이나 여러 가지 요소를 제대로 고려하지 않아서 문제가 발생했다는 것이 있습니다. 하지만 제시문 (가)는 독립 변인을 전부 고려하지 않고 하나만 고려해서 생긴 문제라면, 제시문 (나)의 사례는 한가지 집단만을 고려해서 대표성을 갖추지 못한 결과를 도출해서 생긴 문제라고 볼 수 있습니다.

Q. 그럼 이런 가설을 제시해서 결론을 도출했을 때 모든 요소를 고려하지 못해서 생긴 문제라는 거잖아요. 그럼 (가) 사례에서 안내문을 붙였을 때 사고 발생률이 오히려 높아지는 결과가 나타났을 때 이러한 현상이 나타난 이유가 뭐라고 생각하나요?

A. 제시문 (가)를 보면 안내문을 붙였다는 요인 외에도 안내문을 붙인 부모가 더 조심하는 것과 오히려 부주의하게 운전하는 것과 같이 두 가지 요인이 제시되어 있습니다. 오히려 교통사고 발생률이 증가하는 결론이 도출되었다면, 이렇게 부모가 부주의하게 운전할 수 있다는 점을 제대로 고려하지 않아서 이런 잘못된 결과가 도출되었다고 생각할 수 있습니다.

Q. 네네…. 그럼 이제 문제점과 유사한 상황에 대한 사례를 얘기해 주세요. (답변을 들으면서 음, 그렇군, 하고 매우 느긋한 태도로 끄덕거리며 이야기하심. 전체적으로 편안한 분위기)

A. 문제 1번에서 찾은 문제점은 방금 말씀드린 것과 같이 전체적인 요소를 고려하지 않아서 생긴 문제입니다. 이것과 비슷한 사례는 여러 가지가 있겠지만 가장 먼저 생각난 것은 바로 세계 대공황 때 미국 중앙정부의 미흡한 대처입니다. 이 당시 미국에서는 여러 산업이 성장하면서 시장의 돈에 대한 수요가 높았습니다.

그런데 주식시장 또한 과열되어 있었는데, 미국 정부에서 여기에 집중하면서 이런 열기를 잠재우기 위해 긴축통화 정책을 펼칩니다. 시장 전체적으로는 돈에 대한 수요가 높았는데, 이러한 전체 상황을 보지 못하고 주식시장이라는 일부분의 요소만 고려한 것입니다. 이에 따라서 결국 인플레이션이 발생합니다. 이렇게 인플레이션이 발생했을 때 적극적으로 돈을 푸는 정책을 실행했어야 했으나, 이에 적절히 대응하지 못하고 소극적인 정책을 펼쳐서 결국 세계 대공황이 발생하게 되었습니다. 여기서 미국 정부가 전체 상황을 고려하지 않고 주식시장이라는 일부분의 상황만 고려해서 결국 인플레이션에 이어 세계 대공황이라는 안 좋은 결과가 도출되었다는 점에서 문제 1의 상황과 유사하다고 생각합니다.

Q. 자신의 단점이 뭐고 어떻게 해결하려고 했는지, 어떻게 해결할 건지 말해주세요.

A. 저는 집중력이 갈수록 좋아지는 편인데, 처음에는 약했다가 이후에 좋아지는 데 시간이 좀 걸립니다. 그래서 공부할 시간이 부족할 때나 공부를 막 하기 시작할 때는 시간을 비효율적으로 사용하게 됩니다. 그래서 우선은 앉아 있는 시간 자체를 늘려서 집중을 오래 할 수 있게 하고, (이 부분에서 '빵' 터지심) 그리고 처음에 집중이 잘 안될 때는 노래를 들으면서 집중할 수 있는 환경을 만들고, 집중이 잘 되기 시작하면 노래를 그만 듣는 방식으로 해결해 오고 있었습니다.

Q. 하하, 네, 아까 스페인 여행을 가고 싶다고 했었는데, 가서 뭘 하고 싶어요?

A. 일단 가우디 성당을 꼭 보고 싶습니다. 이제 곧 완공이 된다고 들었는데, 그 완성된 모습을 꼭 직접 가서 보고 싶습니다. 그리고 바르셀로나 올림픽 이후로 바르셀로나의 아름다운 모습이 유명해져서 관광 명소가 되었다고 들었는데, 저도 직접 가서 그 모습을 보고 싶습니다.

내 생기부의 전문가는
나뿐이다

문과 불모지 제주도에서 서울대까지

011

사회과학대학 정치외교학부 ㅣ 23학번 김민성 ㅣ 지역균형전형
제주도 서귀포시 ㅣ 일반고 졸업

안녕하세요, 저는 서울대학교 사회과학대학 정치외교학부 2학년으로 재학 중인 23학번 김민성입니다. 저는 제주도 서귀포시에서 나고 자라 대학교 입시까지 마무리했습니다. 사실 저의 고향, 특히 제가 진학한 고등학교는 문과 입시에 있어 '불모지'였습니다. 해마다 서울대학교에 간신히 1~2명 입학했지만, 상위권은 모두 이과였기 때문입니다. 사실상 교육과정 편제부터 이과, 특히 의료 계열로의 진학을 위함이 명백히 드러났습니다. 입학 전부터 어느 정도 알고는 있었지만, 당시의 저는 너무 억울했고, 슬펐고, 화가 났습니다. 조금 거칠게 말하자면, 제도에 의해 의지가 꺾이기가 싫었습니다. 어린 마음에 굳세게 다잡은 독기는 서울대학교 정치외교학부를 향한 강한 의지로 바뀌었습니다.

고등학교 때의 저는 지금 생각해 보면 도저히 이해가 되지 않습니다. 졸리고 지쳤음에도 어떻게 매일 4시간씩만 자면서 살았는지, 귀찮았음에도 매일 제일 먼저 등교하고 제일 마지막까지 공부를 했는지, 주변 사람을 힘들게 하면서까지 '완벽함'에 집착했는지. 그때 저는 다시는 돌아갈 수 없을 정도로 전력을 쏟았습니다. 그러나 초등학교를 입학하며 설정했던 '서울대 정치외교'라는 12년 동안의 목표가 점점 가시권에 들어오니 포기할 수 없다는 생각에, 3년 내내 긴장을 늦출 수 없었습니다.

저는 독자 여러분께 '어떻게 공부해라, 잠은 얼마나 자라'와 같은 조언은 하지 않습니다. 모두 다른 사람이기에, 원하는 목표와 지금 이 글을 읽고 있는 이유가 제각각일 것이기 때문입니다. 저는 저의 이야기를 신나게 해볼 터이니, 여러분 각자에 알맞게 흡수하시길 바랍니다.

자신에게 엄격하면서도 때로는 스스로에게 친절한 사람으로서, 입시를 성공적으로 마무리하시길 기원합니다.

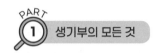

공부해야 하는데
주제는 어느 세월에 찾지?

　이 책을 찾아 읽는 학생들 정도라면, 그리고 다른 공동 저자들이 쓴 글을 살펴본 분들이라면 '좋은 세특'이란 무엇인지는 충분히 이해했으리라 믿습니다.

　고등학교 2학년 때 저는 좋은 세특이란 무엇인지 막 깨달은 상태였으나, 공부량에 치여 좋은 세특을 위해 할애할 '시간'이 없었습니다. 특히 보고서 1편 작성을 위해서 '주제 선정'에 들이는 시간이 정말 많았고, 하루 종일 생각해도 주제가 떠오르지 않아 머리가 복잡했습니다. 공부는 해야 하는데 세특 주제도 찾아야 하는, 수험생이 직면한 이 상황은 제로섬 게임이란 무엇인지 체감하게 했습니다.

　여러분은 세특 주제를 어떻게 선정하시나요? 교과서에 꼭꼭 숨어 있는 주제를 잘 찾아내시나요? 주제 선정을 위해 '정치와 법 세특 주제 추천' 등을 검색해 본 적 있지 않나요? 주제 정하기가 어렵다 보니, 저는 흔히 말하는 '생기부 관리'를 받는 학생들이 부러웠습니다. 누군가 세특 주제를 골라주면 그에 맞추어 쓰기만 하면 되고, 자연스레 공부 시간이 늘어날 수 있었기 때문입니다. 하지만 저는 큰돈을 써서 편안한 입시를 치르고자 하는 이들보다 더 좋은 방법으로 세특을 쓸 수 있었다고 자부합니다.

저는 시간을 최대한 효율적으로 찾기 위해 저만의 생존 전략을 모색했고, '공부'와 '세특 주제 선정'을 동시에 할 수 있는 방법을 떠올렸습니다.

"비문학 독서 지문에서 세특 주제 찾기"

세특 주제를 떠올리지 못한 채로 문제집을 펴고 공부를 하다 보면, 과학기술 지문을 제외한 모든 지문이 세특 주제로 보였습니다. 특히 고등학교 3학년이 되어 수능특강을 집중적으로 공부하기 시작했을 때는, 수능특강 독서가 마치 주제별로 세특 주제를 수록하여 설명해 주는 자료집으로 보이기까지 했습니다.

비문학 독서 지문은 특정 논문에서나 나올 법한 전문성 있는 주제를 다루곤 합니다. 다시 말해, 여러분이 직접 키워드를 통해 논문을 하나하나 찾지 않더라도 고등학생이 이해할 수 있을 정도의 내용을 직접 편집하여 눈앞에 가져다주는 아주 친절한 세특 도우미인 것입니다. 비문학 지문을 읽다가 세특 주제를 떠올리면 망설임 없이 책 모서리를 접어놓고 하던 공부를 마쳤습니다.

인터넷에 떠돌아다니는 세특 주제나 컨설팅 등을 통해 추천받는 세특 주제들은 결국 누군가의 생기부에 똑같이 쓰여 있을 수 있는 것들입니다. 즉, 이 주제로 작성된 생기부는 '차별성'을 갖추기 어려우므로 읽어볼 가치가 없는 글로 전락합니다. 그러나 비문학 독서 지문에서 주제를 찾고 이를 발전시켜 나간다면 누구도 써보지 않은 재밌는 글을 쓸 수 있으며, 동시에 글을 자세히 뜯어 관찰할 수 있는 시간도 자연스레 늘게 됩니다. 저는 이러한 방법을 통해 생기부를 만들어 나갔고, 우연일 수 있으나 글 읽는 속도와 국어 성적 모두 눈에 띄게 향상되었습니다.

선거에서 유권자의 정치적 선택을 설명하는 이론은 사회심리학 이론과 합리적 선택 이론으로 대별된다. 먼저 초기 사회심리학 이론은 유권자 대부분이 일관된 이념 체계를 지니고 있지 않다고 보았다. 그럼에도 유권자들이 투표 선택에서 특정 정당에 대해 지속적인 지지를 보내는 현상은 그 정당에 대한 심리적 일체감 때문이라고 주장했다. 곧 사회화 과정에서 사회 구성원들이 혈연, 지연 등에 따른 사회 집단에 대해 지니게 되는 심리적 일체감처럼 유권자들도 특정 정당을 자신과 동일시하는 태도를 지니는데, 이에 따라 유권자들은 정당의 이념이 자신의 이해관계에 유리하게 작용할 것인지 합리적으로 따지기보다 정당 일체감에 따라 투표한다는 것이다. 이에 반해 합리적 선택 이론은 유권자를 정당이 제시한 이념이 자신의 사회적 요구에 얼마나 부응하는지 그 효용을 계산하는 합리적인 존재로 보았다. (…)

- 2012학년도 LEET(법학적성시험) 언어이해 9~11번 지문 中

이 지문을 읽던 저는 '투표'에 관한 이 내용에 대해, '제20대 대통령 선거'와 '전국동시지방선거'를 계기로 눈독을 들이고 있었습니다. 그리고 3학년 동아리 시간에 '투표행태 이론'을 주제로 재밌는 보고서를 작성하였습니다.

특히 지문에 나온 합리적 선택(rational choice) 이론과 쟁점 투표(issue voting) 이론이 이루어지는 메커니즘을 수식으로 정리하고, 대한민국 정치 현황에 투영함으로써 '이론'과 '시사'를 모두 잡고자 의도된 글을 작성하였습니다.

동아리활동(3학년)
(…) 20대 대선 과정을 보면서 생긴 투표에 관한 관심을 토대로 '정치적 선택 이론을 통한 선거 전략 구상: 투표행태 이론에 대한 이해를 바탕으로'라는 주제의 보고서를 작성하여 발표함. 정당 일체감, 합리적 선택 이론, 쟁점 투표 이론 등을 조사하고, 쟁점 투표 이론의 근접 이론과 방향 이론에 대한 탐구에서 고민하는 모습이 인상 깊음. 근접 이론의 기본 계산방법을 변형하여 '좌표 공간에서 두 점 사이의 거리 공식'을 활용해 이슈 차원이 3개일 때 이념 거리를 구하는 방법을 직접 만들어 냄. 쟁점 투표 이론으로 한국의 지역주의를 이해하기에는 한계가 있다고 설명하고, 추가로 행동심리학의 밴드왜건 효과와 신경정치학이 정치적 선택에 어떤 영향을 주는지 분석함. 이후 지지율과 여야를 기준으로 상황 4개를 가정하여 선거 전략을 구상하고, (…)

그 결과 이와 같은 특기사항이 작성되었습니다. 여기에 더해 현실 정치에 대한 선거 전략 제언까지 진행하며, 후속 활동을 하고자 노력하였습니다.

이처럼 세특 주제 선정은 제3의 공간에서 찾기보다는 열심히 공부하는 여러분 주변에 쌓인 지문들에서 찾아보는 것을 추천합니다. 차별성을 통한 생기부의 경쟁력 확보와 동시에 공부 시간까지 늘릴 수 있는 좋은 방법이 되어줄 것입니다.

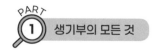

Part 1-2 과목별 세특 사례와 조언

평소에도 전공에 대해 관심을 가져야 하는 이유

저는 교과 세특에서는 특정 개념과 전공을 연결하고자 노력했다면, 비교과 활동에서는 '시사'를 '이론'으로 승화하기 위해 노력했습니다. '서울대학교' 하면 일상에서도 자신의 연구 분야를 적용해 보고 고민하는 교수님과 학생이 떠오르지 않나요? 저의 머릿속 서울대학교는 항상 공부 생각만 하는 사람들의 집단이었습니다. 따라서 저도 평소에 접하는 일상, 그리고 뉴스로부터 이론을 만들고자 하는 '연구자'의 모습을 보이기 위해 노력했습니다.

저의 하루는 'TV 뉴스와 인터넷 기사'로 시작되었습니다. 기숙사에서 제일 먼저 일어나 아침을 먹으며 식당 TV에서 나오는 뉴스를 보고, 기숙사에서 교실까지 걸어가는 몇 분 동안 인터넷 뉴스 1면을 살펴보았습니다. 이 과정에서 접하는 세상에 자꾸 물음표를 던지고자 노력했고, 그 과정에서 많은 아이디어가 떠오르기도 했습니다.

그중 하나가 '대통령실 이전'과 관련된 것이었습니다. 제20대 대통령 선거 직후부터 논란이 되었던 문제를 놓칠 수 없다는 생각보다는, 정치학을 공부하는 사람이라면 대통령실 이전에 대해 어떻게 생각할까 하는 단순한 호기심이 들었습니다. 이 호기심은 결국 '대통령실 이전의 조건, 공론장을 통한 숙의 민주주의의 실현'이라는 제목의 보고서와 '숙의 민주주의의 조건과 이상적 의사소통 상황이 국민과 대통령 사이에 정립될 수 있다면, 대통령실 이전은 타당한 정책'이라는 결론으로 구체화되었습니다.

진로활동(3학년)

학년 특색 프로그램인 진로 융합 클래스(법·정치 분야)에서 '대통령실 이전의 조건, 공론장을 통한 숙의 민주주의의 실현'을 주제로 단계별 활동을 진행함. 청와대와 백악관의 공간구조를 비교함. 대통령 집무실 이전을 숙의 민주주의의 실현 수단으로 여겼고, 숙의 민주주의 방법론과 사례를 조사하여 이에 대한 비판을 재반박함. 하버마스의 담론 윤리를 적용하여 숙의 민주주의의 조건과 이상적 의사소통 상황의 전제조건을 정리함. 건축과 정치철학 요소를 융합한 숙의 민주주의 방법론을 구상함.

엄밀히 말하면 잘 쓰인 세특은 아닙니다. 다만 초점은 생기부에서 평소 '시사'에 관심이 있다는 점과 '방법론'으로의 승화가 돋보인다는 점입니다.

가. 청와대 백악관 공간구조 비교
01. 내부 설계
① 청와대: 50평의 대통령 집무실에서 문과 책상 사이의 심리적 거리가 매우 멀다고 느껴진다. 이러한 심리적 거리감에는 출입문과 집무 책상의 배치도 관련이 있었다. 대통령의 집무 책상은 공간의 가운데 직선에 맞추어 배열되어 있는 반면, 출입문은 공간의 우측에 배치되어 있다. 건축학적으로 바라보았을 때, 공간의 중심이 이미 대통령의 집무 책상에 쏠려있으며, 출입하는 사람은 중심에서 멀어져 있기 때문에 심리적 거리감이 증가한다.
② 백악관: 백악관은 청와대 집무실의 직사각형 구조와 달리, 타원형으로 이루어져 있다. 타원형의 구조가 의미하는 바는 2가지이다. 우선, 타원형은 초점(focal point)이 두 개다. 즉, 직사각형에서 중심선이 하나였던 반면, 타원에서는 중심이 2개가 될 수 있다는 것이다.
타원형 집무실의 또 다른 건축학적 요소는 공간의 심리적 포용성이다. 타원형의 내부에서 벽은 공간을 감싸는 듯한 느낌을 준다. 직사각형의 공간의 벽이 중립적인 느낌을 주고, 볼록한 벽이

공간 내부를 밀어내는 듯한 느낌을 주는 반면, 타원형 내부의 오목한 벽은 공간을 포용하는 심리적 상태를 만든다.

02. 시민 접근성
① 청와대: 청와대 중심 서울 도심 반경 2km 내의 공간구조 분석 결과, 서울 도심 내에서 청와대의 공간 전체 통합도는 0.43으로 나타났다. 서울 도심 반경 2km 내에서 청와대의 공간 구조적 접근성은 하위 37%에 속하는 것으로 나타났다. 이는 청와대가 도시에서 격리지역(segregation core)임을 입증한다.
② 백악관: 백악관 중심 워싱턴 도심 반경 2km 내의 공간구조 분석 결과, 워싱턴 도심 내에서 백악관의 공간 전체 통합도는 1.97로 나타났다. 워싱턴 도심 반경 2km 내에서 백악관의 공간 구조적 접근성 상위 29%로 백악관은 도심의 핵심통합지역(integration core)임을 입증한다.

- 보고서 '대통령실 이전의 조건, 공론장을 통한 숙의 민주주의의 실현' 中

이처럼 정치와 관련된 문제로부터 정치학적 접근만 이루는 것보다는 건축학 지식을 통해 정치학에 접근하고자 하는, 평소 정치학에 대한 고민 없이는 떠올릴 수 없을 법한 내용을 작성하고자 하였습니다. 학문적으로 얼마나 유의미한 내용인지와 무관하게, 남들과는 다르게 보일 수 있는 접근을 했다는 것에서 그 의미를 찾을 수 있었습니다. 이후 보고서의 결론으로서 '숙의 민주주의를 위한 대통령실의 내·외부 설계 및 공론장의 구성'에 대한 방법론을 제시하기까지 했습니다.

결국 여기서 볼 수 있는 것은 '일상에서의 주제'와 '이론·방법론의 제시'입니다. 대학은 '연구'의 공간입니다. 여러분만의 이론을 과감하게 만들어보는 것은 부족하더라도 유효한 활동임에 틀림없다고 이야기하고 싶습니다.

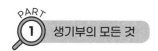

자율활동은
'자율적'으로

저는 '만들어진' 생기부를 굉장히 싫어합니다. 만들어진 생기부는 진정성이 부족하기 때문입니다. 만약 진정으로 희망 학과에 진학하고 싶다면, 생기부 구성은 자연스레 점점 심화되는 방향으로 가닥이 잡힐 것입니다.

자율활동(2학년)
1학기 학급회장(2021.03.01.-2021.08.11.)으로서 학급 유니폼 디자인에 대한 대립을 완화하기 위하여 점수 투표제를 도입함. 콩도르세의 역설과 기존 제도에서의 이행성 부재를 설명하며 투표 모순을 해결하기 위해 노력함. (…)

자율활동은 '진로에 대한 진정성'을 가장 잘 볼 수 있는 대목입니다. 교과 세특, 진로, 동아리 모두 '진로'에 대한 키워드를 갖고 있으나, 자율은 말 그대로 '자율'이기 때문입니다.

"희망 학과만의 방법을 통해 자율적으로 문제를 해결해 보자."

저는 반장으로서 '반 티셔츠'를 두고 매년 반복되는 문제를 해결하고 싶었습니다. 단순히 문제를 어떻게 해결할까 하는 것보다는 정치학자라면 어떻게 접근했을까 하는 의문으로 문제에 접근하기 시작했습니다. 그 결과 단순다수결에 제도적 문제가 있다는 점을 알 수 있었고, 점수투표제를 통한 새로운 투표 방법을 학급에 제안하였습니다. 특히 이 과정에서 이론적으로 점수투표제와 결선투표제를 비교하였고, '다당제 출현'이라는 결선투표제의 단점과 '선호 강도 실현'이라는 점수투표제의 장점에 주목하고, 보다 계산법(Borda count)을 제안하였습니다.

여러분이 진학을 희망하는 학과에서는 어떤 접근을 취할까 하는 의문을 항상 가지기 바랍니다. '공부'라는 학업적 면모도 굉장히 중요하지만, 여러분이 리더로서 전공을 어떻게 녹여낼 것인가 하는 것이 장기적으로 더 중요합니다. 그것이 바로 대학이 양성하고자 하는 인재의 교육 목표이기 때문입니다. 그렇다면, 자율적으로 여러 방법을 고안해 봄으로써 학교생활에 이를 녹여내기 바랍니다. 학교는 여러분의 전공을 적용해 볼 수 있는 재미있는 실험실이 될 것입니다.

면접을 학원 다니며
준비할 필요가 없는 이유

수능이 끝나면 본격적으로 하루 종일 면접 준비에만 몰두합니다. 많은 학생이 주변 친구들처럼 '학원'을 찾아보기 시작합니다. 그러나 수시 지역균형전형 면접을 준비하던 저는, 학원 첫 시간이 끝난 후부터 면접 학원을 찾아보지도, 쳐다보지도 않았습니다.

제 생기부에 대한 전문가는 저밖에 없다고 자신합니다. 마찬가지로 여러분의 생기부에 대한 전문가도 여러분밖에 없을 것입니다. 따라서 제시문 면접과 달리 생기부 면접은 학원보다 나를 믿고 나에게 맡겨야 한다고 생각합니다.

면접 준비는 평소에 하는 것

생기부 면접을 준비하는 첫 번째 단계로 주변 친구들이 생기부를 찬찬히 훑어보며 활동을 열심히 복기하는 장면은 제 입장에서 이해하기 힘들었습니다. 중요한 내용임에도 자료 없이 단순히 복기하는 것은 신빙성과 시간의 효율적 사용이라는 두 가지 측면 모두에서 가치가 떨어지는 방법이었기 때문입니다.

생기부 면접은 '복기'의 연속입니다. 다만, 복기하는 내용이 모두 머릿속에만 머물러 있다면, 여러분의 면접 준비 수준도 얕은 곳에만 머물 수 있음을 명심해야 합니다. 저는 이러한 문제에 대한 경각심과 더불어 평소에도 항상 '아카이빙'하는 습관을 갖고 초등학교부터 고등학교까지의 12년을 보내왔습니다. 처음에는 단순히 내가 만든 PPT나 보고서가 사라지면 억울할 것 같다는 마음에서 시작된 습관이었는데, 면접 준비에서 큰 힘을 발휘했습니다.

초등학교 때 구매한 256GB의 USB에 차곡차곡 모든 활동을 카테고리를 나누어 저장했습니다. 유명한 중학교나 고등학교에 진학하기 위한 포트폴리오 형태가 아니라 순전히 저 자신의 만족을 위해 시작한 것이었습니다. 그러나 돌이켜 생각해 보니, 면접 준비의 시작과 끝을 이 USB와 함께 했다고까지 할 수 있을 정도로 매우 소중한 자산으로 남아 있습니다.

여러분이 했던 모든 활동을 저장하는 '순간의 행위'부터 면접 준비는 시작됩니다. '면접 준비'라면 거창한 무언가를 해야 할 것 같지만, 정말 별것 없습니다. 정리된 것을 하나씩 열어 기억을 펼쳐보는 것이 면접 준비의 처음과 끝입니다. 결국 면접 준비는 평소에 하는 것이고, 3년 내내 해야 할 장기 프로젝트인 것입니다.

이름	수정한 날짜	유형
📁 1 교과	2021-03-01 오후 9:55	파일 폴더
📁 2 교과세특&수행	2021-03-01 오후 9:55	파일 폴더
📁 3 비교과(자율,진로,행특,개인세특,동아리)	2021-03-01 오후 9:55	파일 폴더
📁 4 교내대회	2021-03-01 오후 9:55	파일 폴더
📁 5 기타 (신청서, 지원서, 안내문, 시간표 등)	2021-03-01 오후 9:56	파일 폴더
📁 6 학급운영	2021-03-15 오후 10:31	파일 폴더

> 내 PC > 김민성 (D:) > 01 High School > 2021 고2 >

내신 시험 마지막 과목, 생기부 영역

아마 거의 모든 학생이 생기부 면접을 준비하며 면접에 대한 예상 질문과 모범답안을 정리했을 것입니다. 그러나 저는 친구들의 모의 면접을 도와주면서 저의 면접 준비 방향성을 바꾸었습니다. 친구들이 예상 질문에서 조금 벗어나는 질문을 받으면 당황하거나, 질문의 초점이 바뀐 것을 인지하지 못하고 예상 질문에 맞게 준비했던 답안을 읊는 모습을 보았기 때문입니다.

저는 면접을 위해 예상 질문을 뽑아내고 그에 대한 모범답안을 정리하지 않았습니다. 대신, 활동을 세세하게 요약하고 정리했습니다. 마치 내신 시험을 보는 것처럼, 특히 한국사나 세계사와 같은 역사 과목의 내신 시험을 준비하는 것처럼 면접을 준비했습니다. 즉, 미시적으로는 활동 하나하나의 내용을, 거시적으로는 고등학교 3년 활동의 흐름을 되새기고 자동으로 말이 나올 정도로 암기했습니다.

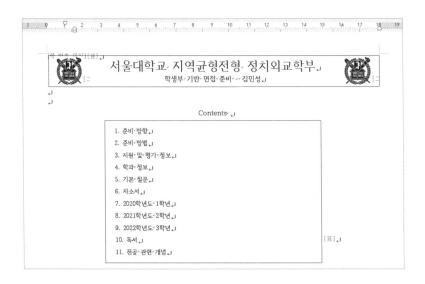

이를 위해 우선 면접에 필요한 정보의 목록을 정리한 후, 활동 내용을 하나하나 간략히 정리하기 시작했습니다. 세특 하나당 0.5쪽에서 2쪽 사이로 활동의 무게에 따라 정리하였고, 추가적으로 필요할 것 같은 전공 관련 개념과 시사는 부록의 형식으로 정리하기도 하였습니다.

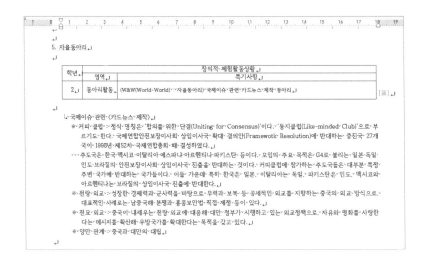

정리한 내용들 중 가장 간단한 수준에 속하는 내용입니다. 처음에는 이런 간단한 활동까지 정리를 해야 할까 싶었지만, 이렇게 스스로 정한 형식에 맞추어 모든 활동을 정리한 결과 머릿속에 모든 내용이 목차에 따라 정리되었습니다.

면접도 단권화하여 공부하자

공부를 '효율적으로' 잘하는 사람들이 공통적으로 하는 이야기가 있습니다. 바로 '단권화'입니다. 저는 모든 내신 시험에서 단권화를 해왔고, 면접 준비에서도 크게 다르지 않았습니다.

모든 활동을 위와 같이 정리한 결과 92페이지의 활동 백과사전 하나가 완성되었습니다. 제가 작성한 면접 대비 백과사전은 '면접 답지'였습니다. 이를 완성하자마자 제본하여 매일 들고 다니면서, 어떤 내용은 몇 페이지에 있다고 말할 수 있을 정도로 반복하여 암기했습니다. 결국 면접에서 교수님들을 대상으로 속이 빈 문장이 아닌 알맹이 가득한 문장들을 내뱉을 수 있었습니다.

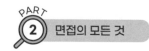

Part 2-2 기출 문제와 면접 복기

사회과학대학 정치외교학부
지역균형전형 면접 복기

서울대학교 수시 지역균형전형은 생기부 기반 면접으로, 준비 시간은 따로 주어지지 않으며 면접만 10분 동안 진행됩니다. 실제 면접 복기 내용을 살펴보며, 왜 활동에 대한 아카이빙을 강조했는지 알아봅시다.

(노크 후 들어가서 인사, 문 닫고 자리에 앉기 전에 한 번 더 인사. 교수님의 앉으라는 손짓을 보고 착석)

Q. (착석하자마자) 생기부 보니까 흥미로운 연구를 스스로 많이 찾아서 한 것 같은데… 홍콩 우산 혁명은 왜 연구를 진행했고, 어떤 이유 때문에 실패했다고 생각했나요?

A. 정치와 법 교과서 84페이지가 기억에 선명하게 남아 있습니다. 해당 페이지에는 1987년 '우리나라의 6월 민주 항쟁'과 2014년 '홍콩의 우산 혁명'을 병치해 놓

았는데요, 저는 여기서 왜 우리나라는 민주 항쟁을 성공한 반면, 홍콩은 민주화 시위를 실패했는지에 대한 의문을 가졌습니다. 따라서 '시위의 지속'에 대한 학문적 탐색을 시도했으나, '시위 발발'에 대한 이론만을 찾을 수 있었습니다. 이는 매캐덤(McAdam)의 '시위 발발의 정치과정 모델'이었는데요, 여기서 다루고 있는 집단동원의 조건 3가지 '정치 기회', '조직력', '공유된 인식'에서 아이디어를 얻어 저는 '집단 시위 지속 모델'이라는 새로운 이론을 만들어보았습니다.

6월 민주항쟁에서는 '민주 헌법 쟁취 국민운동 본부'라는, 야당과 시민단체, 학생 종교계 모두가 포함된 강한 리더십 집단 하나가 있었던 반면, 홍콩 우산 혁명에서는 '센트럴 점령', '학련', '학민사조' 등 여러 리더십의 주체가 병존함으로써 강한 리더십이 부재했습니다. 또한 6월 민주항쟁에서는 노동자와 지식인이 연계되었던 반면, 홍콩 우산 혁명에서는 노동자와 지식인의 연계가 인구 통계상 부재함을 알 수 있었습니다. 마지막으로 6월 민주항쟁에서는 박종철 열사와 이한열 열사 사건이 시위 확산의 기폭제로 작용했던 반면, 홍콩 우산 혁명에서는 홍콩의 대(對)중국 경제 기여를 의식한 중앙정부의 온건 탄압 때문에 시위 확산의 기폭제가 부재했습니다.

이러한 사고 과정을 거쳐 저는 「2014 홍콩 우산혁명 고찰: 매캐덤의 정치과정모델 적용과 한국의 6월 민주항쟁과의 비교를 통하여」라는 글에서 '집단 시위 지속 모델'이라는 저만의 이론을 정리하였고, 집단 시위가 지속되기 위해 '강한 리더십', '지지층의 결집', '시위 확산의 기폭제' 이렇게 3가지 조건을 설정함으로써, 처음 가졌던 의문에 대한 답을 내기 위해 노력했습니다.

이와 같은 문제 해결 과정에서 저는 홍콩이 중국에 편승하여 이익만을 추구하는 경제도시에서 벗어나 민주주의를 발현하는 정치도시임을 전 세계에 각인하는 계기였다는 국제정치적 함의를 찾을 수 있었습니다. 그리고 '이론'과 '학문'이 갖는 세상을 읽는 힘을 느낌으로써 대학이라는 고등교육기관에서의 '연구'라는 기능을 체감할 수 있었습니다.

답변 내내 저는 싱글벙글 웃으며 답변했고, 면접관으로 들어오신 교수님들 모두 미소를 지으며 고개를 끄덕끄덕하며 화답해 주셨습니다.

정치와 법(2학년)

홍콩 우산혁명을 매캐덤의 정치과정 모델을 적용하여 6월 민주 항쟁과 비교하여 발표함. 매캐덤의 집단 동원 조건으로 정치 기회, 조직력과 공유된 인식을 바탕으로 집단 시위 지속 조건을 직접 설계함. 집단 시위 지속 조건으로 강한 리더십, 시위 확산의 기폭제, 지지층의 결집을 제시함. 6월 항쟁은 하나의 지도부로 결집되어 성공했지만, 분산된 지도부로 인해 우산혁명은 실패할 수밖에 없었다고 주장함. 하지만 중국에 편승해 이익만을 추구하는 경제 도시가 아닌 민주주의를 발현하는 정치 도시임을 전 세계에 각인하는 계기가 되었다고 주장함. (…)

면접 답변과 정치와 법 세특을 비교해볼 때, 왜 면접 답변을 '내신 시험'처럼 준비하는 것이 옳은지 이해할 수 있을 것입니다. 저는 답변에서 세특에 기재된 내용과 기재되지 않은 자세한 내용을 적절히 섞어 말했습니다. 또한 추상적인 내용의 문장은 하나도 없으며, 연도와 용어의 정확한 사용을 통해 전달 과정에서 학문적인 오류를 없애고자 최선을 다했습니다.

'면접'은 세특에 대한 해설입니다. 박물관이나 미술관에 가면 도슨트가 있습니다. 여러분은 도슨트의 설명을 왜 듣나요? 도슨트라는 직업의 존재 이유는 무엇일까요? 제가 감히 생각하기에는, 글로 담아낼 수 없는 이야기에 생명력을 불어넣어 타인에게 전달하기 위함입니다.

면접도 이와 다르지 않습니다. 특히 생기부는 1500바이트라는 아주 작은 분량에 한정되어 한 문장을 더 넣기에도 버거울 때가 많습니다. 따라서 면접장에서 무언가 새로운 이야기를 하겠다는 야심찬 욕심보다는, 생기부로는 다하지 못했던 자세한 이야기에 생명력을 불어넣어 담백하게 설명하고자 하는 목표를 가지는 것이 좋습니다.

따라서 '면접 준비'는 활동에 대한 '정리'로 시작되고, 다시 그것으로 끝나야 합니다. 면접 준비 과정에서 무언가를 새로 시작하는 것이 아니라, 정리된 것을 살펴보며 활동 간 연계성을 찾음으로써 여러분의 고등학교 생활 3년에 생명력을 불어넣는 고귀한 시간과 절차인 것입니다.

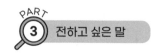

Part 3-1 선배가 조언하는 입시 팁과 도움말

면접 보는 10분이
제일 행복했어

12월 2일 오전 10시 39분, 싱글벙글 웃으며 화기애애한 분위기 속에서 진행됐던 면접이 끝나고 사회과학대학 16동 정문을 나가며 엄마에게 했던 말이 아직도 생생하게 떠오릅니다.

"엄마, 면접 보는 10분이 지금까지 세상에서 제일 행복했어!"

대한민국의 정치학·외교학 권위자이자 우리나라 최고 대학의 교수님이 저의 이야기에 귀 기울여 주시며 10분이라는 시간을 보냈다는 사실에 너무 행복했습니다. 빨간색 펜으로 밑줄이 정말 많이 쳐진 상태로 교수님 앞에 놓여 있는 생기부와 웃으며 답변을 들어주시는 교수님의 모습까지, 서울대학교 정치외교학부를 꿈꿨던 초등학교 1학년 때부터 상상해 왔던 자리에 다녀온 저 자신이 대견하면서 한편으로는 후련했습니다.

세상에서 제일 행복했다는 한 마디를 외치고 엄마 품에 안겼을 때, "도와주지 못해서 미안해. 잘해줘서 고마워, 아들."이라는 말을 들을 수 있었습니다.

저는 입시에 있어서 부모님의 도움을 당연하다고 여기는 것은 지양되어야 할 문화라고 생각합니다. 서울대학교 입시요강에 항상 등장하는 말이 있습니다.

- **주어진 여건에서 보인** 교과 학습활동의 성취 수준과 학업 역량을 평가함.
- **지원자의 교육 환경을 바탕으로** 고등학교 전 과정에서 국어, 영어, 수학, 사회, 과학뿐만 아니라 음악, 미술, 체육 등 전 교과를 충실히 이수하였는지와 서울대학교 교과이수기준 충족 여부 등을 고려하여 평가함.

'주어진 여건'과 '지원자의 교육 환경'이라는 단어는, 입시에 있어서 서울대학교의 최고 가치라고 생각합니다. '최선'을 다했는가. 서울대학교는 이것 하나만을 물어보기 위해 여러분의 생기부를 읽어볼 것이며, 최선을 다한 여러분을 면접장으로 불러낼 것입니다.

주어진 환경에 불평하는 대신, 여러분의 최선을 다해보세요. 다시는 똑같이 할 수 없을 정도로 최선을 다했다고 자신할 때까지 노력해 보세요. 최선을 다하는 과정의 끝에는 최선의 결과가 여러분을 맞이하고 있을 것입니다.

읽는 사람을 감동시키는 생기부 작성 방법

서울대는 천재들만 가는 곳이 아니다

사회과학대학 정치외교학부 ㅣ 24학번 박준태 ㅣ 일반전형
경기도 의왕시 ㅣ 외고 졸업

안녕하세요, 서울대학교 정치외교학부 24학번으로 입학한 박준태라고 합니다. '서울대'라고 하면 으레 드는 생각은 무엇인가요? 아마도 '천재들이 가는 곳', '엄청난 노력과 뛰어난 재능이 있어야 입학이 가능한 곳' 등일 것입니다.

저도 그랬던 것 같습니다. 수시를 중점적으로 준비하던 저는 고등학교 1학년 때까지만 해도 간당간당한 내신 성적으로 스트레스를 많이 받았습니다. 공부를 잘하기 위해 저 자신을 더욱 강하게 단련시켰습니다. 성적을 올리기 위해 고등학교 3년 내내 수업 시간에 한 번도 졸지 않았고, 입시 전반에 대해서 미비한 정보력을 극복하기 위해 틈날 때마다 대학별 입시 요강을 훑어보곤 했던 것이 기억나네요.

이처럼 갖은 노력 끝에 서울대학교에 입학하고 나니, 그 순간들을 회상하면서 저는 이제 서울대란 '제 자신감의 뿌리'라고 말할 수 있게 되었습니다. 서울대를 발판으로 저만의 멋진 인생을 펼쳐내리라는 생각을 하니 가슴이 뜁니다.

하지만 지금 입시를 준비하는 여러분에겐 '할 수 있다, 해내겠다'는 자신감과 욕심뿐 아니라 '내가 과연 할 수 있을까?'와 같은 의심과 불안, 그리고 부담감이 혼재해 있을 것입니다. 매달, 매주 단위로 끊을 필요도 없이 당장 오늘의 공부, 오늘의 내가 걱정될 것입니다. 가끔은 미래에 대한 걱정으로 잠을 못 이루는 때도 있을 것입니다.

이런 여러분의 마음을 누구보다 잘 이해하기에 이 글을 쓰기로 마음먹었습니다. 제 경험을 충분히 녹여내서 여러분이 입시를 준비하는 데 핵심적인 내용만을 알 수 있도록 준비했으니, 필요한 것을 골라서 필요한 곳에 요긴하게 쓰세요. 여러분의 앞길에 행운이 있길 바랍니다.

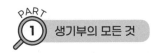

Part 1-1 매력적인 생기부를 위한 팁

동기-과정-결과의
삼위일체가 생기부의 핵심

좋은 생기부란, 읽는 이가 눈물을 흘릴 정도로 감동시켜야 합니다. 첫 문장부터 다소 당황스러울 텐데, 이것이 Part 1을 관통하는 핵심임을 잊지 말아야 합니다. Part 1을 모두 읽고 나면, 이 문장을 여러분이 입시를 준비하면서 스스로 여러 번 곱씹어 보아야 할 것임을 깨닫게 될 것입니다.

간소화 전보다 생기부의 질을 높여라

수시 전형, 특히 학생부 종합 전형은 점점 간소화되고 있습니다. 덕분에 제가 입시를 치렀던 2024학년도에서는 자기소개서도 쓰지 않아도 됐고, 생기부에서 평가되는 항목도 몇 개 되지 않기도 했었죠.

이런 현상이 여러분에게 무엇을 시사하는지 곰곰이 생각해 보아야 할 것입니다. 그 시사점이란 바로 '생기부 평가 내용이 축소될수록 내 생기부가 질적으로 향상될 수 있도록 해야 한다'는 것입니다. 입학사정관들이 생기부를 보는 내용의 양적 측면이 큰 폭으로 줄어들었다는 것은 여러분이 그만큼 얼마 남지 않은 생기부 평가 요소를 더욱 치밀하고 꼼꼼하게 준비하고 드러내야 하는 환경에 놓였다는 것이고, 이는 어쩌면 간소화 이전보다 더 많은 정성적 노력이 들어가야 한다는 뜻이기도 합니다.

백문이 불여일견이라고, 제 고등학생 시절 생기부를 보며 어떤 생기부가 질적으로 우수한 생기부인지 이야기를 이어 나가도록 하겠습니다.

자율활동(1학년)
학교행정위원회 활동(2021.08.17-2021.12.27)을 통해 능동적으로 다양한 의견을 제시하고 맡은 역할을 꼼꼼히 수행하여 교내행사의 위상을 높이는데 크게 기여함. 2학기 학급 부회장 (2021.08.17.-2021.12.31.)으로서 학급 경영과 정보 전달, 과제 정리 및 안내 등의 활동에서 성실함과 계획적이고 추진력 있는 모습을 통해 반 운영과 성장에 큰 영향력을 줌. (…) '미디어 진로 탐색' 시간(2021.10.27.)에 '공부의 필요성'에 관한 영상을 찾아 시청하는 활동을 통해 평소 학업에 지쳐 있는 자신에게 목적성을 부여함. '영상 교류반' 특색 활동(2021.10.28.)으로 감명 깊게 보았던 영상을 친구들과 공유하면서 '운동과 공부의 상관관계'에 대해 친구들의 관심을 환기하고, 운동의 기능에 대한 시야를 넓혔으며, 체육 교과 수업 시간에 급우들의 적극적 참여를 유도함.

어떤가요? 언뜻 보기엔 활동이 많고 풍부해 보이지만, 실상은 잡다함 바로 그 자체였던 저의 고등학교 1학년의 자율활동입니다. 이것저것 시켜서 한 것들로만 가득 차 있어, 제 생기부 내용들 중 저 스스로 가장 최악으로 평가하고 있습니다.

고1 겨울방학 이후로 저는 본격적으로 입시, 특히 생기부 작성에 대해 수많은 정보를 접하며, 큰 깨달음을 얻었습니다. 그것은 바로 '한 활동을 해도 그 활동이 온전하고 상세하게 드러나도록 기술하는 것', 그리고 그 중심에는 '활동 동기와 과정, 그리고 결과라는 삼위일체가 반드시 나타나도록 해야 한다'는 것이었습니다.

2학년으로 올라가면서 1학기가 끝난 여름방학 직전에 나름대로 생기부에 관해 공부한 내용을 실천할 기회가 생겼습니다. 이때 제가 쓴, 같지만 다른 자율활동을 보고 비교해 보시죠.

자율활동(2학년)
코로나19가 젠더 갈등에 미친 영향을 주제로 참가한 모의국제회의행사(2022. 10. 26-2022. 10. 27)에서 방글라데시 측을 맡아 영문 기사 조사를 통해 여성이 소외되고 실업률이 급증한 방글라데시의 상황을 파악함. 자료 조사 과정에서 강대국과 약소국의 정보 편차가 심한 현상을 목격함. 타 개발도상국들과 함께 국제기구와 선진국의 경제적, 교육적 지원을 요청하는 결의안을 영어로 작성함. 결의안 상호 피드백에서 선진국의 지원은 지나친 정치 간섭으로 이어질 수 있다는 의견을 제시함. 학급특색활동 분야별 북클럽 활동(2022. 3. 11-2022. 11. 4)에서 정치와 철학의 연관성에 궁금증을 가져 『근대 사회 정치 철학의 테제들(고지현 외)』을 읽고 자기가 속한 공동체의 일념만을 맹신하는 것보다 헤겔의 상호인정을 실천하는 자세가 필요함을 주장함. 정치는 철학에 기반을 두어 실현되며 국민이 정치적 운동을 철학적 사고로 비판할 줄 알아야 함을 느꼈다고 함. (…)

눈에 띄게 달라진 것이 느껴지시나요? 변화한 지점을 조금 짚어보자면, 일단 기록에 넣을 활동 개수는 줄이고, 활동 하나당 할애한 글자 수를 늘려 한 활동에도 저의 '열정과 진정성'이 느껴지도록 유도했습니다. 특히 두 번째 활동으로 기록된 '학급특색활동 분야별 북클럽 활동'이 아주 좋은 예입니다. 1학년을 회고하던 저는, 정치의 여러 하위 분야 중 정치 철학에 관한 관심이 잘 드러나 있지 않아 아쉬웠음을 인지했습니다. 이에 동기를 얻어 관련 책을 하나 골라 친구들과 함께 주제별로 책을 읽어 대화를 나눈 경험을 고스란히 녹여낸 기록을 다시 보니 저도 흐뭇해지네요. 이처럼 메타인지로 '본인의 과오를 딛고 피드백을 거쳐 개선하는 과정 자체'도 중요합니다. 이는 생기부뿐 아니라 '공부'라는 것을 대하는 기본 태도이기도 합니다.

'자율에는 꼭 ~한 내용이 들어가야 한다더라' 등과 같은 것들보다도 더 중요한 것은 바로 탐구 의지와 동기, 그리고 활동의 구체성입니다. 특히 창체 전반에서 여러분의 호기심과 탐구 능력을 잘 드러내야 합니다.

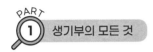

Part 1-2   과목별 세특 사례와 조언

"교과서 위주로 공부했어요"가 주는 의의

잠시 창체에 관한 이야기는 접어두고, 이제 '교과학습발달상황'으로 넘어가 이야기를 이어가 봅시다. 교과학습발달상황 중에서도, 특히 세특에 관한 가장 큰 오해는 '무조건 진로와 연계해서 작성해야 한다'라는 것입니다. 과연 그럴까요? 아래 예시를 보면서 고민해 봅시다.

생활과 윤리(2학년)
(상략) 칸트의 철학을 비중 있게 학습하고 소화하여 **칸트가 사형이 인간성 정식과 탈리오 법칙을 실현하고 공적 정의를 위한 수단임을 명확하게 이해함. 루소의 사형 존치론에 반대하여 이에 대한 비평문을 작성함.** 형량이 일정 수준에 도달하면 그 이후로는 범죄 억지력이 감소하는 모양의 그래프를 포함해 사형은 대중에 저항 심리를 야기한다는 점, 피해자의 일시적인 감정 해소에는 도움이 될 수 있겠지만 사회적으로 건전하지 못한 사례가 될 수 있다는 점, 그리고 사형이 정치적으로 악용될 가능성이 있다는 점을 근거로 제시함. 롤스가 주창한 정의의 원칙을 공부하고 이를 활용하여 약자 우대 정책에 대해 찬성하는 글을 작성함. 모두가 **원초적 입장**에서 찬성할 것이고 **정의의 제 1, 2 원칙**에 의거하여 약자 우대 정책은 정당하다는 근거를 내세움. (…)

어떤가요? 진로에 관한 부분을 하나라도 찾을 수 있나요? 제가 여러 세특 중에서 이 부분을 가장 좋아하는 이유는 제가 2학년 당시 푹 빠져 있던 생활과 윤리 교과목을 공부하면서 배우고 느꼈던 여러 가지를 저 작은 네모칸 안에 솔직하고 담백하게 모두 담아낼 수 있었기 때문입니다.

앞선 질문에 대해 '과목 자체가 진로와 연관 있는 것 아니냐?'라며 반문할 수도 있겠지만, 요지는 기록 자체를 진로에 관한 이야기로만 '도배하는' 식의 세특은 전혀 이롭지 않다는 것입니다.

그런데 강조된 부분을 중심으로 다시 읽어보았을 때, 무언가 알아채셨나요? 저 세특에는 오로지 생활과 윤리 교과서에 등장하는 개념과 이를 기반으로 제가 심도 있게 조사해서 학습한 내용만 존재합니다. '교과서 기본 개념 학습→심화 논증과 이론 습득→완성된 지적 결과물 산출'이 기본적인 세특의 틀입니다. 이는 세특뿐 아니라 기본적인 대학 공부의 틀이기도 하므로, 진로활동 등에도 다양하게 활용하면 매력적으로 보일 것입니다.

교과목 간 연계에 도전하자

또, 가능하다면 교과목 간 융합과 연계도 과감하게 도전해 보세요. 연관성이 깊어 보인다고 하더라도, 교육과정상 서로 다른 과목으로 분리된 것에는 다 이유가 있습니다.

저는 비교적 서로 연계성이 강한 수학 I, 수학 II, 그리고 확률과 통계를 융합한 문제를 하나 만들었는데, 이러한 경험이 하나라도 있다면 고등학교 교과목을 바라보는 시야 자체가 달라지는 효과를 누립니다.

(···) 기출제된 문제를 변형하는 수행평가에서 함수의 극댓값을 연계한 정규분포에 관한 문제를 등비수열, 미분에서 방정식의 실근의 개념을 추가하여 통합적이면서 난이도를 높인 문제로 변형함. **수학I, 수학II, 확률과 통계에서 골고루 조건을 갖도록 한 것은 학생의 고등수학 전반에 걸쳐 탄탄하게 다져진 개념과 성질에서 비롯된 것이며 해설도 개념에 충실하게 설계를 한 점에서 학생의 수학적 사고와 능력에 대한 우수성을 느낄 수 있었음.**

물론 그렇다고 해서 강박적으로, 무조건 피하라는 것은 아니지만, 한 글자 한 글자 소중한 생기부를 '진로'라는 틀에 끼워 맞추기에는 여러분의 잠재력은 너무나 크고 광활합니다.

이렇게 교과목 하나라도 교과서에서부터 시작해 논의를 확장하고, 다른 교과목을 서로 넘나드는 식의 활동을 거듭하다 보면, 도전적이고 낯선 과제도 슬기롭게 해낼 수 있게 됩니다.

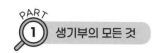

Part 1-3 교과 외 활동 사례와 조언

배움을 확장시키는
동아리 토론

앞서 소개했던 자율활동, 세특 외에도 동아리활동 역시 매우 중요합니다. 그중에서도 동아리는 독특한 차이점을 하나 지니고 있는데, 그것은 바로 공동체 단위에서 이루어지는 활동이라는 점입니다. 이는 후술할 내용에서도 확인할 수 있겠지만 대단히 큰 장점으로 작용합니다.

사람들과 생각을 공유하며 발전시키는 모습을 드러내자

동아리의 순기능은 교과 관련 지식을 혼자만이 아닌 다양한 관심 분야를 공유하고 있는 또래들과 공유하며 발전시킬 수 있다는 것입니다. 저는 이러한 과정을 대부분 토론의 형태로 접했습니다. 제가 동아리활동을 하면서 느낀 토론만의 장점은 '한 주

제에 관해 매우 수준 높은 대화와 상호작용을 거쳐 사유의 저변을 넓힐 수 있다는 것'
에 있습니다.

저는 정치외교 관련 동아리에서 오랫동안 활동했는데, 이때 시의성 있던 포퓰리즘
과 난민 수용에 관해 다른 동아리와 흥미로운 지적 공방을 벌였던 기억이 납니다. 이
과정에서 자료를 다방면으로 조사하고 논증과 변론을 구성하는 과정을 아래처럼 기
록했습니다.

동아리활동(2학년)

타 동아리와 연계하여 '자본주의 체제에서 포퓰리즘 정치는 불가피한가?'라는 주제의 토론에 참여함. 이에
모범적인 민주 국가로 여겨졌던 에스토니아의 우익 포퓰리즘 정당의 약진과 프랑스의 노란 조끼 운동을 들
며 주제에 대해 찬성함. 무엇보다 민주주의와 포퓰리즘의 근간이 같다는 점에 착안하여 민중이 원하는 것
을 알아내고 그 목적을 추구하여 달성하는 것이 정치의 본질이라는 주장을 펼침. 한국의 난민 수용 찬반에
관해서도 다른 동아리와 연합하여 토론을 진행함. 반대 측 입장에서 문화적 차이, 사회적 비용 증가, 국가
안보적 문제 발생을 예로 들어 근거를 제시하는 등 한국의 난민 유입 문제를 냉정하게 바라봄으로써 국제
관계에 대한 현실주의 입장을 이해하는 계기가 됨. (…)

앞서 강조했듯 활동의 구체성과 결과를 상세히 적어, 토론에서 제가 무엇을 담당했
고 어떤 논변을 펼쳤는지 등을 명료하게 드러나게끔 하였습니다. 개인적으로 실증적
인 예시를 구체적으로 들어가며 근거를 들었던 부분이 잘 실려 있어 마음에 들었습니
다.

이렇듯 동아리활동의 특성상 토론을 적극적으로 이용한다면 특정 주제에 대해 자
신은 몰랐던 다른 이들만의 생각과 견해를 마음껏 들어볼 수 있는 특권을 누릴 수 있
을 것입니다. 특히, 교과 개념에서 배웠던 바를 적용하고 확장해 나간다면 더할 나위
없으리라 생각합니다.

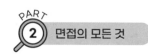

Part 2-1 빈틈없는 면접을 위한 팁

제시문 면접에서
가장 중요한 것은?

학종만 6개를 지원했던 저는, 서류 100% 전형으로 합격자를 가려냈던 성균관대학교를 제외하곤 나머지 5개 대학교의 2차 관문인 구술고사에 합격하기 위해서 제시문 기반 구술고사를 준비해야 했습니다. 본격적으로 여름방학 때부터 면접 학원에 다니면서 기출 제시문을 익히고 면접 실력을 익히는 데에 집중했습니다.

면접을 잘 보는 법에는 무엇이 있을까요? 방대한 배경지식, 화려한 말솜씨, 엄청난 자신감 등을 생각해 볼 수 있을 것 같네요. 하지만 제가 응시했던 형태의 면접장에서는 '제시문'이 주어졌다는 것에 주목할 필요가 있습니다.

제시문이 존재하는 이유는 응시자 각각이 동일한 지문을 독해하고 답변을 시작할 수 있다는 객관성과 그러면서도 응시자마다 상이한 양상으로 자신만의 논증 구조를 수립할 수 있기에 발생하는 변별성을 모두 확보할 수 있는 효율적인 장치이기 때문입니다.

제일 중요한 것은 바로 제시문 자체

제시문 면접에서 가장 중요한 것은 바로 '제시문 독해'입니다. 생각보다 많은 이들이 이 사실을 간과하곤 하는데, 절대 그래서는 안 됩니다. 무수한 배경지식 나열이나 웅변가와 같은 사족이 잔뜩 붙은 답변은 대학 구술고사에서 바람직하지 않으며 오히려 감점 요인으로 작용합니다. 고등학생들이 보는 대학교 입시 면접은 많이 알고 말 잘하는 사람을 뽑기 위한 것이 아니기 때문입니다.

대한민국 모든 대학교에서 실시하는 구술고사의 목적은 '교과 개념을 충실히 익히고 이를 제시문에 적용하여 논의를 확장하여, 창의적인 답변을 만들어 낼 줄 아는 학생을 뽑는' 것입니다. 여기서 '창의적'이라 함은 합리적 추론을 지칭하는 것으로, 제시문을 넘어 과도하게 심화한 이론이나 개념이 아닌, 교과과정 내에서 충분히 학습할 수 있는 수준에서 논리적으로 구성할 수 있는 답변이 가능함을 함축합니다.

제시문을 최대한 다방면으로 읽고 또 읽으세요. 음과 양, 장단점, 비판할 만한 부분 등을 최대한 많이 발견하려고 노력해 보세요. 또 제시문이 여러 개라면 제시문 간의 관계, 예를 들면 같은 주제에 관한 상반된 견해 등의 형태로 제시되었다는 것을 알아내야 합니다. 학교에서 배웠던 개념과도 연결해 보고, 적용하려는 노력을 꾸준히 하는 게 분명 도움이 될 것입니다.

그다음으로는 제시문의 요지를 반박-재반박의 구조로 구성해 보세요. 또한 사례·견해 제시형에서는 교과과정에서 배운 내용을 활용해도 충분하니, 기억나지 않는 내용이 있다면 반드시 몇 번 복습하는 것이 좋습니다.

이제부터는 실제 기출 제시문을 살펴보면서, 면접을 정복할 길을 찾아보도록 합시다.

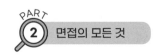

사회과학대학 정치외교학부
일반전형 면접 복기

서울대는 30분의 준비 시간과 15분의 답변 시간을 제공합니다. 제시문은 크게 두 개인데, 인문학과 사회과학이 있으며 여기서 다시 주제와 관련한 세부 제시문과 문제로 구성됩니다. 저는 오전조, 그중에서도 2번을 배정받아 오전 8시 반에 전체 일정이 시작되는 동시에 대기실로 투입되어 다소 당황스러웠던 기억이 납니다. 그럼에도 제시문이 친숙한 주제여서 걱정 없이 집중하며 문제를 풀어나가며 탄탄한 답변을 만드는 데 노력했습니다. 준비 시간이 다 되어 고사장으로 입장했는데, 작은 사무실을 고사장으로 임시로 만들어 놓은 듯한 느낌이었습니다. 문을 노크하고 열고 들어가니 면접관(교수님)이 두 분 계셨습니다.

Q. 자…. 우리, 긴장한 상태에서는 말이 빨라질 수 있으니까, 숨을 좀 골랐다가 시작합시다. (왼쪽에 계신 면접관님이 웃으면서 맞이해 주셨는데, 첫 마디부터 배려해 주셔서 매우 고마웠음.

이 말 한마디가 전체적인 면접 분위기를 판가름할 정도로 작용했던 것으로 생각함) **다 됐나요? 면접이 인문학과 사회과학으로 구성되는데, 혹시 어느 것이 더 자신 있나요?**

A. 네! 저는 인문학부터 시작하겠습니다.

[제시문 1 - 277쪽 김인재 학생 인문학 제시문과 동일]

A. 인문학 제시문 문제 1 답변 시작하겠습니다. 제시문 (가)에서 말하는 역사학의 특성은 역사적 사실을 연구해야 하는 진실성과 역사가에 의해 해석되고 가공되는 과정을 거쳐서 생기는 서사성을 모두 가지고 있는 데서 나온다고 말하고 있습니다. 으레 학문이란 진실을 추구해야 하는데도 불구하고, 역사학은 독특하게도 객관적인 사실뿐 아니라 여기에 역사적 해석이라는 이야기성이 결합하여 나타나는 것으로 보입니다. 제시문 (가)에서 말한 허구성은 결국 바로 이 역사가의 견해에 따른 역사적 해석을 의미하는 것이라고 생각합니다. 과거의 사실만을 나열한 것을 역사학이라고 부르지 않듯, 역사학의 허구성은 과거 사실을 역사가의 사고 체계에 의해 엮인 하나의 이야기라는 특성을 가리킨다고 생각합니다. 이를 바탕으로 제시문 (나)의 허구적 요소란 집단에 의해 조성된 공포감, 즉 조직에서 나오는 허구성이라고 생각합니다. 제시문 (나)는 대원들의 개인적인 심리적 반응에 주목한 것이 특징인데, 각 대원이 대량 학살이라는 분명히 도덕적으로 악한 행위를 놓고 내집단으로부터 소외되지 않도록 반강제적으로 동참하게 되었다고 설명하고 있습니다. 제시문 (가)에서 분석한 허구성은 각 대원이 느꼈던 순응주의와 복종심, 그리고 두려움 등으로 나타났다고 보았습니다. 제시문 (다)의 허구적 요소는 반유대주의라는 당시의 독특한 이념이라고 볼 수 있습니다. 제시문 (다)에서는 대원들이 조직에 굴복했다기보다, 이미 반유대주의라는 신념

이 내재해 있었기 때문에 대량 학살에 자연스레 참여하게 되었다는 설명을 내놓습니다. 골드하겐이 주장하는 바에서 알 수 있는 허구적 요소는 궁극적으로 반유대주의 그 자체뿐 아니라 대원들이 동참하게끔 만든 욕망과 문화도 포함될 수 있을 것입니다. 이상입니다.

Q. 네, 다음 문제 답변 계속해 주세요.

A. 네, 문제 2 답변 시작하겠습니다. 저는 제시문 (가)에서 말한 혼종성은 심리학에서도 찾아볼 수 있다고 생각했습니다. 프로이트와 융의 이론이 대표적인데, 역사학과 비교하자면 둘 다 각각 과거의 사실과 인간의 심리라는 대상을 주제로 이론적 해석을 가미하여 허구성을 개입한다는 공통점이 있습니다. 물론 여기에서 과거의 사건이 일어났다고 하는 비교적 실제적인 사실과 과학적으로 측정하기 힘든 인간의 마음 상태를 어찌 객관적인 연구 대상으로 동등하게 놓고 볼 수 있냐고 반박할 수 있습니다. 그럼에도 불구하고, 심리학에서 다루는 인간 심리는 학문 구조적으로 역사학에서 비교적 진실의 영역으로 취급되는 과거의 사실과 대응될 수밖에 없으며, 엄밀히 따지면 과거의 사실 역시 완전히 객관적이지는 않다고 재반박할 수 있습니다. 따라서 심리학에서 연구 대상으로 간주하는 인간의 심리적 상태는 진실성과, 프로이트나 융과 같은 연구자들의 해석과 그들의 이론은 허구성에 각각 대응되기 때문에, 심리학도 역사학의 허구성과 비슷한 특징을 띤다고 생각합니다. 심리학뿐 아니라 다양한 학문 분야에서 허구성이 나타날 수 있기 때문에, 이를 적절히 객관성이나 진실성과 같은 요소와 조화하도록 하여 학문이 본질을 유지할 수 있도록 해야 할 것입니다.

Q. 네, 잘 들었고요, 추가 질문은 마지막에 한꺼번에 하겠습니다.

A. 사회과학 제시문 문제 1 답변 시작하겠습니다. 제시문 (가)에서는 안내문을 붙인 차량의 사고 발생률이 낮아진다고 가정했을 때, 그 요인은 단순히 다른 차량이 그 안내문을 의식해서 더욱 조심성 있게 운전하게 되는 것이 아니라, 안내문을 단 차량의 운전자가 원래부터 조심스럽게 운전하는 편이었기 때문일 수도 있다는 내용을 담고 있습니다. 그뿐 아니라 안내문을 붙인 후 다른 차량이 더 조심스럽게 운전하리라고 믿으면서 오히려 부주의해지는 경우도 있을 수 있다며 한 사건의 인과관계를 분석하는 데 있어 상황이 나타나는 여러 이유들을 제시하고 있습니다. 제시문 (나)에서는 전투기를 보강하기 위해 귀환한 전투기에 주로 뚫린 총알구멍의 위치만 고려한 상황으로 인해 잘못된 인과관계 분석이 이루어진 모습입니다. 무엇보다 피격되어 돌아오지 못한 전투기를 포함하지 못했고, 오히려 귀환한 전투기가 가장 많은 총알을 맞은 부위는 그 정도를 버틸 만큼 튼튼했다고 해석해야 하기에 인과 전제 자체도 오류가 있었다는 것입니다. 따라서 각 제시문의 밑줄 친 사례의 공통점은 둘 다 통계의 오류를 내포하고 있다는 것입니다. 반면에 제시문 (가)의 밑줄 친 부분은 인과와 결론 자체는 성립한다는 것입니다. 이 말은 즉, 안내문을 달았다는 명백한 행위를 마친 차량은 '조심스럽게' 운전하게 되는 경향은 확인되었다는 것입니다. 다만 '왜' 그것을 달게 되었는지, 혹은 그에 따른 부작용까지는 부차적인 논의에 그칩니다. 제시문 (가)에서 문제삼는 것 역시 이것입니다. 다만 제시문 (나)의 밑줄 친 부분은 애초부터 인과의 설정과 결론 모두 어긋난 사례라고 볼 수 있습니다. 전투기 보강이라는 목적하에서 전체 전투기를 고려하지 않고 귀환한 전투기만 통계에 포함했다는 점, 또 총알구멍과 피격 가능성의 상관관계를 정반대로 분석했다는 점이 근거입니다.

A. 다음으로 문제 2 답변하겠습니다. 제시문(가)와 제시문(나)에서 문제가 된 상황을 요약하자면 통계적 오류로 인한 잘못된 결괏값 산출이라고 할 수 있겠습니다. 이와 유사한 사례는 선거에서도 흔히 볼 수 있습니다. 전국적으로 A, B, C당이 있고 지역구가 가, 나, 다, 라, 마, 바가 있다고 할 때 A당과 C당이 가, 나, 그리고 다에서 각각 60%와 0%를, 라, 마, 바에서는 각각 10%와 50%를 득표하고 B당은 모든 지역구에서 40%를 동일하게 득표했다면 이때 지역구를 합산한 당별 평균 득표율은 A당이 35%, B당이 40%, C당이 25%입니다. 하지만 단순다수제를 채택하는 우리나라와 같은 국가에서는 가, 나, 다 지역구에서는 A당 후보가, 라, 마, 바 지역구에서는 C당 후보가 당선되어 결국 평균 득표율이 가장 높은 B당에서는 한 명도 당선되지 못하는 웃지 못할 일이 벌어집니다. 이 사례는 전형적인 통계적 오류에 기반한다고 생각해서 유사한 사례로 들게 되었습니다. 민주주의에서는 다수결에 의한 투표가 기본인데, 말씀드린 상황에서는 그것이 실현되지 못하고 있습니다. 만약 민의를 득표율대로 반영하여 선출직을 뽑는 제도였다면 이와 같은 오류가 벌어지지 않았을 것입니다. 따라서 시민의 정치적 의사를 제대로 수용하고 이를 제도적으로 지지할 수 있도록 수정해야 할 것입니다.

Q. 인문학 제시문에서 추가로 물어볼 게 있는데요, 아까 문제 2에서 프로이트와 융의 이론을 예시로 들면서 이것이 역사적 허구성과 매우 유사한 형태를 띤다고 설명해 주었습니다. 심리학과 같은 사회과학에서만 이런 허구성이 나타난다고 생각하나요?

A. (다소 유도적인 질문 의도가 느껴져서 이 추가질문에는 방향성을 금방 잡을 수 있었음.) 역사학이나 심리학에서 드러나는 허구성은 사회과학은 물론이고 자연과학에서도 드러날 수 있다고 생각합니다. 아무리 자연과학이 자연 현상을 관찰하고 기록하며 과학적으로 분석하는 학문이라고 하지만, 여기에도 마찬가지로 자연 현

상과 사실이라는 객관적인 영역과 관찰자의 분석과 이론과 같은 주관적인 영역으로 나뉠 수 있는 여지가 있다고 생각합니다. 가령 뉴턴과 아인슈타인이 시간이란 개념에 대해 상반된 해석을 내놓았던 것처럼, 자연과학이라 할지라도 허구성 내지 주관성은 존재할 수 있다고 생각합니다.

Q. 아까 인문학 제시문에서, 같은 현상에 대해 서로 다른 분석을 내놓았잖아요. 왜 그런 것 같아요?

A. 저는 두 역사가 간의 견해 차이는 제시문 (나)의 브라우닝은 거시적이고 구조적인 차원에서, 제시문 (다)의 골드하겐은 다소 미시적이고 역사적인 차원에서 분석한 것에서 비롯된다고 생각합니다. 브라우닝은 조직이나 집단 자체가 구성원 개개인에 가하는 압력에 주목하는 편이고, 골드하겐은 1930년대 당시 독일 사회의 독특함에 초점을 맞춰 역사적인 맥락에서 현상을 분석했던 것으로 보입니다.

Q. 어느 견해가 맞다고 생각해요?

A. 저는 골드하겐보다는 브라우닝의 견해에 조금 더 동의하는 편입니다. 집단에 순응하는 것은 인류사 보편적으로 발생하는 현상이기도 하고, 반유대주의라는 것 하나만으로 대규모의 비도덕적 행위를 규명하기란 어렵기 때문입니다.

Q. 마지막으로 사회과학에서 제시문 (가)와 제시문 (나)의 차이를 짧게 설명해 주세요.

A. 네, 답변 드리겠습니다. 두 제시문 간 차이는 분수의 개념으로도 설명 가능해 보이는데, 제시문 (가)의 경우는 분모는 온전하게 계산되었으나, 제시문 (나)의 경우는 분모조차도 빠트린 수치가 있어 온전치 않게 합산된 상황이라고 볼 수 있을 것 같습니다.

관심을 역량으로
키워내는 방법

단순한 동기를 단계적으로 진로로 만들다

013

사회과학대학 경제학부 ㅣ 23학번 정찬영 ㅣ 지역균형전형
경기도 성남시 ㅣ 일반고 졸업

안녕하세요, 서울대학교 경제학부에 재학 중인 23학번 정찬영입니다. 여러분은 미래에 대한 확실한 목표가 있나요? 지금 와서 다시 생각해 보니 고등학교 시절의 저는 목표가 분명하지 않았던 것 같습니다. 중학교 때 경제 관련 서적을 흥미롭게 읽었고 수학에 대한 일정 수준의 관심이 있었다는, 어떻게 보면 굉장히 단순한 동기들로 인해 경제학부를 목표로 대입을 준비했습니다. 이처럼 저는 1학년 때부터 분명하고 확실한 목적을 가진 상태로 고등학교 시절을 보낸 것이 아니라, 관심 수준에 머무르던 분야에 대해서 단계적으로 탐구를 진행하며 해당 분야에 대한 흥미도와 역량을 키워나갔습니다.

물론 중고등학교 때부터 본인의 진로에 대한 확신을 가지고 그에 대한 학습을 이어가는 분들도 있겠지만, 대부분의 학생들은 고등학교 시절의 저와 비슷한 상황에 처해 있을 것이라 짐작합니다. 이러한 분들은 자연스레 생기부를 어떤 방향성으로 채워나가야 하는지, 진로 관련 탐구는 어떤 방식으로 진행해야 하는지 등에 대해 더욱더 많은 고민을 하게 될 것입니다.

그런 고민을 하는 분들께 도움을 드리고자 이 글을 작성하기로 결정했습니다. 저 스스로가 고등학교 때 했던 고민들을 해결해 나가며 체화했던 노하우를 핵심적인 내용만 뽑아서 정리했으니, 여러분도 본인의 상황에 알맞은 정보들만 골라내어 활용하면 되겠습니다. 힘들고 포기하고 싶은 순간도 많겠지만, 여러분의 대학 입시가 좋은 결과로 이어지길 응원합니다.

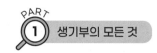

Part 1-1 매력적인 생기부를 위한 팁

연계성을 중심으로
생기부의 기승전결 잡는 법

생기부에서 학생들이 중점적으로 고려해야 할 요소는 뭐라고 생각하시나요? 개인별로 관점의 차이가 있을 순 있겠으나, 생기부의 기승전결을 등한시하는 사람은 없을 것입니다.

학생부 종합 전형의 서류 평가 단계에서는 대부분의 경우, 입학사정관이 제한된 시간 내에 모든 지원자의 서류를 정성적으로 평가하게 됩니다. 한정된 시간 내에 입학사정관의 기억에 남을 만한 생기부를 완성하기 위해서는 본인만의 독특한 탐구 내용과 기발한 아이디어도 물론 중요하지만 가장 기본적으로 기승전결이 잘 구성되어야, 즉 생기부라는 하나의 읽기 자료가 매끄럽게 읽혀야 합니다.

이뿐만이 아니라, 기승전결이 완벽한 생기부는 생기부에 기재되어 있는 탐구 내용의 신빙성 보장에 큰 역할을 하기도 합니다. 서울대학교 지역균형전형의 면접에서는 지원자가 생기부에 적혀 있는 탐구를 제대로 진행했는지, 그 내용과 결과를 확실히 이해하고 있는지를 검증하는 데 주력할 만큼, 학생부 종합 전형에서는 생기부의 '신빙성'을 보장해 주는 것이 중요합니다. 기승전결이 잘 구성되어 있을수록 탐구들 간의 연계성 및 생기부를 구성한 학생의 의도가 명확하게 전달되기에 자연스럽게 생기부의 신빙성은 높아지게 되는 것이죠.

기승전결 있는 생기부 만들기

생기부의 기승전결을 완벽하게 만들기 위해서는 먼저 생기부의 큰 틀을 짜고, 짜여져 있는 틀을 토대로 활동 간의 연계성을 보여주는 것이 중요합니다. 구체적으로 말하자면, 1학년 때에는 본인의 진로에 대한 관심과 흥미를 드러내기 위해 비교적 넓은 분야에 대한 조사 및 탐구를 진행하는 것을 권장합니다. 2학년 때에는 1학년 때 했던 탐구활동들 중 본인이 인상 깊었거나 더욱 심화하여 탐구하고 싶은 세부 분야를 2~3개 정도 정한 후, 해당 세부 분야들에 대한 학습을 본격적으로 생기부에 드러내는 것을 추천합니다. 마지막으로 3학년 때는 2학년 때 했던 활동들을 서로 연계하여 본인만의 독창성을 드러낼 수 있는 탐구활동을 진행하거나, 기존 활동들을 더 깊이 파고들어 본인의 학습 역량 및 전공적합성을 보여준다면 기승전결이 상당히 잘 구성되어 있는 생기부를 완성할 수 있을 것입니다.

물론 이 생기부 작성 로드맵이 절대적인 것은 아닙니다. 당장 저도 코로나19로 인해서 1학년 때는 제 진로와 관련된 활동을 잘 드러내지 못했고, 2학년 1학기 때 제 진로인 경제학과 관련한 여러 분야에 대한 탐구를 진행했습니다. 즉, 위에서 이야기한 로드맵은 절대적인 시간이 아니라, 대략적인 순서를 나타낸 것입니다.

그러면 이제 예시를 통해 어떻게 제가 활동 간의 연계성을 중심으로 생기부의 기승전결을 구성했는지 보겠습니다.

특기사항
관심 있는 분야나 주제에 대해 장기간 깊이 탐색해 보는 자율 주제 탐구활동 XXX 프로젝트(2022.03.02.-2022.07.19.)에 '복지정책 수혜자의 도덕적 해이와 계약 이론: 유인 설계의 복지정책에서의 적용'이라는 주제로 참여함. 2학년 때 참여한 XXX 프로젝트 활동 결과, 사회적 약자에게 제공되는 국가적 복지혜택의 단점을 보완한 지속 가능한 복지정책의 필요성을 느껴 주제를 심화·확장한 탐구를 계획함. 이를 위해 핀란드의 기본소득 실험에서 도출된 데이터와 연구 자료를 살펴본 후 도덕적 해이라는 문제점을 파악하여, 관련 경제 이론과 자료를 추가 조사하고, OECD의 실업률과 핀란드 국민들의 증세에 대한 의견을 참고해 지원 확대가 아닌 제도 보완이 해결책이라는 결론을 내림. 평소 관심을 갖고 있던 계약 이론의 유인 설계를 적용하여 최종적으로 성과급 지급, 국가에 유리한 대상자 선정, 지속적인 감독 체계 마련이라는 결론을 도출함. 탐구 내용을 정리한 PPT를 제작하여 학교자율과정 시간에 전교생을 대상으로 발표함.

위의 특기사항에서는 2학년 때 제가 정한 세부 분야인 행동경제학과 관련한 활동을 3학년 때 더욱 심화시켜서 저만의 깊이 있는 탐구활동을 진행했다는 것을 확인할 수 있습니다. 이에 더해 저만의 결론을 도출할 때에는 이전에 탐구했던 계약 이론을 활용하여서 독창적인 아이디어를 제시했기 때문에 학습 역량을 드러낼 수 있었습니다.

이렇게 나뭇가지가 뻗어나가듯, 각 활동 간의 연계성을 중심으로 탐구활동을 심화한다면 본인이 이전에 했던 탐구활동을 확실하게 이해했고, 이를 활용할 수 있다는 사실을 자연스럽게 어필할 수 있습니다. 이렇게 활동 간의 연계성을 중시하는 것은 '연계성'이라는 하나의 키워드를 통해 전공적합성, 학습역량, 탐구의 신빙성 등을 드러낼 수 있기 때문에 상당히 효율적인 전략이라고 할 수 있습니다.

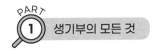

아이디어는 교과과정,
탐구는 논문을 참고하며

    과목별 세부특기사항이라는 그 이름에서 알 수 있다시피, 대부분의 경우 과목별 세특에서는 일단 교과 시간에 학습한 내용이 들어가야 합니다. 하지만 교과 시간에 배운 내용만을 가지고는 본인의 학습역량 및 전공적합성을 드러내기는 어려운 경우가 많습니다. 그렇기 때문에 탐구의 동기 및 아이디어는 교과과정에서 배운 개념을 활용하되, 문헌 조사를 통해 쉽게 찾을 수 있는 간단한 소논문 및 연구 보고서들을 참고하여서 심화탐구를 진행하는 것을 추천합니다.

    대학교, 혹은 그 이상 수준의 논문과 기업 및 공공기관에서 출간하는 연구 보고서를 학습하는 것 자체에 여러분이 두려움을 느끼는 것은 당연한 일이라고 생각합니다. 하지만 입학사정관들 역시 고등학생인 여러분이 논문 및 보고서를 모두 완벽하게 이해할 것이라 기대하지 않습니다. 입학사정관들은 지원자들이 본인의 관심 분야에 대해 얼마나 지적 호기심을 갖고 능동적으로 학습했는지를 더욱 중요하게 여깁니다. 따라서 자료의 모든 부분을 꼼꼼하게 학습하지는 못하더라도, 자료의 일정 부분을 이해하고 그 이해한 내용을 본인의 탐구에 적용할 수 있다면 그것만으로도 충분합니다. 논문이라는 단어에 거부감을 느끼기보다는 어느 정도의 학습을 통해서 본인의 적극적이고 능동적인 학습 자세를 보여주는 것에 주목해야 합니다.

주제를 고른 후 교과 개념을 찾아도 된다

교과 개념을 학습하고 나서 지적 호기심으로 인해 해당 개념과 본인의 진로를 연관 짓거나, 혹은 해당 개념을 심화 학습하는 것을 희망하여 탐구를 진행하는 것이 가장 바람직한 탐구 과정입니다. 하지만 이 과정이 잘 이루어지지 않는다면 이에 대한 차선책으로 순서를 바꾸어서 탐구하기를 희망하는 주제를 선정한 후, 이와 관련된 교과 개념을 찾는 것도 고려해 볼 수 있습니다. 이와 관련한 생기부 예시를 살펴보며 설명하겠습니다.

확률과 통계
경제학에 관심이 많아 정규분포가 주식시장의 주가변동에도 적용되는지에 궁금증을 가져 '정규분포와 주가 변화의 분포'라는 주제로 발표를 함. 주가변동의 그래프가 정규분포 형태라는 가정을 하고 코스피200 지수의 수익률 분포를 조사하면서 형태는 유사하지만, 꼬리 부분이 두껍기 때문에 최초 가정이 틀렸다는 점을 파악하게 됨. 이를 통해 확률분포의 첨도와 주식의 위험성이 비례관계임을 알게 되었고 경제 현상을 수학적으로 분석했을 때 불완전함이 사라진다는 점에서 경제학과 수학이 밀접한 관계임을 깨달았다고 소감을 발표함.

위 내용은 확률과 통계 세특에 기재되어 있는 탐구활동입니다. 확률과 통계 교과 시간에 학습하는 '정규분포'라는 개념을 배운 후에 정규분포와 주가 변화의 관계에 대해 자기주도적으로 학습한 내용이 담겨 있는데, 탐구 내용을 전개할 때는 주가변동과

정규분포의 관계를 다루는 논문 및 보고서들을 참고하였습니다. 특히 위 탐구에서는 탐구 과정에서 기존에 세웠던 가설이 틀렸던 것을 깨닫고 결론을 수정한 부분에서 학습역량을 더욱 크게 드러낼 수 있었습니다.

당연하게도, 기존 논문 및 연구 보고서의 내용을 그대로 적어서 탐구를 진행하는 것은 표절이기 때문에 허용되지 않습니다. 가장 중요한 것은 논문 및 연구 보고서를 학습한 후, 이해한 내용을 본인의 탐구 주제에 적합하도록 재구성하여 녹여내는 것입니다. 물론 이렇게 하더라도 탐구 보고서에 본인이 활용한 논문과 연구 보고서의 출처를 남겨야 합니다.

진로 교과목과 같이 수업 시간에 배우는 교과 내용 자체가 많지 않은 과목들의 세특을 챙길 때에는 독서를 활용하는 것을 추천합니다. '독서활동상황'이 이제는 생기부에서 평가되지 않지만, 세특에 본인의 독서를 탐구와 융합하여 기재한다면 본인만의 독창성을 드러낼 수 있습니다.

특기사항
독서를 통한 주제탐구활동에서 『수학은 어떻게 무기가 되는가』를 읽고 경제 분야에서 수학이 사용되는 사례를 조사함. (…) 개인의 손실 회피 성향이 시기별 재무설계에 미치는 영향을 가치함수를 이용하여 분석하여 보고서를 작성함. 프로스펙트 이론, 해석수준 이론에 대해 탐구하고 보편적인 사람들의 손실회피 성향을 가정하여 생애주기별 재무설계에 적용하는 과정을 함수를 이용하여 설명함. 특히 컴퓨터 프로그램을 이용하여 가치함수의 도함수의 그래프를 작성해 봄으로써 개인이 같은 양의 이익보다 같은 양의 손실을 기피하고, 미래가치보다 현재 가치를 중요시하는 이유를 수학적으로 증명함. 또한 개인의 손실회피성향, 시기별 재무목표를 바탕으로 다양한 특성을 가진 개인들의 재무설계를 예측해 보았으며 대학에 진학한 후 경제학의 다양한 분야에 대한 이해를 넓혀 효율적 재무설계에 관해 더욱 깊이 연구해 보고 싶다는 포부를 밝힘.

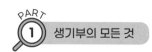

자율활동으로
'육각형 플레이어' 되기

자율활동은 그 이름에서 알 수 있는 것처럼 세특, 진로활동, 동아리활동에 비해 기재할 수 있는 활동의 영역이 넓은 편입니다. 그렇기 때문에 여러분이 비교적 자유롭게 활동 내역을 꾸릴 수 있다는 점에서 빛을 발합니다.

미처 보여주지 못한 모습은 자율활동으로 드러내자

예를 들어 2학년 생기부에 전공적합성을 보여줄 수 있는 탐구들이 생기부에 잘 기재되어 있지 않다면, 3학년 자율활동에는 이를 보완하기 위해 여러분이 자기주도적으로 진로와 관련한 학습을 하여 이를 자율활동에 드러낼 수 있을 것입니다. 또, 생기부의 다른 부분에서는 여러분들의 인성 및 리더십과 관련한 역량을 보여주기 힘들기 때문에 자율활동에서는 이러한 역량을 어필할 수도 있을 것입니다.

저는 1학년 때 코로나19로 인해 진로와 관련된 탐구활동들을 많이 진행하지 못했습니다. 그렇기 때문에, 2~3학년 자율활동에는 학교에서 진행하는 자율 주제탐구 프로젝트에 적극적으로 참가해서 1학년 당시의 아쉬운 부분을 보완하고자 노력했습니다.

자율활동
꿈나래 프로젝트(2021.05.10.~2021.11.26.) 활동에 '복지정책과 경제성장의 연관성'을 주제로 참여함. 평소 경제학을 법, 정책 등 다양한 분야에 접목하여 생각해 볼 수 있는 이슈에 관심을 가지고 있었으며, 우리나라의 인구구조 변화에 따른 복지정책의 개선이 필요하다는 내용을 다룬 기사를 보고 문제의식을 느껴 탐구활동의 주제로 정했다는 탐구 동기를 밝힘. (…) 꼬꼬무 독서 챌린지 (2021.4.12.~2021.11.26.) 프로그램에서 관심 분야인 경제학 관련 서적을 읽으며 사고를 확장하는 심층 독서를 진행함.

이처럼 자율활동을 잘 활용한다면 본인이 부족했던 부분을 추가하여서 전체적인 생기부의 밸런스를 맞추는 데 활용할 수 있습니다. 이처럼 여러분의 생기부에서 부족한 부분이 무엇인지 인지하여 해당 부분을 자율활동을 통해 보완하는 것을 추천합니다. 저는 전공적합성을 드러낼 수 있는 활동을 중점으로 진행했으나, 개인에 따라 학교생활을 통해 리더십을 드러내거나 학습역량을 드러낼 수 있는 활동을 진행하여도 무방합니다.

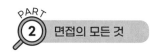

Part 2-1　빈틈없는 면접을 위한 팁

모든 것을 준비하되,
차분하게!

　저는 서울대학교에 지역균형전형으로 입학했기 때문에 제시문 기반 면접이 아닌, 생기부 질의응답 면접을 진행했습니다. 제시문 기반 면접과 달리 생기부 기반 면접은 질문이 나올 수 있는 범위가 어느 정도 정해져 있습니다. 즉, 생기부에 기재되어 있는 탐구들을 잘 정리한다면 면접 당일에 예상치도 못한 완전히 새로운 문제가 나올 가능성은 높지 않다는 것입니다.

　하지만 면접을 볼 때는 긴장할 가능성이 상당히 높기 때문에 예상 질문과 방향성이 조금이라도 다른 질문이 나오게 될 경우, 심지어는 예상했던 질문들이 나오더라도 머릿속이 새하얘져서 당황하기 쉽습니다. 그렇기 때문에 질문에 대해 답변하기 전에 머릿속으로 답변의 전체적인 구조를 차분하게 정리한 후 답변하는 것을 추천합니다. 이렇게 하지 않는다면 답변을 하는 도중에 생각 혹은 말이 꼬여서 원하는 대로 면접을 진행하지 못할 가능성이 존재합니다.

그리고 이는 여러분이 진행한 모든 탐구활동들을 숙지한 후에 적용될 수 있습니다. 그렇기에 여러분이 면접을 준비하며 가장 먼저 해야 할 일은 고등학교 시절 여러분이 했던 모든 탐구들을 정리하는 것입니다.

세특을 정리해 요약하자

면접 대비 탐구 정리 자료, 2학년 세특 요약 일부

수학2	독서 시간에 무차별곡선에 대해 학습, 이를 통해 무차별곡선 위의 점을 미분하면 그 값이 한계대체율을 의미함을 알게 됨. 수학 시간에 배운 미분과 무차별곡선, 한계대체율이 상관관계를 가진다는 것에 흥미. 이전에 갖고 있던 '회사의 소유와 경영이 분리되었을 때 주주와 회사 전체에게 이익이 될 것인가?' 라는 의문을 무차별곡선을 통해 해결 가능하다는 추측 → 경제교육정보원, 인터넷에 있는 대학 수업 자료를 참고해 무차별곡선과 시장기회선의 특징 파악 → 무차별곡선에 유리함수 도입, 유리함수를 미분하여 한계대체율을 나타내는 도함수 작성, 학습한 자료들을 토대로 시장기회선 도출, 투자자들의 선호도에 따라 각 개인이 상이한 무차별곡선을 갖기에 경영자가 필요함을 설명 → 투자자들의 무차별곡선이 다르기에 마찰이 불가피하여 전문경영인이 필요함을 알게 됨. 수학적 방법론을 사용하여 시장기회선을 도출하고 그래프의 해석 및 증명을 통해 수학과 경제학 간의 통섭적 사고의 중요성을 깨달음.

모든 탐구활동들을 정리하고 숙지하였다면, 이 정리본을 기반으로 면접 예상 질문들을 작성하고, 이에 대한 답변을 준비해야 합니다. 여기서 중요한 점은 '모든' 탐구 내용들에 대한 예상 질문과 그에 대한 답변을 준비해야 한다는 것입니다. 여러분이 특정 탐구를 진행할 때 심혈을 기울이고, 그 결과물 또한 만족한다고 해서 면접에서 그 탐구에 대한 질문이 중점적으로 나온다고 보장되지 않기 때문입니다. 당장 저만 하더라도 면접 당일에 제가 열심히 준비했던 2~3학년 때의 생기부 내용이 아닌, 1학년 때의 세특에서 질문이 나와서 당황했던 기억이 있습니다.

예상 답변을 준비할 때는 두괄식으로 정리하는 것이 좋습니다. 두괄식을 활용한다면 면접관이 답변의 핵심 내용을 바로 알 수 있기 때문에 전달력을 높일 수 있고, 답변을 준비하고 말하는 여러분 입장에서도 중점 내용을 까먹지 않고 효과적으로 전달하기 수월합니다.

사실 생기부 면접의 경우 지원 동기, 혹은 특정 탐구에 대한 소개 등과 같은 비교적 부담스럽지 않은 질문으로 시작하는 경우가 많으나 여러분이 한 대답에 대한 꼬리질문이 계속 이어지면서 여러분을 당황스럽게 만들 가능성이 높습니다.

하지만 오히려 이러한 생기부 기반 면접의 특성을 활용해서 면접을 준비할 수도 있습니다. 지원동기나 탐구 내용 설명과 같은 기초적인 질문에 대한 예상 답변을 작성할 때, 그 답변과 여러분이 자신 있는 분야를 연계한다면 그 분야에 대한 추가 질문이 들어올 가능성이 높습니다. 이때 해당 추가 질문에 대한 답을 준비하여 면접관들에게 본인의 역량을 어필한다면 여러분들이 원하는 대로 면접을 이끌어갈 수 있습니다. 실제로 저는 면접 당시 이 전략을 활용하여서 어느 정도 제가 원하는 대로 면접을 이끌어갔는데, 구체적인 질문과 그에 대한 저의 답변은 이어지는 글에서 서술하겠습니다.

사회과학대학 경제학부 지역균형전형 면접 복기

Q. 만나서 반갑습니다. 먼저 지원동기 말씀해 주세요. 생각할 시간 필요하시면 천천히 말씀해 주셔도 좋습니다.

A. (약 10초간 생각한 후) 네, 답변 드리겠습니다. 저는 경제학, 세부적으로는 행동경제학에 관심을 갖고 있는 학생입니다. 이러한 지식들을 토대로 행동경제학과 다른 학문을 융합하여 공동체에 기여하는 것이 저의 목표이기 때문에 서울대학교 경제학부에 지원하게 되었습니다.

조금 더 구체적으로 말씀드리자면 멈출 기미 없이 높아지는 국민들의 경제 성장에 대한 기대감에 대비하는 경제학자가 되고 싶습니다. 대한민국이 급격한 산업화를 통해 고도의 경제성장을 이루었기 때문에 국민들의 기저에 깔려 있는 기대치는 상당히 높아져 있습니다. 하지만 코로나19, 글로벌 금융위기, 고령화 문제 등 국가 내외부적 문제들로 인해 경제성장세가 둔화되는 것은 필연적입니다. 이러한 추세를 정확히 인지하고 대한민국이 이에 대비할 수 있도록 국민들에게 현실적인 상황을 알려주고 경제성장 둔화에 당황하지 않도록 도와주고 싶습니다.

현대사회는 다양한 요소들로 인해 급변하고 있기 때문에 행동경제학, 법경제학처럼 단일경제학 뿐만 아니라 여러 분야의 방법론을 도입하고 여러 분야의 지식을 활용하여 경제학에 접목시키는 것이 필수적이라고 판단했습니다. 서울대학교의 수강과목인 행태경제학, 수리경제학, 정보경제학 등이 이러한 능력을 향상시키는 데 큰 도움이 될 것이라고 생각했습니다.

Q. 서류들과 지원동기를 보니, 행동경제학에 관심이 많은 것 같습니다. 행동경제학이 현실에 적용되는 사례를 말해주세요.

A. (약 15초간 생각한 후) 네, 답변 드리겠습니다. 주식시장에서의 다양한 현상들은 행동경제학적 관점에서 분석해 볼 수 있습니다. 주식시장에서 발생하는 개인 투자자들의 비합리적인 행동은 심리적 요인에 의해 유발된다는 점에 주목해서 설명해 보겠습니다.

먼저 실적이나 자산에 비해 기업 가치가 상대적으로 저평가됨으로써 낮은 가격에 거래되는 주식인 가치주가 존재한다는 것 자체가 주식시장에서의 행위자가 비합리적이라는 것을 의미합니다. 모든 주식시장의 행위자가 합리적이라면 가치주는 존재할 수 없고 모든 주식의 가격은 해당 기업의 가치와 비례하게 설정되기 때문입니다. 뿐만 아니라, 앵커 효과로 인해 액면분할 이후 주식의 가치가 실제보다 고평가되거나, 정보 폭포 현상으로 인해 주식시장의 행위자들이 합리적 선택을 하는 데 어려움을 겪는 것 모두 행동경제학과 관련된 내용들입니다. 마지막으로 주식시장에 개인들이 하락장에서 비합리적이고 객관적이지 못한 행동을 하는 것도 손실회피성향에 의한 당연한 현상입니다. 가격이 하락한 주식을 매도하는 순간 손실이 확정되기에 확실한 손실을 피하기 위해 주가가 하락해도 주식을 매도하지 않아 더 큰 평가손실에 직면하게 되는 것입니다.

Q. 네, 답변 잘 들었습니다. 혹시, 행동경제학을 통해 현실의 문제점을 해결할 수 있는 본인만의 유니크한 방안이 있을까요?

A. 생각할 시간을 조금 가진 후에 말씀드려도 되겠습니까? (면접관이 고개를 끄덕임, 약 20초 정도 생각) 답변 드리겠습니다. 저는 정치, 경제적인 측면에서 정부가 공매도 금지제도를 남발할 유인이 있는 현 상황에서 그 유인을 줄이기 위해 제도 실행을 위해 정부가 거쳐야 할 단계를 세분화하는 '슬러지'의 적용이 필요하다고 생각합니다. 넛지의 반대 개념이라고 볼 수 있는 슬러지는 보통 복잡성을 기반으로 하여 불필요한 장벽을 만드는 악의적인 경우가 많습니다. 그러나 공매도 금지제도에 적용되는 슬러지는 정부의 과도한 정책실행의 자율성을 견제하는 수단으로 쓰일 것이라 판단했습니다.

개인투자자들이 공매도로 인해서 손해를 많이 보고 있으며, 공매도에 대한 전체적인 여론이 좋지 않은 상황에서 정부는 경제 주체들의 인식을 고려하여 공매도 금지 제도 실행을 고민할 가능성이 높습니다. 그러나 공매도 제도에 시장 유동성 강화와 가격조절과 같은 순기능이 존재하고, 공매도 금지 제도에 대한 실증적 연구에서도 대립되는 결과가 나오고 있기 때문에 공매도의 순기능을 유지하면서 불법 공매도에 대한 처벌 강화, 외국인과 기관 투자자에게 적용되는 공매도 제도 금지 규정이 도입되어야 한다고 생각합니다.

Q. 네, 알겠습니다. 마지막으로 추가 질문 하나 하겠습니다. 생기부를 살펴보니, 애덤 스미스의 사상과 중농주의, 중상주의를 조사한 탐구를 한 것 같습니다. 애덤 스미스의 경

제사상과 중농주의의 차이점에 대해 서술해 보세요. 시간이 부족하다 싶으면 중간에 답변은 끊을 수도 있습니다.

A. (약 30초 정도 고민한 후) 네, 빠르게 답변 드리겠습니다. 저는 애덤 스미스가 '보이지 않는 손만을 강조한 것'은 오해라고 알고 있습니다. 도덕감정론에서 그가 주장한 '동감'의 개념에서 그의 경제이론을 살펴보면 그는 '보이지 않는 손'뿐만 아니라, 필요할 때에는 인간의 연약함을 제어할 수 있는 '따뜻한 손'이 필요함을 강조했습니다. '보이지 않는 손'과 '따뜻한 손'의 균형을 이야기한 애덤 스미스의 경제이론은 농업의 생산 촉진을 위한 자유방임주의만을 주창했던 중농주의와는 차이점이 있다고 생각합니다.

이렇게 약 10분간의 면접이 끝났습니다. 저의 면접은 위에서 서술한 것과 같이 지원동기로부터 이어지는 꼬리질문들과 심화탐구에 대한 질문 하나로 이루어졌습니다. 지원동기로부터 이어지는 꼬리질문의 방향성은 어느 정도 예상하였고, 면접 대기 시간에 살짝 졸았을 정도로 면접장에 들어가기 전에 긴장을 많이 하지는 않아서 수월하게 면접이 마무리될 것이라고 판단했습니다.

그러나 마지막에 받은, 애덤 스미스의 경제사상과 중농주의의 차이점을 물어보는 질문이 1학년 때 간단하게 진행했던 탐구활동에서 나온 것이었기 때문에 당황했습니다. 물론 이 탐구에 대한 질문도 대비했지만 제가 2, 3학년 때 중점적으로 진행했던 탐구는 아니었고, 예상 질문을 만들 때도 애덤 스미스의 경제사상과 중상주의의 차이점에 대한 답변을 준비했기 때문에 더욱 혼란스러웠습니다. 그러나 저는 당황한 티를 내지 않고, 최대한 차분하게 아는 내용을 전달할 수 있도록 최선을 다했습니다. 생각을 정리할 시간을 달라는 요청을 한 후에, 1학년 때 진행했던 탐구활동의 내용과 3학년 때 애덤 스미스의 '동감'이라는 개념에 대해서 심화학습했던 경험을 엮어서 답변을 마무리했습니다. 저의 마지막 답변이 실제로 어떠한 평가를 받았는지는 알 수 없지만, 시간의 압박 속에서 예상하지 못했던 질문이 주어졌을 때 침착하게 답변을 한 것이 어느 정도 긍정적인 평가를 받았을 것이라 생각합니다.

문과도 숫자로 말하는 법을 알아야 한다

부딪힐 것 같으면 더 세게 밟기로 해

사회과학대학 경제학부 ⏐ 24학번 성채현 ⏐ 일반전형
대구시 달서구 ⏐ 일반고 졸업

안녕하세요, 서울대학교 경제학부 24학번으로 입학한 성채현이라고 합니다. 아마 서울대학교에 일반전형으로 합격했다면 일관된 꿈과 열정이 있었을 거라고 많이들 생각할 것 같습니다. 하지만 저는 고등학교 입학 후 번아웃과 슬럼프로 꿈과 열정을 잃었습니다. 어릴 적 「EBS 다큐프라임 자본주의」를 우연히 본 후 전 세계 빈곤 청소년들의 꿈을 지켜주고 싶어 경제학자의 꿈을 꿨으나, 쉴 틈 없는 내신과 수능 공부, 머리를 쥐어짜내야 했던 세특 활동, 봉사나 동아리, 태도, 리더십 역량 등을 3년 내내 관리해야 했던 생기부와 인간관계 등이 저를 무기력하게 만들었습니다. 무엇이든 완벽하게 해내고 싶었던 스스로가 저를 더 지치게 한 걸지도 모릅니다.

울고 싶었습니다. 지금까지 쌓아온 성적과 활동들이 아깝다고 느끼지도 않을 만큼 다 포기하고 싶었습니다. 매일 자퇴하고 자유로워지는 상상을 했습니다. 동시에 과거의 저에게 한없이 미안하고 부끄러웠습니다. 그 아이가 꿈꾸던 미래는 지금 같지 않을 텐데… 미래의 저도 떠올랐습니다. 다시 꿈을 찾게 될 미래에 지금 이 순간이 후회로 남게 두고 싶지는 않았습니다. 당장은 꿈과 열정을 잃어버렸지만 제게 아직 젊음이 남아 있더군요. 제 힘으로 바꿀 수 있는 매일이 존재했습니다.

그래서 순간순간 현재 내가 할 수 있는 최선에 초점을 맞추었습니다. 매 순간 포기하고 싶었고 매일 울었지만, 알 수 없는 미래를 생각하기보다는 오늘 하루 한 발자국이라도 더 성장하자는 생각으로 버텼습니다. 그렇게 매일을 살다 보니 정말로 끝나는 날이 오더군요. 지금 생각하면 과거의 스스로에게, '포기하지 않아줘서 고맙고, 버텨줘서 대견하다'고 말해주고 싶습니다.

당시 지칠 때마다 큰 힘이 되었던 BTS의 「NEVERMIND」 가사를 여러분께 소개하고 싶습니다.

"구르지 않는 돌에는 필시 끼기 마련이지 이끼 (…) 부딪힐 것 같으면 더 세게 밟아"

앞이 보이지 않는 어둠 속에서 정답이라고 생각하는 곳을 향해 구르는 과정은 매우 어렵고 두려울 테지만, 여러분 스스로를 믿고 세상에 나라는 사람을 마음껏 보여 줄 수 있는 시간이 되었으면 좋겠습니다. 진심으로 응원합니다.

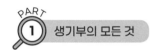

일반고에서 경쟁력 있는 생기부 만드는 비결 4가지

지역 일반고에서 서울대학교 일반전형을 준비하면서, 생기부 경쟁력을 높이기 위해 꼭 지키고자 다짐했던 4가지가 있습니다. 예시와 함께 설명하겠습니다.

1. 방대한 분야에 대한 학업 열정을 보여주기

매 수업 시간이 끝날 때마다 선생님께 질문하려고 노력했고, 수행평가에서 최소 5개 이상의 단행본, 논문 등을 참고 자료로 활용해 열정을 보였습니다. 특히 1학년 세계사 수행평가에서의 열정과 2학년 경제, 확률과 통계 수업의 태도가 다음과 같이 생기부에 반영되었습니다.

세계사(1학년)
(…) 인터뷰로 만나는 역사 인물 이야기 활동에서 그라쿠스 형제를 대상자로 선정하여 본인이 제작한 질문을 하고 결과를 활동지에 기록함. 『로마인 이야기 3(시오노 나나미)』 등 총 6권의 책을 발췌독하며 역사적 인물을 종합적으로 구현하고자 함. 그중 '그라쿠스 형제의 개혁이 성공했다면 당시 로마의 경제적 불안을 해소할 수 있었을까?'라는 질문에 대해 심도 있게 연구함. 친구의 발표를 듣고 질문을 6회 이상 하는 등 지적 호기심과 적극성을 보여줌.

경제(2학년)
경제학에 대한 관심이 깊으며, 수업 시간에 적극적으로 활동하고 이해하기 어려운 부분은 항상 교사에게 질문할 정도로 열의가 뛰어난 학생임. (…)

확률과 통계(3학년)
수행 평가와 수업을 포함한 모든 활동에서 사고력, 리더십, 성실성 등 가장 우수한 모습을 보이는 학생임. (…) 가령 원순열 부분에서도 조건에 따라 마주 보는 자리를 우선 배치하는 수업 내용에서 멈추지 않고 좀 더 복잡한 문제 상황을 직접 설정하여 직접 분석해 보고 지도 교사와 재차 확인하는 등 사고의 확산과 심화 및 확인 과정까지 빠뜨림이 없음. (…)

2. 나눔 정신 및 공동체 역량 드러내기

최근 개인주의가 만연하면서 공동체 역량을 갖춘 인재의 중요성이 높아졌다고 판단했습니다. 따라서 세특/교과 외 활동에 공동체 역량이 반영되도록 장기적인 교내 봉사에 적극적으로 참여하고 수업 시간에도 활동이 일찍 끝나면 주변의 친구들을 도왔습니다. 물론 3년간 태도를 유지하기 위해선 진심을 담아야 할 것입니다. 예를 들어, 동아리 부장 및 교내 카페 운영 위원회 위원장, 교내 협동조합 학생이사, 부실장 등을 맡았으며 4층에서 1층까지 내려가야 해 친구들이 꺼려했던 분리수거 봉사를 1년간 맡았고, 배운 지식을 활용해 친구들을 가르치는 또래 멘토링을 3년간 계속하였습니다. 그 결과가 생기부 자율활동과 행특에 다음과 같이 반영되었습니다.

자율활동(2학년)
학교생활에 참여하는 과정에서 섬세하게 자신의 계획을 수립하고 실천에 옮기는 학생임. 협동조합 학생 이사와 카페 운영 위원장을 맡아 1학기 동안 재고 파악, 상품 주문 및 정리, 봉사자 모집 및 교육 등 주도적인 역할을 함. 또 사회적 경제 실천 학교 운영을 맡아 학생들을 대상으로 사회적 경제의 의미와 종류, 사례를 발표하고 답사를 추진함. 학급 부반장으로서 미라클 모닝 독려, '마음 나누미' 익명 단톡방 운영, 대의원회 참가하여 학급의 원활한 운영에 기여함.

행동특성 및 종합의견(1학년)
(…) 또래 친구들에게 흔히 볼 수 없는 이런 특별함은 학생의 활동 전반에 나타나는 '공유 가치'를 추구하는 모습과 일치한다고 여겨짐.

행동특성 및 종합의견(2학년)
타인에 대한 관심이 많고 자신이 가진 능력을 타인과 나누려고 하는 학생임. 자신이 맡은 청소 구역을 청소한 후 추가적으로 학생들이 꺼리는 분리수거 활동을 신청하여 일 년 동안 4층에서 1층까지 분리수거를 함. 뿐만 아니라 사람이 부족한 곳을 살펴 조용하게 타인을 도와주는 모습을 보이고, 밥을 먹으러 가지 않는 친구가 보이면 담임 교사에게 이야기하고, 코로나19로 인해 수업에 빠진 친구들의 자료를 챙김. 또 멘토-멘티 활동에 참여하여 독서, 윤리와 사상 수업을 진행함. (…)

3. 나만의 창의적이고 특색 있는 활동 넣기

예를 들어, 저는 교내 협동조합 소속 카페(매점)를 주도적으로 운영하며 사회적 약자를 포용하는 경제 활동을 직접 실천하고 책에서 읽은 개념을 활용해 컵과일 구독 경제 서비스 등을 진행하기도 했습니다. 또 진로 시간에 배운 SWOT 분석을 국민연금의 대안을 분석하는 데 활용하기도 했습니다. 이렇듯 평소의 경험을 분야를 가리지 않고 활용할 방안을 평소 고민한다면 좋은 아이디어가 떠오를 것입니다.

(…) 문헌 연구법을 활용하여 한국 경제 연구원에서 발간한 국민연금 개혁 방안을 찾아 국민연금의 균등 부분과 기초 연금을 통합한 제도를 조사함. 이를 SWOT 기법으로 분석하면서 신연금제도의 약점이 사람들의 부정적인 인식과 관심 부족, 세대 간 인식 차이임을 확인함. 이를 해결하기 위해 질문지법을 이용하여 무지의 베일 개념을 적용해 '신연금제도'에 대한 인식의 긍정적 변화를 이끌어낼 수 있다는 가설을 증명하는 탐구를 수행함.

4. 성찰을 통해 유기적인 활동 흐름 만들기

유기성을 가지기 위해서는, 본인 활동에서 결론을 낼 때 가능한 한 한계와 의의를 모두 떠올려 다면적으로 분석해야 합니다. 고등학생 수준의 탐구활동이 완벽하기 어려우므로 어떤 활동에서든 한계가 있을 것입니다. 활동 결과가 원래 의도와 다르다거나, 결과가 뚜렷하게 나타나지 않을 수도 있습니다. 실패해도 괜찮습니다. 다만 그 한계가 나타난 이유와 한계점에도 불구하고 얻을 수 있는 의의가 어떤 것인지, 다음에는 어떤 활동을 통해 그 한계점을 보완하고 더 세부적인 심화 탐구를 하고자 하는지까지 성찰한다면 자연스럽게 생기부 활동이 성장할 수 있을 것입니다. Part 1-3에서 언급할 회귀분석 활동을 통해 그 사례를 자세히 설명하겠습니다.

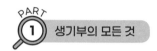

PART
1 생기부의 모든 것

Part 1-2 과목별 세특 사례와 조언

모든 과목에서
남들보다 한 발자국 더 나아가기

진로와 관련 있는 과목뿐 아니라 모든 과목에서 다른 친구들의 활동과 열정보다 딱 한 발자국씩 더 나아가려고 애썼습니다. 예를 들어 1학년 국어 시간에 건의문을 작성하는 수행평가를 했을 때, 작성한 건의문을 그대로 두는 것이 아니라 직접 시청 홈페이지에 글을 올렸고 운 좋게 많은 호응을 얻어 시청의 답변까지 받을 수 있었습니다. 생기부에는 다음과 같이 반영되었습니다.

국어(1학년)
쓰기 맥락을 학습한 후 '건의문 쓰기 활동'에서 이를 모두 고려하여 '골목 상권 활성화를 위해 안전한 골목길과 가게 홍보 페이지 마련을 요구합니다'라는 제목으로 건의문을 작성함. 이후 실제로 시청 홈페이지에 글을 작성하고 답을 받으며 지역 사회에 문제에 관심을 가지는 모습을 보임.

미술과 같은 예체능 과목의 활동에도 주도적으로 참여했습니다. 이처럼 참여하는 모든 활동을 이끄는 리더가 나라는 마음가짐으로 매 활동을 즐기면서 조금이라도 더 기여할 방안을 찾는 태도가 드러나는 것이 중요합니다.

음악(1학년)
성악 연주 감상 및 다양한 음악 관련 직업 탐색 수업의 연장 활동인 '학생이 직접 기획하는 교내 브런치 콘서트'에서 홍보팀을 맡아 활동에 참여함. 첫 홍보팀 회의에서 특유의 리더십으로 역할 분담을 진행하고 포스터 콘셉트를 정하였으며 콘서트를 홍보하기 위한 아침 방송 멘트 대본을 작성하여 방송을 진행함. 성악 연주의 특성이 잘 드러나는 포스터 표지와 스토리에 맞는 콘서트 순서를 짜는 등 콘서트 준비의 전반적인 활동을 담당하는 핵심적인 역할을 하는 훌륭한 학생임. (…)

특히 제가 지망한 경제학부는 문과 전공임에도 수학이 큰 비중을 차지하는 전공입니다. 따라서 이과를 지망하는 친구들과 함께 수학(상), 수학(하), 수학 I, 수학 II, 미적분 과목을 함께 수강하고 수학 과목의 세특에 주의를 기울였습니다. 수학 과목을 선행했던 경험을 바탕으로 심화 문제 풀이 및 발표에 적극적으로 도전하고, 여유 시간에 수업 내용을 따라가기 어려워하는 친구들을 돕는 도우미 역할을 하여 수업 시간에 배운 개념들을 충분히 이해하였다는 수학적 역량과 열정, 나눔 정신을 동시에 드러냈습니다. 특히 인터넷, 단행본, 논문 등을 참고하여 교과 개념을 활용하여 심화 과정을 탐구해 발표한 것이 생기부에 다음과 같이 반영되었습니다.

수학 I(2학년)
(…) 이후 해당 앞선 파동 증명 과정에서 오일러 등식이 사용됨에 관심을 가지어 『신의 방정식 오일러 등식(데이비드 스팁)』을 읽고 오일러 등식 증명 과정을 탐구하여 발표함. 특히 본 교과 개념을 활용하여 미분방정식 유도과정에서 $\triangle x$의 변화를 등비수열로 표현하고 지수함수적으로 증가함을 보인 점, e^{ix}의 전개식에서 각 변화에 따른 변화를 코사인, 사인함수 그래프로 표현한 점이 뛰어나고 수학적 귀납법을 이용하여 드무아브르 공식을 일반화함. 나아가 지수함수가 복리 예금상품을 통한 자산 연속 성장에 적용시키는 과정을 탐구하여 지수함수의 성질을 이용하여 투자 기간에 따른 자산 증가량을 계산함.

(…) 항상 꾸준한 질문을 통하여 수학에 대한 관심과 열정을 보여주는 학생이며 수준 높은 다양한 함수들에서까지 미분계수와 접선의 기울기 사이의 관계를 스스로 탐구해 내는 과정을 통하여 본인의 문제해결력을 크게 향상시키는 도전 정신이 강한 학생임. 항상 수업에 적극적으로 참여하는 학생이며 자신이 배운 미분계수의 개념을 쉽게 전달하고자 다양한 예시와 표현을 준비하여 제시하는 등 이해를 어려워하는 친구들에게 적극적인 도움을 주는 면을 보여 칭찬함. (…) 수학 자율주제발표 수업에서 푸리에 계수를 이용한 푸리에 급수에 극한을 취한 푸리에 적분과 푸리에 변환 및 역변환 공식을 유도함.

또한 수업 시간에 배운 수학 개념을 이해하고 수업 시간에 배우지 않은 경제학과의 연관성을 찾고자 노력하였습니다. 특히 수학은 경제 전공과 관련이 깊으니 탐구 역량을 보여주고자 교과 개념을 바탕으로 심화 개념들을 이해하려고 하였습니다.

예를 들어, 미적분 과목에서 소비자 잉여금을 정적분으로 표시할 수 있는 이유를 구분구적법을 이용하여 설명한 후 수요 함수와 가격을 이용해 소비자 잉여금을 계산하였으며, 수학2 과목에서 평균 변화율과 순간 변화율의 개념이 경제학에 적용되어 평균 효용과 한계 효용의 개념으로 발전되었고 주가 변동 그래프를 분석함으로써 투자자의 손실을 최소화하는 역할을 한다는 사실을 알 수 있었습니다. 이외에도 수업량 유연화 활동 중 효율성과 공평성을 고려한 분배 방법을 조사하는 과정에서 신고전학파 경제학에서 한계 생산력설을 대안으로 제시했다는 것을 보고, 오일러 정리가 한계 생산력에 어떻게 적용 및 활용되는지 궁금하여 탐구활동을 진행하기도 하였습니다. 한계 생산력의 의미와 오일러의 정리에 대해 파악한 후, h차 동차함수를 이용해 오일러의 정리로 한계 생산력설이 실현 가능한 이유를 설명하였습니다.

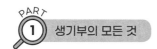

문과도 숫자로 말하는
양적 연구 방법 활용하기

소위 '문과'를 지망하는 학생들은 실험을 하기 어려워 자칫하면 활동이 심화될수록 '~가 더 윤리적이므로 ~해야 한다'라는 식으로 추상적으로 변할 수 있다고 생각했습니다. 따라서 심화 진로활동의 설득력을 높이기 위해 적극적으로 실험법, 가상 모형 설계, 질문지법 등의 양적 연구 방법을 활용하였습니다. 예를 들어, '임금점유율이 감소할수록 노동자의 교섭력도 감소한다'는 가설을 검증하고자 지오지브라 앱으로 회귀분석을 하였습니다.

(…) 국제 경제 시간에 최근 탈세계화 경향이 개발도상국에 미치는 영향에 대해 활동한 것을 연장하여 세계화가 국제 빈곤과 불평등에 어떤 영향을 줄지 궁금증이 생겼다고 밝히며 추가 탐구를 함. 수출액에서 제조업 비중이 높으며 세계화를 겪은 우리나라, 멕시코, 튀르키예를 정해서 지오지브라로 회귀분석을 함. 예상한 가설에 완전히 부합하지 않아 당황스러움을 보이기도 했지만, 결론이 가설과 다르게 나온 이유를 찾아보고 한계와 의의를 고민함. 개발도상국에 가까운 멕시코>터키>대한민국 순으로 상관관계가 크고, 개발도상국의 경우 임금 점유율이 낮을수록 교섭력도 낮아져 상대적으로 더 낮은 임금을 얻게 된다는 유의미한 결론을 얻어냄.

이외에도 서로 다른 경제 구조를 단순화한 가상 시뮬레이션 도식을 비교하는 활동 등을 진행하기도 하였습니다.

(…) 이후 자본주의 사회 구조에 관심을 기울여『원숭이도 이해하는 자본론(임승수)』을 완독 후 동네 대형마트 폐점을 반대하는 플랜카드를 본 것을 계기로 공동 프로젝트(2명)를 계획함. 설문조사를 통해 자본주의 사회에 대한 학우들의 인식(소득 양극화 42%)을 파악한 후 '유토피아는 존재할 수 있을까'를 주제로 '공유경제'와 비교하는 가상 시뮬레이션 도식과 탐구 과정을 담은 게시물을 만들어 학술제에 출품함.

이처럼 문과를 지망하는 학생들도 회귀분석처럼 구체적인 수치로서 설득력을 얻을 수 있는 양적 연구 방법을 적극적으로 활용한다면, 논리와 숫자 모두로 주장이 뒷받침되어 설득력을 높이는 차별성을 얻을 수 있을 것입니다.

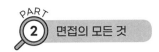

Part 2-1 빈틈없는 면접을 위한 팁

핵심 주제를 관통하는
일관된 논리로 설득하기

이 글을 읽고 있는 지방 일반고 학생이 있다면, 최대한 빨리 면접 준비를 시작하라고 조언하고 싶습니다. 저 또한 다른 지원자들과 달리 합격 전례가 없던 지방 일반고 학생이었기에, 일반전형의 1차를 통과할 거라 확신하지 못했습니다. 2학년 여름방학부터 면접 학원에 다니던 서울 지원자들과 달리, 제가 본격적으로 일반전형의 제시문 면접을 준비한 것은 단 10일뿐입니다.

그러나 1차 합격 여부가 나오기 전에 부모님의 권유로 3주간 서울 면접 학원의 수업을 온라인으로 수강하며 제시문 면접의 형태를 익혔기에 조금이라도 빨리 제시문 면접에 익숙해질 수 있었습니다. 안타깝게도 면접 전형은 정보가 많은 사람이 유리하고, 대부분의 정보는 서울의 대형 면접 학원에 몰려 있습니다. 그럴 만한 여유가 되지 않을 지원자들에게 조금이나마 도움이 되길 바라는 마음으로 직접 체감한 제시문 면접 팁들을 공유하고자 합니다.

반박에도 끝까지 나의 논리를 펼칠 수 있어야

　서울대학교 일반전형을 준비하면서 다른 학교의 면접들과의 차이점을 느낄 수 있었습니다. 서울대학교는 특히 제시문들을 관통하는 핵심 주제를 빠르게 파악한 후 그 주제에 대해 각 제시문들은 어떤 공통되거나 다른 입장을 보이고 있는지를 이해하는 것이 중요합니다. 이로써 현상을 피상적이지 않게 다루고 깊은 사고를 할 역량이 있음을 증명할 수 있기 때문입니다. 이렇게 정리된 생각을 나만의 구조로 논리적으로 풀어서 교수님들을 설득하면 됩니다. 고려대학교 면접과 비슷하고 연세대학교 면접과 다르게, 서울대학교는 교수님들이 자유롭게 꼬리질문을 하실 수 있으므로, 교수님들의 반박에도 끝까지 교수님들을 나의 논리로 설득하려는 자세를 유지해야 합니다. 물론 '~라는 의견에 동의합니다. 그러나~' 등 어느 정도 반박을 수용하는 포용적 태도도 필요합니다.

　또 경제학부 등 일부 문과 전공 면접에서도 수학 제시문이 나옵니다. 보통 문제의 과반수를 맞출 필요가 있지만, 답이 틀리거나 답이 나오지 않는다고 해도 괜찮습니다. 답과 풀이의 정확성도 중요하지만, 교수님의 힌트 질문을 듣고 얼마나 방향성을 잘 찾을 수 있는지, 본인 답변의 논리가 얼마나 설득력 있는지 등을 종합적으로 판단하기 때문입니다. 뒤에서 복기할 면접 답변에서 볼 수 있듯, 수학 문제의 모든 답을 맞히지는 못했지만 제 풀이의 논리를 교수님들께 최대한 논리적으로 말씀드리고자 하였습니다. 그 결과 처음에 인상을 찌푸리셨던 교수님도 저의 설명을 듣고 고개를 끄덕이며 미소를 지으셨습니다. 이처럼 수학 면접에서는 답이 틀린 것 같아도 추가 질문에서 최대한 방향성을 잡고 본인의 논리를 설득력 있게 펼치고자 하는 자세가 중요합니다.

Part 2-2 기출 문제와 면접 복기

사회과학대학 경제학부
일반전형 면접 복기

    서울대는 30분의 준비 시간, 15분의 답변 시간을 제공합니다. 제시문은 크게 두 개인데, 경제학부가 소속된 사회과학대학의 경우, 수학과 사회 과학 제시문이 주어집니다. 수학 제시문은 주로 3~4개의 문제와, 사회 과학 제시문은 주로 2개의 문제와 함께 제시됩니다.

    면접 전에는 서울대학교 우석경제관에서 대기했습니다. 6명씩 모여 앉았고, 약 3시간 30분 대기 후 면접실로 입장했습니다. 대기실 안에서 음식을 먹을 수 있는 줄 알았는데 음료 외 취식 금지라 매우 배고팠던 기억이 납니다. 주차 문제로 새벽부터 도착한 학생들이 많아 대기 1시간 이후부터는 잠을 청하는 학생들이 대부분이었습니다.

    호명되어 대기실을 나와 2층으로 올라가자 학생들이 복도에서 면접 준비를 하고 있었습니다. 복도에 칸막이를 만들어 책상과 의자를 놓고, 30분 동안 문제를 풀어야 했습니다. 막 준비하는 학생들, 문제를 풀고 있는 학생들, 면접 장소로 들어가는 학생들이 섞여 조금 소란스러웠습니다.

준비 시간이 끝나 고사장으로 입장했습니다. 문을 노크하고 열고 들어가니 면접관(교수님)이 두 분 계셨습니다. 왼쪽 면접관님은 온화하게 맞이해 주시면서 눈을 맞추고 답변을 들어주셨고, 오른쪽 면접관님은 상대적으로 날카로운 눈빛으로 종이에 체크하시면서 답변을 들어주셨습니다. 날이 추웠는데 고사장 안은 따뜻하고 아늑했습니다.

Q. 수학과 사회과학 제시문 중 수학부터 시작할까요? 칠판 사용하고 싶으시면 쓰셔도 됩니다.

A. 네! 칠판 사용 없이 말로 답변하겠습니다. (일반적으로 수학 문제 풀이 시 칠판을 사용하는 것이 시각적 효과로서 답변 전달에 도움이 되지만, 긴장하였고 시각화하기 어려운 문제라 여겨 말로 답변하겠다고 함)

Q. 네, 그럼 준비되면 시작해 주세요.

수학 제시문

문제 1. 양의 정수 n ($n \geq 2$) 에 대하여 수직선 위의 n개의 점 $P_1, \cdots P_n$이 다음 [규칙]에 따라 움직이고 있다.

[규칙]

(가) 점 P_k는 수직선 위의 점 $-k$에서 출발하여 속도 v_k로 움직인다.
   즉, 시각 t에서 점 P_k의 위치는 $-k + v_k t$이다.
(나) 모든 점들은 동시에 출발하며, 점들의 속도는 다음을 만족한다.
$$0 < v_1 < \cdots < v_n$$
(다) 두 개 이상의 점이 한 곳에서 만나면 그 점들은 모두 사라진다.
   (단, 점들이 동시에 같은 위치에 놓이면 "만난다"라고 한다.)

예를 들어 $n=3$인 경우, 3개의 점들이 움직이는 속도가 $v_1=1$, $v_2=3$, $v_3=4$로 주어지면, 시각 $t=\frac{1}{2}$에서 두 점 P_1과 P_2가 수직선 위의 점 $-\frac{1}{2}$에서 만나서 사라진다. 점 P_3은 다른 점과 만나서 사라지지 않고 계속 움직인다.

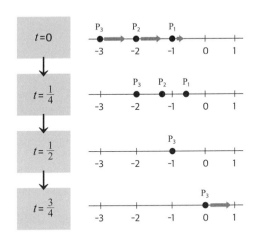

1-1. $n=5$인 경우, 5개의 점들이 움직이는 속도가 다음과 같이 주어져 있다.

v_1	v_2	v_3	v_4	v_5
1	4	6	18	20

사라지지 않고 계속 움직이는 점을 구하시오.

1-2. $n=6$인 경우, 6개의 점들이 움직이는 속도가 다음과 같이 주어져 있다.

v_1	v_2	v_3	v_4	v_5	v_6
13	15	16	17	22	26

원점을 통과한 뒤 사라지는 점의 개수를 구하시오.

1-3. $n=4$인 경우, 4개의 점들이 움직이는 속도가 다음과 같이 주어져 있다.

v_1	v_2	v_3	v_4
12	3α	$\alpha+26$	39

단, 제시문의 [규칙]-(나)를 만족하는 실수 α의 범위는 $4<\alpha<13$이다.

(1) 가장 먼저 사라지는 점들을 α의 값의 범위에 따라 구하시오.

(2) 두 개의 점만 원점을 통과한 뒤 사라지게 되도록 하는 α의 값의 범위를 구하시오. (단, 어떤 점이 원점에서 다른 점과 만나서 사라졌다면, 이 점은 원점을 통과하지 못한 것으로 한다.)

A. 문제 1 답변 시작하겠습니다. 거리가 2일 때의 점들의 최대 속도 비인 u(n)/u(n-1)는 3인데, 거리가 1일 때의 P(1), P(2)의 속도 비가 4이므로 P(1)이 먼저 사라지며, 이때의 시각인 t값은 1/3이라고 구할 수 있었습니다. 또한 동일한 방법으로 구하면 P(3), P(4)가 t=1/12일 때 만난다고 구할 수 있었습니다. 따라서 남은 P(5)가 답입니다.

(면접 준비 중 처음에 다르게 풀었으나 답이 나오지 않아, 거리와 시간이라는 두 변수를 모두 고려하기 위해서는 거리와 시간 사이의 비를 구해야 한다고 생각해 위와 같이 풀었음. 아마 처음 풀이가 맞았던 것 같음. 답변하자마자 면접관님들이 올바른 풀이 방향으로 이끌어 주시려고 질문하시는 게 느껴졌음. 질문을 듣고 답변하면서 올바른 풀이로 다시 풀어보려고 하였지만 면접 준비 당시처럼 중간에 막혔기에 앞선 답변처럼 푼 이유만 설명 드렸음)

Q. (구체적으로 기억나지 않지만 올바른 풀이 방향으로 이끌어 주시려는 질문하심.)

A. (말씀하신 풀이 방법에) 동의합니다. 처음에 그렇게 풀려고 하였지만, 답이 나오지

않았습니다. 이후 거리와 시간이라는 두 개의 변수를 모두 동시에 고려하기 위해서는 거리와 시간의 비를 사용하여 문제를 풀어야 한다고 생각해 앞서 언급한 풀이와 같이 풀었습니다.

Q. 문제 2번도 같은 방식으로 풀었나요?

A. 네, 앞서 언급했듯 거리와 속도의 비를 모두 고려하면 동일한 방법으로 원점을 통과할 때의 t값과 만났을 때의 t값을 대소 비교할 시 $P(1)$, $P(2)$, $P(3)$, $P(6)$이 해당 조건을 만족해 4개라고 할 수 있습니다.

Q. 그렇군요. 1~3번은 풀었나요? 어디까지 접근했나요?

A. 풀지 못했습니다. 동일하게 거리와 속도 비를 모두 고려해 볼 수 있겠다고까지 접근했습니다.

Q. 알겠습니다. 시간이 없으니 사회과학 제시문으로 넘어가 볼까요?

[제시문 2 - 281쪽 김인재 학생 사회과학 제시문과 동일]

A. (수학 문제에서 제대로 답변하지 못해서 점수를 만회해야겠다고 생각했음. 다행히 제시문 (나)에서 익숙한 내용이 나와 자신감 있게 답변할 수 있었음) 문제 1번 답변하겠습니다. 공통점으로 두 가지가 있습니다. 첫째, 인과관계가 있는 모든 변수를 정확히 고려하지 않았다는 점이 있습니다. 단, 원인과 결과 간에 상관관계는 있습니다. 예를 들어, 제시문 (가)에서는 운전자의 조심성이 사고 가능성과 관련 있을 수 있다는 변수를 고려하지 않았습니다. 그리고 제시문 (나)의 문제는 대표성의

오류와 관련한 것인데, 표본 집단이 모집단의 특성을 모두 대표하지 못했습니다. 둘째, 겉으로는 하나의 독립 변수와 종속 변수 간의 관계처럼 보이나 사실 숨겨진 다른 변수들의 영향력이 있다는 것입니다. 예를 들어 제시문 (가)에선 언급된 것처럼 운전자의 조심성, 제시문 (나)에선 전투기 조종사의 조심성, 조종 능력 등의 변수가 더 있습니다. 차이점으로는 변수의 특성을 기준으로 한 가지가 있습니다. 제시문 (가)는 인과관계가 증명되지 않은 변수를 고려하였지만 제시문 (나)에선 인과관계가 증명된 변수를 고려하였습니다. (왼쪽 면접관님이 환하게 미소를 지으셨음. 아무 말 없이 종이를 체크하던 오른쪽 면접관님도 미소를 지으며 고개를 끄덕이셨음)

A. 문제 2번 답변하겠습니다. 제시문 (나)와 유사한 사례로 로렌츠 곡선을 이용한 지니계수로 빈부격차를 측정하는 문제를 들 수 있습니다. 제시문 (나)의 엔진에 치명타를 맞은 비행기처럼 표본집단의 특성에 포함되지 못하는 모집단의 특성으로 두 가지를 들 수 있습니다. 첫째는 지하경제입니다. 국가기관은 장기매매, 마약과 같은 지하경제를 정확히 측정하지 못합니다. 또한 이런 지하경제는 경기가 악화될수록 규모가 커집니다. 멕시코의 활발한 마약 시장을 예로 들 수 있습니다. 따라서 경기가 악화할수록 오차 범위가 심해질 수 있습니다. 둘째로 현금거래입니다. 사례로는, 당근 마켓과 같은 중고거래나 가게에서 현금거래 시 할인을 해주는 것이 있는데, 가게는 현금 거래로 세금을 줄일 수 있습니다. 그리고 말씀드리다 보니 생각났는데, 소득 말고 자산은 측정하지 못한다는 문제가 있습니다. 예를 들어 재벌 3세의 경우 자산이 많아 소득을 덜 벌어도 안정적인 생활이 가능한데, 지니계수는 소득이란 단일 지표만을 고려해 자산은 측정하지 못해 제대로 된 빈부격차를 측정하지 못합니다.

Q. 지니계수는 자산 측정을 못 하나요?

A. 제가 배운 바로는, 지니계수는 가구를 기준으로 누적된 계층에 대한 소득만 측정한다고 알고 있습니다. (면접관 두 분 모두 고개 끄덕이심)

Q. 네, 해결책으로 제시할 수 있는 정부 정책에는 뭐가 있을까요?

A. (잠시 고민한 후) 소득뿐 아니라 자산도 고려할 수 있는 지표를 추가적으로 활용하거나, 당근 마켓 등 중고 거래 완료 시 앱에서 버튼을 눌러 국가기관이 이를 측정할 수 있게 할 수 있을 것입니다.

Q. 30초~1분 남았는데 마지막으로 할 말 있나요?

A. 저의 꿈은 국제기구의 국제 개발 협력 분야에서 가난으로 인해 꿈을 포기하는 청소년이 없도록 세계의 빈곤을 완화하는 경제학자로 일하는 것입니다. 어렸을 때부터 책을 즐겨 읽으며 다양한 인생을 간접 경험하였고, 다른 사람들의 도움을 받아 어려운 현실을 극복하고 제각기 꿈을 펼치는 모습을 보며 저 또한 사람들이 각자의 꿈을 펼치며 행복할 수 있게 돕는 사람이 되고 싶다는 생각을 해왔습니다. 사회 경제적 약자가 되었던 경험을 바탕으로 그들의 입장을 생각해 보니 생계가 보장되어야 꿈을 꿀 여유가 생길 거라고 생각했습니다. 따라서 국제 빈곤을 완화하는 데 기여하는 경제학자가 되어 전 세계 빈곤 청소년들의 꿈을 지켜주고 싶어 경제학부에 지원하게 되었습니다.

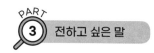

Part 3-1   선배가 조언하는 입시 팁과 도움말

포기할 때까지
끝난 게 아니다

지금 와서 돌이켜보면, 입시 내내 혼란의 연속이었습니다. 이 고등학교에 진학하는 것이 옳은 선택일까? 내가 가고 있는 길이 맞을까? 지금이라도 자퇴하고 정시로 방향을 돌릴까? 그냥 활동 그만하고 공부만 할까? 교과 전형 말고 일반전형으로 내는 게 맞을까? 내가 1차를 합격할 수 있을까? 1차는 운으로 합격했는데 최종 합격은 못할 것 같은데? 면접 답변이 만족스럽지 못한데 역시 합격하진 못하겠지?

그러나 이렇게 서울대학교 경제학부에 합격하여 이 글을 쓰고 있습니다. 수많은 의문과 불신으로 가득했으면서도, 끝끝내 포기하지 않았습니다. 지쳤으면서도 모든 활동에서 한 발자국이라도 더 성장하고자 발버둥쳤습니다. 스스로와 싸우며 달려왔던 지난날은 저에게 무엇이든 해낼 수 있다는 자신감을 주었습니다.

여러분도 할 수 있다는 말을 하고 싶어 이 이야기를 적었습니다. 누군가는 '하늘에 별 따기'라고 합니다. 그러나 합격하는 사람들이 있다는 말은, 누군가는 그 별을 땄다는 말 아닐까요. 여러분 앞의 공백이 혼란이 아니라 기회로 여겨질 순간까지, 엑셀을 최대로 밟아 세상에 온몸을 부딪힐 여러분을 응원합니다.

 Introduction

3가지 원칙으로
세특을 설계하다

수시라는 한 우물을 파다

015

경영대학 경영학과 ｜ 24학번 박정준 ｜ 지역균형전형
충청북도 청주시 ｜ 일반고 졸업

안녕하세요. 서울대학교 경영학과 24학번 박정준입니다. 내신 점수 하나에 울고 웃던 고3 시절, 너무 긴장해 아침도 못 먹었던 수능 날, 이제는 익숙해진 강의실에서 면접을 보던 날, 그리고 대망의 합격 발표날까지 모두 엊그제 같은데 벌써 한 학기가 지나고 이 글을 쓰고 있으니 감회가 새롭네요.

저는 고등학교 3년이 오직 입시만을 위한 시간이라고 생각하지는 않습니다. 3년간 친구들, 선생님과 쌓은 수많은 추억과 공부에 열중했던 경험은 앞으로 살아가며 시련을 극복하고 성장하는 데 소중한 자양분이 될 테니 말이죠. 실제로 고등학생 때 길렀던 끈기와 열정은 제가 현재 서울대에서 더욱 다양한 경험을 하고 새로운 기회에 도전할 수 있는 원동력이 되었습니다.

그러나 현실적으로 우리는 입시를 치러야 하는 한국의 고등학생임을 부정할 수는 없습니다. 저만 하더라도 고등학교 재학 중이던 시기에는 모든 생각과 판단을 입시와 관련지었던 것 같아요. 저는 고등학교 1학년 때부터 수시에 집중했는데, 내신 기간에는 미디어를 일체 차단하고 급식실에서는 영어 지문을 읽는 등 저만의 규칙을 지키려 노력하였습니다. 이 기간에는 먹는 것도 컨디션을 고려하며 선택하였던 기억이 있네요. 사실 이러한 압박이 가장 강하게 작용하는 것은 학교 활동을 선택할 때라고 생각합니다. 여러분도 현재 고등학교 생활을 하고 있다면 이 활동이 내 생기부에 도움이 될지, 나의 진로와 관련이 있을지 끊임없이 질문하고 있겠죠. 그만큼 간절하니까요.

제게 입시는 끝을 알 수 없는 망망대해를 홀로 떠다니는 것처럼 느껴졌습니다. 지방 일반고에서 입시를 준비하다 보니 부모님, 선생님께서 정말 많은 도움을 주셨음에도 괜히 뒤처지는 것은 아닌지 걱정이 되었던 것 같아요. 그럴 때마다 현실적인 조언을 해주는 선배가 있으면 좋겠다는 생각을 많이 했습니다. 이것이 제가 이 글을 쓰는 이유입니다. 이 글이 입시의 끝을 찾을 수 있는 지도가 되기를 바랍니다.

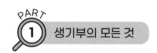

생기부의 기초,
키워드 설정법

　우리가 수시를 준비하며 내신 점수만큼이나 중요하게 챙겨야 할 것은 바로 생기부입니다. 대학에서는 우리의 치열한 3년을 약 20장, 많으면 30장 남짓의 생기부로 평가하게 됩니다. 즉, 제한된 분량 속에서 나를 가장 효과적으로 드러낼 수 있는 방법을 찾아야겠죠. 그 방법은 바로 생기부의 키워드를 설정하는 것입니다. 기본적으로 진로와 연계한 활동들로 생기부를 채워야 한다는 것은 모두 알고 있으리라고 생각합니다. 그런데 단순히 자신의 진로에 대한 활동을 나열하는 것으로 대학에 어떤 인상을 남길 수 있을까요? 대학의 입학사정관님들은 정말 수많은 지원자의 생기부를 읽습니다. 그렇다는 것은 생기부 곳곳에 숨어 있는 '나'를 알아봐 주기를 기대하면 안 된다는 뜻입니다. 진로나 학과에 대한 자신의 관심과 열정, 그리고 비전이 함축되어 있는 키워드 하나를 설정하고 그것을 중심으로 이야기를 풀어나가세요. 이것이 짧은 글 속에서 여러분이라는 사람이 그 학교, 학과에 부합하는 사람임을 증명할 수 있는 가장 효과적인 방법입니다.

구체적으로 제 사례를 들어 설명하겠습니다. 저는 어렸을 때부터 사회에 선한 영향력을 끼치는 사람이 되고 싶다는 생각을 가지고, 고등학교 1학년까지 교육 환경 개선을 목표로 교육 행정 분야를 희망하였습니다. 그러던 중에 고등학교 학생자치회 활동을 계기로 경영 쪽에도 관심을 가지게 되었는데요. 사실 교육과 경영은 그다지 공통점이 많지 않기에 두 분야의 괴리 속에서 고민하던 시기도 있었습니다. 저는 이 고민에 대한 해답을 ESG 경영에서 찾을 수 있었습니다. ESG란 쉽게 말해 환경, 사회, 지배구조의 비재무적 요소를 고려해 지속 가능한 경영을 해야 한다는 개념입니다. 즉, 제가 목표로 하던 '사회에 기여할 수 있는 방법'을 경영에서도 발견한 것입니다. 이처럼 저는 우연히 발견한 개념을 발전시켜 저의 가치관을 담은 'ESG 경영 - 기업의 발전과 사회의 건강한 성장'이라는 키워드를 설정하고 이에 대해 끊임없이 고민하는 과정을 생기부에 담았습니다.

키워드란 생기부의 주제이자 가이드라인

키워드란 쉽게 말해 나의 생기부의 주제입니다. 저는 자율 탐구를 진행할 때 어떤 주제를 잡아야 할지 막막한 경우가 정말 많았는데요. 키워드를 설정함으로써 내가 어떤 분야의 지식을 기르고 관련 논의를 탐구해 보아야 할지를 알려주는 일종의 가이드라인이 주어진 듯한 기분이었습니다. 키워드 설정법에서 가장 중요한 것은 이 키워드를 가장 잘 드러내는 자신의 핵심 탐구를 하나 정해야 한다는 것입니다. 저의 경우에는 2학년 자율탐구 프로젝트에서 진행한 '공기업의 ESG 정책 및 국내 동향 분석'이라는 제목의 탐구가 제 생기부의 핵심이었습니다. 처음 진행하였던 ESG 관련 탐구여서 관련 지식을 가장 많이 얻기도 하였고, 뒤에서도 설명하겠지만 이 탐구에서 제시한 결론이 3학년 때의 후속 탐구로 이어지기도 했기 때문입니다. 이처럼 진로와 관심 분야에 대한 고민이 담긴 핵심 탐구를 정하고 이로부터 가지가 뻗어나가듯이 다른 탐구를 기획한다면, 생기부를 구성하기도 쉽고 대학에 여러분을 효과적으로 설명할 수 있을 것입니다.

그런데 키워드 설정법에는 유의할 점이 있습니다. 그 키워드에만 매몰되어서는 안 된다는 것입니다. 물론 키워드를 활용한 생기부 작성은 효율적이지만, 한 주제만 다루는 생기부는 단조로움을 줄 수 있으며 탐구의 진실성도 의심될 수 있습니다. 결국 생기부라는 것은 나를 보여주는 것이므로, 키워드와 조금 다른 주제를 다룬다고 하더라도 그 속에서 나의 역량과 생각을 드러낼 수만 있다면 좋은 탐구라고 할 수 있습니다. 또한 시사에 관심을 가지는 것은 사회적 리더상에 부합함을, 해당 과목에 집중하는 태도는 오히려 학업에 충실함을 어필할 수 있다는 장점도 있습니다.

정리해 보자면 생기부는 기본적으로 대학에 자신이 부합하는 인재상임을 표현할 수 있어야 하기 때문에, 자신의 진로와 관련된 키워드나 핵심 과제를 설정하여 이를 토대로 작성해 나가는 것이 효과적입니다. 그러나 억지로 키워드와 관련지은 주제의 탐구는 표가 나기 마련이며, 학교 활동이든, 학술적 내용이든 실제 호기심에서 시작한 탐구가 여러분의 역량을 드러내기에 훨씬 유리합니다. 따라서 키워드를 설정하여 생기부의 핵심 뼈대를 구성함과 동시에 학교생활과 수업에 충실히 참여하여 순수한 궁금증에서 시작한 탐구를 진행할 필요도 있겠습니다.

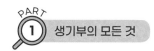

Part 1-2 과목별 세특 사례와 조언

세특 설계의
기본 원칙 3가지

1. 진로 연계에 집착하지 말자

세특은 우리가 생기부에서 가장 비중 있게 챙겨야 할 부분입니다. 입시제도의 변화로 자율 동아리, 수상, 독서 기록이 모두 대입에 미반영되며 세특의 중요도는 훨씬 높아졌습니다. 이 세특을 준비할 때 많은 학생이 조심해야 할 점은 바로 진로 연계에 집착해서는 안 된다는 것입니다. 세특은 학생이 그 교과목에 얼마나 충실하였는지를 평가하는 부분이기 때문에, 교과 내용과 아무런 관련도 없는 진로 탐구를 작성하는 것은 긍정적인 인상을 줄 수 없습니다.

2. 세특은 교과 학습 내용에서 시작하자

비슷한 맥락에서, 두 번째로 강조할 점은 모든 세특 활동은 교과 학습 내용에서 시작해야 한다는 점입니다. 세특은 교과목에 관련된 탐구를 기록하는 곳이기 때문에 모든 탐구나 활동의 계기는 수업 시간과 교과서여야 합니다. 막막하다면 교과서의 목차를 펼쳐놓고 어떤 내용이 나오는지 천천히 살펴보며, 관심이 가는 핵심 단어 몇 개를 추리는 것에서 시작해 보세요. 자연스럽게 생긴 진로 분야와 관련한 질문에서 시작하는 것이 가장 좋지만, 진로 분야가 아니더라도 궁금한 지점을 파고드는 끈기와 열정을 보여주기만 하면 됩니다.

3. 피드백을 통해 세특을 발전시키자

마지막으로, 이렇게 교과 학습 내용에서 출발한 탐구를 진행하였다면 다시 한번 피드백의 시간을 가지길 바랍니다. 자신이 진행한 탐구의 전반을 훑어보면서 다른 관점을 적용해 보기도 하고, 조사가 미흡했던 부분을 체크해 보고, 자신이 제시한 결론의 허점도 찾아보는 것입니다. 이 과정을 통해 의미 있는 후속 탐구를 진행한다면 세특에 과제 집착력과 탐구 정신을 드러낼 수 있습니다. 여기서 말하는 의미 있는 후속 탐구란 ① 과목 간, 또는 상관없어 보이는 분야를 유기적으로 엮어 결론을 도출한 탐구나 ② 생각의 변화가 드러나는 탐구 그리고 ③ 주제에 대해 독창적인 제언이나 해결책을 제시한 탐구 등이 있습니다.

저의 세특 중 위의 세 원칙에 부합하는 예시를 살펴보겠습니다.

영어 독해와 작문(3학년)
재생 농업에 대한 지문을 읽고, 탄소를 토양에 저장하는 방법과 같이 점차 지속 가능한 농업으로 변모하고 있는 재생 농업의 사례를 평소 관심이 있던 ESG와 연관 지어 탐구함. 탐구한 내용을 바탕으로 프랑스 정부의 노력과 재생 농업에 대한 글로벌 기업들의 투자 확대 현황에 대해 독자들에게 알려주는 영어 기사를 완성함. 구조적 측면에서 논리적이며, 언어 사용 측면에서는 적절하고 정확한 어휘 사용을 보여줌. 후속 활동으로 재생 농업의 발생 배경, 재생 농업의 개념, 탄소를 토양에 저장할 수 있는 구체적 방법 등에 관한 기본 이론, 원리에 호기심을 갖게 되어 『미래를 바꾸는 탄소 농업(허북구)』을 읽고 탐구를 진행하였으며, 결과물을 영어로 정리해 발표함. 단순히 조사한 사실만을 발표하는 것이 아닌, 현 상황과 재생 농업 시행에 관한 자신의 의견을 청자들 앞에서 논리적으로 전개해 나가는 모습에서, 깊이 사고하고 통찰할 수 있는 역량을 엿볼 수 있었음.

이 활동은 아주 어려운 내용을 다룬 탐구는 아니지만 세특 활동을 구상하는 방법이 잘 드러나 있습니다. 수업 시간의 영어 지문에서 등장한 탄소 농업이라는 핵심어를 시작으로 저의 진로 관심사인 ESG와 연관 지어 영어 기사를 작성하였습니다. 단순히 보고서를 작성하는 것보다 영어 기사를 작성한 것이 영어 작문과 독해라는 과목 특성에도 부합하는 활동이겠죠. 여기에 1차 활동에서 그치지 않고 도서를 활용하여 조사가 미흡했다고 느낀 부분을 보완하고 저의 의견을 덧붙이는 모습까지 담겨 있습니다. 즉, 이 세특은 '수업 시간이 계기'가 되어 '교과 특성을 반영'하였고, '의미 있는 후속 활동'으로 이어졌다는 점에서 잘 구성된 세특이라고 볼 수 있습니다.

과학탐구실험(1학년)
마른 멸치 해부 실험으로 멸치 위장 속 플랑크톤을 관찰하고 먹이사슬을 위협하는 환경변화를 주제로 심화 탐구활동을 함. 플랑크톤이 멸종되는 조건을 해수 온도 상승으로 부유성 유공충 생태계 변화 연구를 소개함. 멸치 보존을 위해 해양 생태계가 유지되고 플랑크톤의 수를 유지하기 위해서는 기후변화에 대처하고 관심을 가져야 함을 강조함. 『기후위기 과학특강(김해동)』 도서를 읽고 성층권 에어로졸 주입 기술, 해양 철분 살포 실험 등을 새로운 기후 위기 극복 방안으로 제시함. 기후 변화로 플랑크톤이 멸종되었을 때 해양 생물 먹이사슬의 변화에 대한 대처 방안을 연구하고 싶어 하는 등 멸치를 주제로 시작하여 기후 위기에 대한 대처 방안으로 탐구를 확장한 점이 훌륭함.

이 탐구 또한 앞선 활동과 같이 수업 시간의 실험에서 시작되었습니다. 멸치의 위장 속 플랑크톤과 기후 변화라는 주제를 엮어 심화 탐구를 진행하고 그 과정에서 관련 독서를 통해 나름의 극복 방안도 제시했죠. 이 세특은 진로와 관련 없이 온전히 과학 탐구 실험이라는 과목에서 생긴 저의 궁금증과 사고의 흐름으로 꽉 채워져 있다는 점에서 고3 담임 선생님께 좋은 평가를 받았던 세특입니다. 후반에는 또 다른 탐구에 대한 의지가 드러나 있는데, 실제로 후속 탐구로 이어졌다면 훨씬 더 좋은 세특이 되었을 것 같습니다.

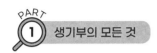

PART 1 생기부의 모든 것

Part 1-3 교과 외 활동 사례와 조언

생각의 깊이를 드러내는
학년 간의 연속 탐구

앞서 세특에서는 각 과목에 충실한 것이 중요하다고 설명했습니다. 이와 달리 자신의 진로에 관한 관심을 제한 없이 보여줄 수 있는 부분이 바로 창체 사항입니다. 따라서 이 부분을 어떻게 활용하느냐가 매우 중요한데, 저의 생기부의 핵심이었던 진로활동을 예시로 들어 설명하겠습니다.

진로활동(2학년)

자기주도적 심화탐구 프로젝트(2022.05.07.-2022.06.04.)에서 환경 및 사회 문제 해결 방안으로 ESG 경영에 주목하고, 공기업이 ESG 본질 실현에 유리하다고 느껴 공기업의 e, s, g 정책을 조사하며 국내 동향과 ESG 경영의 한계점을 분석하여 국가기관 주도 평가 기준 일원화라는 발전과제를 제시, 발표함. 연구 과정에서 팀원과 협력하고 의사소통하여 양질의 보고서를 완성했으며, 멘토의 피드백을 적극적으로 경청, 수용하고 연구를 보강하고자 하는 모습을 보임. 참고 자료가 부족한 상황에서도 끊임없는 탐구심과 과제 집착력으로 여러 자료를 참고하여 객관적인 시선으로 연구를 진행함. (…)

이 활동이 제 생기부의 키워드인 ESG와 관련한 핵심 탐구입니다. 해당 탐구에서 제

PART 1 생기부의 모든 것 **395**

시한 ESG 경영의 한계점과 발전과제는 3학년 진로 탐구로 이어져 꼬리를 무는 활동으로 발전하였습니다.

진로활동(3학년)
자문자답에서 2학년 탐구프로젝트에서 통일된 ESG 평가 기준 부족에 대한 해결책으로 제시한 '국가기관 주도 평가 기준 일원화'와 관련해, 최근 ESG 공시 국제 기준이 결정되었다는 소식을 접하고, 해당 기준이 평가 기준 일원화와 비슷한 기능을 할 수 있을지에 대한 의문을 해결하고자 탐구를 진행함. 여러 학술 자료를 탐독한 뒤, ESG 평가 기준의 일원화로부터 기업 경영의 투명성과 사회적 책임은 증진될 수 있다는 통찰 또한 보여줌. 후속 활동으로 '평가 기준을 일원화하는 것이 유일한 해결책인가?'라는 또 다른 의문을 해결하기 위해 관련 경제연구 보고서를 읽고, 무조건적인 일원화가 아닌 최대한의 공통점을 찾되, 공시 기준들이 시행되는 상황적 특수성에 관한 몇 가지 기준이 부수적으로 존재한다면 일원화로 초래되는 단점은 보완하고 정보의 투명성은 유지할 수 있다고 주장. 이를 통해, 끊임없이 탐구하는 지적 탐구력과, 이면을 볼 수 있는 사고의 유연함, 논리적으로 글을 전개해 나갈 수 있는 역량을 보여줌.

이 활동들은 제 생기부의 뼈대가 되어 저의 3년을 대표하는 학습 경험을 구성하였습니다. 2학년 탐구에서는 ESG를 전반적으로 이해하였고 국내 흐름을 분석하였습니다. 나아가 이에 대해 한계점을 도출하여 '국가기관 주도 평가 기준 일원화'라는 해결책을 제시하였습니다. 그리고 3학년 때 당시 세계 ESG 흐름을 반영하여 ESG 공시 기준을 조사하였는데요. 그러던 중 '이 기준이 2학년 탐구에서 제시한 평가 기준 일원화와 비슷한 역할을 할 수 있지 않을까?'라는 질문이 생겨 관련 탐구를 진행하게 된 것입니다. 즉, 생기부를 열심히 챙기는 친구들을 보면 학년별 로드맵을 미리 구성하는데, 저의 경우에는 즉석에서 핵심 과제가 구성된 것이죠. 물론 미리 계획하는 것이 안정성과 완성도의 측면에서 더 유리할 수는 있겠지만, 로드맵을 설정하지 못했다고 해서 너무 불안해할 필요는 없다고 이야기하고 싶습니다.

다시 진로활동으로 돌아가서, 이렇게 2학년 활동과 연계하여 심화 탐구를 진행한 뒤 여기서 그치지 않고 '나의 국가기관 주도 평가 기준 일원화라는 해결책은 완벽한가?'라는 새로운 질문을 던졌습니다. 이 질문을 통해 저는 3학년 진로활동의 후속 탐구를 진행할 수 있었고, 나아가 2학년 진로 탐구에 대해 비판적으로 평가하며 성장한 저의 모습을 보여줄 수 있었습니다. 즉, ESG의 평가 기준이라는 제 나름의 핵심 의제를 선정하고 2년에 걸쳐 변화한 저의 생각을 기록했다고 볼 수 있겠죠. 이처럼 저는 창체 중 진로를 활용하여 저의 색깔을 녹여냈습니다.

창체를 활용해 주제에 대한 깊은 관심을 드러내자

정리하자면, 생기부에서 가장 중요한 것은 자신의 관심 주제에 대한 생각의 깊이를 보여주는 것입니다. 교과와 관련한 지적 호기심을 다루는 세특에서는 이러한 생각의 깊이를 드러내는 연속적인 주제를 다루기 쉽지 않은데, 이를 극복하기 위해 창체를 활용하여 자신의 핵심 주제의 탐구를 꾸준히 진행하는 것을 추천합니다. 단편적인 탐구보다는 기간을 길게 잡고 생각의 변화를 관찰할 수 있도록 꼬리에 꼬리를 무는 탐구를 설계해 보세요. 이것이 대학 입시에서도, 여러분의 성장에서도 중요한 역할을 할 것입니다.

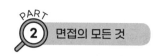

Part 2-1   빈틈없는 면접을 위한 팁

면접 필승법,
끝까지 포기하지 않는 태도

이제 면접에 대한 이야기를 해볼까요? 저는 서울대학교에서는 생기부 기반 면접을, 연세대학교에서는 제시문 기반 면접을 보았습니다. 두 면접은 준비하는 법이 완전히 달랐기에 당시에는 조금 힘들었던 기억이 있습니다. 그러나 두 학교에 모두 합격한 지금 생각해 보니 공통적으로 적용되는 가장 중요한 것이 있었습니다. 간단하지만 모든 면접에서 가장 중요한 '태도'에 대해 이야기해 보겠습니다.

면접에서 가장 중요한 것은 '끝까지 포기하지 않는 태도'입니다. 이게 무슨 소리인지 잘 이해가 되지 않는 분들도 있을 텐데요. 면접장에서 끝까지 자신이 준비한 것을 말하고 나오는 사람은 생각보다 많지 않습니다. 면접장의 압박과 긴장에 자신에 대한 확신이 떨어지게 되어 면접을 보는 도중 스스로 포기하고 말기 때문이죠. 그리고 면접관님들은 이를 바로 알아보기 마련입니다. 따라서 우리가 면접에서 가장 명심해야 할 점은 '어떻게 되든 끝까지 하자'입니다.

이러한 맥락에서 우리가 말하는 내용만큼이나 중요한 것은 말끝을 흐리지 않고 명확하게 마무리하는 것입니다. 말을 하다가 무언가 잘못되었다고 느낄 때 우리는 쉽게 말을 얼버무리게 되는데, 이러한 습관은 해당 발언뿐 아니라 화자 자체의 신뢰도에도 악영향을 미치므로 항상 생각을 명확하게 표현하는 연습을 해야 합니다. 이 연습을 하면 면접장에서 떨지 않고 자신감을 가질 수 있습니다.

'나'를 중심으로 생기부 면접 준비하기

가장 기본적인 면접 준비는 자신의 생기부를 제대로 파악하는 것에서 시작합니다. 내가 몇 학년 세특 어떤 과목에서 어떤 탐구를 진행했는지, 진로활동으로는 무엇을 했는지 등을 정리해야겠죠. 이러한 정리에 꼭 포함돼야 할 것이 '동기-내용-의의(느낀 점, 성장한 점)'입니다. 물론 이 구성이 생기부에 녹아 있는 것이 최선이지만, 일반적으로 생기부에는 활동의 내용만 쓰여 있는 경우도 많으므로, 그 활동을 왜 하게 됐는지, 어떤 결과를 얻어 활동의 의의가 무엇인지 등을 스스로 생각해 두지 않으면 질문에 답변하기 어려울 수 있습니다. 따라서 생기부를 처음부터 꼼꼼히 읽어보며 여러분이 3년간 한 활동을 하나하나 복기해 보기 바랍니다.

본격적으로 면접 예상 문항을 준비할 때 저는 가장 먼저 공통 질문을 대비했습니다. 공통 질문으로는 자기소개 및 지원 동기, 3년간 가장 중점적으로 학습한 경험, 공동체에 기여한 경험, 독서 등이 있는데요. 이러한 핵심 질문을 먼저 대비함으로써 면접의 방향성을 정리해 볼 수 있었다는 점이 전체 면접 대비에서 많은 도움이 되었습니다. 이 중에서도 저는 3년간 가장 중점적으로 학습한 경험을 강조하고 싶습니다. 이 문항은 제가 앞서 이야기한 키워드와 관련한 핵심 탐구에 대한 질문입니다. 여기서 중요한 것은 단순히 한 탐구에 대해 설명하는 것에서 그쳐서는 안 되고 키워드에 대해 자신의 생각을 발전시켜 나간 스토리를 풀어야 한다는 것입니다. 이렇게 자신의 3년을 대표하는 흐름을 정리해 놓으면 낙수효과로 실전에서 다른 질문이 나오더라도 준비한 내용을 활용할 수 있다는 장점도 있습니다.

다음으로는 자신의 생기부 질문을 대비해야 합니다. 저는 전체적으로 예상 질문을 뽑지 않고 학년별 창체와 세특을 구분하여 한 번에 한 부분씩 공부하였습니다. 전체적으로 질문을 선별하다 보면 비교적 중요하지 않아 보이는 부분을 간과하기 쉬운데, 이 경우 준비하지 않은 부분에서 질문이 나왔을 때 대처하기 어렵습니다. 따라서 초반에는 저처럼 구역을 나눠 세세한 부분까지 한 번쯤은 살펴보고, 면접이 임박하였을 때 전체적인 관점으로 중요 질문을 대비하기 바랍니다. 실제로 저는 면접 때 선생님들께서 절대 안 나올 것이라고 말씀하시던 한문 세특에 대한 질문을 받았습니다. 다행히 그 전날 한문 세특 내용을 찾아보고 들어가 대답을 할 수 있었지만 정말 당황스러운 경험이었습니다. 여러분도 필요 없다고 생각한 부분도 한 번씩은 검토해 보기 바랍니다.

서울대학교의 생기부 기반 면접은 학생 자체의 역량을 알아보기 위한 목적이 강합니다. 그래서 생기부에서 자신의 탐구 내용을 잘 숙지하는 것도 중요하지만 나에 대해 이해하는 것도 중요합니다. 저는 면접에서 가장 좋아하는 과목이 무엇인지, 고등학교 때 운동을 했는지와 같은 생기부와 관계없는 질문을 받았습니다. 꼬리질문으로 이어지지는 않은 가벼운 질문이었지만, 단순히 아이스 브레이킹 느낌의 질문이 아닌 면접 중간에 진지하게 스스로에 대해 얼마나 알고 있는가를 파악하고자 하는 질문으로 느껴졌습니다. 또한 저는 전교 부회장을 맡았었는데, 어떤 이유로 선발되었다고 생각하느냐는 질문도 있었습니다. 따라서 면접을 준비할 때 너무 생기부 내용에만 몰두하지 말고 내가 흥미를 느끼는 것, 나의 강점, 취미 등 '나'는 어떤 사람인가를 돌아보는 시간도 갖기 바랍니다.

경영대학 경영학과 지역균형전형 면접 복기

경영대학 면접은 대기실에 처음 들어가자마자 어떤 자료도 볼 수 없고 핸드폰을 바로 끄게 되어 있습니다. 혹시 당일 아침에 보고 들어가고 싶은 자료가 있다면 대기실에 너무 빨리 들어가지 말고 밖에서 여유롭게 보고 8시 20분쯤 입실하길 권합니다.

개인 짐은 모두 제출하게 됩니다. 물도 따로 주시기 때문에 챙겨가지 않아도 되고, 아날로그 손목시계도 착용할 수 없습니다. 아침에 선배들이 응원하는 마음으로 핫팩을 주실 겁니다. 그것을 써도 되고 따로 챙겨와도 되는데, 손이 차가워지면 긴장하게 되기 때문에 춥지 않더라도 손에 쥐고 있는 것이 좋습니다.

수험번호나 접수번호는 면접 순서와 아무런 관계가 없습니다. 대학 측에서 랜덤으로 번호를 부여해 주고, 총 4조로 각 조의 번호 순서대로 시작하게 됩니다. 한 사람당 1분이 남았을 때 노크를 하고, 10분이 되면 바로 문을 열기 때문에 시간이 지체되지는 않습니다.

Q. 경영 경제 동아리도 하고 수업량 유연화 시간에 경영학의 이해라는 강의도 들었네요? 그때 탐구한 내용 말해볼래요?

A. 저는 허즈버그의 동기위생이론에 대하여 탐구했습니다. 허즈버그의 동기위생 이론은 구성원들에게 동기부여가 되는 요인인 동기요인과 도움이 되지 않는 요인인 위생요인을 파악하여 효과적인 전략을 구상하는 동기 이론입니다. 저는 이 이론이 동기와 위생이론의 구분이 조직에 전략을 구상할 기준을 제시할 수 있으므로 매우 효율적이며 실용성 있다고 느꼈습니다. 또한 동기이론을 학습하며 조직의 결과에 초점을 맞추어 물질적 요소가 효과적인 투입 요소일 것이라는 저의 생각과 달리 이제 조직 구성원들을 고려하고 과정을 중시하는 경영으로 변모하고 있다는 것을 파악하였고 이것이 오히려 성과를 내는 데에 효율적임을 깨달을 수 있었습니다.

Q. 구체적으로 동기요인에 무엇이 있나요?

A. 동기요인에는 성취 욕구 등, 위생요인에는 임금과 대인 관계 등이 있습니다.

Q. 임금이 위생요인이다, 이건 요즘 MZ세대 인식이랑 좀 다르지 않나요?

A. 맞습니다. 그래서 저는 리더가 자신의 조직원들의 특성을 살려 동기, 위생요인을 다시 조사할 필요가 있다고 생각합니다.

Q. 학생회 부회장을 두 번이나 했네요? 이렇게 뽑힌 이유가 무엇인 것 같나요?

A. 1학년 때는 제 공약을 보고 뽑은 것 같고 2학년 때는 제가 1학년 때 성실히 하여 학생들에게 신뢰를 얻은 것 같습니다. (책임감과 성실성 등 장점을 말할 수 있는 기회였는데, 너무 무난하게 말해버렸습니다. 여러분은 면접 질문을 표면적으로만 이해하

지 말고 자신에게 유리하게 해석하여 답변하시기 바랍니다.)

Q. 부회장으로써 시행하였던 활동 중 무엇이 가장 기억에 남나요?

A. 학생들의 편의를 위해 시행한 우산 대여 사업이 가장 기억에 남습니다. 이 사업을 진행하며 처음에는 벌점 제도 등을 활용해 우산 반환율을 높이고자 하였지만, 이것이 오히려 사업에 대한 부정적인 인식을 심어주어 사업이 활성화되지 않음을 깨달았습니다. 이를 해결하기 위해 전화번호 작성 및 서명 등의 학생들의 양심을 이용한 것으로 바꾸어 사업을 시행하였더니 학생들의·우산 반환율도 높아지고, 나아가 사업 자체가 활성화되었습니다. 이를 통해 강제적인 제도보다 자발적 유인을 만들어주는 것이 오히려 효과적일 수 있음을 깨달았습니다.

Q. 한문 시간에 '청송, 오유인야, 필야사무송호'라는 문장을 학습했네요. 무슨 뜻인가요?

A. 청송, 오유인야, 필야사무송호란 공자의 문장으로 '송사를 처리하는 일은 나도 남과 같다. 그러나 그보다는 반드시 송사가 없도록 해야 한다.'라는 뜻입니다. 이는 시시비비를 가리는 사건을 처리하는 것, 즉 법이 문제가 아니며 송사 자체가 없도록 인덕으로 통치되어야 한다는 이상적 사회를 표현한 문장입니다. 저는 이 문장을 법을 기준으로만 소극적으로 윤리적 경영을 하기보다 사람을 고려한 경영을 해야 한다고 해석하였습니다.

Q. 좋아하는 과목이 뭐예요?

A. 저는 윤리와 사상을 좋아합니다. 다양한 철학가들의 사상과 이론을 배우며 세상을 바라보는 관점이 넓어졌고, 또 스토아 학파의 아파테이아 등의 개념을 실제 제 삶에 적용하여 마음의 평안함을 얻는 데 도움도 얻었기 때문입니다. 또, 사상

간 유사점을 찾아보는 것도 매우 흥미로웠습니다. (당시에는 예상치 못한 질문에 당황해서 대충 둘러댔습니다. 그런데 지금 보니 나쁘지 않게 답한 듯하네요.)

Q. 혹시 고등학교 때 운동한 게 있나요?

A. 자세를 교정하고 체력을 기르기 위해 필라테스를 하였습니다.

Q. 팀으로 하는 스포츠 같은 것은요?

A. 팀으로 친구들과 함께하는 스포츠의 경우에는 학교에서 배웠던 배드민턴을 점심시간에 틈틈이 경기했습니다. (공동체 의식과 관련하여 질문을 주신 것 같았는데 제가 처음에 잘못 이해하여 실제로 제가 혼자 했던 운동을 말씀드려 다시 한번 질문을 주셨습니다. 그렇지만 아주 중요한 질문은 아니었던 것 같네요.)

Q. 윤리적 경영에 관심이 많네요. 그런데 이런 쪽 진로나 분야가 명확하지 않지 않나?

A. 네, 맞습니다. 저는 경영이 일종의 팀플레이라고 생각합니다. 경영에는 굉장히 다양한 분야가 있는 것으로 알고 있는데, 이 각 분야가 어느 하나라도 뒤처지지 않고 나아가야 공동의 목표를 성취할 수 있다고 생각하기 때문입니다. 그래서 저는 대학에 와서 하나의 분야에 집중해서 공부하기보다도 경영에 대해 전반적인 지식을 쌓고 싶습니다.

Q. 그런데 실제로는 윤리적 경영이 잘 안 되고 있잖아요. 왜 그렇다고 생각해요?

A. 윤리적 경영을 기업이 어떻게 해야 하는지 확실하게 모를 수도 있겠고, 또한 아무래도 ESG와 같은 윤리적 경영이 기업의 이윤추구와 상충되는 경우가 많다는 인식 때문이라고 생각합니다.

Q. 정말로 인식이 잘못된 건가요, 아니면 실제로도 그럴까요?

A. 저는 윤리적 경영이 결국 장기적으로는 기업에게 이득이 되는 것이라고 생각합니다. 윤리적 경영을 통해 기업 이미지와 가치에 긍정적인 영향이 갈 것이기 때문입니다. (이때 3년간 제가 윤리적 경영에 대해 고민하고 정리해 온 지점을 자세하게 말씀드렸습니다.)

Q. 소비자들이 비싸도 사나요?

A. 네, 소비자층이 변화하며 가치소비와 같은 추세가 보이고 있습니다. 실제로 매일유업의 경우 희귀병을 위한 유제품 연구 등의 행보로 2030 세대의 선호도가 올라가 타 우유 업체보다 가격이 비싸도 시장 점유율이 매우 높은 것으로 알고 있습니다.

면접이 끝난 직후, 제가 준비한 부분을 다 보여주지 못한 것 같아 매우 아쉬웠습니다. 면접을 준비할 때 가장 중요하게 여겼던 지점이 답변의 간결성과 구조화였기에, 답변을 할 때 말의 길이에 신경을 많이 썼습니다. 이런 생각에 부연 설명이나 마지막 느낀 점을 조금 축약하거나 생략한 부분이 많았는데, 면접관님들께서 꼬리질문을 계속해 주셔서 그나마 제 생각을 조금 더 드러낼 수 있었습니다. 너무 길면 면접관님들이 적당한 선에서 끊으실 테니, 하고자 하는 말은 끝까지 하는 것이 좋을 듯합니다.

전반적으로 제 면접이 아주 훌륭하다고 볼 수는 없지만, 윤리적 경영과 관련해 오랫동안 고민하고 정리한 제 생각을 차분히 말씀드린 후반부에 좋은 인상을 드렸다고 생각합니다. 이 부분에서 면접 준비를 하며 학습 경험 질문을 대비해 정리한 내용을 잘 활용할 수 있었습니다. 또한, 매일유업과 같은 구체적인 사례를 들어 설명한 것이 플러스 요인이 되었다고 판단하였습니다.

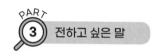

산뜻하게
현재에 충실하게 살아갑시다

지금까지 생기부와 면접에 대해 제가 가진 지식을 모두 정리해 보았습니다. 여러분에게 도움이 되었으면 하는 마음에서 수험생활에 대해서도 몇 자만 더 적어보고자 합니다.

내신의 경우 학생들이 간과하기 쉬운 것이 바로 '시험문제는 학교 선생님이 내신다'는 사실입니다. 아무리 학원 선생님, 인강 강사님이 실력이 더 뛰어난 것 같아도, 내신 출제자는 학교 선생님이기 때문에 내신을 잘 받기 위해서는 무조건 수업 시간에 선생님께서 알려주신 내용을 1순위로 공부하는 것이 가장 중요합니다. 또한 제가 수시 합격생으로서 드릴 수 있는 조언은 내신 공부할 때는 수능 공부를 너무 걱정하지 않아도 된다는 것입니다. 일단 현재에 집중해야 무엇이든 잘할 수 있는 것이니까요.

그리고 공부가 너무 하기 싫은 날이 가끔씩 올 수 있습니다. 그럴 때는 자신을 너무 탓하지 말고 눈을 감고 크게 심호흡을 한 번 해보세요. 이후 '그럴 수 있지'라는 마음가짐으로 세수를 하고 오거나, 좋아하는 초콜릿을 먹거나, 기분전환을 위해 짧게 산책을 하거나, 정 아무것도 효과가 없다면 5~10분 '멍 때리는' 것도 나쁘지 않습니다. 중요한 것은 그 기분이 다음 타임, 다음날까지 지속되어서는 안 된다는 것입니다. 조급한 마음을 가질 필요는 없지만, 완전히 공부를 안 하는 날이 되어 버리면 이후 공부 루틴에도 영향을 줄 수 있으니 적당한 휴식을 취하고 다시 공부를 시작하기 바랍니다.

마지막으로 이 이야기를 꼭 전하고 싶습니다. 수험생활을 겪으며, 정말 잘하는 친구들도 많이 봤고 정말 힘들어도 봤습니다. 당시 지나고 나면 아무것도 아니라는 위로의 말을 자주 들었는데요. 별로 위로가 되었는지도 모르겠고, 실제로 겪어본 사람으로서 아무것도 아니라는 말은 차마 못 하겠습니다. 그러나 하나 확실한 것이 있습니다.

그냥 살아가세요. 밥 잘 먹고, 잠도 일찍 자고, 가끔은 주위 사람들과 대화도 하면서, 멀쩡한 듯 살아가는 것이, 그리고 그렇게 살아남는 것이 결국 이기는 것입니다. 뜬금없게 들릴 수도 있지만, 결국 시간은 빠르게 지나가고 너무 힘들어할 필요는 없는 것 같습니다. 산뜻하게 현재에 충실하게 살아갑시다.

제 글이 조금이나마 도움이 됐기를 바라며 서울대에서 미래의 후배님들을 기다리고 있겠습니다.

흔한 주제로 차별화를 만드는 생기부 작성 팁

꾸준히 하다 보면 운은 나의 편이 됩니다

016

경영대학 경영학과 ㅣ 24학번 이우림 ㅣ 일반전형
광주시 북구 ㅣ 일반고 졸업

안녕하세요, 서울대학교 경영대학에 24학번으로 입학하게 된 이우림이라고 합니다. 여러분은 현재 왜 공부를 하고 계신가요? 저는 어릴 적부터 마땅한 꿈이 없었고, 그저 미래에 내가 하고 싶은 일에 대해 제약을 받지 않기 위해 공부했습니다. 뚜렷한 목표가 없었지만 '할 수 있는 최대한으로 노력해서 효율 좋은 인생을 살아보자!'라는 마인드였습니다.

저는 모든 일에는 '운'이 깊게 개입한다고 생각합니다. 입시도 마찬가지겠죠. 하지만 자신의 '운'을 스스로 결정할 수는 없는 노릇이고, 제가 노력으로 바꿀 수 있는 부분은 '꾸준한 공부'와 '생기부'라고 생각했습니다.

저도 내신 공부를 하면서 지난번과 똑같이 공부했음에도 시험을 못 본 경우가 종종 있었습니다. 하지만 좌절하지 않고 꾸준히 하다 보면 언젠가 '운'이 나의 편이 되는 경우가 있을 겁니다! 저도 고등학생 때는 대학교에 대한 환상과 낭만으로 가득했는데요. '서울대학교 경영학과'라는 단어를 듣기만 해도 설레던 기억이 있습니다.

학창시절 명확한 꿈이 없었던 저는 대학교에 가서 내가 진짜 하고 싶은 일이 무엇인지, 적성에 맞는 일이 무엇인지 찾고 싶었습니다. 따라서 학과가 저의 진로에 제약이 되지 않았으면 했고, 다양한 분야에 대해 배울 수 있는 경영학과에 진학하기로 마음먹었습니다.

또한 저는 입시와 관련해서 거의 스트레스를 받지 않은 편이었는데요, 쉴 때는 쉬고 공부할 때는 제대로 공부하는 생활을 했습니다. 꾸준히, 묵묵히 공부했기에 견딜 수 있었다고 생각합니다. 제 글이 여러분께 조금이나마 도움이 되길 바라며, 입시를 준비하고 있는 여러분의 앞길에 행운이 가득하길 바랍니다.

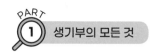

Part 1-1 매력적인 생기부를 위한 팁

평범한 소재로
차별화된 생기부 작성하는 법

제가 생기부를 채우며 가장 중요시했던 것은 '남들과 구별되는, 나만의 특성을 보여주자'였습니다. 그러나 고등학교에 막 입학한 상태에서는 생기부를 어떻게 써야 할지 감도 오지 않습니다. 그래서 저는 '좋은 생기부' 예시를 많이 읽어보면서 '아! 이렇게 쓰면 되는구나'라고 감을 잡았던 것 같습니다. 그러한 점에서 이 책을 읽고 있는 여러분은 매우 바람직한 태도를 가지고 있다고 할 수 있겠습니다.

제 생기부에서 제일 자주 등장하는 키워드는 'ESG'입니다. ESG란 기업이 지속 가능한 경영을 달성하기 위해 고려해야 하는 환경(Environmental), 사회적 책임(Social), 투명한 지배구조(Governance)를 의미하는 단어입니다. 몇 년 전부터 ESG라는 키워드가 화두가 된 만큼, 실제로 제 주변에서도 경영학과를 지망하는 학생의 생기부 중 대부분 ESG 관련 내용이 등장했습니다.

생기부에 관심이 많은 학생이라면 '이렇게 흔한 소재를 나의 생기부에 넣는 것이 의미가 있을까?'라고 생각하겠죠. 저도 그러한 걱정을 잠깐 하긴 했지만, 제가 한 활동들이 의미가 있다고 믿었기에 불안을 떨쳐버릴 수 있었습니다.

창의성과 심화성을 강조하자

이렇게 흔한 소재를 가지고 어떻게 남들과 구별되는, 나만의 생기부를 작성할 수 있을까요? 활동의 창의성과 심화성이 충분하다면, 아무리 흔한 소재라도 여러분의 관심사와 역량을 보여줄 수 있습니다.

경제(2학년)
(…) 기업의 이윤 극대화 수업에서 마케팅 전략이 매우 중요함을 깨달음. SNS의 영향력이 커지는 상황에서 새롭게 등장한 '태그니티 마케팅' 관련 신문 기사를 읽고, 한 기업의 해시태그 이벤트에 직접 참여를 함. 더 나아가 해당 기업이 환경적 공익까지 추구한다는 점에서 소비자들이 ESG 경영에 높은 가치를 부여한다는 사실을 알게 됨. 이를 주목하여 산업통상자원부의 'K-ESG가이드라인'을 참고하여 '○○기업을 사례로 한 윤리 경영'을 주제로 한 결과물을 제출함. 기업이 사회적 불평등과 같은 차별을 개선하고 디지털 윤리를 지킬 때 소비자들의 긍정적인 반응과 브랜드 이미지가 개선됨을 강조하며 윤리 경영의 필요성을 역설함.

경영학과를 지망하는 학생들에게 경제라는 과목은 꽤 중요도가 높은 과목입니다. 하지만 경제와 ESG를 엮는 활동은 자칫하면 뻔한, 형식적인 활동이 되어버릴 수 있습니다. 그러나 수업 시간에 배운 내용에 흥미를 느껴 능동적 참여를 하고, 이를 통해 ESG의 중요성을 깨달았으며 심화 탐구로 관련 보고서까지 제출했다는 점에서 의미 있는 활동이 될 수 있었습니다.

(…) ESG라는 개념이 단순한 친환경의 의미를 넘어서 왜 기업에서 초기 도입의 장애를 감안하고도 추진하는지에 대하여 경영학적으로 분석해 본 후 팀 프로젝트에서 ESG 전략 제안하기 활동을 진행함. 제안 대상으로 선정된 가구 구독 플랫폼 기업의 리뷰를 TF-IDF 보정을 적용해 빅데이터 분석과 워드클라우드 시각화를 진행한 후 해당 기업의 고객 페르소나를 설정, 창의적인 재활용 제품 제안을 함. 또한 폐업률 증가 기사를 인용하여 개인뿐만 아니라 프랜차이즈를 대상으로 B2B사업까지 확장할 것까지 2차 제안하며 구독경제 패러다임의 특성을 잘 활용해 잦은 폐업으로 인한 사회적자원의 낭비 문제를 해결할 수 있다고 주장함.

또한 3학년 동아리활동에서도 ESG활동을 진행했는데요, 저는 인공지능 수업에서 배운 빅데이터 분석과 데이터 처리 방법을 활용해서 기업의 리뷰를 분석했습니다. 오직 ESG에만 집중하는 것이 아니라, 다양한 분야에 곁들이는 방식으로 활동하면 진부해지지 않을 겁니다.

이 두 활동 이외에도 1학년부터 3학년까지를 통틀어, ESG와 관련된 활동을 15가지 정도 하였습니다. 예를 들면 'ESG'라는 키워드를 가지고 에세이 작성, 사례 조사, 기업에 ESG 전략 제안, ESG의 실효성에 관한 토론, 기업의 오염배출량 곡선 수학적으로 분석, ESG의 평가 기준 새로 만들기 등 겹치지 않게 다각적으로 활동하려고 노력했습니다.

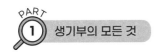

Part 1-2 과목별 세특 사례와 조언

전공과 관련된
공동교육과정 수강하기

저는 2, 3학년 때 총 두 번 공동교육과정에 참여했습니다. 그중에서도 특히 3학년 때 수강했던 '창의 경영'이라는 과목에서 정말 많은 것을 배울 수 있었는데요. 경영학이라는 과목의 특성상, 고교 교육과정에서는 해당 과목을 직접적으로 배울 기회가 거의 없다시피 합니다. 그러나 창의 경영 수업을 통해 제가 미디어나 책으로 접했던 인사이트들을 배울 수 있었다는 점이 매우 흥미로웠습니다. 과목 자체가 경영학과 직접적으로 연결된다는 점에서 일반 교과목의 세특과 차별화시킬 수 있고, 진로와 관련된 소재도 풍부합니다.

수업에서 정말 많은 활동을 했기에, 무엇을 적으면 좋을까 고민하다 그중에서도 제가 발표를 진행했던 내용을 중점으로 세특에 넣었습니다. 수업에서 기업이 마케팅 전략을 세우는 과정을 배운 후 자신이 특정 기업의 경영자가 되었다고 가정하고 그 기업의 마케팅 전략, 표적 고객과 포지셔닝 맵을 작성해 보는 활동이었습니다. 해당 기업이 '메타버스'를 활용하여 마케팅했다는 점에 영감을 받아, 저의 개인 발표 주제도 '증강현실과 브랜드 마케팅'으로 선정하였습니다. 이러한 증강현실을 활용한 타 기업의 사례를 조사하고, 구체적으로 어떠한 점이 성공 요인인지 명확히 드러나 있다는 점에서 심화적인 연계성을 보여줄 수 있습니다.

또한 '수업에서 배운 내용을 바탕으로 활동 → 해당 활동과 연관된 개인 탐구활동 및 발표 → 결론 도출' 과정이 명확하게 정리되어 있어 좋은 세특의 예시라고 할 수 있습니다.

창의 경영(3학년)

기업의 마케팅 전략 평가 수업에서 관심 기업을 라면 회사로 선정하고, 해당 기업의 마케팅 전략, 표적고객과 포지셔닝 맵 등을 조원들과 함께 작성함. 이후 소감 발표 시간에 메타버스 플랫폼에서 이벤트성으로 개업을 한 것이 실제 오프라인 팝업스토어까지 이어진 것이 인상적이었다고 발표하며, 온오프라인의 차이점과 둘 사이의 시너지 효과를 알아볼 수 있는 마케팅 전략이라고 높이 평가함. 관심 분야인 '증강현실과 브랜드 마케팅'을 주제로 개별 발표를 진행함. 증강현실과 가상현실을 비교할 때 메타버스 플랫폼을 예를 들어 설명하고 증강현실기술을 활용한 신발 기업의 성공 사례를 조사함. 일방적인 고객 수용이 아닌 쌍방향 상호작용을 할 수 있는 참여형 콘텐츠와 증강현실공간을 통한 복합적 체험 경험을 제공했다는 점을 성공 요인으로 선정함. 이를 통해 미래 기업이 지녀야 할 점들에 대해 도출해내서 발표함. (…)

또한 창의 경영 세특 활동에서 해당 기업의 성공 요인이었던 '참여형 콘텐츠', '복합적 체험 경험 제공'이라는 키워드를 다른 과목에서 재등장시킴으로써, 해당 활동의 심화성을 강화할 수 있었습니다.

이렇게 같은 소재를 여러 번 등장시킬 때 주의해야 할 점이 있습니다. 그저 같은 주제를 반복하기만 하면 진부한, 단순 내용 반복이 될 가능성이 있습니다. 따라서 동일한 소재를 다각적으로 살펴보고 사례 조사도 해보고, 반대되는 입장에 대해 탐구해보는 활동들이 의의가 있을 것입니다.

화법과 작문(3학년)
정보전달 말하기 활동을 위해 경영학 분야와 관련하여 '구독경제 모델의 등장과 ott기업'이라는 주제로 초안을 작성한 후 발표함. '고객 요구의 다양화와 기존의 일회성 콘텐츠에 대한 불만족으로 등장한 구독경제 모델을 탐구함. 이에 대해 기업은 참여형 콘텐츠를 통해 시청자들에게 스토리의 주도성을 넘겨주거나 오리지널 콘텐츠 제작으로 차별성을 두고 브랜드 가치를 높이는 방법을 활용하여 변화에 대응하고 있음.'이라는 내용에 대해 소개함. 발표 후 '기업과 소비자와의 상호작용을 통한 미디어 소비 방식(참여형 콘텐츠)의 중요성을 깨달음.'이라는 소감을 밝힘. (…)

심화국어(3학년)
논리적 사고 활동을 위해 '○○사의 트랜스 브랜딩과 다차원적 혁신'이란 논제로 초안 작성 후 발표함. '경쟁에서 살아남기 위해 브랜딩이 필요한 현재, 소비자와의 커뮤니케이션, 미디어 플랫폼을 중심으로 하는 트랜스 브랜딩에 주목함. 이 전략을 실천하는 기업 ○○사는 쇼핑 기능 뿐만 아니라 자신의 스타일을 공유할 수 있는 커뮤니티 기능을 추가하여 타사와는 명백한 차별점을 선점함. 또한 자체 브랜드, 복합문화공간을 만듦으로써 소비자의 능동적 참여와 다차원적 경험을 제공한다는 점을 성공요인으로 평가함'이란 의견을 피력함. (…)

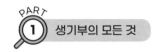

가장 많은 내용을 담을 수 있는
진로활동 채우기

　진로활동에는 진로 탐색을 위해 어떠한 노력을 했는지, 어떤 분야에 관심을 갖고 탐구해 왔는지, 그 변화의 과정을 드러내는 내용이 들어가야 합니다. 1학년 때는 다양한 분야에 대해 탐색하고, 학년이 올라갈수록 자신의 구체적인 분야를 명확하게 정해서, 그 분야에 대해 파고드는 게 중요합니다. 저는 고등학교 입학 전부터 경영학과를 지망해 와서, 1학년 때는 경영학과의 재무, 회계, 마케팅 경제학 사회학, 환경 등 다양한 분야를 탐구하고 2, 3학년 때는 경영학과, 특히 마케팅에 집중하였습니다.

　진로활동은 생기부의 4가지 부분 중 '전공적합성'을 드러내기에 가장 좋은 항목입니다. 그저 학교에서 진행하는 행사만으로는 본인만의 차별성을 드러내기 어렵습니다. 가장 추천하는 루트는 '학교 행사에 참여해서 적극적으로 활동 → 이후 아쉬운 점이나 더 알아가고 싶은 부분을 정함 → 개인적으로 관련 심화활동 수행'입니다. 이는 자기 주도적으로 진로 관련 분야를 탐색하고 필요한 능력을 키우는 역량을 보여준다는 점에서 여러분이 대학에서 수학할 능력이 충분히 있다는 증거가 될 수 있습니다.

진로활동은 다른 항목과는 다르게, 2100바이트로 꽤 많은 내용을 넣을 수 있습니다. 하지만 1차원적인 활동을 여러 가지 넣는 것보다 심화적이고 알맹이가 있는 활동을 2~3가지 넣는 것을 추천합니다. 저는 '한국 화장품 광고의 경향과 문제점'에 관해 탐구하고 직접 광고를 재디자인한 활동과 'ESG 활동이 기업 이윤에 정말 도움이 되는 것일까?'를 주제로 토론한 활동 이 두 가지를 3학년 진로활동에 넣었습니다. 이 중 토론 활동을 중심으로 이야기하겠습니다.

진로활동(3학년)

(…) ESG 활동이 기업이윤에 도움이 되는가를 토론 주제로 선정, 찬성 측 입장을 준비함. ESG 활동과 이윤 창출 간 상관관계 분석에 어려움을 느꼈지만 『ESG 시대의 사회적 가치와 지속가능경영』이라는 책을 읽고 주식시장의 변동을 이윤지표로 설정함으로써 해결함. 기업이 ESG 관련 주주제안을 발의했을 때 주식시장의 초과수익률과 총자산수익률이 증가한 점, 사회적기업은 자본조달 비용이 적고 노동생산성이 높아서 경쟁우위를 지닌다는 점을 근거로 삼아 적극적으로 토론함. ESG 전략이 기업의 본질인 이윤 추구에 부합한다는 결론을 내려 평소 가지던 의문을 해소함. 추가적으로 기업이 단지 CSR을 이행하는 것에는 주식시장의 변동이 없었지만, 상쇄 목적의 CSR 이행에는 주식시장이 반응했다는 점을 통해 ESG 전략에서 스토리텔링의 필요성까지 도출해 냄.

토론 준비를 하며 어려움을 느꼈지만 이를 '독서활동'을 통해 해결함으로써 진로 관련 지식을 습득했음과 문제 해결 역량을 동시에 보여줄 수 있습니다. 이 활동은 제가 여태껏 진행했던 ESG의 실효성에 대해 논박함으로써 비판적 사고 역량까지 드러낼 수 있었습니다. 아직 명확한 결론이 나지 않고 계속 연구 중인 분야라면 분명 반대되는 의견도 있을 것입니다. 따라서 본인의 지난 활동 주제를 옹호하는 내용도 좋지만 새로운 관점의, 반대되는 측면의 주장까지 충분히 살펴보는 태도를 가질 필요가 있습니다. 또한 그저 '찬성 측의 입장에서 활동했다'라는 서술 방법은 모호하게 다가오기 마련입니다. 따라서 어떠한 주장을 펼쳤는지 구체적으로 적어야 입학사정관분들이 여러분의 주장과, 배운 내용을 확실히 알 수 있을 것입니다.

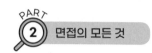

혼자서도 제시문 면접을
준비하는 방법

저는 기본적으로 혼자서 면접 준비를 했는데, 수능 8일 뒤가 서울대학교 면접인 상황이었습니다. 정시 준비로 3학년 2학기에 시간을 많이 내기 어려웠기에, 제시문 면접 준비 자체는 8월부터 주 1회 1시간씩만 했습니다. 수능이 끝난 다음 주에 바로 서울에 올라와서 면접 학원을 3~4일 정도 다녔습니다.

물론 학원에 다닐 수 있다면 다니는 게 좋겠지만, 저는 지방에 거주하고 있었기에 학원을 꾸준히 다니기는 어려운 상황이었습니다. 저와 비슷한 상황인 학생들은 학원을 다니지 않는 것에 대한 불안감이 있을 수 있을 텐데, 혼자서도 충분히 준비할 수 있습니다. 물론 면접 학원에서 단기적으로 모의 면접을 진행하는 것은, 실전과 매우 유사한 경험을 할 수 있다는 점에서 추천합니다.

제 경우는 인터넷에 나와 있는 면접 후기와 서울대학교 면접 기출 책에서 많은 도움을 받았습니다. 학교 홈페이지에 올라와 있는 기출 문제는 모범답안이 적혀 있지 않아서 개인적으로 준비하는 상황에서는 답변의 방향을 잡기 어려웠습니다. 스스로 시간을 재고 영상을 녹화하면서 실전과 유사한 상황에서 모의 면접을 진행하고, 시중에 나와 있는 모범답안과 비교해 가며 본인의 답변에서 어떤 점이 부족했는지 살펴나가길 바랍니다.

우선 저는 경영학과에 일반전형으로 지원했고, 사회과학 제시문 하나, 수학 제시문 하나를 풀어야 하는 상황이었습니다. 면접에서 중요한 것은 무엇일까요? 서울대학교 면접은, '제시문 문제의 답을 맞히는 것'을 1순위로 평가합니다. 발표 태도가 조금 부족하더라도, 논리적인 사고를 통해 정확한 답을 도출하여 말한다면, 여러분도 합격할 수 있을 것입니다.

다음은 제가 제시문 면접을 준비할 때 유용하게 활용했던 현실적인 팁들을 알려드리겠습니다.

1. 답변은 두괄식으로

흔히들 두괄식 답변이 면접관에게 강한 인상을 남긴다고 하죠. 면접관님들은 여러분뿐 아니라 그날 하루 수십 명의 답변을 듣기 때문에 초반에 본인의 주장을 확실히 밝혀야 이후 말하는 내용이 더 잘 전달될 것입니다. 따라서 저는 답변할 때 일부러 짧게 요약한 핵심 내용을 말하는 연습을 했습니다.

2. 어떠한 구조로 말할 것인가?

답변의 전체적인 구조를 미리 생각해 두지 않으면, 체계적이지 않은 답변이 될 가능성이 있습니다. '긍정적 ↔ 부정적, 개인(미시적) ↔ 사회(거시적), 단기적 ↔ 장기적, 결과적 ↔ 의무적, 윤리적 ↔ 경제적, 형평성 ↔ 효율성' 등 대립하는 부분들을 찾아서 답변의 틀을 세워두면 체계가 잡혀 있어서 서론/본론/결론을 나눠서 말하기도 쉽고 훨씬 좋은 퀄리티의 답변을 할 수 있습니다.

3. 답변에서 자주 쓰이는 어휘 메모해 두기

우리가 일상적으로 말할 때 사용하는 언어와 논리적인, 학술적인 말을 할 때 쓰이는 어휘에는 조금 차이가 있습니다. 특히나 저는 일반고를 다녔던 터라 논리적인 말하기나 토론 활동을 할 경험이 많지 않았습니다. 따라서 막상 모의 면접을 하면 문장의 끝맺음이 명확하지 않고, 애매한 어휘를 사용하는 경우가 많았습니다. '초래하다, 강화하다, 성찰하다, 모순되다, 대응되다' 등 토론이나 학술적 말하기를 할 때 자주 사용되는 어휘들을 적어놓고 답변에서 의식적으로 사용하려고 노력했던 것이 도움이 많이 되었습니다.

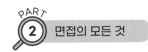

Part 2-2 기출 문제와 면접 복기

경영대학 경영학과
일반전형 면접 복기

[제시문 2 - 281쪽 김인재 학생 사회과학 제시문과 동일]

Q. 안녕하세요, 사회과학 제시문과 수학 제시문 중에 편한 것부터 먼저 말씀해 주세요.

A. 네, 알겠습니다. 그러면 사회과학 제시문에 대해 먼저 설명하겠습니다.

문제 1번부터 답변 시작하도록 하겠습니다. 우선 제시문 (가)에 나타난 현상부터 먼저 설명해 드리겠습니다. 제시문 (가)에서는 "아이가 타고 있어요"라는 안내문을 붙인 차량의 사고 발생률이 일반 차량보다 더 낮게 나타나는 현상이 발생했습니다. 하지만 그렇다고 해서 해당 안내문이 정말 사고 발생률을 감소시켰다고 결론을 내릴 수는 없는 노릇입니다. 사고 발생률은 운전자의 평소 운전 성향에 크게 좌우됩니다. 사실 주변을 보면, 아이가 없음에도 불구하고 관련 안내문을 붙이는 사람들을 종종 볼 수 있습니다. 이러한 사람들은 조심성 있고, 꼼꼼하고, 교통사고에 민감한 운전자일 가능성이 높습니다.

다음은 제시문 (나)입니다. 제시문 (나)는 제 2차 세계 대전 당시, 전투기 기체의 어떤 부분을 보강할지에 대해 논의하는 상황에 대해 다루고 있습니다. 1차원적으로 생각하면, 총알구멍 개수가 많이 관측된 부위를 중점으로 보강하는 것이 합리적일 것입니다. 하지만 조금 더 사고의 범위를 넓혀보면, 정상적으로 복귀한 항공기뿐만 아니라 정작 전쟁에서 치명적인 부위를 많이 피격당해 돌아오지 못한 항공기가 있다는 점을 깨닫게 됩니다. 조종에 중요한 부위를 피격당한 항공기는 돌아오지 못했을 가능성이 크며, 따라서 총알구멍이 적게 관측된 부위를 중점으로 보강해야 한다는 결론을 내릴 수 있습니다.

위에서 분석한 내용을 바탕으로 제시문 (가)와 (나)에서 드러난 현상의 공통점부터 말씀드리겠습니다. 공통점은 바로 문제의 명확한 원인이 드러나지 않았고, 복합적인 요인이 한꺼번에 작용했다는 점입니다. 단편적으로 문제를 해결하려고 하는 모습은 성급한 일반화로 이어질 수 있습니다. 따라서 각 현상에 드러난 문제를 해결하기 위해서는 조금 더 많은 요인을 고려해야 할 필요가 있습니다.

차이점은 제시문 (가)에서는 스티커 부착 여부와 교통사고 감소의 인과관계를 살펴보고 있고, 제시문 (나)에서는 어떤 현상들 간의 관계를 보는 게 아닌 '비행기에서 어떤 부분이 귀환에 치명적인가?'라는 질문에 답하기 위해 사후적인 조사를 통해 살펴보고 있습니다. (차이점을 찾아내기 어려워서 조금 짧게 답변했습니다.)

A. 다음으로 문제 2번 답변 드리도록 하겠습니다. 제시문 (가)와 (나)에 드러난 현상의 공통점은 현상의 정확한 원인 파악이 어렵다는 점이었습니다. 이와 비슷한 현상으로 저는 저출산 현상에 대해 말해보고자 합니다. 저출산에 대해 많은 논의가 나오고 있지만, 이 문제는 원인을 다각적으로 살펴봐야 합니다. 우선 저는

거시적 원인과 미시적 원인으로 구분해 보았습니다. 거시적 원인으로는 부동산 정책과 지원금 정책이 있습니다. 몇 년 전부터 꾸준히 이어져 온 부동산 정책으로 인해 집값이 많이 상승했고, 주거 어려움을 겪는 청년들은 결혼과 출산을 주저하게 됩니다. 또한 지원금 문제도 있습니다. 여러 제도가 많다고 하지만 실질적으로 혜택을 받는 조건이 까다롭고, 아이를 키우는 데 들어가는 돈에 비하면 지원금 액수는 턱없이 부족합니다. 미시적 원인에 대해서도 논의해 보겠습니다. 미시적 원인으로는 개인의 행복 추구, 비혼주의 등이 있습니다. 현재 청년세대들은 공동체주의적이라기보단 개인주의적 성향을 띄고 있습니다. 가정을 위해 헌신한다기보다는 개인의 행복에 집중하고, 자유로운 삶을 즐기길 원합니다. 이러한 현재 청년세대의 성향은 저출산 문제로까지 이어집니다.

Q. 그러면 학생은 현재 저출산의 원인이 무엇이라고 생각하나요?

A. 몇 년 전부터 이어져 온 부동산 정책이, 정권교체로 인해 형태가 조금 바뀌었습니다. 부동산 시장은 현재 하락장이고, 실제로 전보다 가격이 조금 하락했습니다. 그러나 2023년 기준으로 현재 출산율은 약 0.64명에 도달했습니다. 거시적 원인이 완화되었지만, 출산율은 여전히 감소하고 있다는 점을 근거로 들어, 저는 거시적 원인도 문제지만 미시적 차원인 개개인의 인식 문제, 결혼에 대한 부정적 인식 등이 저출산의 직접적인 원인이라고 생각합니다. 따라서 이미 요즘 세대들의 결혼에 대한 부정적 인식을 미시적 차원에서 해결해야 합니다.

Q. 그러면 개인의 인식 문제를 어떻게 해결해야 할까요?

A. 이는 교육을 통해 해결할 수 있습니다. 우선 대한민국에서 화두가 되고 있는 젠더 갈등 문제를 해결하기 위해 남녀가 서로를 더 이해할 수 있는 교육을 학교뿐

만 아니라 직장, 사회적 차원에서 실시해야 한다고 생각합니다. (마땅한 해결법이 생각나지 않아 그냥 형식적인 말로 수습했습니다.)

Q. 이제 수학 제시문으로 넘어가겠습니다. 1번부터 4번까지 답을 쭉 불러줄 수 있나요?

[제시문 1 - 378쪽 성채현 학생 수학 제시문과 동일]

A. (1-1, 1-2, 1-3(1), 1-3(2)문제의 답변을 쭉 불렀습니다.) 그런데 제가 1-3(2)문제를 풀기는 했지만, 시간이 부족해서 모든 케이스를 고려하지는 못했습니다.

Q. 네 알겠습니다. (잠시 고민하시다가) 혹시 1-2 문제에서 A2가 A6보다 더 빨리 도착하는 경우는 없나요?

A. 잠시만요. 한 번 다시 계산해보겠습니다. (잘못 계산한 것을 깨닫고 다시 계산해서 1-2 문제 답변 제대로 정정했습니다. 답변 후에 면접관님이 미소 지으신 것을 보면 정정한 답이 맞았던 것 같습니다. 맞은 문제의 경우 문제의 답 도출 과정을 묻지는 않으셨습니다. 또한 예년보다 수학 제시문의 난이도가 훨씬 쉬워져서 그런지 정말 빨리 끝났습니다. 수학 문제 답변이 끝난 후 40초 정도 두 분 다 제 생기부를 살펴보셨습니다.)

Q. 생기부를 보니까 마케팅에 대해 관심이 많은데, 어쩌다 흥미를 가지게 되었나요?

A. 처음 마케팅을 알게 된 건 경영학의 한 분야였기에 알게 되었지만, 우리가 흔히 TV나 동영상 플랫폼을 시청하며 짧게 지나가는 15초의 영상들에도 모두 마케팅 전략이나 제품의 특성들이 녹아 있다는 점과, 거의 모든 분야에 마케팅이 활용된다는 점에서 흥미를 느꼈습니다.

Q. 경제나 정치와 법 같은 과목도 이수했는데, 이런 분야에도 관심이 많나요?

A. (생각을 안 해본 주제라 조금 횡설수설했습니다.) 윤리와는 달리 고등학교 수준의 일반사회는 비교적 명확한 답이 정해진 경우가 많아서 저의 성향과 잘 맞았던 것 같습니다. 경제나 정치와 법뿐만 아니라 사회문화 또한 우리 사회의 현실적인 문제를 다루고 있다는 점에서 흥미를 느꼈습니다. (잠시 고민을 하다 마케팅과 경제가 관련된 생기부 활동을 떠올렸습니다.) 또한 'ESG를 이용한 마케팅이 실제로 경제적 이윤을 얻는 데 도움이 되는가?'라는 의문을 해결하기 위해 주식시장의 변동을 경제적 이윤의 측정 지표로 삼아 토론 활동을 한 경험이 있습니다. 추상적으로 보일 수 있는 ESG라는 개념이 주식시장의 가격 변동이라는 명확한 숫자로 실효성을 증명할 수 있다는 점에서 경제라는 과목에 더욱 매력을 느꼈습니다. 이렇듯 경제나 정치와 법 같은 일반사회 과목에 관심이 많기도 하고, 저의 직접적인 관심 분야인 마케팅에서도 자주 활용된다는 점에서 그 필요성을 느꼈습니다. 또한 이러한 분야의 과목까지 공부한 경험이 확실히 제 미래의 진로에 도움이 된다는 점을 깨닫게 해준 계기였던 활동이었습니다.

Q. 네 알겠습니다. 답변이 모두 끝나셨으면 퇴실하셔도 될 것 같습니다.

A. 네 감사합니다.

면접 시간 15분 중 약 1분 30초 정도 남은 상황이었는데 퇴장하였습니다. 면접 태도에서 아쉬움이 남았지만, 최종적으로 합격한 것을 보니 제시문 문제의 답을 맞추는 것이 1순위인 것 같습니다. 서울대학교 수학 제시문 면접은 면접관님들이 꼬리질문을 통해 답변의 방향을 정정해 주시는 경우가 많으니 이를 잘 활용해야 합니다.

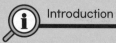

형광펜으로 간단하게
면접 준비하는 법

속도는 새로운 무기

017

생활과학대학 소비자아동학부 ｜ 24학번 김우현 ｜ 기회균형전형
전라남도 광양시 ｜ 일반고 졸업

안녕하세요. 서울대학교 소비자아동학부 소비자학과에 재학 중인 24학번 김우현입니다. 저는 평범한 일반고등학교를 나왔습니다. 평범한 일반고등학교를 졸업하여 서울대에 들어간다는 것은 정말 꿈만 같은 일입니다. 그리고 저는 이 꿈만 같은 일을 해내고 말았습니다. 어떻게 저는 일반고등학교에서 서울대에 들어갈 수 있었을까요?

여러분은 처음 고등학교에 들어가서 무엇을 가장 크게 느꼈나요? 제가 고등학교 입학 후 가장 크게 느낀 것은 의구심이었습니다. 내가 이렇게 공부를 한다면 우수한 성적이 나올까? 이렇게 생기부를 작성하는 것이 옳을까? 이 성적이라면 내가 좋은 대학에 들어갈 수 있을까? 등등 많은 의심과 궁금증을 가지게 되었습니다.

할 줄 아는 것은 공부밖에 없었던 저는 입시와 생기부에 관련한 책들을 통해 의구심들을 해결했습니다. 여러분들도 처음 겪는 고등학교 생활에 많은 의심과 궁금증을 가지고 있을 것입니다. 이때 나의 궁금증을 그냥 내버려두지 말고, 빠르게 해결한다면 새로운 무기를 가질 수 있습니다.

처음에는 막연하게 스스로를 의심하고, 어떻게 해결해야 할지 막막할 것입니다. 하지만 고등학교를 졸업한 선배들 대부분이 겪은 과정이기 때문에 크게 걱정하지 않아도 괜찮습니다. 제게도 미래에 대한 걱정에 빠져 잠도 자지 못하는 시절이 있었습니다.

제 이야기가 입시에 대한 의심과 궁금증을 해결하면서 저와 같은 상황을 가진 후배들에게 도움이 되었으면 좋겠습니다. 이 책을 읽는 여러분의 앞길에 행운이 따르길 바랍니다.

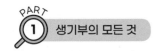

Part 1-1 매력적인 생기부를 위한 팁

생기부에 필요한
4가지 능력

이 책을 읽는 여러분들은 생기부에 무엇이 필수적으로 작성되어야 한다고 생각하시나요? 확실하게 진로를 보여주는 내용, 고등학교 수준을 넘어서는 어려운 개념, 교과서에서 확장되어 나가는 실험 등의 많은 내용을 떠올릴 수 있습니다. 하지만 이 모든 것은 핵심적인 능력은 아닙니다.

그렇다면 생기부에 작성되어야 하는 핵심 능력 4가지는 무엇일까요? 바로 '지식 탐구, 진로 준비, 공동체 의식, 문제 해결 능력'입니다. 대학교는 학생을 선발할 때 충분한 가능성을 가진 학생을 원합니다. 이미 잘하는 사람보다 잠재 능력을 바탕으로 대학 안에서 성장하고 발전하는 사람을 원하는 것이죠. 따라서 대학은 크게 위 4가지 능력을 갖춘 학생을 대학에서 성장할 가능성이 크다고 판단할 것입니다. 왜 위의 4가지 능력이 필요할까요? 저의 생기부를 보면서, 4가지 능력이 필요한 이유에 대하여 알아보도록 합시다.

4가지 능력 자세히 알아보기

지식 탐구란, 특정 교과에서 궁금증을 확장하거나 모르는 부분을 끝까지 탐구하는 능력입니다. 대학은 자신의 전공을 탐구하며 궁금증을 가지고 추가적으로 연구하는 학생을 원합니다. 그렇다면 생기부 속에서 스스로 지식을 탐구하는 내용을 보여주면 좋습니다.

진로 준비란, 자신이 원하는 진로를 찾기 위하여 노력하거나 자신이 원하는 진로와 관련한 탐구를 진행하며 진로에 대하여 알아보는 것을 말합니다. 이 책을 읽는 여러분이 아직 고등학교에 들어가지 않았다면 고등학교에 들어가기 전에 준비할 수 있는 중요한 역량입니다. 이에 관련한 예시는 Part 1-2에서 살펴보겠습니다.

공동체 의식이란, 자신이 공동 사회에 한 구성원이라는 소속감을 느끼며 공동 사회를 위해 노력하는 것을 말합니다. 대학에서는 혼자만 잘나고 자신만을 위하는 사람을 좋아하지 않습니다. 연구를 진행하기 위해서 다른 사람들의 도움과 협업이 필요하기 때문입니다. 위 역량을 보여주기 위해 필수적으로 반장이나 회장이 될 필요는 없습니다. 수업 시간과 프로젝트에서 충분히 공동체 의식을 보여줄 수 있기 때문입니다.

문제 해결 능력이란, 위기나 문제를 맞닥뜨렸을 때 문제 상황을 적절하게 해결해 나가는 능력을 말합니다. 이 능력은 다른 능력들과 함께 생기부에 작성하기 좋은 능력입니다. 새로운 교과 지식을 탐구하면서 해결되지 않는 문제를 만나거나 공동체에서 문제가 발생하였을 때 스스로 문제를 해결하면서 문제 해결 능력을 보여줄 수 있습니다. 이제 위 역량들이 들어 있는 예시를 보겠습니다.

수학적 통계학의 매력과 데이터 과학에 관심이 높은 학생으로, **작년에 해결하지 못한 타이타닉 생존자 예측 머신러닝 모델을 스스로 완성함.** 이를 바탕으로 폐암 환자 관련 데이터를 활용해 폐암 여부를 진단해 주는 머신러닝 모델 구현을 1년간 탐구 주제로 선정함. 데이터를 분석하는 과정에서 폐암환자와 일반환자 사이의 데이터 불균형 및 비대칭이 심하기 때문에 데이터 전처리가 필요하다는 사실을 알게 됨.『데이터 전처리 대전(모토하시 도모미쓰)』을 읽고 데이터 비대칭을 해결하는 통계적 방법의 다양한 종류를 탐구한 다음, **SMOTE 방식을 선택하여 오버샘플링 방식을 통해 데이터 개수가 부족한 폐암환자의 데이터를 임의로 추가 생성함.** (…) 단순한 데이터를 활용하여 머신러닝 모델을 만드는 것에 그치지 않고, 모델의 타당성과 합리성 및 활용성도 고려하는 폭넓은 사고력과 시각을 갖춘 학생임.

여기서는 지식 탐구, 진로 준비, 문제 해결 능력 3가지 능력을 볼 수 있습니다. 통계적으로 데이터를 분석하는 분야에 관심을 가지고 통계학과와 데이터 과학을 진로로 생각하고 있기에 자율 프로젝트 주제를 데이터 분석으로 설정했습니다. 생존자를 예측하는 프로젝트인 타이타닉 프로젝트를 완성했고, 폐암 모델에서 비대칭 문제를 발견한 후 추가적인 지식 탐구를 통하여 문제를 해결하는 능력을 보여주었습니다.

앞에서 설명한 4가지 능력이 모두 생기부 한 영역에 들어가야 하는 것은 아닙니다. 동아리, 진로, 교과 등등의 영역에서 적절하게 필요한 능력을 이용하며 문제를 해결하거나 탐구를 진행하여 특정 능력을 강조하는 것이 중요합니다.

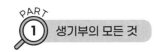
Part 1-2 과목별 세특 사례와 조언

교과목에서 시작하고,
교과목과 연계하라

많은 학생들은 교과와 관련한 프로젝트나 수행평가를 진행할 때 꼭 '진로'와 엮어 생기부에 작성하려고 합니다. 하지만 이것은 크나큰 오해입니다. 교과 생기부에서 중요한 것은 '교과목'입니다. 교과목의 지식에서 시작해서 진로와 연결점을 찾는 것은 좋지만 너무 진로에만 치중하는 것은 좋지 않습니다.

수학 I(2학년 1학기)
전자기기의 소리데이터를 어떻게 표현할까 궁금증이 생김. **소리의 파동은 삼각함수로 표현 가능함을 알게 됨.** 소리 파동의 성질은 주파수의 많고 적음에 따라 높고 낮음이 결정되고, 진폭의 높이에 따라 소리의 크기가 달라짐을 발표함. 임의의 입력신호를 다양한 주파수를 가진 주기함수의 합으로 분해하여 표현이 가능하고, 주로 삼각함수를 이용함을 알게 됨. 모든 주기적인 현상을 적당한 사인함수의 합으로 표현할 수 있다는 푸리에 분석을 이용하면 모든 소리의 파동을 여러 개의 단순한 파동으로 분리하여 잡음을 제거할 수 있음을 탐구함. 아기의 웃음소리와 배고플 때 내는 꼬르륵 소리를 코딩을 이용하여 파동으로 표현하여 두 파동의 주파수와 진폭 및 데시벨의 차이점에 대해 설명해 봄. 나아가 소리로 아이의 마음 맞추기라는 주제로 『수학과 함께하는 AI기초(EBS)』도서에 나와 있는 소리 데이터를 이용하여 구글코랩으로 표현하고 만든 모델을 이용하여 소리를 분류해 봄. (…)

수학I에서 배운 개념들 중 소리와 삼각함수의 관계 탐구를 진행하였습니다. 여기서 중요한 것은 '교과목에서 시작한다'입니다. 위 생기부의 작성법은 '동기 → 교과 지식 탐구 → 적용 및 결과물 제작'입니다. 간단한 동기를 가지고 시작한 후 심화 교과 지식을 탐구하고, 교과개념에 기반한 산출물을 제작하며 생기부를 작성했습니다. 수학I에서는 다른 과목에서 배운 사실을 통하여 동기를 유발하고 교과목에서 배운 삼각함수를 소리와 관련하여 추가 지식을 탐구했습니다. 탐구를 진행하면서 코딩을 통하여 결과물을 제작할 수 있다는 것을 깨닫고 최종적으로 모델을 제작했습니다.

또 다른 중요한 점은 바로 '교과목과의 연계'입니다. 한 과목에서의 지식을 다른 과목과 엮어 함께 탐구하거나 한 과목에서 배운 지식을 통하여 새로운 결과물을 만들어낸다면 더욱 좋은 생기부가 됩니다. 다음 생기부는 기술·가정 시간에 배운 머신러닝과 통합 과학 시간에 배운 스마트그리드를 함께 엮어 만든 것입니다.

기술·가정(1학년)

머신러닝의 개념과 절차를 익히는 실습 활동에 큰 관심을 가짐. 라벨이 붙어 있는 데이터를 학습시켜 모델을 만들어내는 과정을 좀 더 자세히 알기 위해 『나의 첫 머신러닝/딥러닝』 도서를 참고함. 최근 대규모 정전 사태와 전기료 상승 등의 이슈로 에너지를 예측하는 것이 중요해지고 있다는 판단하에 스마트 지능형 전력망에 관련된 문헌인 『스마트그리드와 머신러닝』을 읽고 온도, 습도, 바람, 압력, 강수량과 전력량의 데이터를 통해서 머신러닝 실습을 진행해 보기로 함. 특성 데이터를 바탕으로 전력량을 타깃으로 설정하여 의사결정 트리 알고리즘을 적용한 모델을 완성하였으나 작업 과정에서 오류가 발생함. 이에 전문가의 자문을 통해 결측치 처리와 함께 학습 알고리즘으로 선형 회귀를 선택하여 문제를 해결함. 예측 결과와 실제 값과의 오차가 크고, 결정계수가 낮은 원인을 고민하여, 본인이 선택한 특성이 전력량에 미치는 영향이 크지 않다는 결론을 내리고 과학 선생님께 융합교육 자료로 제안함. 임베딩 시스템을 이해하기 위한 실습 과정에서 회로를 구성하고 소스 코드를 작성하는 능력이 매우 탁월함. 교사가 제시한 소규모 미션을 가장 먼저 수행하며, 문제 해결에 어려움을 겪는 친구들의 멘토 역할을 자처함.

처음에는 과목 간 연계가 쉽지 않으므로 일단 각각의 교과목에서 시작하는 것을 추천합니다. 그러다 보면 교집합이 생기는 과목들이 생기기 시작합니다. 교집합을 발견하며, 교집합이 생긴 과목끼리 엮어나가면 쉽게 연계할 수 있을 것입니다.

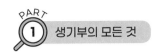

Part 1-3 교과 외 활동 사례와 조언

진로활동의
돌파구

진로활동을 작성하기 위해서는 자신이 관심 있는 분야나 꿈이 있어야 합니다. 하지만 없다고 진로활동을 작성하지 못하는 것은 아닙니다. 그래도 확고한 진로를 가지고 있다면 자신이 관심이 있는 분야에 대하여 확장하거나 자세히 작성할 수 있다는 장점을 가지고 있습니다.

저는 1, 2학년 때까지는 데이터 과학과 통계학과를 진로로 생각하고 있었습니다. 하지만 3학년부터 데이터를 통하여 문제를 해결하는 분야에 관심을 가지고 진로에 대하여 더욱 고민하기 시작했습니다. 그렇게 소비자학과를 알게 되었고 소비자 데이터를 통하여 소비자의 니즈를 파악하거나 분석하는 것에 관심이 가서 소비자학과를 새로운 진로 방향으로 생각하게 되었습니다.

사회문제탐구 및 사제동행 독서토론에서 생긴 탐구 호기심을 바탕으로 한국의 집값 상승 및 하락 문제에 대한 심각성을 인지하고 시계열 데이터 분석 프로젝트를 기획함. 전국의 지역별 주택가격 동향 및 변동률을 데이터를 통해 확인하고 조사함. 한국부동산원에서 제공하는 아파트, 연립다세대, 단독주택 등의 가격지수 데이터를 확보하여 전국, 수도권, 지방권, 6대 광역시를 분석하였으며, 이 과정에서 흩어진 데이터를 병합하여 하나의 통합된 데이터 세트를 만듦. 시계열 데이터 분석에서 경향성과 직전 시점의 값을 모두 고려하여 예측하는 ARIMA 모델의 우수성을 인지하고, 최적의 ARIMA 모델의 P 차수를 탐색하기 위해 7회 이상의 파라미터 수정을 거쳐 차수는 5, 차분은 2가 적절하다는 결론을 내림. ARIMA 모델 관련 평가도 중 하나인 AIC와 BIC를 이해하기 위해 최대우도법을 추가로 탐구함. 시계열 데이터 분석의 평가지표인 AIC, BIC를 이해하고 **인공지능 수학 시간에 배운 '우도'와의 관련성에 대해 이해하고, 우도와 반비례 관계를 가짐을 알게 됨.** 통계와 데이터 분석에서 사용되는 기법과 새로운 이론적 내용에 대해 끊임없이 탐구하고자 하는 적극성이 돋보임.

3학년부터 소비자학과를 꿈꾸면서 최대한 소비자와 관련한 주제를 정하기 위하여 노력했습니다. 그 결과 뜨거운 감자였던 집값 상승과 하락을 주제로 설정하여 데이터 분석을 진행했습니다. 또한 진로 생기부에서 인공지능 수학과 연계를 한 것을 볼 수 있습니다.

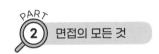

Part 2-1 빈틈없는 면접을 위한 팁

형광펜으로
생기부 면접 준비하기

    1학년부터 3학년까지 생기부를 열심히 채웠다면 많은 양의 내용들이 담겨 있는 생기부가 완성되었을 것입니다. 그런데 3년이라는 오랜 기간을 노력했으니 단기간에 모든 내용을 파악하고 설명하기는 힘들 것입니다. 특히 면접과 같은 긴장되는 상황에서 간결하고 이해하기 쉽게 설명하는 것은 정말 힘듭니다. 이 문제를 해결할 수 있는 방법들을 알려 드리겠습니다.

    먼저, 형광펜을 3개 준비해 주세요. 형광펜을 가지고 생기부에서 동기, 지식 탐구, 결과물 산출 3가지를 찾아 각각 다른 색으로 강조해 주세요. 생기부 활동을 3가지 부분으로 나누어 생기부를 다시 한번 읽으면서 암기를 한다고 생각하지 말고 내가 했던 활동들을 다시 떠올린다는 느낌으로 생기부를 정독해 주세요.

    한번 정독했다면, 그때 내가 했던 활동들이 기억이 날 것입니다. 그 후에는 생기부를 새롭게 정리를 해서 파일을 만듭니다.

면접 대비 자료 - 1학년 세특 요약 중 일부

자율	- **동기** 학교 학생들의 카페인 섭취량이 너무 많고 카페인에 대한 경각심이 부족하다고 판단됨 - **지식탐구** 카페인에 대한 적정량 탐구 및 학생들의 카페인 섭취량 조사 - **결과물** 카페인 섭취량에 관련한 포스터 제작

위와 같이 생기부를 새롭게 재구성하여 자신만의 새로운 생기부를 만들어둔다면 도움이 될 것입니다.

생활과학대학 소비자아동학부 기회균형전형 면접 복기

Q. 1학년 사회시간에 창업 프로젝트를 진행했는데 구체적으로 어떻게 했나요?

A. 1학년 사회시간에 창업 프로젝트를 진행했습니다. 프로젝트는 저희 주변에 있는 학업을 주제로 창업을 진행하는 것이었습니다. 구체적으로는 마케팅과 서비스 제공 측면에서 계획을 작성했습니다. 서비스 측면에서는 강의, 모의고사, 상담 등의 서비스를 제작하며, 다른 회사의 색상 특징을 차용하여 책을 디자인했습니다. 예를 들어 지금 유명한 M사에서 파란색을 이용하는 것처럼 저희는 초록색을 이용하였습니다. 마케팅 측면에서는 맛보기 영상과 무료 모의고사 등을 제공하였습니다. 직접 무료 영상을 찍어서 친구들에게 보여주며 좋은 반응을 얻었고, 무료 모의고사를 제공함으로써 새로운 신규 고객의 진입장벽을 낮춰 고객 유치를 하기 위하여 노력했습니다.

Q. 집값 예측 프로젝트를 진행하셨는데, 어떤 모델과 데이터를 통해 하셨나요?

A. 정부의 정책을 통하여 금리가 인상되어 집값이 떨어지는 현상에 대하여 심각성을 인지하고 해결책을 찾거나 현 상황을 분석하기 위하여 집값 하락을 주제로 정하게 되었습니다. 시계열 데이터를 통하여 ARIMA모델을 적용하여 분석을 했습니다. ARIMA 모델을 사용한 이유로는 경향성과 직전 시점을 모두 고려하여 분석하는 장점을 가지고 있기 때문에 집값 예측에 적절하다고 판단했습니다.

Q. 잘 진행이 되었나요?

A. 이 프로젝트를 진행하면서 한국부동산원에서 제공하는 데이터를 확보한 후 병합하여 분석을 위한 데이터를 만들었습니다. 그리고 ARIMA 모델을 통하여 분석을 한 결과 모델은 집값이 떨어질 것이라고 예측을 하였습니다. 그 이후 추가적으로 조사를 해본 결과 집값이 다시 반등을 하는 경향을 보이고 있었습니다. 이 프로젝트를 통하여 저는 미래는 누구도 예측하지 못한다는 것을 깨닫게 되었습니다.

Q. 현재 시사 문제가 무엇이 있을까요?

A. 현재 시사 문제로는 양극화를 들 수 있을 것 같습니다. 1997년 IMF 외환 위기로 발생하여 아직까지 해결되지 않은 고질적인 문제라고 생각합니다.

Q. 양극화는 IMF의 영향 또한 있지만, 한국은 2010년대부터 기업들이 세계화로 인하여 세계적으로 경영을 해나가면서 더욱 심해졌습니다. 세계화로 인하여 각 기업이 모이는 미국은 양극화가 제일 심해졌습니다. 그에 반하여 유럽은 미국에 비하여 모두에게 공정하게 기회를 제공하며 사회복지 시설을 제공하였습니다. 이 경우에는 미국이 정

의로울까요? 유럽이 정의로울까요?

A. 저는 유럽이 더욱 정의롭다고 생각합니다. 미국은 각 개인의 능력을 통하여 격차가 발생합니다. 하지만 개인의 능력의 격차를 고려하다기보다는 인권을 존중해야 한다고 생각합니다. 인간은 태어날 때부터 자신의 권리를 갖는데, 이것을 존중해야 사회가 이루어질 수 있기 때문입니다. 모두의 권리를 평등하게 고려해야 뛰어난 사람들의 능력을 발휘하여 발전해 나갈 수 있다고 생각합니다.

Q. 마지막으로 하고 싶은 말 있으면 해주세요.

A. 저는 소비자학과에 맞는 인재라고 생각합니다. 소비자학과는 건전한 소비문화를 만들어나가며 소비자의 질적 향상을 목적으로 하는데, 제가 가진 데이터 분석과 통계 능력이 여기 적합하다고 생각합니다. 나중에 입학을 하게 된다면 GPT 사용자의 특성에 따른 만족도 조사를 주제로 연구를 해보고 싶습니다.

Q. 그 주제는 어떻게 찾으신 건가요?

A. 김난도 교수님의 논문을 참고하였습니다.

교과과목만으로도
충분하다

생기부를 잘 적는 것보다는 좋은 활동이 먼저

018

자연과학대학 통계학과 ｜ 23학번 신연재 ｜ 일반전형
부산시 부산진구 ｜ 영재고 졸업

안녕하세요. 서울대학교 통계학과 23학번에 재학 중인 신연재입니다. 저는 부산에 있는 한국과학영재학교를 졸업하고 대학교에 입학했습니다. 아마도 이 글을 읽고 계신 분 중 대부분은 영재학교나 과학고등학교와 같은 특수한 경우가 아닐 것이라 생각합니다. 그러나 약간의 차이는 존재하지만, 좋은 생기부라는 목적에 있어서는, 여전히 제 경험이 유의미한 조언이 될 것입니다.

사실 생기부를 잘 적는 것 또한 매우 중요하지만, 먼저 생기부에 적을 수 있는 좋은 성적이나 좋은 동아리활동, 좋은 연구활동 혹은 좋은 수상실적을 얻어내는 것이 매우, 매우 중요합니다. 기본적으로는 여러분이 흥미가 있는 활동에 충실한 것이 좋지만, 동시에 여러분에 대해서 아무것도 모르는, 오직 생기부만으로 여러분이 어떤 사람인지를 판단해야 하는 면접관들에게 좋은 인상을 남겨줄 수 있는 활동을 기획하면 좋겠습니다.

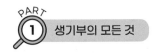

능동적 문제해결력을
보여주자

대학교에서는 전공과목을 스스로 선택해서 듣고, 대외활동 등 모든 활동을 스스로 결정하고 참여하게 됩니다. 당연하게도 대입에서는 학생이 대학생활을 잘 수행할 수 있는지를 평가하죠. 그렇다면 우리가 생기부에서 꼭 드러내야 하는 것은 '능동적 문제해결력'입니다. 능동적 문제해결력은 남들이 모두 기본적으로 하는 것 외에, 나 스스로 발견한 혹은 마주한 독창적 문제를 능동적으로 해결해 나가는 것입니다. 이 과정에서 다른 사람들이 하지 않거나 못하는 것들을 해내면서 나만의 독창성과 차별점을 가지고, '남들이 아닌 나를 뽑아야 하는 이유'를 만들어줍니다.

이게 어렵고 거창하게 느껴진다면, 수업에서 받았던 과제를 더 깊이 탐구하는 것부터 시작하면 됩니다. 특히 관심이 가는 과목의 과제를 조금 더 깊게 생각하고 조사해보면서 짧은 보고서나 소논문을 작성한다거나, 교내대회 참여까지 이어질 수 있다면 더 좋겠죠.

처음부터 진로와 연결하지 않아도 된다

꼭 처음부터 진로와 직접적으로 연결된 부분부터 시작하지 않아도 괜찮습니다. 하지만 활동이 점점 더 깊게 이어진다면 조금씩 전공과목과 이어지는 것이 좋습니다. 2학년 1학기에 수강했던 철학 과목에서는 철학과 관련된 자유 주제를 선정, 조사하여 발표하는 과제가 주어졌습니다. 좋은 주제를 찾기 위해서 많이 고민하다가, 실험 책임자가 따로 존재한다는 말을 믿고 전기충격의 강도를 계속 높였다는 밀그램 실험이 실제로는 전혀 제대로 진행되지 않았다는 이야기를 우연히 접했습니다. 사람이 권위에 복종하는지 밝혀내기 위해 진행한 실험에서 실제로 피실험자들은 실험자의 권위에 복종하지 않았지만, 밀그램 실험이라는 이름 아래 대다수의 사람들이 연구 결과를 사실로 받아들여서 결과적으로는 권위에 대한 순응을 드러낸 아이러니한 결과를 도출했다는 것이 재미있게 느껴졌고, 이를 발전시켜 주제를 선정했습니다.

수학과 과학을 중점으로 다루는 고등학교를 다니고 있으니 과학의 권위를 다루자고 결정했고, 서양 철학사에서 데카르트의 합리론 철학부터 모더니즘에 이르기까지 이성 혹은 과학의 권위가 어떻게 변화하였는지, 또 교내 설문조사를 통해 그 변화가 어떻게 드러나고 있는지 조사했습니다. 이러한 조사와 연구를 정리하여 철학 과목에서 발표했고, 부분부분 선생님의 도움을 받아 내용을 보완하여 소논문을 작성해 교내 인문학술발표대회에 참여했습니다. 이를 계기로 과학철학과 수학철학에도 관심을 가졌고, '수는 발명인가 발견인가'를 주제로 졸업연구를 진행했습니다.

이런 방식으로 관심있는 분야가 있다면, 원하는 전공과 직접적 연관이 있지 않더라도 충분히 유의미한 나만의 활동을 만들어낼 수 있습니다. 또, 조금 더 범위를 넓혀 생각해 보면 전공과의 연결고리를 찾기도 더 수월해질 겁니다.

철학(2학년 1학기)
합리론 철학을 학문적 권위를 통해서 체계적으로 발표함. 권위, 권위주의, 그리고 권력에 대해 깊이 있고 다양한 사례와 그 자료를 냉철하게 분석하고, 그 주제를 체계적이고 타당한 발표 자료를 작성하여 적극적이고 설득력 있게 자신만의 방식으로 발표를 하는 등 매우 뛰어난 사고력과 분석능력을 보여줌.

행동특성 및 종합의견(2학년 1학기)
(…) 이뿐만 아니라, 철학 과목에도 큰 흥미를 느껴, 철학에 대한 주제로 인문학술발표대회를 준비하면서 독서활동도 게을리하지 않았음. (…)

창의연구활동(3학년 – 졸업연구: 수학적 실재론의 작동 범위)
수학적인 내용과 철학적인 내용이 혼합된 다소 어려운 개념을 깊이 있게 공부하였음. 이과적인 날카로움과 문과적인 개성을 골고루 갖고 있는 학생으로, 겉으로는 전형적인 모범생 같아 보이지만 자신만의 주관이 뚜렷하고 세상을 바라보는 비판적인 시각을 갖추고 있어 본 연구를 수행하는 데 적합하다고 판단됨. 자신이 해야 하는 일에 있어서는 철저하고 완벽하게 해낸다는 자세를 갖춘 학생으로 한 학기 동안 근면성실하게 본 연구를 자기 주도적으로 열심히 한 학생임.

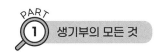

Part 1-2 과목별 세특 사례와 조언

교과과목만으로도
학문에 대한 관심을 드러낼 수 있다

이번 글은 전적으로 영재학교, 특히 제가 졸업한 한국과학영재학교의 입시를 바탕으로 작성되었음을 참고 부탁드립니다.

영재학교는 대학교와 비슷한 수강신청과 학점제로 운영됩니다. 필수교과목과 선택교과목이 있고, 전체를 합하여 특정 학점 이상을 채워야 졸업이 가능합니다. 기초과목과 심화과목이 명확하게 나뉘어 있는 것은 아니지만, 수학의 경우 선형대수학이나 미분방정식 등과 같이 조금은 기초적인 과목들과, 기초해석학이나 미적분학Ⅲ 혹은 수학특강처럼 심화적인 내용을 다루는 과목들이 있습니다.

수학·과학 교과목의 경우 기초적인 미적분학이 필수교과목으로 지정되어 있고, 명시적으로 가르는 것은 아니지만 물리학 전공을 하겠다고 정하면 일반물리학, 현대물리학 등과 같은 교과목을, 수학 전공을 하겠다고 하면 앞서 언급한 미적분학Ⅲ과 같은 과목을 수강하곤 합니다.

그러다 보니, 이미 본인이 수강한 교과목에 따라 전공적합성이 결정되고 원서를 쓸 수 있는 학과가 어느 정도 정해지게 됩니다. 본인이 물리학 교과목만을 수강했는데 생명과학부에 원서를 작성한다거나, 생명과학 교과목만을 수강했는데 컴퓨터공학부에 원서를 작성한다면 학점이 정말 높지 않은 이상, 합격하기 쉽지 않을 겁니다.

관심 분야가 바뀌면 어떻게 해야 할까?

그렇다면, 만약 관심 분야가 변경되면 어떻게 해야 할까요? 저는 그냥 물리학이 재미있다는 단순한 이유로 물리학 전공을 선택하겠다고 생각했고, 이 생각은 입학부터 2학년 초까지 이어졌습니다. 수학 과목을 아예 수강하지 않았던 것은 아니지만 기존부터 수학 전공을 선택한 친구들에 비해 수강 시간이 조금 부족했기에, 저의 수학에 대한 흥미를 어떻게 보여주어야 할지 고민했습니다.

기본적인 필수 교과목들을 포함하여 우선 많은 학점을 수강신청하고, 선형대수학과 같은 과목 대신 미적분학Ⅲ, 수학적 모델링, 수학특강(논리와 집합) 등 수학 심화과목을 수강했습니다. 동시에 그러한 기초과목들을 독학하고 선생님께 질문하면서 공부했고, 결과적으로는 대부분의 수학 심화과목을 생기부에 남길 수 있었습니다.

또, 자기소개서가 남아 있었던 때라 어떠한 계기로 수학에 관심을 가지게 되었는지를 명확히 서술했습니다. 정리하자면, 나의 관심 분야가 약간 변경되더라도 이전에 관심 있던 분야에 대한 충실도를 바탕으로, 새로운 관심 분야에도 충실할 수 있음을 충분히 보여줄 수 있기 때문에 심화 과목을 열심히 듣는 방향으로 설정하면 좋습니다.

고등학교에서 관심 분야가 변경된 경우는 그 이유가 높은 확률로 명확할 것이고, 그 부분들을 세특, 행특 또는 면접 때 말씀드리면 더 좋은 영향을 줄 것이라 확신합니다.

세특은 항상 수업에 충실히

선생님들마다 약간은 다르지만, 거의 대부분 영재학교의 생기부는 학생 개개인이 요청드릴 수 있는 범위가 좁습니다. 요청을 받아들여 주시는 선생님도 적고, 받아주더라도 2~3줄 정도로 짧게 적어주시는 경우가 대부분입니다.

그렇다 하더라도 1-1에서 언급한 것과 같은 능동적 태도를 충분히 어필하면 좋은 세특을 받을 수 있습니다. 기초정수론 수업에서 저는 과제로 나왔던 문제를 포함해서 교과서의 모든 문제를 풀어 과제로 제출했고, 아래와 같은 세특을 받을 수 있었습니다.

기초정수론(2학년)
적극적인 태도로 수업에 참여하는 학생으로 성실히 과제를 수행했을 뿐만 아니라, 정수론 개념을 잘 이해하고 적용하는 능력이 매우 탁월함. 어려운 문제도 좋은 아이디어를 제시하여 해결하는 등 문제 해결 능력도 탁월하고 매우 우수한 수학적 능력을 보여주었음. (…) 내용을 학습하여 그것들을 이용하여 수학뿐만 아니라 여러 분야의 응용문제들을 해결해 내는 능력도 매우 우수함. 앞으로 많은 발전이 기대되는 학생임.

연구활동 또한 마찬가지로 준비하면 됩니다. 아래는 제가 2학년 때 수행했던 연구활동에 대한 활동사항입니다. 세특에 남길 만한 이야기를 선생님께 직접 전달해 드리면 빠르게 잘 작성된 세특을 얻을 수 있겠지만, 그러한 이야기가 남기 위해서라도 수업에 충실히 임하는 것이 기본적으로 수행되어야 합니다. 충분히 눈에 띌 만큼 본인을 열심히 어필한다면, 선생님이 먼저 좋은 생기부를 작성해 주실 겁니다.

창의연구활동(2학년 – R&E 수행: 수직축 풍력 터빈 성능에 대한 후류 유동 구조의 영향)
과제를 진행하기 앞서 Blasius 방정식, 경계층 방정식, Navier Stokes 방정식 등을 스스로 유도하며 공부하여 분석하였음. VAWT의 구조적 특징을 분석하여 Airfoil에 작용하는 요소들을 파악하고 Blade 각도와 받음각 사이의 관계 분석 및 계산을 통해 문제를 이해하기 위해 노력함. Ansys 해석 결과와 각종 논문 등을 통해 후류, 와류, thrust 등을 분석하였으며 이러한 결과를 토대로 최종보고서를 작성하였음. 항상 약속시간보다 먼저 와서 공부를 하였으며, 매사에 자발적이고 적극적인 연구를 진행하였음. 과제를 해결하기 위해 다양한 경계조건을 고려하고 적용시키기 위해 노력하였음.

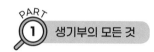

Part 1-3   교과 외 활동 사례와 조언

동아리활동은
최대한 자세하게 작성하자

　제가 다니던 고등학교에는 수학 및 과학을 주제로 글을 작성하여 온라인 홈페이지에 업로드하는 'KOSMOS'라는 자율동아리가 있었습니다. 좋은 동아리활동이 됨과 동시에 사회공헌의 영역으로도 볼 수 있을 것이라 생각했고, 회원으로 활동하다 회장까지 맡아 총 3년간 참여했습니다. 그 덕분에 최대한 자세한 동아리활동 내용을 얻을 수 있었습니다.

동아리활동(2022학년도 1학기 KOSMOS 연구회 활동)

한국과학영재교 온라인 과학매거진으로, 학생들이 기사 작성부터 조직 운영까지 모두 담당하는 학생 주도의 과학 커뮤니케이션 단체임. 수리정보, 물리지구, 화학생물 분야의 기사를 작성하고 있으며, 학기당 1편씩의 기사를 받아 학기당 1번 수요일에 업로드하는 활동을 진행 중임. 다양한 분야의 기사에 대한 꾸준한 수요로 기존 물리, 화학, 생물로 구성되었던 분야를 수리정부, 물리지구, 화학생물의 3개 분야로 확대하여 활동하였음. 대중과 과학을 연결해주는 과학 커뮤니케이터로 기능하며 교내외의 과학 문화의 확산과 대중화를 도모하고자 최선을 다한 활동을 칭찬하고 응원함. 특히 편집장으로서 책임감과 리더십으로 활동을 잘 이끌어주어 내실 있는 활동이 되는 데 크게 기여함.

아래의 정규 동아리 내용과 비교해 보면, 상당히 자세하게 작성되었음을 볼 수 있습니다.

동아리활동(2022학년도 1학기 그루브클럽 활동)
3학년이 되어 여러 가지 일들로 바쁜 가운데에도 클럽의 가장 높은 학번답게 신입생 선발을 위한 홍보전을 열심히 준비하였음. 코로나19 확산으로 홍보전이 무산되었으나 아쉬운 마음을 달래며 줌을 이용한 면접을 통해 6명의 신입 멤버를 선발하였음.

면접관님들은 동아리 이름이 있더라도 어떤 활동을 하는 동아리인지 알기 어렵고, 큰 노력을 들여서 찾으시는 분들이 아닙니다. 따라서 이 점을 명심하고 실제로 어떤 활동을 수행했는지, 그 과정에서 어떤 일들이 있었는지 확실하게 작성하는 것이 중요합니다.

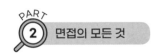

서울대, 카이스트, 포스텍 면접 후기

서울대 면접 후기

제가 구술면접 시험을 준비했던 학교는 서울대, 카이스트, 포스텍의 3군데였습니다. 먼저, 서울대 학생부종합전형 일반전형은 서류성적 100점과 면접 및 구술고사 100점으로 합격 여부가 결정됩니다. 2023학년도 기준으로 면접 비율이 40%였던 카이스트, 33%인 포스텍에 비해 면접 비율이 가장 높은 대학교였습니다. 1차 합격자를 대상으로 범위를 좁히면 서류 성적에 큰 차이가 나지는 않는다는 점을 감안하면, 서울대 최종합격의 당락은 구술고사가 차지한다고 보아도 무방합니다.

2023학년도 통계학과 면접 문제는 1번 문제 소문제 3개, 2번 문제 소문제 4개, 3번 문제 소문제 3개로 총 10문제로 구성되었습니다. 통계학과의 경우, 대략 7~8 문제를 맞추면(2문제+α) 합격선이라고 생각하면 될 듯합니다.

저는 면접 준비실에서 3번 문제 마지막 소문항을 제외하고 9문제를 풀었습니다. 면접실에서는 우선 푼 문제의 답과 간단한 풀이를 쭉 말하면, 면접관님이 틀린 문제를 알려주십니다. 저는 2번 문제가 틀렸으니 2번 문제를 다시 풀어보거나 못 푼 3번 소문항을 풀어보는 것 중 선택하라고 해서서 급하게 재답변하고, 다시 틀렸습니다.

스스로 상당히 긴장한 상태라, 면접관님들께 "제가 지금 조금 긴장한 것 같습니다. 문제를 잘못 이해한 것 같은데, 차분하게 다시 풀어보고 답변드려도 될까요?"라고 정중하게 요청드린 후 몇 분가량을 써서 재답변하고, 맞혔습니다. 다만 다시 푸는 과정에서 상당히 오랜 시간을 사용해 면접 시간이 종료되고, 최종적으로는 합격했습니다. 면접에서 자소서, 생기부, 독서 관련 질문은 받지 않았습니다. 면접실에서 다시 풀어서 맞은 문제의 경우 큰 감점을 두지는 않기 때문에 주어진 1시간(준비 시간 + 면접 시간) 내에 최대한 많은 문제를 맞추는 것 자체만 노력하면 되겠습니다.

포스텍, 카이스트 면접 후기

포스텍과 카이스트에서는 생기부 및 자소서 관련 질문도 받았습니다. 다만 크게 유의미하지는 않았고, 수학 전공을 내세웠던 제 생기부에 있던 인문학술발표대회와 관련된 질문과 이 학교에서 무엇을 하고 싶은지에 관한 질문을 받았습니다. 아무래도 분야가 크게 달랐던 인문학술발표대회에서 어떤 활동을 했는지 물어보셨고, 저는 제가 작성한 소논문 내용을 요약해서 이러이러한 내용이었다 하고 답변했습니다. 또 두 학교 모두 제공하는 학부생연구프로그램 등을 찾아보았다고 간략하게 언급하면서, 연구하고 싶은 주제를 먼저 찾고 프로그램을 통해 직접 연구하는 기회를 가지고 싶다 정도로 답변하였습니다.

Part 2-2 기출 문제와 면접 복기

자연과학대학 통계학과
일반전형 면접 복기

문제 1. 함수 $f(x)$와 그 그래프는 아래와 같다.

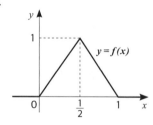

$$f(x) = \begin{cases} 0 & (x<0) \\ 2x & (0 \leq x < \frac{1}{2}) \\ 2-2x & (\frac{1}{2} \leq x < 1) \\ 0 & (1 \leq x) \end{cases}$$

실수 α에 대하여 함수 $g(x)$를

$$g(x) = af(x)$$

라고 하자.

1-1. $a=1$일 때 합성함수 $g(g(g(x)))$가 미분가능하지 않은 점의 개수를 구하시오.

1-2. 다음 네 가지의 경우

$$a \leq 0, \ 0 < a \leq \frac{1}{2}, \ \frac{1}{2} < a < 1, \ 1 < a$$

각각에 대하여 $y=g(g(g(x)))$의 그래프의 개형을 그리시오. 또한 모든 미분가능하지 않은 점에서의 함숫값이 (i) 0보다 크거나 작거나 같은지, (ii) a보다 크거나 작거나 같은지 설명하시오. (미분가능하지 않은 점의 좌표를 서술할 필요 없음.)

1-3. 다음 등식이 성립하도록 하는 실수 a의 값을 모두 구하시오.

$$\int_0^1 g(g(g(x)))dx = \int_0^1 g(x)dx$$

A. 1-1. $y=f(x)$의 그래프는 뾰족한 삼각형 모양이고, $a=1$일 때 $g(g(x))$는 뾰족한 삼각형이 두 개 연속한 모양, $g(g(g(x)))$는 뾰족한 삼각형 네 개 연속한 모양입니다. (이후 그래프를 그려 설명함)

1-2. $a \leq 0$이면 $g(g(x))=0$, $0 < a \leq 1/2$이면 $y=g(g(x))$의 그래프는 최대 높이가 $2a$인 삼각형이 그려지고, 같은 방법으로 $g(g(g(x)))$의 그래프를 그릴 수 있습니다.

마찬가지로 $1/2 < a < 1$이면 M 자형의 그래프가 그려질 것이고, $1 < a$이면 삼각형이 거리를 두고 멀어져 있는 그래프가 그려집니다.

1-3. 1-2에서 그린 그래프를 바탕으로 그래프와 x축 사이 넓이를 계산하여 구할 수 있습니다.

문제 2. 10원짜리, 100원짜리, 500원짜리 동전이 각각 하나씩 놓여 있다. 차례로 동전을 한 개씩 뒤집는 작업을 통해 동전을 다음의 상태로 바꾸려고 한다.

(*) 3개의 동전이 모두 앞면이거나 뒷면

동전을 뒤집을 순서를 차례대로 나열한 수열을 '뒤집기 수열'이라고 하자. 즉, '뒤집기 수열' $\{a_n\}$은 n번째에 a_n원짜리 동전을 뒤집는 것을 말하며 수열 $\{a_n\}$의 모든 항은 10, 100, 500 중 하나이다. 예를 들어, '뒤집기 수열' 100, 500, …에 따라 동전을 뒤집으면 다음과 같다.

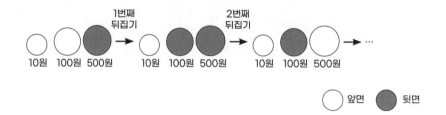

도전자가 '뒤집기 수열'을 하나 제시하면, 심판이 3개의 동전을 (*) 상태가 <u>아니도록</u> 무작위로 놓은 뒤, 도전자가 제시한 뒤집기 수열에 따라 동전을 뒤집는다. 3개의 동전이 (*) 상태가 되면 뒤집기를 멈춘다.

2-1. 모든 '뒤집기 수열'에 대해 1번 만에 3개의 동전이 (*) 상태로 바뀔 확률은 같다. 그 확률을 구하시오.

2-2. 2번 이내에 3개의 동전이 (*) 상태로 바뀔 확률을 최대로 만드는 '뒤집기 수열' 하나의 처음 두 개의 항을 제시하고 그 최대의 확률을 구하시오.

2-3. n번 이내에 3개의 동전이 (*) 상태로 바뀔 확률이 1인 '뒤집기 수열'이 존재하도록 하는 n의 최솟값을 구하시오.

2-4. 위에서 (*) 상태를 아래의 (**) 상태로 대체한다.

(**) 3개의 동전이 모두 앞면

도전자가 뒤집기 수열을 하나 제시하면 심판이 3개의 동전을 (**) 상태가 <u>아니도록</u> 무작위로 놓은 후, 도전자가 제시한 뒤집기 수열에 따라 동전을 뒤집는다. 3개의 동전이 (**) 상태가 되면 뒤집기를 멈춘다. n번 이내에 3개의 동전이 (**) 상태로 바뀔 확률이 1인 뒤집기 수열이 존재하도록 하는 n의 최솟값을 구하시오.

A. 2-1. 일반성을 잃지 않고 첫 상태가 (앞 뒤 뒤) 라고 해보겠습니다.

동전을 전부 뒤집는 경우나, 동전의 순서가 바뀌는 경우는 동치임을 쉽게 확인 가능합니다.

1번만에 (*) 상태로 바꾸기 위해서는 $a_1 = 10$이 되는 경우 1가지뿐이므로 1/3입니다.

2-2. 동전을 두 번 뒤집으면 원래 상태와 동일해지므로, 초기 상태에서 a_1, a_2 수열을 거쳐 (*) 상태로 바뀌는 것은 (*) 상태에서 a_2, a_1 수열을 거쳐 초기 상태로 도달하는 것과 동일합니다.

이때 한 번의 시행이(a_1 한번이) 최대 2가지의 새로운 상태를 만들어내고, (*) 상태가 아닌 초기 상태는 총 6가지 존재하므로, 2번 이내에 3개의 동전이 (*) 상태로 바뀔 확률을 최대로 만드는 경우는 $a_1 \neq a_2$인 경우이며, 확률은 4/6=2/3입니다. 예시는 10, 100의 수열입니다.

2-3. 2-2와 마찬가지의 논리로 생각하면, 필요한 $n = 3$을 제시할 수 있습니다.

2-2에서 2회의 시행은 (*) 상태로 바꿀 최대 확률 2/3을 가지므로, $n=3$에서 반드시 (*) 상태가 됨을 보입니다.

10,100,10의 수열을 이용하여,

(앞 뒤 뒤) (뒤 앞 앞) 의 경우 1번 시행에 (*) 상태로 변화,

(앞 앞 뒤) (뒤 뒤 앞) 의 경우 2번 시행에 (*) 상태로 변화,

(뒤 앞 뒤) (앞 뒤 앞) 의 경우 3번 시행에 (*) 상태로 변화합니다.

즉 n의 최솟값은 3입니다.

2-4. (**) 상태에서 새로운 1번의 시행마다 새로운 하나의 상태가 생기고, (**) 상태를 제외한 7가지 상태를 항상 (**) 상태로 바꾸려면 필요한 최소 횟수는 7회임을 쉽게 알 수 있습니다.

10, 100, 10, 500, 10, 100, 10의 수열을 확인해 보면, 항상 7회 이내에 (∗∗) 상태로 변화함을 확인 가능합니다. n의 최솟값은 7입니다.

문제 3. 포물선 C_1의 방정식은 $y = -x^2 + 1$이고, 점 P_1의 좌표는 $(1, 0)$이다. 직선 l은 포물선 C_1 위의 점 $(c, -c^2+1)$에서의 접선이다. (단 c는 $\frac{1}{2} < c < 1$인 고정된 실수이다.)

포물선 C_2는 C_1을 평행이동한 포물선이고 직선 l과 접하며 P_1을 지난다. (단, C_2와 C_1은 서로 다르다.) 점 $P_2(q_2, 0)$은 C_2와 x축과 교점이다. (단, P_2와 P_1은 서로 다르다.)

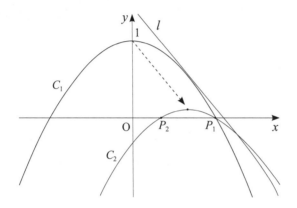

3-1. 포물선 C_2의 꼭짓점의 x, y좌표를 각각 c에 대한 식으로 나타내시오.

3-2. 직선 $x = q_2$와 직선 l 및 포물선 C_2로 둘러싸인 도형의 넓이를 c에 대한 식으로 나타내시오.

3-3. 위와 같이 모든 자연수 k에 대하여 포물선 C_k와 C_k위의 점 $P_k(q_k, 0)$이 주어져 있을 때, 포물선 $C_k + 1$과 점 $P_{k+1}(q_{k+1}, 0)$이 다음과 같이 주어진다.

(1) 포물선 C_{k+1}은 <u>C_1</u>을 x축의 방향으로 a_{k+1}만큼, y축의 방향으로 b_{k+1}만큼 평행이동한 포물선이고 직선 l과 접하며 P_k를 지난다. (단, C_{k+1}과 C_k는 서로 다르다.)

(2) 점 P_{k+1}은 C_{k+1}과 x축과의 교점이다. (단, P_{k+1}과 P_k는 서로 다르다.)

a_{k+1}을 a_k, q_k, c에 대한 식으로 나타내고, (필요하다면 이를 이용하여)

q_{k+1}을 a_k, q_k, c에 대한 식으로 나타내시오. (단, $a_1 = b_1 = 0$, $q_1 = 1$)

A. 3-1. 접선 l의 기울기는 $-2c$이고, 포물선 C_1과 C_2가 동시에 l과 같은 방향에서 접하므로 포물선 C_1과 C_2의 꼭짓점을 연결한 직선은 l과 평행, 포물선 C_2의 꼭짓점을 다음과 같이 나타낼 수 있습니다.

$(a, 1-2ca)$이때 C_2의 방정식을 나타내면 $y = -(x-a)^2 + 1 - 2ca$이고, $P_1(1,0)$을 지나므로 $1-2ca = (1-a)^2$, $(2-2c)a = a^2$에서 $a = 2-2c$, 포물선 C_2의 꼭짓점의 x, y좌표는 $(2-2c,\ 1-4c+4c^2)$입니다.

3-2. 직선 l의 방정식은 $(y-1+c^2) = -2c(x-c)$ 포물선 C_2의 방정식은 $y = -(x-2+2c)^2 + (1-2c)^2$에서 $P_2(3-4c, 0)$ 접점의 좌표는 $(2-c,\ 2-4c+3c^2)$ 이므로 주어진 영역의 넓이는

$$\int_{3-4c}^{2-c} -2c(x-c) + (x-2+2c)^2 - (1-2c)^2 dx = \int_{3-4c}^{2-c} x^2 + (2c-4)x + 2c^2(2c-2)^2 - (1-2c)^2 dx$$

$$= \int_{3-4c}^{2-c} x^2 + (2c-4)x + (2c^2 - 4c + 3) dx$$

$$= \frac{1}{3}((2-c)^3 - (3-4c)^3) + (c-2)((2-c)^2 - (3-4c)^2) + (2c^2 - 4c + 3)(3c-1) \text{ 입니다.}$$

(3-3. 마지막 소문항은 풀지 못함)

생기부 우수사례를 최대한 피해라

내신 2.9로 서울대 합격, 전설이 되다

019

공과대학 건설환경공학부 ┃ 23학번 육지훈 ┃ 일반전형
서울시 도봉구 ┃ 자사고 졸업

안녕하세요, 서울대학교 건설환경공학부에 재학 중인 23학번 육지훈입니다. 저는 처음부터 목표가 서울대는 아니었습니다. 그저 좋은 대학교에 들어가는 게 목표였을 뿐, 어떠한 학교나 학과를 가고 싶다는 구체적인 비전은 없었습니다. 그 때문에 고등학교 1학년 때는 정시가 목표였는데, 고등학교 3학년이 되어서야 급하게 수시로 전향한 케이스입니다. 그렇기에 내신 성적도 다른 서울대 친구들만큼 좋지는 못하였고, 남들처럼 하나의 생기부 방향성도 잡혀 있지 않았습니다. 그러나 두 번의 서울대학교 수시 일반전형에 도전한 끝에, 감사하게도 저희 고등학교의 역대 최저 서울대학교 입학 내신 성적을 갱신하면서 서울대학교에 입학을 할 수 있게 되었습니다.

제 내신은 사실 서울대학교를 오기에는 부족했습니다. 저도, 저희 부모님도, 주변에서도 모두 서울대학교는 무리라고 생각하였고 이곳에 지원을 하는 것 자체가 소중한 수시 카드 한 장을 날리는 일이라고 생각했습니다. 그러나 담임선생님께서 저는 창의적인 활동들로 구성된 독보적인 생기부를 지니고 있다면서 용기를 불어넣어 주셨고, 서울대에 붙을 수 있을 것이라고 말씀해 주셨습니다. 그리고 이러한 선생님의 강력한 응원 덕분에 저와 부모님도 마지막에 끝끝내 마음을 돌려 서울대학교에 원서를 넣어보게 되었습니다. 그리고 그 결과, 2.9라는 내신 성적으로 어렸을 때부터 꿈에 그리던 서울대학교에 입학하게 되었습니다.

제가 졸업한 고등학교가 자사고라는 점은 감안해야겠지만, 당시 학교에서는 2점대 초반까지가 서울대를 지원할 수 있는 마지노선으로 여겼고, 저 이전까지 서울대에 합격한 선배들 중 내신이 가장 낮았던 선배는 2.3이었습니다. 기존 최저 입학기록과 약 0.6점이라는 큰 차이가 있었던 것입니다. 그 때문에 저는 저희 고등학교에서 홍보 자료로(?) 쓰이고 있습니다. 또한 저는 저희 고등학교의 입시 카페도 따로 운영하고 있으며, 매년 고등학교에 진로 멘토링 강사로 정기적으로 초청되어 가고 있습니다.

수시 준비과정에서 단 한 번도 컨설팅을 받은 적이 없기에 제 생기부는 외부에 유출된 적이 없으며, 오로지 저와 학교만 알고 있습니다. 이러한 저의 생기부 작성 비법을 이 책에서 공개하려 합니다. 평범한 생기부로는 평범한 결과를 얻을 수밖에 없습니다. 나의 내신으로는 도무지 불가능한 결과를 얻고 싶다면 반드시 남들과는 다른 생기부를 만들어야 합니다. 명심하세요. 뻔한 노력으로는 뻔한 결과를 받을 수밖에 없습니다. 저처럼 낮은 내신으로 서울대를 오고 싶다면, 뻔하지 않은 생기부를 만들어야 합니다.

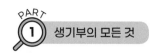

우수사례를
멀리하라

제 생기부는 일반적으로 알려진 '좋은 생기부'와 다른 점이 굉장히 많습니다. 아무래도 남들과는 다른 방향으로 생기부를 작성하였기에 흔한 성공 사례와는 다른 결과를 낼 수 있었다고 생각합니다. 그중 제가 생각하기에 가장 핵심적이었고, 모든 종류의 세특 작성을 아우를 수 있는 저만의 황금률을 소개하려 합니다.

제가 언제나 말하는 저만의 황금률은 바로 '역지사지로 생각해라'입니다. 이 생각은 제가 학교생활 내내 생기부 활동을 함에 있어서, 그리고 생기부를 작성함에 있어서 일종의 지침서 역할을 해주었습니다.

생각보다 많은 사람들이 생기부 작성을 할 때 언제나 망각하는 매우 중요한 사실이 있는데, 그건 바로 '유의미한 독자의 존재'입니다. 고등학교 생기부에 있어서 유의미한 독자란 누구일까요?

생기부의 독자는 누구일까?

바로 대학의 입학사정관입니다. 이러한 대학 입학사정관 중에는 대학교 교수님들이 포함되어 있죠. 다시 말하자면, 대학교 교수님들이 바로 저희가 신경을 써야 할 생기부의 '유의미한 독자'입니다. 이 책을 읽고 있는 여러분이나 여러분의 부모님, 학교 선생님, 컨설팅 회사가 아니라요.

보통 사람들이 생기부를 작성하다 보면 자신의 관점이나 주위 사람들의 관점에 매몰되는 경우가 많습니다. 그러나 저희 생기부를 읽고, 이를 대학 입시에서 평가하는 존재는 대학 교수님이라는 사실을 잊으면 안 됩니다. 여기서 한 가지 팁이 나옵니다.

"생기부 우수사례는 무조건 피하세요."

학생들이 가장 많이 하는 실수 중 하나인데, 인터넷으로 검색해 얻어내거나 학교 혹은 컨설팅에서 받게 된 생기부 우수사례들은 가급적 피해야 합니다.

언뜻 생각하기에는 '이게 무슨 소린가' 싶을 것입니다. 보통 생기부 우수사례를 참고하거나, 이를 약간 변형하여 생기부를 작성하라는 말을 많이 들어왔을 것이기 때문이죠.

그러나 대학 교수님의 입장에서 생각해 봅시다. 매년 대학 교수님들은 적어도 100장이 넘는 생기부를 읽게 되겠죠. 그런데 이러한 교수님들이 보통 그해에만 일한 것이 아니라, 수년 전부터 일해 왔을 것입니다. 어림잡아 10년 일하셨다고 보면, 제 생기부를 읽으실 교수님은 제 생기부를 읽기 이전에도 약 1,000장이 넘는 생기부를 읽었을 것입니다.

그런데 생기부 우수사례들은 어떤가요? 인터넷에서 조금만 검색을 해도 찾아낼 수 있거나, 컨설팅 업체만 가면 누구나 받을 수 있는 것들입니다. 즉, 접근이 굉장히 용이한 정보죠. 여러분이 인터넷이나 컨설팅에서 구할 수 있었던 정보들을 과연 여러분만이 구할 수 있었을까요? 여러분과 같은 학년에서 경쟁하는 수많은 사람들뿐 아니라 그 이전에 존재했던 수많은 사람들이 인터넷 조사를 조금이라도 하는 성의를 보였다면, 여러분이 찾은 우수사례를 읽었을 가능성이 굉장히 높습니다.

즉, 여러분의 생기부를 읽고 평가하는 교수님은 이미 여러분의 것을 읽기 전에 읽었던 약 1,000장 혹은 그 이상의 생기부들 속에서 이미 그 우수사례를 수차례 읽었을 확률이 상당히 높습니다.

아무리 제가 저의 입장에서 그 우수사례를 적절히 변형하여 작성하였다고 하더라도, 대학 교수님의 입장에서는 그저 이전에 읽어보았던 흔한 내용 중 하나일 뿐입니다.

인간은 반복을 싫어합니다. 여러분도 복습하는 것을 굉장히 싫어할 것입니다. 교수님도 똑같습니다. 생기부를 읽던 중, 이전에 읽은 듯한 내용이 나오면 자연스레 흥미와 섬세함이 떨어지겠죠. 이러한 행위가 수차례, 수년간 반복되었다고 합시다. 그러면 교수님은 이제 같은 내용이 나온다면 당연히 별다른 흥미를 느끼지 못함은 물론이거니와, 사람이다 보니 그 생기부를 대충 보게 될 것입니다. 교수님들은 굉장히 많은 양의 생기부를 평가해야 하는데, 이미 여러 번 읽어본 듯한 내용에 시간을 계속 쓰고 싶지 않아 하기 때문입니다.

따라서 인터넷 우수사례들, 또는 흔한 교과 주제 탐구활동을 그대로 작성하는 것(테셀레이션, 마방진, 사이클로이드 등)은 피하는 것이 좋겠죠.

저는 생기부 작성을 할 때 흔한 교과 탐구활동 주제들은 모두 피하였고, 인터넷의 생기부 우수사례들은 오로지 저의 것과 겹치는지 판단하는 용도 정도로만 사용하였습니다. 그 결과, 남들과는 다른 결과를 얻을 수 있었죠.

물론 우수사례들이 들어간다고 해서 서류심사에서 탈락한다는 뜻은 아닙니다. 다만 남들과 다른, 일반적이지 않은 결과를 기대한다면 우수사례들은 피하는 게 좋다는 것입니다. 우수사례 자체를 읽지 말라는 이야기도 아닙니다. 처음 생기부를 작성할 때는 모든 과정이 낯설고 어렵기 때문에 '이런 식으로 생기부를 작성해야 하는구나'라는 감을 잡기 위해 우수사례를 참고하는 것은 필요하죠. 다만 감을 잡는 데에 그쳐야 할 뿐, 이를 변형하여 사용하는 행위, 혹은 아이디어를 얻기 위해 사용하는 행위 등은 가급적 피하고, 전례가 없었던 자신만의 생기부를 만들어야 한다는 소리입니다.

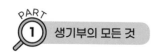

Part 1-2 과목별 세특 사례와 조언

진로에
목맬 필요 없다

저는 현재 서울대학교 건설환경공학부에 재학하고 있습니다. 다른 학교에서는 '도시공학과'라고 불리기도 하는 학과입니다. 그렇다면 제가 과연 1학년 때부터 도시공학과만을 바라보고, 이에 관련된 생기부 활동을 하였을까요? 아닙니다.

저는 1학년 때까지는 도시공학과와 관련된 활동을 단 하나도 하지 않았으며, 2학년까지 확대하더라도 딱 한 가지 활동만이 그나마 도시공학과와 연관이 있었습니다. 이렇게 전공과의 연계성이 떨어지는데다 내신 성적도 낮은 생기부인데, 어떻게 합격을할 수 있었을까요?

일반적으로 무조건 하나의 학과를 바라보아야 좋은 생기부로 알려져 있습니다. 그래서 1학년부터 무리하여 전공에 맞춘 활동을 하려고 애쓰는 경우가 많죠. 그러나 저는 이러한 질문에 대해서 이렇게 답합니다. 1, 2학년 때부터 굳이 자신의 활동들을 제한할 이유는 없다고요.

1, 2학년 때부터 진로를 정할 필요가 없는 이유

1, 2학년 때는 전공에 구애받지 않고 폭넓은 활동을 하는 것이 좋습니다.

이 모든 내용을 최종 단계인 3학년의 생기부에서 엮으면 되거든요. 1, 2학년들의 가는 줄기들을 모으고 모아 3학년에서 하나의 전공과 관련된 굵은 줄기로 완성한다면, 1학년과 2학년의 활동들은 모두 3학년의 생기부의 '빌드업'이 되는 것입니다.

생각해 보면, 아직 진로나 전공에 대한 어떠한 정보나 경험도 없는 고1이라는 어린 나이부터 하나의 진로만을 정하여 3년 내내 무작정 달려왔다는 이야기보다는, '1, 2학년 때 다양한 활동을 하며 나의 전공적합성을 찾아보다가 3학년에 이르러 1학년과 2학년 때 내가 한 활동들이 이 학과를 향해 있었음을 알게 되었고, 이를 통해 나는 내가 이 학과에 지원하고 싶다는 사실을 깨닫게 되었다'는 그림이 훨씬 자연스럽습니다.

말로만 설명하기에는 너무 두루뭉술하게 느낄 수 있어, 제 생기부의 일부를 예시로 갖고 왔습니다. 이 점만 기억해 주세요.

1. 1학년과 2학년 활동들에서 도시공학과 관련 활동은 일절 없었으나,
2. 3학년 때 이전 활동들을 자연스럽게 도시공학과와 관련된 활동들을 이어나갔다.

지금부터 설명할 활동은 제가 제작한 산소공급의 기능을 갖춘 친환경 공기청정기 '에어서클'의 개발에 대한 세특입니다. 1학년에서는 이 활동을 수학, 통합과학, 개인 세특, 진로활동에서 언급하였습니다. 이 중 수학 세특을 가져와 보았습니다.

(…) 미세먼지의 급증으로 인해 환기 부족이 저산소증을 초래함을 인식하고 (…) 을 접목시켜 산소공급기 에어서클을 제작하고자 함. (…) 이러한 성질을 입체화하여 만들면 이에 따른 압력차가 발생하여 공기의 흐름을 유도할 수 있을 것이라 생각함. (…) 이러한 원리가 적용된 산소공급기의 3D 통로를 매개변수를 활용하여 지오지브라 프로그램으로 제작함. (…) 에너지 소비 없이 작동하는 자가 산소발생장치인 에어서클을 이용하여 산소를 발생함과 동시에 이산화탄소 감축에 기여하고 미세먼지 피해를 줄일 수 있을 것이라 생각함. (…)

간단히 요약하자면, 제가 특정 성질을 활용하여 제작한 사실상 무동력에 가까운 친환경 산소공급기(공기청정기)에 대한 이야기를 하고 있습니다. 이러한 제작물에 저는 '에어서클' 이라는 이름을 붙여서 3년 내내 활동했고요. 도시공학과는 거리가 멀어 보이죠?

그럼 동일한 에어서클에 대한 후속활동이 담긴 2학년의 기록으로 넘어가 봅시다. 2학년 때는 개인 세특과 영어1, 기하, 동아리활동에서 언급하였는데요, 이 중 기하 세특을 봅시다.

미세먼지와 코로나19로 인해 밀폐된 공간 속 제한적인 호흡 상황에서 발생하는 저산소증 문제에 경각심을 인식함. 관련하여 1학년 때 본인이 개발한 에어서클 연구를 더 확장함. 1학년 때는 장치의 효율을 높이기 위해 (…) 을 이용하여 공기의 빠른 이동과 순환에 집중하였다면, 2학년 때는 기하시간에 배운 타원의 광학적 성질을 이용하여 (…) 의 효율을 높이는 것에 초점을 맞춤. (…) 새롭게 제작한 에어서클의 모듈은 기존의 것에 비해 약 2~3%p 높은 산소량을 발생함을 위와 같은 실험을 통해 확인함.

1학년 때 진행한 활동을 2학년에서도 이어받아 그 효율을 증진시키기 위한 탐구활동을 진행하였습니다. 여전히 도시공학과와는 관련이 일절 없죠. 그러나 제가 위에서 언급하였듯, 3학년에 이르러서는 이러한 작은 가지들을 '도시공학과'라는 하나의 큰 가지로 묶었습니다. 다음 3학년 세특에서 어떻게 가지를 묶었는지 보겠습니다.

도심에서 에어서클을 사용할 방안을 구상함. 도심 속 공기질이 좋지 않은 지하철역에 에어서클을 설치하는 방향으로 구체화하여 탐구를 진행함. (…) 에어서클이 부유물질을 위와 같은 성질로 침전할 수 있음에 착안하여 에어서클을 기존 모형에서 조금만 변형한다면 지하철역 내부의 상황을 타개하는데 적합할 것이라는 것을 설명함. (…) 관련 실험 내용을 조사한 결과 (…) 넓은 영역에서 영향을 미칠 수 있음을 확인함.

이때부터 단순 산소공급기를 제작하던 활동이 본격적으로 도시공학과와 연계가 되는 활동으로 변화하게 되었죠. 그리고 이러한 도시공학과로의 방향성을 지닌 변화를 저의 2, 3학년을 모두 맡아주신 담임 선생님께서 개인 세특에서 아래와 같이 다시 한 번 분명하게 언급하여 주셨습니다.

(…) 교내에서 탐구 역량이 가장 우수한 학생을 이야기할 때 첫 번째로 거론되는 학생으로, 교내의 모든 탐구학술 발표 활동은 이 학생이 제시한 아이디어에서부터 시작되거나 혹은 탐구 과정 중에 많은 기여를 한 것이라 볼 수 있음. 또한 학생의 특별함은 동일 주제에 대한 탐구를 한 번에 그치지 않고 학년을 진급하면서 더 파고들어 깊이 있는 연구로 업그레이드하는 것에 있음. (…) 을 활용한 산소 발생기 에어서클 개발을 시작으로 친환경 자가 산소 공급기 에어서클 후속 탐구, 도심지에서의 에어서클 적용 탐구, (…) 등의 탐구는 재학 기간 동안 조금씩 변형하고 추가하여 도시 환경을 안전하고 친환경적으로 조성하기 위한 방안으로 구체화되었음. 이러한 수많은 탐구활동에 적극적으로 참여하여 우수성을 인정받음.

이렇듯 저는 별개의 활동들을 여러 개 진행하는 것보다는 위의 예시와 같이 고등학교 재학 중, 2~3년에 걸친 활동들만을 10개 이상 진행하여 생기부 전반에 걸쳐 임팩트를 주었고, 비록 시작은 도시공학과와 전혀 관련이 없던 분야들이었으나, 대부분을 위의 예시와 같이 도시공학과에 이르도록 3학년 때 후속 연구들을 진행하였습니다.

이렇듯 다년간에 걸쳐 특정한 활동이 언급된다면 독자의 입장에서 당연히 임팩트가 강하게 느껴지겠죠. 제 생기부에 '에어서클'이라는 이름이 3년에 걸쳐 곳곳에서 언급된 것처럼요. 또한 처음에는 여러 활동을 진행했지만, 시간이 지나면서 보니 그 활동들이 '도시공학과'라는 하나의 줄기로 이어져 있었다고 말하는 것이 훨씬 자연스럽기도 하고요.

제가 여기에서 전하고 싶은 말은 이것입니다.

1. 1, 2학년 때 진로에 얽매이지 말자. 오히려 3학년 때 이전 활동들을 진로와 연계하는 그림이 더 자연스럽고 임팩트가 강하다.

2. 의미 없는 활동을 난잡하게 여러 개 하는 것보다는 생기부 전반에 걸친 굵직한 자신만의 대표 활동을 2~3년에 걸쳐 진행하며 이어가자.

교과 외 활동은
나에 대한 '이미지 메이킹'

사실 '교과 외 활동' 부분이 제 생기부에서는 세특과 명확히 구분된다고 보기는 어렵습니다. 왜냐하면 저는 세특에서 언급한 활동을 교과 외 활동에서 또 언급하거나, 반대로 교과 외 활동에서 언급한 내용을 세특에서 또 언급하면서 생기부를 유기적으로 구성하였기 때문입니다.

대신 저는 생기부에서 자신을 어떻게 포장해야 하는지를 예시를 통해 설명하고자 합니다. Part 1-2에서는 생기부 활동을 어떤 식으로 진행해야 하는지에 대해 기술했다면, 여기서는 자신의 '이미지 메이킹'을 어떠한 식으로 해야 하는지 설명하려 합니다.

교과 외 활동란은 단순 교과 외 활동들 뿐 아니라 개인의 인성, 탐구력, 추진력, 리더십 등도 적극적으로 기술할 수 있는 공간이기 때문에 자신의 이미지를 적절하게 포장하여 표현하는 것이 중요합니다. 그리고 이러한 이미지는 자신의 교과 활동들에서 보이는 자신의 이미지와 연계되는 것이 좋습니다.

저는 고등학교 재학 시절 '매쓰헬퍼'라는 이름의 수학 카페를 3년간 운영하였습니다. 비록 카페의 성격이 약간 바뀌었지만, 지금도 여전히 고등학교 후배들과 학부모님들, 제가 다녔던 고등학교로의 입시를 희망하는 분들을 위한 카페로 운영하고 있습니다.

또한 2학년 때 교내 탐구학술 동아리를 창설하였고, 2~3학년 동아리장을 맡아 친구들을 섭외하고, 함께 다양한 대외활동을 했습니다. 그리고 그 결과를 제 카페를 활용하여 꾸준히 홍보했습니다. 이러한 활동을 꾸준히 한 덕에 교과 외 활동에는 다음과 같은 내용이 있습니다.

자율활동(1학년)
(···) 주변 친구들의 학습에 도움이 되고자 수학 카페 및 수학 영상 채널을 주도적으로 기획하고 친구들을 섭외하여 함께 운영함. 교내 교재 및 학력평가 고난이도 문제의 해법과 자신이 제작한 문제, 다양한 풀이 등을 카페에 공유하는 활동을 실천함. 점심, 저녁 시간을 활용하여 문제 해결 영상을 촬영하고 편집하였으며 식사를 거르면서까지 활동에 집중하는 열정과 헌신적인 태도를 확인함. 생각을 실천으로 옮기는 행동력, 친구의 소질과 능력을 바탕으로 함께 할 동료를 섭외하는 능력, 문제 해결의 과정과 결과, 생각 등을 말과 수식으로 표현하는 수학적 의사소통 능력, 학습한 것을 주변에 나누고자 하는 공동체 의식 등이 우수한 학생임. (···)

1학년 자율활동 뿐 아니라, 진로와 직업 과목의 세특에도 수학 카페 '매쓰헬퍼'의 창설과 운영, 그리고 기획을 한 내용이 강조되어 있습니다.

동아리활동(2학년)
(···) 다양한 진로를 모색할 수 있는 동아리를 만들고 싶다는 포부로 탐구학술동아리 'LOZIC'을 창설한 주도적인 학생임. 동아리장을 맡으며 활동 계획을 세우고, 모둠별 연구 계획 발표회, 모둠별 실험, 실험 피드백, 온/오프라인 창의 사고력 강연 등을 이끌어 나가며 훌륭한 리더십을 발휘함. (···) 연구주제 선정에 있어 참신한 발상을 하고, 무엇보다 외부자료를 최대한 배제하여 주체적으로 탐구하는 점이 매우 우수함. 동아리원들과 협력하여 직접 수학 모의고사를 제작하여 교사의 피드백을 받고, 본인이 운영하는 수학 카페를 통해 배포를 하는 등 활동 영역을 확장하여 적극적으로 활동함. 학생 덕분에 신설 동아리임에도 교내에서 가장 유망한 동아리로 정평이 나 있을 만큼 추진력이 우수한 학생임. (···)

2학년 때도 마찬가지로, 동아리 세특 외에도 수학 II 과목의 세특에 유사한 내용의 다른 측면이 강조되어 있습니다. 그 이외에도 1, 2, 3학년 행특에도 1~3학년에 걸쳐 적극적으로 카페와 동아리를 운영한 일, 다양한 활동들을 기획한 일, 후배들에게 저희 고등학교를 홍보한 일 등이 있어 반복적이고 적극적으로 저에 대한 이미지 메이킹이 되는 효과를 낳았습니다.

저 두 기록을 읽었을 때, 어떠한 느낌을 받았나요? 아마 제가 기획력, 섭외력, 적극적인 성격, 리더십 등이 뛰어난 주도적인 사람이라는 인상을 받았을 것입니다.

이러한 이미지는 아까 앞에서 소개한, 저의 다른 생기부 활동들에 대한 교과목 세특에 적힌 바와 일치하므로 읽는 사람의 입장에서 더욱 신뢰가 갈 수 있고, 저라는 사람에 대해 읽는 사람이 흥미를 느낄 수 있게끔 해 줍니다.

이렇듯 자신에 대한 이미지 메이킹을 교과 외 활동 항목에서 적극적으로 나타내는 것이 중요합니다.

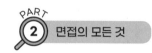

일반전형 2회차 선배가
알려주는 면접 준비

저는 굉장히 특이한 이력을 하나 갖고 있습니다. 바로 수시 반수생이라는 점입니다. 서울대는 수시 반수생을 뽑지 않기로 굉장히 악명이 높은 학교 중 하나입니다.

그러나 너무나도 감사하게도 저는 두 번째 도전 끝에 성공하여 서울대에 입학하게 되었고, 그 때문에 저는 2022학년도(2021년 시행) 서울대 일반전형 면접, 2023학년도(2022년 시행)을 모두 경험한 몇 안 되는 사람 중 한 명입니다. 때문에 저는 한쪽 경험에 치우치지 않고 그 누구보다 서울대 면접에 대해서 객관적으로 분석할 수 있습니다.

면접 후기를 믿지 마라

제가 두 번의 서울대학교 일반전형 면접을 경험하고, 이를 통해 하고 싶은 이야기는 아이러니하게도 "면접 후기들을 믿지 마라"입니다.

　서울대학교 일반전형 면접은 면접관을 맡은 교수님들의 성향에 따라 굉장히 다르게 진행됩니다. 물론 큰 틀은 똑같습니다. 다른 일반적인 수시 면접과는 다르게, 서울대학교 일반전형 면접은 논술전형에서나 나올 법한 난이도가 높은 문항을 주어진 시간 내에 풀고, 답과 풀이를 면접관에게 설명하는 방식으로 진행됩니다. 그러나 그 면접을 진행하는 세부적인 방식이 면접관으로 어떤 교수님을 만나느냐에 따라 합격의 당락이 결정될 정도로 크게 좌우됩니다.

　그렇기에 일반전형의 면접 후기를 무조건 믿으면 안 됩니다. 왜냐하면 후기에 들어간 면접관님과 여러분이 마주할 상황은 면접관님은 다를 것이고, 어떠한 교수님을 면접관으로 만나느냐에 따라 면접은 극적으로 달라질 수 있거든요.

　예를 하나 들어 보겠습니다. 서울대 일반전형을 준비하는 학생이라면 (적어도 서울대학교 일반전형 면접 후기를 많이 읽어본 학생이라면) 가장 많이 들었을 속설 중 하나는 바로 '힌트의 존재'입니다.

　서울대 면접에서는 면접자가 풀지 못한 문항이 있을 때, 교수님들이 면접자가 답을 유도해 낼 수 있도록 힌트를 주신다는 말이 널리 퍼져 있습니다. 그러나 이러한 팁은 오로지 교수님의 재량에 달려 있습니다. 즉, 교수님이 원한다면 팁을 줄 수도 있으며, 원하지 않는다면 팁을 주지 않습니다.

　어떠한 교수님은 아예 단 하나의 힌트도 주지 않는 경우가 있고, 어떠한 교수님은 거의 문제를 떠먹여준다 싶을 정도로 많은 힌트를 주는 경우가 있습니다. 면접을 보는 교수님으로 어떠한 분을 만나느냐에 따라 합격 여부가 달려 있다고 말해도 과언이 아닐 정도입니다.

너무 달랐던 두 번의 서울대 면접

실제로 제가 경험한 일입니다. 저는 첫 번째 면접, 그러니까 2022학년도 서울대학교 일반전형 면접(2021년 시행)에서 굉장히 불친절한 교수님을 만났습니다. 당시 여러 인터넷 면접 후기들을 읽어보고, 다녔던 면접 학원들에서 들은 바로는 제가 주어진 준비 시간 내에 면접 문제를 풀지 못하더라도 교수님이 힌트를 주며 15분이라는 면접 시간 동안 힌트를 활용하여 문제를 풀어내도 정답 처리가 된다고 하였습니다. 면접 학원들에서는 그에 맞추어 면접관이 힌트를 주는 방식으로 진행하였었고요. 저는 그 말을 철석같이 믿었고, 당연히 시험을 볼 때 그 사실을 염두에 두고 시험을 풀었습니다. 시간이 너무 오래 소요될 것 같으면 조금 고민해 본 후 넘어갔죠.

그러나 실제 면접은 완전히 달랐습니다. 당시 제가 중간 휴식시간 전 마지막 면접자였는데, 그래서인지 면접관님의 인상과 행동에서 피곤한 기색이 역력히 드러나 있었습니다. 빨리 마지막 면접을 끝내고 쉬러 가고 싶어 하시는 듯한 마음이 보였습니다. 그래서인지 제가 면접에서 문제 풀이를 설명하는 중간중간 한숨을 쉬며 시계를 보시거나 아예 제 풀이를 경청하지 않고 팔짱만 끼고 있는 등의 행동을 취하셨습니다. 갑작스럽게 예상치 못한 상황에 놓인 저는 당황하고 위축되어 면접을 제대로 보지 못하였습니다. 풀어놨던 문제 풀이가 생각나지 않았죠.

문제에 대한 힌트도 일절 없었습니다. 제가 풀지 못한 문제가 있을 때는 그냥 넘어가고, 별다른 말씀이 없으셨습니다. 결국 보다못해 중간에 한번은 제가 "이 문제는 이 부분을 어떻게 풀어야 할지 모르겠다"라고 말하고, 이 부분은 어떻게 풀어야 하는 것이 좋을지 교수님께 정중하게 여쭈어 보았는데, 그걸 왜 물어보냐는 식으로 대답하셨습니다. 일반적으로 힌트를 주는 것이라고 알고 있었던 저는 당황하였습니다.

그렇게 제 첫 번째 서울대학교 면접이 끝났습니다. 제가 풀었던 문항수는 같은 고등학교의 서울대 합격생들이 풀었던 문항수보다 훨씬 많았으나 면접 분위기의 영향이 있었는지, 탈락하였습니다. 이해가 가지 않고, 억울했던 탈락이었습니다.

그래서 두 번째로 2023학년도 서울대 면접(2022년 시행)을 갈 때는 힌트에 대한 아무런 기대 없이 갔습니다. 그러나 그때 제가 만난 면접관님은 이전 분과는 완전히 달랐습니다. 제 풀이를 적극적으로 경청해 주시고 면접 분위기도 편안하게 만들어 주셨습니다. 제가 문제를 풀다가 실수로 놓친 부분이 있으면 지적해 주서서 제가 문제 풀이를 수정할 기회를 주셨고, 제가 풀지 못한 문제에 대해서는 "이런 식으로 접근해 보는 것이 어떨까?"라며 힌트를 주셨습니다. 그 결과, 이번에는 너무나도 편안한 면접 분위기 덕분이었는지, 꿈에 그리던 서울대학교에 합격할 수 있었습니다.

이렇듯 제 두 면접은 굉장히 차이가 심했습니다. 그리고, 이 경험을 모두 겪은 제가 드리고 싶은 말씀은 하나입니다.

"서울대 일반전형 면접은 면접관 재량을 굉장히 많이 탑니다."

따라서 면접 후기 등은 믿지 마시고, 불친절한 교수님을 만났을 때의 대처법과 친절한 교수님을 만났을 때의 대처법을 모두 미리 생각하고 가세요. 불친절한 교수님을 만날 때를 대비하여 주어지는 힌트는 사실상 없을 것이라 생각하고, 면접 중 문제를 풀 시간도 없다고 생각하고 면접장에 들어가는 것을 추천합니다. 괜히 후기들을 읽고 힌트가 주어질 것을 예상하고 들어가다가는 자칫 후기들과는 다른 상황에 당황하여 면접을 망칠 수 있으니까요.

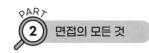

Part 2-2   기출 문제와 면접 복기

공과대학 건설환경공학부
일반전형 면접 복기

서울대학교 일반전형 면접 기출 문항들은 전부 서울대학교 홈페이지에서 찾아볼 수 있습니다. 또한 다른 학교 수시 면접 문항들과는 달리 공과대학 일반전형 문제들은 전부 논술형 문제이므로 정답이 따로 존재하는 문제들입니다. 때문에 비전문가인 저나 다른 면접자의 풀이를 보는 것보다는 제대로 된 풀이를 보는 것이 낫다고 생각합니다.

제가 서울대 면접을 준비하는 과정에서 풀이를 참고하기 위해 여러 사이트들에서 서울대 면접 문항의 풀이들을 찾아보며 공부하였는데, 그때 가장 도움이 된 사이트를 하나 소개해 드리려고 합니다.

'진산수학서당(https://blog.naver.com/yh6613)'이라는 블로그입니다. 제가 공부하던 당시 기준으로는 2019학년도 면접부터 2022학년도 면접까지 많은 서울대학교 일반전형 문제들의 풀이가 전부 올라와 있었으며, 서울대학교 외 다른 시험을 통해 면접을 보는 대학(카이스트, 포스텍 등)의 면접 기출 및 풀이도 전부 올라와 있었습니다.

특히 서울대의 경우, 공식 풀이를 대학교에서 업로드해 주지 않고 문제만 업로드하기 때문에 이 사이트에서 참고하여 공부하는 것이 많은 도움이 됩니다.

[제시문 1, 2, 3 - 452~456쪽 신연재 학생 제시문 1, 2, 3과 동일]

공과대학에 지원한 제가 본 3가지 문항들입니다.

문제 1-3에서 제가 $a=0$인 경우를 미처 확인하지 못하였는데, 교수님이 이를 지적해 주신 덕에 제 실수를 발견하고 풀이를 정정할 수 있었습니다.

또한, 2-4에서 제가 답은 풀어냈으나, 풀이를 대답하지 못하고 있었는데, 교수님이 경우의 수가 얼마 없기에 어렵게 풀지 말고 단순히 수형도를 그리며 풀면 된다고 말씀하신 덕에 저 문항도 풀어낼 수 있었습니다.

마지막으로 3-3은 솔직히 시간이 부족하여 풀지 못하였는데, 교수님이 면접에서 함께 도와주신 덕분에 풀 수 있었습니다. 친절하셨던 면접관님 덕분에 10문항 전부를 풀 수 있었던 것입니다.

저와 같은 일반고 학생(영재고, 과학고를 제외한 학생들)은 일반전형 면접 커트라인이 영재고나 과학고 학생들보단 많이 낮습니다. 제 친구 중에 3문항 정도만 풀고 합격한 친구도 있었을 정도니까요. 대부분의 일반고 학생들에게는 아주 어려운 문제들이기 때문에, 많이 풀지 못하였다고 너무 낙담할 이유가 없습니다. 그러니 너무 긴장하지 마시고 편하게 시험을 봐도 됩니다.

교과목과 동아리에
진로를 녹이는 법

목표의 힘으로 인서울에서 서울대까지

020

공과대학 건설환경공학부 ㅣ 22학번 이정웅 ㅣ 지역균형전형
인천시 남동구 ㅣ 일반고 졸업

안녕하세요, 서울대학교 건설환경공학부에 재학 중인 22학번 이정웅입니다. 고등학교 입학 당시 저는 공부를 왜 해야만 하는지에 대해 끊임없이 질문을 던졌습니다. 내신 성적을 1점대 후반에서 2점대 초반 사이로 유지해서 인서울 대학교에 입학하는 것이 제 목표였습니다. 고3 때의 꿈에 비하면 상대적으로 작은 꿈이었기에 성적도 계속해서 하락하였습니다.

1학년 내신은 계속해서 하락하고 결국 1학년 2학기 중간고사가 끝나자 혼자 공부하는 것이 낫다고 생각해 다니던 학원을 모두 그만두었습니다. 그리고 애매하게 2점대 초반이라는 목표를 가질 바에는 내가 할 수 있는 한 최고로 열심히 해서 전교 1등이 되어보자는 결심을 했습니다.

학원을 그만두고 나서 인터넷 강의를 수강하며 공부를 했습니다. 인터넷 강의를 들으며 혼자 공부를 하였더니 이제는 학원 진도에 맞춰가며 공부 속도를 늦출 필요가 없다는 것을 깨달았습니다. 또한 수업의 깊이도 학원에서 다루는 것 이상이었습니다.

이후 본 기말고사에서 좋은 성적을 받을 수 있었습니다. 성적을 통해 얻은 성취감과 무언가 이해하고 알아간다는 것에 재미를 느낀 저는 방학 기간을 전부 공부에 투자하였습니다. 코로나19로 인해 개학까지 미뤄진 상황에서 공부에만 집중했습니다.

그 결과 고등학교 2학년 때 처음으로 전교 1등이라는 것을 해봤습니다. 처음으로 얻은 벅찬 성취감이었고, 대학교보다는 내가 하고 싶은 공부를 하기 위해 최선을 다하자는 마인드를 가질 수 있었습니다.

그렇게 3학년이 찾아왔고, 선생님은 저에게 서울대학교 건설환경공학부 진학을 추천하셨습니다. 지역균형선발전형을 쓸 수 있게 된 것이 제가 서울대학교에 갈 수 있는 마지막 기회라고 생각했고, 늘 그래왔듯이 최선을 다했습니다. 그 노력은 저희 고등학교에서의 서울대학교 최초 합격으로 돌아왔습니다.

여러분에게도 분명히 기회가 올 것입니다. 그 기회를 잡기 위해서는 노력이 필요합니다. 지금부터 그 노력이 좋은 결과로 돌아올 수 있도록, 도움 되는 이야기를 해보려고 합니다.

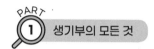

Part 1-1 매력적인 생기부를 위한 팁

관심 분야를
진로로 구체화시키는 방법

    관심 분야는 확실하나 이것을 3년 동안 어떻게 발전시켜 나가야 할지 잘 모르는 분들이 대부분일 겁니다. 따라서 진로 분야가 어느 정도 정해져 있을 때 어떤 식으로 생기부를 구성하면 좋을지 제 입시 경험을 통해 설명해 드리겠습니다.

    입시에는 정해진 방법이 없는 만큼 자신만의 방법을 만들어가는 게 중요합니다. 인터넷상에 떠도는 생기부 자료는 여러분의 경험이 아니며, 여러분과 어울리는 경험이 아닐지도 모릅니다. 특히 진로는 사람마다 최종적인 목표, 가치관이 다르기에 그 차이가 특히나 크다고 생각합니다. 따라서 지금부터 자신만의 생기부를 만들기 위해 관련 정보는 어디서 얻어야 하며 어떤 방식으로 활동을 구성하면 좋을지 이야기해 보겠습니다.

진로 정보 얻기 & 발전 가능성 드러내기

가장 먼저 진로에 관련된 정보를 얻는 방법입니다. 여러분이 정한 진로에는 반드시 전문가가 있기 마련입니다. 전문가들이 쓴 책을 참고해 보는 것을 추천합니다. 책은 여러 사람의 검토를 거쳐 탄생한 지식의 집약이며, 저자의 개인적인 생각을 직접 이해하고 느낄 수 있다는 장점이 있습니다. 또한 해당 분야의 이슈는 무엇이고 앞으로 어떤 연구가 필요한지가 잘 드러나 있습니다. 책을 통해 전문가의 가치관을 참고하고, 현재 해당 분야의 이슈를 확인하여 활동의 틀을 잡아보는 것은 분명히 도움이 될 것입니다.

진로 관련 틀을 잡았다면 이제 어떤 활동을 해야 할지 알아봅시다. 대학에서는 이미 있는 연구를 하는 것을 바라지 않습니다. 여러분이 직접 현상에 대해 의문을 가지고 고등학교의 지식을 활용해 어떤 방식으로 해결해 나가고자 하였는지에 더 관심을 가집니다. 대학은 고등학생이 당장 얼마나 알고 있는지도 궁금해하지 않습니다. 여러분이 대학교에 진학해서도 고등학교 때 의문을 느낀 현상을 해결하기 위해 추가적인 공부를 할 의지가 있는지를 대학교는 알고 싶어 합니다. 그렇기에 생기부에서는 활동의 독창성과 발전 가능성을 드러내는 것이 중요하다고 생각합니다. 이러한 제 철학은 저의 Part 1 모든 내용에 적용됩니다.

그렇다면 지금부터 저의 생기부를 예시로, 스스로 책을 읽으며 얻은 지식을 바탕으로 도출한 전략이 어떤 방식으로 적용되는지 알아보도록 하겠습니다.

저는 1학년 때까진 건축, 도시공학, 토목 분야 중 어디를 가야 할지 결정 내리지 못한 상황이었습니다. 따라서 경험할 수 있는 한 최대한 많은 진로 경험을 쌓고자 대학교 학과 설명회, 진로 특강 등 최대한 많은 활동에 참여했습니다. 또한 관련 독서를 하며 어떤 진로가 잘 맞을지 고민했습니다. 고민의 결과 도시공학 분야를 선택하게 되었고, 도시 분야에 관련된 독서를 하면서 도시재생, 도시계획이라는 키워드를 얻을 수 있었습니다. 하지만 해당 키워드를 들었을 때 수학이나 물리학과 연결 짓기는 어려울 것 같다는 생각이 들었습니다. 그러던 중 지리 과목들에서 해당 키워드를 다룬다는 것을 알게 되었고, 해당 과목들을 수강하여 다음과 같은 생기부를 채울 수 있었습니다.

세계지리(2학년)
유럽 및 북부 아메리카와 중남부 아메리카의 도시 구조 차이 및 도시 속 사람들의 이야기에 관심을 보임. 그런 이유로 진로를 세계지리와 연결하기 위해 세계 다양한 도시를 조사함. 세계 대다수의 사람들이 살고 있는 도시라는 공간을 사람들의 이야기와 공간적인 측면에서 같이 살펴보려고 함.

한국지리(3학년)
'한국 도시 탐구 보고서 작성하기' 활동에서 관심 분야인 도시 재생 사업을 적용할 수 있는 적절한 사례 지역으로 서울시를 선정하였음. 서울의 위치적 장점과 교통의 발달이 생산 및 소비 공간에 미친 영향을 평가하고, 대도시권의 형성 및 확대로 나타난 주민생활의 변화를 조사하여 제시하였으며 낙후된 서울 도심을 다시 활성화시키는 도시재생 활성화 사업을 소개하였음. 젠트리피케이션의 문제점을 분석하고 지역주민이 수혜자가 될 수 있는 도시재생사업이 필요하다는 자신의 견해를 제시함. 기후 통계와 도시체계의 특성과 관련된 각종 통계 자료를 그래프를 분석하여 지리적 특성을 도출해 내는 능력이 뛰어남.

한국지리 마지막 문장을 보면 은연중에 통계 관련된 내용도 드러나 있는 것을 확인할 수 있습니다. 저는 2학년 당시 통계 동아리에 속해 있었는데, 동아리활동을 도시 분야와 연결 지어 탐구하는 방법을 모색해 보았습니다. 이에 대해서는 Part 1-3에서 자세히 설명하겠습니다.

보이는 것과 같이 관련 활동을 하기 위해 공과대학 진학을 희망함에도 불구하고 필요하다고 생각되는 문과 과목을 선택하였습니다. 이는 입시에서 좋은 전략으로 사용되었습니다. 여러분도 독서를 통해 관련 정보를 얻고 필요한 것이 무엇인지 스스로 판단할 수 있는 사람이 되기를 바랍니다.

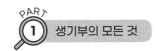

Part 1-2 과목별 세특 사례와 조언

과목별 세특에
진로를 녹이는 방법

모두가 똑같이 배웠지만 똑같은 의문을 품기는 쉽지 않습니다. 어렵겠지만 과목별

세특을 작성하더라도 최대한 진로 분야와 연계되도록 활동을 구성하는 것을 추천합

니다. 제 생기부를 함께 살펴보며 어떤 식으로 세특과 진로를 연결 지었는지 살펴보

도록 하겠습니다.

지구과학실험(3학년)
'도시 열섬현상에 대한 과학적 해결' 실험에서는 관련 기사와 영상자료 등을 사전 조사하여 수식을 이용한 논리적 설명으로 이해를 돕고, 도시모형제작 실험을 기획하여 도시문제 해결을 도모하는 설계방식을 고민해보게 하는 실험을 주도하여 발표력과 탐구력이 돋보였음.

위 과목은 학생이 스스로 실험을 기획하고 나머지 학생들이 실험에 참여해 보는 실

험 수업이었습니다. 도시공학 분야에서 도시환경 관련 문제 해결을 이슈로 삼고 있는

것을 이미 인지하고 있었기에 도시 열섬현상을 완화하기 위한 모형 제작을 목표로 실험을 기획하였습니다.

지구과학Ⅱ에서 배우는 지상풍 관련 내용과 비열 개념을 도입하여 도시 열섬 현상을 완화하기 위해 도시 건물의 올바른 배치와 도시 내 하천 존재의 중요성을 보여주는 것이 목표였습니다. 여러분에게 자율적인 활동 기획의 기회가 주어진다면 가지고 있는 배경지식을 활용하여 문제를 해결하는 활동을 진행해 보세요.

기하(3학년)
'쌍곡선을 활용한 도로 방음벽 탐구'를 주제로 보고서를 작성함. Geogebra를 통해 상쇄간섭 지점을 연결한 쌍곡한 그래프로 함수를 구하고 도로 방음벽의 효율성과 관련하여 탐구함.

위 활동은 기하 시간에 배운 '쌍곡선'과 물리학 1에서 배우는 파동의 간섭 개념을 연계하여 탐구 보고서를 작성한 것입니다. 우리가 흔하게 볼 수 있는 도로 방음벽이 사실은 파동의 간섭을 활용한 과학적인 인프라라는 것을 보여주고, 차량 소음이 주택가로 퍼지는 것을 막기 위해 설계는 어떤 방식으로 되어야 하는지 제시한 탐구였습니다.

진로가 정해졌다고 해서 진로에만 관련되어 있는 생기부를 구성하기보다는 유사한 관련 분야 내용도 반영하는 것이 활동의 다양성을 드러내는 데 도움이 될 때도 있습니다. 그렇기에 완전히 도시공학 분야로만 쓰는 것이 아닌 토목 분야의 내용도 반영하기 위해 위와 같은 탐구활동을 진행하였습니다.

Part 1-1에서 이야기한 것과 같이 최대한 다양한 지식을 접해 보아야 활동을 기획하는 능력이 생기게 됩니다. 또한 활동을 기획만 할 줄 아는 사람과 직접 실험 혹은 탐구까지 해본 사람은 역량 차이가 크게 납니다. 꼭 많은 배경지식을 쌓은 상태로 자신만의 활동을 기획하여 학업 역량과 진로 역량을 동시에 드러내길 바랍니다.

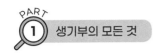

Part 1-3 교과 외 활동 사례와 조언

동아리활동을
진로, 교과목과 연결 짓는 법

교과 세특은 특정 교과목 관련 활동만 할 수 있지만, 동아리활동의 경우 본인이 직접 선택해 들어간 동아리에서 본인만의 활동을 생기부에 반영할 수 있는 특징이 있습니다. 진로활동과 교과목 세특에 비해 자율성이 높은 만큼 본인의 진로를 녹여내기에 최적화된 영역입니다. 또한 물리 동아리, 수학 동아리, 통계 동아리 등 동아리의 특성에 맞게 역으로 교과목 관련 내용을 반영할 수도 있는 활용도가 높은 영역이라고 생각합니다. 제 동아리활동을 어떻게 진로, 교과목과 연결 지었는지 보겠습니다.

동아리활동(3학년)
진로와 통계와의 관련성을 통해 '계획도시와 상관분석'이라는 주제로 ppt를 제작하여 통계를 기본으로 도시를 계획하고 사회현상을 분석하여 도시의 삶의 질 변화를 유도하는 과정에 대해 고민하고 상관분석에서 선형과 비선형에 대해 조사하여 발표함. 도서를 통해 '도시의 다양성을 위한 상관분석'이라는 주제로 ppt를 제작하여 도시의 다양성을 극대화시키기 위한 4가지 사례로 도시의 기능과 유동인구의 관계, 블록의 길이와 유동인구, 노후건물수와 도시경제력, 인구밀도와 도시경제력 등의 예시를 통해 논리적으로 발표함.

도시공학 분야에서 도시계획에 어떻게 통계학이 활용될 수 있는지에 대한 발표를 진행했습니다. 이 과정에서 상관계수라는 개념을 접하게 되었고 추가적인 독서를 통해 적용 가능한 분야를 탐색해 보았습니다.

해당 내용에서는 발표까지만 수행한 것으로 나와 있지만 이후 자율 동아리에서 직접 발전시킨 활동을 3학년 진로 영역에 반영하기도 했습니다.

진로활동(3학년)
인구밀도 경사도 추정 모형인 클라크 모델을 사용하여 거주지역의 인구를 추정해 보고, 피어슨 상관계수와 스피어만 순위 상관계수 민 켄달의 타우를 조사하여 상관계수의 개념을 이해하고 프로그램을 활용한 인구와 대기 오염도 간의 상관분석을 실시하는 등 관심 있는 주제의 다양한 활동을 기획하고 시행하며 도시공학자가 되기 위한 구체적인 진로 역량을 키우기 위해 노력함.

동아리활동에서 했던 내용을 발전시켜 진로활동 영역에 반영시키기도 하였습니다. 동아리활동을 통해 상관계수와 같이 고등학교에서 다루지 않지만 탐구 수행을 위해 추가적으로 지식을 습득할 수 있습니다. 이처럼 동아리활동은 교과과정이라는 제한이 있는 교과목 세특보다 높은 자유도를 가지고 있습니다. 동시에 도시공학 관련 내용을 언급해주면서 학업, 진로 역량을 동시에 드러낸 것을 확인할 수 있는 만큼 활용 범위가 굉장히 넓습니다.

여러분도 가지고 있는 지식과 진로에 대한 열정을 최대한 녹인 동아리활동 내용이 반영된 생기부를 만들 수 있다면 큰 도움이 될 것입니다.

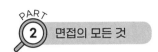

생기부 예상 질답은
이렇게 제작하라

고등학교 3년 동안 많은 활동을 했겠지만, 면접을 준비하다 보면 본인이 했던 활동이라도 기억이 잘 나지 않는 경우가 많을 겁니다. 또한 본인이 한 경험이 생생하게 기억난다고 하더라도 말로 표현하기란 쉽지 않을 겁니다. 하지만 면접장에서 받는 질문은 본인의 생각을 온전히 전달하는 것이 중요하며 예상치 못한 부분에서 질문이 나올 때도 있기에 철저하게 준비해 가야 합니다.

하지만 시간이 많이 남지 않은 상황에서 모든 부분에 대한 예상 질문을 완벽하게 준비해 가기 어렵기에 본인이 판단하기에 면접관님이 구체적인 꼬리질문을 하지 않을 것 같다면 간단하게 1~2문장 정도의 답변만 준비해도 좋습니다. 면접장에서 받은 개인적인 느낌이지만 질문을 하신 면접관님도 간단한 활동 관련 질문에 대한 답변은 크게 신경 쓰지 않는 것처럼 보였습니다.

실전에서 통하는 면접 대비 자료 준비하는 법

간단한 질문은 뒤로 하고, 본인이 열정을 가지고 오랜 시간을 투자한 활동들에 대해서 어떻게 면접을 준비해야 하는지에 대해 이야기해 보도록 하겠습니다. 먼저 본인의 생기부에서 진행한 탐구 내용 중 가장 의미 있게 한 활동 몇 가지를 추려봅시다. 저는 2학년 수학Ⅱ 과목에서 한 활동을 3학년 미적분 시간을 활용하여 탐구 보고서를 작성하는 것으로 발전시켜 생기부를 구성하였습니다. 수시를 준비하는 분이라면 2학년 때 했던 활동을 3학년 때 활용한 분이 많을 겁니다.

면접 대비 자료 - 2학년 세특 요약 중 일부

수학2	'지수함수의 미분을 통한 인구 증감을 판단하는 원리'라는 주제로 미분을 통한 변화율 증감의 의미 탐구
미적분	'로지스틱 곡선을 이용한 인구 추정'이라는 주제로 신도시 인구 예측 함수식을 도출하여 탐구 보고서 작성

생기부 내용을 보면 2년 연속으로 비슷한 주제를 가지고 탐구한 것을 알 수 있습니다. 이런 경우 면접관님이 관련 질문을 할 확률이 굉장히 높고, 저도 이를 인지하였기에 준비 과정에서 예상 꼬리질문들도 준비했습니다. 먼저 어떤 질문이 나올지 예상해 봅시다. 질문의 형식은 최대한 일반적으로 적용할 수 있게 구성해 봅시다.

왜 이러한 활동을 하였는가?

활동 과정에서 겪은 어려움은?

본인이 얻어낸 결과에 대한 본인의 생각은?

해당 활동을 해보고 본인이 느낀 점은?

위와 같은 예상 질문들이 만들어졌다면 여러분이 했던 다른 활동에서 면접 답변과 연계할 수 있는 부분은 없는지 생각해 보는 것이 좋습니다. 저는 '왜 이러한 활동을 하였는가?'라는 질문에서 동아리활동을 언급하였습니다.

면접 대비 자료 - 3학년 동아리활동 요약 중 일부

동아리	통계를 기본으로 도시를 계획하고 사회현상을 분석하여 도시의 삶의 질 변화를 유도하는 과정에 대해 고민

2학년 동아리활동에도 비슷한 내용이 있지만 3학년 활동이 더욱 명확하게 저의 의도를 보여준 것 같아 첨부하였습니다. 그렇다면 이제 직접 작성한 면접 질문과 답변을 보도록 하겠습니다.

면접 대비 자료 - 서류면접 예상 질문과 답변 중 일부

Q	'로지스틱 곡선을 활용한 인구 추정'이라는 탐구를 진행했는데, 왜 이러한 탐구를 했고 어떻게 결과를 얻었는지 설명해 주세요.
A	먼저 왜 해당 탐구를 했는지에 대해 말씀드리도록 하겠습니다. 2학년 통계 동아리활동 당시 통계학을 활용해 도시계획에 활용할 수 있을 것이라는 생각을 하게 되었고, 미적분 시간을 활용해 로지스틱 곡선을 활용해 신도시 인구를 예측하는 탐구를 진행하였습니다. 로지스틱 곡선은 인구나 개체 수 변화를 예측하는 데 사용됩니다. 특정 시점에서 변곡점을 가지고 시간이 지날수록 특정 숫자에 수렴하는 형태를 가지고 있습니다. 서울시 60년간 인구 자료를 활용해 곡선이 실제 인구를 잘 예측하는지 확인해 본 이후 2기 신도시 중 하나인 위례신도시의 5년 인구 자료를 활용해 곡선을 작성하였습니다. 신도시 자료를 통해 약 20년 후 인구 증가가 멈춘다는 결과를 도출할 수 있었습니다.

실제 서울대학교 지역균형선발전형 면접 당시 똑같은 질문을 받았습니다. 지금 생각해 보면 가정 자체에 오류도 많고, 방식도 엄밀하지 못했지만 이는 실제 공학 분야에서 활용하는 모델링의 방식과 굉장히 유사한 활동이었더군요. 해당 질문에 대해 철저하게 준비해 간 덕에 면접 당시 떨지 않고 자신 있게 생각을 전달할 수 있었습니다. 답변할 때는 항상 본인이 말하고자 하는 내용에서 필요한 부분만 말할 수 있도록 답변을 구성해야 하고, 덧붙이고 싶은 내용이 있다면 문장을 끝내고 새롭게 시작하는 것을 추천합니다.

구체적인 꼬리질문까지 작성하지 않았지만, 본인이 준비한 답변에 대해서도 의문을 가지고 답변에서 발생할 수 있는 다음 질문을 예상하는 것이 좋습니다. 큰 의미가 있는 활동인 만큼 면접관님도 궁금한 점이 많은 것은 당연합니다. 그렇기에 시간이 허락하는 만큼 본인이 준비한 것에 계속 질문을 던지는 습관을 가지고 철저하게 준비해 가세요.

공과대학 건설환경공학부 지역균형전형 면접 복기

Q. 졸업 후 계획은 어떻게 되나요?

A. 스마트 도시공학 전공 대학원에 진학해 공부를 이어나가고 싶습니다. 통계 동아리활동 당시 도시계획에 여러 통계 지식을 활용한 연구를 해보면 좋겠다는 생각이 들었고, 이를 위해 관련 대학원에 진학하여 공부해 보고 싶습니다. 또한 졸업 이후에는 도시 연구원으로 활동하고 싶습니다.

Q. 그렇다면 도시공학 분야 외에 어떤 건설환경공학 분야들에 관심 있나요?

A. 교통공학과 구조공학 분야에도 관심이 있습니다. (아쉽게도 면접관님들은 해당 전공이 아니었습니다.)

Q. 관련 정보는 어떻게 얻었나요?

A. 관련 도서를 통해 정보를 얻을 수 있었고, 전공과 관련된 여러 영상을 시청하면서 이해를 넓힐 수 있었습니다.

Q. '로지스틱 곡선을 활용한 인구 추정'이라는 활동을 진행했는데, 로지스틱 곡선은 무엇이고 이를 통해 어떻게 인구를 분석했나요?

A. 로지스틱 곡선이란 인구 추정에 활용되는 곡선으로 곡선 중심에 변곡점이 존재하며 특정 시점에 도달하면 입력한 한계 수용력에 수렴하게 됩니다. 해당 곡선을 사용해 서울시 60년 인구 데이터를 입력하여 서울시의 인구를 예측해 보는 활동을 1차적으로 거쳐 곡선이 예측을 잘 수행하는지 확인한 뒤, 2기 신도시 중 하나인 위례신도시의 5년치 인구 데이터를 곡선에 입력하여 인구 추정을 수행하였습니다. 2기 신도시는 새롭게 만들어진 만큼 인구 예측 수행이 필요하다고 생각해 2기 신도시 중 자료가 충분한 위례신도시로 선정하였습니다. 서울시 인구 예측에서 좋은 결과를 보이는 것을 확인할 수 있었고, 위례신도시에서 예측을 수행한 결과 약 20년 후 한계 수용력에 도달하는 것을 확인할 수 있었습니다.

Q. 그렇다면 신도시 수용 인원을 늘리는 이유는 무엇이라고 생각하나요?

A. 최근 신도시 입주를 바라는 사람이 그만큼 많아서라고 생각합니다.

Q. 꼭 늘릴 필요가 있다고 생각하나요?

A. 최근 경기도 지역 인구가 전체적으로 증가하고 있습니다. 서울시의 과밀 문제를 해결하기 위해 인구 분산 목적으로 만들어진 신도시에 많은 사람이 거주할 수 있는 것에 대해 긍정적으로 생각하고 있으며, 신도시 입주를 바라는 사람이 많아짐에 따라 신도시 수용 인원을 늘리는 것은 정당하다고 생각합니다.

Q. 고급지구과학이라는 과목을 수강했는데, 이 과목에서 어떤 활동을 했나요?

A. 지구과학 I, II에서 배울 수 없는 여러 심화적인 내용들을 다루는 수업이었습니다. 지구과학 I, II수업에서 이론적인 부분만 다루었다면 고급지구과학 수업에서는 대기의 굴절 실험과 같은 실험 중심의 수업을 진행하였습니다. 또한 천체 관측 실습도 해보면서 지구과학에 대한 이해를 넓힐 수 있었습니다.

Q. 대학교에 진학하고 하고 싶은 활동이 있나요?

A. (건설환경공학부 동아리 관련 내용을 언급하였으나 현재는 존재하지 않는 동아리임. 관련 정보는 학부 홈페이지를 통해 얻었음)

서울대학교에는 6시 30분 정도에 도착하여 입장이 가능한 시간부터 면접 대기를 했습니다. 면접 순서는 5번째 정도였습니다. 대기시간 동안 최대한 긴장을 풀려고 노력했습니다. 면접이 시작된 뒤에는 교수님께 최대한 빈틈 없고 진중한 모습을 보여드리려고 노력했습니다. 고등학교 3년 동안의 경험 중 거짓된 부분과 성실하지 않았던 부분이 없었다는 것을 보여드리기 위해 최대한 자세하게 답변했습니다. 아마 이 부분을 교수님께서 높게 평가하지 않았나 생각합니다. 여러분도 모든 면접 질문에 자세하고 진중하게 답변할 수 있도록 생기부의 내용을 본인의 것으로 구성하는 것을 추천합니다.

나만의 의미 있는
탐구활동을 만들자

공부는 나를 성장시키는 게임이다

021

공과대학 전기·정보공학부 ㅣ 23학번 김주영 ㅣ 일반전형
경기도 김포시 ㅣ 일반고 졸업

안녕하세요. 서울대학교 전기·정보공학부 2학년 김주영입니다. 원래 저는 컴퓨터공학부를 희망했습니다. 실제로 다른 대학은 컴퓨터 계열로 지원했고요. 하지만 서울대 전기·정보공학부에 들어오게 되었는데요, 이유는 크게 두 가지였습니다.

첫 번째 이유는 서울대학교 컴퓨터공학부가 경쟁률이 높아 이를 피하기 위함이었습니다. 두 번째 이유는 제가 전기·정보공학부에 더 특화된 생기부를 가졌다고 판단했기 때문입니다. 코딩 관련 활동이 많았지만, 소재를 하나하나 보면 물리, 화학과 더 연관이 깊었거든요. 그래서 수학만을 중시하는 컴퓨터 계열보다는 과학도 중시하는 전기·전자 계열에 더 승산이 있겠다 싶었습니다. 당시에 선택할 수 있는 최선의 결정이었고 지금은 전기·컴퓨터 분야에 대해 다양하게 배우는 저희 과에 만족하고 있습니다.

이제부터 공부와 꿈에 관한 얘기를 하죠. 그전에 독자 여러분들에게 질문 한 가지를 드리겠습니다. 여러분들은 공부를 왜 한다고 생각하나요? 그저 좋은 대학을 위해서? 아니면 좋은 성적을 받기 위해서? 저도 그런 생각을 하기도 했죠. 하지만 저에게 있어 공부는 저를 성장시키는 일종의 경험치였습니다. 공부는 제 지식, 사고회로, 논리를 향상시키는 행위라 생각했었습니다. 그래서 공부를 즐겁게 할 수 있었습니다. 의무가 아닌 게임이라 봤기 때문이죠.

제 꿈은 공부를 계속할 수 있으면서도 기왕이면 공학 한 분야만을 공부하지 않고 사회과학, 역사학, 자연과학, 의학 등등 모든 분야를 아우르는 학자가 되는 것입니다. 그래서 복수전공도 고민하고 있습니다. 현재는 서양사학과와 연계전공 학습과학전공을 신청해 이수하고 있고 나중에는 경제학부도 복수전공을 신청해 이수하고자 하고 있습니다. 대학교에서는 제가 배울 수 있는 모든 걸 배우며 다양한 분야의 지식을 쌓고 싶기 때문이죠.

마지막으로 입시에 관한 얘기를 하며 제 이야기를 마치도록 하겠습니다. 저 또한 입시에 대해 아는 정보가 없었습니다. 그래서 고등학교 1학년 때부터 묵묵히 서울대학교만을 바라보며 이것저것 알아보기 시작했죠.

이제부터 대학 입시에 대해 정보를 몰랐던 제가 어떻게 그 방법을 하나하나 터득했는지, 단순히 학생부 종합 전형으로 서울대학교를 가겠다는 막연한 목표를 생기부 작성 시 어떻게 구체화했는지 그 과정을 보여드리겠습니다.

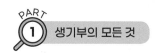

Part 1-1 매력적인 생기부를 위한 팁

교과 내용을 응용한
의미 있는 탐구활동을 위주로

서울대, 연세대, 고려대의 차이

여러분들이 이 글을 읽으며, 아마도 서울대학교 수시 종합 전형 생기부는 어떻게 다른 대학교와 다를지 궁금할 것입니다. 우선 이것부터 설명하죠. 서울대학교 학생부 종합 전형은 다른 학교와 엄연히 다르다고 할 수 있습니다. SKY만을 예로 들어볼게요. 'SKY면 다 똑같은 거 아니야?'라고 생각할 수도 있습니다. 하지만 이 세 대학의 학생부 종합 전형은 엄연히 다릅니다. 특히나 일반고 내에서도 다르죠. 우선 서울대학교는 교과서 내용을 기반으로 응용하는 활동을 좋아합니다. 실제로 서울대학교 입시에 관한 사이트인 아로리에서도 이를 명시해 두었습니다. 이 점이 서울대학교의 특징이라 생각합니다.

연세대학교는 달랐습니다. 연세대 종합 전형은 제가 느끼기에는 생기부 활동보다는 학교 내신을 더 보는 느낌이 강했습니다. 그래서 연세대학교 종합 전형은 떨어졌던 것 같습니다. 반면 고려대학교는 서울대처럼 생기부 활동을 중시하며, 소위 말하는 '갓반고(일반계 고등학교지만 평균학업능력이 높아 그만큼 내신을 따기 어려운 학교)'를 좋아합니다. 그래서 학업우수형으로 지원했던 고려대학교는 1등으로 합격했습니다. 9월 모의고사 이후 목표를 낮추어 컴퓨터공학부 대신 스마트 보안학부를 지원했는데, 그래도 모든 학부에서 1등에게만 주어지는 크림슨 장학금을 받은 건 믿기지 않긴 합니다.

자신만의 창의성 있는 탐구활동으로 나를 알리자

이제 본격적으로 생기부 팁에 대한 얘기를 해봐야겠죠? 저는 1학년 때는 생기부를 어떻게 꾸려야 하는지 몰라 막연히 모든 활동에 다 참여했습니다. 지질 탐사, 기초 실험, 과학 이슈 스크랩, 정보보안전문가 초청 강연 등등. 그때는 몰랐지만, 이 점이 학생들이 가장 많이 실수하는 지점이라 생각합니다. 단순한 활동 나열은 크게 두드러지지도 않고 탐구 능력을 보여주기에도 부족하거든요.

저도 처음엔 그런 실수를 했었습니다. 그러다가 제대로 탐구를 해보자고 마음 먹은 게 교육과정 유연화 활동부터였습니다. 당시에 코로나19가 유행해 수행평가가 많이 간소화되어 처음으로 기말고사가 끝나고 학교에서 일주일 동안 자율 주제 탐구활동을 진행했습니다. 이때 처음으로 제가 가진 지식을 총동원해 저만의 창의적인 활동을 해보기로 했습니다. 의도치 않게 서울대학교 수시를 저격한 것이죠. 이 당시엔 탐구 지식과 경험이 별로 없어서 간단하게 '파이썬으로 1차, 2차 방정식 문제 만들기'란 주제로 탐구활동을 진행했습니다. 생각보다 많이 단순하죠? 이 내용이 1학년 수학 세특에 어떻게 기재되었는지 한번 봅시다.

수학(1학년)

(…) 교육과정 유연화 활동(2020.12.23.-2020.12.30.)에서 '파이썬으로 1, 2차 방정식 문제를 만들기'를 주제로 발표하고 보고서를 제출함. 파이썬의 연산기호, 선택 구조, 반복 구조, 함수 등에 대한 탐구를 통해 다항식 함수를 구현하였음. 단계를 나누어 각 함수를 구현하고 두 함수의 만남 여부를 추론하는 문제를 만듦. 코드를 만들다가 오류가 나면 문제를 찾아 해결하는 과정을 통해 문제 구현에 성공하였으며 그림으로도 구현하겠다는 포부를 밝힘. (…)

부연 설명을 하자면, 기울기와 상수항으로 일차함수 식을, 꼭짓점과 이차항 계수로 이차함수 식을 random 모듈로 만들고 사용자에게 정보를 주어 이를 찾게 하는 프로그램이었습니다. 코드가 복잡하지는 않았습니다. 사용했던 구문이 if문, random 모듈이 전부였으니까요.

하지만 수학의 이차함수 내용을 소재로 창의적인 프로그램을 제작했다는 점에서 제 잠재력을 보여주기에 충분했다고 생각합니다. 또한 이러한 활동을 나중에도 참고해 여러 가지 프로그램을 만들기도 했습니다. 첫 단추를 잘 끼운 것이죠. 이후 이 경험을 가지고 비슷한 형식으로 진행했던 탐구활동 중에서 가장 독창적이었던 활동으로는 고등학교 3학년 때 진행했던 지구과학Ⅱ 탐구활동이 있습니다.

지구과학Ⅱ(3학년)

지구 자기 3요소인 편각, 복각, 수평 자기력의 정의와 크기에 관하여 정확히 말할 수 있으며 벡터와 정사영 개념을 응용한 창의적인 접근을 통해 이를 실제 프로그램으로 표현하고 그 값을 측정함. (…) 공간 좌표에 그래프를 표현하는 모듈을 활용해 지구 자기 3요소를 실제로 측정하는 데 성공함. (…) 또한 해당 모듈을 활용해 이번에는 지구와 달을 표현하여 기조력이 어떻게 변하는지를 그래프로 표현했는데, 이를 통해 자신이 만든 프로그램을 자유자재로 활용할 수 있음을 확인함. (…)

이때 했던 탐구활동은 자기력 측정, 기조력 측정 프로그램 제작으로 파이썬 matplotlib 3D 모듈을 이용해 만든 정말 복잡한 프로그램이었습니다. 단순 연산과 출력만 하지 않고 외부 라이브러리도 가져오고, 직선과 구의 방정식 입력해 공간 좌표에서 도형을 그렸거든요. 이때도 본질은 달라지지 않았습니다. 지구과학II 내용을 프로그램에 많이 녹여냈거든요.

하지만 이 탐구활동의 의의는 단순히 교과 내용을 응용했다는 점만 있는 것이 아닙니다. 아까 수학 활동에서 그래프를 그려보겠다는 포부를 밝혔다는 내용이 있죠? 여기서 공간 좌표에 지구 자기 3요소를 직선의 방정식으로, 달과 지구를 구의 방정식으로 그리며 탐구활동을 발전시켰습니다. 교과 내용을 응용하는 것도 중요하지만, 탐구활동을 하면서 과거 탐구활동보다 발전하는 모습을 보여주는 것도 중요합니다. 저도 앞선 고등학교 활동과 생기부를 보면서 어떤 활동을 발전시켜 어떻게 탐구활동을 할지 고민을 많이 했습니다. 가볍게 예를 하나 들자면, 2학년 때 진로활동으로 조사했던 탄소 포집 기술을 바탕으로 3학년 영어 탐구활동에서 알고리즘을 만들어 소개하는 글을 쓰기도 했었습니다.

종합하자면 교과 내용을 응용하고 심화한 창의적인 탐구활동, 꼬리에 꼬리를 무는 탐구활동, 탐구활동의 질 향상이 학생부 종합 전형에서 가장 중요하다고 생각합니다. 교과 내용을 응용한, 색다르지만 의미 있는 탐구활동을 서울대학교에서는 가장 좋아하니까요. 물론 대학교에서 배우는 내용을 탐구하는 것도 중요합니다. 하지만 저는 이것만으로는 부족하다고 생각합니다. 대학교 미적분학, 물리학, 화학 내용을 탐구하는 것은 다른 학생들도 충분히 할 법하기 때문이죠. 그렇다고 아예 교과서 내용만을 파라는 것은 아닙니다. 교과서 내용만으로 부족하면 웹사이트로 조사도 해보고 대학교 내용도 탐구하고 싶으면 탐구하는 거죠. 그럼에도, 자신만의 창의성 있는 탐구활동을 함으로써 나라는 사람을 다른 사람과 다른 특별한 학생으로 차별화하는 것이 중요하다고 생각합니다.

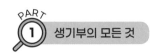

Part 1-2 과목별 세특 사례와 조언

교과 내용을 응용한
탐구활동 예시

교과 내용을 응용한 창의적인 탐구활동이 중요하다고 앞에서 이야기했죠. 이제부터 이에 대한 예시를 구체적으로 더 제시하고자 합니다. 먼저 2학년 화학 I 입니다. 화학과 코딩, 신선한 조합이죠? 산화 환원 반응과 코딩을 융합한 탐구활동을 볼까요?

화학I (2학년)
(…) '산화 환원 반응' 단원을 학습하면서 '산화수를 구하는 프로그램'을 주제로 주제탐구활동을 수행함. 산화수를 구하는 프로그램의 알고리즘을 연구하고 직접 프로그래밍하여 1번에서 20번까지의 원소 두 종류로 이루어진 분자의 화학식을 제대로 입력하면 원자의 산화수를 구할 수 있는 프로그램을 제작함. 분자에 포함되어 있는 원소와 그 수를 입력하면 자동으로 전기 음성도를 비교하여 전기 음성도에 따라 산화수가 각각 부여되고 각 원자의 산화수를 도출해 주는 알고리즘을 실행시켜 발표함. 추후 원소나 화학 반응의 특성을 이용한 프로그램 제작을 희망함.

부연 설명을 하자면, 여기서는 산화수 규칙을 이용해서 이원자분자에서 각 원소의 산화수를 계산하는 프로그램을 제작했습니다. 전기 음성도도 당연히 고려했고요. 생

각보다 알고리즘이 복잡해 리스트 자료형 등등 어려운 구문도 많이 넣었던 기억이 있네요. 세특에 '추후 원소나 화학 반응의 특성을 이용한 프로그램 제작을 희망함.'이라 적혀 있는데, 저는 이 문구를 3학년 때 보고 화학Ⅱ 탐구활동 주제를 저런 방향으로 잡고자 노력했습니다. 화학 반응의 특성으로 프로그램을 어떻게 제작할 수 있었을지, 화학Ⅱ 세특을 보겠습니다.

화학Ⅱ (3학년)

(…) 평형 상수를 배우고 반응물과 생성물의 농도를 변수로 한 방정식과 평형 상수식을 이용하여 평형 농도를 구하는 알고리즘을 작성하고 numpy, sympy, 그리고 matplotlib 모듈을 이용하여 프로그램을 제작함으로 배운 지식을 활용하여 그 변화 과정을 그래프로 시각화하는 능력이 뛰어남. 반응속도를 학습 후 0차, 1차, 2차 반응차수에 따른 반감기와 농도 변화를 자동으로 변환하게끔 컴퓨터 프로그래밍한 결과 그래프를 보여주고 비교분석을 발표함. 추가로 아레니우스 식을 이용하여 속도상수를 구하고 이에 따른 반감기 변화를 보여주며 정보 능력을 발휘함.

프로그램을 2개 제작했습니다. 하나는 평형 상수와 관련된 지수함수식과 화학 반응과 관련된 일차함수식을 연립해 해를 찾고, 이를 이용해 평형 상태를 찾는 프로그램이었습니다. 나머지 하나는 반응차수에 따른 반응속도를 그래프로 묘사하는 프로그램이었고요. 교과 내용을 활용하면서도 창의적으로 프로그래밍하고자 여러 모듈도 많이 썼습니다. 확실히 계속 이런 방향으로 활동을 하다 보니 코딩 실력이 이전보다 많이 늘었습니다.

이렇게 화학 내용을 소재로 활용해 창의적인 프로그램을 제작함으로써 화학에 대한 이해도뿐만 아니라 알고리즘 작성과 프로그래밍 코딩 실력도 덩달아 보여줄 수 있었습니다. 그래서 이런 종류의 활동이 생기부 작성에 있어서 가장 중요하지 않나 싶네요.

여기서 물리학 내용이 빠지면 섭섭하겠죠? 이번엔 전기·전자 분야 관련해서 창의적인 프로그래밍 탐구활동을 진행했던 물리학Ⅱ 세특을 보여드리고자 합니다.

RLC 회로를 이용한 전자기파의 발생과 수신을 학습하면서 RLC 회로의 전기적 특성에 관심이 생겨 'RLC 회로 분석 프로그램'을 제작함. 축전기의 전기 용량, 코일의 인덕턴스 값을 입력하면 진동수에 따른 용량 리액턴스, 유도 리액턴스 그래프가 작성되고 저항값의 변화에 따른 임피던스와 회로에 흐르는 전류의 변화를 확인할 수 있었음. RLC 회로의 특성을 한눈에 확인할 수 있고 학생들이 쉽게 조작하여 학습할 수 있도록 코딩이 되어 있어 RLC 회로를 학습하는 학생들에게 도움이 되는 좋은 프로그램이라고 판단됨. (…)

이 활동이 합격에 결정적인 역할을 하지 않았을까 싶습니다. 저희 과에서 배우는 내용이 깊이 있게 들어가면서도 이를 창의적으로 응용한 프로그램이었거든요. 대학에서 배울 법한 내용을 깊이 있게 창의적으로 넣는 것도 중요합니다. 단순 조사는 안 됩니다. 한계가 있거든요.

마지막으로 국어 세특에서 전공 관련 지식을 응용했던 사례를 보여드리고자 합니다. 저희 과에는 정말 다양한 전공이 있습니다. 컴퓨터, 전기, 전자, 심지어 통신까지. 네트워크 관련된 지식도 전부 포괄합니다. 언어와 매체 세특이 이를 잘 살렸던 사례고요.

독서 지문 만들기 활동에서 'IP 주소와 서브넷 마스크'에 대해 설명함. 1, 2학년 수학과 과학 수업 시간에 탐구했던 진법, 진수, 네트워크, 라우터 개념들과 연계해 네트워크의 의미, 주소 부여의 필요성, IP 주소의 체계, 서브넷 마스크의 의미, IPv4 주소의 한계와 IPv6 주소 등장을 설명하고 IP 주소, 네트워크, 브로드캐스트 주소를 찾는 알고리즘을 프로그래밍 언어를 사용해 시연함. 프로그래밍을 해봄으로써 흔히 사용하는 IP 주소 부여의 의미 등을 정확하게 이해할 수 있었다고 함. (…)

진법, 진수, 네트워크, IP주소, 라우터 등등 저 당시에는 몰랐지만 전기·정보공학부 통신 관련 교수님들이 보시면 좋아하실 만한 내용이 많이 들어가 있습니다. 추가로 말하자면, 독서 지문에서 아이디어를 얻는 것도 좋은 방법입니다. 독서 지문에 생각보다 좋은 소재가 많거든요. 특히 과학·기술 관련해서요.

다양한 교과 활동에서 각 교과 내용에 충실하면서도 창의성과 대학 내용에 대한 이해와 응용을 보이고자 하던 제 노력이 세특에 들어가 있는 것을 볼 수 있습니다. 과목별로 하나씩 읽어보며 자신만의 창의적인 교과 활동을 하시길 바랍니다.

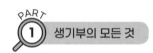

Part 1-3 교과 외 활동 사례와 조언

개인 세특을
적극적으로 활용하자

제 생기부는 교과 외 활동보다는 세특에 강점이 있는 편입니다. 아무래도 일반고다 보니 '이런저런 활동을 했다' 등의 내용만 적혀 있어서 탐구활동의 깊이를 보여주기에는 다소 부족하다는 생각이 들기도 하고, 또 코로나 시기여서 학교에서 진행하는 활동이 많이 축소되기도 했고요. 그래서 교과 외 활동 외에 이와 비슷하게 탐구를 진행했던 개인 세특을 보여드리고자 합니다.

교과 세특란이 꽉 찼다면 개인 세특으로

앞에서도 언급했듯 저희 학년부터 기말고사가 끝난 뒤에 자율 주제 탐구활동이 있었습니다. 2학년 때부터는 1, 2학기 각각 진행했고요. 이 활동은 교과 세특으로 넣기도 했는데요, 저는 워낙 넣을 활동이 많다 보니 선생님들이 이 내용을 개인 세특으로 넣자고 제안하셨습니다. 여기서 개인 세특이란 여러 교과를 아우르는 종합적인 탐구 활동을 진행했을 경우, 교과 세특 외에 별도로 넣을 수 있는 세특 기재란입니다. 500자를 추가로 작성할 수 있는 거죠. 저는 이를 적극적으로 활용했습니다. 우선 2학년 개인 세특을 각각 보시죠.

개인 세특(2학년 1학기)

1학기 교육과정 유연화 활동에서 '수학 문제와 공식을 활용한 알고리즘과 컴퓨터 프로그래밍 언어'를 주제로 발표하고 보고서를 제출함. 수학 문제 풀이를 알고리즘과 컴퓨터 프로그래밍 언어로 나타내 수학 공식을 탐구함. 학교 중간, 기말 기출 문제와 파스칼의 삼각형을 선정하여 풀이법을 분석하고 알고리즘으로 표현하였으며 작성된 알고리즘을 바탕으로 일반화된 프로그램을 실제적으로 작성하였으며 이 과정을 상세히 발표함. 정보와 수학을 융합하여 탐구활동을 진행하였으며 수학 문제를 분석하고 핵심 요소를 추출하여 문제 해결 과정을 프로그램으로 제작하는 과정을 순차적으로 보여주는 과정이 인상적이었음. 알고리즘을 작성할 때 주의할 점을 설명하였으며 수학 문제에 도움을 주는 프로그램을 일부 추출하여 자세히 과정을 보이고자 노력한 부분이 돋보임.

개인 세특(2학년 2학기)

2학기 교육과정 유연화 활동에서 '파이썬을 이용한 상대성 이론에 따른 물리량 계산 프로그램 제작'을 주제로 보고서를 작성하고 발표함. 파이썬을 이용하여 상대 속도에 따른 시간, 길이, 질량 변화량 계산 프로그램과 가속도에 따른 관성력 계산 프로그램을 제작함. 이를 통해 상대성 이론에 대한 개념 적용의 기회를 가짐.

2학년 때는 교과 내용을 활용한 창의적인 프로그램 프로그래밍에 집중했습니다. 1학기에는 수학 문제 풀이를 알고리즘으로 만들고 일부를 프로그램으로 코딩했고, 2학기에는 특수 상대성 이론의 로런츠 인자를 응용한 계산 프로그램을 제작했습니다. 둘 다 교육과정 유연화 활동을 통해 진행했던 교과 융합 활동이었고요. 저는 개인 세특에서도 어떤 내용을 어떻게 프로그래밍했는지를 강조하고자 했습니다.

여기서 여러분들에게 조언을 드리자면, 교과 외 활동이어도 교과 내용을 살리면서 창의적인 생각을 넣는 활동을 하는 것을 추천합니다. 아는 지식을 최대한 활용하면서 탐구하는 것도 수시에서는 중요한 역량으로 보니까요.

개인 세특(3학년)
교육과정 유연화 활동(2022.07.11.-2022.07.15.)에서 '머신러닝에 쓰이는 알고리즘을 응용한 프로그램 제작하기'를 주제로 보고서를 작성한 후 이를 발표함. 보고서에 경사 하강법 알고리즘, 모멘텀 알고리즘을 만들고 프로그래밍하는 과정을 잘 작성함. 또한 탐지된 객체를 찾는 프로그램을 알고리즘으로 만들고 프로그래밍하는 과정을 잘 작성함. 특히 객체 찾는 알고리즘에서 신뢰도 점수를 구하는 과정을 2학년 과학과제연구 때 했던 '구조가 다른 객체 탐색 알고리즘의 효율성 비교'라는 연구를 응용해 신뢰도 점수가 높은 객체를 효율적으로 찾는 알고리즘을 작성한 점이 인상적임. 알고리즘을 모든 객체의 신뢰도 점수를 구해 비교하는 방식과 특정 객체일 확률값을 비교한 후 확률값이 가장 큰 객체의 신뢰도 점수만 구하는 방식으로 구분한 후, 두 객체를 골라 객체의 신뢰도 점수나 확률값을 비교해 큰 값을 가지는 객체만 남기는 방식과 함수 맥스를 이용해 가장 큰 신뢰도 점수나 확률값을 찾고 그 값을 가지는 객체를 찾는 방식으로 구분하여 작성함. 발표할 때, 객체 찾는 알고리즘을 프로그래밍한 결과, 프로그램을 작성하기 간단하고 효율적임을 잘 설명함.

창의적인 활동이 돋보였던 3학년 개인 세특입니다. 국어 독서 지문에서 나왔던 내용을 프로그래밍으로 심도 있게 탐구했습니다. 다소 결이 다르긴 하지만, 교과 활동에서 영감을 얻었다고 할 수 있죠. 핵심은 이전 활동을 더욱 발전시켰다는 점입니다. 알고리즘 작성법이든, 프로그래밍 주제든, 코드든 모두 제 생기부 내용에서 영감을 얻은 것이거든요. 이때 참고했던 과학과제연구 활동 내용을 첨부합니다.

과학과제연구(2학년)
효율적인 알고리즘의 방식을 조사하며 처리 효율이 높은 알고리즘에 관한 기본적인 탐구를 하고자 구현한 프로그램의 연산 횟수가 적고 처리 속도가 빠른 것을 우선순위로 서로 다른 알고리즘을 구성하여 이를 살펴보고자 하여 '구조가 다른 객체 탐색 알고리즘의 효율성 비교'를 주제로 선정하고 연구를 계획함. 서로 다른 객체를 1대1로 비교하는 경우와 같은 위치의 문자열을 비교하는 두 경우로 나누어 알고리즘을 구성하고 많은 양의 객체를 찾을 때 걸리는 작동 시간을 측정하여 효율성을 비교하고자 하였으며 이에 '객체 비교 과정에서 비교되는 문자열 수가 적을수록 효율성이 좋을 것이다'라는 가설을 설정하여 실험을 설계함.

개인 세특 활용을 잘한다면 교과 세특 분량을 늘리기 좋습니다. 다만 한 교과만 집중적으로 탐구한다면 개인 세특을 작성하는 데 문제가 생길 수 있습니다. 여러 교과 내용을 융합한 활동만 개인 세특에 기재할 수 있기 때문입니다. 따라서 이 점을 유의하면서 융합적이면서 창의적인 활동을 구상하고 진행하시길 바랍니다.

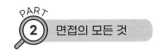

Part 2-1 빈틈없는 면접을 위한 팁

서울대 수학 제시문 면접의
5가지 특징

서울대학교 수시 일반전형은 1차, 2차로 나뉘어서 진행됩니다. 1차는 서류만으로 지원한 학생 중에서 2배수까지 선발하는 방식이고, 2차에서 면접을 본 후 2배수로 선발된 학생들을 서류와 면접으로 선발하는 방식이죠. 여기서 반영되는 면접 비율이 다른 대학교에 비해 정말 큽니다. 무려 50%나 되죠. 다른 대학교에서 면접 점수는 최대 20~30%만 반영되는 것을 생각하면, 서울대학교 수시 일반전형에서 면접이 정말 중요함을 알 수 있습니다.

서울대학교 공과대학 일반전형 2차 면접은 특이하게 생기부 면접이 아니라 수학 논술입니다. 하지만 다른 대학교 수학 논술과 다른 서울대학교만의 특징이 있는데요, 다음 5가지입니다.

1. 문제 풀이 시간이 짧다. (다른 대학교는 90~120분 정도, 서울대학교는 45분)

2. 다른 대학교 수학 논술처럼 문제 풀이에 써야 하는 수학 개념을 제시하지 않는다.

3. 일반적으로 대문제 2~3개에 소문제가 3~4문제가 있는 형식이다. 이때 소문제 간 연관성이 조금 있으며, 뒤로 갈수록 문제가 어려워진다.

4. 서울대학교 공과대학 수학 논술은 풀이 과정보다는 답을 내는 것이 더 중요하다. (자연대 수학 논술은 답을 어떻게 냈는지가 중요하지만, 공과대학 수학 논술은 답을 내면 문제 풀이 과정이 사실상 하나밖에 없어 답을 찾는 것 자체가 더 중요하다고 볼 수 있음.)

5. 답안지를 작성하는 것이 아니라 교수님에게 왜 그런 답이 나왔는지 설명하는 구술식이다.

요약하자면 서술형 문제에 대해서 각각 답을 구하고 이에 대한 설명을 하는 것, 이 것이 서울대 공과대학 수학 면접의 본질이라고 할 수 있습니다.

그렇다면 면접 대비를 위해서는 어떻게 해야 할까요? 무작정 학원에 의지하는 것은 저는 별로 추천하고 싶지 않습니다. 실제로 주변에 비싼 학원을 다녔음에도 불구하고, 2차에서 떨어진 친구도 있기 때문입니다. 제가 여러분에게 전하고 싶은 조언은 하나입니다.

> "수학 제시문 면접 범위로 주어진 내용에 대해
> 3년 동안 내신 대비를 통해 제대로 학습하자."

서울대학교 공과대학 수학 면접 범위는 현재 2015 교육과정에 따른 수학, 수학 I, 수학 II, 미적분, 기하, 확률과 통계입니다. 전 범위가 해당하죠. (2022 교육과정으로 개정되면 공통수학 I, 공통수학 II, 대수, 미적분 I, 미적분 II, 기하, 확률과 통계가 되지 않을까 싶네요.) 면접 문제가 이 범위를 뛰어넘도록 출제되지는 않아 이 범위만 정확히 학습하면 됩니다. 저도 면접 전에 혼자 대비했을 때 공부했던 내용이 기하와 확률과 통계였습니다. 수학 I, 수학 II, 미적분은 수능 공부로 했기 때문에, 부족한 부분이라도 채우자는 생각이었죠. 실제로 덕을 많이 보기도 했습니다. 확률과 통계 문제가 2번에 전면적으로 나오기도 했고 문제를 풀면서 정리했던 여러 발상이 운 좋게 면접 문제에 나오기도 했으니까요.

이제 제가 실제로 풀었던 문제와 그에 대한 대답, 면접 후기를 들려드리도록 하겠습니다.

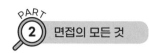

Part 2-2 기출 문제와 면접 복기

공과대학 전기·정보공학부
일반전형 면접 복기

[제시문 1 – 452쪽 신연재 학생 제시문 1과 동일]

1번 문제는 정말 쉬웠습니다. '합성함수를 잘 그릴 수 있는가?' 이것이 문제 핵심이었거든요. 당시에 1-1은 미분 가능하지 않은 경우는 첨점이라는 것을 알고 있어서 바로 5개로 구했고 1-2는 합성함수를 경우에 따라 다르게 그리며 함숫값을 찾는 데 조금 애먹긴 했지만, 침착하게 하나하나 따져보면서 모든 경우에 대한 합성함수를 시험지에 모두 그렸습니다. 1-3은 1-2를 바탕으로 적분값이 같은 경우를 모두 찾는 문제였는데, 1-2를 잘 푼 덕분에 쉽게 $a=0, 1/2, 1$이라 답을 내고 다음 문제로 넘어갔었습니다. 총 15분 걸렸네요.

이 문제는 면접에서도 빠르게 넘어가던 문제였습니다. 다만 제가 초반에 긴장해서 1-1에서 문제 풀이를 설명하려다가 교수님이 "문제 이해를 못 한 거 같은데."라는 반응을 보이셔서 "아, 쉬운 문제를 답만 빠르게 대답하면 되는구나."를 깨달아 답만 말했던 기억이 있습니다. 여기서 서울대 면접 특징이 드러납니다. 교수님들이 쉬운 문제는 빠르게 넘기려고 하십니다. 어차피 문제 풀이를 아니, 어려운 문제를 어떻게 풀었는지 보겠다는 것이죠. 어쨌든 이 문제는 당황하지 않고 답을 모두 얘기해서 전부 맞히고 넘어갔습니다.

[제시문 2 – 454쪽 신연재 학생 제시문 2와 동일]

2번 문제는 굉장히 난해했습니다. 저는 이 문제를 처음 보고 3번 문제로 갔습니다. 풀었던 입장으로서 평가하자면, 난해한 생김새에 비해 난이도는 다소 쉬웠던 문제였습니다. 수열이라는 요소를 가져와 설명이 난해했지만, 사실 저건 문제의 핵심이 전혀 아니었거든요.

제가 이 문제를 처음 보고 든 생각은, 확률과 통계를 공부해서 다행이라는 생각이었습니다. 여름방학에 공부했던 순열과 조합 내용이 그대로 나와 문제를 푸는 데 지장이 없었거든요. 2-1은 문제를 파악하면 쉽게 풀리는 문제였습니다. 2-2도 마찬가지였습니다. 2-3부터 많이 힘들었습니다. 공간 좌표를 이용해서 풀면 쉽다는 말도 있긴 했는데, 저는 그런 풀이를 전혀 생각하지 못해 경우를 하나하나 다 파악해서 풀었거든요.

이 문제에서 저는 2-4를 제외하고 모두 풀었습니다. 이 중 2-2를 잘못 풀었는데 교수님이 틀렸다고 알려주셔서 다시 풀었고, 올바르게 답을 고칠 수 있었습니다. 서울대 수학 면접의 특징이기도 한데, 틀린 문제가 있을 때 빨리 고치는 것이 중요합니다. 문제를 많이 풀수록 좋기도 하고 틀렸더라도 그 자리에서 바로 푼다면 맞힌 것으로 여기고 넘어가기 때문입니다.

[제시문 3 - 456쪽 신연재 학생 제시문 3과 동일]

3번이 가장 어려웠습니다. 미지수도 많고 점화식은 제가 정말 못했거든요. 우선 3-1은 이차함수의 특징을 알면 쉽게 푸는 문제였습니다. 이는 대칭성을 이용해 바로 풀었습니다. 3-2는 차의 함수의 정적분에 대한 문제인데, 운 좋게도 8월에 봤던 교육청 문제 해설과 정말 유사해서 쉽게 풀었습니다. 3-3은 아쉽게도 풀지 못했습니다.

3-1은 교수님이 질문을 하지 않으셨습니다. 3-2에서 풀이에 관한 질문을 하셨죠. "풀이를 설명해 볼래요?" 어려운 문제이다 보니, 풀이를 직접적으로 요구하시더라고요. 저는 차의 함수 정적분이라고 설명했습니다. 근데 제가 생각해도 많이 엉성했어요. 두 가지의 넓이가 같으니까 적분해서 계산했더니 정답이 나왔다는 식으로 설명했거든요. 그때 교수님이 "혹시 근사로 계산한 거 아닌가요?"라고 직설적으로 물어보시더라고요. 저는 조금 당황하긴 했지만, 차의 적분이라 차근차근 설명했습니다. 이 점을 확인하시더니 '음, 이 학생은 제대로 풀었구나.'라고 생각하신 듯 넘어가셨습니다.

뒤늦게 알고 보니 제가 본 면접이 질문을 많이 받은 경우였습니다. 조금 공격적이라고 느껴질 정도로 무섭게 질문하셨어요. 주변에 제 친구들에게 물어보니 이렇게까지 질문이 많은 경우가 없었다고 하더라고요. 제 경우가 특이할 수 있으니, 면접이 이렇게 진행될 수도 있다는 점을 참고만 하면 좋겠습니다.

추가로 마지막에 3-3을 풀지 못해서 시간이 조금 남았습니다. 1분 남았을 때 교수님이 갑자기 문제를 하나 주시더라고요. 점화관계에 따른 곡선을 그려보라는 문제였습니다. 순간 '이 문제에 합격 여부가 달려 있겠다'라는 생각이 들었습니다. 다행히 그 문제는 풀고 면접장을 나왔습니다. 이처럼 갑작스럽게 문제가 주어지는 경우도 있으니, 마지막까지 침착함을 유지해야 합니다.

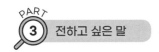

Part 3-1 선배가 조언하는 입시 팁과 도움말

대학교에 와도
공부 걱정을 한다

　마지막으로 입시 생활에 대해 여러분에게 이야기하고 싶은 게 있습니다. 고등학교 시절은 누구에게나 힘든 시기라고 생각합니다. 입시를 준비해야 한다는 압박감 때문이죠. 저는 이때 서울대학교에 다니며 행복하게 수업을 듣는 제 모습을 상상하곤 했습니다.

　하지만 막상 대학교에 입학하고 나니, 고등학교 때처럼 공부 걱정이 태산이더라고요. 이때 깨달았습니다. 모든 순간이 행복하고 소중한 성장의 시간이구나.

　원래 누구나 '지금'이 가장 힘들게 느껴지는 법입니다. 지금의 내 모습이 부족하게 느껴지고 과연 꿈을 이룰 수 있을지 미래에 대한 걱정이 될 때가 많겠지만, 이럴 때일수록 묵묵히 공부하고 자신의 성장을 위해 노력해야 합니다. 결국에 시간은 노력하는 자의 편이니까요. 우리 모두에게는 성장 잠재력이 있습니다. 나의 잠재력을 믿고 묵묵히 꿈을 향해 나아가시기 바랍니다.

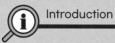

학년별 가이드라인으로 생기부의 방향을 잡다

이것은 꿈에 관한 이야기

022

공과대학 전기·정보공학부 ｜ 22학번 김유승 ｜ 지역균형전형

전라남도 여수시 ｜ 일반고 졸업

안녕하세요, 서울대학교 전기정보공학부 22학번 김유승이라고 합니다. 여러분은 자신의 꿈을 찾으셨나요? 꿈을 확고하게 결정한 분들도, 아직 자신의 꿈을 찾아가는 중인 분들도 있을 것입니다. 고등학생 시절 저는 진로를 정하는 게 유난히 어려웠습니다. 지금 내가 하는 결정이 앞으로의 인생에 크게 영향을 미칠 것이라 생각하니 걱정되어 이것저것 조사하며 오랫동안 고민했던 기억이 납니다.

전자공학에 관심이 있기는 했지만 정확히 어떤 일을 하는 것인지, 무슨 공부를 해야 하는지 알지 못했기에 관련 박람회나 대학에서 고등학생을 대상으로 하는 전공 강의 등 기회가 있을 때마다 닥치는 대로 참여하여 정보를 얻었습니다.

당시에는 교과 공부를 해야 할 시간에 괜한 행동을 하는 것이 아닐까 걱정하기도 했지만, 지금 돌아보니 그렇게 고민하며 자세히 조사하고 공부했던 경험들이 제가 후회 없는 진로 결정을 하게 해준 것뿐만 아니라 입시에도 크게 도움이 되었던 것 같습니다. 진로에 관해 제가 해왔던 활동과 공부들을 생기부를 통해 드러낼 수 있었으니까요.

수시라는 제도의 특성상 과거의 저와 같은 이유로 고민하고 있는 분들이 많을 것이라고 생각합니다. 저와 같은 이유로, 또는 저와 다른 여러 이유로 한창 불안할 여러분들이 가는 길에 조금이라도 도움이 되고자 제 경험을 녹여 이 글을 썼습니다. 제 글에서 원하던 내용을 얻어 모두 목표를 이루시길 바라겠습니다.

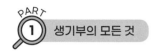

Part 1-1 매력적인 생기부를 위한 팁

생기부의 방향성을 잡아줄
학년별 가이드라인

좋은 생기부를 만들기 위해서는 어떤 활동을 하는 것이 좋을까요? 이를 알기 위해서는 대학의 입장에서 생각해 볼 필요가 있습니다. 그렇다면 질문을 바꿔서, 대학에서 원하는 학생은 무엇일까요? 답은 대학에서 열심히 공부하여 성취를 이루어낼 수 있는 학생입니다. 자신의 역량을 잘 펼쳐내어 대학을 빛낼 수 있는 사람이지요. 따라서 우리는 생기부를 통해 자신이 그러한 사람임을 드러내야 합니다.

핵심 가치를 녹여내야 좋은 생기부다

사실 대학에서는 생기부의 어떤 요소들을 통해 이러한 사람들을 판별하는지 입학처를 통해 공지하고 있습니다. 서울대, 연세대, 고려대의 모집 요강을 살펴보면 공통적으로 중요시하는 가치들을 찾을 수 있습니다. 바로 학업 역량, 전공적합성, 공동체 역량이 그것입니다. 각각의 의미를 요약하면 다음과 같습니다.

> **학업 역량**: 깊고 넓은 지식을 갖추고 활용하는 능력, 학업에 대한 적극성
> **전공적합성**: 해당 전공과 진로 탐색을 위한 노력
> **공동체 역량**: 바른 인성과 공동체 의식 함양, 리더십

전반적으로는 위와 같으나 구체적인 내용은 대학마다 다를 수 있습니다. 예를 들면 연세대와 고려대의 경우 전공적합성에서 해당 전공 관련 노력을 중시한다고 하였으나 서울대학교에서는 그렇지 않았던 것처럼 말이죠. 자세한 내용은 본인이 목표로 하는 대학의 입학처에서 찾아보는 것이 좋습니다.

이러한 핵심 가치들을 녹여내어야 좋은 생기부라고 할 수 있습니다. 하지만 학생이 혼자서 이를 드러낼 수 있는 활동들을 계획하는 것은 쉽지 않습니다. 따라서 활동을 기획하기 어려운 학생들을 위해 제 경험을 토대로 대학에서 원하는 가치들을 잘 녹여내며 진로를 찾아갈 수 있는 가이드라인을 알려 드리겠습니다.

1, 2, 3학년별 생기부 작성법

1학년 때는 전부터 정해둔 진로가 없다면 깊이 있는 활동을 하기가 사실 어렵습니다. 처음부터 멋들어진 활동을 하려고 하기보다는 넓은 범위에서 얕은 활동들을 다양하게 시도하며 자신의 적성과 흥미를 찾아가는 것이 먼저입니다. 아직 진로도 명확하지 않고 전반적인 지식이 부족하다면 어려운 활동을 시도하기보다는 진로 찾기에 집

중하는 것이 좋습니다. 물론 뚜렷한 진로를 미리 정해두었다면 한 발짝 더 나가 심화 활동을 시도하는 것도 좋은 방법입니다.

동아리활동(1학년)
조 발표 시간에 평소 관심이 많았던 카페인을 주제로 특히 실생활에서의 쓰임과 효능, 부작용 부분을 조사하여 적당량 섭취는 각성 효과 등의 이점이 있으나 과다섭취 시 일어날 수 있는 부작용으로 금단증상, 불면증 등을 들어 설명하며 섭취량에 주의해야 한다는 내용의 발표를 함. 그 후 카페인의 권장 섭취량, 분자구조 등을 마인드맵으로 작성하면서 카페인에 대해 더 심층적인 분석을 함. (…)

저의 1학년 동아리활동 내용입니다. 진로를 찾아가던 도중이었기에 평소 관심 있던 분야에 대해 간단히 조사해 발표했습니다. 하지만 카페인이 어떻게 저런 효능과 부작용을 유발하는지와 같은 심층적인 내용은 많이 부족한 모습입니다.

2학년에는 1학년 때 흥미가 있었던 분야를 더 깊게 파는 것이 좋습니다. 이를테면 공학 계열에서 전기공학 또는 컴퓨터 공학과 같이 해당 계열에서 더 세분화된 분야를 골라 관련 활동을 진행하여 진로에 대한 관심을 드러내는 것입니다.

동아리활동(2학년)
전자탐구 동아리를 개설하고 동아리 부장으로서 부원들의 의견을 반영해 다양한 실험과 활동을 주도적으로 계획하고 실행함. (…) 꾸준히 아두이노를 실습하며 부원들과 프로그래밍 및 회로 구성 방법을 공부함. (…) 잠결에 알람을 끄고 다시 자는 문제를 해결하기 위해 아두이노 제작 활동에서 자율주행 알람시계를 설계하여 RTC모듈, 초음파센서 등을 이용해 프로젝트를 제작하고 목적과 기능을 발표함. (…)

2학년 동아리활동 내용입니다. 단순한 활동에 그치던 1학년 때와 달리 주도적으로 전공 관련 지식을 익히고 이를 실생활에 적용하기까지 했습니다. 또한 자세한 내용은 생략했으나 동아리 부장으로서 집단 내에서의 리더십을 보여주기도 했습니다. 이를 통해 충분한 학업 역량과 전공적합성, 공동체 역량을 가지고 있음을 어필할 수 있습니다.

마지막으로 2~3학년에는 지금까지 쌓아올린 전공 관련 지식을 바탕으로 해당 분야에서도 더 구체적이고 심화적인 특정 주제, 예를 들면 전기공학의 경우에는 자율주행차나 AI와 같은 주제를 선정하여 해당 내용을 다방면으로 깊게 공부하고 관련 활동을 하는 것 또한 좋은 전략입니다.

수학 II (2학년)
(…) 실생활 속의 미적분 찾기의 주제로 자율주행차의 IMU를 조사하여 발표함. IMU에서 가속도 센서와 자이로 센서를 이용하여 차의 위치와 자세를 특정할 수 있으며 (…) 방법을 설명함.

자율활동(3학년)
(…) 자율주행차의 운행 중 여러 사람을 위험에 빠지게 할 상황이 발생했을 경우, 최대한 많은 사람을 살려야 한다는 공리주의적 관점과 사람의 생명을 숫자로 판단하는 것은 인간의 존엄성을 해치는 것이라는 관점에서 토의함. 공리주의적 관점에서는 자율주행차의 상용화로 수많은 사고를 예방할 수 있는데, (…) 새로운 시각으로 문제를 바라보는 모습을 보임.

자율주행차를 수학적 측면뿐 아니라 윤리 사회적 측면에서도 분석해 자율주행차에 대한 자신의 관점을 이야기하며 주제에 대한 관심과 폭넓은 시야를 드러냈습니다. 이렇게 특정 주제를 다방면으로 깊게 파고들면 해당 주제에 전문성을 가질 수 있어 면접 대비에 용이할 뿐 아니라 교과 내용을 토대로 자신의 관심 분야를 깊이 공부하여 전공적합성과 학업역량을 강하게 드러낼 수 있다는 장점이 있습니다.

이와 같은 구조를 사용하면 학생이 진로를 찾아가며 꿈을 위해 노력하는 과정이 뚜렷이 나타나 자연스럽게 대학에 본인의 전공적합성과 학업 역량을 드러내며 해당 학과에서 잘 해낼 수 있는 자기 주도적 인재임을 어필할 수 있습니다. 다른 계획이 있어 이러한 구조를 사용하지 않더라도 생기부를 통해 대학이 원하는 핵심 가치를 드러내는 것이 중요하다는 것만은 잊지 않았으면 좋겠습니다.

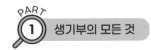

Part 1-2 과목별 세특 사례와 조언

세특은 무엇을 했는지
구체적으로 작성하자

    과목별 세특에서 가장 중요하게 여겨야 할 것은 구체성입니다. 생기부에 익숙하지 않은 학생들의 세특을 보면 하고 싶은 말이 너무 많아 중구난방이거나 반대로 할 말이 너무 없어 두루뭉술하게 쓰여 있는 경우가 많습니다.

    하지만 세특에는 이 학생이 어떤 동기를 통해 무슨 활동을 했고 어떤 결과를 냈는지로 이어지는 구체적인 서술이 필요합니다. 그래야만 입학사정관이 학생의 학업 역량, 전공적합성, 공동체 역량을 판단하기가 수월하기 때문입니다. 따라서 한두 가지의 활동만을 하더라도 깊이 있게 작성될 수 있도록 하는 것이 중요합니다. 교과서 속에서 배운 내용 중 관심 있는 것을 골라 깊이 있는 지식을 쌓고, 가능하다면 생활 속에 적용하거나 교과 간 융합을 시도하는 것도 좋습니다.

세특의 구체성이 얼마나 중요한지 드러나는 사례

물리학Ⅱ(3학년)

도플러 효과 수업을 듣고 깊은 흥미를 느껴 심화 탐구를 진행함. 독서와 질문을 통해 도플러 효과에서 음파와 전자기파의 관측 주파수를 구하는 과정이 다른 이유를 매질의 유무와 엮어서 잘 이해하고 각각의 경우의 물리공식을 유도해 냄. 도플러 효과를 이용해 속력을 측정할 때 음파를 사용하면 매질이 공기이므로 공기의 움직임에 의해 오차가 생길 수 있으니 정확도를 높이기 위해 전자기파를 사용할 것이라고 유추하는 통찰력을 보임.
도플러 효과를 이용해 물체의 위치와 속력을 측정하는 방법에 관심을 가져 NNSS가 위치를 파악하는 방법에 대해 조사하여 주제 발표 시간에 발표함. 구간에 따른 정적분과 공간좌표를 적용하며 도플러 효과가 이용되는 과정을 수학적으로 발표하여 물리와 수학을 연결 지어 이해하는 모습을 보여줌. 자신이 관심 있어하는 분야를 깊게 탐구하는 열정이 돋보이며, 물리를 좋아하는 학생으로 항상 수업에 충실히 참여하며 수업 진행을 도움.

제가 특별히 공들여서 활동했던 내용이라 애착이 남는 세특입니다. 도플러 효과라는 개념에 관심을 가지고 심화 활동을 하여 전자기파의 도플러 효과로 지식을 확장하고 이를 실생활 속 사례의 이해에 연결했습니다. 거기에 미적분과 기하에서 배운 지식을 적용하여 NNSS라는 기술에 대해 이해하고 발표하여 교과 간 융합까지 이루어 낸 매우 구체적인 세특입니다. 하지만 만약 아래와 같은 내용이었다면 어땠을까요?

물리학Ⅱ(3학년)

평소 독서를 즐겨 하며 수업 시간에 질문을 많이 하는 탐구적인 학생임. 도플러 효과 수업에 흥미를 느껴 해당 수업에 특히 열심히 참여함. 자신이 관심 있어 하는 분야를 깊게 탐구하는 열정이 돋보이며, 물리를 좋아하는 학생으로 항상 수업에 충실히 참여하며 수업 진행을 도움.

무엇이 문제인지 아시겠나요? 짧은 분량을 빼고 보더라도, 이 학생이 어떤 장점을 가지고 있는지 확인할 방법이 없습니다. 자신이 관심 있는 분야를 깊게 탐구했다면 무엇을 어떤 방식으로 탐구했는지가 나와 있어야 하고, 수업 시간에 질문을 많이 했

다면 질문을 통해 어떤 의문을 해결했는지가 드러나 있는 것이 훨씬 좋을 것입니다. 앞의 두 예시를 보면 세특의 구체성이 얼마나 중요한지 느낄 수 있습니다.

여기에 전기정보공학부나 유사한 학과를 목표로 하고 있다면 쓸 수 있는 팁이 하나 더 있습니다. 아두이노와 같은 마이크로프로세서를 다루는 법을 익혀두고 있다면 해당 내용을 토대로 진행할 수 있는 실험이나 활동을 찾아 이를 활용하는 것입니다. 교과 속 내용을 자신의 공학적 지식을 사용하여 실제로 체험해 보았다는 점에서 학업에 대한 적극성과 전공에 대한 자신의 관심을 드러낼 수 있습니다. 아래에 그것과 관련된 예시를 적어두었습니다.

기하(2학년)

단순히 공식을 암기하는 것보다 공식이 발생하는 과정을 이해하는 것을 중요시하며 수업의 내용을 이해하는 것에서 그치지 않고 직접 수학을 체험하고 더 나아가 실생활에 적용하고자 하는 학생임. 타원에서의 파동의 반사에 관한 실생활 문제를 삼각형의 각의 이등분선의 성질을 이용한 대수적인 방법을 통해 논리적으로 증명함. 물리와 수학적 지식을 잘 결합하여 창의적인 증명 방법을 제시해 냄. 벡터의 여러 가지 성질을 이용해 활용 문제들을 해결할 수 있으며 벡터의 개념을 공부한 후 벡터의 유용성에 흥미를 가지고 직접 벡터 값을 분석해 보고자 함. 아두이노를 이용해 가속도 센서의 x, y, z축의 가속도 수치를 토대로 벡터의 합성을 사용하여 중력 가속도를 실제의 값과 유사한 수치로 계산해 냄. 가속도 센서가 스마트폰의 기울기 측정에 사용되는 것을 알고 나서 벡터 값만으로 각을 측정하는 방법에 대해 관심을 가지고 조사하여 평면과 직선의 위치 관계와 3차원 공간에서의 벡터를 이용해 가속도 센서의 x, y, z축이 중력의 방향과 이루는 각을 구해내는 방법과 그 증명을 담은 보고서를 제출함. 자신의 궁금증을 풀고자 적극적으로 노력하는 모습이 돋보임.

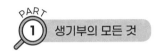
Part 1-3 교과 외 활동 사례와 조언

일상 속에서 찾은
교과 외 활동

교과 외 활동은 교과에 얽매이지 않고 하고 싶었던 활동들을 마음껏 펼칠 수 있는 좋은 기회입니다. 평소에 생기부에 담기 어려웠던 전공 관련 활동이나 본인의 리더십을 드러낼 수 있는 활동 등 상상력을 발휘하여 자신만의 교과 외 활동을 만들어내는 것이 중요합니다. 저의 경우 교과 외 활동 관련 내용이 면접에서 많이 언급되었기에 해당 활동의 중요성을 더더욱 강조하고 싶습니다.

저는 교과 외 활동을 제가 공학을 실천하는 인재임을 드러내는 수단으로 사용하였습니다. 제가 생각하는 공학은 자신의 지식을 사용하여 실생활 속 문제를 해결하는 것이었습니다. 따라서 평소 저나 주변인들이 느낀 생활 속 불편을 공학적 지식을 통해 해결하는 과정을 교과 외 활동에 담아내고자 했습니다. 마침 학교에서 학생들끼리 교내 문제를 찾아 해결하는 드림학교 프로젝트를 실시하고 있었기에 이에 참여해 해당 활동을 진행했습니다.

(…) 학교 내 문제를 해결해 보고자 조를 이루어 드림학교 프로젝트에 참여함. 급식 줄 새치기 문제가 빈번하게 제기되는 것을 보고 이를 해결하고자 아두이노로 디지털 번호표를 설계하여 제작함. 블루투스 모듈과 시리얼 모니터를 이용해 줄의 뒷부분에서 패드로 학번을 입력하고 급식실 입구에서 사람이 재확인하는 것으로 새치기를 방지함. 줄이 밀리는 현상을 방지하기 위해 함께 급식을 먹는 집단의 대표자와 인원수만 입력하여 소요 시간을 최소화함. 자신의 관심 분야를 통해 학교 내 문제를 해결하여 새치기 없는 행복한 급식 시간을 만듦.

동기: 실생활에서 급식 줄 새치기 문제가 일어난다는 불만이 제기됨

활동: 아두이노를 이용해 디지털 번호표를 설계하여 제작함

결과: 새치기를 방지함

  동기, 활동, 결과가 구체적으로 드러난 좋은 진로활동입니다. 공학 관련 진로를 희망하고 있는 학생이라면 이처럼 생활 속에 공학 지식을 적용하여 직접 문제를 해결해 보는 것도 좋을 것입니다. 실제로 전기정보공학부에서는 이와 비슷하게 실생활 속 문제를 해결할 수 있는 기기를 고안하는 내용의 강의가 있기에 자신이 학과에 적합한 학생임을 어필하는 효과도 있습니다.

Part 2-1 빈틈없는 면접을 위한 팁

내 생기부와 관련 있는
최근 이슈를 파악하자

대입 면접을 보게 될 고등학생 여러분은 아마 중요한 면접을 본 경험이 많지 않을 것입니다. 그래서인지 많은 학생이 면접에 부담을 느낍니다. 하지만 면접은 오히려 여러분에게 기회가 될 수 있습니다. 자신이 생기부에 담지 못했던 매력, 이 대학이 나를 뽑아야 할 이유를 어필할 수 있는 기회 말이죠.

면접은 내신이나 수능 공부와는 달리 정확한 범위가 정해져 있지 않습니다. 따라서 평소와는 다른 방식으로 접근해야 합니다. 지금부터 제가 면접을 준비했던 방법을 3단계로 나누어 이야기하겠습니다.

면접 준비의 3단계

1단계로 먼저 사전 지식을 쌓아야 합니다. 자신의 생기부에 있는 내용을 복기하며, 개념이 확실치 않은 부분들을 다시 공부하는 것이 좋습니다. 그 후, 생기부에 있는 내용 중에 지원 학과와 관련되어 있거나 자신이 중점적으로 다룬 중요한 부분을 골라내어 정리합니다. 그리고 나서 해당 부분과 관련된 지식을 최대한 쌓고자 노력합니다. 요즘 주제와 관련된 이슈는 무엇인지, 주제의 발전 방향은 어떠한지 등 여러 방면의 지식을 조사하여 정리하는 것이 좋습니다. 이렇게 정리한 내용이 앞으로 면접을 준비하는 데 큰 도움이 될 것입니다.

저는 생기부에서 자율주행차를 중점적으로 다루었기 때문에 그와 관련된 예시를 일부 가지고 왔습니다.

자율주행차 관련 정리 내용 중 일부

자율주행차의 인지 기능	- 라이다, 레이더, 카메라 - 각각의 문제점은?
자율주행차와 관련된 윤리적 문제는?	- 인명피해가 불가피하다면, 누구를 우선할 것인가 - 법률적 문제 - 그에 관한 나의 의견
현재 자율주행차 기술은 얼마나 발전했는가?	- 자율주행차의 발전 단계와 현황

이처럼 생기부에서 자세히 다루어지지 않은 부분들을 다시 한번 정리하고 자신의 견해를 확실히 하는 것이 좋습니다. 저의 경우에는 자율주행차 관련 서적과 기사를 중점적으로 보며 관련 지식을 정리했습니다.

2단계로는 예상 질문을 뽑아내야 합니다. 본인이 가지고 있는 지식을 바탕으로 생기부에서 도출될 만한 질문을 예상해 정리하고 그에 대한 답변을 생각해 봅니다. 하지만 혼자서 만들어낼 수 있는 질문에는 한계가 있으니 친구나 선생님, 또는 관련 기관에 면접 질문을 해달라고 부탁하는 것이 좋습니다.

3단계로 모의 면접을 최대한 많이 진행해 보는 것이 좋습니다. 실제 면접장에 가면 생각보다 긴장도 많이 되고 말문이 막히는 경우가 많기 때문에 미리 면접과 유사한 환경을 체험해 보는 것이 많은 도움이 됩니다. 학교나 주변 교육 관련 공공기관에서 실시하는 면접 프로그램이 있다면 참가하는 것을 추천합니다.

공과대학 전기·정보공학부
지역균형전형 면접 복기

면접에 늦을까 걱정되어서 새벽부터 일찍 도착해 기다렸더니 상당히 추웠습니다. 핫팩 하나쯤 챙겨가는 것도 좋겠습니다. 면접 전에 건물 앞에서 시계랑 옷핀 필요하다고 사라고 하는 아주머니들이 계시는데, 아무것도 구매할 필요 없습니다. 서울대에서는 그런 것을 요구하지 않으니까요.

입장 이후 대기실에서 기다리다가 자신의 차례가 되면 면접실로 이동하는 구조였습니다. 교수님 세 분이 면접을 진행하셨는데, 면접실에 들어갔을 때 교수님들과의 거리가 50cm 정도로 가까워서 처음에는 긴장이 되었습니다. 그러나 교수님들이 편하게 해주려고 하시는 게 느껴져 긴장을 풀고 면접에 임할 수 있었습니다.

Q. 여기 제시간에 도착했어요? (웃으심)

A. 예, 제시간에 도착했습니다.

Q. 전에 여기 와본 적 있어요?

A. 1학년 때 와본 적이 있었습니다.

Q. 아 그래? 계절이 언제였어요?

A. 그때도 겨울이었습니다.

Q. 아 그때도 겨울이었어~ 그래도 올해는 좀 따뜻해서 다행이다, 그쵸? 자 그럼, 지원동기를 말해볼까요?

A. 저는 자율주행차가 주변 환경을 인식하는 방법을 배우고 싶어서 이 학과에 지원했습니다. 교통체증이나 주차장 부족과 같은 현대 사회 문제들을 자율주행차의 상용화로 해결할 수 있다고 배웠습니다. 저도 자율주행차의 상용화에 기여하여 이러한 문제들을 해결하는 데 동참하고 싶습니다.

Q. 자율주행차가 어떻게 주변을 인식하는지 말해볼 수 있어요?

A. 자율주행차는 크게 라이다, 레이더, 카메라로 주변을 인식합니다. 라이다는 주변 환경을 정확하게 인식할 수 있지만 햇빛과 같은 주변 환경 조건에 영향을 많이 받는다는 단점이 있습니다. 레이더는 주변 환경을 덜 정확하게 인식하지만 주변 환경의 영향을 덜 받습니다. 카메라는 이러한 레이더의 단점을 보완하기 위해 함께 쓰이며 사물을 인식하는 역할을 하지만 카메라 또한 악천후라든지 이런 것과 같은 주변 환경의 영향을 많이 받는 것으로 알고 있습니다. 이러한 센서들을 잘 융합하여 장단점을 보완해 개선해야 한다고 생각합니다.

Q. 라이다가 햇빛에 영향을 받는다고 했는데 설명해 볼 수 있나요?

A. 라이다에서 905nm 파장대를 많이 사용하고 있는 것으로 알고 있습니다. 이 파장대가 햇빛에서 세기가 큰 파장이기 때문에 간섭, 노이즈가 많이 발생하는 것으로 알고 있습니다. (905nm 얘기할 때 음!하고 끄덕이시면서 교수님들 모두 뭔가 열심히 적으셨습니다)

Q. 자율주행차 관련해서 그러면 뭘 공부해 보고 싶나요?

A. 저는 카메라가 주변 환경을 인식하는 방법에 대해서 공부해 보고 싶습니다. 제가 자율주행 알람시계를 만들 때 초음파센서를 사용해서 주변 환경을 인식했는데 이 과정에서 문제점이 있었습니다. 앞에 있는 물체가 밟고 지나가도 되는 낙엽인지 치면 안 되는 사람인지를 알아야 하기 때문에 카메라를 통해서 이를 인식하는 공부를 하고 싶습니다.

Q. 눈이 보는 거랑 카메라가 보는 게 어떻게 다른지 원리를 설명할 수 있나요?

A. 눈은 망막에 있는 레티날이라는 화합 물질이 빛을 받으면 화학 구조가 변화하여 우리가 빛을 인식하는 것으로 알고 있습니다. 카메라는… (말문이 턱) 죄송합니다, 잘 모르겠습니다.

Q. (교수님이 웃으면서 괜찮다고 사실 둘이 같다고 이것저것 설명해 주셨습니다.) 자율주행차가 기술적으로 완벽히 가능해져도 윤리적으로 여러 가지 문제점이 있는데, 이런 것들을 사람들에게 설득하는 데 있어서 자신이 할 수 있는 일을 자신의 장단점과 엮어서 말해보세요.

A. 잠시 시간을 주실 수 있을까요? (5초 정도 생각함) 저의 장점은 도전을 두려워하지 않는 것입니다. 도전을 두려워하지 않았기에 저는 동아리를 만들어서 아두이노 프로젝트를 진행하고 학생회에 들어가서 여러 가지 활동을 개최할 수 있었

고, 이런 활동들을 통해 사람들을 대하는 능력이 늘었습니다. 이러한 도전을 두려워하지 않고 사람을 잘 대하는 저의 장점이 사람들이 자율주행차를 타도록 설득하는 데에 도움이 될 것이라고 생각합니다.

그리고 저의 단점은 컨디션 관리가 미흡하다는 것입니다. 저는 어느 정도 일이 마무리되지 않으면 잠이 들 수 없는 성격이어서 밤늦게까지 할 일을 하다가 다음 날 컨디션을 망친 적이 종종 있었습니다. 이러한 부분을 고치기 위해 노력하겠습니다.

Q. 서울대 전기정보공학부에 대해서 궁금한 점이 있으면 물어보세요

A. 인지지능연구실에서 정확히 무슨 일을 하는지, 자율주행이 지금 어디까지 발전을 한 건지 정확히 알고 싶습니다.

Q. 레이더랑 카메라가 ~ (설명해 주셨지만, 정확히는 기억이 나지 않음) **궁금한 게 있는데,** (웃으면서) **새치기 방지 기기는 뭐예요?** (이 시점에서 문이 열리고, 면접 진행해 주시는 분이 나오라고 하심)

A. 아 그건 ~ (설명은 했지만, 아주 빠르게 말해서 거의 못 들으셨을 듯합니다.) 감사합니다! 안녕히 계세요!

처음에는 긴장해서 버벅거렸는데 교수님들께서 제 이야기에 관심을 가지고 잘 들어주셔서 입이 풀리기 시작했습니다. 조금 버벅거리더라도 스스로 후회가 없도록 지금까지 노력한 바를 다 드러내고 오겠다는 마음가짐으로 임하길 바라겠습니다.

의대와 공대,
모두에 먹히는 생기부 작성법

공부할 땐 죽어라 공부하고 놀 땐 죽어라 놀기

023

공과대학 컴퓨터공학부 ㅣ 24학번 문가람 ㅣ 일반전형
경상북도 포항시 ㅣ 자사고(전국 단위) 졸업

안녕하세요, 서울대학교 컴퓨터공학부 24학번으로 입학한 문가람입니다. 여러분은 서울대에 다님으로써 얻을 수 있는 가장 큰 장점이 뭐라고 생각하시나요? 저도 아직 대학에서는 경험도 적고 미숙한 새내기인지라, 솔직히 말해서 잘 모르겠습니다. 하지만 자신 있게 이야기할 수 있는 하나의 확실한 장점은 바로 '본받을 점들이 너무나 많다'입니다. 우수한 수업에서는 깊은 학문을 본받고, 공부할 땐 정말 죽어라 공부하고 놀 땐 또 정말 죽어라 노는 동기들을 보며 대학생활의 자세를 본받습니다. 전공 분야에 대한 확신을 갖고 있으면서, 또 동시에 동아리나 여가 활동으로 원하는 취미를 마음껏 향유하는 선배들을 본받습니다. 서울대엔 정말 본받을 사람들과 본받을 점들이 너무나 많습니다.

때로 이러한 대단한 존재들은 '내가 여기 있어도 되나?'라는 초라함 또는 열등감을 저에게 안겨 주기도 합니다. 하지만 저는 열등감과 같은 부정적인 감정들을 의연하게 소화할 수 있는 능력이 중요하다고 생각합니다. 열등감을 나의 꿈을 향한 의지와 노력으로 전환할 기회를 가질 수 있어 행복하고 감사합니다.

저 또한 고등학교 때 서울대 입학이라는 꿈을 이루기 위해 대입 수시 전형에서 가장 중요한 생기부와 면접을 어떻게 저만의 방법으로 준비하고 실행했는지 되돌아봤습니다. 그리고 그중에서 중요한 부분들을 뽑아 글을 써보려고 합니다. 좀 큰 희망일 수도 있겠지만, 저는 이 책을 읽는 여러분 모두가 제 이야기를 통해, 그리고 다른 분들의 이야기를 통해 꿈의 대학을 향해 의지를 갖고 입시를 치러나갈 수 있는 사람이 되면 좋겠다고 생각합니다. 대학 입시는 혼자 하기에는 굉장히 힘든 과정입니다. 그렇기에 이 프로젝트를 통해 제가 여러분의 입시에 조금이라도 도움이 될 수 있다면 정말 영광일 것 같습니다. 모두 각자의 상황에서 좋은 결과를 찾을 수 있기 바랍니다.

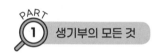

생기부로 의대와 공대
두 마리 토끼 잡기

　수시 전형에서 가장 중요한 것은 무엇일까요? 당연히 피땀 흘린 노력의 결과인 좋은 성적과 양적, 질적으로 우수한 생기부 구성일 겁니다. 수시로 대학 가기를 원하는 대한민국 고등학생이라면 누구나 고1 때부터 시행착오를 거치며 좋은 생기부를 만드는 데 노력을 기울이게 되죠. 하지만 고3이 되면 성적과 생기부만큼이나 중요한 고려 요소가 하나 더 생기게 됩니다. 바로 원서 작성입니다. 우리나라 대입 제도는 수시 전형에서 총 6장의 다른 대학 지원 원서를 작성할 수 있도록 하고, 과기원과 같은 군외 대학은 6장에 포함되지 않고 원하는 만큼 지원할 수 있도록 정해져 있습니다. 아무리 좋은 성적과 우수한 생기부를 가지고 있어도, 원서를 적합하지 않은 곳으로 작성하면 떨어질 수 있기 때문에 원서 작성은 신중을 기해서 선택해야 합니다.

　하지만 고등학교 1학년 때부터 6장의 원서를 쓸 곳을 모두 정해둔 뒤 생기부, 그리고 원서 작성 때까지 정해둔 대로 하는 경우는 과/계열 지망이 정말 확고한 경우를 제외하면 거의 없습니다. 사실 고등학교 1학년의 경우, 성적이 전혀 나오지 않은 시점이기 때문에 특정 계열을 정한 것만으로도 꽤나 구체적으로 설정했다고 볼 수 있죠. 그리고 과/계열 지망이 명확했더라도, 모종의 이유로 중간에 다른 과를 같이 지망하게 되어 원서를 복합적으로 작성하게 되는 경우도 많습니다.

저도 이러한 케이스로, IT 관련 학과만을 목표로 하고 있다가 2학년 겨울방학 때 좋은 내신 성적과 의사라는 직업의 장점을 바탕으로 의대를 가는 것에 대해 고민해 보게 되었습니다. 결론적으로 의대와 컴퓨터공학에 둘 다 원서를 쓰기로 결정하게 되었고, 생기부의 변화가 필요해졌습니다. 왜냐하면 2학년 때까지의 생기부는 내용 자체는 질적으로 우수하다고 자부할 수 있었지만 컴퓨터공학과 관련된 내용 위주였고, 의약학계열과 관련된 내용이 하나도 없었기 때문입니다.

진로 희망이 바뀔 경우, 설득력 있는 스토리를 구성하라

중간에 진로 희망 또는 목표하는 과/계열을 바꾸거나, 저처럼 두 가지 이상의 과/계열을 함께 희망하고 원서 또한 다양하게 쓰는 경우는 정말 많습니다. 이때 중요한 것은 '이러한 목표 대학과 원서의 변화에 대해 이후 생기부를 어떻게 구성하는가'입니다. 전 가장 중요한 것은 자연스러운 연결이라고 생각합니다. 진로 희망에 변화가 생겨서 생기부의 내용을 다른 분야와 관련짓는 경우든, 새로운 목표를 같이 생각하게 되어 두 가지 이상 분야와 관련된 복합적인 생기부가 필요한 경우든, '변화에 대해 자신만의 콘셉트와 스토리의 흐름을 만드는 것'이 중요합니다.

갑자기 의대라는 목표가 생긴 제 상황을 헤쳐나간 방법의 핵심 또한 여기에 있었습니다. 저는 목표에 생긴 변화를 설명하고, 두 진로 희망을 아울러 다루기 위한 콘셉트 키워드로 의학과 과학, 공학의 융합 분야인 '의과학, 의공학'을 택했습니다. 비록 고등학교 중간에 생긴 새로운 꿈이지만, 의공학에 대한 지대한 관심을 바탕으로 의학과 공학 두 분야 모두에 대해 탐구 역량을 갖추고 관심을 가지고 있다는 점을 피력했습니다. 이러한 내용을 제 생기부의 3학년 자율활동, 진로활동에서 확인할 수 있습니다.

진로활동(3학년, 희망분야 - 의과학, 의공학계열)

인공지능과 의료 행위에 대한 지적 호기심과 진로 관심을 바탕으로 의료 공학 분야와 미래계획을 발표함. 의료공학의 융합적 특성에 대해 공학적 원리와 방법을 의학 분야에 적용하여 치료를 탐구하고, 이를 다시 임상적 진료에 응용하는 '연구와 치료의 선순환'의 중요성을 강조하면서 인공지능과 빅데이터 기술이 활용되는 헬스케어 분야와 자신의 진로 계획을 발표. (…) 의학과 공학을 융합하여 연구할 수 있는 의료공학자의 자질을 갖추고자 하는 목표를 갖게 되었음을 밝혀 미래 계획을 제시한 점이 돋보임.

학교에서 직접 한 활동들을 토대로 의공학 분야 및 의학과 인공지능의 접점에 대해 탐구하여 발표하고, 진로에 대해 스스로 고찰해 본 내용을 생기부에 기재함으로써 제가 의학 분야와 관련해 '새로운 목표를 갖게 된 당위성을 확보'하였습니다. 또한 제가 의예과에 진학하더라도 제 공학적 역량과 컴퓨터공학, 인공지능에 대한 관심을 바탕으로 헬스 케어 분야, 의료 인공지능 분야에서 활동하는 의공학자가 될 수 있다는 점을 보여주었습니다.

두 가지 진로를 연계한 융합 주제를 탐구하라

1, 2학년 때 컴퓨터공학, 인공지능 쪽으로 특화된 내용들을 생기부에 많이 기재함으로써 공학자로서의 자질을 드러냈기 때문에, 새로운 목표 의식이 생긴 저에게 필요한 것은 의학과 관련해 관심과 학문적 역량을 보여주는 것이었습니다. 이러한 상황에

서 제가 선택한 방법은 '교과목과 의학, 그리고 인공지능 분야를 모두 연계한 융합 주제에 대해 탐구하는 것'이었습니다. 그리고 이를 과목별 세특에 기재함으로써 1, 2학년 때의 내용과 자연스럽게 이어지면서도 의과학, 의공학 쪽으로 특화된 생기부를 만들 수 있었습니다. 구체적인 예시는 다음과 같습니다.

언어와 매체(3학년)
매체 비평문 쓰기 활동에서 현대 시 「월훈(박용래)」의 비평문을 작성함. 작품의 대상인 '노인'이 느끼는 외로움과 그리움의 정서를 감각적으로 표현한 것에 깊은 인상을 표하고, 현대 사회 독거노인 문제에 대해 고찰하였음. 경제적 문제뿐만 아니라 가족 및 주변으로부터의 단절감이 독거노인이 겪는 어려움임을 강조하면서, '돌봄 로봇'을 대안으로 참신하게 제안하였음. 로봇은 독거노인의 집에 지속적으로 머물 수 있고, 독거노인의 말에 사람처럼 반응할 수 있다는 점에서 효용성이 클 것이라는 의견을 제시하였고, 로봇과의 교류가 사람들과 비슷한 수준의 반응을 이끌어낼 수 있다는 fMRI를 이용한 뇌 연구 결과를 인용하여 의견의 설득력을 높임.

'매체 비평'이라는 교과목 내용상의 주제에 충실하면서도, 그로부터 떠올린 사회적 문제의 해결 방안을 논리적으로 전개하는 과정에서 돌봄 로봇, 그리고 그 효능을 뒷받침하는 의학적 연구 내용을 심도 있게 탐구했다는 것을 보여주었습니다. 사회적으로 복합적인 사안을 의학과 공학 모두와 연결해 생각할 수 있는 의공학자로서의 잠재력을 함양하는 과정을 교과목 내용과 연결해 내비친 것이죠.

고3 때 생기부 전반에서 중요한 진로 희망에 변화를 주고 새롭게 스토리를 구성하는 것은 정말 부담이 컸습니다. '두 가지 토끼를 잡으려다 둘 다 놓치는 것은 아닐까', '언제나 1지망이었던 서울대 컴퓨터공학부에 못 가게 되는 것은 아닐까' 하는 생각이 마음을 불편하게 할 때도 있었습니다.

하지만 제 목표를 위해서 꼭 필요하다고 생각했고, 부모님과 주변의 격려가 있었기에 저는 의지를 갖고 생기부를 통해 진로의 변화를 설명하고 의학과 공학 계열 지망이 자연스럽게 연결되어 양쪽 모두 좋은 평가를 받을 수 있는 생기부를 만들고자 3학년 동안 만전을 기했습니다. 그리고 서울대 컴퓨터공학부, 카이스트, 한양대학교 의예과, 경북대학교 의예과에 최종 합격함으로써 학생부종합전형으로 공대와 의대, 두 마리 토끼를 모두 잡는 데 성공하였습니다.

　먼저 입시를 거쳐온 제가 여러분께 드리고 싶은 말씀은, 변화를 두려워하지 않아도 된다는 것입니다. 하지만 동시에 변화를 가볍게 생각하는 것은 지양해야 합니다. 대학은 갑자기 진로를 변경해 놓고 아무런 설명 없이 마음대로 채운 중구난방의 생기부를 원하지 않습니다. 진로 희망은 입시에서 대학과 과, 그리고 자신의 미래를 결정할 수 있는 정말 중요한 요소이기 때문이죠. 중요한 사안인 만큼 신중하게 판단하고, 확실하게 결정한 후에 변화의 과정을 자신만의 언어로 생기부에 풀어쓰는 것, 그것이 변화를 기회로 삼을 수 있는 방법입니다.

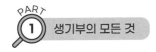

Part 1-2 과목별 세특 사례와 조언

세특은 꼭 관심 분야와
연계할 필요는 없다

　교과 위주 전형이 아닌 수시 전형으로 대학을 가고자 하는 학생이라면 누구나 과목별 세특에 뭘 채울지 때문에 고민한 적이 있을 것입니다. 제가 입시를 치르며 느낀 점 중 과목별 세특과 관련해 가장 중요하다고 생각하여 여러분께 전해드리고 싶은 것은 바로 '꼭 관심 분야와 연계할 필요는 없다'는 것입니다. 이는 진로 희망분야와 연관된 탐구 내용이 없더라도 충분히 훌륭한 과목별 세특이 될 수 있다는 의미입니다.

　해당 교과목에 대해 과목 내용을 충실하게 학습하고 자기주도적으로 심화탐구할 수 있는 역량을 보여주는 것, 그리고 관심 분야와 해당 교과목을 연계하여 탐구함으로써 진로 희망에 관련한 잠재력과 탐구 능력을 보여주는 것, 이렇게 두 가지를 고려해 봅시다. 둘 중 무엇이 더 중요할까요? 전자입니다. 전자는 고등학교의 학업 활동에서 우수한 이해 능력과 탐구 역량을 갖고 있다는 것을 의미하며, 이것이 곧 '과목별' 세특의 본질이기 때문에 후자보다 중요성이 더 큽니다.

물론 둘 다 챙긴 세특 또한 우수한 세특입니다. 교과목 내용 학습을 충실하게 이행한 후, 그 내용을 바탕으로 진로 분야 및 해당 과목과 모두 연관이 있는 주제를 선정하여 심화 탐구하고 진로 분야에 대해 고찰하는 것 또한 세특에 기재하기에 매우 적합할 뿐만 아니라 좋은 평가를 받을 수 있는 요소입니다. 제가 Part 1-1에서 보여드린, 의학 및 공학과 관련한 탐구 내용을 기재함으로써 학문적 역량과 잠재력을 입증한 언어와 매체, 논술 과목의 세특들이 그 예시라고 할 수 있습니다.

하지만 모든 과목에서 진로를 관련지어 언급하는 것은 힘들뿐더러 연관성이 적은 과목을 억지로 엮다가 교과목에 대한 관심이 없는 것처럼 보이는 불상사를 초래할 수도 있습니다. 따라서 관심 분야와 연계하기 어렵거나 필요성이 적은 경우에는 굳이 연계하여 세특을 기재하지 않고, 자기주도적 탐구 능력을 보여줄 수 있는 교과목 관련 심화 주제를 정해서 세특에 활용할 아이템으로 사용하는 것도 좋습니다. 제 생기부를 예시로 보여드리도록 하겠습니다.

한국사(1학년 2학기)
한국 경제의 발전 역사와 미래 전망에 대한 지적 호기심을 갖고 경제 성장의 원동력과 산업구조, 문제점을 중심으로 탐구활동을 전개함. 이 과정에서 『시장의 기억(이태호)』를 읽고 한국 자본시장 역사의 대표적인 사건들이 현재 경제에 미친 영향을 최신 데이터를 토대로 분석하는 활동을 함. 탐구를 통해 국가 주도의 강력한 경제 성장 정책과 우리나라의 사회자본을 고려한 수출주도적 체제 확립, 그리고 적당한 시기의 투자 집중 분야 변화 등이 급격한 경제 성장에 영향을 미쳤음을 알게 됨.

고급 화학(3학년)
원자가 결합 이론에 대해 학습한 후, '파이 역결합과 일산화 중독'을 주제로 탐구하여 보고서를 제출함. 파이 역결합에 대해 이해한 후, 카보닐기나 에틸렌, 사이아노기 등의 리간드와 결합한 금속을 포함하는 유기금속 착화합물의 사례에서 파이 역결합을 찾아보고 전자가 리간드의 파이 반결합 궤도로 이동하는 원리를 알아냄. 이를 바탕으로 일산화탄소가 파이 역결합으로 인해 헤모글로빈과 강하게 결합하여 산소 운반 능력이 저하되고 질식 상태에 빠질 수 있음을 설명함.

이처럼 수업 시간에 성실하게 참여하고, 교과목 내용을 잘 학습한 것을 넘어 우수한 학업 성취도를 입증하는 심화적인 탐구활동을 진행했음을 보여줄 수 있는 세특이 바로 본질에 충실한 것입니다. 그리고 예시를 통해 볼 수 있듯이, 우수한 평가를 받기 위해 꼭 필요한 것 중 하나는 바로 결론과 함께 자신만의 느낀 점이나 새로운 의문점, 향후 탐색하고 연구해 볼 점 등 탐구활동을 통해 자신이 얻은 지적 결과물을 정리하는 것입니다.

교과목 내에서의 융합이 좋은 세특을 만든다

추가적으로, 교과목과 진로의 융합이 아니라 학습한 교과목 내에서의 융합 또한 좋은 선택이 될 수 있습니다. 두 가지 이상의 과목과 모두 연관이 있는 주제에 도전하고 탐구 과정과 결과를 기록함으로써 그 두 가지 이상의 과목들 모두에 대해 학문적 이해력을 가지고 있을 뿐만 아니라 활동을 통해 융합적 사고력 또한 함양할 수 있었다는 것을 보여주는 것이죠. 아래는 제 1학년 정보 세특으로, 정보 과목의 교과서에 있는 디지털 워터마킹과 관련된 내용을 보고 물리학 1 과목과의 연관성을 발견하였고 이에 대한 관심을 드러냈습니다.

정보(1학년)
교과서 '디지털 워터마킹'에 관한 읽기 자료에서 대표적인 워터마킹(예술작품, 지폐 등에 고유함을 나타내기 위해 그림, 표식 등을 삽입) 사례로 제시되어 있는 우리나라 지폐에 쓰이는 위·변조 방지 기술들을 물리학 I 과목의 파동과 정보통신 단원과 연계하여 학습. 워터마킹 기술에 활용된 물리학적인 원리를 탐구한 후, 디지털 콘텐츠에 워터마크를 삽입하는 디지털 워터마킹의 실제 사례와 그에 담긴 과학적 요소에 대해서도 호기심을 드러냄.

좋은 내용이지만, 아쉬운 점이 있습니다. 바로 물리학 I 과목과 관련하여 디지털 워터마킹의 물리학적 원리가 구체적으로 뭔지 나타나 있지 않다는 것이죠. 제 2학년 화학세미나 세특은 역시 교과목 간에 융합적인 내용을 담고 있지만, 이러한 단점을 보완했습니다. 또한, 화학 I 세특에서 언급한 관심 분야인 분석 화학과 관련된 주제인 크로마토그래피에 대해 실제로 탐구하고 발표하였으며, 진로 분야와의 융합도 고려했다는 점에서 제 세특에서 가장 마음에 드는 부분 중 하나입니다.

화학I(2학년)
'역동적인 화학 반응' 단원을 학습한 후 컴퓨터를 통한 화학 반응 시뮬레이션에 대한 호기심으로 관련 자료를 찾아보던 중, 계산을 기반으로 한 이론 화학 연구를 통해 실험 연구의 한계를 보완할 수 있는 계산 화학에 대한 개별 탐구를 수행함. 양자역학과 컴퓨터 성능의 발전에 따른 계산 화학 관련 기술 및 프로그램의 발전 과정을 조사하며 현대 계산 화학의 중요성과 생물정보학, 신소재, 촉매 들 다양한 응용 분야에 대해 알게 됨. (…)

화학세미나(2학년, 계절학기 심화 교육과정)
분석 화학 분야에 대한 분야에 대한 관심으로 '다양한 크로마토그래피의 활용과 분석화학의 미래'라는 주제로 보고서를 작성하고 발표함. 분석화학의 기반, 크로마토그래피의 분류와 기초 이론, 대표적인 기법들의 특징에 대해 상세히 조사한 내용을 바탕으로 근거를 들어 분석 화학 분야의 미래에 대해 고찰함. (…) 크로마토그래픽 인자 중 하나인 분리능(Rs)에 관한 수식에서 나타나는 특징을 확률과 통계에서 배운 정규분포 곡선의 수학적 특징과 연관지어 자신만의 논리적인 방법으로 설명함. 짧은 준비 기간 동안 탐구하기에 쉽지 않은 주제였음에도 높은 이해도를 보이며, 완성도 있는 자료로 인상 깊은 발표를 마무리함으로써 호응을 얻음. 또한, 평소 인공지능 등 프로그래밍에 대한 관심을 화학과 연결지어 수업 시간에 진행한 양자 화학/분자 모델링 등의 계산 화학 이론에 관심을 보이며, web-based tool을 사용한 실습에 적극적으로 참여함.

진로와의 연관성을 많이 언급했다는 점에서 이 챕터의 주제와는 조금 맞지 않을 수도 있지만, 중요한 것은 한 교과목에서 탐구를 진행하면서 다른 과목의 내용을 활용함으로써 교육과정 내 과목들에 대한 높은 이해도를 함양했고 활용 능력과 분석적 사고력이 뛰어나다는 것을 보여줬다는 점입니다.

동아리활동을
제 2의 진로활동으로 만들기

제가 다니던 학교는 동아리가 두 가지였습니다. 시간을 많이 투입해야 하는 주요 동아리 A와 비교적 시간을 덜 투입하는 부수적인 동아리 B로 나뉘었죠. 저는 고등학교 입학 전까지 프로그래밍이나 인공지능에 대해 탐구한 적이 없었기 때문에 동아리에서 진로와 관련된 내용을 꼭 탐구하고, 생기부에 그 내용을 넣고 싶었습니다. 그리고 동아리활동이 그저 진로를 탐색하는 것뿐 아니라 다른 과목을 진로와 연관하여 학습하는 데, 그리고 수시를 준비하고 입시를 치르는 데 도움이 됐으면 좋겠다고 생각했습니다. 그래서 1학년 때 교내 인공지능 수학 동아리를 선택할 때 시간을 많이 투입하는 동아리 A에 가입했습니다. 그리고 그곳에서 고3 때까지 3년 동안 동아리활동을 하면서 프로젝트와 탐구활동을 통해 다양한 측면에서 인공지능과 수학에 대해 공부했습니다.

동아리를 통해 정말 많은 활동에 참여할 수 있었고, 이 활동들은 진로와 직접적으로 연관된 활동들이었기 때문에 학기말에 생기부에 기재할 만한 활동이 충분하다 못해 넘쳤습니다. 진로 분야와 관련한 탐구 역량을 보여줄 수 있는 활동들 중 생기부에 넣지 못한 게 많아 아쉬웠지만, 이러한 활동들에서 교과목 세특에 활용할 아이디어를 얻거나 내용을 교과목 세특에 녹여냄으로써 동아리에서 한 활동들을 100% 활용할 수 있도록 노력했습니다.

그리고 동아리 B는 고등학교 1, 2, 3학년 때 각각 다른 동아리에 들어가고 활동함으로써 생기부 동아리활동이 진로와 관련된 내용에만 매몰되지 않고, 다양한 경험 또한 포함되도록 하였습니다.

3학년 때는 동아리에서 4차 산업 혁명 기술 중 하나로 컴퓨터공학/IT 분야와 관련된 블록체인 기술을 탐구한 후, 블록체인의 응용 가치와 관련하여 의료 분야에서의 활용 가능성을 언급함으로써 3학년 때 진로 희망분야의 변화에 맞춰 의공학적인 내용으로 생기부를 구성하고자 했습니다.

이처럼 생기부에서 동아리활동을 통해 진로에 대한 관심과 탐구 역량을 마음껏 보여줄 수 있고, 생기부의 진로 연관성을 한 단계 더 강화할 수 있습니다. 진로활동만으로는 조금 부족하다고 느낀다면, 동아리활동을 통해 좀 더 차별화된 나만의 진로활동을 만드는 데 도전하는 것을 추천합니다.

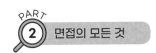
면접을 여는
3가지 열쇠

1. 면접의 특성을 명확하게 파악하라

수시 면접은 유형이 다 '거기서 거기'가 절대 아닙니다. 각 대학마다 정해진 면접 방식과 문제의 유형이 따로 있고, 이는 모집 요강에 대부분 명확하게 나와 있습니다. 따라서 수시를 지원한 학생이라면 모집 요강에서 면접에 대해 반드시 확인하고, 면접 시간, 면접 질문의 유형, 면접의 반영 비율 등 면접 전형의 특성을 명확하게 파악해야 합니다.

저 또한 의대와 공대를 같이 지원했기 때문에 준비해야 할 면접의 유형이 굉장히 많았습니다. 서울대 공대의 수학 구술 면접, 카이스트의 수학, 과학 구술 면접 및 인적성 면접, 의대의 MMI 면접과 생기부 기반 면접을 모두 준비해야 해서 저보다 많은 유형의 면접을 준비하는 수시 준비생이 있을까 싶을 정도였죠. 이러한 상황에서 효율적인 면접 준비와 성과를 위해서 면접의 특성을 정리하는 것은 필수적이었고, 따라서 저는 제가 지원한 대학들의 평가 요소와 면접 방식을 정리한 표를 만들고 이를 곱씹어 보았고, 어떻게 준비해야 할지 감을 잡을 수 있었습니다.

2. 필요한 배경지식을 충실하게 공부하라

고등학교 과학탐구 과목 내용을 범위로 하는 과학 제시문 면접을 예시로 들어보면, 아무리 그럴듯하게 말하는 능력이 뛰어나더라도 문제를 해결하는 데 본질이 되는 교과목 내용을 모른다면 큰 점수를 놓칠 수밖에 없습니다. 수험생은 면접에서 어떤 질문을 하는지 인지하는 데 그치지 않고, 그 질문들이 포함된 범위에 대해 공부함으로써 좋은 답변을 구성하기 위해 배경적 지식이라는 재료를 가지고 있어야 합니다.

3. 다양한 예시 문제를 통해 직접 답변 구성을 연습하라

연습을 곧 실전처럼 함으로써 실전에 익숙해지도록 하는 것이 면접 준비의 '정석'이라고 할 수 있습니다. 면접에 필요한 지식을 어느 정도 챙겼다면, 공개되어 있는 기출문제가 있으면 여러 번 풀어보고 직접 나만의 답변을 구성해 보면서 해당 면접의 문제와 답변 구성을 분석하세요. 수학, 과학 구술 면접의 경우에는 같은 풀이에 대해 말로 설명해 보는 걸 반복하면서 풀이를 논리적으로 구술하는 연습을 하는 것도 좋습니다. 그 뒤에는 최대한 많은 문제를 통해 실전 연습을 해보면서 정보의 밀도가 높은 답변을 만들 수 있도록 훈련하면 됩니다.

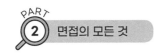

Part 2-2 기출 문제와 면접 복기

공과대학 컴퓨터공학부 일반전형 면접 복기

서울대 수시모집 일반전형은 특정 과들을 제외하곤 모두 제시문을 기반으로 구술 면접을 진행하고, 단과대학 또는 과에 따라 제시문의 유형과 주제가 다릅니다. 기본적으로 30분의 준비 시간과 15분의 답변 시간을 제공하며, 공과대학의 경우에는 공통적으로 수학 제시문을 풀고 구술 면접을 진행합니다. 저는 제시문 1번을 답변하는 데 시간을 너무 길게 써서 2번을 빠르게 답변하였고 수학 제시문 문제의 풀이를 설명하는데 시간을 다 썼지만, 문제 풀이 설명 후 시간이 남는 경우 학과와 관련된 질문이나 생기부 내용에 대한 질문을 한다고 알고 있습니다.

8시쯤 면접장에 도착하여 입장했습니다. 여담으로 컴퓨터공학부 면접은 서울대 정문으로부터 매우 먼 301동에서 이루어졌는데, 301동의 위치를 잘 몰라서 정문 근처에서 택시에서 내렸다가 301동까지 끝없는 오르막길을 올라가며 후회했던 기억이 있습니다. 다행히 일찍 일어나 서울대에 일찍 도착했기에 늦지 않게 면접장에 입장할 수 있었습니다.

면접은 순번에 따라 대기시간이 매우 달라지는 구조여서 맨 처음 순번인 사람은 30분 정도만 대기하고 면접을 보고 바로 갈 수 있었고, 뒷번호인 사람은 서너 시간 정도 대기하고 오후가 돼서야 면접을 볼 수 있었습니다. 저는 중간대 번호를 받았고, 제 차례가 되기까지 대기실에서 두 시간 정도 대기했습니다. 자료를 보거나 공부를 할 수 없었기 때문에 할 게 없더라고요. 그래서 일찍 일어나서 못 잔 잠 좀 보충해 주고, 그냥 멍하니 있거나 명상하면서 마음을 차분하게 가라앉혔습니다.

긴 대기가 끝나고 제 차례가 되었고, 안내를 따라 답변 준비방에 몇 명의 학생들과 같이 입장했습니다. 답변 준비를 위해 문제지, 연습용 종이, 그리고 연필이 제공되었습니다. 시작하라는 신호를 받고 문제를 확인하고, 문제 풀이를 시작했습니다. 예전 기출들은 대문제가 세 개였는데, 이번에는 두 개의 대문제로 구성되어 있어서 각 대문제에 좀 더 시간을 많이 할애해야겠다고 생각하고 문제를 풀었습니다.

제시문 1

다음 그림과 같이 양의 정수 $n(n \geq 3)$에 대하여 점 (n, n), $(n+1, n)$, $(n+1, n+1)$, $(n, n+1)$을 꼭짓점으로 하는 정사각형 X와 점 $(1,1)$, $(2,1)$, $(2,2)$, $(1,2)$를 꼭짓점으로 하는 정사각형 Y가 좌표평면 위에 있다.

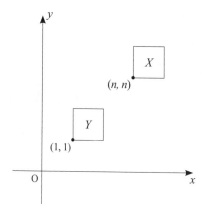

1-1. 실수 a에 대하여 기울기가 a인 직선 $y=ax+b$가 X와 적어도 한 점에서 만나기 위한 y절편 b의 최댓값과 최솟값을 구하시오.

1-2. 문제 1-1에서 구한 b의 최댓값을 $p(a)$, 최솟값을 $q(a)$라고 하자. 함수 $y=p(x)$와 $y=q(x)$에 대하여 다음 정적분의 값을 구하시오.

$$\int_{-2}^{2}\left\{p(x)-q(x)\right\}dx$$

1-3. 실수 a에 대하여 기울기가 a인 직선 $y=ax+b$가 Y와 적어도 한 점에서 만나기 위한 y절편 b의 최댓값을 $r(a)$, 최솟값을 $s(a)$라고 하자. 함수

$$y=p(x),\ y=q(x),\ y=r(x),\ y=s(x)$$

의 그래프로 둘러싸인 도형의 넓이를 S_n이라고 할 때, S_3의 값을 구하시오.
(단, $y=p(x)$, $y=q(x)$는 문제 1-2에서 구한 함수이다.)

1-4. 극한값 $\lim\limits_{n\to\infty} nS_n$을 구하시오. (단, S_n은 문제 1-3에서 제시한 넓이이다.)

제시문 2

앞면이 나올 확률이 p, 뒷면이 나올 확률이 q인 동전이 있다. (단, $0<p<1$이고 $q=1-p$이다.) 이 동전을 던져서 앞면이 나오면 H, 뒷면이 나오면 T라고 나타내자. 주어진 양의 정수 $n(n \geq 3)$에 대해 두 선수 A와 B가 다음 규칙을 따르는 게임을 한다.

[규칙]

(가) A와 B는 각각 네 장의 카드 HH, HT, TH, TT 중 1장씩 선택한다. (단, A와 B는 서로 다른 카드를 선택한다.)

(나) 심판이 동전을 반복하여 던지다가 연속하여 나온 결과가 A 또는 B가 선택한 카드에 적힌 것과 동일하게 나오는 순간, 해당 카드를 선택한 선수의 승리를 선언하고 동전 던지기를 멈춘다.

(다) 동전을 n번 던졌을 때까지 승자가 없는 경우 무승부를 선언하고 동전 던지기를 멈춘다.

예를 들어 $n=5$이고 A와 B가 각각 HT와 HH를 선택했을 때 동전을 던져 나온 결과에 따른 승부는 다음과 같다.

결과	승부
T H T	A 승리
T T H H	B 승리
T T T T H	무승부

A가 승리할 확률을 a_n, B가 승리할 확률을 b_n, 무승부일 확률을 c_n이라고 하자.

2-1. $n=3$이고 $p=\frac{1}{4}$인 경우, A와 B가 각각 HT와 TH를 선택했을 때 a_3과 b_3을 구하시오.

2-2. 주어진 양의 정수 $n(n \geq 3)$에 대해 A와 B가 각각 HT와 TH를 선택했을 때 $a_n = b_n$이 성립하도록 하는 p를 모두 구하시오.

2-3. A와 B가 각각 HH와 TH를 선택했다. 두 극한값 $\lim_{n \to \infty} a_n$과 $\lim_{n \to \infty} b_n$이 같도록 하는 p를 구하고, 그때의 p의 값에 대하여 $a_m > b_m$이 성립하도록 하는 $m(m \geq 3)$의 범위를 구하시오.

2-4. 제시문의 [규칙]-(가)를 변형하여 선택할 수 있는 카드에 HHT를 추가하자. (단, 나머지 규칙은 동일하다.) A는 HHT를 선택하고 B는 TH를 선택했다. 두 극한값 $\lim_{n \to \infty} a_n$과 $\lim_{n \to \infty} b_n$이 같도록 하는 p를 구하고, 그때의 p의 값에 대하여 $a_m < b_m$이 성립하도록 하는 $m(m \geq 3)$의 범위를 구하시오.

첫 문제이기도 했고, 보자마자 익숙한 형태여서 먼저 문제 1번을 풀었습니다. 문제를 읽고 차례대로 푸는 과정에서 소문제들에서 정의하는 함수들에 대해 독립변수와 종속변수, 그리고 상수 취급해도 되는 다른 변수들을 명확하게 파악하고 계산을 성실하게 하면 수월하게 풀 수 있는 문제라는 것을 느꼈습니다.

12분 정도에 첫 문제 풀이를 마무리했고, 두 번째 대문제를 읽고 풀기 시작했습니다. 문제를 분석해 보면서 느낀 점은 모든 케이스를 계산하는 것과 같은 방법을 사용하면 확률 계산을 끝도 없이 해야 하므로, 계산을 간단하게 할 수 있도록 케이스 분류 방향을 설정하는 것이 중요하다는 것이었습니다. 따라서 두 번째 대문제에서는 확률 계산 방법을 설정하고 직접 확률을 계산하는 데 많은 시간을 할애했습니다.

두 번째 문제를 풀면서는 시간 제한에 맞춰 빨리 풀기 위해 연습지에 뭐가 뭔지 적지 않고 계산을 하다 보니 정신이 없더라고요. 어찌저찌 계산을 하니 2-3과 2-4에 대해 $p=\frac{1}{\sqrt{2}}$ 이라는 답을 구할 수 있었고, m의 범위는 전범위 $m(m \geq 3)$가 나왔습니다. 그런데 계산을 연습지에 마구잡이로 해서 풀이 과정을 알아볼 수가 없었고, 답이 맞는 건지 확신을 가질 수가 없었습니다.

그래서 남은 시간 동안에는 $p=\frac{1}{\sqrt{2}}$ 이라는 답이 나온 과정에 대해 어떻게 설명할지, 그리고 대문제 2번에서 확률 계산을 위해 쓴 아이디어를 어떻게 설명할지 생각해 봤습니다. 그렇게 준비 시간이 종료되었고, 안내에 따라 면접 시간 전까지 기다리다 면접실 앞 의자로 이동하고, 면접 시간이 됐을 때 입장하였습니다.

면접 상황 복기

Q. (간단한 인사 후) 1번 문제와 2번 문제를 둘 다 푸셨나요?

A. 네, 둘 다 풀었습니다!

Q. 둘 중에 원하는 문제부터 설명해주시면 됩니다. 준비되면 시작해 주세요.

A. 1번 문제부터 풀이 설명하도록 하겠습니다. 문제 1번을 보면, 양의 정수 $n(n \geq 3)$

에 대하여 점 (n, n), $(n+1, n)$, $(n+1, n+1)$, $(n, n+1)$을 꼭짓점으로 하여 n의 값에 따라 위치가 달라지는 정사각형 x, 그리고 점 $(1,1)$, $(2,1)$, $(2,2)$, $(1,2)$를 꼭 짓점으로 하는 위치가 고정된 정사각형 y가 주어져 있습니다.

(제가 긴장을 많이 해서, 설명을 하다 내용을 빼먹을까 봐 문제 조건이랑 소문제 내용을 모두 다 읽다가 생기부 질문은커녕 2번 문제를 설명할 시간도 부족했는데요, 답변 시간 은 정해져 있기 때문에 불필요한 말들은 과감하게 생략하고 문제 설명보다는 자신의 풀 이에서 중요한 부분을 강조함으로써 시간을 적절히 쓸 수 있도록 훈련하면 좋습니다.)

A. 문제 1-1에서는 실수 a에 대해 기울기가 a인 직선 $y = ax + b$가 x와 적어도 한 점에서 만나기 위한 y절편 b의 최댓값과 최솟값을 구하라고 되어 있습니다. b의 최댓값과 최솟값을 a에 대한 식으로 올바르게 나타내기 위해서는 기울기 인 a가 0보다 작을 때, 0일 때, 0보다 클 때 세 가지 경우로 나눠서 생각해야 합니다. a가 0보다 클 때는 b가 최대일 때 직선이 $(n, n+1)$을 지나고 최소일 때 $(n+1, n)$을 지나기 때문에 b의 최댓값은 $b = -an + n + 1$, 최솟값은 $b = -an + n - a$가 됩니다. a가 0일 때에는 상수함수이므로 b의 최댓값이 $b = n+1$, 최 솟값이 $b = n$이 됩니다. 마지막으로 a가 0보다 작을 때는 b가 최대일 때 직선이 $(n+1, n+1)$을 지나고 최소일 때 (n, n)을 지나기 때문에 b의 최댓값은 $b = -an + n - a + 1$, 최솟값은 $b = -an + n$이 됩니다.

A. (면접관의 의사를 확인하고) 다음으로 문제 1-2를 설명하겠습니다. 문제 1-1에서 구한 b의 최댓값과 최솟값은 모두 a에 대한 식으로 표현되기 때문에 b의 최댓값 과 최솟값을 $p(a)$, $q(a)$처럼 a에 대한 함수로 설정할 수 있습니다. 이때 n은 함 수와 관련 없는 변수이기 때문에 계산할 때 상수로 취급할 수 있습니다. b의 최

댓값, 최솟값인 $p(a)$, $q(a)$는 a가 0보다 작냐, 크냐에 따라 다르기 때문에 $p(x)$-$q(x)$에 대해서도 -2 부터 0 까지, 그리고 0부터 2 까지로 나눠야 합니다. 계산해 보면 $p(a)-q(a)$를 $h(a)$라고 하면, $h(a)$는 $a>0$ 일 때 $a+1$, $a<0$ 일 때 $-a+1$ 이고, $h(a)$는 $a=0$ 에서 연속이기 때문에 h(a)는 구간별로 정의된 일차함수 형태라고 볼 수 있습니다. 또한 1-2에서 구하라고 하는 정적분의 값은 -2 부터 2 까지 $h(x)$를 적분한 것이므로 -2 부터 0, 그리고 0 부터 2 까지로 나눠서 $h(x)$ 식을 대입하고 계산하면 답이 8임을 도출할 수 있습니다.

A. 다음으로 문제 1-3을 설명하겠습니다. 1-3에서는 a에 대한 새로운 함수 $r(a)$와 $s(a)$를 정의하고 있습니다. 그리고 문제 1-2에서 구한 $p(x)$, $q(x)$, 그리고 $r(x)$와 $s(x)$의 그래프로 둘러싸인 도형의 넓이를 S_n이라고 하고 S_3의 값을 구하도록 하고 있습니다. 우선 $r(a)$와 $s(a)$는 a에 대한 함수이며, 문제 조건 상 $p(a)$와 $q(a)$에서 n은 3 이상의 정수지만 그보다 작은 정수더라도 상황에 대해 세우는 식에 변화가 없기 때문에 $r(a)$와 $s(a)$는 각각 $p(a)$와 $q(a)$의 식에 $n=1$을 대입하면 되고, $r(a)$는 $b = \begin{cases} -a+2 (a \geq 0) \\ -2a+2 (a<0) \end{cases}$, $s(a)$는 $b = \begin{cases} -2a+1 (a \geq 0) \\ -a+1 (a<0) \end{cases}$ 임을 구할 수 있습니다.

$y=p(x)$, $y=r(x)$, $y=q(x)$, $y=s(x)$의 그래프로 둘러싸인 도형은 항상 y축 오른쪽에 만들어지는데, 그 이유는 $a>0$ 일 때 $p(a)$와 $q(a)$의 기울기가 각각 $-n-1$, $-n$이므로 각각 $q(a)$, $r(a)$와 교점이 무조건 생기기 때문입니다.

또 저는 도형의 넓이인 S_n을 n에 대한 식으로 표현하기 위해 $x>0$에서 생기는 네 개의 교점의 x좌표를 계산해 보면서 중요한 사실을 알 수 있었습니다. 바로 네 교점의 x좌표가 $\frac{n-2}{n}$, 1, 1, $\frac{n}{n-2}$ 이고 네 교점 중 두 교점의 좌표가 (1, 1), (1, -1)로 n의 값에 상관없이 고정되어 있다는 것입니다. 따라서 주어진 도형을 이 고정된 두 점을 잇는 선분을 밑변으로 하는 두 개의 삼각형으로 나누고, 두 삼각형의 넓이를 (밑변의 길이× x좌표의 차이 / 2)로 계산하여 더해주면 $S_n = \frac{4(n-1)}{n(n-2)}$ 임을 구할 수 있습니다. 따라서 S_3의 값이 $\frac{8}{3}$ 이라고 생각했습니다.

A. 문제 1-4번에 대해서는 구한 S_n의 일반항을 대입한 후 수열의 극한을 계산해 보았고, 답이 4임을 구할 수 있었습니다.

Q. 네 답변 잘 듣고 있는데요, 면접 시간이 15분이고 문제 2번이 남아 있는데 시간이 얼마 남지 않아서, 답변을 서둘러주시면 감사하겠습니다.

(제가 문제 내용을 전부 얘기하고, 풀이 설명을 너무 길게 해서 15분 중 10분 가량을 문제 1번을 설명하는데 모두 사용했습니다. 면접관님의 말을 듣고 아차! 싶었어요. 큰일 났다는 생각이 들었지만, 끝나고 후회하지 않도록 남은 시간 동안 잘해야 한다고 생각하고, 이때부터 시간 안에 풀이를 모두 설명하는 것을 목표로 마치 입에 모터를 단 것처럼 얘기하며 최대한 빠르게 설명하고자 노력했습니다.)

A. 네, 2번 문제에 대해서는 최대한 요약해서 빠르게 얘기해 보겠습니다. 2번 문제는 독립시행을 활용한 확률 게임을 다루고 있습니다. 먼저 2-1번 문제는 A와 B가 각각 HT와 TH를 선택했을 때의 상황이므로 순서대로 HT가 나올 확률과 THT가 나올 확률을 더해서 a_3을 구할 수 있고, HH와 THH가 나올 확률을 더해서 b_3을 구할 수 있습니다. 저는 이때 독립시행의 확률 공식을 적용하였고 최종적으로 $a_3 = \frac{21}{64}$, $b_3 = \frac{7}{64}$ 을 구할 수 있었습니다.

A. 다음으로 2-2에서는 주어진 조건이 성립하도록 하는 p를 모두 구하라고 제시하고 있는데, p의 값이 0 또는 1이 가능하다면 당연히 $a_n = b_n = 0$이 되므로 $a_n = b_n$이 성립하지만 문제 발문에서 $0 < p < 1$임을 밝혔으므로 고려하지 않아도 된다고 생각했습니다. 그리고 양의 정수 n이 변함에 따라 a_n과 b_n애 해당하는 케이스

들의 수 또한 달라지기 때문에 이를 모두 더해주는 것보다는 여사건을 활용하여 확률을 계산하는 것이 좋겠다고 생각했습니다. A와 B가 선택한 카드가 각각 HT 와 TH이므로, 시작이 H일 확률에서 HHHHH로 무승부가 될 확률을 빼서 a_n을 구하고, 시작이 T일 확률에서 TTTTT로 무승부가 될 확률을 뺌으로써 b_n을 식 으로 구할 수 있었습니다. 그렇게 식을 세워서 계산해본 결과 $a_n = b_n$이 성립하도 록 하는 p의 값은 $\frac{1}{2}$로 유일하다는 결론을 얻을 수 있었습니다.

Q. 네 알겠습니다. 시간이 많이 남지 않았는데 혹시 2-3번과 2-4번 문제도 푸셨나요?

A. 네 풀었습니다. 2-3과 2-4에 대해 조건을 만족하는 p의 값이 각각 $\frac{1}{\sqrt{2}}$, $\frac{1}{\sqrt{2}}$이라는 것을 구했습니다. 그리고 풀이한 결과 m의 범위는 두 문제 모두에 대해 전범위 가 나왔는데, 시간 때문에 계산을 급하게 해서 답에 대한 확신이 잘 서지 않으며 풀이 시간이 좀 더 있어야 답을 낼 수 있을 것 같습니다.

Q. 네 알겠습니다. 2-3과 2-4에서 어떤 방법을 사용했는지 간략하게 말씀해 주세요.

A. 2-3과 2-4에서는 두 문제 상황 모두에서 맨 처음이 T일 경우 A가 승리할 수 없 게 됩니다. 또 두 상황 모두에서 B가 TH를 택했기 때문에 A가 이기지 않은 채로 T가 나올 경우 자동으로 B가 승리하거나 무승부로 게임이 끝나게 되는 것이 자 명합니다. 따라서 2-3, 2-4에서 a_n의 식을 구할 수 있습니다. 그리고 두 문제 모 두에서 B가 TH를 택했으므로 2-3에서는 (T로 시작 - T만 나와서 무승부) + (HT 로 시작 - HT이후로 T만 나와서 무승부)로 b_n의 확률을 계산할 수 있고, 2-4에서 도 같은 방법으로 b_n의을 구할 수 있습니다. 이를 문제에서의 극한 조건에 대입 하여 구하고자 하는 p의 값을 도출할 수 있었습니다.

진로가 바뀌어도 경쟁력 있는
생기부 만들기

학원 없이 수시로 서울대 합격할 수 있다

024

공과대학 원자핵공학과 ㅣ 24학번 이승로 ㅣ 기회균형전형
충청북도 진천군 ㅣ 일반고 졸업

안녕하세요, 서울대학교 원자핵공학과에 재학 중인 24학번 이승로입니다. 여러분은 고등학교에 입학하고 처음 들었던 생각이 무엇이었나요? 저는 막막함이었습니다. 아는 친구와 선배들도 없고, 거기에 더해 집안 사정으로 인해 학원조차 다닐 수도 없이 처음부터 홀로서야 했던 것이 너무나 힘들었습니다.

할 줄 아는 게 공부밖에 없던 저는 고등학교 시절 중 먹고 자고 씻는 시간을 제외한다면 하루 종일 말 그대로 공부만 하고 지냈습니다. 포기할 수도 다른 곳에 한눈팔 수도 없었습니다. 저에게 재수는 너무나도 큰 시간적 사치였으니까요.

매일 플래너를 작성하고 조금도 하루를 허투루 보내지 않으며 살았습니다. 포기하고 내려놓고 싶을 때도 정말 많았습니다. 하지만 그럴 때마다 절 믿고 응원해 주시는 부모님과 친구들, 공부하지 않았던 것을 후회하는 미래의 저를 떠올리며 버텼습니다. 아이들에게 희망을 주는 교사가 되고자 하는 일념으로 수학 교사를 꿈꾸며 한국교원대 수학교육과를 목표로 삼아 고등학교 2년을 보냈습니다.

그러나 학교에서는 제가 더 상위권 대학에 갈 수 있다고 여겼습니다. 1학년 담임 선생님부터 시작하여 교장 선생님에 이르는 수많은 상담과 설득 끝에 저는 결국 공과대학을 목표로 3학년 입시를 준비하게 됩니다. 정말 이루고 싶었던 교사의 꿈을 뒤로 한 채, 지금의 감정은 스쳐 지나갈 것이니 나를 믿어주는 선생님과 부모님을 위해서 독하게 준비하자는 마음을 품었고, 고민 끝에 원자핵공학과를 준비하게 되었습니다.

모두 처음부터 시작해야 한다는 막연함과 관심 분야가 아닌 것에 대한 지루함, 학교가 저에게 거는 기대에서 오는 부담감과 압박감까지, 혼란스러운 입시 생활을 겪었습니다.

학원도 다니지 않았고, 진로마저 바뀌게 된 제가 어떻게 수시로 서울대 합격이라는 입시의 큰 성공을 이룰 수 있었을까요? 제 이야기를 들으며 입시에 대한 여러분의 궁금증과 오해가 풀리고 저와 같은 상황의 후배들에게도 도움이 되었으면 좋겠습니다.

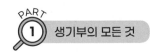

PART 1 생기부의 모든 것

Part 1-1 매력적인 생기부를 위한 팁

진로 변화에 유연하게 대처하는
생기부 작성 비결

여러분, '좋은' 생기부란 무엇이라고 생각하시나요? 1학년 때부터 확실한 진로를 선택한 뒤, 좋은 성적과 함께 2·3학년으로 올라갈수록 진로를 구체화하여 꽃피우는 것이라고 많이들 생각할 겁니다. 이것이 좋은 생기부라는 것은 틀림없는 사실이지요.

하지만 '왜' 좋은 생기부인지는 생각해 보셨나요? 단순히 이 학생이 진로에 대해 꾸준한 열정을 보여주어서? 아니면 성적이 좋아서? 그건 다름이 아닌 이 학생이 '대학 수학 능력 역량이 있어서'입니다. 진로에 대한 탐구가 중요한 것은 '이 학생이 자신의 관심사가 있다면 이만큼의 열정을 보여줄 수 있구나'에 대한 내용일 뿐이지 합격의 당락을 좌우하는 가장 큰 요소는 아닙니다. 또, 이전 진로에 대해 열심히 노력한 내용이 물거품이 되는 것이 아니라, 그만큼의 열정이 있었음을 보여주는 장치가 될 수 있죠.

수능은 이 학생이 우리 대학에서 학습할 역량이 있는지를 정량적으로 측정하는 시험입니다. 반면에 학종은 이를 정성적으로 측정하는 시험이지요. 즉, 이 친구의 진로와 관계없이 역량이 돋보인다면 그걸로 좋은 생기부라 보기에 충분한 것입니다. 거기에 확실한 진로가 있다면 플러스가 될 수 있죠.

저는 1, 2학년 때까지 수학 교사를 목표로 학종을 준비해 왔습니다. 그러나 앞서 말한 것과 같이 3학년이 되고 나서야 원자핵공학 분야를 준비했죠. 진로를 바꾸는 당시 다소 불안했지만, 대학은 진로보다는 학생의 역량을 평가할 것이라 믿고 과감하게 진로를 바꾸었고 당당히 합격까지 받아냈습니다.

결국 다시 돌아오면, 역량을 정확히 드러내는 생기부가 잘 쓰여진 생기부라고 볼 수 있습니다. 진로 변화에 대한 대처는 나름대로의 이유를 아래의 제 생기부처럼 진로활동 영역에 2줄 정도만 적어주어도 좋습니다. 군이 지나치게 설명하려 애쓰지 않아도 됩니다. 진짜 궁금하면 입학사정관님들이 질문할 테니 충분히 어필할 수 있는 기회가 있습니다.

진로활동(3학년, 희망분야 - 원자핵공학)
수학 문제를 푸는 것을 넘어 수학을 이용해 자연현상을 탐구하고, 이를 활용한 방안을 고안하는 것에 더 흥미가 있음을 깨달은 후, 지속적인 진로탐색을 통해 원자핵을 연구하는 분야에 큰 관심을 가짐. (…)

우선 한 영역에서 충실해지자

'우선은 한 영역에서 충실해지자.' 이것은 제가 생기부를 채우며 지켰던 철칙 중 하나입니다. 1, 2학년 진로가 수학 교사였던 저지만 정작 각 진로나 자율과 같은 부분을 제외하곤 수학 교사에 대한 내용은 찾기가 힘듭니다. 각 과목과 동아리 등의 활동에서 그저 해당 부분에 최선을 다했을 뿐이었습니다.

진로로 승부하는 것이 아닌 역량으로 승부하기로 결정했기에 군이 교사라는 단어를 꺼낼 필요가 없었지요. 수학에선 수학을 잘하는 모습을, 물리학에선 물리학을 잘하는 모습을 보여주었습니다.

수학Ⅱ(2학년)

정적분의 정의에서 도출한 미적분의 기본 정리를 활용하여 융합적 사고를 요구하는 창의 사고력 문제 풀이 과정에서 논리적으로 사고하고 추론하는 것을 즐기는 학생으로 예습과 복습이 철저할 뿐만 아니라 수업에 몰입하는 바람직한 자세를 가지고 있어 수학적인 면에서 나날이 발전 가능성이 매우 큼. 학습에 늘 계획적이고 자기 주도적인 면이 강하여 하나의 개념을 배우면 스스로 찾아 더욱 깊이 관련 내용을 탐구하려는 의욕이 큼. 정적분을 익히고는 구분구적법을 찾아 무한급수의 합으로 표현하는 것을 탐구하여 익힌 후에 타원의 넓이와 구의 부피 및 겉넓이를 구하는 과정을 유도하고자 시도하였음. 나아가 포물선과 타원의 회전체에 관한 부피까지도 유도하여 공식을 찾아내고자 하였음. 교과서 내용을 깊이 있게 이해하고 심화 문제에 도전하기를 좋아함은 물론 친구들에게 자신이 익혀서 알게 된 내용을 알기 쉽게 설명하는 모습을 빈번하게 보여줌. 수업 중에도 수학 멘토로서 역할을 성실하게 수행함으로써 친구들의 학습에 커다란 도움을 주기도 함.

생기부에 수학 교사라는 글자는 찾아볼 수 없죠. 심지어 진로를 수학 교사로 생각하고 있던 시기임에도 불구하고 교사라는 말보단 수학을 정말로 깊이 있게 이해하고 활용하려는 모습을 보여주고 있음을 알 수 있습니다.

그러니 여러분도 희망 진로 변경을 망설이지 말고, 스스로를 믿고 생기부를 채워보세요.

주제는 교과서에서 찾고, 그 이상을 탐구하라

과목별 세특을 채우는 것은 많은 학생의 주된 고민 중 하나입니다. 흔히들 어떤 주제를 선택해야 할지 모르겠다며 골머리를 썩이곤 하죠. 그런데 원칙이 있다면 어려울 것 없습니다. 제가 세특이든 교과 외든 관계없이 보고서를 작성하기 위해 늘 신경 쓰는 것은 '교과서'입니다.

교과서를 다시 보면 주제가 보인다

저는 보고서를 쓰기 위해 늘 교과서를 다시 봅니다. 교과서는 우리에게 늘 교육과정과 대학이 원하는 답을 말해줍니다. SKY의 구술면접 문항을 살펴보면 정말 쉽지 않아 보이지만 실은 모두 교과서에 나온 내용이죠. 인터넷이나 다른 곳에서 찾을 필요 없이 바로 가까이에서 찾으면 됩니다. 이런 활동이 가장 잘 드러나는 화학Ⅱ의 생기부를 살펴보겠습니다.

화학Ⅱ(3학년)

1차 반응속도식을 학습한 후 자율시간에 핵붕괴의 반감기를 탐구했던 경험이 동기가 되어 교과 시간에 배우지 않은 0차, 2차 반응속도식을 탐구하여 발표함. 붕괴법칙을 이용해 증명했던 핵 반감기의 개형을 분석해 교과 지식을 바탕으로 1차 반응임을 설명하는 모습에서 지식 활용 능력이 돋보임. 반응속도는 시간에 따른 농도변화량임에 착안해 각 차수에 따른 반응속도식을 구하고 이를 적분하여 시간-반응물 농도에 대한 식으로 유도하는 과정에서 뛰어난 수학적 사고를 엿볼 수 있음. 특히, 2차 반응을 반응물이 하나 또는 둘인 경우로 나누어 각각에 관해 설명한 점에서 탐구의 깊이가 남다르다는 것이 느껴짐.
발표 내용을 심화 탐구하고자 '화학의 기초'를 읽고, 반응 차수에 따른 반감기에 대해 탐구함. 반감기에서 반응물의 농도가 초기 농도의 절반이라는 점을 이용해 각 반응 차수에 따른 반감기를 오류 없이 유도한 점이 훌륭함. 추가 조사를 통해 정류 상태 근사법은 반응물이 2개인 경우 반응물 하나의 농도를 크게 잡아 상수 취급해 1차 반응처럼 볼 수 있다는 실험적 방안임을 이해함. 이해한 내용을 바탕으로 여러 반응에서의 규칙성을 발견하고, 반감기의 일반식을 제시하는 면에서 탁월한 귀납적 사고력을 나타냄.

이미 2학년 자율활동에서 '방사성 원소의 반감기'에 관해 등비수열의 합을 활용하여 평균수명과의 관계를 수학적으로 유도하는 활동을 한 경험이 있습니다. 이를 화학Ⅱ 반감기와 연계하여 화학반응에서 반감기를 반응 차수에 따라 수학적으로 유도한 활동입니다.

원자핵공학과는 핵공학을 다루는 만큼 원자핵공학과와의 관계성이 은연중에 드러나면서도 탐구는 이전에 진행한 탐구와 연계로 이어지고, 교과서를 기반으로 출발하여 나만의 결론까지 도출했다는 점에서 의미 있습니다.

같은 맥락에서 우리 학교의 특별활동 중 하나인 '수업량 유연화' 시간에도 교과서를 활용하여 탐구를 진행했습니다. 이 역시도 교과서에서 알려주지 않은 내용들을 교과 시간에 배운 내용으로 직접 결과를 도출했다는 것이 포인트이죠.

'엔진의 열역학'을 선택하여 탐구활동을 시작함. PV그래프의 밑넓이가 한 일의 양이라는 점을 토대로 등온 과정에서 한 일의 양이 로그의 형태가 됨을 증명함. 이를 활용하여 카르노, 스털링기관의 열효율을 구함. 이 두 열기관이 같은 온도의 범위에서 작동할 때 카르노기관이 항상 스털링기관보다 열효율이 크다는 것을 증명함. 나아가 가솔린, 디젤 엔진의 열과정을 단순화하여 열효율을 구함. 각 엔진의 열효율을 표현하는 지표 중 압축비가 무한히 커질 수 없는 공학적 한계를 통해 열효율이 1이 될 수 없는 점을 물리학적, 수학적으로 해석하는 뛰어난 역량을 보여줌. (…)

위처럼 보고서를 작성할 때 교과서에서 파편화된 상태로 배운 지식들을 모으고 교과 시간에 배운 수학적 역량을 활용하여 수리적으로 해석하는 과정을 보여주면 주제를 정하기도 편합니다. 교과서에선 알려주지 않는, 자세한 유도 과정이 없는 부분들을 설명하려 한다면 지적 호기심, 타 과목과의 융합적 사고까지 보여줄 수 있는 좋은 보고서를 만드는 하나의 방법이 됩니다.

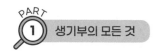

Part 1-3   교과 외 활동 사례와 조언

자율활동은
생활적 측면을 보여주자

　교과 세특과 달리 비교적 자유롭게 활동을 할 수 있는 자율, 진로, 동아리는 모두 중요합니다. 그중에서 저의 대입에 가장 도움이 됐다고 판단되는 자율활동을 보여드리고자 합니다.

　자율활동도 교과 세특과 다를 것 없이 교육과정에서 배운 내용을 활용해 융합하는 모습을 보여주고자 노력했습니다. 결국 생기부에 작성하는 모든 내용이 하나로 관통할 수 있도록 말이죠.

　자율활동에는 교과 세특에는 담아내지 않았던 학교생활적인 부분부터 자신이 개인적으로 진행한 활동까지 모두 포함할 수 있습니다. 저의 경우엔 학급에선 어떤 일을 했는지, 학생회 활동에선 어떤 활동을 했는지, 개인적으로 탐구한 내용은 무엇인지 세 가지 부분으로 나누어 담아냈습니다.

　2024학년도 대학 입시에서부터 자소서가 사라지고, 봉사활동도 학교에서 한 것 이외엔 블라인드 처리된 이후엔 학생의 생활적 측면을 확인하는 부분이 부족하다 보니 자율활동에 이러한 내용을 보여주고자 하였습니다.

자율활동(3학년)
학습이 어려운 친구에게 도움을 주고자 매주 기출 분석을 통해 문제를 직접 제작하여 (…) 학생회 봉사부 부장으로서 헌혈증 기부 사업을 추진해 백혈병 어린이들에게 기부하고, (…) 진로시간에 강력에 대해 탐구한 후 '핵력 에너지'를 주제로 심화 탐구함. (…)

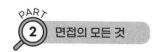

Part 2-1 빈틈없는 면접을 위한 팁

생기부 예상 질답
제작하는 법

그동안 열심히 활동한 만큼, 생기부에 굉장히 많은 양의 내용과 지식이 녹아 있을 겁니다. 3년이라는 노력을 모두 담아냈으니 단 며칠 혹은 몇 주 가지고는 완벽히 소화하기 힘들 수도 있죠.

특히나 면접 대비와 같은 유형의 공부는 처음 경험하는 분야이다 보니 그 방법조차 익숙하지 않을 텐데, 이런 방식으로 차근히 정리해 봅시다.

먼저, 각 학년의 항목별 세특을 모두 정리합니다. 이 과정에선 어떤 흐름으로 글이 쓰였는지, 언급되는 책은 있는지, 탐구를 했다면 주제와 결과는 어땠는지 정리합니다.

면접 대비 자료 - 2학년 세특 요약 중 일부

자율	- 봉사부 차장으로 활동 → 홍보에 적극적 + 나눔장터 진행 후 기부 - 반감기를 심화 탐구하여 평균수명과의 관계를 등비수열을 활용하여 그래프를 그리고 1.44배에 수렴함을 증명

다음으론 구체적으로 어떤 질문과 답변이 오갈 수 있을지 생각해 봅시다. 당연히 세특에 언급된 개념들은 모두 알고 있어야 하고, 탐구를 진행했다면 '계기-내용-결론-어려웠던 점과 극복 등의 느낌'이 담길 수 있도록 정리합니다. 그리고 면접에서 질문이 들어온다면 정리했던 내용을 바탕으로 대답하면 됩니다.

면접 대비 자료 - 2학년 세특 정리 중 일부

평균 수명	방사성 원소는 반감기를 거쳐 붕괴됩니다. 이때 반드시 붕괴되는 것이 아니라 확률적으로 붕괴되기 때문에 시간에 따라 원소의 농도가 줄어듭니다. 이렇게 변화하는 농도를 고려하여 수명을 계산한 것을 평균 수명이라 합니다.

마지막으로 세특에 적힌 활동의 구체적인 과정과 이에 연계된 내용을 추가로 정리합니다. 이때 본인이 작성한 보고서를 다시 읽어보며 꼼꼼하게 모든 내용을 숙지하도록 합니다. 정리 활동은 워드나 한글로 정리하는 것이 훨씬 깔끔하고 수정도 간편하기 때문에 노트에 자필로 작성하기보다 파일로 작성하는 것을 추천합니다.

면접 대비 자료 - 서류면접 예상 질답 중 일부

Q	자율 - 원소의 반감기를 설명하고 평균 수명과의 관계를 도출한 방법을 설명해 주세요. 추가로 구분구적법의 원리는 어떻게 적용하였습니까?
A	원소의 반감기란 방사성 원소의 개수가 절반으로 줄어드는 데까지 걸리는 시간을 의미합니다. 평균 수명은 반응한 방사성 원소가 붕괴되지 않고 살아남은 시간을 평균적으로 나타낸 것입니다. 반감기가 일정하고 살아남을 확률이 절반임을 활용하여 등비급수의 합을 활용하여 그래프로 나타내었고 점근선이 약 1.44임을 밝혔습니다. 구분구적법이란 임의의 구간을 n으로 나누고 이 n을 무한히 크게 하여 넓이, 부피 등을 구하는 데 활용됩니다. 이 탐구활동에서 단순히 시간을 1초, 2초로 두지 않고 시간 t를 임의의 수 T로 나누어 더 작은 시간 단위를 나타내도록 해서 구분구적법의 원리를 적용하고자 하였습니다. T를 점점 크게 하여 점근선의 위치를 관찰했습니다.

답변을 작성할 때는 두괄식 또는 양괄식으로 구성해야 합니다. 글을 읽을 때와 달리 귀로 들을 때에는 요점을 파악하기가 쉽지 않으므로 처음에 의도를 말하고 이에 대한 예시나 부가 설명을 진행하는 방식으로 구성해야 합니다.

위의 예시에서도 정의를 먼저 설명하고 어떻게 활용되었는지 예시를 드는 방식을 활용했습니다. 잘 쓰인 답변은 아니지만 이전 예시와 이어지도록 하기 위해 가져왔습니다. 여러분은 더 잘 쓰시길 바랍니다!

공과대학 원자핵공학과 기회균형전형 면접 복기

저는 지방에서 생활했기 때문에 이른 면접 시간에 맞춰 가기 위해 전날에 서울로 올라와 일찍 자는 선택을 했습니다. 집과 대학이 멀다면 컨디션 관리를 위해 대학 근처에서 숙박하는 것을 권장합니다. 또 서울대가 워낙 크기 때문에, 정문에 내려서 걸어 올라가지 말고 내비게이션 안내에 따라 건물 앞까지 차로 가는 편이 좋습니다.

저는 7시에 가장 먼저 입실하여 12시 30분이 지나서야 가장 마지막으로 퇴실하였습니다. 1층에서 학과 선배들의 뜨거운 응원을 받고 면접 대기실에 입실하면 면접을 안내해 주시는 분들이 계시고, 칠판에 대기번호별로 입실 시간과 면접실을 적어둔 종이가 붙어 있습니다. 만약 본인의 대기번호를 알게 된다면 밖에서 기다릴 부모님을 위해 미리 예상 퇴실 시간을 알려드리면 좋습니다. 자리는 편한 곳 아무 데나 앉아도 됩니다.

입실 시간이 끝나고 면접 대기시간이 시작되면 어떠한 자료도 볼 수 없고 정말 '대기'만 해야 합니다. 미리 챙겨둔 생기부나 예상 질답지조차 볼 수 없습니다. 대부분 학생들은 대기시간에 잡니다. 저 역시도 잠을 청했습니다.

저는 면접이 누군가를 떨어뜨리기 위한 장치라고 생각하지 않습니다. 정말 솔직한 저의 모습을 대학에 보여주고 오는 시간이라 생각합니다. 그래서인지 저는 긴장되기보다 편안한 마음으로 면접에 임할 수 있었던 거 같습니다. 여러분들도 자신을 속이고 꾸며가며 준비한 모습을 보여주기보다 진솔한 모습을 보여주시면 좋겠습니다.

Q. 지원동기 말씀해 주세요.

A. 어느 날 한국이 기후위기 대응 수준이 미흡하다는 기사를 접하였습니다. 특히 온실가스 배출이 심각하였고 이에 대한 대응책의 필요성을 느끼게 되었습니다. 온실가스 배출이 없으며 에너지 효율이 높은 발전 방법을 고민한 결과, 원자핵공학에 매력을 느끼게 되었습니다.

이를 위해 저는 평소 좋아하던 수학과 물리학적 역량을 토대로 해당 분야의 기초적인 이해와 의사소통 능력을 기르기 위해 노력하였습니다. 핵력에너지, 방사성 원소의 반감기, 핵 재처리 방식 등 많은 탐구를 진행하며 기초 소양을 쌓을 수 있었습니다. 또, 학생회 봉사부 임원으로서의 활동과 실험에서의 문제 상황을 팀원들과의 협력을 통해 해결한 경험으로 타인의 마음을 배려할 줄 아는 의사소통 능력을 배울 수 있었습니다.

이를 바탕으로 현재 최선의 친환경 발전 방법인 원자력 발전을 진보시키고 나아가 환경과 에너지 고갈 문제를 근본적으로 해결할 수 있는 핵융합 발전에 대한 연구에 이바지하고 싶어 서울대학교 원자핵공학과에 지원하게 되었습니다.

Q. 지원동기를 보면 핵융합에 관심이 있어 보이는데 그 이유가 있을까요?

A. 원자력 발전은 저·중 준위의 방사성 폐기물 발생과 우라늄의 매장량이 한정되어 있다는 점 등 단점 역시 존재하는 것이 사실입니다. 하지만 핵융합 발전은 폐기물이 발생하지 않고 바닷물에서 핵융합의 연료인 수소의 동위원소를 쉽게 구할 수 있는 등 단점을 극복할 수 있습니다. 따라서 핵융합 발전이 앞으로 우리가 나아가야 할 방향이라고 생각합니다.

Q. 이 과를 고를 때 주변에 반대나 안 좋은 인식은 없었나요?

A. 네, 최근 국제사회에서도 주목받았던 일본의 후쿠시마 처리수 방류 등으로 여론이 좋지 못했으며 주변의 만류가 있었던 것은 사실이었으나 저의 소신대로 해당 학과에 지원하게 되었습니다.

Q. 말해준 것처럼 해당 분야에 인식이 안 좋은데 이에 대해 어떻게 생각하시나요?

A. 3학년 사회문제탐구 시간에 앞서 말씀드린 일본 처리수 이슈와 관련된 탐구를 진행한 경험이 있습니다. 국제 원자력 기구에서도 해당 처리수에 대해 문제가 없음을 발표할 정도로 우리 과학은 고도로 발달되어 있습니다. 사람들의 오해를 풀고 과학적으로 올바른 사실을 알리는 것이 중요하다고 생각합니다.

Q. 본인 성격의 장·단점에 대해 소개해 주세요.

A. 우선 장점으로는 '계획적이다'라는 점입니다. 중학교 1학년 때부터 지금까지 총 6년간 하루도 빠짐없이 플래너를 작성해 오면서 계획적으로 주어진 일을 처리해 왔습니다.

저의 단점으로는 지나친 엄격함입니다. 규칙을 지키는 것에 매우 민감하며 특히 타인이 이를 어기는 것에 따가운 눈초리를 보내기도 합니다.

Q. 지원동기에서 의사소통 역량을 기르기 위해 노력했다고 했는데 사례를 제시해 줄 수 있나요?

A. 저는 2학년 화학 Ⅰ 시간에 제시된 몰농도를 갖는 용액을 제작하는 실험에서 의사소통 역량을 기르기 위해 노력하였습니다. 이론적으로 추측한 몰농도와 실제 구현한 용액의 몰농도에 오차가 발생하였습니다. 이에 모둠원들과 실험 과정에서 오류를 찾고자 서로 의견을 나누었고 비커에 남아 있는 용질을 모두 옮겨 담지 못한 것이라 결론을 내릴 수 있었습니다. 혼자서는 발견하지 못했을 오류를 협력하여 해결하였기에 의사소통 역량의 중요성을 인식하였고 이 소통 과정을 이후의 토의 활동에도 적용하면서 해당 역량을 기르기 위해 노력하였습니다.

Q. 공부 말고 다른 취미가 있다면 말씀해 주세요.

A. 저는 수리논술 문제를 푸는 것이 취미입니다. 문제를 푸는 것이 반드시 공부라고는 생각하지 않기에 대학 수리논술 문제를 찾아 취미로 풀곤 합니다.

Q. 수학과 물리를 좋아하는 것으로 보이는데 그 이유가 무엇인가요?

A. 우선 수학 같은 경우, 마주하게 되면 어떤 일보다 몰입하여 즐길 수 있기 때문입니다. 어떤 잡념도 없이 순수하게 즐거움을 느낄 수 있고 가슴이 뛰게 됩니다. 물리는 자연 현상을 해석하고 예측하는 학문입니다. 그리고 이 과정에서 수학적인 활용이 돋보이기에 즐기는 것 같습니다. 예를 들어 조화 운동에 대해 이해하고 시간에 따른 물리량의 변화를 식으로 얻어내기 위해 미분방정식을 활용하여 삼각함수의 형태로 표현됨을 알게 된 탐구를 진행한 경험이 있습니다.

Q. 수학과 물리 중에서 특히 관심이 있는 분야는 무엇인가요?

A. 수학은 대수와 관련된 영역에 관심이 있어 다양한 함수를 다루는 것에 흥미를 느낍니다. 물리는 양자역학과 같은 미시세계의 영역에 관심을 느끼고 있습니다.

Q. 하필 양자역학인 이유가 있을까요?

A. 3학년 때 진로를 변경하게 되면서 주로 핵물리에 관심을 가지고 탐구한 것이 동기가 되었습니다.

Q. 대학교에 진학하고 하고 싶은 활동이 있나요?

A. 현재 서울대학교엔 학부생 연구 참여 프로그램으로 '자장가둠 핵융합 장치 내의 내벽 조건에 따른 중성입자 거동에 대한 연구'가 있는 것으로 알고 있습니다. 이와 같은 핵융합 관련 연구 프로그램에 참여해 보고 싶습니다. 진로 관련 이외의 활동으로는 봉사활동을 하고 싶습니다. 구체적으로 수학과 과학에 대한 적성을 살려 어려운 형편의 아이들에게 수학과 과학을 가르치고 싶다고 생각했습니다.

Q. 대학교 이후 진출 분야에 대해 생각해 본 적이 있나요?

A. 대학에서 핵융합을 전공으로 선택한 후 연구원이 되어 이를 상용화하는 데 힘쓰고 싶습니다. 다만 이를 실천할 직업의 경우 대학원에 진학하여 관련 연구를 충분히 한 뒤 적성에 맞추어 선택할 생각입니다.

Q. 마지막으로 간단하게 인생의 좌우명을 소개해 주세요.

A. 저는 탈무드에서 읽었던 '이웃을 네 자신과 같이 사랑하라'를 좌우명으로 삼고 있습니다. 앞서 말씀드린 저의 성격적 단점을 극복하는 데 도움이 되었기 때문입니다. (간단하게 추가설명 중에 10분 끝, 문이 열리며 종료)

남들과 다른 나를 드러낸
10분 면접 노하우

같은 활동을 하더라도 다른 생기부 갖기

025

농업생명과학대학 산림과학부 ｜ 24학번 강현승 ｜ 일반전형
제주도 제주시 ｜ 일반고 졸업

안녕하세요. 저는 서울대학교 농업생명과학대학 산림과학부 24학번으로 입학한 강현승이라고 합니다. 질문 하나와 함께 이야기를 시작해 보겠습니다. "여러분, 공부를 왜 하시나요?" 저는 본격적으로 공부를 한 중학교 3년과 고등학교 3년 동안, 이 질문에 대한 답을 찾지 못했습니다. 누군가는 꿈을 이루기 위해서라고 답하고, 누군가는 외부의 압력에 의해서라고 답할 수도 있을 겁니다. 하지만 저는 둘 다 아니었습니다.

꿈을 이루기 위해서 공부를 하는 학생도 있지만 아닌 학생이 더 많다고 생각합니다. 저는 꿈도, 하고 싶은 것도 딱히 없던 학생이었습니다. 하고 싶은 것이 없으니 어릴 때부터 계속 해오던 공부를 했습니다. 할 줄 아는 것이 공부밖에 없는 학생이었기에 다른 이유를 생각할 여유도 없이 공부를 했습니다. 지금 와서 보니 이유 없이 공부를 하긴 했지만, 열심히 공부를 했던 경험이 제가 인생을 살아가는 과정에서 큰 도움이 되었다고 생각합니다.

여기서 하나의 질문이 생길 수 있습니다. "수시 일반전형으로 준비를 하기 위해서는 생기부의 내용, 특히 진로와의 연관성이 중요한데 꿈이 없는 학생들은 이를 어떻게 채워야 하는가?"

앞으로 이어질 제 글에서 그 이야기를 풀어보려고 합니다. 꿈이 없는 학생이 생기부를 채워가는 방식부터 이를 바탕으로 입시를 성공적으로 치르기 위한 방법까지 담았습니다.

고등학교를 다닐 때 '먼저 입시를 경험한 사람이 나에게 도움을 줬으면 좋겠다'라는 생각을 많이 했습니다. 지금도 이런 생각을 하는 분들이 많을 것입니다. 그래서 이제는 먼저 입시를 경험한 사람으로서 이야기를 해보려고 합니다. 서울대학교 학생이 쓴 글이라는 생각으로 제 글을 읽기보다는 입시를 먼저 경험했던 친구가 입시에 관해서 해주고 싶은 말이 많아서 쓴 글이라는 생각으로 읽어주시면 좋겠습니다. 제 경험을 담은 글이 여러분이 입시를 겪으며 경험할 많은 일들에 도움이 되기를 바랍니다.

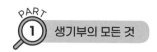

Part 1-1 매력적인 생기부를 위한 팁

부족한 내신을 보완하는
유일한 방법

여러분, 생기부의 역할이 무엇이라고 생각하십니까? 제가 생각하는 생기부의 역할은 20~30쪽 정도의 양으로 남들과는 다른 자신만의 특성을 드러내고 부족한 내신을 보완하는 것입니다. 남들과 다르다는 것은 모든 방면에 뛰어나다는 의미와는 다릅니다. 그저 자신의 강점 과목에 대해 애정과 노력을 더 담아내는 것입니다.

저는 고등학교 1학년 1학기부터 3학년 1학기까지의 총 내신을 1.9로 마무리했습니다. 1.9라는 내신은 제가 고등학생 때 목표로 삼았던 소위 'SKY' 대학교에 가기에는 부족한 내신이었습니다. 저는 과학고등학교도 영재고등학교도 아닌, 지방에 있는 일반고등학교에 다녔기 때문에 부족한 내신을 보완해야 했습니다. 그래서 제가 심혈을 기울인 것이 생기부였습니다.

입시 체계가 점점 개편됨에 따라 입시에서 반영하는 생기부의 영역은 점점 줄어들고 있습니다. 수상내역이나 독서활동과 같은 내용을 입시에서 반영하지 않으면서 진로, 자율영역, 과목별 세특, 동아리의 중요성이 점점 높아지고 있습니다. 이에 관한 내용을 차근차근 이야기해 보겠습니다.

진로가 명확하지 않아도 입시에 유리한 생기부 만들기

생기부를 쓸 때 중요한 점은 남들과는 다른 활동을 우선시하고, 남들과 같은 활동을 하더라도 그 활동에서 얻은 자신만의 후기를 생기부에 녹이는 것입니다. 자신만의 특색이 없는 생기부는 좋은 활동을 했더라도 눈에 띄지 않습니다. 대학에서 여러분의 생기부에 바라는 것은 어떤 활동을 했느냐가 아니라 그 활동을 통해 무엇을 느꼈는지, 그게 자신을 어떤 식으로 변화시켰는지에 관한 내용입니다. 제 생기부 예시를 통해서 어떻게 하면 입시에 유리한 생기부를 만들 수 있을지 알아보겠습니다.

진로활동(1학년)
이공계열에 관심이 많은 학생으로 교육청에서 실시하는 고등학생 융합 컨퍼런스 강연회 「선을 넘는 과학 (2021.06.12.)」을 신청함. 전자회로와 세포와의 결합을 주제로 한 강연을 듣고 노트로 정리하던 중 뉴런에 관해 관심이 생김. 『뉴로 컴퓨터 개론(오창석)』이란 책을 찾아봄. 사람과 컴퓨터를 연결하는 과정에서 사람의 건강에 미치는 영향이 궁금해짐. 뉴럴링크를 주제로 한 영상과 「뇌와 컴퓨터의 연결」 영상을 보며 관련 정보를 찾아봄. 블루투스 칩을 이식하여 컴퓨터와 연동한다면 건강에 미치는 악영향과 시 공간의 제약을 줄일 것으로 생각하였고, 특히 몸이 불편한 사람들을 도와줄 기술이라고 여김. 한편, 이에 관한 윤리적, 사회적 문제도 고려할 필요성을 느낌. 뉴런과 컴퓨터를 연결하는 원리를 간단하게 알게 되었고, 과학 공부에 좀 더 열성을 다하는 계기가 됨. (…)

이것은 저의 1학년 진로활동에 적힌 생기부 내용입니다. 이 생기부 내용을 보면 저의 1학년 진로 희망분야가 무엇이라는 생각이 드나요? 생기부에 적힌 저의 희망분야는 화학공학자, 생명공학자입니다. 사실 저는 1학년 때 화학공학자, 생명공학자라는 구체적인 진로 목표는 정하지 못한 상태였습니다. 그래도 생기부에는 희망분야나 희

망 진로를 기재해야 했기 때문에 상담을 통해 희망분야를 기재했습니다.

물론 저처럼 꿈이 없거나 확실하지 않은 사람도 있을 겁니다. 그래도 너무 걱정할 필요는 없습니다. 진로활동에서 담아내야 할 부분은 진로가 없다면 진로를 찾아가는 과정, 진로가 있다면 그 진로를 결정하게 된 이유나 진로를 구체화하는 방향입니다.

저의 진로활동 생기부에서는 진로에 대한 확신은 보이지 않습니다. 하지만 활동을 하며 생긴 궁금증을 스스로 해결하는 연쇄적인 과정은 아주 잘 드러나 있습니다. 그 과정에 책이라는 매개체가 있는 것입니다. 뒤에서도 계속 언급하겠지만 독서활동이 평가 영역이 아니라면 우리가 가져야 할 태도는 책을 읽지 않는 것이 아니라, 책에 대한 내용을 진로활동이나 자율활동에 끼워넣는 것입니다.

자율활동(3학년)
생태학과 진화론에 학문적 관심이 높아 『다윈의 사도들(최재천)』을 읽음. 과학과 인문학을 융합하는 사피엔스 클럽에서 이를 확장해서 책을 읽자고 제안하고 한 학기 동안 활동함. 『이기적 유전자(리처드 도킨스)』를 읽으며 암컷과 수컷은 서로 필요하지만, 자기 유전자를 더 많이 전달하기 위해 경쟁하는 관계라는 유전적 근연도 이론과 암수 간의 갈등에 대한 부분을 요약하고 설명함. 타 학교와 '진화론적 관점에서 본 저출산 현상'에 대한 토의의 전체 진행을 맡았고 각 모둠의 이야기를 피드백하면서 토의가 심층적으로 진행되도록 조력함. 비혼주의라는 밈과 이기적 유전자의 전략이 충돌하지만, 양육비나 환경적인 부분에서 부정적인 측면이 강조되는 양상을 설명함. 현대사회에서 어린 세대들이 가질 역량을 질문하며 명사와 관객을 연결하는 소통의 중요성을 보여줌. (⋯)

이것은 저의 3학년 자율활동 생기부 내용입니다. 앞서 언급했듯 독서기록은 입시 평가의 대상이 아니지만 저의 생기부는 독서활동으로 가득 채워져 있습니다.

여기서 제가 강조하고 싶은 점이 있습니다. 바로 독서활동이 평가대상이 아니라고 하더라도 좋은 생기부를 위해서라면 독서활동을 이곳저곳에 포함시켜야 한다는 것입니다. 또한 진로활동이라고 진로에 관한 내용만 무작정 적고 자율활동이라고 진로와 관련 없는 내용만 적는 것은 지양하고, 모든 영역에 진로에 관한 내용을 담고 자신이 진로를 향해서 나아가는 과정과 그 과정에서 겪은 것들을 적으라는 것입니다.

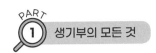
과목별 세특에서
나의 강점을 드러내기

앞서 언급했듯이 생기부의 반영 내용이 줄어들면서 가장 중요해진 부분은 세특이라고 생각합니다. 세특을 통해 특정 과목에 대한 자신의 강점을 더 잘 드러낼 수 있습니다. 저는 총 내신이 1.9였지만 수학과목의 내신은 1.1이었습니다. 1.9라는 성적만 봤을 때는 어떤 과목이 강점인지 모르지만, 세세하게 내신을 확인하면 저는 수학에 강점이 있는 학생이었습니다. 강점을 더 극대화하기 위해서는 세특이 필요합니다.

특정 과목에 대한 진심을 드러내라

이공계열의 학생부종합전형에서 1.9의 내신을 가지고 있는 두 학생을 평가할 때 여러분이라면 국어나 영어 과목보다 수학 과목에 큰 강점을 가지고 있는 학생과 모든 과목이 비슷비슷한 학생, 두 학생 중 어떤 학생에게 더 좋은 평가를 주고 싶으신가요?

제가 생각하기에는 전자에게 좋은 평가를 주는 것이 현재 학종 전형의 의도라고 생각합니다. 정성평가를 확대하기 위해서 각 과목을 수업 시수에 의한 계산만이 아닌 실제 대학에 진학했을 때 필요한 과목에 더 가중치를 주는 것입니다.

수학 I (2학년)
문제해결력이 우수하고 그래프를 다루는 능력도 뛰어남. 지수, 로그의 성질을 이용하여 복잡한 식을 깔끔하게 정리할 수 있음. 함수의 증감을 이용해 수의 대소 관계도 쉽게 비교함, 지수, 로그함수 사이의 관계와 삼각함수의 주기성을 이용하여 2가지 이상의 함수가 포함된 그래프를 파악할 수 있음. 사인법칙과 코사인법칙을 이용하여 각종 공식과 정리를 직접 증명하고 과정을 확인함. 삼각함수의 발전 역사를 따로 찾아보면서 히파르코스, 프롤레마이오스, 레티쿠스 등 여러 수학자를 접함. 도형이 포함된 수열 문제를 연습할 때 자기만의 방식을 적용하려는 시도를 자주 함. 주변의 신뢰도가 높고 친구들이 질문하면 친절히 답해주는 모습이 종종 보임. 발전 가능성이 큰 것으로 판단되고, 미래의 공학자로서 기대됨. 발표 횟수가 너무 많아 교사가 제한을 둘 정도로 참여도가 높음. 설명이 차분하고 판서가 매우 깔끔함. (⋯)

수학 II (2학년)
수업 시간에 적극적으로 참여하는 학생으로 수업을 활기차게 함. 수업 중 이해가 되지 않는 부분에 대해서는 직접 질문을 통해 학습을 하고 어려운 문제에 대해서도 강한 자신감을 갖고 해결하기 위해 노력함. 단원이 끝난 뒤의 중단원 또는 대단원 문제를 풀고 나면 친구들에게 자신의 풀이를 발표하고 다른 학생과의 풀이가 다르면 자신의 풀이의 장점을 소개하기도 함. 미분과 적분의 활용에 대한 탐구활동에서 3D프린터에 대해 탐구함. 3D프린터로 만든 완성품의 옆면이 미세하게 계단처럼 되어 있어 구분구적법을 이용한 방법임을 유추함. 3D프린터는 3D디자인을 미분하듯이 얇은 가로층으로 나눠 분석하고 층마다 쌓는 방법으로 만들 수 있음을 설명함. 이런 방법을 통해 장기이식이 필요한 사람에게 크기에 맞는 제품을 만들어 도움을 줄 수 있음을 설명함. (⋯)

2학년 수학 I, 수학 II 세특입니다. 가끔 모든 과목의 세특에 진로와 관련된 내용만을 채우려는 학생이 있습니다. 제 세특에도 진로와 관련된 내용이 하나도 없는 것은 아닙니다. 하지만 진로와 관련된 내용보다는 수학에 대한 진정성 어린 호기심과 관심, 그리고 수학을 공부하면서 들었던 궁금증을 해결해 나가는 과정을 담았습니다. 이러한 수학 세특을 통해서 저는 수학에 대해 큰 강점을 가진 학생으로 평가받을 수 있었습니다.

택시미터기에 나타나는 숫자가 택시의 속력과 관련이 있는가에 대한 지적 호기심을 갖고 택시미터기에 쓰이는 수학적 원리라는 주제로 모둠별 주제 탐구 보고서 작성함. 택시 요금이 택시의 속도와 운행 시간에 비례하여 상승할 것이라는 가설을 세우고 탐구를 진행함. 택시미터기는 운행 거리에 따라 요금이 상승하고, 이를 가우스 함수의 그래프로 표현함. (…)

이는 수학과제 탐구 과목의 세특입니다. 여러분은 생명공학자라는 저의 진로와 택시미터기의 수학적 원리에 어떤 연관이 있다고 생각하시나요? 제가 생각하기에는 전혀 관련이 없습니다. 하지만 저의 수학과제 탐구 생기부는 세특으로 할 수 있는 최고의 역할을 했다고 해도 과언이 아닙니다. 수학 과목은 고등학교에서 시수가 높아 내신 성적에 큰 영향을 미치는 것도 사실입니다. 하지만 대학교를 이공계열로 진학하게 된다면 빠질 수 없는 것도 수학입니다. 이처럼 입시에서 여러분에게 원하는 것은 과목과 진로를 무작정 연결하는 것이 아닙니다. 오히려 '과목에 대한 호기심이나 흥미가 대학에 진학 후의 공부에도 좋은 영향을 줄 수 있는가?'입니다.

세특의 중요성은 점점 증가하고 있기 때문에 우리는 남들과 같은 세특이 아닌, 자신만의 스토리를 가진 세특을 만들어야 합니다. 이를 위해 필요한 것은 그 과목에 대한 진심입니다. 진심을 가지고 그 과목을 공부하면서 생긴 궁금증을 풀어나가는 과정을 세특에 드러내는 것이 가장 좋은 세특을 만드는 방법입니다.

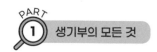

동아리활동 영역은
진로활동 영역의 다른 이름

동아리활동은 자신의 관심사를 가장 잘 드러낼 수 있는 활동입니다. 지금까지 모든 부분에서 진로에 관한 내용을 담을 필요 없다고 했지만, 동아리활동은 진로에 대한 내용이 포함되어 있는 것이 가장 좋습니다.

동아리활동(3학년)
생명공학 분야에 관심을 가지고 있는 학생으로 음식물에 의해 착색된 플라스틱 용기의 재활용률을 높이기 위해 착색 제거를 목표로 탐구활동 함. 실험 과정과 착색 제거제로 어떤 물질을 사용할지 적극적으로 의견을 제시하고 친구들과 협력하여 실험을 진행하는 모습을 보임. (…) 유성생식과 무성생식이 생물의 생식 전략과 진화에 미치는 영향에 관해 관심을 두고 우산이끼를 통해 무성생식과 유성생식으로 인위적 번식이 가능한지 탐구함. 우산이끼 암수를 구분하고 40개의 용기에 키우며 실험을 계획하고 진행함. (…) 탐구 내내 모둠원과 적극적인 의사소통, 역할 분담을 통한 효율적인 실험 운영 등 연구자로서 필요한 자질을 보여줌.

동아리활동은 수업시간에는 하기 힘든 활동을 할 수 있는 좋은 기회입니다. 수업시간에 배웠던 내용을 구체화하고 자신의 궁금증을 해결하는 모습을 드러낸다면 아주 좋은 동아리활동 생기부가 될 것입니다.

남들과 다른 자신의 모습을 보여주는 것이 가장 중요

Part 1에서는 생기부에 관한 내용을 담았습니다. 앞서 언급했던 내용을 요약하자면, 생기부에서 가장 중요한 것은 '남들과 다른 자신의 모습을 보여주는 것'입니다. 그렇다고 자신의 꿈을 모든 부분에서 강조하라는 것은 아닙니다. 그저 자신이 가진 궁금증이나 생각을 해결하는 과정을 담고 거기서 자신이 느낀 감정을 세세하게 담아내는 것이 자신의 진로를 표현하는 길이 되도록 해야 합니다.

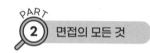

면접으로 나를 드러내는 시간, 저스트 텐 미닛

학생들은 크게 면접에 자신이 있는 학생, 면접에 자신이 없는 학생으로 나뉩니다. 처음 보는 사람 앞에서 자신을 소개해야 하는 긴장되는 상황에서 평소처럼 잘 말하는 것은 쉽지 않은 일입니다. 그렇기 때문에 면접은 준비를 확실하게 해야 합니다. 면접 당일 그 시간에 어떤 일이 벌어질지는 아무도 알 수 없고 어떤 질문이 나올지도 알 수 없습니다. 그렇기 때문에 면접을 준비할 때는 다음 두 가지의 요소를 모두 고려해서 준비를 해야 합니다. ① 어떤 상황이 벌어지더라도 준비한 말을 모두 할 수 있도록 ② 어떤 질문이 들어오더라도 모두 예상범위 내에 있도록 말이죠.

저는 생기부 기반 면접과 제시문 기반 면접을 모두 경험했습니다. 생기부 기반 면접은 GIST(광주과학기술원) 면접에서 진행했고, 제시문 기반 면접은 서울대학교와 연세대학교에서 진행했습니다. 이 두 면접은 자신의 생각을 다른 사람에게 전달해야 한다는 점에서 공통점이 있지만 준비하는 과정은 아주 다릅니다.

생기부 기반 면접 준비하기

우선 생기부 기반 면접은 자신의 생기부를 확실하게 아는 것이 중요합니다. 자신이 한 활동을 바탕으로 스스로 적은 생기부지만, 3년간의 내용을 모두 머릿속에 가지고 있기는 쉽지 않습니다. 그렇기에 생기부를 다시 보면서 그때의 일을 되돌아보는 것이 중요합니다. 그때의 감정을 떠올리며 생기부를 외울 정도로 보고 난 후, 다음 단계로 넘어갑니다.

생기부를 보면 분명 자신이 했던 활동이지만 개념을 까먹었거나 인과관계가 부정확한 면이 드러날 수 있습니다. 이를 해결하기 위해서는 자신의 생기부를 공부해야 합니다. 1학년 때 A 활동을 했다고 해서 이를 1학년의 관점에서만 보는 것이 아니라, 3학년이 됐을 때 여기에 B 활동을 연결시켜서 했던 경험이 있다면 이 과정을 공부하는 것입니다. 제 생기부를 기반으로 예시를 들어보겠습니다.

저는 2학년과 3학년 동안 실험 동아리를 하면서 실험을 많이 설계하고 진행했습니다. 그 과정에서 실험실에 대한 불편을 크게 느꼈습니다. 그래서 실험실 개선 프로그램에 참여해서 실제 실험실을 개선했던 경험이 있고, 이 내용이 생기부에 기재되어 있습니다. 하지만 만약 생기부를 공부하지 않았다면 인과관계가 있음에도 두 활동은 상관이 없는 활동이 됐을 수도 있습니다.

이렇게 생기부를 공부했다면, 다음 단계는 직접 면접관이 됐다는 생각으로 생기부를 다시 보는 것입니다. 면접관의 입장에서는 당사자를 만나보기 전까지는 서류상으로만 그 사람에 대한 정보를 얻을 수밖에 없습니다. 서류상으로만 정보를 받은 면접관이 자신의 생기부를 보고 들 생각을 유추해 보면서 스스로에게 질문을 던져야 합니다.

저의 수학 I 세특에는 "삼각함수의 발전 역사를 따로 찾아보면서 히파르코스, 프롤레마이오스, 레티쿠스 등 여러 수학자를 접함."이라는 문장이 있습니다. 이를 직접 조사한 저에게는 당연한 문장이지만 직접 조사한 것이 아닌 그저 '접함'이라는 글을 본 사람의 입장에서는 사실 여부를 판단하기 힘들 것이고 궁금한 것이 당연합니다. 그렇기에 저는 저에게 저 문장에 대한 질문을 던져보면서 다시 공부를 했습니다.

이처럼 자신이 면접관이 되었다고 생각하고 스스로 질문을 던지다 보면 면접관들이 할 질문이 보일 겁니다. '어떤 질문을 던져야 할지 모르겠다'는 생각이 들면 계속해서 제3자의 입장에서 생기부를 읽어보려고 노력하는 것을 추천합니다. 당사자가 아닌 제3자의 입장에서 생기부를 읽어보면 물음표가 생기는 부분이 많을 겁니다. 그 부분에 대해서 질문하는 게 가장 좋은 방법입니다.

제시문 기반 면접 준비하기

생기부 기반 면접은 자신의 생기부에 있는 내용에 대한 질문에 대답을 하면 되지만, 제시문 기반 면접은 면접 시간 내에 제시문을 이해하고 제시문에 대해 생각을 정리하고 일정 시간 동안 말을 해야 합니다. 생기부와 같은 자신만의 자료가 없는 상황에서는 기출문제가 가장 좋은 자료입니다. 아무리 제시문 면접이라고 하더라도 면접에 쓰이는 개념이나 문제는 고등학교까지의 교육과정 수준입니다. 그 사실을 생각하고 기출문제들을 풀어보면서 준비를 해야 합니다. 첫 연습에서는 저도 아무것도 대답하지 못하고 어쩔 줄 몰라 했지만, 기출문제를 풀어보면서 문제를 접한 시간이 늘어나면 그에 따라 아는 내용이 많이 생기고 노하우가 생길 겁니다.

제시문 면접에서 가장 중요한 부분은 문제 이해와 시간 관리입니다. 문제를 이해하고 문제를 푸는 시간은 생각보다 짧습니다. 주어진 시간 내에 문제를 이해하고 풀어야 한다는 긴장감 때문에 결과가 생각처럼 나오지 않을 수 있습니다. 그렇기에 모의 면접을 진행해 보면서 그런 상황이 되었을 때 나는 어떻게 행동해야 하는가에 대해서 생각해 봐야 합니다.

　면접의 종류에 상관없이 면접은 상대방에게 자신의 생각을 말로 전달하는 것이기 때문에 말하는 태도도 아주 중요합니다. 몸의 자세나 눈이 바라보는 방향 등이 듣는 사람 입장에서는 굉장히 큰 요소로 다가옵니다. 자신이 말을 할 때 눈동자가 크게 움직이는 것이 보이거나 머리를 자주 만지거나 손을 가만히 두지 못하거나 등등 다양한 이유로 인해서 감점이 될 수도 있습니다. 이처럼 평소 알지 못했던 나의 말할 때의 습관이나 좋지 못한 면을 알기 위해서는 영상을 찍어보는 것이 가장 좋은 방법입니다. 저 또한 그렇게 면접 준비를 했고 다른 사람의 시선에서 나 자신을 보면서 많은 것을 고쳤습니다. 말할 때의 태도도 고치고 손의 위치도 바꾸면서 점점 면접 실력이 늘었습니다.

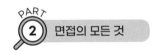

Part 2-2 기출 문제와 면접 복기

농업생명과학대학
산림과학부 일반전형 면접 복기

제가 보았던 서울대학교 농업생명과학대학 산림과학부 일반전형 제시문 기반 면접에 관한 기출 문제와 모범 답안을 제시하겠습니다. 제가 본 면접은 45분 동안 면접 제시문에 대한 해석과 문제 풀이를 하고 15분 동안 면접장에서 자신의 풀이나 생각을 표현하는 방식으로 진행됩니다. 다음은 제가 봤던 면접의 제시문과 질문입니다.

[제시문 1, 2 - 548~550쪽 문가람 학생 제시문 1, 2와 동일]

Q. 안녕하세요.

A. (풀지 못한 문제는 없어서 '자신 있게 잘 끝내고 오자'라는 생각을 가지고 면접장에 들어갔음) 안녕하십니까, 면접번호 ○○○번 강현승입니다.

Q. 문제를 설명해 주세요.

A. (긴장을 많이 했지만 면접관님이 온화한 미소로 맞아주어서 긴장을 조금이나마 풀 수 있었음) 네, 1번 문제부터 설명 시작하겠습니다. 1번 문제에서는 기울기가 a인 직선 $y=ax+b$가 x와 적어도 한 점에서 만나야 한다고 나와 있습니다. 모든 경우를 따지기보다는 경계선을 따지기로 했습니다. 그래서 a를 고정해 두고 b를 옮기는 방식으로 진행했습니다. 그래서 기울기, 즉 a가 양수일 때와 음수일 때로 상황을 나눴습니다. 우선 기울기가 양수인 경우를 따져보면 $(n, n+1)$을 지나는 경우가 b가 가장 크고 $(n+1, n)$을 지나는 경우가 b가 가장 작습니다. 그 경우에서 b를 다음과 같이 a에 관한 식으로 나타냈습니다. 위 과정과 마찬가지로 a가 음수인 상황에서도 b를 a에 대한 식으로 다음과 같이 나타내서 b의 최댓값과 최솟값은 이렇게 나오게 됩니다.

Q. 어, 그거 가장 마지막에 있는 답 한 번만 확인해 볼래요?

A. (1번 문제를 완벽하게 풀었다고 생각했는데 면접관님의 반응을 보니 실수가 있었다는 생각에 초조했음. 하지만 오히려 더 침착하자는 생각을 가짐. 답을 살펴보고 실수가 있음을 인지 후) 이 값이 b의 최솟값이 되게 됩니다.

Q. 그쵸. 다음 문제 해설해 주세요.

A. 1-2번에서는 1번에서 구한 값을 바탕으로 대입을 해서 적분 값을 구해주면 되는 문제입니다. 위에서 구한 최댓값 최솟값을 범위에 따라서 나눠서 계산을 해줘야 합니다. 1번에서 a의 경우를 0을 기준으로 나눴기 때문에 적분구간 0부터 2까지는 a가 양수인 상황, 적분구간 -2부터 0까지는 a가 음수인 상황으로 문제를 풀면 값이 나오게 됩니다.

Q. 네. 다음 문제 해설해 주세요.

A. (면접관님의 표정이 점점 좋아져서 좋은 분위기를 이어가기 위해서 더 자신감 있는 모습으로 면접을 진행함) 1-3번 문제는 1번, 2번 문제에 y라는 직사각형에 대한 조건이 추가된 문제입니다. 이 문제도 최댓값과 최솟값을 구하는 문제이기 때문에 모든 구간을 보기보다는 경계가 되는 지점을 기준으로 문제를 바라봤습니다. 기울기가 음수인 직선은 y와 적어도 한 점에서 만날 수 없으므로 문제를 푸는 과정에서 제외를 했고 a가 양수인 상황에서만 문제를 풀었습니다. $(n, n+1)$과 $(1, 2)$, $(2, 1)$을 지나는 경우, $(n+1, n)$과 $(1, 2)$, $(2, 1)$을 지나는 경우에 따라서 함수 p, q, r, s를 설정하고 이런 식으로 그래프를 그렸습니다. 그래서 이렇게 색칠된 도형이 만들어지고 이 도형의 넓이를 구하면 다음과 같습니다.

Q. 마지막 문제 설명해 주세요.

A. 앞서 3번 문제에서는 n이 1인 경우에 대해서만 봤지만 4번은 n을 고정하는 것이 아닌 S를 n에 대한 식으로 표현하고 이에 대한 극한값을 구하는 문제입니다. 이 극한값을 구하는 과정은 다음과 같고 계산을 마무리하면 이렇게 결과가 나오게 됩니다.

Q. 네, 알겠습니다.

A. 다음으로 2번 문제에 대해서 설명하겠습니다. 2번 문제는 문제에서도 나와 있듯이 A와 B가 각각 카드를 선택하고 그 카드에 맞는 동전 던지기의 결과가 나오면 이기는 상황입니다. 그 상황에서 1번 문제를 풀어보면 n이 3이고 p가 1/4이므로 계산을 하면 a_3와 b_3의 값은 다음과 같습니다.

A. 다음으로 2번 문제는 n이 3으로 정해진 경우가 아니라 n에 관한 식으로 a_n과 b_n을 나타낸 후 같은 값을 가지도록 하는 p를 구하는 문제입니다. 여기서는 방정식을 풀 때 p와 q가 0이 될 수 없다는 사실에 유의해서 방정식을 풀면 다음과 같은 값들이 나오게 됩니다.

Q. 네.

A. (시간관계상 답을 구하지 못했다는 말이 변명이라고 들릴까 봐 걱정을 많이 함) 3번 문제와 4번 문제는 시간관계상 값을 정확하게 구하지는 못했고 풀이만 말씀드리겠습니다. 각각의 상황에 대입해서 문제를 바라보면 p와 q에 관한 식으로 정리가 되는 것을 알 수 있습니다. 그리고 p와 q는 절대 0이 될 수 없기 때문에 양변을 나눠주면 부등식을 풀 수 있습니다.

Q. 면접 시간도 조금 남았는데 혹시 지금 풀어볼 수 있나요?

A. (면접관 분들이 걱정한 것처럼 받아들이시지 않으셔서 다행이라고 생각함. 그리고 문제를 주어진 시간 내에 문제를 풀 수 있다는 자신감을 가지고 문제를 풀어보려고 노력함) 네 감사합니다!

(몇 분 후) 3번의 답은 이렇게, 4번의 답은 이렇게 나옵니다.

Q. 면접 보느라 수고했어요. 마지막 순서라 많이 기다렸을 텐데 수고 많았어요.

A. (문제를 다 풀어냈고 면접관 분들의 반응이 좋아서 긍정적인 결과가 있을 것으로 예상하고 자신감을 가지고 면접장에서 나올 수 있었음) 네, 감사합니다.

이과 생기부의
레벨을 높이는 5가지 팁

꿈이 없어 방황하던 학생의 수시 합격법

026

농업생명과학대학 식품동물생명공학부 ㅣ 24학번 조형준 ㅣ 일반전형
서울시 도봉구 ㅣ 자사고(지역 단위) 졸업

안녕하세요. 저는 서울대학교 식품동물생명공학부 24학번 조형준입니다. 저는 학창시절 내내 진로에 대한 갈피를 잡지 못한 채 방황했습니다. 특별히 하고 싶은 것, 꿈이라는 것이 없었습니다. 그러나 아무것도 하지 않은 채 시간을 보내면 미래의 제 모습이 전혀 그려지지 않을 것 같아서 공부를 시작하였습니다. 이렇게 시작한 공부란 미래의 저에게 진로를 선택할 수 있는 폭을 넓히기 위해서 막연하게 하는, 목적성이 뚜렷하지 않은 것이었습니다.

특별히 하고 싶은 것이 없었던 저였기에 가고자 했던 과도 대략적인 계열만 잡아놓고 성적에 맞추어 결정했습니다. 자율, 진로, 동아리 영역에서는 어느 정도 진로와 관련된 내용이 필요하기 때문에 이 부분에서는 그나마 관심이 있는 과목 내용과 연관 지어 작성하는 것이 좋습니다. 하지만 그렇지 않은 교과목에서는 그저 그 교과목에 충실하거나 약간의 관심 과목 내용을 섞어서 작성하며 그 교과목을 열심히 탐구하고 공부하였다는 것을 나타내고, 그 과정에서 자신의 역량을 드러내면 됩니다.

지금 시점에서 생각해 보면, 진로를 결정하지 못하였다고 해서 아무것도 하지 않고 손을 놓았던 것보다는 공부라도 열심히 했던 것이 잘한 일이라고 생각합니다.

고등학교 생활 동안 생기부를 쓰기 위해서 했던 노력과 겪었던 시행착오들을 바탕으로 깨달은 점을 여러분께 공유하면서 생기부를 구성하는 팁을 공유하려 합니다.

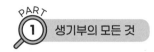
Part 1-1 매력적인 생기부를 위한 팁

생기부의 수준을 높이는
5가지 방법

5가지의 팁을 설명하기 전에 먼저 생기부의 전반적인 구조에 대해 이야기해 보겠습니다. 특히나 이과 계열의 생기부는 크게 동기, 탐구, 결론, 평가로 구성되어 있습니다. 이 큰 구조를 생각하면서 5가지 팁을 살펴보기 바랍니다.

1. 교과 연계는 필수

이과 생기부의 수준을 높이기 위해서는 고등학교에서 배운 것만을 이용해서 작성하기보다 '교과과정과 연계된' 심화 내용을 작성하는 것이 좋습니다. 생기부의 동기 부분을 사회 문제, 뉴스 기사 등을 읽다가 생긴 궁금증 또는 교과과정을 배우다 생긴 궁금증을 바탕으로 탐구를 진행하였다는 식으로 작성하는 것이 좋습니다. 또한 생기부 전체가 고등학교 교과과정과는 관계가 없는 심화 탐구 내용으로만 이루어져 있는 것을 피해야 합니다. 교과과정 공부 중에 생기는 궁금증을 바탕으로 심화된 내용을 작성하거나 심화 내용을 가지고 교과 과정과 연관되는 지점을 찾아야 합니다.

2. 논문이나 대학 과정 책을 활용하자

생기부를 작성하는 과정에서 필수적인 것은 지식과 정보를 찾는 것입니다. 스스로 탐구하는 능력도 필요하지만, 그전에 이론적인 배경이나 스스로의 탐구를 검증하기 위한 수단이 필요하기 때문입니다. 우리는 이렇게 지식과 정보를 잘 찾기 위해서 인터넷 검색엔진(혹은 ChatGPT), 논문, 대학 과정 책을 목적에 맞게 활용할 수 있어야 합니다.

인터넷 검색엔진(혹은 ChatGPT)은 탐구할 주제에 대해 생각하거나 간단한 정보를 찾을 때 사용하는 것이 좋습니다.

논문은 보통 전반적인 내용을 다룬다기보다 지엽적인 내용을 깊게 연구한 내용을 다룹니다. 그렇기에 탐구 주제를 이미 정했고, 자신이 하고자 하는 탐구에 대해서 알아보고 싶은 구체적인 내용이 있을 때 논문을 주로 이용합니다.

마지막으로 대학 과정 책은 고등학교 과정보다 더 높은 과정의 내용을 쓸 때 사용되는 개념을 찾아보고 공부하여 탐구를 할 때 사용하기 위해 필요합니다.

3. 선생님의 학생 평가 내용이 중요하다

위에서 이야기한 생기부의 구조에서 마지막 부분에 학생에 대한 선생님의 평가가 들어갑니다. 사실 이 부분이 생기부에서 아주 큰 역할을 한다고 이야기해도 과언이 아닙니다. 이 내용은 대학 입학사정관분들이 이 학생이 우리 과에 어울리는 인재인지를 판단하는 중요한 지표가 됩니다. 여기서 학생의 역량을 드러내는 것이 중요합니다.

4. 원하는 내용을 모두 넣으려면 양보다 질

생기부를 쓰면서 직면하는 문제 중 하나는 생각보다 생기부의 글자 수가 얼마 되지 않는다는 점입니다. 자기소개서가 없어진 지금, 생기부에 자신의 역량에 대한 어필을 열심히 해야 하기 때문에 최대한 핵심 내용만을 넣을 필요가 있습니다. 그 방법은 다음과 같습니다.

첫째, 동기 부분은 최대한 간략하게 작성해야 합니다. 동기는 어디까지나 동기일 뿐, 주된 내용이 아닙니다. 둘째, 심화 탐구 내용을 적을 때, 탐구한 내용을 적고, 심화 개념을 적는 것은 최대한 자제해야 합니다. 심화 개념은 어디까지나 탐구를 할 때 활용하는 것이고, 생기부를 작성할 때는 탐구한 내용을 위주로 작성해야 합니다. 여러분의 생기부를 보는 사람은 이미 심화 개념을 전부 아는 교수님들이기 때문에 개념에 대해 자세히 설명하는 것은 자신의 역량을 드러내는 것에 방해가 됩니다.

마지막으로, 선생님의 평가 부분은 한 문장에서 두 문장 정도 들어가야 하기 때문에 탐구 내용도 '과정-결과-결론' 순으로 간략하게 작성해야 합니다. 생기부는 자신의 역량을 드러내기 위함이라는 것을 꼭 기억하고, 탐구와 평가가 조화롭게 어우러지도록 하는 것이 필요합니다.

5. 직접 탐구하려는 의지가 나타나야 한다

심화 탐구라는 것은 하나의 내용에 대해서 궁금한 것을 직접적으로 계산하거나, 실험을 해보는 것을 말합니다. 단지 대학교 과정 개념을 분석하고, 공부하거나 논문에 대해 공부하는 것에 그치는 것은 대학교에서 요구하는 학생의 역량을 드러내지 못하기에 좋은 탐구가 되지 못합니다. 직접적으로 활동을 할 때, 결론이 예상한 것과 다르거나 실패한 것은 아무런 문제가 되지 않습니다. 탐구에 실패했다면, 왜 실패했는지를 스스로 고찰해 보는 것이 오히려 더 좋습니다. 이 과정을 통해서 학생 자신의 끈기, 자기주도적 능력을 드러낼 수 있기 때문입니다. 꼭 좋은 결과가 아니더라도, 사소한 것이라도 직접 탐구해 보려는 의지를 피력하는 것이 중요합니다.

추가적으로, 생기부를 작성할 때 '어떻게 진로랑 연관 지어서 작성하지?'라는 고민을 하는 학생이 많을 것이라 생각됩니다. 결론적으로 말하면 과목별 세특에서는 진로와 직접적으로 연계되는 과목이 아닌 이상 그 과목에 충실하게 세특을 작성하면 됩니다. 진로에 대한 내용은 자율활동, 진로활동, 동아리활동, 진로 연관 과목에 충분히 작성할 수 있습니다.

프롤로그에서 언급했던 것처럼 저는 진로를 명확하게 정하지 못한 상태였습니다. 그럼에도 불구하고, 주로 화학, 생명, 수학, 환경에 관심이 있었기 때문에 이와 관련된 내용을 작성하였습니다. 특히나 환경에 관련된 내용은 어느 영역과도 엮기 쉽기 때문에 환경과 관련된 내용을 1학년 활동에서 잘 활용하면 좋습니다. 예시로 제가 1학년 때 작성한 진로활동 생기부를 공유하겠습니다.

진로활동(1학년)
진로와 직업 교과 활동 중 어부들과의 인터뷰 과정에서, 물고기를 잡을 때 잡지 않아도 되는 물고기들이 그물에 걸리고, 죽은 채로 바다에 버려지는 과정에서 해양 오염이 발생할 수 있다는 내용에 '작은 물고기 포획을 줄일 수 있는 그물의 모양 탐구'를 주제로 활동을 진행하였음. 그물의 모양이 대칭적이지 않으면 튼튼하지 않을 수 있기 때문에 그물의 모양을 정사각형, 정육각형, 마름모 모양으로 설정하였고, 각 그물의 모양에 따라 내부에서의 최대 길이와 최소 길이를 계산하였음. (…) 정육각형 그물은 큰 물고기를 잡을 때 쓰면 다른 작은 물고기들을 효율적으로 배출할 수 있고, 정사각형 그물은 물고기 너비와 폭의 차이가 큰 경우에 사용하면 다른 물고기를 효율적으로 잡지 않을 수 있음을 제시하였음. 또한 마름모 모양의 그물은 차이가 크지 않은 경우에 사용하면 다른 물고기를 효율적으로 잡지 않을 수 있음을 밝힘. 바다 쓰레기 중 그물에 관심을 가지고, 어민들과의 인터뷰 내용을 바탕으로 해양 오염을 줄이기 위해 캠페인 및 탐구활동 등 노력하는 모습이 인상 깊은 학생임.

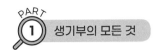

Part 1-2 과목별 세특 사례와 조언

과목별 세특의
모범답안 분석

수학 Ⅱ (2학년)
교과서에서 극한의 기본 성질을 그저 당연하게 성립하는 것으로 배웠는데 이 내용을 정확하게 증명해 보고 싶었다고 함. 창의융합탐구 수행평가에서 '엡실론 델타 논법을 통해 당연하게 받아들여지던 것들을 증명하기'를 주제로 탐구하여 보고서를 작성하고 ppt를 만들어 발표함. 두 함수의 사칙연산에 관한 극한의 성질과 조임 정리를 정확한 델타 값을 제시하여 증명하고, 다항함수의 연속성을 수학적 귀납법과 연역적 논증을 통해 정확하게 증명함. 발표에서도 탐구 내용을 정확한 용어와 기호를 사용하며 이해하기 쉽게 논리적으로 잘 설명하였으며 학급 최우수 발표자로 선정됨. 탐구 과정 전반에서 학생의 높은 수학적 사고의 수준을 관찰할 수 있었고, 대학생들도 어려워하는 내용임에도 완벽하게 이해하는 등 앎을 확장시키기 위한 강한 집념과 의지가 인상적임. (…)

방금 이야기한 내용들을 토대로 과목별 세특의 모범답안을 분석해 보겠습니다. ① 에서 이야기한 것처럼 교과서 내용을 배우다가 생긴 궁금증을 바탕으로 탐구를 진행하였던 것을 볼 수 있습니다. 또 ④, ⑤에서 이야기한 것처럼 심화 내용인 '엡실론 델타 논법'이 무엇인지 상세하게 설명하는 것보다는 이를 이용해서 직접 진행한 탐구

내용이 들어가 있는 것을 볼 수 있습니다. 마지막으로 ③에서 이야기했던 것처럼 학생에 대한 선생님의 평가가 들어가 있는 것을 볼 수 있습니다.

추가적으로 Part 1-1 마지막 부분에서 이야기한 것처럼, 위의 세특은 제가 합격한 학과와는 크게 상관이 없는 내용임을 알 수 있습니다. 하지만 일련의 과정을 통해서 제가 배우는 과목에서 최선을 다하는 저의 역량을 드러낼 수 있었고, 이러한 것이 합격의 한 요소로 작용할 수 있다고 생각합니다. 같은 맥락에서 다음에 나오는 과목별 세특의 모범답안도 참고하시기 바랍니다.

물리학 I (2학년)

열역학 법칙을 배우면서 화력발전소의 열효율을 개선하면 환경보호에 도움이 될 수 있을 것이라 생각하여 이를 탐구하겠다는 포부를 밝힘. 탐구 방향성에 대해 조언을 해주었더니 학술 자료를 찾아보고 추가 학습을 병행하여 화력발전소의 작동원리와 엔트로피, T-S 선도 등의 이론을 성공적으로 이해하는 모습을 보여줌. 종합 열효율 4인자를 장치선도를 그려가며 설명하였으며 정량적으로 열효율을 계산하는 방법까지 다루는 등 깊이 있는 탐구활동이었음. 특히 전력통계정보시스템 자료를 이용하여 국내 화력발전소의 열효율을 외국과 비교하고 단열압축, 등압가열, 단열팽창, 등압방열로 이뤄지는 랭킨사이클의 효율을 높이는 방법을 소개한 부분이 인상 깊었음. 화력발전소 열효율의 한계치를 카르노 효율을 구하는 이론을 적용하여 계산함으로써 교과 지식을 자유롭게 활용할 수 있는 역량을 지녔다고 평가함. 뛰어난 물리학 이해력을 지닌 학생으로 쉬는 시간에 친구들로부터 질문을 많이 받으며 친절하게 설명해 주는 모습이 자주 목격됨. 친구들을 가르쳐주는 과정에서 발견한 자신의 부족한 부분을 보완하고 교사에게 피드백을 받는 탁월한 학습태도를 지닌 학생임.

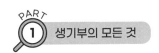

Part 1-3 교과 외 활동 사례와 조언

세특에 들어가지 않는 활동은
자율활동에 넣자

독서, 학급 활동, 배려, 봉사 등은 자율활동에 들어가면 좋은 내용입니다. 외부 봉사활동, 독서가 모두 평가 항목에 들어가지 않기 때문에 이런 내용들을 자율활동에 써주면 좋습니다.

자율활동(1학년)

친구들의 학습에 도움이 되고자 정규 고사 전 국영수 요점 정리본을 직접 만들고 교실 뒤편에 게시하여 친구들이 중요한 학습 내용을 놓치지 않고 복습할 수 있도록 배려함. 학급 청소에서 궂은일에 속하는 분리 수거함 비우기에 자원하여 1년간 성실하게 이행함. (…) 2학기 독서부원으로서 아침 독서 프로젝트에 참여하여 책 『이토록 뜻밖의 뇌과학』을 읽고 뇌에서 정보를 전달하는 과정인 자극의 전달이 뉴런을 통해 이루어지는 원리에 호기심을 갖게 되어 (…) 활동 전위의 생성을 그림 자료를 곁들여 이해하기 쉽게 전달하여 학급 친구들의 좋은 호응을 얻음.

학급 친구들을 위한 배려와 봉사 내용과 독서 내용을 탐구 동기처럼 활용해서 자율활동을 작성했고, 탐구에서 그치는 것이 아니라, 학급 친구들에게도 정보를 공유하기

위해 추가적인 발표를 진행하였습니다. 이렇게 되면 자율활동에 들어갈 수 있는 대부분의 내용을 전부 넣은 것입니다.

자율활동(2학년)

평소 주변을 세심하게 관찰하고 탐구하여 배운 내용을 응용해 문제를 해결하는 실천적 의지가 돋보이는 학생임. 환경부가 생분해성 플라스틱의 친환경 인증을 취소한 것과 한 기업의 생분해성 플라스틱에 대한 투자 기사를 관심 있게 읽고, 생분해성 플라스틱에 관한 심화 탐구를 진행함. (…) 지역 관계기관에서 시범적으로 생분해성 수지 순환 사업을 실시하자는 아이디어를 제안하고, 재활용 및 기후 변화 관련 조례와 일회용품 사용 저감에 관한 조례의 개정을 제안함. 더 나아가 학급에서 분리수거 봉사활동을 자처하며 정확한 재활용 물품 및 재활용이 되지 않는 물품을 정리하고 홍보하는 프로젝트를 진행함. (…) 환경보호를 앞장서며 친구들과 함께 올바른 분리수거를 실천하여 학급 발전에 이바지함.

학생에 대한 선생님의 평가가 들어가 있고, 동기와 탐구 내용, 이에 그치지 않고 탐구와 연관 지어 실행한 적극적인 활동과 봉사, 학급활동까지 작성하였습니다. 이렇게 단순히 탐구, 혹은 단순히 학급활동보다는 두 가지를 연관 지어서 작성하면 좋은 자율활동을 작성할 수 있을 것이라 생각됩니다.

천천히 말하는 연습을
미리 해두자

면접 날에는 면접장에 들어가기 전부터 엄청나게 떨리게 됩니다. 떨리면 면접을 볼 때 말이 빨라질 수 있고, 그러다 보면 준비한 내용을 전부 정확하게 전달하지 못할 수 있습니다. 이를 방지하기 위해서 말을 천천히 하는 연습을 미리 해 두어야 합니다.

제 경우, 면접 번호가 생각보다 뒤쪽이어서 대략 한 시간 넘게 기다렸습니다. 서울 대 면접은 기다리는 동안 면접 준비를 할 수 없기 때문에 아무것도 하지 못하는 채로 엎드려서 잠을 청하였습니다.

면접을 보기 전 문제를 푸는 시간은 45분이었습니다. 문제를 다 풀고 나서 면접관 두 분 앞에서 제가 푼 문제에 대한 답을 차례대로 읊었습니다. 면접관 두 분은 면접을 보는 중간에 궁금한 것이 있으면 물어보셨고, 모든 답이 끝난 다음에는 조금 부족했던 부분에 대해서 질문하셨습니다. 이 당시에 대답을 할 때는 긴장을 했지만 말을 빠르게 하지 않게 속도를 조절했고, 최대한 논리적으로 차분하게 말을 하려고 노력했습니다.

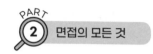

Part 2-2 기출 문제와 면접 복기

농업생명과학대학
식품동물생명공학부 일반전형 면접 복기

[제시문 1 - 162쪽 김나연 학생 제시문 1과 동일]

Q. [문제 1-1] 마그네슘(Mg), 칼슘(Ca), 바륨(Ba, 원자번호 56)은 모두 2족 원소이다. 각각의 산화물은 MgO, CaO, BaO이다.

(1) MgO, CaO, BaO의 녹는점을 각각 높은 순서대로 나열하고, 그 이유를 설명하시오.

A. MgO, CaO, BaO 순서대로 녹는점이 높습니다. 이온 결합 화합물에서 각각의 양이온은 모두 2족 원소입니다. 따라서 이온의 전하량은 같지만, Mg에서 Ba으로 갈수록 원자번호가 커지고, 따라서 주기도 커지기 때문에 원자의 반지름은 점점 커집니다. 따라서 이온의 반지름도 커지고, 각 이온 결합 화합물에서 두 이온 사이의 결합 길이가 길어집니다. 따라서 두 이온의 결합 세기는 작아지게 됩니다. 녹는점은 이온 결합 세기가 작을수록 낮기 때문에 녹는점이 높은 순서대로 나열

하면 MgO, CaO, BaO입니다.

Q. [문제 1-1 (2)] 알루미늄 양이온(Al^+), 알루미늄(Al), 마그네슘을 이온화 에너지가 큰 순서대로 나열하고, 그 이유를 설명하시오.

A. 알루미늄 양이온, 마그네슘, 알루미늄 순으로 이온화 에너지가 큽니다. 먼저 알루미늄과 알루미늄 양이온의 이온화 에너지를 비교해 보았을 때, 핵 전하량은 같지만, 전자의 수가 알루미늄 양이온이 더 적습니다. 따라서 전자 간의 반발력이 줄어들게 되고, 전자 간의 반발력이 작을수록 이온화 에너지가 더 크다는 것을 알 수 있습니다. 따라서 알루미늄 양이온의 이온화 에너지가 알루미늄의 이온화 에너지보다 더 크다는 것을 알 수 있습니다.

그다음 알루미늄 양이온의 이온화 에너지와 마그네슘의 이온화 에너지를 비교해 보았을 때, 전자 수는 같지만 핵 전하량이 알루미늄 양이온이 마그네슘보다 더 큽니다. 따라서 전자 간의 반발력은 같지만, 전자를 잡아당기는 힘이 알루미늄 양이온이 더 크기 때문에 알루미늄 양이온의 이온화 에너지가 마그네슘의 이온화 에너지보다 더 크다는 것을 알 수 있습니다.

마지막으로 마그네슘과 알루미늄의 이온화 에너지를 비교해 보았을 때, 마그네슘의 이온화 에너지가 알루미늄의 이온화 에너지보다 더 큽니다. 그 이유는 같은 주기에서 전반적으로 원자번호가 증가할수록 이온화 에너지가 커지는데, 마그네슘과 알루미늄에서는 예외가 발생합니다. 그 이유는 에너지가 높은 3p 오비탈에 전자가 있는 알루미늄이 에너지가 낮은 3s 오비탈에 전자가 있는 마그네슘보다 전자를 떼어내기 쉽기 때문입니다.

Q. [문제 1-2] 아래에 주어진 칼슘(Ca)의 순차 이온화 에너지와 반응 엔탈피 값을 이용하

여 기체 상태의 칼슘 양이온(Ca^{2+})과 산소 음이온(O^{2-})으로부터 고체 상태의 산화칼슘(CaO)를 형성하는 과정의 반응 엔탈피를 구하시오. (164쪽 문제 정보 참고)

A. 이온화 에너지를 밑의 산소 식과 비슷한 식으로 바꾸고, 모든 식을 적절하게 더하면 위에서 반응 엔탈피를 구해야 하는 식을 만들 수 있습니다, 이후 반응 엔탈피를 계산하면 -3048 kJ/mol임을 알 수 있습니다.

Q. [문제 1-3.] HF를 구성하는 두 원자가 서로 멀리 떨어져 있다가 점점 가까워질 때, 두 원자 사이의 결합 에너지 변화를 아래 주어진 정보를 활용하여 설명하시오. 단, 두 원자 사이의 거리가 (1) 매우 멀 때, (2) 결합 길이와 같을 때, (3) 0에 가까울 때를 기준으로 서술하시오. (165쪽 문제 정보 참고)

A. 주어진 H_2의 결합 에너지와 F_2의 결합 에너지, HF의 표준 생성 엔탈피를 이용해서 HF의 결합 에너지를 구하면 26kJ/mol임을 구할 수 있습니다. 각 상황에서 두 원자 사이의 결합 에너지의 변화를 설명해보겠습니다.

첫 번째로 두 원자 사이의 거리가 매우 멀 때 결합 에너지는 26kJ/mol보다 작습니다. 그 이유는 거리가 매우 멀면 두 원자 사이의 인력이 반발력보다 강하게 작용하기 때문입니다.

두 번째로 두 원자 사이의 거리가 결합 길이와 같을 때는 인력과 반발력이 균형을 이루기 때문에 26kJ/mol와 같습니다.

마지막으로 두 원자 사이의 거리가 0에 가까울 때는 26kJ/mol보다 큽니다. 그 이유는 거리가 0에 가까울 때는 반발력이 인력보다 강하게 작용하기 때문입니다.

Q. [문제 1-4.] 분자 간 상호 작용은 여러 요인에 의해 결정된다. 다음 물음에 답하시오.

(1) 염소(Cl_2), 브로민(Br_2, 원자 번호 35), 아이오딘(I_2, 원자 번호 53)을 끓는점이 높은 순서

대로 나열하고, 그 이유를 설명하시오.

A. 아이오딘, 브로민, 염소 순으로 끓는점이 높습니다.

위의 이원자 분자들의 끓는 점은 분산력에 영향을 받습니다. 분산력은 보통 분자의 크기가 클수록 강하기 때문에 분자의 크기가 큰 순서대로 끓는점이 높다는 것을 알 수 있습니다.

Q. [문제 1-4 (2)] 다음 두 화합물은 모두 동일한 $C_2H_2Cl_2$의 분자식을 가지며, 두 염소 원자의 배열 상태에 따라 화합물 A와 화합물 B로 구분된다. 이때, 두 화합물의 끓는점을 비교하고, 그 이유를 설명하시오. (166쪽 문제 정보 참고)

A. (기억이 잘 나지 않음. 이 질문에 대한 대답을 잘하지 못했던 것 같음. 무슨 말을 했는지 기억이 나지 않을 정도로 떨렸음.)

Q. [문제 1-5] 스핀 자기 양자수는 전자의 운동 방향에 따라 결정되는 양자수로, 두 가지 상태(+1/2 혹은 -1/2)를 가진다. 전자의 스핀 자기 양자수가 네 가지인 가상 세계가 존재한다고 가정할 때 다음 물음에 답하시오. 단, 원소의 원자 번호, 오비탈, 입자(원자핵 등)의 전하량과 질량 등 다른 모든 조건들은 현실 세계와 동일하다. 또한 이 가상 세계에서도 쌓음 원리, 파울리 배타 원리, 훈트 규칙이 모두 적용된다.

(1) 가상 세계에서 플루오린(F)의 전자 배치를 기술하시오.

A. 1s 오비탈에 전자가 4개, 2s 오비탈에 전자가 4개, 2p 오비탈에 전자가 1개 들어갈 것입니다.

Q. [문제 1-5 (2)] 가상 세계에서 주기율표가 어떻게 구성될지 현실 세계에서의 주기율표와 비교하여 각 원소가 배치되는 족과 주기의 관점에서 설명하시오. 단, 원자 번호 20

번까지만 고려한다.

A. 주기율표의 주기는 전자 껍질을 기준으로 결정되기 때문에, 1주기에는 1번부터 4번까지, 2주기에는 5번부터 20번까지 있을 것으로 예상됩니다.

Q. [문제 1-5 (3)] 가상 세계에서 수소(H)부터 네온(Ne)까지의 원소에 대하여 일차 이온화 에너지 경향성이 어떻게 변화할지 현실 세계와 비교하여 설명하시오.

A. s오비탈에서 p오비탈로 넘어갈 때와 p오비탈에서 쌍을 이룬 전자 사이의 반발력이 발생할 때 주로 예외 현상이 발생하기 때문에 현실 세계에서는 베릴륨과 붕소, 질소와 산소에서 예외 현상이 발생하였다면, 가상 세계에서는 산소와 플루오린에서 예외 현상이 발생할 것이라 추측할 수 있습니다.

[제시문 2 - 170쪽 김나연 학생 제시문 3과 동일]

A. 1-2 (1). 먼저 (나)의 유전자풀 변화 요인은 온도입니다. (가)는 연평균 온도 범위가 모든 표현형이 생장 가능한 온도 범위와 겹치지만, 나머지 국가 (나), (다)는 표현형 C가 생장하기 위한 온도만큼 연평균 온도가 되지 않기 때문에 (나)는 표현형 A, B만 관찰할 수 있었습니다.

1-2 (2). 서식지나 먹이의 양의 제한으로 인한 환경저항 때문에 환경수용력에 가까워질수록 변화가 없어지게 되어 위와 같은 형태로 생장곡선이 예측됩니다. 또한 ㄱ을 ㄴ으로 변화시키기 위해서 환경수용력을 줄여야 하기 때문에, 환경저항을 늘려야 하므로, 먹이의 양을 제한하거나 서식지를 파괴하는 방법이 있습니다.

1-2 (3). 생태적 지위가 겹치기 때문에, 종 간에 일어나는 먹이, 장소에 대한 경쟁을 줄이기 위해서 유충 수 변동 양상이 변화하였다는 것을 알 수 있습니다.

[제시문 3 - 173쪽 김나연 학생 제시문 4와 동일]

A. 2-1. 산소가 존재하면 유산소 호흡과 무산소 호흡인 발효를, 산소가 존재하지 않으면 무산소 호흡으로 발효만 하기 때문에 생성량에서 차이가 납니다. 특히나 에탄올 생성량을 통해서 산소가 없는 조건에서는 발효(알코올 발효)가 일어났음을 알 수 있습니다.

2-3 (1). 알코올 발효는 발효 결과로 알코올과 이산화탄소가 나오고, 젖산은 발효 결과로 젖산이 나옵니다.

2-3 (2). 근육세포에서는 젖산 발효가 일어납니다. 젖산 발효는 무산소 환경에서 소량의 에너지를 즉각적으로 얻을 수 있다는 점에서 이점을 얻을 수 있습니다.

생기부의 꽃,
자율활동으로 승부를 보다

이 내신으로 그 학교는 못 간다는 당신에게 건네는 말

027

농업생명과학대학 조경·지역시스템공학부 ㅣ 24학번 정재훈 ㅣ 일반전형
경상남도 양산시 ㅣ 일반고 졸업

안녕하세요. 서울대학교 조경·지역시스템공학과에 재학 중인 24학번 정재훈입니다. 여러분은 '나는 충분히 서울대에 합격할 수 있을 거야'라고 생각해 본 적이 있나요? 아마 이런 확신을 가지기는 힘들 것입니다. 겨우 몇 개월 전의 저도 이러한 확신은 물론이고, 사실 서울대학교 지원 여부도 확실하지 않은 상황이었습니다.

매년 서울대를 한 명 정도 보내는 경남 지역의 일반고에서 내신 성적으로 다섯 손가락 안에도 들지 못했던 저에게는 솔직히 말해서, 서울대학교가 목표가 될 수 없었습니다. 최종 내신 등급 약 1.7, 전교 등수 7등이라는, 일반고에서는 다소 애매한 성적대를 가지고 있었기 때문입니다.

하지만 저는 좋은 생기부를 작성하기 위해 끊임없이 분석하였습니다. 그 덕분에 일반고 생기부 중 우수하면서도, 특목고나 자사고와는 또 다른 느낌의 생기부를 작성해 나갔습니다. 특히 깊이 있는 교과별 세특과 상대적으로 넓은 분야에서 작성한 자율활동에 자신감이 있었기 때문에, 선생님과의 협의도 없이 덜컥 일반전형으로 서울대학교에 지원했습니다.

교과 전형에서는 부족한 수치가 명확히 드러나서, 학생부종합전형은 평가를 어떻게 할지 몰라서 학생들은 자신감이 쉽게 바닥나곤 합니다. 하지만 끈기 있게 노력한다면 남들과는 다른 길을 걷고, 그 길을 따라 남들과는 다른 결과를 얻을 수 있을 것입니다.

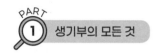

기본은 갖추되,
독특하고 기억에 남는 생기부란

'뛰어난 생기부는 무엇인가?'라는 고민을 해본 경험이 있을 겁니다. 저 또한 하루에도 수십 번씩 고민하고 셀 수 없이 많은 우수 생기부 사례를 보았습니다. 너무나도 많은 생기부를 보다 보니 무엇 하나 남는 게 뚜렷하게 없는 것이 없더군요. 이때 한 가지가 문득 떠올랐습니다.

바로 면접관님들은 매년 수백 개의 생기부를 본다는 사실입니다. 실제로는 각각의 평가 요소가 분명 존재하지만, 면접관님들도 눈에 띄는, 남들과는 다른 생기부를 보면 더 인상 깊게 느끼리라 생각합니다. 그래서 제가 생각하는 뛰어난 생기부는 기본은 충실히 갖추되, 독특하고 기억에 남는 생기부입니다.

먼저 다소 식상하고 흔한 저의 1학년 시절 생기부를 보여드리겠습니다.

공학계열에 관심이 많은 친구와 '학급 소모임'(2021. 08. 25.-2021. 12. 21.)을 구성하여 신재생 에너지를 활용한 수소 전기차의 효율성 및 안정성에 대한 기사를 읽고 이를 주제로 토론에 참여함. 통합과학의 해당 단원 내용을 찾아보고 수소 연료 전지의 원리, 수소 연료 탱크의 구조와 재질, 안정 장치와 센서들의 원리와 관련된 과학 지식들을 탐구함. 이를 근거로 수소 전기차의 효율성, 친환경성, 안정성에 대해 논리적으로 설명함. (…) 그동안의 관련 활동과 『1.5도, 생존을 위한 멈춤(박재용)』 독서 경험을 통해 기후 위기의 심각성에 더욱 관심을 가져 『침묵의 봄(레이첼 카슨)』을 읽고 관심 분야인 공학계열과 연계하여 기후 위기 대응 방안을 탐구함.

최근 이슈가 되는 '기후 위기'라는 좋은 주제를 이용했음에도 불구하고, 단순하고 깊이 없는 활동이 주를 이루고 있습니다. 기후 위기를 주제로 작성한 다른 학생들과는 전혀 차별점이 없고 추상적인 내용의 나열뿐이죠.

제가 언급한 뛰어난 생기부를 만들기 위해서는 분명히 차별성이 존재해야 합니다. 차별성을 드러내는 가장 효과적인 방법은 단순히 '탐구함', '토론함'과 같은 추상적인 표현이 아닌, 구체적으로 본인이 능동적으로 실행한 활동을 작성하는 것입니다.

비인기 학과에 관심을 갖자

또 하나 이야기하고 싶은 점은 '비인기 학과도 함께 공략하자' 입니다. 일반적으로 공과대학에서 인기 학과인 컴퓨터공학, 전자공학, 기계공학 등에는 당연하게도 우수한 학생들이 많이 몰리게 되고 입결이 올라가게 됩니다. 반면, 비교적 비인기 학과에 관한 관심을 직접적으로 드러내는 학생들은 소수기 때문에 해당 학과에 관한 관심과 이해를 드러내면, 그 자체만으로도 특색을 띠게 되며, 훨씬 더 깊은 인상을 주게 됩니다.

저 또한 기계공학과 컴퓨터공학에 진학하고자 하여 관련 내용을 중심으로 생기부를 작성했습니다. 하지만 그만큼 제가 앞서 이야기한 뛰어난 생기부와는 조금 거리가 생기게 됩니다. 수많은 학생이 관심을 두는 학과이기 때문에 독특한 생기부 활동 주제를 건지고 특색있게 전개하기는 쉽지 않습니다.

그래서 저는 비교적 비인기 학과인 건축학과, 특히 지역 시스템공학 혹은 건축 사회 환경공학에도 관심이 있었기 때문에 관련 내용도 틈틈이 채워나갔습니다. 공학이라는 분야 안에서 이곳저곳을 탐방해 본 것이라고 할 수 있습니다.

동아리활동(3학년)

3D 프린터를 활용해 태양광 추적 장치를 제작함. 제작 후 아두이노 연결 및 코딩을 맡아 프로그래밍에 대한 이해력과 코드 구성 능력을 보여주었음. 제작 완료 후 예상과 달리 작동이 되지 않아 다방면으로 원인을 분석하던 중, 프로그램을 검토한 결과 태양 추적 센서 판독값을 기반으로 고도 각도와 방위각을 계산하는 과정에서 센서 판독값에서 180도를 빼서 방위각을 변환하는 대신, 실수로 180도를 추가하는 논리 오류를 발생시켰음을 발견하고 이를 수정하며 문제를 해결하였음. (…) 온도 센서, 습도 센서, 가스 센서, 조도 센서 등을 활용해 주변 환경의 데이터를 수집하고 앱에 수치화해주는 환경 모니터링 로봇을 구상하여, 교실 환경에 대한 다양한 정보를 한꺼번에 전달할 수 있는 아이디어를 제시함. (…)

컴퓨터공학과 기계공학에 관심이 많았던 저는 단순히 3D 프린터를 활용한 제작과 코딩에 그치지 않고, 그것을 주변 환경 데이터를 수집하는 모니터링 로봇으로 한 단계 업그레이드함으로써 지역 시스템공학에 관한 관심과 이해를 드러냈습니다. 이러한 방식을 적용하며 컴퓨터공학과와 기계공학과의 진학에서도 다른 학생들이 고르지 않는 주제를 가져감과 동시에, 지역 시스템공학과에 진학하는 데도 큰 이점을 지니게 됩니다.

또한 앞서 예시로 들었던 1학년 생기부와는 다르게, 구체적인 활동과 능동적인 사고를 드러냄으로써 내용의 깊이를 더할 수 있었습니다. 활동에 일어난 실패를 감추기보다는 솔직하게 드러내며 활동의 생생함과 사실감을 더하여, 더욱 특색있는 생기부를 완성할 수 있었습니다.

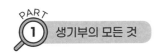

Part 1-2 과목별 세특 사례와 조언

과목별 세특에서 주의할 점, '뇌절'하지 말자

'뇌절'이란 1절, 2절을 넘어 반복하는 과장되거나 불필요한 행동을 가리키는 인터넷 용어입니다. 생기부에서 뇌절하지 말자는 말은 '과목별 세특에서조차 본인의 진로와 과도하게 엮지 말라'는 의미입니다. 생기부 전체가 특정 학과 혹은 계열에 대한 이야기만으로 가득 차서 매력도가 오히려 떨어집니다. 과목별 세특은 말 그대로 해당 과목에 대한 본인의 역량과 관심을 드러내는 것이 중점이 되어야 합니다.

언어와 매체(2학년)
로봇과 AI 산업에 대한 사람들의 두려움을 해소하기 위해, 매체 자료를 제작해 '로봇과 AI산업의 진실'을 주제로 탐구하고 발표함. 무인 카페와 같이 학생들이 생활에서 접할 수 있는 AI 산업 사례를 설명하고 로봇의 양면성을 다룬 영상 자료를 제시해 청중들의 관심을 집중시킴. 특히 로봇과 AI 산업에 대한 청소년들의 인식에 대해 호기심을 가져 교내 학생들을 대상으로 설문 조사를 실시함. (…) '미디어의 이해'를 인용하여 미디어는 인간 지각을 바꾸는 힘을 가졌으므로 미디어에서 제시하는 AI 산업의 역기능을 비판적 시각으로 수용해야함을 역설함.

문제점이 드러나는 제 '언어와 매체' 세특 예시입니다. '언어와 매체'에 부합하는 요소가 곳곳에 포함되어 있기는 하지만, 주체가 '로봇'과 'AI 산업'이 된 듯한 느낌이 있습니다. 주객전도가 된 것이죠. 그에 따라, 교과별 세특에서 보여주어야 할 과목에 대한 이해와 우수함을 드러낼 수 없었을뿐더러, 다소 식상한 활동이 되고 말았습니다.

이번에는 교과목에 집중하여 능력을 드러낸 예시인 미적분 세특입니다.

미적분(3학년)
교과 시간 중 피적분 함수들이 모두 유계인 실함수이며, 닫힌 구간에서만 정의된다는 공통점을 발견하고 열린 구간에서의 적분에 대한 질문을 교사에게 하고는 이를 극복키 위한 이상 적분을 직접 찾아, 끊임없이 질문하며 방법을 익혀가는 탐구력이 훌륭함. 노력 끝에 열린 구간에서의 적분을 익히고는 확률과 통계 속 정규 분포의 확률 밀도 함수를 이상 적분하고 표준화를 통해 적분값이 1이 된다는 것을 도출하고 모든 확률을 더했을 때 1이 되는 것을 직접 증명한 후 그래프를 그려 친구들에게 설명하는 과정이 인상적임. 이어 르베그 적분, 중적분까지 확장해 나가며 미적분학의 견해를 넓히고 단일 적분과 유사하게 리만 합을 사용하여 중적분이 근사화될 수 있음을 통해 적분 영역을 더 작은 하위 영역으로 분할하고 각 하위 영역 내의 샘플 지점에서 함수를 평가하여 적분 값을 근사화할 수 있음을 밝히는 분석적 역량도 엿볼 수 있었음. (…)

'미적분'이라는 학문에 대한 관심과 주체적인 탐구 내용을 드러내며, 과목 그 자체에 집중했다는 점이 중요합니다. 또한, 스스로 교과목 내용을 넘어 심화적인 부분에 호기심을 느끼며 능동적으로 탐구해 나가는 모습을 통해 대학에서 궁극적으로 원하는 '스스로 익히는 인재'임을 보일 수 있습니다.

특정한 분야에만 관심을 보이기보다는, 여러 과목에서 각각 본인의 역량을 잘 드러내고 열정적인 모습을 보여준다면 뛰어난 학생임을 증명할 수 있을 것입니다. 더군다나, 현재 대입의 기조상 '문·이과 통합형 인재', '융합형 인재'를 원하고 있으므로 이과를 희망하는 학생들은 문과적 성향의 과목에서, 문과를 희망하는 학생들은 이과적 성향의 과목에서 본인의 우수함과 능력을 확실히 드러낼 필요가 있습니다.

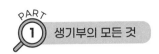
Part 1-3 교과 외 활동 사례와 조언

생기부의 꽃은
자율활동

2024학년도 대입부터 자소서와 외부 봉사활동 기재가 사라졌습니다. 입시를 준비하는 학생들 처지에서는 챙겨야 할 활동이 줄어 부담이 줄어든 부분도 있겠지만, 이는 대학에서 생기부를 판단하는 범위가 줄어들었다는 의미이기도 합니다. 그러므로 더욱 신중하고 밀도 높게 교과 외 활동들을 채워나가는 것이 중요합니다.

교과별 세특에서는 다 보여주지 못했던 특정 계열이나 학과에 대한 관심과 능력을 가장 명확하게 보여줄 수 있는 것이 바로 자율활동입니다. 다만, 자율활동에서 주의할 점은 Part 1-1에서도 강조했던 '차별성'입니다.

단순히 본인이 관심을 가지는 분야의 이슈나 실험을 주제로 선정하고, 관련 내용을 도서와 논문 등을 통해 탐구하는 것에 그치는 것이 아니라, '능동적으로' 활동을 전개하는 모습을 보이는 것이 중요합니다. 사회학에 관심이 있다고 가정했을 때, 특정 사회현상에 대해 조사만 하는 것이 아니라, 스스로 설문 조사를 하고 분석하여 이를 친구들과 토론하거나 발표하는 모습을 구체적으로 서술한다면 자율활동의 퀄리티를 한 단계 높일 수 있을 것입니다.

하지만 독특한 활동을 스스로 펼쳐나가는 것에도, 아이디어가 떠오르지 않거나 비슷한 활동만 계속 한 것 같다는 생각이 들며 한계가 올 수 있습니다. 그럴 때의 팁은 학교에서 진행하는 다양한 활동 속에서 본인의 길을 닦아나가는 것입니다.

고등학교 2학년 때 노후화된 학교를 리모델링하는 사업이 진행되었습니다. 해당 사업에 관한 재학생들의 의견을 전하기 위해 각 반의 반장은 학생들의 의견들을 모아 워크숍에 참여해야 했습니다. 당시 반장이었던 저도 워크숍에 참여했습니다. 반장으로서의 업무이기 때문에 다른 반장들과 마찬가지로, 처음에는 조금 귀찮다고 생각하기도 했습니다. 하지만 이러한 워크숍 참여는 쉽게 할 수 있는 것이 아니며, 내가 관심을 가지는 공학이나 건축과도 충분히 연계를 할 수 있겠다는 깨달음을 얻으며, 저는 이를 좋은 기회로 삼았습니다.

이 워크숍 참여는 제가 당시에 관심 있었던 건축과 환경을 엮어 추가적인 탐구를 한 덕분에 뜻깊은 자율활동이 되었습니다. 그 결과, 당시 워크숍에 참여했던 친구들은 물론 전국적으로도 희소한 활동을 보여줄 수 있었습니다.

자율활동(2학년)
학교의 노후화된 시설을 개선하는 '그린스마트 미래 학교' 워크숍에 참여함. 건축학과 교수님과 함께 공간의 다목적화, 노후시설 개선, 그린 요소, 스마트 요소 등의 관점에서 학교 건축물의 특성에 대해 탐구한 뒤 교과별 교실과 스마트 자료실 구성에 대한 개선 의견을 제시하는 적극성을 보여줌. (…) 또한 그린 요소에 대해 특히 관심을 보이며, 교내 화단 설치와 같은 자연친화적 아이디어를 제시함. 워크숍 참여 과정에서 자연과 더불어 살아가는 건축이란 무엇인지에 대한 의문이 생겨 『친환경 건축설계(프랜시스 칭)』를 읽고 부지 선정, 건물형태에 따른 환경 설계 그리고 재료의 환경 영향 최소화 등에 대한 사례 연구를 이해하고, 이를 통해 친환경 건축이 이루어지는 과정과 원리를 탐구함. (…) 통풍과 환기, 열출입에 대한 자연형 설계기술에 대한 연구 자료를 읽고 공기와 열의 흐름에 대해 이해한 뒤, 이를 이용해 통풍이 원활하고 에너지 효율적인 건축 구조를 설계하고 모형으로 제작함.

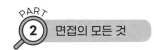

PART
2

Part 2-1 빈틈없는 면접을 위한 팁

면접에서 중요한 것은
꺾이지 않는 마음

험난했던 수능이 끝나고 나서 작은 후련함을 느낄 때쯤, 캘린더에 적혀 있는 면접 날짜를 보면 걱정과 근심이 올라오기 시작합니다. 면접을 대비하는 학생은 모두 처음에는 막막함과 어려움을 느낄 것입니다. 특히나 지방에 위치한 일반고등학교에 다니던 저는 더 큰 벽을 느끼게 됩니다. 그래서 문제 풀이형 면접 전형은 지원조차 꺼려지기도 했습니다. 당시 저는 지방 일반고에서 문제 풀이형 면접인 서울대학교의 일반전형 면접을 대비하는 것은 불가능하다고 생각하기도 했습니다. 그럼에도 제가 극복할 수 있었던 비결을 들려 드리겠습니다.

제가 다닌 고등학교에서 서울대학교 일반전형 합격은 몇 년에 한 번 정도 있을까 말까 한 일이었습니다. 그래서 서울대학교에 1차 서류 합격을 했을 때 학교 선생님들과 부모님께서는 기뻐하셨지만, 저는 막막하기만 할 뿐이었습니다. 일반전형에서 면접이 매우 큰 역할을 한다는 것을 알고 있었지만, 수능이 끝나고 약 일주일의 시간 안에 면접을 대비하는 것은 불가능하다고 생각했기 때문입니다. 많은 지방 학원가가 그렇듯 제가 사는 지역에는 서울대 면접 대비 학원은 존재하지 않았고 마땅히 물어볼 사람도 없었습니다. 서울에는 이러한 대비를 돕는 학원이 다수 존재하였기 때문에, 부모님은 거액을 들여 일주일간 서울에서 학원에 다니는 게 어떠냐고 제안하셨습니다.

하지만 면접 기출 문제를 통해 확인한 제 실력은, 거금을 들여 학원에 다닌다고 해서 일주일 만에 발전할 것처럼 보이지 않았습니다. 그래서 반 포기의 상태로 스스로 기출 문제를 풀어보고, 면접 대비 학원이 아닌 평소 다니던 수학 학원에 질문을 하며 위태롭게 대비하였습니다. 역시나 짧은 시간이었기 때문에 큰 변화를 만들기는 어려웠고, 면접을 포기하고 싶다는 생각도 했습니다. 그래도 서울대학교 구경이나 한번 해보자는 생각으로 비교적 부담과 긴장 없이 면접에 참여했습니다.

뜻대로 되지 않는 면접이라도 끝까지 최선을 다하기

다들 긴장한 상태로 대기를 하며, 각자가 들고 온 자료들을 한 번씩 살펴보는 모습이 눈에 들어왔습니다. 기출 문제만 보고 온 저에게는 예상 문제는커녕, 대비 자료조차 없었습니다. 하지만 제가 다른 지원자들에게는 없는 무기를 갖고 있다는 것은 명심하고 있었습니다. 그 무기는 바로 '여유'와 거기서 나오는 '자신감'이었습니다. 스스로 합격할 가능성이 낮다고 판단해서인지 여유가 생겼고 부담 없이 문제를 풀어나갔습니다. 그래서 그런지 평소에는 몇 문제 풀지 못하던 제가 절반 이상을 풀어내는 기적을 이뤄냈습니다. 여기에 더욱 자신감을 얻어 면접관으로 계셨던 교수님 앞에서도 당당히 풀이를 진행했습니다.

하지만 현실은 위기의 순간을 초인적인 힘으로 극복하는 영화가 아니었습니다. 자신감으로 가득 차 풀이했지만, 뒤늦게 알고 보니 저는 미지수의 양수, 음수, 0의 케이스를 나누지 않고 양수라고 가정하여 문제를 푸는 기초적인 실수를 범하고 말았습니다. 초기 조건을 틀렸기에 그 뒤의 문제들도 연속적으로 틀렸습니다. 제가 틀렸다는 것을 인지한 순간은 모든 풀이가 끝난 후 면접이 끝나기까지 아주 조금밖에 남지 않은 순간이었습니다. 놀란 저는 황급히 첫 문제로 돌아와 놓쳤던 부분을 확인했지만, 정정 풀이를 시작하자 곧 면접 종료 알람이 울렸습니다.

휘몰아치는 폭풍과도 같았던 시간이 지나고 저는 멍해진 상태로 면접장을 나왔고, 부모님께 불합격이 불 보듯 뻔하다는 말을 전했습니다. 제가 충분히 풀어낼 수 있었던 문제였음에도 실수를 저질렀기 때문에 아쉬운 감정이 북받쳐왔습니다. '미리 면접 대비를 했으면 어땠을까?', '조금 더 내가 노력했으면 어땠을까?' 하는 생각들이 머릿속을 휘저었습니다. 하지만 한편 오히려 후련한 마음이 들기도 했습니다.

하지만 조금 일렀던 고등학교 졸업식을 마치고 집에 돌아왔을 때, 담임 선생님께서 전화를 주셨습니다. 제가 서울대에 합격했다는 것입니다. 믿을 수 없는 소식에 서울대 입학 사이트에 들어가 "합격을 축하드립니다."라는 문구를 직접 확인하고 나서야 그동안의 고생들이 떠오르며 눈물이 왈칵 쏟아졌습니다.

저의 이야기가 해피 엔딩으로 끝날 수 있었던 이유는 단연코 '자신감'과 '끈기'였다고 생각합니다. 이것이 없었다면, 서울대학교 지원은 물론이고, 면접도 진작에 포기했을 겁니다. 면접의 대비를 철저히 하는 것이 최우선이지만, 그 결과의 꽃을 피울 수 있게 하는 양분은 바로 자신감과 끈기입니다. 여러분도 지금까지, 앞으로 맞이할 입시 과정에서의 커다란 벽에 부딪혀 힘들어할 일이 분명히 있을 것입니다. 하지만 그 벽에 다시 한번 일어나 온 힘을 다해 돌격한다면, 벽 너머의 과실은 매우 달콤할 것이라고 확신합니다.

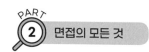

Part 2-2　기출 문제와 면접 복기

농업생명과학대학
조경·지역시스템공학부 일반전형 면접 복기

　서울대학교에서 '이과'에 해당하는 학과의 일반전형 면접은 수학 또는 과학을 주제로 갖는 큰 문제 3개와 각각의 하위 문제가 4개씩 존재합니다. 45분의 준비 시간 동안 문제를 풀고 어느 정도의 대본을 구성해야 합니다. 그리고 면접관님 앞에서 15분간의 면접이 시작됩니다.

　수학 혹은 과학 제시문을 받는 학과의 면접에서는 사실 면접관님과의 대화가 매우 적습니다. 우선 학생이 칠판 앞에 서서 자신의 문제 풀이를 설명하는 데 대부분의 시간을 할애하기 때문입니다. 면접관님들과의 상호작용이 일어나는 경우는 면접자의 풀이에 궁금점이 있거나, 저의 경우처럼 문제 풀이가 끝난 후 풀이에 틀린 부분이 있을 때, "이 부분에서 이것은 어떻게 생각하시나요?" 같은 질문을 하실 때입니다. 전혀 대화를 하지 않는 경우는 거의 없겠지만, 자신의 논리 전개에 초점을 두어 면접을 준비하는 것이 좋습니다.

Q. 준비되시면 바로 시작하시면 됩니다. 문제 풀이 순서는 제시문 순서가 아니어도 되니, 먼저 하고 싶으신 문제부터 풀이하셔도 됩니다.

A. 네. 저는 1번 문제부터 시작하겠습니다.

[제시문 - 548쪽 문가람 학생 제시문 1과 동일]

A. 정사각형 x의 좌표는 (n, n), $(n+1, n)$, $(n, n+1)$, $(n+1, n+1)$ 이라고 할 수 있습니다. 문제 1-1에서 구하고자 하는 b의 최댓값과 최솟값은 각각 직선 $y=ax+b$ 가 $(n, n+1)$, $(n+1, n)$을 지날 때입니다.

(사실 여기서 b의 최댓값은 $(n+1, n+1)$을 지날 때, 즉 a가 음수일 때이지만 저는 a가 양수일 것이라고 단정하였기 때문에 최댓값이 잘못된 결괏값을 갖게 됩니다. 하지만 모른 채 다음 문제들을 계속해서 풀어나갑니다.)

A. 따라서 b의 최댓값은 $(1-a)n+1$ 이고, 최솟값은 $(1-a)n-a$입니다. 다음 1-2를 풀어보겠습니다. 위에서 구한 값에 따라, $p(a)=(1-a)n+1$, $q(a)=(1-a)n-a$입니다. 따라서 $\int_{-2}^{2} p(x)-q(x)\,dx = \int_{-2}^{2}(x+1)\,dx$ 이므로, 1-2의 답은 4입니다.

이후 면접에서 1-3 문제와 1-4 문제를 제가 구한 값에 따라 풀어나갔지만, 면접을 복기하고 있는 지금 다시 틀린 값으로 풀어보니 해결할 수 없는 지경에 이르기 때문에 남은 두 문제를 당시에 어떻게 풀었는지 모르겠습니다. 하지만 면접 당시에는 분명 어떻게든 문제를 해결해 나갔기 때문에, 틀린 풀이 과정 속에서도 면접관님들이 확인하셨을 부분이 있었을 것이라고 생각합니다. 그러니 생각처럼 잘되지 않더라도 끝까지 포기하지 말고 최선을 다하는 모습을 보이기 바랍니다.

서울대학교 면접 Q & A

마지막으로, 서울대학교 일반전형 면접을 대비하는 과정에서 저 스스로 궁금했던 점을 여러분도 궁금해할 것이라는 생각이 들어 간단한 셀프 Q&A를 준비했습니다. 다만 이는 제가 응시했던 2024학년도 수시모집 상황이기 때문에, 응시 해당 연도의 안내를 꼭 확인하기 바랍니다.

Q. 일반전형에서도 생기부 관련 질문을 하나?

A. '서울대학교 수시모집 안내'에는 "제출 서류를 참고하여 추가 질문을 할 수 있음" 이라는 문구가 있으므로, 면접 대비 당시 생기부에 대한 질의응답 준비를 해야 하는지 궁금했습니다. 일반전형 면접에서는 면접관님과 만나는 면접장이 아닌 별도의 장소에서 문제를 푸는 45분의 준비 시간이 주어집니다. 문제를 풀고 잠시 대기를 한 후, 15분 정도의 시간 동안 면접관님들 앞에서 칠판에 풀이 과정을 적으며 설명하게 됩니다. 이 15분의 시간은 대부분 부족하게 느껴지기 때문에, 문제 풀이 시간이 모자라다면 생기부 관련 질문은 하지 않습니다. 다만 문제 풀이 시간이 남는다면 생기부에 관한 질문이 주어질 수 있으므로 면접 제시문 문제 풀이에 자신감이 있는 분들은 생기부 관련 내용도 숙지하는 편이 좋습니다.

Q. 면접 대기시간과 응시 순서는 어떻게 되나?

A. 면접 응시 순서는 사전에 부여받은 수험표에 적힌 수험번호 순서대로 진행됩니다. 저의 경우에는 후반의 번호를 부여받았기 때문에 약 3시간 정도 기다렸습니다. 대기시간 동안은 상당히 통제된 상황에 있게 됩니다. 면접 대비 자료를 볼 수 없는 것은 물론이고, 다른 응시자와의 대화도 제한됩니다. 화장실에 가거나

물을 마시려고 해도 말을 하고 움직여야 합니다. 후반 번호를 받은 경우, 꽤 많은 시간 동안 아무것도 할 수 없는 상태에서 경직되어 기다려야 하므로 자칫 면접에 대한 집중력이 떨어지지 않도록 조심해야 합니다.

Q. 문제 풀이 과정이 틀린다면 어떻게 되나?

A. 면접 제시문 문제들은 결코 쉬운 난이도가 아니기 때문에, '내 풀이가 틀리지 않을까?', '문제를 풀지 못하면 어떡해야 할까?'라는 걱정을 하는 것이 당연합니다. 명심해야 할 점은 문제 풀이의 정답 혹은 오답 자체가 합격 여부를 결정하는 것은 아니라는 점입니다. '서울대학교 수시모집 안내'에도 "단순 정답이나 단편 지식이 아닌 종합적인 사고력을 평가함. 주어진 제시문과 질문을 바탕으로 면접관과 수험생 사이의 상호작용을 통해 문제 해결 능력과 논리적이고 창의적인 사고력을 종합적으로 평가함."이라고 적혀 있듯, 면접의 본질은 본인의 문제 해결력과 논리적 사고력을 보여주는 것입니다. 문제의 정답까지 닿지는 못해도 문제를 풀이하는 자신의 사고 과정을 논리적으로 드러낸다면 크게 문제는 없다고 생각합니다. 게다가 본인의 문제 풀이 설명이 끝나면 면접관님께서 풀이 과정에서 다시 생각해야 할 부분이나 틀린 부분에 대해 질문을 해주시기 때문에, 이 과정에서 올바른 정답을 도출하거나 정답을 얻을 수 있는 풀이 과정을 제시한다면 충분히 좋은 면접이 될 수 있습니다.

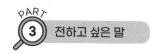

Part 3-1 선배가 조언하는 입시 팁과 도움말

'엄친아'를 따라 할
필요 없다

　고등학생 때, 서울대학교에 입학한 선배가 입시 관련 조언을 해주는 프로그램이 있어 선배의 이야기를 들을 기회가 있었습니다. 그 선배는 항상 밤을 새우며 공부했고 주말에도 쉬지 않고 공부만 했으며, 졸지 않도록 커피를 먹을 땐 물에 타 먹는 시간이 아까워 원두째 씹어먹었다는 얘기를 해주었는데 너무 놀랍고 대단해서 경외의 시선으로 바라보았던 기억이 납니다. 여러분도 공부를 잘하는 이른바 '엄친아'들의 신화적인 이야기를 듣고 충격에 빠진 경험이 있을 겁니다.

　이러한 이야기를 듣고 따라 하는 친구들도 있었겠지만, 저는 따라 하지 않았습니다. 선배님이 제안한 방법은 잠이 부족한 저에게는 맞지 않았고, 몸을 혹사하는 습관을 유지할 자신이 없었기 때문입니다. 무엇보다, 저는 공부에 있어서 학교 수업을 잘 듣는 것이 가장 중요하다고 생각했기에 그 시간에 온전히 집중하기 위해 매일 7시간 이상의 수면 시간을 확보했습니다. 이렇게 생활했기 때문에 깨어 있는 시간에 최고의 집중력을 발휘할 수 있었고, 공부하며 졸았던 경험은 없다시피 했습니다.

수면에서도 차이가 있었지만, 저는 여가와 휴식에 대해서도 다른 방식으로 접근했습니다. 공부할 때는 항상 최고의 집중력을 유지했지만, 인간이기 때문에 언젠가는 지치게 됩니다. 그래서 쉬는 시간에는 아이돌 그룹 뉴진스의 팬인 '버니즈'가 되어 뉴진스의 영상을 보곤 했습니다. 심지어 고3 기말고사를 마치고 서울에 올라가 팬미팅 콘서트에 참석하기도 했습니다. 이러한 제 여가는 한숨 돌리는 시간이 됨과 동시에 저만의 보상이 되어 다시 집중할 수 있는 원동력이 되기도 하였습니다. (뉴진스가 서울대 축제에서 공연한 영상을 보며 동기부여를 받기도 했습니다.) 또한 저는 일주일 중 하루는 휴식을 위한 시간으로 남겨두었습니다.

그 선배의 관점에서 보면 저의 생활 방식은 틀린 것일 수 있습니다. 그리고 대다수 사람들도 그분의 방식이 올바르다고 말할 것입니다. 하지만 저는 저만의 길을 걸어온 결과, 그 선배와 같은 위치에 서게 되었습니다. 제 사례를 통해 증명할 수 있듯, 수험 생활에 있어서 정답은 없다고 생각합니다.

수험생활을 하면서 여러 이야기와 정보를 듣게 될 것입니다. 이 과정에서 누군가가 정답이라 말하는 방식을 그대로 받아들이기보다는, 남들에게 휩쓸리지 말고 여러분에게 잘 맞는 방식을 스스로 고르고 그 길을 당당히 걸어가기를 바랍니다. 그렇게 남들과는 다른 길을 걸어 남들과는 다른 열매를 맺을 여러분을 기다리며 제 글을 마칩니다.

성공적인 면접을 위한
3가지 팁

입시는 끊임없는 고민의 연속

028

자유전공학부 ㅣ 23학번 이현서 ㅣ 일반전형
경기도 용인시 ㅣ 자사고 졸업

서울대학교 자유전공학부에 재학 중인 23학번 이현서입니다. 현재 경영학과를 진입한 상태이고, 정보문화학 등 다양한 전공을 고민 중입니다.

입시는 끊임없는 고민의 연속이었습니다. 정시와 수시 중 무엇에 더 시간을 써야 하는지에 대한 고민, 시험공부와 수행평가에 어느 정도의 노력을 해야 하는지에 대한 고민, 생기부에 어떤 내용을 싣는 것이 좋을지에 대한 고민, 기나긴 입시 생활 내내 어떻게 처음의 열정적인 마음가짐을 유지해야 할지에 대한 고민 등. 뛰어난 학생들이 정말 많은 고등학교에서 공부하며, 많은 것이 제한된 코로나 시기에 생활하며, 신경 써야 할 것이 정말 많은 입시를 겪으며, 저는 스스로 만족할 수 있는 학교와 학과에 진학한다는 목적을 잃지 않기 위해 많이 노력했습니다. 그동안 해왔던 노력이 의미 없는 것이 아니었음을, 옳은 방향으로, 효율적인 방법으로 나아가고 있었음을, 모든 과정에 있어서 최선을 다했음을 저 자신에게 증명하기 위해 최선을 다했고, 이 과정에서 자연스럽게 입시는 저에게 좋은 결과로 돌아왔습니다.

제 생기부가 정답은 아닙니다. 제가 보여드리는 생기부 내용과 제가 제시하는 생기부 작성 방법은 다양한 시행착오를 겪으며 나름대로 성공적인 입시를 치러낸 한 학생의 경험담일 뿐입니다. 여러분이 자신의 상황에 따라 필요한 내용들을 골라서 현명하게 잘 사용하시길 바랍니다. 제 글이 제가 걸었던 길을 걷는 여러분에게 작은 도움이 되었으면 좋겠습니다.

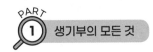
Part 1-1 매력적인 생기부를 위한 팁

설득력 있는
성장 스토리를 만들어라

　생기부는 수시 원서를 넣는 과정, 면접을 보는 과정 등 입시의 모든 주요 활동의 토대가 됩니다. 학종 전형이 간소화되어 생기부의 몇 가지 항목이 제외되고 자기소개서를 쓰지 않아도 되는 지금, 생기부의 중요성은 더 커졌습니다.

　이전에는 생기부의 다양한 항목에서 나의 역량을 다양하게 드러낼 수 있었다면 지금은 한정된 항목들에서 나의 역량을 밀도 있게 담아내야 하게 되었고, 이전에는 자기소개서를 통해 생기부에는 미처 담지 못한 활동 과정과 느낀 점을 담아 유기적인 성장 스토리를 만들 수 있었다면 지금은 생기부의 내용만을 통해 성장 스토리를 만들어야 합니다.

생기부를 전체적으로 바라보자

유기적인 성장 스토리 구성을 위해서는 생기부를 구성할 때 과목별 세특, 자율활동, 동아리활동, 진로활동, 종합의견의 여러 구성 요소를 따로따로 보는 것이 아니라 전체적으로 보는 것이 중요합니다. 생기부의 모든 구성 요소 각각에서 자신의 역량을 전부 드러내는 것은 불가능하고 불필요합니다. 하지만 생기부의 모든 구성 요소를 각각 효율적으로 활용하여 생기부를 전체적으로 바라보면 자신이 어떠한 목표를 가지고 있는지, 어떠한 능력을 가지고 있는지, 역량을 키우기 위해 어떠한 노력을 했는지, 어떻게 변화하고 발전했는지 등 대학이 생기부를 통해 파악하고자 하는 내용들을 충분히 드러낼 수 있습니다.

통합사회(1학년)
약품을 개인별 맞춤 가공하여 컨설팅 및 관리해 주는 시스템을 고안하여 사업 발전 아이디어를 제시하며 SWOT 분석을 통해 경쟁기업과 차별화된 경영전략을 제시함.
과제연구기초(2학년)
연구윤리정보센터의 연구윤리규정과 미국심리학회가 발간한 APA 매뉴얼의 규정을 숙지한 후, 연구계획서 발표, 최종발표 등의 수업과정을 성실히 수행하였으며, 빅데이터 기술의 발전에 따른 마케팅 전략의 유형과 관련하여 관련 개념과 이론 및 사례를 집중적으로 분석하고, 문헌연구와 사례연구법을 사용하여 빅데이터 기술을 적용한 초개인화 마케팅의 사례를 개인화 추천 알고리즘, 푸시 알림 및 이메일 전송, 인터넷 배너광고, 제품 및 서비스 제공 등으로 구분하여 분석하고 대표 기업들의 제품에 각각의 마케팅 전략을 적용하여 효과적으로 제시함.
학교자율과정(3학년)
'스콜라 포디움'에 참여하여 초개인화 맞춤 제품 서비스의 알고리즘을 고안함. 고객 제공 자료나 고객 설문을 통한 고객 특성 파악, 빅데이터를 기반으로 한 맞춤 제품 제작 및 배합, 애플리케이션이나 웹사이트를 통한 고객과의 소통과 피드백 등의 플로우차트를 제작해 개인의 특성과 필요에 맞춘 영양제를 제작, 배합, 가공하여 제공하는 정기구독 서비스 '필더필즈'의 모의 창업 계획서를 작성함.

저는 초개인화 마케팅이라는 분야에 대해 흥미를 가지고 있었고, 생기부와 자기소개서를 통해 제가 초개인화 마케팅을 다양한 시각으로 깊이 있게 바라보며 해당 분야에 대한 흥미와 지식을 키워왔다는 성장 스토리를 강조하고자 하였습니다. 1학년 통합사회 세특에서는 초개인화 마케팅에 대한 가벼운 흥미를, 2학년 과제연구기초의 세특에서는 초개인화 마케팅에 대한 이론적 배경을 깊이 있게 공부하였음을, 3학년 학교자율과정의 세특에서는 초개인화 마케팅을 현실에 적용할 방안을 적극적으로 고민하였음을 드러내었습니다.

해당 내용을 생기부의 한 부분에만 담았다면 해당 분야에 대한 저의 흥미와 지식은 드러낼 수 있었겠지만, 제가 해당 분야를 꾸준히 공부하며 성장했다는 점은 드러낼 수 없었을 것입니다. 생기부를 전체적으로 바라봄으로써, 저는 제가 어떻게 성장해 왔는지에 대한 설득력 있는 스토리를 구성할 수 있었습니다.

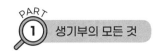

Part 1-2 과목별 세특 사례와 조언

교과 세특은
해당 과목에 충실하자

과목별 세특을 어떻게 작성해야 할지에 대해서는 고민이 많을 수밖에 없습니다. 진로에 연관된 내용을 위주로 담을지, 해당 과목과 관련된 내용 위주로 채울지, 다양한 내용을 조금씩 넣는 것이 좋을지, 중요한 내용을 자세하게 넣는 것이 좋을지, 다양한 선택지 중 무엇이 가장 좋을지 확실하지 않게 느껴지기 때문입니다.

고등학교 생활과 입시 과정에서 진로의 변화를 겪으며, 다양한 학과에 수시 원서를 넣으며, 자기소개서를 작성하고 면접을 준비하며, 저는 이 고민에 대한 나름대로의 결론을 내릴 수 있었습니다. 저는 이러한 결론을 내리기까지 많은 시행착오를 겪었지만, 이 글을 읽는 여러분은 굳이 힘든 길을 가지 않으셨으면 합니다.

제가 느낀, 세특에 들어가야 할 내용들은 다음과 같습니다.

세특에 들어가야 할 3가지

1. 해당 과목에 충실한 내용

2. 활동의 과정과 결과가 모두 드러나는 내용

3. 교과목 간 연계를 보여줄 수 있는 내용

문학(2학년)
작품 속에 반영된 시대상을 중심으로 작품의 이면적 의미를 해석할 줄 알며, 문학 작품을 사회와 연관 지어 넓은 관점에서 바라보는 학생임. 『파수꾼(이강백)』을 학습한 후 『성난 기계(차범석)』, 『국물 있사옵니다(이근상)』을 연관시켜 읽고 해당 작품들을 비교하여 후속 심화 탐구 글쓰기 활동을 진행했으며, 해당 작품들 안에 반영되어 있는 사회상을 구체적으로 파악해 냄. 이후 교과서에 제시된 『파수꾼(이강백)』의 전문을 영어로 번역함. 각 상징적 소재에 담겨 있는 의미를 고려해 어휘를 신중하게 선정했으며, 자연스러운 구어체 표현을 다양하게 사용해 번역한 점이 인상깊음. 『산속에서(나희덕)』을 학습하고 자신의 구체적인 경험을 담아 화자의 심정에 공감하는 내용의 편지글을 작성함. 『반쯤 깨진 연탄(안도현)』을 읽고 작품의 화자와 자신을 비교하고, 시에 담겨 있는 의미를 기반으로 자신을 성찰했으며, 타인에게 따뜻한 사랑을 베풀겠다고 다짐하는 내용의 글을 작성함. 수업 시간에 배운 작품 외에도 다양한 작품을 연계하여 읽으며 자기주도적 문학 능력을 보여줌.

영어 회화(2학년)
『Julius Caesar(William Shakespeare)』의 일부를 읽고 희곡 작품의 특성과 다양한 감상 방법을 배우고, 브루투스와 안토니우스의 연설을 통해 아리스토텔레스의 수사학에 기초한 설득력 있는 말하기의 요건을 살펴봄. 추가적으로, 셰익스피어가 작품 창작 과정에서 창조한 신조어에 대한 에세이를 읽고 셰익스피어의 신조어 사례들을 소개하며 영어로 발표함. 『The Essential Homer(Stanley Lombardo)』의 서론을 읽고 일리아드와 오딧세이에 대한 역사적, 언어학적, 문학적 이해의 폭을 넓히고, 호머에 대한 여러 학파들의 서로 다른 접근법과 해석에 대해 배움. 조별 활동에서 오디세이에서 등장한 두 음유시인의 특징을 기반으로 해당 작품들이 구전되었음을 증명하는 문단 내용을 요약함. 일리아드와 오디세이가 내용적으로 서로를 보완한다는 내용의 문단을 요약, 발표함. 또, 임의로 주어진 단어들을 활용하여 '작은 새에서 얻은 교훈'이라는 글을 영어로 창작함. 1학기에 학습한 천개가 넘는 단어들을 완벽에 가깝게 습득하는 놀라운 집중력과 성실함을 보여줌. 영어로 진행된 수업의 질의 응답과 토의에 적극적으로 참여하고 어려운 질문에도 정확하게 답하며 크게 기여함. 원어민과 같이 유창하게 영어를 구사하며, 큰 흐름을 파악하는 능력이 뛰어남.

문학과 영어 회화 과목의 세특입니다. 저의 진로 분야인 경영과 경제에 연관된 내용은 보이지 않고, 해당 과목의 내용에 충실한 다양한 활동들이 담겨 있습니다. 위의 세특에서 제시된 문학 작품들은 전부 수업 시간에 다룬 작품들과 이에 연계된 작품들

이고, 위의 세특에서 제시된 활동들은 전부 수업 시간에 했던 활동들 혹은 수업 시간에 배운 내용들을 중심으로 제가 연계하여 진행했던 활동들입니다.

진로와 연관된 내용은 진로와 연관된 과목별 세특, 자율활동, 동아리활동, 진로활동, 독서 등을 통해 충분히 드러낼 수 있으므로, 진로와 연관이 없는 과목별 세특에서는 해당 과목의 내용이 충실한 것이 좋습니다. 모든 과목별 세특에 자신의 진로와 연관된 내용만을 담으면 진로 변경이나 지원 학과 변경 등의 상황에 대응하기 힘들고, 대학에서 중시하는 학업 역량을 효과적으로 드러내기 힘들며, 생기부를 전체적으로 보았을 때 그 내용이 다소 입체적이지 못하게 됩니다.

저는 과목별 세특을 작성할 때 제가 진행했던 여러 활동 중 저의 학업 역량을 가장 잘 드러낼 수 있는 것들을 선정하고, 활동의 과정과 결과가 충실하게 드러나는 내용을 담고, 교과목 간 연계를 보여줄 수 있는 활동들을 포함하도록 노력했습니다. 이러한 활동들은 교과 활동에 충실하였기에 활동을 기획하고 진행하는 과정에서 과한 노력과 시간을 쓸 필요가 없었으며, 다양한 학업 역량을 충분히 드러낼 수 있게 해주었으며, 제가 진짜 흥미를 가지고 열정적으로 진행한 활동들이었기에 자기소개서 작성과 면접 진행 등의 과정에서 막힘 없이 활용할 수 있었습니다.

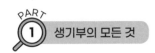

Part 1-3 교과 외 활동 사례와 조언

동아리활동에는 미처 담지 못했던 내용을 담자

동아리활동은 정해진 교과과정과 커리큘럼에서 벗어난 활동이라는 점, 친구들과의 협력을 통해 이루어지는 자율적인 공동체 활동이라는 점에서 자신의 역량을 드러내기 매우 좋은 수단입니다. 교과과정에서 배운 내용을 자유롭게 적용하고 확장할 수도 있고, 교과과정에서는 전혀 다루지 않는 흥미 분야의 내용을 담을 수도 있고, 자신의 강점을 드러내는 흥미로운 일화나 활동을 담을 수도 있습니다.

저는 동아리활동에서 과목별 세특에 미처 담지 못했던 내용들을, 특히 진로와 연관된 심화 탐구 내용들을 적극적으로 드러내기 위해 노력했습니다. 동아리활동에 진로활동, 독서활동, 교과활동 등과 연관성을 지닌 내용들을 담아 생기부를 전체적으로 보았을 때 드러나는 유기적인 성장 스토리를 구성할 수 있었습니다.

동아리활동(1학년, 연합 동아리 관련)
동아리 연합 세션을 통해 1997년 동아시아 외환위기 당시의 기업들의 대응 전략을 조사함. 이를 바탕으로 기업의 생존을 위한 다양한 경영 전략을 이해하고 IMF 외환위기가 우리 기업에 미친 영향을 파악함.
동아리활동(2학년, 독서 관련)
『최강의 조직(벤 호로위츠)』를 읽고 비즈니스 전문 소셜미디어의 사례조사 등을 통해 긍정적 조직문화의 필요성과 효율적인 조직문화의 형성 방법을 탐구함. 리더에게 필요한 정서지능, 소통 능력, 비전제시 능력, 마키아벨리 전략, 조직관리 능력, 맥락지능을 탐구함.

동아리활동에 기록된 내용을 일부 발췌했습니다. 첫 번째 활동은 역사 동아리와의 연합을 통해 동아시아 외환위기를 분석한 활동이었는데, 이 활동은 한국사 과목과의 연관성을 가지고 있습니다. 저의 한국사 세특에는 '외환 위기를 에드워드 카의 역사관을 기반으로 분석하여 외환 위기가 국내외의 경제 및 정치적 불안정으로 인한 공황이자 우리나라의 독자적 경제 체제 마련의 계기라는 결론을 도출함'이라는 내용이 포함되어 있습니다. 한국사 교과 시간에 공부했던 내용을 확장하고 발전시킨 동아리활동을 기록함으로써, 교과 과목의 내용을 심화하여 탐구하였다는 저의 노력 과정을 드러낼 수 있었습니다.

두 번째 활동은 긍정적 조직문화의 필요성과 형성 방법을 탐구한 활동이었는데, 이 활동은 독서활동과의 연관성을 가지고 있습니다. 『최강의 조직(벤 호로위츠)』는 저의 사회문화 독서활동상황에 포함되어 있는 도서였고, 저는 동아리활동을 통해 이 책의 내용을 확장적으로 탐구하였음을 드러냈습니다.

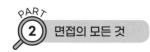

Part 2-1 빈틈없는 면접을 위한 팁

면접 전에
준비해야 할 3가지

저는 서울대학교 자유전공학부 학생종합전형 일반전형, 연세대학교 경영학과 활동
우수형, 고려대학교 경영학과 학업우수형에 수시 원서를 냈습니다. 제가 지원한 전형
들은 모두 제시문 기반 면접이 중심이었기에, 제가 제시문 기반 면접을 준비하기 위
해 어떤 노력을 하였는지, 면접을 어떻게 보았는지를 알려드리고자 합니다.

1. 내가 보게 될 면접의 특성을 파악하자

준비 시간과 답변 시간은 얼마나 주어지는가?

해당 학교의 면접 분위기는 전반적으로 어떠한가?

주어지는 제시문과 문제의 구조는 일반적으로 어떠한가?

학교마다 그리고 학과마다 주어지는 제시문의 길이, 요구되는 답변의 길이, 선호하는 답변의 방향성, 면접 분위기 등 면접을 준비할 때 명심하고 있어야 하는 요소들이 다르기에, 자신이 보게 될 면접의 특성을 파악해 두는 것이 중요합니다.

학교에서 제공하는 면접 기출, 인터넷에 검색하면 쉽게 발견할 수 있는 면접 후기들, 해당 학교 혹은 학과에 재학하는 선배들의 경험담, 면접 학원 선생님의 설명 등 저는 면접의 특성을 파악하는 것에 도움이 될 만한 다양한 자료들을 꼼꼼히 살펴보았고, 이를 통해 파악한 특성을 중심으로 학교별 면접을 준비했습니다.

서울대 면접의 경우 제시문과 문항이 주어진다는 특징, 문항에 대해 답변한 이후 이를 중심으로 면접관과 대화하는 방식으로 진행된다는 특징이 있었습니다. 제가 면접을 보아야 하는 자유전공학부의 경우 수학 면접, 인문학/사회과학 면접으로 이루어져 있다는 특징 또한 있었습니다. 서울대 면접을 보았던 사람들은 정답을 말하는 것도 중요하지만 열정적으로 대답하는 태도와 더 발전하고자 하는 의지가 중요하다는 후기를 남겼고, 실제로 수학 면접 등에서 오답을 말했을 경우에는 면접관님이 직접 풀이 방법에 대한 힌트를 준다는 후기 역시 보았습니다.

이러한 특징을 살펴보았을 때 저는 서울대학교는 면접에서는 우수한 학업 역량보다는 발전 가능성을 중시한다는 판단을 내렸고, 면접을 준비하는 과정에서도 답변을 하지 못하는 문항이 있더라도 아는 범위 안에서 사고력과 논리력을 최대한으로 활용하여 답변을 구성하는 능력과 추가 질문 등에 대해 당황하지 않고 자신감 있게 대답하는 능력 등을 키우도록 노력하였습니다. 서울대 면접의 특성을 우선 파악하고 그에 적합한 역량을 갖추도록 노력한 결과 만족스럽게 면접을 볼 수 있었습니다.

2. 제시문을 빠르고 세밀하게 독해하는 연습을 하자

제시문 면접을 보기 위해서 필수적으로 키워야 하는 능력입니다. 주어진 시간 안에 제시문을 이해하고, 문제를 풀고, 답변을 구성해야 하는 면접 특성상, 제시문을 빠르고 세밀하게 독해하는 능력은 필수적으로 키워야 합니다.

저는 먼저 문제를 읽고 이 제시문이 주어진 목적을 파악하는 습관, 제시문을 빠르게 읽고 중심적인 내용을 요약하는 습관, 요약한 내용을 기반으로 주어진 질문에 대한 명확한 답변을 구성하는 습관을 길렀습니다. 제시문의 내용은 근본적으로 교육과정에 출제 근거를 두고 있으므로 정규 교육과정에서 배웠던 핵심적이고 근본적인 개념들에 대한 복습 역시 꾸준하게 진행했습니다. 면접 상황에서 주어질 제시문의 내용을 예측한다는 것은 불가능하기에, 면접을 대비함에 있어서는 그 어떤 제시문이 나와도 현명하게 대답할 수 있는 능력을 키우는 것이 중요합니다.

제시문을 빠르고 세밀하게 독해하기 위해 취해야 하는 적절한 방법은 개인에 따라 다를 것입니다. 제가 제시한 방법은 저에게 매우 적절했던 방법이기는 하지만, 여러분에게는 다른 방법이 조금 더 적절할 수도 있겠죠. 서울대 입학자료실에서 제공하는 이전 신입학생 입학전형 면접 및 구술고사 문항들을 사용해 여러 차례 연습하며 자신에게 가장 적절한 방법을 찾아나가면 큰 도움이 될 것입니다.

3. 하고자 하는 말을 명확하게 전달하는 연습을 하자

면접은 뚜렷한 목적을 지니는 의사소통의 일종입니다. 서울대 면접이 말을 청산유수처럼 잘하는 사람만을 가려내기 위한 면접은 아니지만, 면접을 자신감 있게 잘 보기 위해서는 자신이 하고자 하는 말을 명확하게 전달하는 능력을 키울 필요가 있습니다. 주어진 문제에 대해 같은 대답을 전하더라도, 답변의 핵심적인 내용을 우선 전달한 후 이에 대한 자신의 설명을 체계적으로 전달하는 두괄식 답변과 답변의 핵심적인 내용과 세부적인 내용을 떠오르는 대로 줄줄 나열하는 답변 중 무엇이 더 적절한지는 명확합니다. 또한 밝고 큰 목소리로 면접관의 눈을 바라보며 면접을 진행하는 학생과 떨리는 목소리로 눈을 고정하지 못한 채 면접을 진행하는 학생 중 누가 더 뛰어나 보일지 역시 명확합니다. 면접은 자신의 학업 역량과 발전 가능성을 증명하기 위한 의사소통의 일종이므로, 자신이 가진 역량을 후회 없이 발휘하기 위해서는 하고자 하는 말을 명확히 구성하고 전달하는 연습을 해야 합니다.

　　서울대 입학자료실에서 제공하는 자료들을 참고하며 자신의 답변 모습을 영상으로 찍어 보세요. 답변의 구성과 내용, 목소리의 높이와 크기, 말의 빠르기, 시선 처리 등을 점검하고 개선할 부분을 찾아서 빠르게 발전해 나갈 수 있을 것입니다.

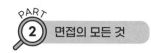

Part 2-2   기출 문제와 면접 복기

자유전공학부
일반전형 면접 복기

서울대학교 자유전공학부의 일반전형 면접은 수학 면접, 인문학/사회과학(선택) 면접으로 진행됩니다. 저는 이 중에서 수학 면접과 사회과학 면접을 보았습니다. 자유전공학부 일반전형 면접에서는 제시문 관련 내용이 중심이 됩니다. 저는 무슨 이유에서인지 자기소개서와 진로 관련 질문을 받았으나, 제 주위 수시 일반전형 면접을 본 친구 중에서는 해당 내용 관련하여 질문을 받은 사람이 없었습니다.

저는 오전 조로 배정을 받았고, 상당히 빠른 번호를 배정받아 대기실로 빠르게 이동했습니다. 면접을 언제 보게 될지는 당일이 되어야 알 수 있으니, 상당히 오래 기다리게 될 수 있다는 점을 염두에 두고 미리 준비하는 것을 추천합니다.

준비 시간이 다 되어 노크하고 면접실에 입장했습니다. 면접실에는 면접관님 두 분이 앉아 계셨고, 수학 문제 풀이를 위한 스케치북이 있었습니다. 면접관 한 분은 부드러운 미소를 머금은 채 계속 눈을 마주치며 고개를 끄덕여 주셨고, 다른 한 분은 무심한 표정으로 종이 패드에 무언가를 작성하고 계셨습니다. 자유전공학부 학생회실에서 조금 옆으로 나아가면 있는 작은 사무실들이 면접실로 활용되었고, 그 공간이 상당히 작았기에 면접관님과 학생 사이 거리가 가까웠던 기억이 납니다.

Q. 자, 편하게 앉으시고요. 수학이랑 사회과학 중에서 어떤 것이 더 자신 있나요? 자신 있는 내용 먼저 답변하시면 되고, 스케치북 쓰셔도 됩니다.

A. 수학 문항 먼저 답변드리겠습니다.

[제시문 1 - 454쪽 신연재 학생 제시문 2와 동일]

Q. 네, 준비되면 시작해 주세요.

A. 스케치북에 문제에서 주어진 대로 세 개의 동전을 그리도록 하겠습니다. (시작 상태에서 제시될 수 있는 동전의 상태 여섯 가지를 모두 그림. [앞, 뒤, 뒤], [뒤, 앞, 뒤], [뒤, 뒤, 앞], [뒤, 앞, 앞], [앞, 뒤, 앞], [앞, 앞, 뒤].
저는 그림을 적극적으로 활용했습니다. 동전의 앞면은 O, 동전의 뒷면은 X로 표시하며 동전을 뒤집음에 따라 예시 그림을 계속 그리며 풀이를 진행했습니다.)

A. 2-1번 문항 먼저 답변하겠습니다. 모든 뒤집기 수열에 대해 1번 만에 3개의 동전이 모두 앞면이거나 모두 뒷면이 될 확률은 3분의 1입니다. 뒤집기 수열이 10으로 시작할 경우에는 (뒤, 앞, 앞)과 (앞, 뒤, 뒤)가 해당하고, 100으로 시작할 경우에는 (뒤, 앞, 뒤)와 (앞, 뒤, 앞)이 해당하고, 500으로 시작할 경우에는 (뒤, 뒤, 앞), (앞, 앞, 뒤)가 해당하기 때문에 전체 6가지 상태 중 2가지 상태가 해당하기 때문에 2/6, 즉 1/3이기 때문입니다.

Q. 네, 다음 문항들도 쭉 이어서 대답해 주시면 됩니다.

A. 2-2번 문항 답변하겠습니다. 2번 이내에 3개의 동전이 모두 앞면이거나 모두 뒷면이 될 확률이 최대인 뒤집기 수열 중 하나는 (10, 100)이고, 이때 최대의 확률은 3분의 2입니다. 수열에 들어갈 수 있는 10, 100, 500중 임의로 10을 첫 번째 항에, 100을 두 번째 항에 둘 경우 (뒤, 앞, 앞)과 (앞, 뒤, 뒤)는 1번 만에, (뒤, 뒤, 앞)과 (앞, 앞, 뒤)는 2번 만에 모두 앞면이거나 뒷면이 됩니다. 주어진 동전의 배열을 생각해 볼 때 서로 다른 두 숫자를 수열에 배열하기만 하면 결과는 동일하다는 것을 알 수 있습니다. (10, 100)뿐만 아니라 (10, 500), (100, 500) 등의 뒤집기 수열들도 모두 4/6, 즉 2/3의 최대 확률을 갖게 됩니다.

A. 2-3번 문항 답변하겠습니다. n번 이내에 3개의 동전이 모두 앞면 혹은 뒷면이 되기 위해서 n의 최솟값은 3입니다. 2-2번 문항을 보았을 때, (10, 100)이라는 뒤집기 수열대로 동전을 뒤집을 경우 4가지는 모두 앞면 혹은 뒷면 상태가 되고 나머지 2가지는 각각 (뒤, 앞, 앞), (앞, 뒤, 뒤) 상태가 된다는 것을 알 수 있습니다. 따라서 (10, 100, 10)이라는 뒤집기 수열을 설정하면 모두 앞면 혹은 뒷면 상태가 될 것이기 때문입니다. (100, 500, 100), (10, 500, 10) 등 ABA 형태를 지닌 모든 뒤집기 수열들 역시 동일한 확률을 지닐 것입니다.

A. 2-4번 문항 답변하겠습니다. n번 이내에 3개의 동전이 모두 앞면이 되기 위해서 n의 최솟값은 7입니다. 이때 시작 상태에서 제시될 수 있는 동전 상태에 (뒤, 뒤, 뒤)가 추가됩니다. 첫 번째 항을 임의로 10으로 두면, (뒤, 앞, 앞)은 모두 앞면으로 변합니다. 두 번째 항을 100으로 두면, (뒤, 뒤, 앞)이, 세 번째 항을 10으로 두면 (앞, 뒤, 앞)이, 네 번째 항을 500으로 두면 (앞, 뒤, 뒤)가 모두 앞면으로 변합

니다. 동전 상태의 변화를 보았을 때, 하나의 항을 통해 (앞, 앞, 앞)의 상태로 바꿀 수 있는 상태는 하나씩뿐이라는 것을 알 수 있습니다. 시작 상태가 7가지이므로, n은 7이라는 사실을 알 수 있습니다.

Q. 잘 푸셨네요. 수고하셨습니다. 사회과학 문항도 대답해 주세요.

[제시문 2 - 215쪽 손정민 학생 사회 제시문과 동일]

A. 문제 1 답변하겠습니다. (가)를 보면 정부는 소비자물가지수를 통해 가계가 구매하는 대표적인 소비재에 대해 가중평균을 고려하여 물가의 변동을 파악한다는 점을 알 수 있습니다. (나)를 보면, 이러한 방식은 소비재의 세부적인 변화를 고려하지 못한다는 한계가 있습니다. (가)의 방법으로는 주어진 예시의 내용처럼 소비재 자체의 양이 변하는 경우, 혹은 소비재의 가격이나 질이 변하는 경우 등에 대해 유연하게 대처하지 못할 것입니다. (다)를 보면, 이러한 방식은 현실적인 상황에서 발생하는 불법적인 거래를 고려하지 못한다는 한계가 있습니다. 정부가 시행하는 정책의 예상치 못한 부작용으로 불법적인 거래가 발생하여 소비자들의 삶에 지대한 영향을 미치게 되는 경우, (가)의 방법으로는 이러한 문제점을 반영하지 못할 것입니다. (라)를 보면, 이러한 방식은 소비자물가지수를 계산할 때 가계의 소비 특성을 고려하지 못한다는 한계가 있습니다. 가구 구성원의 특성, 가구의 소득 분위 등에 따라 사용하는 소비재 및 서비스의 지출 비중이 달라지는 것이 명확한데, (가)의 방법에서는 이러한 차이점을 반영하지 못하고 있습니다.

A. 문제 2 답변하겠습니다. 물가 상승은 경제적 불평등을 강화하여 사람들의 생활 수준에 있어서 양극화를 발생시킬 수 있을 것입니다. 이러한 가정을 뒷받침하기 위해서는 물가의 변동과 경제적 불평등을 보여주는 지니계수를 비교한 자료, 저소득층과 고소득층의 지출 품목의 차이를 보여주는 자료 등이 필요합니다. 물가는 경제의 전반적인 가격 수준을 의미하며, 대표적인 소비재 및 서비스의 가격을 토대로 측정됩니다. 따라서 물가가 오르면 대표적인 서비스와 소비재의 가격이 올라 소비재에 지출하는 비중이 큰 저소득층은 생활에 어려움을 겪게 될 것이지만, 사치재에 지출하는 비중이 큰 고소득층은 기존의 생활 수준과 큰 변화를 겪지 않게 될 것입니다. 물가가 오르게 되면 저소득층의 생활 수준은 매우 낮아지고 고소득층의 생활 수준은 유지되며 양극화가 발생하게 될 것입니다. 물가가 올라가고 내려감에 따라 저소득층과 고소득층의 소득분배지표에서 유의미한 양극화가 발생한다는 자료는 이러한 점을 증명하기에 적절할 것이며, 저소득층과 고소득층의 지출 품목의 차이를 보여주는 자료는 저소득층이 물가 변동의 상황에서 더 큰 영향을 받을 수밖에 없으리라는 점을 증명하는 것에 도움이 될 것입니다.

Q. 소비재의 가격이 상승하면 고소득층 역시 영향을 받을 텐데요. 저소득층은 생활에 어려움을 겪게 되지만 고소득층은 생활에 큰 변화를 겪지 않게 된다고 생각할 수 있는 이유가 무엇인가요?

A. 물가 측정에 있어서 고려되는 소비재와 서비스는 우리 생활에 필수적인 요소들입니다. 물가가 올랐다는 것은 이러한 필수 요소들의 가격이 올랐다는 것을 의미합니다. 저소득층은 소득 대부분을 이러한 필수재를 구입하는 것에 사용하기에, 필수재를 필요한 만큼 구매하지 못하여 생활에 어려움을 겪게 될 위험이 큽

니다. 고소득층은 소득의 일부만을 필수재를 구입하는 것에 사용하기에 필수재의 가격이 오른다고 하더라도 필수재를 구입하지 못해 생활이 어려워질 확률이 매우 낮습니다. 이러한 점을 고려하면, 물가가 상승하는 경우 저소득층과 고소득층의 생활 수준에 있어서 양극화가 발생하게 되리라는 점을 추측할 수 있습니다. (사회과학 문제에서 제가 작성한 내용 외에 추가 질문이 조금 더 있었던 것 같기는 하나, 정확히 어떤 내용의 질문이 있었고 어떤 답변을 했는지가 기억이 나지 않습니다. 통합사회/사회문화 교과과정 범위 내의 지식으로 충분히 답변할 수 있는 수준의 질문들이었던 것 같기는 합니다.)

Q. 음, 잘 들었습니다. 그러면 시간이 조금 남으니, 자기소개서를 조금 살펴보도록 할까요. 여기, 그, 프로그래밍 시간에 C언어를 활용하여 문장을 구분분석하는 프로그램을 제작했다고 하는데, 이 프로그램에 개선할 점이 있었나요?

A. 저는 문자열 자르기 함수로 문장을 어절 단위로 분리하고, 조건문을 사용하여 어절을 형태소 단위로 분리하고, 형태소의 위치와 의미를 통해 어절 간 관계와 문장 성분을 파악해 구문 트리를 출력하는 프로그램을 제작하였습니다. 조건문을 중심으로 설계한 간단한 프로그램이었기에 모든 조사, 접사, 어미 등을 프로그램에 직접 입력해 두어야 한다는 점, 일관된 형태의 간단한 문장은 효과적으로 분석할 수 있으나 도치가 일어난 문장, 이어진 문장, 안긴 문장 등을 분석하는 과정에서는 오류가 발생한다는 점 등의 단점이 있었습니다. 이를 개선하기 위해 스콜라 포디움에서 오픈소스 한국어 사전학습 소프트웨어를 사용해 다양한 예시 문장의 구문 분석을 진행했고, 효율적인 구문 분석을 위해서는 한국어의 체계에 대한 심층학습이 진행된 인공신경망을 사용할 필요가 있음을 느꼈습니다.

Q. 자신에게 가장 큰 영향을 준 책 두 권 중 한 권으로 『냉정한 이타주의자』를 꼽았는데, 이 책에서 어떠한 방향으로 영향을 받았나요?

A. 이 책을 읽으며 진정한 이타주의가 무엇인지에 대해 다시 한번 고민해 볼 수 있었습니다. 저는 적정기술, 자선사업 등은 도움이 필요한 이들에게 긍정적 영향을 미친다고 막연하게 믿고 있었는데, 이 책을 읽으며 이타적인 의도로 개발된 기술이나 진행된 사업들이 오히려 도움을 제공하는 것이 아니라 피해를 입힐 수 있다는 점을 알게 되었습니다. 물 공급을 위해 만들어졌던 플레이 펌프가 일반 물 펌프에 비해 효율성이 떨어져 마을 여성들이 물을 구하기 위해 의미 없는 노동을 하게 되었다는 점, 식수를 편하게 구할 수 있도록 하기 위한 라이프 스트로우가 이를 얻기 위한 사람들 사이 큰 다툼이나 범죄 등으로 이어졌다는 점 등은 이타주의에 대한 저의 막연한 기존 관념을 흔들었습니다. 이 책을 읽고 저는 진정한 이타성을 추구하기 위해서는 목적의 정당성, 방법의 효율성, 혜택의 크기 등을 복합적으로 구성하여 실질적 도움을 제공하도록 노력해야 한다는 점을 깨달았습니다.

(일반전형 면접은 서류 관련 질문이 아니라 제시문 관련 질문이 위주인지라, 서류 관련 질문은 미리 준비된 것은 아니었던 듯함. 제시문 면접을 예상보다 빠르게 완료하여 시간이 남을 경우 서류 관련 질문을 하기도 하니, 혹시나 모를 상황에 대비해 생기부의 내용을 철저하게 파악해 둘 필요가 있음.)

Q. 거의 시간이 다 됐네요. 수고 많으셨습니다. 나가보셔도 좋습니다.

A. 감사합니다.

정해진 시간에 비해 1~2분 정도 일찍 퇴실 후 짐 챙겨서 220동(자유전공학부) 건물 밖으로 이동했습니다.

　수학 문제가 상당히 자신 있던 분야라서 시행착오 없이 명확하게 답변을 할 수 있었고 사회과학 문제와 추가 질문에서 오랫동안 고민하지 않았기 때문에 시간이 상당히 남아 주어진 시간보다 살짝 먼저 퇴실하게 되었습니다. 면접을 충분히 진행하였다고 판단하면 학생을 먼저 내보내기도 하는 모양이니 당황하지는 마세요.

감동을 주는
나만의 세특 작성법

낭만적인 입시판을 꿈꿔야 하는 이유

029

첨단융합학부 ㅣ 24학번 홍성민 ㅣ 지역균형전형
경기도 이천시 ㅣ 일반고 졸업

안녕하세요. 이 책을 읽어주시는 독자님들께 먼저 인사 올립니다. 저는 서울대학교 첨단융합학부 24학번으로 재학 중인 홍성민이라고 합니다.

저는 사실 제가 서울대학교에 오게 될 줄 몰랐습니다. '인간이 오롯이 인간을 위한 일을 마음껏 할 수 있는 기반을 만들자!'라는 생각으로 공학을 추구해 왔고 어느 대학을 가게 될 것인가는 크게 생각해 보지 않았으니까요.

그런데 24학년도에 새로 신설된 '첨단융합학부'의 모토가 제가 3년간 고교생활에서 추구해 온 공학의 정수와 거의 같았기에 뒤늦게 서울대학교를 목표로 하게 되었고 합격하게 된 지금, 저는 이곳에서 인공지능을 구동하기 위한 하드웨어를 연구하는 꿈을 꾸고 있습니다.

여러분은 왜 이 책을 펼치셨나요? 왜 서울대학교를 목표로 하나요? 여러분의 꿈은 서울대학교를 합격하는 것인가요? 아니면 그 너머의 반짝거리는 무언가인가요?

치열한 입시 세계에서 낭만적인 생각을 가지고 살아남는 것은 분명 어렵고 힘든 일입니다. 재밌는 주제 탐구라면 몰라도 공부는 정말이지 하기 싫죠. 매일이 지겹고 똑같은 하루의 반복, 늘어나는 입시판의 정보, 끝나지 않는 시험에 그냥 포기해 버리고 싶다는 생각을 하는 것이 일상일 수도 있습니다.

하지만 여러분은 말 그대로, 하려고 하면 할 수 있습니다. 저도 한 일을 여러분이 못할 리 없습니다. 저는 대한민국에서 발에 차일 만큼 평범한 고등학교를 나왔음에도 서울대학교에 당당히 서 있습니다.

저는 여러분이 꿈을 잊지 말고 낭만 있게 도전해 봤으면 좋겠습니다. 그를 위해 이 글을 쓰기로 마음먹었고요. 여러분의 입시가 낭만적인 입시판이 되었으면 좋겠습니다.

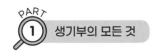

생기부를 작성할 때
주의해야 할 위험들

생기부를 작성하다 보면 어떤 것이 답인지 알려주는 사람도 없고 자기를 어떻게 어필해야 하는지도 감이 안 잡히는 경우가 많을 것입니다. 그러나 여러분이 지금 들고 있는 이 책에는 그 '어떻게?'라는 요소에 대해 이미 많은 설명이 다른 분들의 글에서 나타나 있습니다. 따라서 저는 영재고도, '갓반고' 출신도 아닌 평범한 일반고 학생으로서 생기부를 작성하며 지양해야 할 위험들에 대해 이야기해 보도록 하겠습니다.

1. 배운 것을 그냥 나열하지 마라

먼저 생기부라는 것에 대한 이해를 되짚어 봅시다. 생기부는 입학사정관들에게 여러분이 해당 분야에 얼마나 깊은 관심을 가지고 있는지, 너무 깊은 관심이었던 나머지 그만 못 참고 어떤 탐구들까지 나아갔는지를 보여줄 수 있는 유일한 수단입니다. 따라서 자기소개서를 쓰지 않는 현 학종 전형에서 생기부의 중요도는 매우 높습니다. 가뜩이나 모자란 생기부 분량을 쓸데없는 말로 채워서는 안될 일입니다.

저는 초반에 잘 알지 못해 실수를 꽤 저질렀는데요, 제 생기부를 보면서 이야기해 보겠습니다. 다음은 정말 부끄러울 따름이지만, 제 1학년 통합사회 세특입니다.

통합사회(1학년)
'인권은 어떤 과정을 거쳐 발달해 왔는가?'라는 수업을 듣고 인권의 여러 가지 특징인 참정권, 평등권, 자유권 등에 대해 알게 되었으며 인권을 보장받기 위한 다양한 노력들을 통해 현재 우리가 다양한 인권을 보장받고 있다는 것을 깨닫고 현재도 인권을 보장받지 못하는 다양한 계층들이 있으며 이를 바탕으로 비주얼 씽킹을 통해 적절한 그림과 조화로운 색을 이용하여 우수하게 표현하여 제출함.

정말 처참하군요. 대체 무엇이 문제인지 짚어보도록 합시다. 첫 번째 위험은 교육과정에서 배우는 바를 나열했을 뿐이라는 점입니다. 교과 역량을 보여주는 것과 단순 내용 나열은 다릅니다. 교과 역량을 보여주려는 세특은 사례나 산출물을 항상 동반해야 합니다. 예를 들면 '학급 친구들이 삼각함수의 개념을 이해하는 데 어려움을 보이자 원의 방정식에서의 θ와 x, y값 사이의 관계를 통해 설명함으로써 배려심과 수학적 이해도를 보임'과 같이 말이죠. 생기부에서 단순히 '~를 이해함' 이라고 써두는 것은 정말 신뢰가 가지 않는 워딩입니다. 같은 맥락으로 추가활동의 제목만을 단순 나열하는 것 역시 피해야 할 표현입니다.

2. 궁금증을 불러일으키지 않는 활동은 쓰지 마라

두 번째 위험은 해당 생기부에서 그나마 탐구라고 할 수 있는 '비주얼 씽킹' 활동이 입학사정관들에게 전혀 궁금증을 불러일으키지 않는다는 점입니다. 좋은 생기부는 입학사정관들이 보고 당장이라도 학생을 불러와서 "자네 이거 어떻게 진행했는가? ~ 한 부분은 어떻게 처리하고 해결했는가?"라는 질문을 하고 싶어 안달 나게 해야 합니다. 실제로 그래야 면접까지 갈 수 있는 확률이 높아지겠죠.

3. 이해하지 못한 어려운 주제를 담지 마라

세 번째 위험을 알아보기 위해 저의 또 다른 생기부를 한번 봅시다.

수업량 유연화에 따른 학교 자율과정(3학년)
심층 신경망 구동의 문제점을 하드웨어적으로 해결하기 위한 소재 변화의 필요성 (…) S램과 M램을 이용한 FPGA의 처리속도와 열 내구성을 각각 비교하여 M램이 소형화와 원가절감에 유리할 것이라는 가설을 증명하고자 'M램을 이용한 인공지능 가속기의 에너지 효율성 향상과 양산 가능성 모색'이라는 주제로 보고서를 (…) 반도체 분야에 대한 수준 높은 배경지식과 현재 연구 동향을 논문을 통해 정확히 파악하는 점이 돋보임.

어떤 점이 잘못되었는지 모르겠다고요? 교과 연계가 필요한 활동도 아니었고, 진로와 관련하여 충분히 좋은 주제를 잡고 논문까지 참고하여 훌륭한 보고서를 쓴 것 같습니다. 네, 사실 이번 예시는 그 자체로서는 문제가 되지 않습니다. 반도체를 좀 아는 독자라면 학생으로서 생각해 볼 법한 좋은 아이디어라고 여길 수도 있습니다.

그러나 만약 면접장에서 저런 수준의 내용이 불쑥 튀어나오고 "인공지능 가속기에 관심이 있군요? 혹시 PIM반도체 알고 있나요?"라는 꼬리질문이 튀어나오면 놀라게 되겠죠. 생기부를 작성하며 놓칠 수 있는 세 번째 위험은 면접에서 대답할 수 없을 만큼 어려운 주제를 확실히 이해하지 않고 생기부에 담는 행동입니다. 기껏 면접까지

갔는데 대답을 못 해서 떨어지면 그만큼 안타까운 일이 없을 것입니다. 물론 저는 면접에서 해당 내용에 대한 질문을 매끄럽게 처리했습니다만, 후술할 면접 대비 파트에서 자세히 다루도록 하죠.

이제 생기부를 작성하며 피해야 할 위험들에 대해 감이 좀 잡히시나요? 가장 중요한 점은 생기부를 보는 것이 '사람'이라는 점입니다. 그들의 반응을 예상하고 생기부를 채우는 습관을 들이면 적어도 안 좋은 생기부를 피하는 데 도움이 될 수 있습니다.

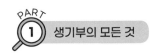

PART
1 생기부의 모든 것

Part 1-2 과목별 세특 사례와 조언

감동을 주는
세특을 쓰자

제가 인사말에서 낭만 있는 입시판이 되었으면 좋겠다는 말을 한 것 기억하시나요? 세특은 딱딱하다는, 공학도는 기술만을 심화탐구해야 한다는 고정관념을 깰, 일명 '낭만 넘치는 세특'을 쓰는 법을 알려드리겠습니다.

세특에 대해 여러분은 어떤 이미지를 가지고 있나요? '교과에 대한 역량을 보이고, 진로와 관련하여 어느 정도 심화적인 내용을 알고 있다는 것을 어필하는 부분' 정도로 볼 수 있겠죠. 하지만 이런 개념을 가지고 있으면 이런 생각이 들 수도 있습니다. '내 진로는 반도체 공학자인데, 대체 역사와 문학에서 어떻게 반도체 내용을 만들어 내지?' 같은 고민 말이죠. 이과 계열에게는 흔히 역사나 문학이, 문과 계열에게는 '물화생지' 등이 대표적인 세특 쓰기 난해한 과목이 될 것입니다. 제가 2가지 팁을 통해 독자 여러분의 진로와 관련 없는 과목에서의 세특을 어떻게 작성해야 할지 설명하도록 하겠습니다.

우선 가장 지양해야 할 것은 억지로 엮는 것입니다. 이를테면 역사 과목에서 조선 시대와 관련된 내용을 탐구하는 것으로 한정되어 있는데 반도체와 연관 짓겠다고 규소의 쓰임을 알아보는 것 같은 일이죠. 그리 의미 있는 탐구도 아닐뿐더러 생기부 전체에서 작위적이라는 느낌을 자아내는, 좋지 않은 세특입니다.

과목 자체의 역량을 보여라

제가 추천하는 방식 중 하나는 과목 자체의 역량을 보이는 것입니다. '나는 이 과목에 대한 이해도가 매우 높고 교내 최상위권의 배움을 이룰 수 있었던 만큼 대학에서의 배움도 효과적으로 이수할 수 있다!'라는 것을 보여주는 것이죠. 해당 교과의 성적이 좋고, 아무리 고민해도 절대로 진로와 연관시킬 점이 없다면 이보다 좋은 방법은 없을 것입니다. 과목 자체의 역량을 보이는 세특의 예시는 다음과 같습니다.

문학(2학년)
(…) 시의 구절들을 바탕으로 하여 드러나지 않은 의미까지도 추론하고, (…) 작품을 공감적으로 수용하는 모습을 보임. 나아가 창작 당시의 시대적 배경을 고려하고 '한의 정서'라는 한국 문학의 전통적인 특성에 대해 이해하며 독자적인 작품의 해석을 구축함. (…) 문학이 일종의 간접경험이라는 점에서 인간이 겪을 수 있는 다양한 상황에서 옳은 선택을 내리도록 고찰할 기회를 준다는 소감을 밝힌 데서 정서적 성장을 보임.

제 문학 세특입니다. 반도체라는 말은 한 번도 꺼내지 않았지만 적어도 이 교과에서는 뛰어난 역량을 보였다는 점이 잘 드러나 있죠. 교과역량을 강조하려면 이와 같이 사례가 함께 제시되어야 합니다. Part 1-1에서도 나왔던 내용입니다.

낭만 있는 세특을 써라

두 번째 방식은 제가 추구하는 방식이기도 한 '낭만 있는 세특 쓰기'입니다. 조금 더 쉽게 말하자면 자기의 진로와 동떨어진 교과의 세특을 쓰며 해당 교과의 내용을 심화 탐구하되, 그 이후 본인이 받게 된 영향 또는 본인의 생각을 진로와 엮는 것이죠. 첫 번째 팁에서 이야기했던 교과에 대한 이해도를 어느 정도 보일 수 있으면서 여러분만의 진솔함을 담아내기에 적합한 방식입니다. 추상적이어서 이해가 되지 않을 수 있으니 예시와 함께 살펴보도록 하죠.

영어(2학년)
3분 스피치 활동에서 생산과 서비스의 완전 자동화가 실현되는 유토피아 세상에 기여하기 위해 AI를 더욱 효과적으로 구동할 수 있는 하드웨어를 개발할 것이라는 포부를 밝힘. (…) 샹들리에의 진자 운동을 소재로 하는 지문에 대하여 문장 성분, 주요 어휘 및 문법을 분석해 반 학우들 앞에서 발표함. (…) 과학 대중화를 위한 토의에서 과학자들이 특권의식이나 권위를 내려놓고 대중 친화적인 성격을 띠며 이론들을 소개해야 한다는 주장을 영어로 유창하게 밝힘.

제 영어 세특의 일부입니다. 제 희망 진로였던 반도체 공학자와 엮기 힘든 과목인 영어에서 억지로 과학이론을 넣기보다는 영어 토론을 진행할 수 있을 정도의 역량을 갖추고 있다는 점과 공학에서 자신의 가치관을 영어로 설명해 낼 수 있을 만큼 구체적으로 고민해 봤다는 점을 드러내고자 노력했습니다. 이런 세특이 입시에 유효한 이유는 우리가 대학을 가는 이유가 배우기 위함이라는 점에 있습니다. 4년간의 배움, 그것도 심도 있고, 나아가 학계의 최전선에 서게 될 배움을 이루기 위해서는 확실한 목표와 동기, 가치관이 필요합니다. 3년의 고교생활은 이를 구체화하고 배워나갈 능력을 갖추는 과정입니다. 그런 점에서 어느 정도로 진로를 추구하는지, 얼마나 진심인지를 알려주는 문장은 중요합니다. 기술적인 탐구내용만을 기재할 것이 아니라 입

학사정관을 감동시킬 수 있는 여러분만의 꿈을 표현하는 문장들을 세특에 담을 수 있으면 좋겠습니다. '오글거릴' 수 있지만 그런 생각과 말, 글 하나하나가 여러분이 꿈에 대해 회의감을 느낄 때 '그래도 어쨌든 계속 할 거잖아'라고 생각할 수 있게 도와준답니다.

저는 두 번째 팁을 강조하고 싶습니다. 세특에는 분명 낭만이 있을 수 있습니다. 지면 관계상 다 보여드릴 수는 없지만, 저는 많은 부분에서 저만의 낭만이 드러나도록 노력했습니다. 입학사정관도 사람인 이상 꿈을 추구하는 유망한 학생을 좋아할 수밖에 없습니다. 그들을 감동시킬 만한 여러분만의 문장을 쓸 수 있으면 그걸로 충분합니다.

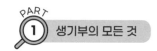

동아리의 정수,
협업 역량 보여주기

동아리활동은 학교생활에 있어서 선후배를 만날 중요한 기회이기도 하지만 생기부의 큰 부분을 차지하기도 하는 요소입니다. 동아리활동이 자율, 진로활동에 비해서 가지는 가장 큰 차이점은 무엇일까요? 저는 단체로 어떤 일을 진행하는 점이라고 생각합니다. 물론 자율, 진로에도 협동에 관한 요소를 넣을 수 있지만 동아리와는 그 밀도가 다를 수밖에 없다고 생각합니다. 따라서 이번 챕터에서는 동아리활동을 생기부에 기재하며 자신의 커뮤니케이션 능력과 리더십을 어필할 수 있는 팁들을 소개해 보도록 하겠습니다.

먼저 생기부 예시를 살펴보도록 하겠습니다.

동아리활동(3학년)
1학년들과 조를 이루어, 어려운 내용을 친절히 알려주는 조장이자 동아리 부장으로서 활발한 탐구 및 토의, 성공적인 발표를 이끎. 컴퓨터 분해 및 조립 활동을 기획하여, 분해에 사용할 컴퓨터와 공구를 정보 선생님과 접촉해 직접 구해오는 적극적인 모습을 보여줌. (…) 반도체 공정 심화 탐구 및 발표 활동에서 마스크와 렌즈의 정렬관계에서 물리시간에 배운 빛의 회절현상을 청중에게 상기시키고 (…) 반도체 공정의 심화 내용을 발표하는 시간에 포토공정을 조사한 다른 조에게 멀티 패터닝 공정에 대한 내용을 언급함으로써 추가 탐구 가이드 역할을 할 수 있는 적절한 질문을 하는 등 동아리원들의 탐구에 도움을 주는 모습을 보임.

제가 참여했던 동아리는 반도체 토의 동아리 '에칭(edging)'이었습니다. 보통 '사전 이론 조사 → 활동 → 발표'라는 3단계로 활동을 진행했고, 저는 동아리 부장으로서 적절한 주제를 찾아오고 질문을 받거나 발표 내용에서 잘못된 부분은 없는지 검수하는 역할을 했습니다. 3학년이기도 했고 다른 심화주제에 대한 탐구는 이미 세특과 자율 및 진로에 많이 들어가 있었으므로 제가 가진 지식들을 통해 다른 학생들, 특히 가이드라인이 필요한 후배들에게 도움을 주는 모습을 동아리 기재란에 담고 싶었습니다. 만약 여러분이 동아리 부장을 맡게 된다면 아마 이런 형태의 생기부가 기재될 것입니다.

가장 중요한 것은 '협업 능력이나 단체활동을 주도하는 모습을 보여주는 사례가 있는가'가 되겠죠. 또한 여유가 된다면 예시에서 '멀티 패터닝 공정'을 언급했듯이 간략하게 설명해 낼 수 있는 진로 관련 개념을 노출시키는 것도 좋습니다. 면접에서 관련 질문을 받으면 깊이 있는 대답을 할 수 있도록요.

동아리 부장이 아니어도 협업 능력을 보이는 법

만약 동아리 부장이나 조장의 역할을 맡지 않았다면 어떤 식으로 협업 능력을 보일 수 있을까요? 이때는 프로젝트를 진행하면서 생길 수밖에 없는 여러가지 갈등에 대해 어떤 식으로 접근하고 해결했는지를 적어주면 좋습니다. 정말 싸운 것이 아니더라도 하고 싶은 역할이 겹친다거나, 조사한 내용이 잘못된 것을 뒤늦게 알아차렸다는 등 크고 작은 문제들이 생기면 가능한 한 감정을 개입하지 말고 모두가 합리적이라고 생각하는 방식으로 해결하는 것이 좋습니다. 그리고 그렇게 의견 조율한 사례를 동아리 기재란에 적어주면 '이 학생은 단체 프로젝트를 진행하며 원활한 협동을 이룰 수 있는 학생이다'라는 점을 보여줄 수 있겠죠.

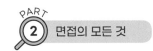

Part 2-1 빈틈없는 면접을 위한 팁

생기부 면접
준비의 5단계

서울대뿐 아니라 대부분의 대학은 생기부 기반 면접을 진행합니다. 그렇다면 생기부 면접, 어떻게 준비해야 할까요?

1단계: 생기부 속 교과 개념은 완벽히 숙지하자

첫 번째 단계는 적어도 본인의 생기부에 적혀 있는 교과 개념은 완벽히 설명할 수 있도록 준비하는 것입니다. 이는 대답을 '잘'하기 위해서가 아니라 대답을 '못'하는 상황을 피하기 위해서입니다. 정말 교과서적인 수준의 답이라도 괜찮습니다. "확률과 통계 시간에 베이즈 정리를 응용해 ~를 했다고 하는데, 베이즈 정리가 무엇인가요?" 라는 질문을 받았다고 가정했을 때 베이즈 정리의 개념을 말할 수 없다면 생기부 전체의 신뢰도가 급격히 떨어질 수밖에 없습니다. 따라서 처음에는 교과서 개념들을 모두 설명할 수 있는 수준을 목표로 합니다.

2단계: 심화탐구 내용의 설명을 준비하자

두 번째 단계는 본인만의 활동들, 즉 심화탐구한 내용들을 간결하게 설명할 수 있도록 준비하는 것입니다. 이 두 번째 목표 때문에 너무 어려운 주제를 잡으면 면접에서 힘들어질 수 있습니다. 또한 면접 시간이 생각보다 짧기 때문에 하나의 질문에 대답하는 데 1분 이상의 시간을 쓰게 되면 대답으로 얻는 이득보다 손해가 더 큽니다. 만약 말을 더듬거나 주저한다면 손해는 점점 더 커지겠죠. 따라서 본인의 생기부를 계속해서 읽으며 진행한 심화탐구에 대해 '주제/동기/내용/배운 점(느낀 점)'으로 범주화하여 대답이 길어도 1분 30초를 넘지 않도록 미리 노트에 정리해 두는 것이 좋습니다. 만약 이렇게까지 했음에도 면접장에서 기억이 안 난다면 차라리 아는 부분만 빠르게 요약하고 더 깊은 내용은 잘 기억이 나지 않는다고 이야기하고 넘어가야 합니다. 면접에서 시간은 기회와 같습니다. 낭비하지 않도록 합시다.

3단계: 말하는 태도를 다듬자

세 번째 단계는 말 이외의 것입니다. 면접은 사람을 마주 보고 하는 것입니다. 목소리의 빠르기, 톤, 말하는 태도, 시선의 위치가 모두 면접관에게 실시간으로 인식됩니다. 이런 태도들에 대해서는 모의 면접을 진행하며 스스로의 모습을 녹화하여 어떤 부분이 잘못되었는지 파악하는 것이 좋습니다. 보통 긴장감에 의해 태도가 흐트러지므로 긴장감을 덜 수 있는 한가지 팁을 주자면 면접관은 보통 두 분으로 구성되어 있고, 한 분은 계속 질문과 함께 반응을 해주는 역할을, 다른 한 분은 난해한 질문을 하거나 눈을 제대로 안 마주치는 등 친절하지 않은 역할을 맡는 경우가 종종 있습니다. 면접이 마냥 편한 분위기인 것도, 마냥 엄한 분위기인 것도 바람직하지 않기 때문에 두 분이 적절히 분위기를 조율하도록 하는 것입니다. 면접관님이 여러분의 대답에 성이 차지 않거나 틀려서 언짢아하는 것이 아니라 그저 형평성을 위해 다소 딱딱한 태도를 가지는 것뿐이라는 점을 기억하면 긴장으로 인한 태도의 문제를 고치는 데에 도움이 될 것이라고 생각합니다.

4단계: 생기부 외적인 질문에 답을 준비하자

네 번째 단계는 생기부 외적인 질문에 대한 답입니다. 면접에서는 생기부에 대한 것들만을 물어보는 것이 아니라 간단한 인사말, 자기소개나 지원동기, 마지막으로 하고 싶은 말 등을 묻기도 합니다. 인사말이나 자기소개에서는 자신의 가치관을 간략하게(15~30초 내로) 드러낼 수 있으면 좋고, 지원동기에서는 이 학교만이 가지고 있는 특색을 언급함으로써 하필 이 학교여야만 했던 이유를 제시하고 그만큼 열의가 있다는 점을 알리면 좋습니다. 마지막으로 하고 싶은 말을 만약 묻는다면 뒤늦게 기억난 세특에 대한 답을 마저 해도 좋고, 배움에 대한 자세를 보여도 좋습니다. 면접을 진행하면서 느낀 감정을 솔직하게 털어놓는 인간성을 보여도 좋겠습니다. 그러나 단순히 "없습니다"라고 끝내거나 면접관에게 도리어 질문을 하는 것은 추천하지 않습니다. 이러한 생기부 외적인 질문에 대한 답들은 앞선 단계를 진행하며 어느 정도 갈피가 잡힐 것입니다. 3년간 지내온 고등학교 시절의 기억을 돌이켜보면 어떤 가치관과 생각을 가지고 공부했는지가 떠오를 테니까요. 이 내용을 1분이 넘지 않는 분량으로 노트에 정리해 두고 질문이 들어왔을 때 바로 대답할 수 있도록 합시다.

5단계: 예상치 못한 상황을 준비하자

마지막 단계는 임기응변입니다. 사실 가장 어려운 부분이기도 합니다. 하지만 여러분이 앞선 4단계를 진행했다면 애초에 임기응변이 필요한 상황이 많지는 않을 것입니다. 이미 예상 범주 안에 있던 질문이 대부분일 테니까요. 그럼에도 불구하고 임기응변이 필요한 상황은 심화탐구한 주제에서 더 나아간 지식에 대해 질문받을 때입니다. 만약 생각해 본 적 없는 질문이 나온다면, 답을 틀리는 리스크를 피하겠다고 대답을 회피하지 말고 아는 대로 대답하거나 적어도 추측 정도는 내놓는 편이 좋습니다. 여러분의 사고력을 보여줄 수 있는 기회이기도 하기 때문입니다. 이런 임기응변은 자신과 진로 분야가 비슷한 친구들과 서로 질문을 해주다 보면 실력이 빠르게 늘어납니다. 친구들과 서로 도우며 최대한 많은 모의 면접을 진행해 봅시다.

생기부 면접은 마치 지문들을 미리 보여주고 국어 시험을 보는 것과 같습니다. 준비만 해간다면 면접 때문에 불합격할 일은 절대 없는 것입니다. 저는 이상적인 면접대비 기간이 3~4주 정도라고 생각합니다. 위 단계를 바탕으로 노트에 정리한 내용이 머릿속에 담길 수 있도록 혼자서도, 모의 면접을 진행하면서도 되뇌이는 것이 좋습니다.

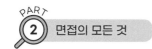

첨단융합학부
지역균형전형 면접 복기

기억나는 질문과 답변만 간략히 작성하겠습니다. 아래의 질문 이외에도 다양한 세특과 자율, 진로활동에 대한 질문들이 더 있었습니다.

Q. 지원동기가 무엇인가요?

A. 저는 중학교 때 물리학을 접하고 그 가능성에 감동받아 공학을 꿈꾸게 되었습니다. 저는 사람이 사람을 위해 오롯이 힘쓸 수 있는 기반을 마련하기 위한 완전자동화를 목표로 하고 그를 위해 인공지능을 지금보다 효율적으로 구동할 수 있는 하드웨어를 연구하고 싶습니다. 제 목표에는 다양한 분야에서의 전문성이 두루 필요하고 첨단융합학부의 초학제적 역량을 강조하는 모토에서 제가 추구하는 공학을 배울 수 있을 것이라는 생각에 지원하게 되었습니다. (Part 2-1에서 강조했듯 저의 공학관과 하필 이 학교 이 학과여야만 했던 이유를 보여주고자 했습니다.)

Q. 진로를 위해 어떤 노력들을 했나요?

A. 반도체 8대 공정과 현재 연구 중인 공정의 신기술들을 조사하면서 반도체에 대한 이해를 높이고 동아리활동을 통해 다 같이 컴퓨터를 분해 및 조립하거나 드론의 높이를 조절할 방법에 대해 토의해 보는 등 반도체 공학자가 되기 위한 커뮤니케이션 능력을 기르는 것에도 소홀히 하지 않았습니다. 또한 특히 SOT-MRAM을 연산기의 로컬메모리로 사용하는 AI 가속기가 기존보다 높은 에너지 효율을 가질 것임을 분석하는 활동이 가장 인상 깊었고 제 꿈과도 직접적인 연관이 되어 있는 활동이었기 때문에 즐겁게 임했습니다. 이처럼 저는 한 가지 분야나 이론적인 부분에만 치우치지 않고 창의력이나 사고력과 소통능력처럼 인간 본연의 능력이라 할 수 있는 역량들을 기르는 것에 집중했다고 생각합니다.

Q. 그렇다면 가장 인상 깊었던 SOT-MRAM에 관해 설명해 줄 수 있나요?

A. 네, SOT-MRAM은 금속 위에 강자성체를 올리고 금속에 전류를 흘려줄 때 강자성체 내부의 전자들의 스핀이 정렬되고 이때 생기는 스핀궤도토크를 통해 전류를 흘릴 때 생기는 저항 차이로 0과 1을 구분해 저장할 수 있는 메모리 소자입니다. STT-MRAM과 다르게 직접 자성체에 전류를 흘리지 않기 때문에 에너지 효율이 높고 읽기와 쓰기를 다른 경로에서 진행하기 때문에 간섭이 없다는 장점이 있습니다. 따라서 로컬메모리로 사용했을 때 에너지 효율이 얼마나 높아지는지 논문 등의 자료를 통해 탐구해 본 활동이었습니다. 그러나 면접을 준비하면서 추가로 알아보고 생각해 본 바, SRAM에 비해 읽고 쓰기의 동작이 매우 느리기 때문에 이 문제를 해결하기 전까지는 로컬메모리로 사용하기 어려울 수 있다고 느꼈습니다.

Q. 단체로 특정 프로젝트를 진행해 본 경험이 있나요?

A. 2학년 1학기 수업량 유연화에 따른 자율 탐구 시간에 지역 반도체 전문가와 직접 연락하여 조원들과 함께 인터뷰를 진행한 경험이 있습니다. 이때 인터뷰 질문 선정과 진행, 선행자료 조사, 인터뷰 내용 정리 등 역할 분배에 있어 각자가 자신의 일을 할 때 유기적으로 최적의 효율을 낼 수 있는 구조가 되도록 하는 것이 리더의 역할이라고 생각했습니다.

Q. 본인의 장단점을 설명해 줄 수 있나요?

A. 제 장점은 새롭게 배우는 것에 있어서 재미를 느끼고 빠르게 배워나간다는 점, 단점은 여러 요소에 쉽게 관심이 분산된다는 점입니다. 그러나 저는 제 단점에 대해 조금 다른 시각으로 접근했습니다. 새로운 것을 빠르게 배울 수 있으므로 여러 요소에 관심을 가진다면 그 분야 모두에서 두루 전문성을 갖추면 된다고 생각했습니다. 단순히 관심에서 그치는 것이 아닌, 지식을 쌓고 특정 문제 상황에서 제가 배운 다양한 지식과 지혜를 쓸 수 있는 기틀을 잡았습니다. 이런 저의 특성이 첨단융합학부와 잘 맞아 이렇게 지원한 것이기도 합니다.

Q. 대학을 다니며 하고 싶은 것이 있나요?

A. 첨단융합학부는 이번에 처음 개설되는 학부입니다. 따라서 아직 안정되지 않거나 확정되지 않은 부분이 있을 수 있습니다. 저는 이곳에서 학생회로 일하며 첨단융합학부의 1기로써 학부를 만들어나가고 싶습니다. 예를 들면 현재 첨단융합학부의 각 계열에서 필요한 과목들이 어떤 것들이 있고 새로 개설될 수는 있는지 알아보거나, 학부 내부적으로 생길 수 있는 크고 작은 마찰들을 해결하며 대학이 제게 있어 학술적인 성장뿐 아니라 인간적인 성장을 이룰 수 있는 발판

이 되었으면 합니다.

Q. 마지막으로 하고 싶은 말이 있나요?

A. 아마 서울대학교에서, 아니 현재 지원자들 중에서만 해도 제가 이공계열에서 가장 뛰어난 재능을 가졌다고는 말씀드릴 수 없습니다. 그러나 말씀드렸다시피 저는 '배우는 것'에서는 누구보다 자신이 있습니다. 저는 이곳에 존재하는 뛰어난 사람들의 장점들을 욕심 있게 흡수해 나갈 것입니다. 제가 고교생활 3년간 몰라보게 변한 것 이상으로 이곳에서의 시간이 지날수록 저는 성장할 것입니다. 비단 수학 과학적 능력뿐 아니라 눈에 보이지 않는 역량 또한 자랄 것이고, 공학관은 이전보다 구체화되어있을 것입니다. 이 모든 성장을 위해 저는 이 학교, 이 학부가 필요합니다. 누구보다 뛰어난 인적, 물적 자원이 가득한 이곳에서 배운다는 것은 저에게 다시없을 기회라고 생각하며 입시를 준비했습니다. 이 학교 이상으로 저는 나아가고 싶습니다. (시계가 없었던 것으로 기억하지만 남은 시간을 밖에서 알려줍니다. 시간이 꽤나 남았던 것을 확인하고 애초부터 답변을 40초 정도로 상정하고 시작했기에 마지막임에도 긴 답변이 나올 수 있었습니다.)

저는 면접을 진행하기 전에 약 2시간가량 대기했는데요. 정말 긴 시간이었지만 그 동안 할 수 있는 것이 없어 처음의 지루하던 감정도 시간과 함께 무뎌졌습니다. 그런데 대기실에 들어가면서 갑자기 '이제 진짜구나'라는 실감이 나고, 심장이 뛰는 것도 느껴지더군요. 면접장에 발을 들여놓는 순간에는 긴장과 함께 기대감, 흥분이 느껴졌습니다. 내가 준비해온 것들을 남김없이 보여줄 수 있다는 자신감과 어떤 질문이 들어올까 생각하며 느끼는 고양감뿐이었습니다. 답변을 이어가며 마침 준비했던, 자신 있는 내용이 나오고 나서부터는 말의 빠르기나 단어의 어감과 같이 사소한 부분까지 고려할 수 있을 만큼 여유가 생겼습니다. 준비한 것 이상을 보여줄 수 있는 면접이었습니다. 면접을 마치고 나오면서 느꼈던 점은 스스로 면접을 좋아하는 성향이 있다는 것을 처음 알게 되었다는 것이었습니다.

　평소에 남들에게 자신에 대한 이야기를 많이 해보는 것이 '면접'이라는 평가방식에 있어 도움이 될 수 있습니다. 생각을 체계화하고 담겨 있는 뜻을 이해 가능한 언어로 바꾸는 연습을 평소에도 많이 해두는 것이 좋습니다. 개인적인 팁을 살짝 주자면 일기를 써보는 것도 의미가 있을 수 있습니다. 별거 아닌 일이라도 직접 글을 써보는 것과 머릿속 생각에 그치는 것은 차이가 매우 크답니다.

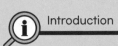

맘에 드는 동아리가 없다면 내가 만들면 그만

가슴이 뛴다면 그걸로 충분합니다

030

첨단융합학부 ㅣ 24학번 이우진 ㅣ 일반전형
인천시 연수구 ㅣ 영재고 졸업

안녕하세요, 서울대학교 첨단융합학부에 재학 중인 24학번 이우진입니다. 여러분은 장래 희망이 있으신가요? 정말 어려운 질문입니다. 저는 생기부에서 장래 희망을 적는 부분이 세특을 채우는 것보다 힘들었어요. 하고픈 것은 많은데, 이를 하나의 직업으로 적어야 한다는 것이 너무나 답답했습니다.

"스스로의 길을 개척하며 세상의 변화를 주자."

제가 지금까지 가지고 살아왔던 꿈이자, 인생의 목표입니다. 정확한 장래 희망은 없었지만, 그 누구보다도 구체적이고 확실한 '꿈'을 하나 품고 살아왔어요.

제 꿈은 다양한 분야에서 실현될 수 있습니다. 연구자가 되어 새로운 발견을 이뤄낼 수도 있고, 획기적인 아이디어로 창업하여 세상에 변화를 일으킬 수도 있겠죠. 이렇게 다양한 꿈의 실현 가능성이, 제가 장래 희망을 한 단어로 지칭하지 못했던 이유입니다.

세상에 변화를 일으키는 건 정말 어려운 모험이 될 수도 있습니다. 당장 스테이크를 먹고 싶어하는 친구에게 중식을 먹자고 설득하는 일도 쉽지 않은데, 세상을 바꾸겠다는 것은 아주 무모하고도 철없는 생각일 수 있겠죠. 하지만 저는 그런 무모하고도 철없는 사람이 되기를 택했습니다. 그러기 위해 초등학생 때부터 공부를 열심히 했고, 영재학교라는 멋진 고등학교에 진학을 해 결국 서울대학교까지 도달할 수 있었어요.

이 이야기를 하는 이유는, 다음 장부터 등장할 딱딱한 이야기를 읽어보기 전에 여러분이 자신의 '꿈'에 대해 먼저 생각해 보기를 바라서입니다. 실현이 불가능해 보여도 괜찮습니다. 남들이 욕해도 괜찮아요. 그저 여러분이 그 꿈을 생각할 때 가슴이 뛴다면, 그걸로 충분합니다.

제 이야기는 꿈이 있는 후배들에게 더욱 와닿을 이야기에요. 하지만 꿈이 없더라도 전혀 문제될 것은 없어요. 지금 하는 공부가 나에게 도움이 될지 걱정스럽고, 공부에 확신이 없는 후배들에게도 도움이 되는 내용을 적어두었거든요. 앞으로 세계를 이끌어 갈 여러분에게 이 내용들이 도움이 되었으면 좋겠습니다.

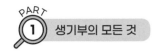

Part 1-1 매력적인 생기부를 위한 팁

생기부를 명작으로 만드는 포인트

소설을 읽을 때를 떠올려 볼까요? 저는 주인공이 계속 바뀌는 단편 소설 모음집보다는 한 명의 주인공이 여러 에피소드를 겪으며 성장해 나가는 장편 소설이 더 재미있었어요. 또, 작은 섬에서 이뤄지는 소규모의 이야기보다는, 스케일이 크고 소위 말하는 '떡밥'도 깔끔하게 회수되는 짜임새 있는 이야기가 흥미로웠어요. 여러분도 어느 정도 공감할 것이라 생각합니다.

이는 생기부 작성에도 적용되는 이야기입니다. 1학년부터 완벽한 학생은 드물기에, 우리는 부족한 부분을 보완하고 장점은 극대화하며 생기부를 '성장'시켜야 해요. 또, 다양한 과목에서 역량이 뛰어남을 보여주고 이 역량들이 결국 하나의 '목표'를 위해서였다면 생기부의 짜임새가 아주 좋아지죠.

단점을 보완하고 장점을 극대화하는 것은 성적으로 증명하는 것이 가장 쉽습니다. 대다수의 대학에서 자기소개서가 폐지되었기에 여러분을 증명할 수 있는 수단이 이제는 생기부만 남았거든요. 그렇기에 생기부는 이전보다 훨씬 중요해졌는데, 여기서 나의 생기부가 흔한 보급형 소설이 될지, 아니면 하나의 명작이 될지를 결정 짓는 요소가 무엇일까요? 저는 그 열쇠가 교과 외 활동, 그리고 이 활동들을 교과와 연계하는 데 있다고 생각합니다.

첫 페이지에서 강조한 것처럼, 저는 꿈이 있었고 이 꿈을 생기부에 녹일 수 있도록 많은 노력을 했어요. 세상에 변화를 주기 위해서는 수학이나 과학뿐 아니라 다른 융합적 능력이 많이 필요했고, 여기서 융합이라는 포인트를 부각시키기 위해 동아리, 대회, 프로젝트 활동, 행사 등 다양한 교과 외 활동을 활용했습니다. 이런 부분들이 하나하나 쌓여가며 결국 첨단융합학부라는 저에게 안성맞춤인 학과에 들어올 수 있었던 것 같아요. 제 생기부에 기재된 세특 중 일부분을 예시로 들어볼게요.

정보과학융합프로젝트1(3학년 1학기)

특히 웹 크롤링이나 API 등 처음 배우는 내용을 빠르게 흡수하였으며 단순히 학습에서 그치는 것이 아니라 **자신의 프로젝트에 적극적으로 활용하는 모습**이 인상적인 학생으로 **자신의 전공 분야와 정보를 융합**하며 더 큰 역량을 발휘하는 모습을 보임.

생기부에는 여러 과목들이 표로 구분되어 있지만, 내용을 살펴보면 과목 간의 연계는 정말 무한하게 확장할 수 있습니다. 저는 저의 관심사이자, 지금 시대에서 어떤 분야든 꼭 필요로 하는 정보 과목을 중추로 생기부라는 소설을 쓰려고 했어요. 정보 과목에서 배운 내용을 타 과목 수행 평가 때 이용한다든지, 교내 체육대회와 같은 쌩뚱맞은 행사에서 정보 기술을 적재적소에 사용하여 부스를 여는 활동들을 했습니다.

영화에서도 예상치 못한 부분에서 복선이 등장하고 떡밥이 회수될 때 카타르시스가 느껴지듯이, 생기부에서도 '이 내용을 여기에서 이렇게 활용할 수도 있네?'라는 부분이 입학사정관님들의 '와우(wow)'를 불러내는 포인트입니다. 그 예상치 못한 부분을 우리는 교과 외 활동에서 찾아내야 합니다.

> "하나의 과목, 혹은 하나의 주제를 가지고
> 계속 활용하면 억지스럽지 않을까요?"

사실 이 내용이 가장 고민이 되는 부분이에요. 저 또한 정보 과목에서 배운 내용은 한정적인데, 이를 타 과목에서 계속 사용한다면 융합보다는 오히려 억지라는 역효과가 나타날 것이라 생각했어요.

이를 해결할 수 있는 방법은 1~2학년 때 여러 과목에서 정말 다양한 활동들을 해보는 것입니다. 교과와 주제라는 소스를 1학년 때 많이 만들어둔다면, 학년이 올라가며 생기부에 '연계'할 수 있는 포인트들이 많아질 거예요.

교과 외 활동을 세특으로 연결 짓는 방법도 동일합니다. 대회나 동아리, 연구 등에서 진행한 활동은 생기부에 구체적으로 기록되지 않지만, 이러한 활동을 했다는 사실과 경험은 생기부에 들어가죠. 우리는 이를 이용해서 교과 외 활동이라는 좋은 요소들을 세특으로 연계해야 합니다.

물리학 세미나1(3학년 1학기)
연구 활동에서 탐색했던 터널링 반도체와 관련해 '반도체와 제백 효과'라는 주제에 대해 자기주도 학습을 수행하고 내용을 정리하여 PPT로 제출함. 다양한 주제에 대한 심화 강의 및 세미나를 통해 교과 내용을 보다 심층적이고 포괄적으로 탐구하였으며 활동에 적극적으로 참여함.

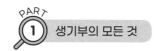

Part 1-2 과목별 세특 사례와 조언

세특 방향성을 정할 때 꼭 지켜야 할 2가지

 과목별 세특은 생기부를 채우는 핵심 과제이자 제일 중요한 포인트입니다. 저는 세특의 주제를 정할 때, 내 생기부의 주축인 정보와 연관시키기 어렵다면 그 과목 자체의 내용을 심화시키는 데 초점을 두고 고민했어요. 지금까지 계속 연계를 강조했지만, 내용을 심화하여 탐구할 수 있는 역량 자체도 분명히 중요한 요소이기에 이 또한 놓치지 않으려고 노력했던 것 같아요. 정리해 보면 전 다음 2가지 포인트 중 하나를 골라서 세특의 방향성을 정했습니다.

Tip! **세특 방향성을 정할 때 고려해야 할 2가지**

 1. 정보 과목과 연계가 가능하다면, '융합'스러운 탐구를 하자.

 2. 연계가 어렵다면, 그 과목 자체의 심화 주제를 탐구하자.

저 포인트는 1학년부터 수행평가와 세특을 작성할 때 꼭 지켜왔던 방향성이에요. 지금 생각해 보면 첨단융합학부가 고3 때 신설되어서 1,2학년 때 생기부를 맞추지 못했음에도, 위의 2가지 포인트를 지키면서 세특을 꾸려 왔기에 '융합'과 '탐구역량'이 강조된 생기부라 좋게 평가된 것 같기도 합니다.

확률과 통계(2학년 1학기)

학급 전체의 학생이 틀리게 풀었던, 같은 것이 포함된 염주순열의 개수를 구하는 문제가 있었는데 이 문제에 대해서 바른 풀이를 찾고 규칙을 만들고자 하는 탐구 의지가 생겼다고 함. 이를 위해 수업 이후 틈틈이 원순열, 염주순열에 대한 이론과 논문 등을 찾아보고 스스로 작은 수부터 여러 경우를 그려서 계산해 보면서 규칙성을 유도함. 탐구 결과 염주순열의 경우 뒤집어서 대칭이 될 때는 무축대칭, 즉 구슬이 없는 축만 고려하면 된다는 것을 알게 됨. 이러한 논리적 과정을 잘 정리하여 학급에 설명해 주었고 교사에게도 보고서 형태로 제출함.

심화 주제는 너무 거창한 것이 아니어도 됩니다. 저는 주로 그 과목의 문제를 풀 때 '왜 이렇게 해야 하는 거지?' 싶었던 공식이나 교과서에서 모호하게 다루고 넘어가는 이론에 대해서 본질을 깨닫기 위해 많은 노력을 했던 것 같아요. 사실 심화라는 게 깊은 응용이 될 수도 있지만, 당연한 것의 본질을 깨닫는 것만큼 어려운 것도 없기에 이 또한 좋은 심화 주제가 될 수 있죠.

꿈을 바탕으로 한 생기부가 빛나는 이유

앞서 제가 여러분들께 꿈을 가지라고 주절주절 길게 이야기했었어요. 저는 '세상에 변화'라는 것을, 기술적 혁신보다는 과학 기술의 수혜를 누리지 못하는 특정 계층이나 집단에게 도움을 주는 방향으로 스스로에게 정의했습니다. 그렇다면 이러한 부분을 세특에 어떻게 녹여냈을까요?

이 부분에 대해서는 사실 '무엇을 해라!'라고 명확하게 말하기가 쉽지 않아요. 추상적인 하나의 꿈을, 세특에 잘 우려내는 것이 쉬운 일이 아니거든요. 제 생기부를 살펴보아도 세상을 바꾸겠다는 포부에 대한 정확한 워딩은 어디에도 없어요. 하지만 1학년부터 3학년까지의 생기부를 읽어보았을 때는, '이 학생이 장래에 여러 사람에게 도움을 주고 싶은 큰 목표를 가지고 있구나'라는 부분이 느껴진다는 것은 장담할 수 있습니다. 제3자에게 말하기 위해서가 아닌, 나 스스로 두근거리는 꿈을 가지고 있다면 이는 장기적으로 보았을 때 생기부에 자연스럽게 스며들게 되는 것 같아요.

상대적으로 꿈과 연계하기 쉬운 인문사회 과목에서는 사회에 초점을 두고 현대 우리 사회의 다양한 문제점과 개선해야 할 점에 대해 다루었어요. 그리고 수과학 과목에 대해서는 3년간 차차 역량을 키워가며, 3학년 때는 교내 학생들을 위한 웹이라든가, 획기적인 과학 기술을 접목한 스타트업 아이디어 등이 세특에 들어가 있습니다.

이러한 부분이 종합된다면, 3년짜리 소설인 생기부에서 나라는 주인공이 어떤 사람이고, 어떤 신념이 있는지 독자들도 어느 정도 유추할 수 있을 거예요. 저는 그런 부분에서 자유분방하고 다양한 방식으로 '나'라는 사람을 나타낼 수 있게 노력했고, 그것이 첨단융합학부의 취지와도 잘 맞았던 것 같아요.

정리해 볼게요. 목표를 가진 사람이라면 수행평가 탐구 주제를 정할 때도 그 신념이 반영되는 것은 당연합니다. 외부에 흔들리지 않고 3년간 그 목표를 향해 달려간다면, 생기부도 자연스럽게 흐름이 맞춰지며 하나의 좋은 스토리가 되는 것이죠. 그 과정에서 저는 자유분방을 추구했지만, 그래도 ① 정보 과목과 연계 ② 교과 심화 주제 탐구 2가지 중 하나는 꼭 지키면서 세특을 꾸렸습니다.

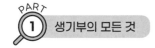

맘에 드는 동아리가 없다면, 내가 만드는 것도 방법

동아리는 잘 활용하면 교과 과목의 세특에서 담기 어려운 내용들을 생기부에 넣을 수 있는 하나의 좋은 도구입니다. 개인적으로도 동아리활동에 애정을 가지고 열심히 참여했기에, 동아리활동에 대해 소개해 보고자 합니다.

동아리의 구조는 정말 다양합니다. 정해진 방식을 따라가기만 할 수도 있고, 활동 자체가 적을 수도 있으며, 아니면 정말 자유로운 분위기의 동아리일 수도 있죠. 여기서 중요한 것은 어떤 구조의 동아리든 내 자유의지로 활동을 채울 수 있는 부분을 찾아야 한다는 점이에요.

저는 1학년 때 화학 동아리 소속이었는데, 정해진 방식이 있는 동아리였어요. 그 방식 자체도 좋았지만, 제가 원하는 부분으로 생기부를 채우지 못한다는 게 아쉬웠죠. 그래서 2학년으로 올라가며, 순수수학 동아리를 하나 새로 개설해 버렸어요. 기존에 이미 수학 동아리가 두 개나 있었지만, 원하는 주제로 자율탐구를 할 수 있는 동아리에 초점을 두고 만들었습니다.

사실 저는 조금 극단적인 케이스입니다. 자율탐구를 추구하는 동아리를 아예 만들어버렸으니까요. 이 글을 읽는 여러분은 우선 지금 속해 있는 동아리에서 자율활동을 할 수 있는 부분이 어느 곳인지, 찾았다면 그 부분에서 열심히 생기부에 채울 수 있는 내용을 만들어나가는 것을 추천해요. 하지만 열심히 찾아봤는데도 없다면, 저처럼 책임감을 가지고 동아리를 만들어보는 것도 정말 좋은 경험이라 생각합니다.

동아리활동(2학년)

동아리 부장으로 처음부터 끝까지 책임감을 갖고 성실히 활동함. 조별로 수학 주제를 선정해 탐구하고, 이를 정리하는 보고서 작성 활동을 진행함. 각종 경시대회에 출제되었던 문제를 함께 풀어보며 수학적 사고력을 증진시키고 이를 토대로 직접 문제들을 출제함. **양팔저울 문제의 일반화와 이를 파이썬 프로그래밍으로 분석, 카탈란수의 확장 영역 탐구, 슈르 부등식의 정의와 증명에 대해 주도적으로 탐구하여 책자로 만듦.**

면접은 면접자와 면접관이 함께 이끌어가는 것

첨단융합학부는 서울대학교 타 이공계열 학과들과 비슷하게 45분 동안 수학 문제를 풀고, 15분 동안 면접관님들께 풀이를 설명하는 방식으로 면접이 진행되었어요. 우선 당연히 문제를 풀기 위해서는 수학 공부를 열심히 해야 하기에, 공부에 대한 뻔한 이야기보다는 성공적인 '면접'의 요소에 대해 다뤄보고자 합니다.

우선 수학 공부를 할 때 교과서에 나오는 용어를 정확히 알아두는 것이 중요해요. 미분, 미분계수, 도함수가 모두 다른 개념이듯 면접에서 자신의 풀이를 발표할 때 정확한 워딩을 적재적소에 사용하는 것이 중요합니다. 같은 풀이라도 용어를 정확하게 사용하면 훨씬 안정감을 줄 수 있고 깊게 공부했다는 사실을 어필할 수 있어요.

이제 면접장에 가서 적용할 수 있는 팁을 정리해 볼게요. 제가 고3 때 수 차례의 모의 면접, 그리고 서울대 면접 당일날까지도 느낀 면접 팁은 다음과 같습니다.

Tip! 면접장에서 기억해야 할 팁

1. 문제를 풀 수 있는 시간은 실제로 45분+이다.

2. 말을 잘하는 것도 중요하지만, 비언어적인 표현도 매우 중요하다.

3. 면접은 면접자와 면접관이 함께 이끌어가는 것이다.

첫 번째는 면접을 겪어본 사람만이 알 수 있는 팁인데, 문제 풀이 시간이 '형식적으로는' 45분이지만, 실제로는 약간 시간이 더 있어요. 시험장에서 45분 타이머가 끝나면 면접실로 이동하는데, 이때 이동시간과 대기시간이 약 5~10분 정도 있습니다. 그동안 검산과 검토를 진행해 볼 수도 있고, 면접실에서 대답을 어떻게 할지 미리 대본을 머리에 구상할 수도 있죠.

두 번째는 면접실 안에서의 조언입니다. 면접관님들은 같은 대답을 해도 더 자신 있고 당당하게 풀이를 설명하는 학생이 문제를 정확하게 풀었다고 생각해요. 그러니 우리는 자신 있는 목소리와 눈빛, 약간의 몸짓을 포함해서 여유로운 분위기를 만들어 가면 좋은 인상을 각인시킬 수 있을 것입니다.

마지막은 답변에 대한 이야기인데, 답변은 두괄식으로 진행하는 게 좋아요. 푼 문제에 대해 답만 우선적으로 말하고, 애매한 부분에 대해서 '이렇게 해서 여기까지 생각해 보았습니다' 등으로 사고 과정을 간결하게 전달하면, 면접관님들께서 힌트를 주시겠죠? 이런 식으로 맞춘 건 빠르게, 헷갈리는 건 힌트를 받을 수 있게 답변을 하며 면접관님들과 함께 면접을 구성해 나가면 훨씬 좋은 결과가 있을 것입니다.

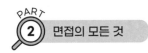

서울대 첨단융합학부
일반전형 면접 복기

Q. 첨단융합학부의 인재상은 초학제적 융합 소양 및 소통, 협업 능력을 바탕으로 공동체의 난제를 창의적으로 해결하고 새로운 분야를 개척하는 학생입니다. 지원자님의 초학제적 융합 부분을 드러낼 수 있는 고등학교 때의 경험을 말해주세요.

A. 2학년 때 고등학교 인근 대학교와 함께 반도체에서의 터널링 현상에 대해 연구를 해본 경험이 있습니다. 터널링 현상은 양자 세계에서 일어나기에 양자역학과 같은 물리학 개념에 대해 깊게 공부했는데요, 이를 기반으로 실험을 진행하고 데이터를 정리했습니다. 이 과정에서 느낀 것이 있었는데, 물리 관련 깊은 지식이 없이도 데이터를 처리할 수 있지만, 지식이 풍부한 상태에서 데이터를 정리하니 변수명부터 행렬 연산 과정 등의 흐름을 훨씬 체계적으로 계획할 수 있었습니다. 이렇게 수학, 물리, 정보 모든 요소를 이용한 연구를 통해 융합이 기반이 된 초학제적 사고를 경험해 볼 수 있었습니다.

Q. 잘 들었습니다. 수학 문제 풀었던 부분에 대해 말해주세요.

A. 네! 1-1은 답이 이렇게 나왔고, (생략) 2-3은 이렇게 나왔습니다.

Q. 1-4번 S_n이 어떻게 나왔나요?

A. 1-4번의 경우는 네 직선에 대해 나오는 네 개의 교점 중 두 교점이 n에 의존하지 않는 상수 좌표임을 알 수 있습니다. (생략) 이렇게 나누어서 계산하였고, S_n을 구할 수 있었습니다.

Q. 좋습니다. 2-3은 어떻게 구했나요?

A. 주어진 상황을 수형도로 나타내어 먼저 파악한 후, 급수를 이용해 계산하였습니다. (생략) 따라서 위와 같은 답이 나왔습니다.

Q. 좋습니다. 말을 잘해주셔서 제가 수업 듣는 기분이 나네요. 다시 1-4번으로 넘어가서, n의 변화에 관계없이 항상 지나는 부동점이나 혹은 점들의 집합이 있나요?

A. (시간이 5분 정도 남아 있었는데, 추가 질문이 나와서 본 문제에 대한 답은 모두 맞혔다는 생각이 들었음. 이때부터 조금 여유롭게 진행함) 네, 잠시 생각해 보겠습니다. (10초 후) 우선 ~한 선분 위에 있는 점은 항상 포함되고, n의 변화에 따라 값이 ~에 수렴하므로 ~와 같은 집합을 답으로 생각해 볼 수 있을 것 같습니다.

Q. 좋아요. 그러면 2-3에서 p=1/2가 가지는 의미가 무엇인가요?

A. 우선 A와 B의 우승 조건이 서로 대칭임을 알 수 있습니다. (생략) 그러므로 1/2이

라는 수치는 대칭인 상황을 의미함을 알 수 있습니다.

Q. 방금 대칭이라는 정말 좋은 표현을 사용해 주었는데요, 2-4에서 n이 발산한다면 무승부일 확률은 어떻게 될까요?

A. 급수를 계산해 보는 과정에서 식을 정리하면 ~한 형태가 나옴을 알 수 있습니다. (생략) 따라서 0에 수렴함을 알 수 있습니다.

Q. 그렇다면 A,B의 우승 조건을 바꾸거나 추가 조건을 만들어서 n이 발산할 때 무승부일 확률이 0이 되지 않게 할 수 있을까요?

A. 잠시 생각해 보겠습니다. (시간이 종료되어 퇴실함)

면접은 위와 같이 진행되었습니다. 느꼈던 바를 적어보자면, 대기실의 경우 크기가 굉장히 컸고, 대기하는 동안 따로 공부는 할 수 없었습니다. 대기 번호가 앞번호인 경우는 입실 이후 거의 바로 문제 풀이를 하러 이동하였고, 가장 뒷번호는 거의 3~4시간은 대기해야 했습니다. 당일날 얼마나 대기하는지는 미지수이니 기다리는 동안 책 없이 어떤 활동을 할지 미리 준비하면 좋을 듯합니다. 저는 소인수분해 및 곱셈 암산을 해보며 두뇌를 예열하였습니다.

문제 풀이는 컴퓨터를 치운 컴퓨터실에서 진행되었습니다. 책상도 넓고 공간도 큰 편이었습니다. 문제를 푼 이후에는 같은 건물에서 층을 이동하여 면접실로 이동하는데, 이 시간 동안 어떻게 말해야 할지 연습하였습니다.

면접자와 면접관님 간의 거리가 매우 가깝습니다. 채점하는 종이가 보일 정도로 가까워요. 이 점에 대해 미리 마음의 준비를 해두면 좋겠습니다. 화이트보드를 쓸 수 있는지, 연습지를 보여드려도 되는지 등은 면접관님 재량이라 각기 다를 수 있습니다.

제가 본 면접의 면접관님들은 편안한 분위기에서 면접을 진행해 주셔서 긴장도 빠르게 풀렸고 말도 잘할 수 있었습니다. 하지만 면접실마다 분위기가 다를 것이므로 다양한 상황에서의 면접을 연습해 두는 것이 좋습니다.

서울대 수시 합격자 30인

강현승 김나연 김민성 김우현 김유승 김인재 김주영 김지원 문가람 박은비
박정준 박준태 성은영 성채현 손정민 신연재 오인경 육지훈 이수정 이승로
이우림 이우진 이정웅 이현서 정재훈 정찬영 조형준 진태완 최지원 홍성민

기획 한정윤

서울대 수시 합격 족보

초판 1쇄 발행 2025년 1월 15일

기획 한정윤 **지은이** 서울대 수시 합격자 30인
펴낸이 김선준, 김동환

편집이사 서선행
기획편집 오시정 **편집3팀** 최한솔, 최구영 **디자인** 엄재선
마케팅팀 권두리, 이진규, 신동빈
홍보팀 조아란, 장태수, 이은정, 권희, 유준상, 박미정, 이건희, 박지훈, 송수연
경영관리팀 송현주, 권송이, 정수연 **감수** 안은경

펴낸곳 (주)콘텐츠그룹 포레스트 **출판등록** 2021년 4월 16일 제2021-000079호
주소 서울시 영등포구 여의대로 108 파크원타워1 28층
전화 070) 4203-7755 **팩스** 070) 4170-4865
홈페이지 www.forestbooks.co.kr
종이 (주)월드페이퍼 **출력·인쇄·후가공·제본** 한영문화사

ISBN 979-11-94530-01-5 (03370)

• 책값은 뒤표지에 있습니다.
• 파본은 구입하신 서점에서 교환해 드립니다.
• 이 책은 저작권법에 의하여 보호를 받는 저작물이므로 무단 전재와 복제를 금합니다.

㈜콘텐츠그룹 포레스트는 독자 여러분의 책에 관한 아이디어와 원고 투고를 기다리고 있습니다. 책 출간을 원하시는 분은 이메일 writer@forestbooks.co.kr로 간단한 개요와 취지, 연락처 등을 보내주세요. '독자의 꿈이 이뤄지는 숲, 포레스트'에서 작가의 꿈을 이루세요.